Controlling als Führungsfunktion

Controlling als Führungsfunktion

Eine Einführung
in die Mechanismen
betrieblicher Koordination

von

Prof. Dr. Ernst Troßmann

Verlag Franz Vahlen München

Prof. Dr. Ernst Troßmann leitet den Lehrstuhl Controlling an der Universität Hohenheim. Er vertritt eine gleichermaßen wissenschaftsbasierte und anwendungsorientierte Konzeption des Faches.

ISBN 978 3 8006 4288 5

© 2013 Verlag Franz Vahlen GmbH, Wilhelmstraße 9, 80801 München
Druck und Bindung: Beltz Bad Langensalza GmbH,
Neustädter Str. 1–4, 99947 Bad Langensalza
Umschlaggestaltung: Ralph Zimmermann – Bureau Parapulie
Bildnachweis: © INFINITY – fotolia.com, © barisonal – istockphoto.com
Gedruckt auf säurefreiem, alterungsbeständigem Papier
(hergestellt aus chlorfrei gebleichtem Zellstoff)

Vorwort

Liebe Leserin, lieber Leser,

gute Controller sind nicht arrogant. Sie hätten aber fachlich vielleicht gute Gründe dafür, es zu sein. Gute Controller führen ein Arbeitsleben in verborgener Schlauheit, die sie zum Nutzen ihres Betriebes einsetzen. Voraussetzung dafür ist, Bescheid zu wissen. Dazu will dieses Buch Anleitung geben und ein Grundgerüst bereitstellen.

Aber das Bescheidwissen sieht nicht einfach aus. Controlling ist ein großes Gebiet. Und es stellt sich oft nach wie vor als Sammelsurium verschiedener, teils durchaus pfiffiger Methoden dar. Beides hängt miteinander zusammen. Und es ist typisch für ein wenig strukturiertes Gebiet ohne einheitliches Verständnis.

Zum Glück aber trifft Letzteres für Controlling nicht zu. Denn es gibt nur wenige verschiedene Controlling-Auffassungen. Wenn man eine passende konsequent und durchgängig anwendet, mag sich Sinn und Struktur des Gebiets leichter erschließen. Das will dieses Buch tun. Es bietet nichts Revolutionäres; es nimmt keine Außenseiterpostition ein. Vielmehr will es eine halbwegs ordentliche Einführung in das Grundwissen und die Standardmethodik des Controlling geben und dabei einer einheitlichen Grundauffassung folgen, die sich im Kern an der herrschenden Lehre orientiert. Deshalb ist der Text mit zahlreichen Beispielen durchsetzt. Deshalb wird bei all den so unterschiedlich erscheinenden Methoden stets die verbindende Gemeinsamkeit betont. Deshalb werden auch immer wieder Hintergründe erläutert, möglicherweise vereinzelt auch zum Ärgernis mancher Unternehmensberater.

Vielleicht, liebe Leserin, lieber Leser, finden Sie Freude an dieser Herangehensweise. Sie können die Lektüre übrigens mit jedem beliebigen Kapitel beginnen. Zahlreiche Querverweise (und Ihr Interesse am Fach) werden Sie dazu bringen, schließlich das ganze Buch zu lesen. Grundlegendes zum Controlling und Allgemeines zu seiner Vorgehensweise finden Sie in den ersten beiden Kapiteln. Es sind deshalb diejenigen, die etwas abstrakter ausfallen. Kapitel XII bietet Ihnen das, was in manchen Lehrbüchern eher zu Beginn platziert ist: die Vorstellung alternativer Auffassungen der Fachliteratur. Alle anderen Kapitel sind jeweils einem Controlling-Instrument gewidmet. Behandelt wird einerseits, was von grundsätzlicher Bedeutung, andererseits, was besonders stark verbreitet ist. Auswahl, Einteilung und Zusammenhang erläutert Ihnen der letzte Abschnitt von Kapitel II. In eigenen Bänden ausführlich dargestellt und hier deshalb kürzer behandelt werden die allgemeinen Methoden des internen Rechnungswesens und insbesondere der Investitionsrechung.

Umfangreiche Unterstützung bei der Erstellung des Buches haben die Mitarbeiterinnen und Mitarbeiter meines Lehrstuhls geleistet, vor allem meine Sekretärin, Frau Carolin Glaunsinger, meine Assistenten, Herr Dipl. oec. Michael Felcini, Herr Jan-Philipp Simen, M. Sc., und Herr Dipl. rer. com. Peter Vaclavicek. Besonders danke ich Herrn Dipl. oec. Matthias Rapp. Er war mir in vielen inhaltlichen Fragen ein wertvoller Ratgeber, hat aber auch die gesamte Abbildungsgestaltung koordiniert, den Überblick über Nummerierungen und Seitenzahlen behalten sowie für ein einheitliches, freundliches Layout gesorgt.

Herrn Dennis Brunotte danke ich für die verlegerische Initiative, die motivierende, hilfreiche und angenehme Begleitung dieses Projekts sowie sein umsichtiges Lektoratsengagement.

Hohenheim, im Dezember 2012

Ernst Troßmann

Kapitelübersicht

Inhaltsverzeichnis IX

I. *Was Controlling ist:*
Controlling im System der betrieblichen Führung 1

II. *Wie Controlling arbeitet:*
Grundlagen zum Controlling-Instrumentarium 17

III. *Was Rechnungswesen und betriebliche Informationstechnik mit dem Controlling zu tun haben:*
Controlling-Aufgaben bei der Gestaltung des betrieblichen Informationssystems 39

IV. *Worauf es bei der Gestaltung der betrieblichen Planung ankommt:*
Controlling-Aufgaben bei der Planung betrieblicher Prozesse 73

V. *Was alle schon immer vermutet haben:*
Controlling-Aufgaben bei der Kontrolle betrieblicher Prozesse 107

VI. *Wie das Universalwerkzeug intelligent eingesetzt wird:*
Prinzipien der Kennzahlenanwendung im Controlling 123

VII. *Wo ein scheinbar simples Instrument zum intelligenten Mechanismus wird:*
Das Berichtswesen als Controlling-Instrument 149

VIII. *Wie die verbreitetste Controlling-Standardmethode funktioniert:*
Die Budgetierung als Controlling-Instrument 189

IX. *Wo das Controlling in der Personalführung mitredet:*
   Controlling-Funktionen bei der Gestaltung betrieblicher Motivationssysteme 223

X. *Warum es auch im einfachsten Fall manchmal nicht klappt:*
   Wertorientierte Unternehmungssteuerung 255

XI. *Wodurch Skandale vermieden werden sollen:*
   Zum Verhältnis von Controlling und betrieblichen Überwachungsfunktionen 280

XII. *Wie andere Controlling verstehen:*
   Kernlinien ausgewählter Controlling-Konzeptionen der Literatur 304

Ausblick: *Was sich im Fach so tut:*
   Entwicklungstendenzen der Controlling-Schwerpunkte in Wissenschaft und Praxis 321

Literaturverzeichnis 323

Sachwortregister 337

Inhaltsverzeichnis

Kapitelübersicht VII

I. Was Controlling ist:
Controlling im System der betrieblichen Führung 1
   1. Ein Dutzend Fragen 1
   2. Controlling als Führungsfunktion: der Controller als Antwortgeber   4
   3. Einfache Erklärungsversuche zum Controlling-Begriff 6
      a) Kann der Inhalt des Controlling-Begriffs aus der Wortbedeutung erschlossen werden? 6
      b) Was verbindet die Praxis mit dem Begriff Controlling? 7
      c) Controlling-Abgrenzungen nach den empirischen Erscheinungsformen 9
   4. Der koordinationsorientierte Controlling-Begriff 12
      a) Die Koordination als generelle Funktion des Controlling 12
      b) Besondere Teilfunktionen des Controlling 14
      c) Zur Erscheinungsform des Controlling in der Praxis 16

II. Wie Controlling arbeitet:
Grundlagen zum Controlling-Instrumentarium 17
   1. Ursachen der betrieblichen Koordinationsnotwendigkeit 17
   2. Prinzipien der betrieblichen Koordination 22
   3. Controlling-Aufgaben bei unterschiedlichen Prinzipien der delegativen Koordination 30
   4. Überblick zum Controlling-Instrumentarium 33

III. Was Rechnungswesen und betriebliche Informationstechnik mit dem Controlling zu tun haben:
Controlling-Aufgaben bei der Gestaltung des betrieblichen Informationssystems 39
   1. Das Rechnungswesen als Controlling-Gegenstand 39
      a) Überblick zu den Teilgebieten des betrieblichen Informationssystems 39

b) Controlling-Bezug der einzelnen Rechnungswesenkomponenten 44
c) Zur Eigenständigkeit interner und externer Dokumentationsrechnungen 47
d) Die Stellung der Informationsbereitstellung zum Controlling insgesamt 49
e) Erfassung mehrdimensional gemessener Tatbestände als Grenzfall des Rechnungswesens mit hoher Controlling-Relevanz 50

2. Die informationstechnische Gestaltung als Controlling-Gegenstand .. 54
   a) Entstehung der informationstechnischen Koordinationsproblematik 54
   b) Controlling-Aufgaben bei Datenbanken 56
   c) Controlling-Aufgaben bei Modell- und Methodenbanken 64
   d) Besonderheiten von Entscheidungsunterstützungssystemen 70

IV. *Worauf es bei der Gestaltung der betrieblichen Planung ankommt:* Controlling-Aufgaben bei der Planung betrieblicher Prozesse 73

1. Der Planungsprozess als Controlling-Gegenstand 73
   a) Bedeutung der Planung als Schwesterfunktion des Controlling . 73
   b) Koordinationsaufgaben in der Phase der Zieloperationalisierung 75
   c) Koordinationsaufgaben in der Phase der Problemsystematisierung 76
   d) Koordinationsaufgaben in der Phase der Bewertung 77
   e) Koordinationsaufgaben bei der Entscheidung 80
   f) Koordinationsaufgaben im weiteren Führungsprozess 81

2. Planungsinstrumente als Controlling-Gegenstand 82
   a) Zur Controlling-Relevanz von Planungsinstrumenten 82
   b) Koordinationsaspekte der ABC-Analyse 84
   c) Koordinationsaspekte der Portfoliomatrix-Analyse 87

3. Planungssysteme als Controlling-Gegenstand 91
   a) Die Koordinationsproblematik in Planungssystemen 91
   b) Die sachliche Koordination von Planungssystemen 94
   c) Die zeitliche Koordination von Planungssystemen 97
   d) Die planungshierarchische Koordination von Planungssystemen 97
   e) Die unternehmungsorganisatorische Koordination von Planungssystemen 100

4. Gesamtkoordination von Planungssystemen 101
   a) Charakter der Controlling-Instrumente für eine Planungssystem-Koordination 101
   b) Planungs-Aktualisierung im Zeitablauf: der Ansatz der rollenden Planung 102

V. *Was alle schon immer vermutet haben:*
   Controlling-Aufgaben bei der Kontrolle betrieblicher Prozesse 107
   1. Kontrolle als Teil des Führungsprozesses 107
      a) Merkmale der Kontrolle 107
      b) Zwecke der Kontrolle 108
   2. Betriebliche Kontrollprozesse als Controlling-Gegenstand 111
   3. Besondere Gestaltungsmerkmale von Kontrollen 114
   4. Gestaltungsmerkmale von Kontrollsystemen 117

VI. *Wie das Universalwerkzeug intelligent eingesetzt wird:*
    Prinzipien der Kennzahlenanwendung im Controlling 123
    1. Merkmale von Kennzahlen 123
    2. Funktionen von Kennzahlen 125
       a) Einteilung der Kennzahlenfunktionen 125
       b) Kennzahlen im sachlichen Führungsprozess: das Prinzip 127
       c) Kennzahlen im sachlichen Führungsprozess: markante Fälle 128
       d) Kennzahlen im organisatorischen Führungsprozess 132
    3. Koordinative Wirkung von Kennzahlen 133
    4. Die Balanced Scorecard als Umsetzungs-Instrument 138
       a) Charakterisierung der Balanced Scorecard 138
       b) Zur strategischen Dimension der Balanced Scorecard 140
       c) Zu den vier Perspektiven der Balanced Scorecard 141
       d) Konsequenzen der strukturellen Aspekte für die Kennzahlen
          einer Balanced Scorecard 143
       e) Methodische Schritte zur Konstruktion einer verallgemeinerten
          Balanced Scorecard 145

VII. *Wo ein scheinbar simples Instrument zum intelligenten Mechanismus wird:*
     Das Berichtswesen als Controlling-Instrument 149
     1. Die Informationsbedarfsanalyse als inhaltliche Voraussetzung für
        die Konzeption von Berichten 149
        a) Controlling-Relevanz der Informationsbedarfsanalyse 149
        b) Deduktive Methoden der Informationsbedarfsanalyse 151
        c) Angebotsorientierte Methoden der Informationsbedarfsanalyse 152
        d) Nachfrageorientierte Methoden der Informationsbedarfsanalyse 154
        e) Die Methoden der Informationsbedarfsanalyse im Vergleich 157
     2. Grundlagen des Berichtswesens 158
        a) Aufgaben des Berichtswesens 158
        b) Formen des Berichtswesens 160
        c) Äußere Gestaltung von Berichten 166

3. Die verborgenen Koordinationsaufgaben des Controlling im Berichtswesen 168
   a) Die Abgrenzung von Ausnahmen als Koordinationsaufgabe 168
   b) Regeln zur Trennung von Normal- und Ausnahmesituationen im Berichtswesen 172
4. Besonderheiten computergestützter Informationssysteme 175
   a) Executive-Information-Systeme als besonders leistungsfähige computergestützte Berichtssysteme 175
   b) Erweiterte Auswertungsmöglichkeiten im Data Warehouse 182

VIII. Wie die verbreiteteste Controlling-Standardmethode funktioniert: Die Budgetierung als Controlling-Instrument 189

1. Was ist ein Budget? 189
2. Worin liegt das Koordinationspotenzial eines Budgets? 191
3. Die Rolle des Budgets in der Gesamtsteuerung der budgetierten Einheit 193
4. Budgetierungstechniken 197
   a) Systematik der Budgetierungstechniken 197
   b) Die allgemeine Programmbudgetierung 200
   c) Die inputorientierte Fortschreibung 200
   d) Die Gemeinkostenwertanalyse 201
   e) Das Zero-Base-Budgeting 206
5. Zur Wirksamkeit der Budgetsteuerung 215
   a) Die organisatorische Steuerung nach der Budgetfestlegung 215
   b) Der Ansatz des Beyond Budgeting 218

IX. Wo das Controlling in der Personalführung mitredet: Controlling-Funktionen bei der Gestaltung betrieblicher Motivationssysteme 223

1. Die Anreizgestaltung als Teil der generellen Entlohnungsproblematik 223
   a) Prinzipien der Lohngerechtigkeit 223
   b) Worauf können Anreize wirken? 225
2. Einordnung von Anreizsystemen in das Führungsinstrumentarium 226
   a) Anreizsysteme als spezielle Motivationssysteme 226
   b) Zusammenhang von Anreizsystem und Kontrolle 229
3. Gestaltung von Belohnungssystemen als Koordinationsaufgabe 232
   a) Struktur eines Belohnungssystems 232
   b) Hauptanforderungen an Belohnungssysteme 234
   c) Auffällige Koordinationsprobleme zu den Hauptanforderungen 238
   d) Durchführungsanforderungen an Belohnungssysteme 241

4. Modellbeispiele spezieller Anreizsysteme bei Ressourcenverbund und asymmetrischer Informationslage 246
  a) Delegationsprinzip und Koordinationsproblematik im Modellfall 246
  b) Leistungsfähigkeit verschiedener Anreizsysteme für den Modellfall 248

X. Warum es auch im einfachsten Fall manchmal nicht klappt: Wertorientierte Unternehmungssteuerung 255

1. Merkmale wertorientierter Unternehmungssteuerung 255
2. Die drei Gruppen wertorientierter Kennzahlen 257
  a) Renditen als wertorientierte Steuerungskennzahlen 257
  b) Periodenbezogene Überschussgrößen als wertorientierte Steuerungskennzahlen 261
  c) Gesamtwertgrößen als wertorientierte Steuerungskennzahlen .. 264
3. Vergleichende Analyse von EVA, CVA und Renditen 269
  a) Der eher statisch konzipierte Economic Value Added zur Projektsteuerung 269
  b) Grundstruktur einer dynamisch konzipierten Projektsteuerung 271
  c) Der eher dynamisch konzipierte Cash Value Added zur Projektsteuerung 273
  d) Zur prinzipiellen Problematik aller periodenbezogenen Steuerungsgrößen 275

XI. Wodurch Skandale vermieden werden sollen: Zum Verhältnis von Controlling und betrieblichen Überwachungsfunktionen 280

1. Die interne Revision als prozessunabhängige betriebliche Überwachung 280
  a) Aufgabenspektrum der internen Revision 280
  b) Compliance-Aufgaben im Vergleich zur internen Revision 283
  c) Prüfungsformen der internen Revision 286
  d) Grenzen der vorbeugenden Wirkung interner Revision 288
2. Das interne Kontrollsystem als spezielle prozessbegleitende Überwachung 290
  a) Aufgabenspektrum des internen Kontrollsystems 290
  b) Maßnahmen des internen Kontrollsystems im Güterbereich 292
  c) Maßnahmen des internen Kontrollsystems im Führungsbereich 293
3. Zusammenhang von Controlling, interner Revision und internem Kontrollsystem 299

XII. *Wie andere Controlling verstehen:*
  Kernlinien ausgewählter Controlling-Konzeptionen der Literatur 304
  1. Gehört Controlling zum Finanz- und Rechnungswesen? 304
  2. Kriterien zur Einordnung unterschiedlicher Controlling-Auffassungen der Literatur 305
  3. Controlling-Auffassungen mit einem Schwerpunkt in der Informationsfunktion 308
  4. Koordinationsorientierte Controlling-Auffassungen 311
  5. Controlling-Auffassungen mit einer nicht koordinationsorientierten übergreifenden Funktion 315

Ausblick: *Was sich im Fach so tut:*
  Entwicklungstendenzen der Controlling-Schwerpunkte in Wissenschaft und Praxis 321

Literaturverzeichnis 323

Sachwortregister 337

Was Controlling ist:

Kapitel I: Controlling im System der betrieblichen Führung

1. Ein Dutzend Fragen

zwölf Fragen

1. Soll man bei der Berechnung des Stückdeckungsbeitrags eines Produkts das Skonto abziehen, das den Kunden bei Barzahlung auf den Verkaufspreis gewährt wird?
2. Ist bei einem Produkt ein Absatzrückgang von 10 % noch tolerabel oder sind Maßnahmen zu ergreifen?
3. Soll ein Kunde mit kleinem Umsatz überhaupt eine Antwort auf seine Reklamation bekommen, und gilt ein Kundenumsatz von 1.000 € pro Jahr noch als „klein"?
4. Ist es zulässig, eine teurere Maschine zu kaufen, nur weil sie etwas leiser läuft?
5. Sollte man nicht auf jeden Fall immer kontrollieren, ob die Mitarbeiter auch ihre volle Arbeitszeit nutzen?
6. Sind Umsatzprovisionen heute noch das Richtige?
7. Soll man einen Bonus an einen mittleren Manager zahlen, obwohl in dessen Bereich Verlust entstanden ist?
8. Ist zur Abteilungssteuerung ein Modell mit eindeutigen Anweisungen, die keinen Interpretationsspielraum zulassen, oder eines mit eher allgemein gehaltenen Vorgaben besser?
9. Soll ein Abteilungsleiter, dem ein jährliches Ausgabenbudget von 300.000 € zugewiesen wurde, eine besondere Genehmigung einholen müssen, wenn er es für besonders große Investitionen, genauer: für Maßnahmen mit großen Einmalausgaben verwenden will?
10. Soll man generell vor großen Aufträgen zumindest drei Angebote einholen?
11. Auf welcher Basis soll eine Renditeberechnet werden? Wie bestimmt sich insbesondere das richtige eingesetzte Kapital für einen Teilbetrieb? Reduziert sich das eingesetzte Kapital beispielsweise dann, wenn wertmäßig die Hälfte des Materials üblicherweise von Kunden gestellt wird?
12. Darf man den Überschuss aus eigenen Geldanlagen sowie aus der Vermietung von Wohnungen eines betriebseigenen Wohnblocks zum betrieblichen Gewinn zählen, wenn dadurch das Ergebnis in Euro besser, in Prozent aber schlechter wird?

Zwölf Fragen aus verschiedenen betrieblichen Bereichen – Alltagsfragen, zu denen man im Lehrbuch, wenn sie dort überhaupt angesprochen werden, allenfalls erfährt, es komme auf die konkrete betriebliche Situation an, auf den Zusammenhang. Jede Antwort ist richtig – aber nicht immer. Im praktischen betrieblichen Geschehen würde man im Zweifelsfall eine Festlegung von höherer Stelle erwarten. Und hier stellt man schnell fest, dass es bei aller Vielfalt möglicher Festlegungen darum geht, in sich konsistent zu entscheiden.

zwölf mal: keine eindeutige Antwort, aber ähnliche Grundprobleme

So kann als Antwort auf **Frage 1** der Produktdeckungsbeitrag mit oder ohne Skontoabzug definiert sein – man muss es nur eindeutig kommunizieren. Gerade bei Details, zu denen es kaum eine eindeutige Übung gibt, kann keinesfalls davon ausgegangen werden, dass an unterschiedlichen betrieblichen Stellen stillschweigend eine identische Interpretation verwendet wird. Enthalten die Stückkosten bereits Transportkosten und Versicherung? Sind in den Lohnkosten bestimmte Nebenkosten enthalten oder nicht? Ist ein Monat mit einheitlich 30 Tagen oder kalendergenau gerechnet? Welcher Tag genau liegt dem Tages-Wiederbeschaffungswert zugrunde? Sind im Lagerbestand des Gutes i am Tag t die Zu- und Abgänge dieses Tages bereits berücksichtigt oder nicht? Was gilt als Durchlaufzeit, Lieferzeit, Wareneingang usw.? In all diesen Fällen muss innerhalb des Betriebes eine eindeutige Definition gesetzt und durchgehalten werden.

Abstimmung zwischen Datenbereitstellung und -verwendung

Zu Fehlern kommt es nicht bei der Definition, sondern immer erst in der Folge, etwa dann, wenn für die betriebliche Planung Zahlen aus einer Datenbank entnommen und anders als vom Datenbestücker interpretiert werden. Gerade zwischen der Informationsbereitstellung durch das betriebliche Rechnungswesen einerseits und der Informationsverwendung in der betrieblichen Planung andererseits gibt es eine Vielzahl möglicher Missverständnisse – einerseits durch die früher übliche, traditionelle Trennung der Bereiche in der betrieblichen Praxis, andererseits durch die in Ausbildung und Hochschulbereich jeweils eigene Terminologie etwa in Lehrbuchtexten oder Analyseberichten zur Planung und zum Rechnungswesen.

(vorherige) Abgrenzung zwischen Normalfall und Ausnahme

Um die **Frage 2** zu beantworten, müsste eigentlich ein sehr umfassendes Entscheidungsproblem gelöst werden: Über welche Managerkapazität ggf. welcher Stufe verfügt der Betrieb gegenwärtig? Wie stark nimmt ein Produktproblem diese Managerkapazität in Anspruch (bei einfacher, mittlerer, intensiver Problemanalyse)? Wie viele Produkte und weitere Entscheidungsbereiche gibt es mit 10 %-iger oder größerer Abweichung? Was bringt üblicherweise die kürzere oder längere Managerbeschäftigung? Derartige grundsätzliche Fragen wären zu beantworten, um eine fundierte Lösung der ursprünglichen, konkreten Frage zu finden. Das kann im Zeitpunkt des Auftretens nicht geschehen. Vielmehr sind prinzipielle organisatorische Regelungen vorab zu treffen, die dann im Alltag nur noch feinjustiert werden. Beispielsweise könnte prinzipiell vorgesehen sein, die Produkte in zwei Gruppen einzuteilen: solche, die keine besondere Aufmerksamkeit erhalten („Normalfälle"), und solche, um die sich der Manager besonders zu kümmern hat („Ausnahmen"). Bei dieser Vorgabe geht es im Feinen noch um die Abgrenzung dieser beiden Gruppen, wozu beispielsweise der genannte Abweichungsprozentsatz dienen kann. Zur Beantwortung der Frage 2 müssen also Fragen der Organisation (Zuständigkeiten und Arbeitsumfänge), der Kontrolle (Art und Abhängigkeit der Erfassung von Daten sowie Berechnung von Abweichungen) sowie des Rechnungswesens (Definition der Abweichungen und ihrer Basisgrößen) zielentsprechend und zueinander passend gelöst werden.

Ähnlich kann **Frage 3** angegangen werden: auch hier ist implizit in der Frage bereits eine Gruppierung der Entscheidungssachverhalte angelegt. Allerdings geschieht hier die Gruppierung nicht erst anlässlich des auftretenden Problems; vielmehr ist sie schon vorher erforderlich, um die aktuellen Fälle direkt zuordnen zu können. Wer ein A-, B- oder C-Kunde ist, wird vorher geklärt; ob dieser Kunde ein Problem aufwirft, z. B. reklamiert, (zu) wenig kauft oder (zu) viel Rabatt verlangt, stellt sich nachher heraus. Aber die Idee der ABC-Einteilung ist, dass man vorher schon weiß, welche Art von Problembehandlung zu ergreifen ist. Die Überlegungen, die zur Einteilung in die Kategorien A, B, C führen, sind indessen ganz analog zu den bei Frage 2 skizzierten. Es kommen Aspekte der Organisation, der Zielausrichtung und der Planung zusammen.

Vorstrukturierung von Entscheidungen

Frage 4 spricht an einem konkreten Fall die grundsätzliche Problematik der Rationalität betrieblicher Entscheidungen an. Es geht konkret darum, wie eine Entscheidungsrechnung auf die betrieblichen Ziele ausgerichtet ist, also um den Zusammenhang von Entscheidungsmethode und betrieblicher Zielsetzung. Und wer wollte schließlich einem Betrieb verbieten, außer, neben oder anstelle von finanziellen Interessen etwa eine freundliche Gestaltung der Arbeitsumgebung zu seinen Zielkriterien zu zählen?

Zielorientierung von Entscheidungen

Frage 5 thematisiert den möglichen Widerspruch zwischen einer plausiblen Vermutung (es ist für den Betrieb besser, wenn alle Mitarbeiter ausgelastet sind) und dem Resultat einer exakten Entscheidungsrechnung (es kann optimal sein, dass ein Mitarbeiter pausiert, statt seine Arbeitszeit in relativ ungünstigere Produkte einzubringen). Zudem spielen bei der nahegelegten plakativen Aussage implizite Vorurteile (ohne Kontrolle arbeiten die Mitarbeiter nicht genug) eine Rolle, ferner mögliche Nebenwirkungen der Kontrolle (Verminderung von Eigeninitiative und Engagement, Reiz zum Unterlaufen der Kontrollmaßnahmen). Die Antwort bedarf einer sorgfältigen Abstimmung von allgemeiner betrieblicher Zielsetzung, auch was den Bereich der sozialen Ziele betrifft, methodischer Fundierung von Entscheidungen sowie des Kontrollsystems.

Zielabstimmung von Maßnahmen mit vielfältigen Wirkungen

Wo Kontrollen durch positive Anreizsysteme ergänzt bzw. ersetzt werden können und welche Anreizsysteme, etwa Umsatzprovisionen, tatsächlich in die betriebliche Gesamtsituation passen, thematisiert **Frage 6**. Auch ihre Antwort verlangt es, den Zusammenhang zwischen Zielen, Kontrolle, Motivationssystemen sowie passenden Rechnungsgrößen zu berücksichtigen.

Wahl und Gestaltung von Anreizsystemen

Mit **Frage 7** wird auch hierzu eine plausibel erscheinende vorschnelle Lösung nahegelegt, die mit den betrieblichen Zielen (welche eben über die reine Gewinnerzielung hinausgehen können), dem Motivationssystem und der konkreten betrieblichen Situation (sind in einer Verlustsituation gute Manager gegen einen Erfolgsbonus zu bekommen?) zu konfrontieren wäre.

Beispiele zur Wahl passender Planungs- und Steuerungsmethoden

Allgemeiner geht es bei **Frage 8** um die organisatorische Auswahl des geeigneten Delegationsprinzips, die wiederum eng mit der betrieblichen Sicht des Menschen und der Motivation zusammenhängen; **Frage 9** behandelt ein Anwendungsbeispiel dazu für den Fall, dass schon eine Vorentscheidung zur Verwendung von Budgets für die betriebliche Steuerung gefallen ist. **Frage 10** dagegen betrifft nicht die organisatorische Steuerung, sondern eher die sachliche Planungsmethode, die vielleicht generell für Entscheidungsprobleme solcher Kategorie einheitlich eingesetzt werden könnte, um eine Mindestbreite des Alternativenraums, insbesondere überhaupt eine Wahlmöglichkeit sicherzustellen.

Beispiele zur Unterstützung gewählter Führungsmethoden

Fragen 11 und 12 thematisieren beide die inhaltlich passende Ausgestaltung von Entscheidungsmodellen: Welche Ziele werden verfolgt? Was ist die dazu passende Entscheidungsmethode, insbesondere die ziel- und situationsentsprechende Entscheidungsrechnung? In **Frage 11** etwa wäre zu klären, ob eine Erfolgsgröße für eine Division gebraucht wird, die vielleicht auch Basis einer Bonuszahlung an die Manager ist – oder ob, was harmloser wäre, lediglich Summanden einer gesamtbetrieblichen Erfolgsrechnung bereitzustellen sind, wo eher eine übersichtliche Rechnung gesucht ist und Doppelzählungen zu vermeiden sind. **Frage 12** schließlich betrifft insbesondere die Konsistenz von Zielsetzung und zugehöriger Dokumentationsrechnung.

2. Controlling als Führungsfunktion: der Controller als Antwortgeber

Gemeinsamkeiten der Beispiele

Allen zwölf Beispielen ist gemeinsam, dass zu ihrer Beantwortung eine Abstimmung zwischen verschiedenen Komponenten des Führungssystems erforderlich ist. Zu diesen Komponenten zählen, einer inzwischen klassischen Einteilung von Wild (vgl. [Planung] 32 ff. sowie [Führung]) folgend, das betriebliche Zielsystem, die Planung, die Kontrolle, die Organisation, die betriebliche Information, das Personalentwicklungssystem sowie das Motivations- und Anreizsystem. Die Koordination zwischen diesen Führungsfunktionen ist dort einfacher, wo jene weitgehend bei der gleichen Stelle, im Extremfall bei derselben Person liegen. Dann mag zwar die eine oder andere Funktion weniger professionell ausgeübt werden, Abstimmungsprobleme durch fehlende Information oder Missverständnisse aber sind nicht zu befürchten. Dennoch gibt es auch hier die Abstimmungsaufgabe als eigene Führungsfunktion. Deutlicher zutage tritt sie freilich dort, wo einzelne Führungsfunktionen an eigene organisatorische Einheiten, in der Regel an Stabsstellen, delegiert werden. Dann tritt die Bedeutung der **Koordination im Führungsbereich** auch institutionell hervor, da die einzelnen Stäbe möglicherweise unterschiedlich und unabgestimmt agieren. Je mehr Führungsfunktionen auf separate Einheiten mit entsprechendem Spezial- und Detailwissen ganz oder teilweise delegiert werden, desto schwieriger wird es auch für das obere betriebliche Management, die Koordinationsaufgabe zu erfüllen. Dann bietet es sich an, auch die Führungsfunktion der Koordination speziellen Stellen, eben den Controllern, zu übertragen. Die Aufgabe der Koordination im Führungsbereich heißt dementsprechend **Controlling** – und zwar auch dann, wenn sie institutionell nicht verselbstständigt ist, also von einem Manager wahrgenommen wird.

Motivation des Controllingbegriffs

Überblick über betriebliche Führungsfunktionen

Allgemein kann Controlling als Führungsfunktion der Koordination innerhalb der anderen Führungsfunktionen und zwischen ihnen gekennzeichnet werden. Zur genaueren Präzisierung wird nachfolgend der **Führungsbereich** genauer charakterisiert. Unter Führung verstehen wir die Gestaltung und Steuerung des Betriebes und der betrieblichen Prozesse. Das umfasst sowohl alle strukturgebenden als auch alle laufenden Entscheidungen, die zum Ingangsetzen und zur Durchführung der betrieblichen Umsatzprozesse dienen. Unterscheiden kann man **Führungsaufgaben** einmal danach, worauf sie sich richten, also nach den einzelnen Teilbereichen des **Güterumsatzes,** zum anderen danach, welche Art von **Führungsaufgabe** erfüllt wird. Nach dem ersten Kriterium erhält man eine Einteilung des betrieblichen Güterbereichs, beispielsweise die nach den Phasen des Umsatzprozesses. Dies sind die einzelnen **Güterfunktionen,** also Beschaffung, Fertigung, Absatz, ggf. ergänzt um logistische Prozesse, im Realgüterbereich sowie Kreditaufnahme, Kassenhaltung, Kreditgewährung im Finanzbereich. Nach dem zweiten Kriterium erhält man Teilaufgaben im Führungsbereich, die in Abgrenzung zu den Güterfunktionen genauer als **Führungsfunktionen** zu bezeichnen sind. Die schon oben genannten, üblicherweise unterschiedenen Komponenten des Führungssystems sind solche Führungsfunktionen. Im Unterschied zum Güterbereich stehen diese Führungsfunktionen fast durchweg nicht in einem Prozesszusammenhang. Die einzige Ausnahme mag die Abfolge Planung – Kontrolle bilden. Ansonsten gibt es für ihre Aufzählung weder eine zwingende Reihenfolge, noch einen auch nur plausiblen hierarchischen Zusammenhang.

Abgrenzung zu Güterfunktionen

Ob man einen speziellen Teilbereich aus der allgemeinen Führungsaufgabe herauslöst, abgrenzt und mit einem eigenen Namen versieht, so wie es bei den genannten Führungsfunktionen üblich ist, richtet sich hauptsächlich danach, wie speziell und typisch die Methoden zur Erfüllung der betreffenden Funktion sind. Damit ist die Liste der Führungsfunktionen nicht abschließend festgelegt, da sich auch bei nicht explizit genannten Aufgaben eigene, typische Verfahrensweisen herausbilden können. So ist es beispielsweise aus heutiger Sicht zweckmäßig, die ursprünglich bei Wild undifferenziert genannte Informationsfunktion der Führung in eine inhaltlich-methodische Komponente einerseits und eine informationstechnische Komponente andererseits aufzugliedern, um so insbesondere die inhaltlichen und methodischen Fragen des Rechnungswesens von den Konfigurations- und Methodenfragen der Informations- und Kommunikationstechnik zu trennen. Ebenso war etwa das heute zentrale Gebiet des Controlling, wie auch die interne Revision, ursprünglich nicht explizit als be-

Was sind separate Führungsfunktionen?

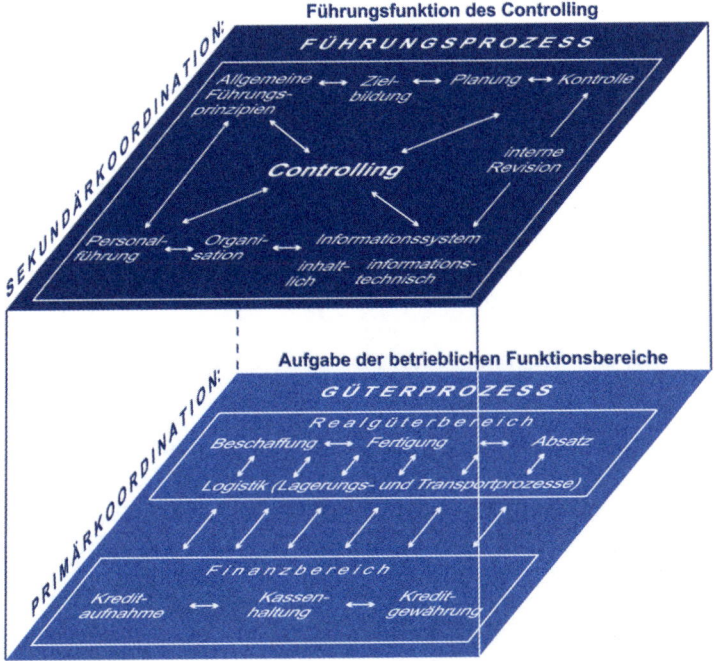

Abb. I-1: Güter- und Führungsfunktionen im Zusammenhang

sondere Führungsfunktion herausgegriffen worden. Die aufgeführten Führungsfunktionen umfassen jedenfalls diejenigen, die häufig als eigene Stellenaufgaben delegiert werden.

Für welche Führungsfunktionen werden eigene Abteilungen eingerichtet?

Eine **Delegation** von Führungsfunktionen ist durchaus nicht nur bei größeren Betrieben üblich. Typischerweise werden auch bei kleineren Betrieben große Teile des Rechnungswesens, der Aufgaben im informations- und kommunikationstechnischen Bereich oder des Personalwesens an Stäbe delegiert. Aufgaben in der Planung und Kontrolle (hier insbesondere im operativen Bereich) oder in der Organisation folgen bei wachsender Unternehmungsgröße später. Die Führungsfunktionen zur Definition allgemeiner Führungsprinzipien und zur Zielsetzung hingegen sind kaum delegierbar, bedürfen auch weniger zeitlicher Kapazität. Da sie Normen setzen, sind sie allerdings von hervorragender führungspolitischer Bedeutung.

Präzisierung der Controlling-Funktion

Abbildung I-1 zeigt Güter- und Führungsfunktionen im Zusammenhang. Die Güterebene wird, der gängigen Sprechweise folgend, auch Primärbereich genannt, die Führungsebene auch Sekundärbereich. Die Aufgabe des Controlling kann damit auch kurz als **Sekundärkoordination** bezeichnet werden. Dieses Controlling-Verständnis folgt der herrschenden Lehre (vgl. ursprünglich, jedoch enger: Horváth [Controlling] 127 ff., sowie die Definitionen beispielsweise bei Küpper [Controlling] 28 ff. sowie Küpper/Weber/Zünd [Verständnis] 283, Friedl [Controlling] 7).

3. Einfache Erklärungsversuche zum Controlling-Begriff

a) Kann der Inhalt des Controlling-Begriffs aus der Wortbedeutung erschlossen werden?

deutsche und ...

Die Interpretation von Controlling als Funktion der Koordination im Führungsbereich hat mit dem eigentlichen Wortsinn wenig zu tun. Das Wort der betriebswirtschaftlichen Fachsprache und das gleiche Wort der Alltagssprache weichen in der Bedeutung also weit voneinander ab. Aus dem Wort kann einerseits die deutsche Wortbedeutung Kontrolle / Prüfung entnommen werden, andererseits die englische Wortbedeutung Steuerung / Leitung / Führung. Beide Auslegungen treffen nicht zu. Zwar wird in zahlreichen Zusammenhängen das Wort „Kontrolle" gern (und letztlich falsch) durch das Wort „Controlling" ersetzt – man spricht also vom Qualitätscontrolling, Termincontrolling, Zufriedenheitscontrolling, Personalcontrolling, meint aber unzweifelhaft Qualitätskontrolle, Terminkontrolle, Zufriedenheitskontrolle und Personalkontrolle. Dies bedeutet aber gerade keinen Bedeutungswandel des Begriffs Controlling, sondern ist lediglich eine Vermeidungsstrategie des als ungünstig empfundenen Wortes Kontrolle. Die eigentliche englische Wortbedeutung kann auch nicht den Inhalt einer Führungsfunktion ausmachen, da „to control" letztlich exakt die ureigene Tätigkeit des Managers selbst beschreibt. So wird vor allem im US-amerikanischen Sprachgebrauch zwar die Abteilung, in der Controller arbeiten, fallweise als „Controlling" bezeichnet, nicht aber deren Tätigkeit selbst. Für jene gibt es den speziellen Ausdruck der „Controllership". Manager betreiben also „Controlling", Controller dagegen „Controllership".

... englische Wortbedeutung

In der deutschen Fachsprache verwenden wir Controlling gleichermaßen für die Funktion wie auch die Institution. Wie nur bei wenigen anderen Fällen – Vergleichbares ist nur beim Fachbegriff des Operations Research bekannt – erlaubt das Wort der Alltagssprache keinen annähernd brauchbaren Rückschluss auf die Bedeutung des betriebswirtschaftlichen Fachworts. Vielmehr hat es sich als Name für eine bestimmte **betriebswirtschaftliche Funktion** herausgebildet, die man kennen muss, soll das Wort fachgerecht verwendet werden.

eigene fachsprachliche Bedeutung

b) Was verbindet die Praxis mit dem Begriff Controlling?

Das Wort Controlling tritt in der betrieblichen Praxis, aber auch in der wissenschaftlichen Diskussion im deutschsprachigen Raum, erst ab den 1970er Jahren verstärkt auf. Im Gegensatz zu anderen Standardbezeichnungen für manche betriebswirtschaftliche Aufgaben (wie z. B. Beschaffung, Finanzierung oder auch Marketing) war es von vornherein mit der Frage nach seiner genauen Bedeutung verbunden. Vermutlich ist dies auch der Grund, warum es immer wieder **empirische Erhebungen zum Aufgabenbereich** des Controlling gegeben hat. Ein weiterer mag seine im letzten Drittel des vorigen Jahrhunderts stark gewachsene Verbreitung sein. Aus heutiger Sicht betrachtet, standen freilich solche Erhebungen unter besonders ungünstigen Voraussetzungen:

Bedeutungsunsicherheit auch in der Praxis

- Ein hinreichend klares Verständnis zum erfragten Gegenstandsbereich, dem Controlling, fehlte breitflächig.
- Im Einzelfall weichen die Auffassungen der Manager und der Controller desselben Betriebs zum Aufgabenbereich des Controlling bisweilen deutlich voneinander ab.
- Gerade wenn man das heute übliche Controlling-Verständnis zugrunde legt, ergibt sich ja keinesfalls eine allgemeine und über die Betriebe hinweg einheitliche Aufgabenbeschreibung des Controlling. Vielmehr spiegelt dann eine beobachtete Ausprägung der Controlling-Arbeit zwei Sachverhalte ineinander verwoben wider: Die gewählten Delegationsprinzipien und die innerhalb dieser Voraussetzung praktizierten Controlling-Instrumente.

Schon diese Gegebenheiten lassen erwarten, dass sich bei Erhebungen zum Controlling-Tätigkeitsspektrum eine breite Vielfalt von Einzelaufgaben einstellt. Allerdings tritt noch ein allgemein **organisatorischer Effekt** hinzu: Bei der individuellen Aufgabenzuordnung ist es generell üblich, dem Inhaber einer bestimmten Stelle neben den eigenen stellenbezogenen Aufgaben die eine oder andere Teilaufgabe zusätzlich zuzuordnen, und zwar wegen seiner persönlichen Besonderheiten, etwa seiner zusätzlichen Fähigkeiten, seiner spezifischen Erfahrungen, seiner Spezialkenntnisse oder auch wegen der Notwendigkeit, Aufgaben kleineren Umfangs organisatorisch irgendwo unterzubringen. Selbst wenn ein auch nur vages Vorverständnis seiner Stelle vorliegt, wird ein Befragter trennen können zwischen den eigentlichen Stellenaufgaben und jenen, die dem Stelleninhaber aus anderen, insbesondere persönlichen Gründen zusätzlich zugewiesen sind. Genau diese Voraussetzung dürfte bei mancher Befragung zum Controlling nicht bestanden haben.

Schwierigkeiten empirischer Erhebungen zum Controlling

Tatsächlich haben in der Vergangenheit die meisten Erhebungen zum Aufgabenspektrum des Controlling eine sehr breite Vielfalt ergeben (vgl. z. B. Weber [Controllingpraxis] 14, Weber/Schäffer/Prenzler [Entwicklung], Matschke [Con-

dennoch einheitliche typische Controlling-Aufgaben in der betrieblichen Praxis

trollingpraxis] 75, 79 und Stoffel [Vergleich] 156 f.). Sieht man allerdings jeweils von denjenigen Nennungen mit nur geringer Häufigkeit bzw. geringer Bedeutung ab, stellt sich ein weitgehend übereinstimmendes Bild heraus, was die zentralen Schwerpunkte praktischer Controlling-Tätigkeit betrifft. Es handelt sich um folgende **fünf Schwerpunktbereiche**:

(1) Kosten- und Leistungsrechnung,

(2) das sonstige interne Rechnungswesen, insbesondere die Investitionsrechnung,

(3) die Budgetierung,

(4) die sonstige zahlenbasierte Planung, insbesondere mit finanziellen Größen,

(5) das Berichtswesen.

Dass sich solche Schwerpunktbereiche, wenn auch teilweise in unterschiedlichen Bezeichnungen und unterschiedlichem Detailcharakter, relativ gleichbleibend ergeben, ist nach den beschriebenen Voraussetzungen bemerkenswert. Gleichzeitig wird an diesen Schwerpunkten auch die markante Verbreitung einzelner Instrumente deutlich, vor allem der Budgetierung. Da es sich dabei um eines von mehreren möglichen, optionalen Delegationsprinzipien handelt (siehe dazu Kapitel II), ist dies besonders beachtenswert. Ob andere Delegationsprinzipien weniger praktiziert werden oder ob bei ihrer Realisierung nur weniger Controlling-Unterstützung abgerufen wird, ist freilich nicht erkennbar.

amerikanisches Controlling

Die identifizierten fünf Schwerpunkte der praktischen Controlling-Arbeit lassen sich auch **über den deutschen und europäischen Bereich hinaus** feststellen (vgl. dazu z. B. Stoffel [Vergleich] 158 ff.). Insbesondere kann man sie auch für das US-amerikanische Controlling finden. Allerdings tritt dort das externe Rechnungswesen als weiterer Schwerpunktbereich hinzu. Der Grund ist historischer Art: Zwischen internem und externem Rechnungswesen wird in den USA traditionell weniger deutlich getrennt, insbesondere nicht institutionell. Der Gesamtbereich des Rechnungswesens wird dort typischerweise dem Controlling zugerechnet.

Entwicklung des Controlling in den USA

In diesem Zusammenhang lohnt ein genauerer Blick auf die Entwicklung des Controlling in den USA. Dort hat sich die sehr rechnungsorientierte Sicht des Controlling nach der Weltwirtschaftskrise der 1930er Jahre entwickelt. Einem vordem eher schwach entwickelten Rechnungswesen wurde plötzlich stärkere Bedeutung zugesprochen. Dem konnte aber die übliche organisatorische Realisierung als Anhängsel an den Finanzbereich nicht mehr gerecht werden. Das zunächst eher als Budgetüberprüfung und Budgeteinhaltungskontrolle verstandene, ursprünglich aus dem öffentlichen Sektor stammende Controlling wurde jetzt mit dem umfassenden Bereich des Rechnungswesens bei deutlich verbreiteter Aufgabenstellung betraut. Hinzu kamen in der Folge weitere, teils betriebsspezifische Aufgaben. Die US-amerikanische Controlling-Praxis ist ab dieser Zeit durch den damals gegründeten „Controller's Club of America", später in **„Financial Executives Institute (FEI)"** umbenannt, einfach erfassbar. Diese Vereinigung hat nämlich von Zeit zu Zeit Aufgabenübersichten herausgegeben, von denen diejenige von 1962 am bekanntesten ist. In ihr wird der Aufgabenbereich des Controllers dem des Treasurers gegenübergestellt und beides unter

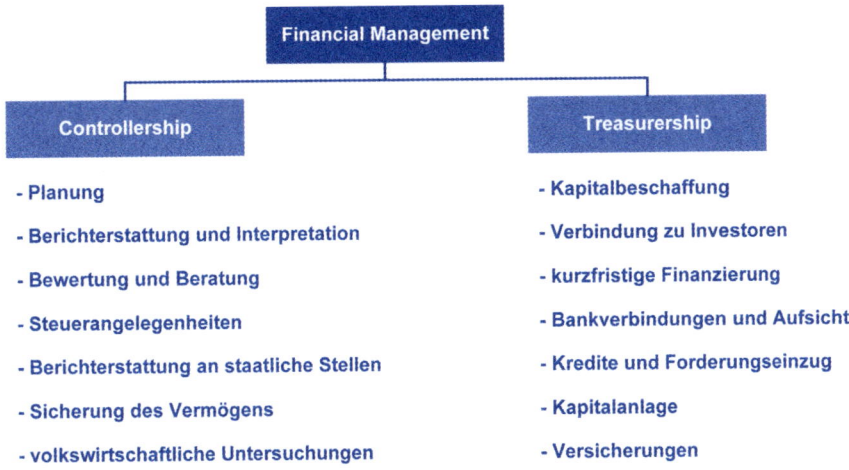

Abb. I-2: Aufgaben von Controller und Treasurer nach der traditionellen Gliederung des Financial Executives Institute

dem (traditionellen) Dach des Financial Management zusammengefasst. Diesen Grundzuschnitt zeigt Abbildung I-2 (Darstellung verkürzt nach Agthe [Controller] 353 ff.).

Im Original werden darunter auf beiden Seiten die jeweiligen Einzelaufgaben aufgeführt. Während zum Treasurer im Wesentlichen die üblichen Standardaufgaben des betrieblichen Finanzbereichs zusammengestellt sind, kann bei der inhaltlich sehr umfassenden Aufgabenauflistung des Controllers aus heutiger Sicht eine Systematik und eine realisierbare, überschneidungsfreie Abgrenzung nicht erkannt werden. Umso mehr verwundert es, dass gerade diese Aufgabenliste in zahlreichen Publikationen vorgestellt und teilweise sogar fast als vorbildlich zu verstehende Controlling-Realisation angeführt wird (vgl. vor allem Hahn/Hungenberg [PuK] 268 f., ferner z. B. Weber/Schäffer [Controlling] 4 ff. sowie Horváth [Controlling] 23 ff.). Freilich sind neuere Aufgabenzusammenstellungen des FEI, z. B. die von 1972 (vgl. FEI [Responsibilities] 83 ff.) in Übersicht und Systematik keinesfalls besser. Nun dürfen insgesamt empirische Ergebnisse zu organisatorischen Fragen nicht überbewertet werden. Fasst man jeweils organisatorisch eindeutige und überschneidungsfreie Aufgabenbeschreibungen verschiedener Betriebe summierend zusammen, kann sich leicht eine Gesamtliste ergeben, die weder überschneidungsfrei, noch überhaupt sinnvoll realisierbar ist.

Problematik der FEI-Abgrenzung zum Controlling

c) Controlling-Abgrenzungen nach den empirischen Erscheinungsformen

Wir haben Controlling als Führungsfunktion der Sekundärkoordination definiert. Diese Definition, die verschiedene Überlegungen zusammenfasst, ist historisch später entstanden als die ersten Realisationsformen des Controlling. Zudem eignet sie sich wegen ihrer Abstraktheit nicht überall besonders gut, die Controlling-Aufgabe im Betrieb praktikabel zu fassen. Wir wollen deshalb einen Blick auf **mögliche Versuche** werfen, die Controlling-Funktion definitorisch einfacher fassbar abzugrenzen.

eine Controlling-Abgrenzung nach Schwerpunktaufgaben wäre möglich	Nach den festgestellten Schwerpunkten des Controlling in der Praxis wäre es naheliegend, das Controlling exakt als **Kombination** dieser fünf Schwerpunkt-Aufgaben zu definieren. Dies würde eine klar abgegrenzte, eindeutige Definition ergeben, die im Übrigen auch widerspruchsfrei um passende Begriffsfassungen weiterer betrieblicher Funktionen ergänzt werden könnte. Allein die gleichrangig erscheinende Zusammenstellung von großen Bereichen (z. B. internes Rechnungswesen) und einzelnen Instrumenten (z. B. Budgetierung, Berichtswesen) wäre etwas eigentümlich. Insgesamt aber bliebe die Controlling-Definition eine Begründung für die Kombination gerade dieser Komponenten schuldig.
eine Abgrenzung nach der Zielwirkung ...	Eine vor allem in mittleren Betrieben bisweilen zu hörende Idee, die zugleich die klassische Einteilung des FEI untermauern könnte, besteht darin, den Controller mit dem **Gewinnziel** zu identifizieren: Der Controller ist für das Erreichen des Gewinnziels verantwortlich, der Treasurer entsprechend für das Liquiditätsziel. Demzufolge hat sich der Controller um gewinnrelevante Entscheidungen zu kümmern, und er muss, soll er seiner Verantwortung gerecht werden, dafür auch Zuständigkeit und Entscheidungsgewalt haben. So glatt sich dieser Abgrenzungsversuch auf den ersten Blick darstellt, so unbrauchbar ist er bei genauerer Besicht: Die Zuständigkeit für alle gewinnrelevanten Entscheidungen würde für den Controller erstens bedeuten, dass er nicht führungsunterstützend wirken würde, sondern selbst Führungsinstanz, also Manager wäre. Zweitens wäre er nicht nur für manche, sondern so gut wie für alle betrieblichen Entscheidungen zuständig, da nur sehr wenige Entscheidungen ohne jegliche Gewinnrelevanz vorstellbar sind. Damit wäre eine nennenswerte organisatorische Zuständigkeitseinteilung also nicht erreicht. Schließlich würden insbesondere
... scheidet aus	breitflächige Überschneidungen zum analog definierten Treasurer entstehen, da die allermeisten der gewinnrelevanten Entscheidungen zugleich auch liquiditätsrelevant sind. Eine solche Definition scheidet also aus. Dies liegt organisationssystematisch daran, dass mit der Orientierung an der Zielwirkung eine Klassifikation nach einer möglichen Konsequenz des Handelns versucht wird. Das kann deshalb nicht gelingen, weil dieselbe Handlung gleichzeitig mehrere Konsequenzen haben kann, also tatsächlich zu keiner disjunkten Klasseneinteilung führt. Deshalb führen auch Definitionsversuche für andere Arten von Zielwirkungen zu keinem realisierbaren Ergebnis. Dies gilt etwa für Betriebsklima-Zuständige, Qualitätsbeauftragte, Terminjäger, Risikomanager u. a., wenn deren Aufgabenbereich durch die Zielwirkungen von Handlungen definiert wird.
eine Abgrenzung nach der Tätigkeit ...	Eine eindeutige Abgrenzung, die sich bei institutioneller Realisierung auch in klaren Zuständigkeitsgrenzen niederschlägt, entsteht stets dann, wenn die zu definierende Aufgabe artmäßig abgegrenzt wird, also etwa durch die Verrichtungsart oder den zu bearbeitenden Sachverhalt (vgl. zu den organisatorischen Analyseprinzipien vor allem Kosiol [Organisation] 42 ff. sowie z. B. Schreyögg [Organisation] 26 f.). Da es sich beim Controlling um eine führungsunterstützende Funktion handelt, ist also z. B. die **Verrichtungsart der Führungsunterstützungstätigkeit** heranzuziehen. So könnte man Controlling definieren als

(a) das interne Rechnungswesen,

(b) die Zusammenfassung von internem Rechnungswesen einerseits und operativer sowie taktischer Planung andererseits,

3. Einfache Erklärungsversuche zum Controlling-Begriff

(c) die Zusammenfassung der unter b genannten Führungstätigkeiten, ergänzt um die strategische Informationsbereitstellung und die strategische Planung.

Im Unterschied zur Zuständigkeit für den Gewinn (oder andere Ziele), ist ein Controller nach Definition a lediglich für dessen Berechnung zuständig. Damit ist nicht nur eine klare, sondern auch eine sinnvolle Trennung und Zuweisung der Verantwortlichkeiten zwischen Manager und Controller möglich. Entsprechend ergeben auch die anderen beiden Fassungen umsetzbare Controlling-Definitionen. In Form a ist Controlling lediglich ein anderer Name für das interne Rechnungswesen, umfasst also die zahlenmäßig, vorrangig eher entscheidungsorientierte Informationsbereitstellung für betriebsinterne Adressaten. Ergänzt um das externe Rechnungswesen würde sich die traditionelle amerikanische Version des Controlling ergeben.

... ist möglich: in kleiner Version

Form b führt zu einem Aufgabenprogramm, das ungefähr die oben aufgeführten empirisch beobachteten Controlling-Schwerpunkte ergibt. Es wird auch in früheren Controlling-Veröffentlichungen als eine Standardversion des Controlling beschrieben (so bei Hahn/Hungenberg [PuK] 277 f., Hahn [Controlling] 7 sowie Pfohl/Stölzle [Planung] 39 f.). Dabei wird als Charakteristikum von Controlling die (damals) neue organisatorische Zusammenfassung von Zahlenbereitstellung und zugehöriger Zahlenverwendung betont. Zahlenbereitstellung geschieht im internen Rechnungswesen; deren Hauptverwendung wird in den quantitativ orientierten Planungsebenen, also vorrangig in der operativen und taktischen Planung lokalisiert. Der dahinterstehende Gedanke kann nur im relativen Vorteil einer inhaltlichen Abstimmung gesehen werden, die sich in der gleichen Abteilung leichter einstellt als bei einem Spezialistentum, das in getrennten Abteilungen eher kultiviert werden kann. Damit deutet sich in den 1980er Jahren bereits an, was später in erweiterter Form zum Definitionsmerkmal des modernen Controlling werden sollte.

... in mittlerer Version

Setzt man den Abstimmungsgedanken über die Zahlenwelt hinaus fort, gelangt die Bereitstellung und Verwendung nichtquantitativer Informationen in den Blickpunkt. Damit ist auch die strategische Planung mit ihrer informatorischen Grundlage erfasst. Diese Erweiterung stellt die Form c dar. Im Gegensatz zur Form b scheint die Form c nach wie vor nur selten in der Wirtschaftspraxis aufzutreten, am ehesten findet sie sich in größeren Unternehmungen, in denen ohnehin ein breiteres Controlling-Verständnis vorherrscht. Die Erweiterung von Form b auf Form c wurde in der Literatur als „strategisches Controlling" bezeichnet und in den späten 1980er Jahren intensiv diskutiert (vgl. vor allem Pfohl/Zettelmeyer [Strategisches Controlling], Coenenberg/Baum/Günther [Controlling]). Dabei spielte vor allem eine Rolle, wie weit der Controller (noch) als ausschließlicher Rechnungswesen-Experte oder (schon) als Vertreter einer eigenen, darüber hinausgehenden Fachfunktion gesehen wurde.

... in großer Version

Die drei Abgrenzungsformen sind Beispiele dafür, wie durch Zusammenstellen einzelner Führungstätigkeiten eine Controlling-Definition gewonnen werden kann. Es sind aber keine zufälligen Beispiele, weil sie in der Praxis vorzufindende Realisationsformen erfassen. Nun bereitet es keine Mühe und erfordert nicht viel Einfallsreichtum, Problembeispiele zu finden, zu deren Lösung sich eine Kombination anderer oder zusätzlicher Führungsfunktionen anbieten würde und dies möglicherweise nicht nur einmalig, sondern auf Dauer, vor allem dann, wenn Probleme dieses Typs immer wieder auftreten können. Ist dies ein

Gibt es ein dahinterstehendes charakteristisches Merkmal?

Indiz dafür, dass die Controlling-Definition zweckmäßigerweise breiter zu fassen ist? Soll man neben einem bereits definierten Controlling jeweils weitere, neue Führungsfunktionen mit neuen Namen generieren? Sind die bereits unterschiedenen Führungsfunktionen neu und ggf. flexibler zu definieren? Eignet sich die herkömmliche Unterscheidung der Führungsfunktionen überhaupt zur Erfassung wechselnder Führungsaufgaben in einer dynamischen Umwelt? Die herrschende Lehre, der wir in diesem Buch weitgehend folgen, hat diese Fragen (implizit) beantwortet: **Controlling soll eine eigene Führungsfunktion kennzeichnen und** nicht ein neuer Name für eine schon vorhandene und definierte Führungsfunktion sein. **Nicht einzelne Realisationsformen, sondern der dahinterstehende Gedanke soll als Definitionsmerkmal verwendet werden.** Nun herrscht gerade beim Controlling-Begriff die herrschende Lehre durchaus nicht uneingeschränkt: Zum einen gibt es bedeutende abweichende Meinungen, die eine engere Controlling-Definition vertreten, welche sich stärker an den Rechnungswesen-Wurzeln orientiert. Zum anderen unterscheiden sich auch Vertreter einer weiter gefassten Controlling-Sicht in der Schwerpunktsetzung und in Formulierungsdetails (siehe dazu genauer Kapitel XII).

4. Der koordinationsorientierte Controlling-Begriff

a) Die Koordination als generelle Funktion des Controlling

heutiges Definitionsmerkmal des Controlling

Die hier vertretene Begriffsfassung des Controlling hebt primär auf die Sekundärkoordination ab. Controlling wird verstanden als Koordination innerhalb der anderen Führungsfunktionen und vor allem zwischen ihnen. Damit sind im Einzelnen beispielsweise folgende Abstimmungsaufgaben **innerhalb** einzelner **Führungsfunktionen** erfasst:

- innerhalb der Planungsprozesse und des betrieblichen Planungssystems,
- innerhalb der verschiedenen Teile des Rechnungswesens, der sonstigen Informationsinstrumente sowie der informations- und kommunikationstechnischen Systeme,
- innerhalb organisatorischer Regelungen und personalpolitischer Steuerungskonzepte.

Diese Abstimmungsaufgaben fallen nur insoweit in Bereiche des Controlling, als sie nicht innerhalb der betrieblichen Führungsfunktionen ohnehin erledigt werden. **Controlling erfüllt deshalb eine ergänzende Funktion der Überwachung, des Aufmerksammachens, der Zielausrichtung und der Korrektur.**

als spezifische Funktion im Führungsbereich

Die bedeutenderen Aufgaben kommen dem Controlling in der Abstimmung **zwischen** den Führungsfunktionen zu. Dies sind übergreifende Aufgaben des Controlling, die nicht nur ergänzend, sondern originär beim Controlling liegen. Dazu zählen z. B. die Abstimmungen

- zwischen dem betrieblichen Informationssystem einerseits und der Planung und Kontrolle andererseits,
- zwischen organisatorischen Regelungen, der Personalmotivation und dem betrieblichen Informationssystem,

4. Der koordinationsorientierte Controlling-Begriff

- zwischen organisatorischen Regelungen, dem Kontrollsystem und dem betrieblichen Informationssystem,
- zwischen allgemeinen Führungsprinzipien, der Personalmotivation und dem betrieblichen Informationssystem.

Zu solchen übergreifenden Abstimmungsproblemen gehören die eingangs angeführten zwölf Beispiele. Die zu ihrer Lösung eingesetzten **Koordinationsinstrumente** lassen sich entweder einzelnen Führungsfunktionen zurechnen, die sich dann das Controlling zunutze macht, es sind sogenannte „isolierte Koordinationsinstrumente"; oder sie haben übergreifenden Charakter, sind also spezielle Controlling-Instrumente, die anderen Führungsfunktionen nicht unmittelbar zugeordnet werden können.

Begründung von Controlling-Instrumenten

Diese Unterscheidung betrifft die inhaltliche Zuordnung der Koordinationsinstrumente des Controlling. Für die Schwierigkeit der Controlling-Arbeit von größerer Bedeutung ist das Umgestaltungsausmaß, das eine Koordinationsmaßnahme bewirkt. Danach sind die systemdefinierende und die systemausfüllende Koordination zu unterscheiden. Die **systemausfüllende Koordination** ist der häufigere und für den Controller angenehmere Fall. Hier können die jeweiligen Teillösungen mit ihren Verfahrensregeln akzeptiert werden; zum reibungslosen, d. h. zielentsprechenden Zusammenwirken sind aber Feinjustierungen erforderlich. Beispielsweise wird die konkrete Höhe eines innerbetrieblichen Kalkulationszinssatzes neu festgelegt, während die im Betrieb praktizierten Methoden zur Investitionsbeurteilung unverändert bleiben. Oder es wird die konkrete Höhe eines bestimmten Budgets für die Folgeperiode festgelegt; die Tatsache der Budgetierung und die einzelnen Regeln zur dezentralen Entscheidung der budgetierten Abteilungen bleiben aber bestehen. In entsprechender Weise könnte bei gegebener Kalkulationsmethode und gegebener Entscheidungsfindung auf Basis der kalkulierten Werte die Höhe eines Gemeinkostenzuschlagsatzes neu festgelegt werden. Alle solchen Maßnahmen werden unter dem Begriff der systemausfüllenden Koordination zusammengefasst (in der Literatur auch als systemkoppelnde oder laufende Koordination bezeichnet, vgl. Horváth [Controlling] 105 ff., Friedl [Controlling] 162 und Küpper [Controlling] 26 f.).

zwei Arten von Controlling-Aufgaben ...

... durch Unterscheidung von zwei Koordinationsformen

Die systemausfüllende Koordination stößt dort an ihre Grenzen, wo die beteiligten Systeme nicht oder nur mit großen Mühen zu zielentsprechendem Zusammenwirken gebracht werden können. Ursache dafür kann ein der betrieblichen Grundausrichtung entgegenlaufendes Konzept einer Führungsfunktion sein, aber auch das Zusammentreffen je einzeln für sich zwar möglicher, aber einander widersprechender Konzeptionen zweier Führungsfunktionen. Ein sehr typisches Beispiel eines ungeeigneten Grundkonzepts ist die Vollkostenrechnung; sie kann durch keine bloß ergänzende Maßnahme zu einem planungsgeeigneten Instrument gemacht werden. Beispiel für zwei nicht harmonisierbare Konzepte ist ein ausgefeiltes zentralistisches Kontrollsystem einerseits und eine auf Selbststeuerung fußende Aufbauorganisation mit weitgehend autonomen Bereichen andererseits. In solchen Fällen ist die Grundkonzeption zumindest in einer der beteiligten Führungsfunktionen zu ändern. Es handelt sich um die **systemdefinierende Koordination** (auch systembildende Koordination genannt, vgl. z. B. Horváth [Controlling] 105 ff., Friedl [Controlling] 162 und Küpper [Controlling] 26 f.). In den angeführten Beispielen würde sie in einem Fall in der Einführung eines Teilkostenrechnungssystems bestehen, im anderen Fall entweder in einem Übergang auf ein Delegationsprinzip mit Detailvorgaben oder auf ein weitgehend dezentrales Kontrollsystem und ein entsprechend gestuftes Berichtswesen, das sich für die oberen Ebenen auf verdichtete Gesamtinformationen konzentriert, die gleichzeitig den inhaltlich vorgegebenen Zielgrößen entsprechen.

unterschiedliche Schwierigkeit der beiden Koordinationsformen

In der **konkreten Controlling-Arbeit** ist naturgemäß die systemausfüllende Koordination einfacher und unproblematischer. Sie ist von weniger grundsätzlichem Charakter, die betroffenen Parameter können also (auch unauffällig) kurzfristig mehrfach geändert werden, so dass Korrekturen und Nachbesserungen unpassender Festlegungen, ein sukzessives Herantasten und ein Trial-and-Error-Prozess möglich sind. Vor allem aber sind Maßnahmen der laufenden Koordination in der Regel völlig unproblematisch, was die Position des agierenden Controllers betrifft: Sie rufen keine Widerstände hervor, weder muss der Controller gegen das bisher praktizierte System argumentieren, noch müssen seine Vertreter es verteidigen.

b) Besondere Teilfunktionen des Controlling

Innerhalb der generellen Koordinationsfunktion können bestimmte Teilfunktionen herausgehoben werden, die im Controlling von besonderer Bedeutung sind. In ihnen konkretisiert sich typischerweise die alltägliche Koordinationsarbeit. Dies sind (in teilweiser Anlehnung an Küpper [Controlling] 34 f.):

vier übliche Nebenfunktionen des Controlling

- die Beratung und Entscheidungsunterstützung der Führungsinstanzen,
- die Informationsbereitstellung und führungspolitische Informationsaufbereitung,
- die Methodenunterstützung,
- die Initiativfunktion.

erste Nebenfunktion

Die **Beratung und Entscheidungsunterstützung** für das Management zeigt die unterstützende Funktion des Controlling besonders deutlich. Sie kann als allgemeinste und zugleich wichtigste Koordinations-Aktivität im Controlling angesehen werden. Hier geht es darum, vor entsprechenden Manager-Entscheidungen logische Konsequenzen innerhalb des Führungsgesamtsystems herauszuarbeiten, insbesondere die Orientierung von Entscheidungen am betrieblichen Zielsystem sicherzustellen. Dies betrifft einzelne Sachentscheidungen, etwa über das Produktionsprogramm oder zur Marketingpolitik, aber auch Führungsstrukturentscheidungen, etwa die Wahl eines Delegationsprinzips oder die Festlegung zugehöriger Parameter, so etwa Budgethöhen oder Lenkpreise.

zweite Nebenfunktion

Die **Informationsbereitstellung** selbst ist nicht originäre Controlling-Aufgabe, wird aber, insbesondere was das interne Rechnungswesen betrifft, häufig direkt vom Controller wahrgenommen, um so die eigentliche Controlling-Aufgabe zu erleichtern. Dies hat einerseits historische Gründe, liegt andererseits aber auch in der zentralen Bedeutung gerade des internen Rechnungswesens. Anstatt also die Koordinations-Eignung des internen Rechnungswesens durch Beratung, Diplomatie und Einflussnahme sicherzustellen (was definitionsentsprechend genügen

4. Der koordinationsorientierte Controlling-Begriff

Funktionen des Controlling

Hauptfunktion:

Sekundärkoordination, die Koordination in den Führungsteilfunktionen und zwischen ihnen
- als **systemdefinierende** (systembildende, gestaltende) Koordination
- als **systemausfüllende** (systemkoppelnde, laufende) Koordination

Nebenfunktionen (Servicefunktionen):
- **Entscheidungsunterstützung**
- **Informationsbereitstellung**
- **Methodenbereitstellung**
- **Initiativfunktion**

Abb. I-3: Funktionen des Controlling

würde), übernimmt der Controlling-Bereich in vielen Fällen unmittelbar die Informationsbereitstellung durch das interne Rechnungswesen und ggf. zusätzliche, weniger standardisierte Teile des betrieblichen Informationssystems. Dies wiederum erleichtert die originäre Aufgabe der führungspolitischen Informationsaufbereitung erheblich. Führungspolitische Aufbereitung bedeutet adressatengerechte und zielentsprechende Auswahl, Sortierung und auch Gewichtung von Informationen, um damit Führungsaufgaben möglichst passend erfüllen zu können. Hier geht es beispielsweise um die Art der Verdichtung von Informationen, um Kennzahlendefinitionen, Abweichungsanalysen, die äußere Gestaltung von Berichten, auch deren graphische Darstellung, den Zeitpunkt der Übermittlung, usw.

Die **Methodenunterstützung** kommt zum einen augenfällig zum Zuge, wenn eine systemdefinierende Koordination ansteht, zum anderen betrifft sie in weniger spektakulärer Weise im führungspolitischen Alltag etwa die Wahl einer passenden Methode aus einem vorhandenen Software-Paket. Beispielsweise kann es um eine passende Prognosemethode gehen, um eine Analysemethode, eine Beurteilungsmethode, allgemeiner um Planungs- und Kontrollmethoden, Rechenmethoden, Entlohnungsmethoden, usw. *(dritte Nebenfunktion)*

Mit der **Initiativfunktion** ist schließlich die Aufgabe des Controlling angesprochen, die zuständigen Manager auf bereits bestehende oder potenzielle Schwachstellen hinzuweisen, für die keine adäquate Problembehandlungsmethode zur Vermeidung, Kennzeichnung oder Lösung vorhanden scheint. Dies gilt für den operativen, aber insbesondere auch für den strategischen Bereich. Bei letzterem ist deshalb ein besonderes Augenmerk auf das Vorhandensein, die Funktionsfähigkeit und die geeignete Anwendung von Früherkennungssystemen zu richten. Abbildung I-3 zeigt die Hauptlinien der hier vertretenen Controlling-Definition zusammenfassend. *(vierte Nebenfunktion)*

c) Zur Erscheinungsform des Controlling in der Praxis

Controlling-Philosophie ist schwer beobachtbar

Das Controlling-Verständnis als Koordination innerhalb der betrieblichen Führungsfunktionen und zwischen ihnen ist sehr abstrakt; seine **praktische Umsetzung** lässt sich nur indirekt beobachten. Zwar treten systemdefinierende Koordinationsmaßnahmen markant hervor; sie erfordern aber wegen ihres grundsätzlichen Charakters regelmäßig Entscheidungen der Führungsinstanzen und werden deshalb nur zum Teil als typische Controlling-Maßnahmen wahrgenommen. Zudem sind sie im Controlling-Geschehen die Ausnahme. Im Alltag dominieren vielmehr die Maßnahmen der systemausfüllenden Koordination. Und jene haben einen sehr unterschiedlichen Charakter, je nachdem mit welcher Grundkonzeption die einzelnen Führungsfunktionen erfüllt werden. Deshalb kann es nicht erstaunen, wenn selbst dort, wo exakt der hier vertretenen Controlling-Auffassung gefolgt wird, ein entsprechender empirischer Beleg dafür kaum möglich ist. Typische Konsequenz der koordinationsorientierten Auffassung ist ja die jeweils spezifische Fassung konkreter Controlling-Aufgaben. Über mehrere Betriebe hinweg erscheint dies zwangsläufig als breite Vielfalt von Einzelaufgaben.

Kapitelübersicht

Kapitel I auf einen Blick

- Controlling kann nicht vom Wort her erklärt werden. Es ist weder Kontrolle, noch Steuerung.

- Die betrieblichen Erscheinungsformen geben auf den ersten Blick ein uneinheitliches Bild zum Controlling. Tatsächlich stimmen aber die typischen Schwerpunktbereiche weitgehend überein. Sie umfassen das interne Rechnungswesen, die operative Planung, die Budgetierung und das Berichtswesen.

- Controlling ist eine Funktion im Führungsbereich und ergänzt daher andere Führungsfunktionen wie Planung, Kontrolle, Informationsbereitstellung und die personenbezogenen Funktionen.

- Die Kernaufgabe des Controlling ist die Koordination im Führungsbereich. Sie besteht aus einem (schwierigeren und glücklicherweise selteneren) systemdefinierenden und einem (im Alltag vorherrschenden) systemausfüllenden Teil.

- Obgleich die Controlling-Definition abstrakt erscheinen mag, konkretisiert sie sich durchweg in nachvollziehbaren und für das reibungslose Funktionieren der betrieblichen Prozesse wichtigen Feinaufgaben. Ihr Zusammenhang wird über die Controlling-Prinzipien durchschaubar, ihre Lösung damit begründbar.

Wie Controlling arbeitet:

Kapitel II: Grundlagen zum Controlling-Instrumentarium

1. Ursachen der betrieblichen Koordinationsnotwendigkeit

Mit der Koordination im Führungsbereich ist die Controlling-Funktion zwar genau, aber erst sehr abstrakt abgegrenzt. Welche konkreten Aufgaben sich dabei stellen, hängt vor allem davon ab, wie die Führungsaufgaben im Betrieb überhaupt angegangen werden und insbesondere, wie sie verteilt sind. Grundsätzlich wäre eine eigene **Führungskoordination** gar nicht nötig, wenn alle Entscheidungen in einem Simultanplanungsansatz vorbereitet und danach getroffen würden. Dann würde sich eine (nachträgliche) Koordination von Einzelentscheidungen erübrigen, da es solche isolierten Komponenten nicht gäbe. Unverändert allerdings wäre die davon unabhängige Koordinationsnotwendigkeit im **Ausführungsbereich,** weil in jedem Fall Prognosen falsch und Realisationen unplanmäßig sein können.

Problemaufgliederung als Koordinationsursache

Nun aber ist die simultane Planung eine typologische Idealvorstellung, die hauptsächlich als argumentativer Orientierungspunkt dient. Tatsächlich ist im Führungsbereich stets von einer differenzierten, d. h. einzelne Teilaspekte unterscheidenden Arbeitsweise auszugehen, und zwar auch dort, wo es sich im Grenzfall nur um einen Einpersonenbetrieb handelt. Die Gesamtkomplexität der Probleme erzwingt es, einzelne **Entscheidungsbereiche** zu unterscheiden, die letztlich nacheinander gelöst werden und deshalb die Koordination der Ergebnisse nötig machen.

Bildung von Entscheidungsbereichen

Im (üblichen) Mehrpersonenbetrieb ist diese Bildung von Entscheidungsbereichen zusätzlich mit einer entsprechenden personellen **Arbeitsteilung** und teilweisen **Entscheidungsdelegation** verbunden. Dies macht die Trennung der Entscheidungsteilbereiche offensichtlich, ist aber für die Koordinationsnotwendigkeit keine zwingende Bedingung. Die Koordinationsproblematik entsteht immer dort, wo ein Gesamtproblem zerlegt und in Teilprobleme gegliedert wird, also bei jeder Differenzierung. Sogar bei einem völlig zentralistischen Steuerungskonzept mit einer äußerst schwach ausgeprägten Delegation besteht die Koordinationsnotwendigkeit. Sie würde sich hier allerdings darauf konzentrieren, dass sich die zentralen Einzelvorgaben zu einem möglichst zielgünstigen Gesamtsystem zusammenfügen.

organisatorische Entscheidungsteilbereiche

Eigene Entscheidungsbereiche entstehen sowohl durch **vertikale als auch durch horizontale Differenzierung. Vertikal bilden sich einander über- und untergeordnete Bereiche,** vor allem in **unternehmungsorganisatorischer,** aber auch in

vertikale Differenzierung

planungshierarchischer Sicht. Unternehmungsorganisatorisch entsteht so eine Arbeitsteilung zwischen Entscheidungsbereichen der Zentrale und dezentralen Einheiten bzw. zwischen Vorgesetztem und den ihm Untergeordneten. Planungshierarchisch entsteht z. B. bei dreistufigem Aufbau die Trennung in strategische, taktische und operative Aufgaben.

horizontale Differenzierung

In horizontaler Sicht werden Entscheidungsbereiche abgegrenzt, zwischen denen kein Über-/Unterordnungsverhältnis entsteht. Dies sind inhaltlich etwa verschiedene Produktsparten oder Funktionsbereiche; formal sind es Abteilungen bzw. Mitarbeiter der gleichen Stufe oder sogar ungleicher Stufe, aber mit parallelen Linien zur ersten gemeinsamen vorgesetzten Instanz.

Entstehung von Schnittstellen

Wie auch die Entscheidungsbereiche gebildet werden, in jedem Fall werden prinzipiell zusammengehörende Gesamtbereiche getrennt und damit auch **Interdependenzen**, die bei der Entscheidungsfindung mehr oder weniger wichtig sind. Die dadurch entstehenden Schnittstellen begründen die Notwendigkeit von Koordinationsmaßnahmen. Nun ist das Entstehen solcher Schnittstellen in jedem Fall unvermeidlich. Allerdings hat man bei der Strukturierung der betrieblichen Führung die Wahl zwischen **verschiedenen** Schnittstellenarten, die für die spätere Koordination unterschiedlich problematisch sein können. Deshalb ist die grundsätzliche Führungsstruktur in hohem Maße bestimmend für die Art und die Schwierigkeit der resultierenden Controlling-Aufgaben.

getrennte Interdependenzen bestimmen die Koordinationsaufgaben

Die verschiedenen Koordinationsaufgaben richten sich nach den Entscheidungsbereichen, die bei der Strukturierung der betrieblichen Führung entstanden sind, und den dabei getrennten Interdependenzen. Deshalb bestimmen die Arten solcher Interdependenzen gleichzeitig die möglichen Arten von Controlling-Aufgaben. Die bestehenden Interdependenzen und deren (vielleicht unvollkommene) Berücksichtigung in der gewählten Entscheidungsdifferenzierung zeigen sich in der konkreten Alltagssituation darin, dass die Entscheidungssituation gegenüber einer übergreifenden Gesamtlösung eingeschränkt ist. Insbesondere kann

- das Handlungsfeld kleiner sein als es sonst wäre; weil vorgelagerte Entscheidungen anderer Einheiten manche Alternativen ausschließen („Feldkomponente"),
- die Bewertung der Alternativen anders sein, d. h. die Zielwirkung, die einer Alternative dezentral zugesprochen wird („Transformationskomponente"),
- das anzustrebende Ziel selbst verändert sein („Zielkomponente").

drei Merkmale der Entscheidungssituation sind beeinträchtigt

Feld-, Transformations- und Zielkomponente (so bezeichnet nach der klassischen Einteilung von Frese [Koordination] 2273), die charakteristischen Merkmale jeder Entscheidungssituation, werden durch vertikale und horizontale Differenzierung unterschiedlich beeinflusst. Durch die vertikale Differenzierung sind alle drei Komponenten betroffen, da übergeordnete Bereiche Ziele, Bewertungen und Handlungsmöglichkeiten direkt bestimmen. In der horizontalen Differenzierung ist unmittelbar nur Menge und Art der Alternativen, d. h. die Feldkomponente, betroffen, die Zielkomponente nicht und die Alternativenbewertung (die Transformationskomponente) allenfalls indirekt.

Abb. II-1 zeigt im Überblick, dass es sich, freilich bei hohem Abstraktionsgrad, letztlich um nur wenige unterschiedliche Arten von Interdependenzen handeln

1. Ursachen der betrieblichen Koordinationsnotwendigkeit

Ursachen der Koordinationsnotwendigkeit

(1) Bilden von (teilautonomen) Entscheidungsbereichen
- horizontale und vertikale Differenzierung
- (teilweise) Entscheidungsdelegation

(2) Trennung von Interdependenzen führt zu Schnittstellenproblemen

Interdependenzarten

Sachinterdependenzen	personelle Interdependenzen
- Mittelinterdependenzen: Ressourcenverbund oder Prozessverbund ⇒ *Beeinflussung des Handlungsfeldes*	- Zielkonflikte durch unterschiedliche subjektive Präferenzen ⇒ *Zielkomponente*
- Zielinterdependenzen: Ergebnisverbund oder Bewertungsverbund ⇒ *Beeinflussung der Transformationskomponente*	- Zielkonflikte durch unterschiedliche Ziele der Organisationseinheiten ⇒ *Zielkomponente*
- Risikointerdependenzen: Risikoverbund ⇒ *Beeinflussung der Transformationskomponente*	- asymmetrische Informationslage ⇒ *diverse Wirkungen*

Abb. II-1: Ursachen der Koordinationsnotwendigkeit

kann (vgl. zu Teilaspekten dieser Einteilung die entsprechenden Ausführungen bei Laux/Liermann [Organisation] 191 ff., Küpper [Controlling] 31 ff., Ewert/Wagenhofer [Unternehmensrechnung] 395 ff., Friedl [ABWL-Controlling] 238 ff. sowie Frese/Graumann/Theuvsen [Organisation] 112 ff.).

Grundsätzlich kann zwischen sachlichen und personellen Interdependenzen unterschieden werden. Letztere kommen nur dort vor, wo Führungsaufgaben auf verschiedene Personen aufgeteilt werden, also bei personeller Arbeitsteilung. Auch hier verstärkt eine umfassende Delegation die Problematik; für das Entstehen genügt es aber, wenn mehrere Personen zusammenwirken. Sachinterdependenzen dagegen liegen bereits im zu lösenden Sachproblem begründet, bestehen also unabhängig von den mit der Lösung betrauten Personen. Es gibt drei Gruppen von Sachinterdependenzen: Mittel-, Ziel- und Risikointerdependenzen. Bei **Mittelinterdependenzen** sind verschiedene Führungsbereiche über die gemeinsamen Mittel verbunden. Dies kann die Inanspruchnahme einer

sachliche Interdependenzen

gemeinsamen Ressource sein, also Personal, Maschinen, Material oder Finanzen (**Ressourcenverbund**). Da zwei oder mehr unabhängige Entscheidungseinheiten auf diese Ressourcen zugreifen, kann es jederzeit zu Konflikten bei der Inanspruchnahme kommen. Bei horizontal differenzierten Entscheidungsbereichen ist dann ein Koordinationsmechanismus erforderlich, wenn nicht der aufbauorganisatorische Weg bis zum ersten gemeinsamen Vorgesetzten (was auch der oberste Vorstand sein kann) beschritten werden soll. Beispiele von Koordinationsmechanismen sind

erste Art sachlicher Interdependenzen

- eine First-come-first-served-Regel in geeigneter Ausprägung,
- eine Ressorucenverteilung nach auftragsindividuellen Prioritätskennzahlen, die vorher zuzuordnen wären,
- eine Vorab-Verteilung von Teil- oder Vollkapazitäten und -zuständigkeiten, was etwa zu reservierten Zeiten der Maschinennutzung für Abteilung A, B, C, … führt, ähnlich einem Trockenraum-Nutzungsplan in Mietshäusern,
- die Einrichtung einer Koordinationsstelle, die nach einem festzulegenden Verfahren Kapazitäten zuteilt,
- die Zuordnung der Ressourcen gegen Verrechnungszahlung mit ggf. variierbaren Lenkpreisen.

Die Beispiele deuten an, welche Vielfalt an Koordinationsmöglichkeiten sich auftut, deren Details von Controllern auszuarbeiten wären.

Ein zweiter Fall der Mittelinterdependenz ist der **Prozessverbund. Hier sind die zu koordinierenden Entscheidungsbereiche durch die gemeinsame Mitarbeit am gleichen Produktionsprozess verbunden**. Typischer Fall ist die Lieferungs-Empfangs-Folge zwischen Arbeitsstellen in der Fließfertigung, zwischen verschiedenen Werken im Konzern oder zwischen zusammenarbeitenden selbständigen Betrieben einer Supply Chain. Hier begrenzt die liefernde Stelle das Handlungsfeld der empfangenden, also die erreichbare Menge und Qualität von Weiterproduktion und Absatz. Deshalb geht es um die Abstimmung von Mengen, Zeiten und Qualitäten des Güterverbundes. Auch hier sind Lenkpreise, die Vorab-Zuteilung von Kapazitäten, Regelungen mit Kennzahlen, aber auch Pufferläger, Kontroll- oder Belohnungsmechanismen mögliche Lösungen.

Typisch für Mittelinterdependenzen ist stets die **Beeinflussung des Handlungsfeldes, also** der eigenen Alternativen durch die interdependent wirkenden anderen Entscheidungseinheiten. Bei Ziel- und Risikointerdependenzen dagegen haben die Interdependenz-Partner einen Einfluss darauf, wie die eigenen Alternativen bewertet werden, wie also die eigenen Aktionen in den Zielskalen abgebildet (in sie transformiert) werden. Daraus erklärt sich die Bezeichnung Transformationskomponente (vgl. Frese [Koordination]).

zweite Art sachlicher Interdependenzen

Zielinterdependenz liegt vor, wenn die unmittelbare Zielhöhe von Maßnahmen anderer, verbundener Entscheidungsbereiche abhängt. Es gibt davon zwei Fälle: den Ergebnisverbund und den Bewertungsverbund. Beim **Ergebnisverbund** verbessert sich die Zielhöhe, wenn Maßnahmen gemeinsam statt isoliert ergriffen werden. So ist etwa bei der gemeinsamen Nachfrage nach dem gleichen Einsatzgut ein **Mengenrabatt** möglich; bei der gemeinsamen Nutzung des gleichen Transportmittels entstehen Kostenersparnisse; gemeinsame Werbemaßnahmen erhöhen deren Wirkung, usw. Bei allen Fällen des Ergebnisverbundes ist zwar isoliertes Handeln möglich (anders als bei der Mittelinterdependenz), aber abgestimmtes Handeln ist zielgünstiger. Auch beim **Bewertungsverbund** richtet sich die Zielwirkung nicht nach der eigenen Maßnahme allein; hier ist aber durch gemeinsames Handeln nicht unbedingt eine bessere Zielerreichung für beide möglich. Vielmehr hängt die Bewertung vom bisher erreichten Niveau ab, auf das eben auch andere Entscheidungsbereiche einen Einfluss haben. Eine isolierte Bewertung einer Maßnahme ist damit ohne Kenntnis der Entscheidungen paralleler Entscheidungsbereiche nicht möglich. Ein markantes, wenn auch nicht alltägliches Beispiel hierfür ist eine ausgesetzte Belohnung für Tipps zur Ergreifung eines Täters: Der erste erfolgreiche Tipp erbringt die Belohnung, jeder weitere Tipp ist wertlos. Andere Beispiele sind Kompensationsgeschäfte – sie werden ab der Sollmenge uninteressant –, Restbestandverkäufe – wenn das Lager leer ist, wird ein weiterer Verkauf nachteilig – sowie der Absatz von Kuppelprodukten.

Die dritte Gruppe von Sachinterdependenzen schließlich sind die **Risikointerdependenzen**. Auch sie betreffen die Alternativenbewertung, also die Transformationskomponente. In welcher Weise ein eingegangenes Risiko wirkt, hängt davon ab, welche Maßnahmen mit gleicher Risikokomponente von anderen Bereichen bereits ergriffen sind. So kann ein Geschäft in Fremdwährung einer Division entweder das Gesamtwährungsrisiko vergrößern oder reduzieren, je nachdem, welche anderen Geschäfte von Paralleldivisionen in dieser Fremdwährung bereits vorliegen. Ein anderes Beispiel ist die sich kumulierende Sicherheitswirkung von bestimmten Güterbeständen in unterschiedlichen Bereichen, z. B. von Ausgangs- und Eingangslägern desselben Produkts in Teilbetrieben beim Prozessverbund. Entsprechendes gilt für Risiken bestimmter Märkte oder Nachfragergruppen, für das Preisrisiko von Einsatzgütern, für das Risiko einer bestimmten Technologie. Der Risikoverbund entsteht allgemein stets dadurch, dass die Varianz des Gesamtergebnisses auch von den Kovarianzen zwischen den beteiligten Handlungsvariablen abhängt (vgl. Laux/Liermann [Organisation] 192 f.). In der Wirkung kann der Risikoverbund als ein spezieller Fall eines Bewertungsverbundes angesehen werden. Dies ist auch deshalb plausibel, weil Risiko stets eine dazutretende Eigenschaft einer Größe ist (vgl. Troßmann [Investition] 313 ff.). Wird diese Größe bewertet, so beeinflusst auch die Mehrdeutigkeit ihrer prognostizierten Höhe (worin ja das Risiko besteht) das Bewertungsergebnis. Dementsprechend gibt es prinzipiell die gleichen Koordinationsmechanismen wie beim Bewertungsverbund generell: Lenkpreise, Mindest- oder Höchstbudgets, eigene Koordinationsorgane, die Vorgabe von Bewertungsalgorithmen zur isolierten Bewertung usw.

dritte Art sachlicher Interdependenzen

Die **personellen Interdependenzen** sind durch die individuellen Eigenschaften und Einstellungen der in den getrennten Bereichen handelnden Personen gekennzeichnet. Hier sind zunächst die persönlichen Motive zu nennen, die im Regelfall nicht mit den betrieblichen, insbesondere den vorgegebenen Zielen übereinstimmen. Dadurch entstehen bei allen Delegationen Durchsetzungsprobleme, die letztlich auf die Zielkomponente wirken. Entsprechendes gilt auch für Personengruppen. Dies ist dort von Bedeutung, wo betrieblichen Organisationseinheiten eigene Entscheidungskompetenzen zugeordnet werden. Dann entstehen durch die dort zusammenarbeitenden Personen abteilungseigene Ziele, die selbst wieder den Charakter teilbetrieblicher Ziele haben, aber eben nicht

personelle Interdependenzen

identisch sein müssen mit den gesamtbetrieblichen Zielen. Damit entstehen Abteilungsegoismen sowie Zieldifferenzen unter den Organisationseinheiten und zur Zentrale.

Principal-Agent-Probleme als personelle Interdependenzen

Besonders interessante und **vielfältige Schnittstellenprobleme** schließlich erwachsen aus der **asymmetrischen Informationslage**, die zwischen den verschiedenen Partnern im organisatorischen Zusammenhang, **insbesondere aber in der vertikalen Arbeitsteilung auftritt**. Dabei handelt es sich generell um die Principal-Agent-Problematik. Sie resultiert aus der regelmäßig besseren Informationslage eines Beauftragten (des Agenten) gegenüber dem Auftraggeber (dem Principal) über alle Details der Auftragserfüllung. Damit sind diese Schnittstellenprobleme, jedenfalls teilweise, eher eine Konsequenz der unterschiedlichen Präferenzen der beteiligten Personen denn eine völlig unabhängige Kategorie. Jedenfalls soweit die Principal-Agent-Probleme tatsächlich durch bewusstes und absichtliches Unterlaufen, Hintergehen oder auch nur Abschwächen von betrieblichen Zielvorgaben entstehen, sind sie Ausfluss der eigenen subjektiven Präferenzen der Beteiligten. Nun aber fallen unter die Principal-Agent-Probleme auch unbewusste und unabsichtliche Defekte, so etwa beschränkte Fähigkeiten („hidden characteristics") der beauftragten Personen. Die damit verbundene Problematik ist durch den Aspekt zielabweichender Präferenzen allerdings nicht erfasst. In jedem Fall wird auch die Frage, wo und mit welchen Inhalten solche Principal-Agent-Probleme auftreten, von der vertikalen und horizontalen Differenzierung der Führungsaufgaben bestimmt.

Nach der Ursache sind **drei Arten von Principal-Agent-Problemen** zu unterscheiden: Probleme wegen

- nicht erkannter ungünstiger Eigenschaften **(hidden characteristics),**
- nicht erkannter ungünstiger Handlungsweisen **(hidden action bzw. hidden information)**
- und nicht erkannter bösartiger Absichten **(hidden intention)**

der Agenten. Abb. II-2 (in Anlehnung an Picot/Dietl/Franck [Organisation] 77) kennzeichnet die drei Fälle im Überblick und zeigt typische Beispiele.

2. Prinzipien der betrieblichen Koordination

Bedeutung des Koordinationsmechanismus

Welche Koordinationsaufgaben prinzipiell auftreten, richtet sich nach der vertikalen und horizontalen Differenzierung der Führungsaufgaben. Die entstehenden Entscheidungstatbestände sind letztlich in sukzessiver Art abzustimmen, wobei der gewählte Koordinationsmechanismus mehrfache Feedback-Zyklen vorsehen kann. Solange man das als einheitliche Führungsaufgabe ansieht, die von einer einzigen Führungsstelle (also zentral) gelöst wird, sind die möglichen Koordinationsinstrumente hierzu genauer als Planungsmethoden zu charakterisieren. Die vertikale Koordination betrifft dann Pläne unterschiedlicher Hierarchiestufen, etwa strategische, taktische und operative, während sich die horizontale Koordination auf gleichrangige Teilplanungen richtet, etwa auf sachlich oder zeitlich differenzierte Teilpläne.

Handelt es sich bei den differenzierten Entscheidungsteilbereichen auch um eigene Organisationseinheiten, also Teilbetriebe, Divisionen, Abteilungen oder

2. Prinzipien der betrieblichen Koordination

Unterscheidungskriterium / zugehöriges Folgeproblem	hidden characteristics	hidden action/ hidden information	hidden intention
	adverse selection: Der Principal hat nur die Falschen zur Wahl	moral hazard: Der Principal wird betrogen	hold-up: Der Principal wird erpresst
Informationsproblem des Principal	Qualitätseigenschaften der Leistung des Vertragspartners unbekannt	Anstrengungen des Vertragspartners nicht beobachtbar bzw. nicht beurteilbar	Unvollständigkeit/ Nichtverifizierbarkeit von Verträgen
Problemursache oder wesentliche Einflussgröße	Verbergbarkeit von Eigenschaften	Spielräume in der Ressourcenverwendung; begrenzte und teure Überwachungsmöglichkeiten	spezifische Investitionen
Verhaltensspielraum des Agent	vor Vertragsabschluss	nach Vertragsabschluss	nach Vertragsabschluss
Beispiele	Kreditgeber und Kreditnehmer; Auswahl und Einstellung von Personal; betriebliche Aufgabenverteilung; Teambildung	Patient und Arzt; Leistungsverhalten von Personal; unzutreffende Informationen unterer Hierarchiestufen	Fischer und Konservenfabrik; hohe Zahlungen zum Markteintritt
Art der Problembewältigung	Beseitigung der Informationsasymmetrie durch Signalling/Screening Self Selection	Interessenangleichung	Reduzierung der Informationsasymmetrie (Monitoring) Interessenangleichung
Beispiele für Möglichkeiten zur Problembegrenzung	Bilanzen, Zeugnisse, Gütesiegel, Auswahltests Angebot mehrerer Vertragstypen mit unterschiedlichem variablen Erfolgsanteil zur Wahl	Leumundweitergabe: drohender Reputationsschaden des Agenten; Vertragsgestaltung mit Ergebnisbeteiligung des Vertragspartners: drohender Einnahmenschaden Kontrollsysteme, Berichtswesen	Vertragsgestaltung mit Sicherheiten (z. B. Leistungsgarantien, Bürgschaften, Gegengeschäfte); vertikale Integration

Abb. II-2: Die Fälle der Principal-Agent-Problematik im Überblick

Einteilung der Principal-Agent-Fälle

Stellen, wird die reine Plankoordination verlassen und es tritt die **organisatorische Koordination** hinzu. Für die **vertikale** Differenzierung ist dann zu klären, in welchem Umfang nachgeordnete Organisationseinheiten Entscheidungskompetenz erhalten und durch welche Vorgaben trotz dezentraler Entscheidungen ein möglichst zielgünstiges Entscheidungsverhalten aus Sicht des Gesamtbetriebes erreicht werden kann. Damit geht es um Art und Umfang der (Entscheidungs-)Delegation. Was die **horizontale** Differenzierung betrifft, so ist zu klären, welcher Koordinationsmechanismus abgestimmte Entscheidungen von einander nicht über- oder untergeordneten Organisationseinheiten gewährleis-

Systematik der Koordinationsprinzipien

ten soll. Auch dies führt letztlich dazu, dass die betroffenen Stellen mit bestimmten Handlungsmöglichkeiten und -begrenzungen versehen werden.

Grundlegend für die prinzipielle Koordinationsart bei Arbeitsteilung ist Art und Umfang der Delegation. Dies wird als Prinzip der **delegativen Koordination** bezeichnet. Es bestimmt, wer die einzelnen Entscheidungsbereiche bearbeitet, worüber und auf welche Weise der Delegierte entscheiden darf und was also beim Delegierenden verbleibt. Die Feinausgestaltung der Koordination innerhalb dieser Prinzipien ist dann die konkrete Controlling-Aufgabe. Es gibt nur wenige grundsätzliche Prinzipien der delegativen Koordination. Sie lassen sich in sachorientierte und personenorientierte Prinzipien gliedern. Abb. II-3 zeigt sie im Überblick (vgl. Troßmann [Koordinationsprinzipien] 473).

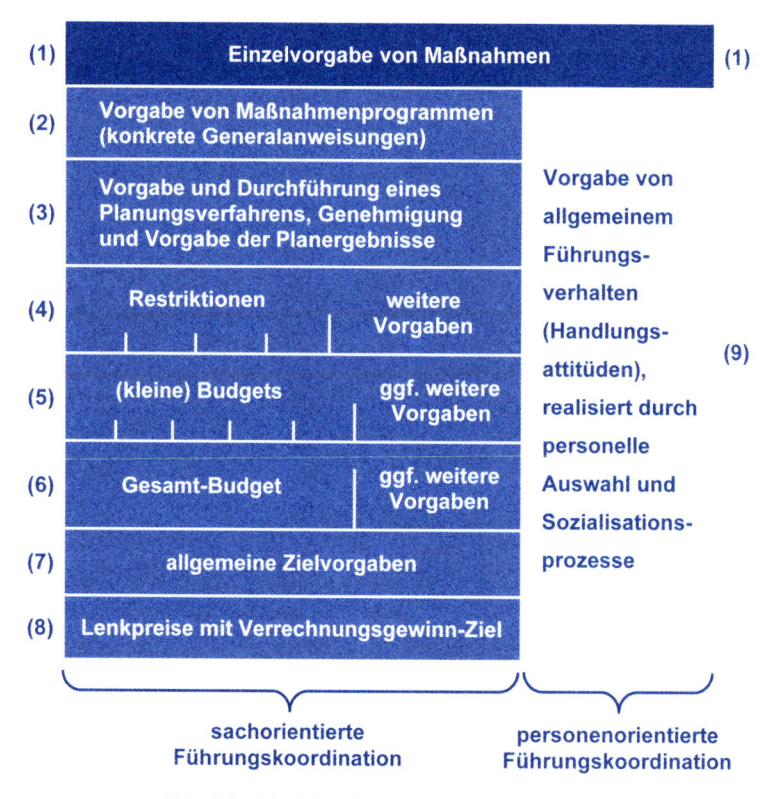

(1)	Einzelvorgabe von Maßnahmen	(1)
(2)	Vorgabe von Maßnahmenprogrammen (konkrete Generalanweisungen)	
(3)	Vorgabe und Durchführung eines Planungsverfahrens, Genehmigung und Vorgabe der Planergebnisse	Vorgabe von allgemeinem Führungs-
(4)	Restriktionen / weitere Vorgaben	verhalten (Handlungs-
(5)	(kleine) Budgets / ggf. weitere Vorgaben	attitüden), realisiert durch (9)
(6)	Gesamt-Budget / ggf. weitere Vorgaben	personelle Auswahl und Sozialisations-
(7)	allgemeine Zielvorgaben	prozesse
(8)	Lenkpreise mit Verrechnungsgewinn-Ziel	
	sachorientierte Führungskoordination	personenorientierte Führungskoordination

Abb. II-3: Prinzipien der delegativen Koordination

sachorientierte delegative Koordination

Sachorientierte Koordinationsprinzipien arbeiten mit expliziten Regeln zum Kompetenzbereich und seinen jeweiligen Grenzen. Selbst wenn sich dabei da und dort Regelungslücken oder Undeutlichkeiten einschleichen: Grundsatz ist eine klare Definition. Das **personenorientierte** Koordinationsprinzip dagegen baut auf persönliches Vertrauen, und zwar ausschließlich; es verzichtet daher auf alle sachorientierten Festlegungen.

Das Gegenstück zur Delegation ist die **Einzelvorgabe von Maßnahmen**. Im Grenzfall umfasst eine solche Einzelvorgabe alle Details, so dass bei der unteren Einheit keinerlei Entscheidungsspielraum entsteht. Eine derartige völlige Konzentration aller Entscheidungskompetenzen auf die vorgesetzte Einheit, die Zentrale, ist bei Beteiligung mehrerer Personen zwar denkbar, aber letztlich nicht realistisch durchführbar. Selbst bei weitgehender Vorgabe aller Details wird stets zumindest ein minimaler Rest eigenen Einflussbereichs bei der unteren Einheit verbleiben. Allerdings kann durchaus die Delegation äußerst gering gehalten werden und sich auf das Unvermeidliche beschränken. Dann liegt die gesamte Planentwicklung und -abstimmung in der Zentrale; den unteren Einheiten werden Komplettlösungen zur Durchführung vorgegeben. Es ist klar, dass eine solche umfassende Einzelvorgabe bei jedem einzelnen Entscheidungstatbestand einer betrieblichen Instanz möglich ist – allerdings nicht bei allen Entscheidungstatbeständen gleichzeitig. Deshalb ist immer auch ein delegatives Koordinationsprinzip erforderlich. An sachorientierten Koordinationsprinzipien bietet sich ein ganzer Katalog, der von der Maßnahmen-Einzelvorgabe auf der einen Seite bis zu einer maximalen Delegation von Einzelbefugnissen auf der anderen Seite reicht. Je nach eigenem Handlungsspielraum, den die untere Einheit erhält, lassen sich zahlreiche Zwischenstufen unterscheiden. Die wichtigsten, geordnet nach steigendem Delegationsausmaß, sind in Abb. II-3 genannt.

stete Notwendigkeit delegativer Koordination

Bei der Vorgabe von **Maßnahmenprogrammen** wird für eine ganze Klasse von Entscheidungsproblemen das Ergebnis in einigen charakteristischen Merkmalen vorgegeben. Es handelt sich deshalb um eine konkrete **Generalanweisung.** Beispielsweise werden Bedingungen beschrieben, unter denen einem Kunden exakt x Prozent Rabatt gegeben wird, eine Bestellung genau definierter Art zu veranlassen ist, eine bestimmte Werbeaktion durchzuführen ist, ein Auftrag prioritär zu behandeln ist, usw.

zwei Hauptprinzipien der Koordination

Bei der Vorgabe eines **Planungsverfahrens** dagegen wird die Methode der Lösungsfindung vorgeschrieben, im Gegensatz zur Generalanweisung aber nichts über das Aussehen des Ergebnisses gesagt oder gar angewiesen. Während also etwa bei einer Einstellungsentscheidung eine Generalanweisung fordern könnte, dass die einzustellende Person in Mathematik mindestens die Schulnote 2 sowie weitere Eigenschaften aufweisen muss, wäre bei der Verfahrensvorgabe zum Beispiel gefordert, dass derjenige Bewerber zu nehmen ist, der in einem vorgegebenen Fähigkeitstest am besten abschneidet. Der Freiheitsgrad ist bei letzterem zwar etwas größer, aber nur graduell.

Tatsächlich mehr Spielraum erhält der Delegierte immer dann, wenn weder Ergebnisse, noch Verfahren vorgegeben werden, sondern lediglich Restriktionen für den Entscheidungsraum. Enger sind solche Begrenzungen gefasst, wenn sie einzelne Entscheidungsteilbereiche betreffen, z. B. einzelne Produktarten, Kundengruppen, Produktionsbereiche, Abteilungen oder allgemein einzelne Maßnahmen. Und sie sind tendenziell präziser, wenn sie sich in Mengen, Zeiten oder technischen Größen ausdrücken. Beispielsweise könnte ein Mitarbeiter mit den Details einer Werbekampagne betraut sein, wobei ihm vorgeschrieben wird, dass für Produkt A monatlich zwischen zwei und vier Anzeigen zu schalten sind, für die fünf konkret benannte Zeitschriften in Frage kommen; Entsprechendes gilt für Produkt B und die weiteren Produkte. Größer wird der Spielraum, wenn die Restriktionen für größere Einheiten formuliert werden, im Beispiel etwa für Produktgruppen insgesamt oder im Hinblick auf ganze Typen der Mediawerbung, also z. B. den Typus der Anzeigenwerbung. Größer ist regelmäßig auch der Entscheidungsspielraum, wenn die Restriktionen in Geld formuliert sind, also **Budgets** sind. Um Budgets für kleinere Entscheidungsbereiche handelt es sich beispielsweise dann, wenn die Werbeausgaben für Produkt A auf 20.000 € beschränkt werden, die für B auf 10.000 € usw. Dabei wird, wie generell bei Budgets, ein bestimmter Sachinhalt, also etwa die Anzeigenwerbung, nicht vorgegeben. Im weitestgehenden Fall erhält die untere Einheit nur ein einziges Budget für ihren gesamten Delegationsbereich, über dessen Aufgliederung sie selbst entscheidet, also etwa ein Gesamtbudget von 250.000 € für die produktbezogene Mediawerbung insgesamt. Die durch solche Beschränkungsvorgaben charakterisierten Formen der delegativen Koordination sind in Abb. II-3 durch die Zeilen 4, 5 und 6 gekennzeichnet. Wie auch bei allen weiteren Formen hängt der tatsächliche Umfang an delegierter Entscheidungsfreiheit von der konkreten Ausformulierung ab. Deshalb drückt die Nummerierung in Abb. II-3 lediglich die tendenzmäßige Abfolge des steigenden Freiheitsgrades aus.

teils unvollständige Vorgabe bei sachorientiertem delegativen Koordinationsprinzip

Im Gegensatz zu einer Generalanweisung oder einer Verfahrensvorgabe ist bei Vorgabe von Restriktionen und Budgets die erwünschte Handlungsweise nicht immer hinreichend vollständig umschrieben. Beispielsweise wäre die Vorgabe komplett, wenn ein bestimmtes Gewinnbudget gesetzt wird, nicht aber, wenn es sich um ein Kostenbudget handelt. Das gegebene Kostenbudget ließe sich nämlich sehr gut auch durch absolutes Nichtstun einhalten – was aber kaum Sinn der Delegation sein kann. Allgemein ist eine Vorgabe vor allem dann nicht vollständig, wenn sie einseitig ist, sich also entweder nur auf Positivkomponenten oder nur auf Negativkomponenten eines Ziels richtet und nach einer Seite offen ist, somit ein Mindest- oder Höchstmaß angibt. Dann bedarf es weiterer Vorgaben zur Komplettierung. Jene können methodisch wiederum einen eigenen Charakter haben. Solche Kombinationsvorgaben enthalten folgende Beispiele:

(1) für einen Lagerdisponenten:

Erreiche mit einem Budget von 100.000 € einen möglichst hohen Lieferbereitschaftsgrad.

Delegation mit kombinierten Zielvorgaben

(2) für einen Werbedisponenten:

Jeden Freitag soll in der definierten Absatzregion an alle Haushalte ein Werbeflugblatt gelangen, das von den fünf Hauptproduktgruppen sowie jeweils von mindestens drei weiteren Produktgruppen aktuelle Sonderangebote enthält; insgesamt müssen pro Flugblatt mindestens 20 Artikel beworben werden. Unter diesen Vorgaben sollen die Kosten dafür möglichst gering sein.

(3) für den Fertigungsplaner:

Gestalte den Produktionsplan so, dass von den Produkten P_1 bis P_n in den einzelnen Wochen zumindest die in der jeweiligen Mindestverfügbarkeitsliste angeführten Mengen fertiggestellt sind.

Mit Zielvorgaben dieses Typs kann eine beliebig genaue Vorabkoordination von Mengen, Zeiten oder Werten realisiert werden, wie die folgenden weiteren Beispiele zeigen:

(4) a) für jeden Einkaufsbereich j:

Treffe die Einkaufsdisposition so, dass eine nach vorgegebener Definition zu berechnende Einkaufsergebniszahl K_j (z. B. eine bereitgestellte Kapazität als gewichtete Versorgungsmenge) möglichst groß wird, aber in jedem Monat m das Ausgabenbudget A_{mj} nicht überschritten wird.

b) dazu für den Finanzbereich:
Strebe einen nach vorgegebener Definition zu berechnenden möglichst hohen Finanzdeckungsbeitrag an, allerdings so, dass in jedem Monat m mindestens ein Betrag von $y_m + \sum_{j=1}^{n} A_{mj}$ sofort abrufbarer Finanzmittel zur Verfügung steht (y_m betrifft weitere Ausgabenbereiche des Monats m).

(5) a) für jeden Verkaufsbereich j:
Maximiere den Gesamtdeckungsbeitrag aus den Verkäufen, sage aber nur solche Liefertermine zu, dass die resultierende Kapazitätsbelastung des Montagebereichs in keiner Woche die Summe von K_j überschreitet. Dabei ist die Kapazitätsbelastung mit vorgegebenen Produktionskoeffizienten zu berechnen.

b) dazu für den Montagebereich:
Plane die lagerfähigen Produktionsaufträge so ein, dass in jeder Woche eine Stundenzahl von $\sum K_j$ für die Erfüllung kurzfristiger Lieferungen des Verkaufs zur Verfügung bleibt.

(6) a) für jeden Verkaufsbereich j:
Maximiere den Gesamtdeckungsbeitrag aus den Verkäufen, setze aber von den Produkten P_1 bis P_n jeden Monat zunächst die in der Soll-Abverkaufsliste angegebenen Mindestmengen ab (erforderlichenfalls als Koppelgeschäft oder als Gratis-Beigabe).

b) dazu für den Produktions- bzw. Lagerbereich:
Verfolge das Bereichsziel, stelle aber den Absatz der Mindestmengen der Produkte P_1 bis P_n sicher.

In diesem Beispiel kann die Soll-Abverkaufsliste beispielsweise Ladenhüter umfassen, Restmengen eines Auslaufprodukts, die vor der Einführung des Folgeprodukts auf den Markt sollen, oder auch Verkaufsförderungsexemplare von Produktinnovationen, die man auf diese Weise bekanntmachen möchte.

Die in Abb. II-3 in Zeile 7 angeführte allgemeine Zielvorgabe umfasst alle Arten von Vorgaben, die sich nicht schon als Einhaltung einer Restriktion oder insbesondere eines Budgets charakterisieren lassen. Dies schließt auch solche Zielformulierungen ein, die in den Zeilen 4 bis 6 als ergänzende Vorgaben genannt sind. Es geht generell darum, die Aufgabe einer untergeordneten Einheit so zu fassen, dass sie möglichst auch **ohne begleitende Einzelanweisungen** treffend und erschöpfend beschrieben ist. Das ist am ehesten mit Hilfe geeigneter Kennzahlen möglich. Die Kunst besteht dabei darin, sowohl die Positiv- als auch die Negativkomponenten zu integrieren und durch Gewichtungen sowie Normierungen sicherzustellen, dass jede einzelne Zielkomponente ihren passenden Stellenwert erhält. Praxisnahe Beispiele hierzu sind naturgemäß etwas komplexer. So kann in einem Lieferbereitschaftsgrad die gewünschte Leistung der Materialdisposition mit hoher Abbildungstreue erfasst werden, wenn nicht nur – wie üblich – die mangelnde Leistung (also das Nichtvorhandensein einer gewünschten Position), sondern auch die möglichen positiven Aktivitäten geeignet

Nebeneinander mehrerer Prinzipien delegativer Koordination

berücksichtigt werden. Dazu gehören z. B. Maßnahmen zur Fehlmengenbehebung aller Art (zu Details siehe Kapitel VI, S. 136). Ein anderes Beispiel ist das Messen einer Produktionsleistung, wenn neben den Mengen auch Termine und unterschiedliche Qualitätsstufen zu berücksichtigen sind. In all diesen Fällen kann man mit mehreren Kennzahlen oder auch kombinativ mit anderen Vorgabearten arbeiten. Eine **vollständige Delegation** erfordert indes eine eindeutige Zielhierarchie. Eine solche ist nur dann gegeben, wenn

(1) genau eine einzige der Zielvorgaben mit zu extremierendem Ausmaß formuliert ist, während alle anderen satisfizierende oder fixierende Höhenvorgaben enthalten, oder

(2) wenn eindeutige Prioritäten bzw. Zielgewichte vorliegen.

In jedem Fall kann man dann die Vorgabe in ein einziges Oberziel umformulieren, bei dessen Verfolgung allenfalls Nebenbedingungen zu berücksichtigen sind.

weitestgehende Form der sachorientierten Delegation

Die weitestgehende Form der delegativen Koordination besteht schließlich darin, die untere Einheit völlig frei wirtschaften zu lassen und ihren Erfolg an einem präzise definierten Verrechnungsgewinn zu messen. „Völlig frei" heißt allerdings, dass erforderliche Einsatzgüter und produzierte Ausbringungsgüter ausschließlich – ggf. auch nur vorrangig – über betriebsinterne Kanäle fließen. Für alle Produkte des zu steuernden Bereichs werden **Lenkpreise** festgelegt, mit denen ein Verrechnungsumsatz gebildet werden kann. Ebenso werden für alle dort eingesetzten Güter mit Hilfe ebenfalls festzulegender Lenkpreise Kosten berechnet, die den Verrechnungsumsatz schmälern. Zur Feinjustierung können zusätzlich Opportunitätserlöse und Opportunitätskosten berücksichtigt werden. Besonderheit dieses Ansatzes ist, dass dadurch auch auf Nebenbedingungen verzichtet werden kann, indem die Inanspruchnahme knapper Ressourcen mit entsprechenden Lenkpreisen ermöglicht, aber durch deren Höhe auch entsprechend ungünstig gestaltet wird. Ein so gesteuerter Bereich muss sich wie ein selbständiges Unternehmen in einem ausschließlich finanziell geregelten Markt verhalten. Dies macht jede weitere Führungsvorgabe entbehrlich. Das Funktionieren dieser Idee setzt einerseits eine fundierte Festlegung der Lenkpreise voraus, andererseits eine hinreichende Kompetenz der Manager des so geführten Bereichs. Letzteres macht die Bedeutung einer brauchbaren Lösung der Principal-Agent-Problematik, insbesondere im Bereich der hidden characteristics deutlich.

personenorientierte delegative Koordination

Bei der zweiten Gruppe delegativer Führungskoordination, der **personenorientierten**, werden weder inhaltliche noch formale Vorgaben gesetzt, die das Verhalten der unteren Manager weitgehend unabhängig vom konkreten Stelleninhaber definieren sollen. Vielmehr richtet sich hier die Delegation unmittelbar auf eine bestimmte Person. Dies setzt voraus, dass sich vorher über eine längere Zeit ein Vertrauen in deren Entscheidungskompetenz aufgebaut hat, das insbesondere auch das Vertreten als „richtig" empfundener Ziele umfasst. Konkret bedeutet das, dass bei diesem Prinzip betriebliche Entscheidungsbereiche nur denjenigen anvertraut werden, die durch ihre bisherigen Positionen im Betrieb (ggf. auch hochrangige Positionen außerhalb des Betriebes) die erforderlichen Kompetenzen angesammelt und nachgewiesen haben und denen man daher auch ohne formale Vorgaben ein konsequentes Verfolgen der betrieblichen Ziele zutraut. Typische innerbetriebliche Werdegänge beginnen beispielsweise mit einer

Assistentententätigkeit bei Geschäftsführern oder anderen Führungsinstanzen und schreiten stufenweise zu immer größeren Entscheidungsbereichen fort.

Die beschriebenen Formen der delegativen Koordination regeln, in welcher Weise die obere Führungsinstanz die untere Führungsinstanz steuert. Einige der hier zusammengestellten Möglichkeiten werden **in der Literatur teils unter anderen Bezeichnungen** behandelt (vgl. Staehle [Management] 555 ff., Welge [Organisation] 414 ff., Frese [Koordination] 2263 ff., Schreyögg/von Werder [Organisation] 971 ff.). Eine der bekanntesten Einteilungen hierzu stammt von Kieser/Walgenbach (vgl. z. B. [Organisation] 100 f.). Sie unterscheiden sechs Koordinationsarten, und zwar die Koordination durch persönliche Weisung, durch Selbstabstimmung, durch Programme, durch Pläne, durch organisationsinterne Märkte sowie durch die Organisationskultur. Gegenüber diesen sechs Koordinationsprinzipien von Kieser/Walgenbach trennen wir hier zwischen dem Inhalt der Vorgabe und der Art der Weisung. So sehen wir Einzelanweisung als nicht prinzipiell „persönlicher" an als etwa eine Weisung, die ein bestimmtes Handlungsprogramm enthält. Mit der Unterscheidung von personenorientierten und sachorientierten Koordinationsprinzipien wird gegenüber der Kieser/Walgenbach-Einteilung auf das Abstimmungsprinzip selbst abgestellt: bei der personenorientierten Koordination liegt der Abstimmungsgedanke unmittelbar im persönlichen Zusammenwirken begründet. Charakteristisches Merkmal dabei ist, dass sich die damit transportierten Vorgaben zwar in Form eines konkreten Einzelfalls präsentieren mögen, aber dennoch ein ganzes Handlungsprogramm betreffen – jenes aber gerade nicht durch klare und präzise nachverfolgbare Vorgabegrößen wie Budgethöhe, Lenkpreise oder konkret anzustrebende Zielausprägungen charakterisiert sind. Entsprechendes gilt für die Vorgabe von Plänen. Ein (fertiger) Plan kann mehr oder weniger detailliert sein und damit inhaltlich eher konkrete Einzelmaßnahmen oder auch generellere Vorgehensprinzipien regeln. Formal durchgesetzt werden kann ein Plan beispielsweise durch persönliche Weisung oder eine gemeinsame Vereinbarung. Auch hier kann es damit zweckmäßig sein, zwischen Vorgabeinhalt und Weisungsart zu unterscheiden. Die hier als personenorientiert bezeichnete Form der delegativen Koordination entspricht weitgehend der Koordination durch Organisationskultur bei Kieser/Walgenbach (vgl. [Organisation] 120 ff.).

Vergleich mit anderen Einteilungen von Koordinationsprinzipien

Die anderen fünf Koordinationsarten der Kieser/Walgenbach-Einteilung lassen sich nicht pauschal zuordnen. Nach der in Abb. II-3 dargestellten und hier vertretenen Gliederung gehören die beiden Koordinationsarten der **persönlichen Weisung und der Pläne** zur Form der Einzelanweisung. Sie unterscheiden sich offenbar nur darin, auf welche Weise die obere Instanz zu ihren Anweisungen kommt; denn auch die Pläne, aus denen die Maßnahmen der unteren Instanzen hervorgehen, müssen letztlich vorgegeben werden. Eine zielführende Koordination durch **Programme** kann sich nur dadurch einstellen, dass die Handlungsprogramme, also die Verfahrensweisen, vorgegeben werden (Zeile 3 in Abb. II-3). Solche vorgegebenen Programme können sehr in Details gehen oder auch eher generell und pauschal sein, etwa in Form einer Stellenbeschreibung. Verbindet sich eine pauschale Stellendefinition mit einem als Standard empfundenen Rollenverständnis, ergibt sich eine ohne größeren Formalismus praktikable Lösung („Koordination durch Standardisierung von Rollen", vgl. Kieser/Walgenbach [Organisation] 126) – jedenfalls solange das Rollenverständnis bei allen Beteiligten übereinstimmt. Bei der Koordination durch Programme entsteht Raum für

Unterschiede in den Einteilungsprinzipien

Selbstabstimmung dort, wo es keine vorgegebenen Verfahrensweisen gibt oder wo sie offener gehalten sind. Dies gilt allgemein auch für alle anderen Vorgabearten. Da sich die Möglichkeiten einer Selbstabstimmung nach den dafür eröffneten Regeln und Begrenzungen richten, kann der bei jedem Vorgabeinhalt auf der unteren Ebene verbleibende eigene Teil der Koordination als Aufgabe der Selbstabstimmung angesehen werden. Erst ab einer nennenswerten Bedeutung allerdings wird man von „Selbstabstimmung" sprechen (so Kieser/Walgenbach [Organisation] 103 f.). Eine zwar gelenkte, aber sehr weitgehende Form der Selbstabstimmung ergibt sich bei der Vorgabe von Lenkpreisen (Zeile 8 in Abb. II-3). Letztere entspricht der **Koordination durch organisationsinterne Märkte** bei Kieser/Walgenbach. Koordination durch Selbstabstimmung stellt sich im Übrigen speziell auch bei der Interaktion unterer Instanzen ein, die nach dem personenorientierten Delegationsprinzip geführt werden.

3. Controlling-Aufgaben bei unterschiedlichen Prinzipien der delegativen Koordination

In der Controlling-Systematik gehört das Auswählen und Zuordnen von delegativen Koordinationsprinzipien zur **systemdefinierenden Koordination**. Es schließt unmittelbar an die Bildung einer Aufbauorganisation an und ist deshalb ein Controlling-Instrument, das innerhalb der Führungsfunktion der Organisation anzuwenden ist.

Auswahl geeigneter Koordinationsprinzipien

Zur Frage, in welcher Situation sich welche Koordinationsprinzipien eignen, muss man sich auf sehr allgemeine Aussagen auf einer abstrakten Ebene zurückziehen: Eine grobe Orientierung bieten die Tendenzaussagen der Transaktionstheorie, die man auf den hier betrachteten allgemeinen Fall analogisieren kann (vgl. dazu z. B. Picot/Reichwald/Wigand [Unternehmung] 50 ff., 293 ff.). Dort bildet die **Spezifität der Aufgabenstellung** ein erstes maßgebliches Orientierungsmerkmal: Je weniger spezifisch die zu erbringende Leistung ist, desto weniger bedarf es der direkten Anweisungsbefugnis und desto mehr kann auf die Wettbewerbskräfte eines Marktes gesetzt werden. Dessen Mechanismen wirken umso besser, je mehr es sich um standardisierte Güter handelt. Innerhalb des gleichen Betriebes ist das mit Verrechnungspreisen arbeitende Koordinationsprinzip am marktähnlichsten. Es wäre nach dieser Erklärung also dort am ehesten geeignet, wo es um Leistungen mit nur geringer Spezifität (also sich wiederholende Standardleistungen) handelt.

Als zweites Merkmal kann die **Dynamik**, also die Veränderlichkeit, angeführt werden. Dafür ist es schwieriger, zu den delegativen Koordinationsprinzipien eindeutige Aussagen zu formulieren. Plausibel ist zum Beispiel, dass bei großer Dynamik generell alle exakteren Vorgaben problematisch sein können. Budgets sind flexibler als etwa Generalanweisungen, können aber gerade auch bei starker Dynamik oft unangemessen sein. Dagegen mag dann die personenorientierte Koordination von Vorteil sein, da sie ausschließlich in Handlungsprinzipien ohne konkrete, etwa zahlenmäßige Festlegung besteht. Ohne Kenntnis der genauen betrieblichen Situation können genauere Aussagen zur Wahl eines zweckmäßigen delegativen Koordinationsprinzips kaum begründet werden. Im konkreten Anwendungsfall hängt das optimale delegative Koordinationsprinzip schließlich nicht nur vom zu lösenden Sachproblem, sondern in einem erheblichen Ausmaß auch von den in den betroffenen Instanzen tätigen Personen ab, die nur selten bei dieser Gelegenheit ausgetauscht werden können.

Im Allgemeinen muss man davon ausgehen, dass im gleichen Betrieb mehrere unterschiedliche Prinzipien der delegativen Koordination nebeneinander angewendet werden, möglicherweise sogar in derselben Stelle. Deshalb ist für jedes gewählte Prinzip der delegativen Koordination auch der jeweilige Anwendungsbereich zu regeln. Die in Abb. II-3 schematisch aufgeführten Prinzipien der delegativen Koordination zeigen, wie ein bestimmter Entscheidungsbereich von einer vorgesetzten auf eine untere Organisationseinheit verlagert werden kann. Der Anwendungsbereich ergibt sich durch den **Entscheidungsumfang,** für den diese Delegation gilt. In manchen Fällen ist dies bereits mit dem Delegationsprinzip verbunden, beispielsweise bei vielen Generalanweisungen. In der Regel aber ist es als eigene, wichtige Festlegung anzusehen, auf welche Fälle sich ein gewähltes delegatives Koordinationsprinzip richtet. Beispielsweise könnte bei der Vorgabe eines Ausgabenbudgets vereinbart werden, dass davon alle laufenden Ausgaben zu decken sind, die einen Einmalbetrag von 5.000 € nicht überschreiten. Anschaffungen mit höherem Betrag dagegen fallen in den Entscheidungsbereich der oberen Instanz und sind auch nicht durch das Budget abgedeckt. Eine andere Abgrenzungsregel könnte der budgetierten Einheit die volle Entscheidungsautonomie für alle Beschaffungen bis 3.000 € geben, während Vorhaben mit darüber hinausgehenden Ausgaben einzeln von der oberen Instanz zu genehmigen sind, dennoch aber zulasten des Budgets gehen. In entsprechender Weise können bei allen Delegationsprinzipien Anwendbarkeitsgrenzen formuliert werden. Allgemein sind es **Delegationsgrenzen.** Sie heißen auch **Management-by-Exception-Grenzen (MbE-Grenzen)**, da sie für die untere Instanz den normalen Fall – sie entscheidet selbst – vom Ausnahmefall – sie hat die höhere Entscheidung einzuholen – unterscheidet. In den angeführten Beispielen gilt oberhalb der MbE-Grenze statt des Delegationsprinzips der Budgetsteuerung das Prinzip der Einzelanweisung. MbE-Grenzen sind ein sehr grundlegendes Controlling-Instrument. Sie bestimmen nicht nur vordergründig die Arbeitsbelastung der oberen Instanz, sondern hauptsächlich damit auch die Möglichkeiten, bedeutende Entscheidungen stärker und sicherer auf die übergeordneten betrieblichen Ziele auszurichten.

Der Anwendungsbereich der unterschiedenen Prinzipien wird auf diese Weise jeweils durch Delegationsgrenzen geregelt. Sie bestimmen generell die Anwendungsbereiche aller vorkommenden Delegationsprinzipien. Die konkrete Festlegung der Delegationsgrenzen ist eine wichtige Controlling-Aufgabe und gehört zur **systemausfüllenden Koordination**. Dies zeigt sich auch daran, dass es im laufenden Prozess stets unproblematisch möglich ist, diese Grenzen zu ändern, um sie etwa einer veränderten quantitativen Führungskapazität anzupassen.

Neben der fallweise vorkommenden Änderung der MbE-Grenzen gibt es indessen einen umfangreichen Katalog weiterer Aufgaben der systemausfüllenden Koordination bei der Anwendung jedes einzelnen Prinzips der delegativen Koordination. Vor allem ist die Ausformulierung der konkreten Vorgabegrößen eine systemausfüllende Aufgabe. Sie hängt vom gewählten Delegationsprinzip ab und bestimmt auf der oberen Controlling-Ebene deutlich die Grundrichtung der Tätigkeit. Dies ist einer der Gründe dafür, warum die konkrete Controlling-Arbeit von Betrieb zu Betrieb sehr unterschiedlich erscheinen kann. So ist bei

II. Grundlagen zum Controlling-Instrumentarium

Beispiele von Controlling-Aufgaben

(1) Typische Controlling-Aufgaben beim Koordinationsprinzip der Einzelvorgabe von Maßnahmen:

Gestaltung von Planungs- und Entscheidungsverfahren in der Zentrale, Informationsübermittlungsverfahren, Kontrollverfahren, Durchsetzungsmaßnahmen

(2) Typische Controlling-Aufgaben beim Koordinationsprinzip der Vorgabe von Generalanweisungen:

Auswahl und Einsatz zielentsprechender Generalanweisungen / Maßnahmenprogramme, Analyse erwünschter und ggf. unerwünschter Wirkungen, Simulationstests von Alternativprogrammen, Herausarbeiten der Anwendungsbedingungen, Vorgabe und Anpassung von Programmparametern

(3) Typische Controlling-Aufgaben bei der Vorgabe von Planungsverfahren und Genehmigung der Planungsergebnisse:

Gestaltung des Planungsaufbaus in sachlicher, zeitlicher, planungshierarchischer Hinsicht, Gestaltung der unternehmungsorganisatorischen Zuordnung, der zeitlichen Plananpassung (Fortschreibungs-, Änderungs-, Anpassungsrhythmik), der Planungsmethoden, des Einsatzes von Rechnungswesenmethoden sowie der EDV-Verknüpfung

(4 – 6) Controlling-Aufgaben bei der Kombination von Restriktionen oder Budgets und weiteren Vorgaben:

Festlegung und Gestaltung von Kombinationsvorgaben aus Positiv- und Negativkomponente, Festlegung und Gestaltung von Budgetierungsverfahren

(4 – 7) Controlling-Aufgaben bei Koordinationsprinzipien, die mit der Vorgabe von Zielen verbunden sind:

Operationale Formulierung von Zielen für betriebliche Entscheidungseinheiten, adäquate Berechnungs-, Beurteilungs- und Abweichungsanalyse-Methoden

(8) Controlling-Aufgaben bei Koordinationsprinzipien, die mit der Vorgabe von Lenkpreisen verbunden sind:

Gesamtzielentsprechende Festlegung von Lenkpreisen, Methoden einer zentralen Vorgabe der Preise, Methoden des autonomen Aushandelns von Lenkpreisen zwischen Profit Centers

(9) Controlling-Aufgaben bei der personenorientierten Führungskoordination:

Abstimmung personalpolitischer Maßnahmen, Gestaltung der Personalentwicklung, Methoden der Personalbeurteilung, Gestaltung von Einzelheiten zu Besucherverkehr und Führungskräftetransfer

(1 – 9) Controlling-Aufgaben bei der Festlegung von Anwendungsgrenzen zwischen den einzelnen Koordinationsprinzipien:

Zielentsprechende Gestaltung der Grenzen zwischen den verschiedenen Koordinationsformen in inhaltlicher, organisatorischer und dimensionsbezogener Hinsicht, z. B. Festlegung von MbE-Grenzen, Festlegung der Grenzen autonomer Verfügungsberechtigung bei der Vorgabe von Budgets, Gestaltung eines entsprechenden Berichtswesens

Abb. II-4: Beispiele der Controllingarbeit in Abhängigkeit vom Prinzip der delegativen Koordination

einer weitgehenden Zentralisierung, also bei kleinem Delegationsumfang und Vorherrschen von Einzelanweisungen vor allem die zentrale Plankoordination wichtig, ferner Controlling-Instrumente, die mit Durchsetzungskonzepten sowie entsprechenden Motivations- und Kontrollinstrumenten zu tun haben. Wird dagegen mit Budgets gearbeitet, sind große Teile der Controlling-Arbeit mit Budgetierung, Budgetkontrolle und Abweichungsanalyse belegt. Einen Überblick über typische Beispiele der konkreten Controlling-Arbeit in Abhängigkeit vom gewählten delegativen Koordinationsprinzip zeigt Abb. II-4.

<small>weitere Controlling-Aufgaben nach Wahl des Delegationsprinzips</small>

4. Überblick zum Controlling-Instrumentarium

Mit welchen Methoden arbeitet das Controlling? Gibt es angesichts der Vielfalt, in der die Koordinationsaufgabe auftreten kann, ein einheitliches Instrumentarium? Die sehr unterschiedlich ausfallenden Aufgaben bei den einzelnen Prinzipien der delegativen Koordination, wie sie im vorhergehenden Abschnitt besprochen wurden, lassen das fraglich erscheinen. Dennoch gibt es ein weitgehend einheitliches **Controlling-Instrumentarium**, wenn auch mit breit gefächerten Einzelausprägungen im Detail.

Dies hat verschiedene Gründe. So regelt die delegative Koordination die Arbeitsteilung zwischen hierarchischen Ebenen des Betriebes und bestimmt, welche Koordinationsprinzipien an den Schnittstellen eingesetzt werden. Grundlegende Koordinationsaufgaben bestehen aber ohnehin unabhängig von der hierarchischen Arbeitsteilung. Außerdem gibt es bei jedem Prinzip der delegativen Koordination in gleicher Weise die Aufgabe, den jeweiligen Anwendungsumfang und damit die **Anwendungsgrenzen** zu regeln. Auch dafür bedarf es eines Instrumentariums, das generellen Charakter hat. Erst darüber hinaus richten sich methodische Einzelausprägungen nach dem delegativen Prinzip. Auch sie stimmen aber weitgehend in ihren Grundlinien überein.

<small>einheitliches Controlling-Instrumentarium trotz Detailvielfalt</small>

Allgemein sind den systemdefinierenden und systemausfüllenden Koordinationsaufgaben jeweils entsprechende prinzipielle Controlling-Instrumente zuzuordnen. Bei der systemdefinierenden Koordination geht es um die Zielbezogenheit des Vorgehens, um eine zweckentsprechende Informationsbasis, um die prinzipielle Einbeziehung von Principal-Agent-Überlegungen. Das sehr generelle **Grundinstrumentarium des Controlling** bietet dazu an, Ziele mit möglichst klaren Maßgrößen zu erfassen, Zielgewichtungen einzuführen, Informationen so aufzubereiten, dass überhaupt wenig Falschinterpretation möglich ist, sowie die Gefahr einer kontraproduktiven Ausnutzung von Spielräumen von Führungsvorgaben vorher zu analysieren. Weitere Instrumente der systemdefinierenden Art lassen sich genauer **einzelnen Führungsfunktionen** zuordnen, ohne dass sie schon deswegen vom Prinzip der delegativen Koordination abhingen. Sie betreffen allgemeine, sachliche Koordinationsmaßnahmen, die für ein rationales Zusammenwirken im Führungsbereich unabdingbar sind, wer auch immer in welchem Umfang dafür zuständig ist. Hauptsächlich liegen sie im Bereich der Informationsfunktion und der Zielbildungs-, Planungs- und Kontrollfunktion sowie der Überwachungsfunktion. Bei der Informationsfunktion gilt ein Großteil der Methoden dem Bereitstellen periodisch aktualisierter Informationen „auf Vorrat", die eine schnelle Konkretisierung auf aktuelle Fragen erlauben. Im Übrigen sind Methoden vorzuhalten, mit denen man „richtige", d. h.

<small>Instrumente der systemdefinierenden Koordination</small>

<small>Zuordnung zu einzelnen Führungsfunktionen</small>

zielentsprechende Informationen für Entscheidungen gewinnen kann. In der Zielbildungs-, Planungs- und Kontrollfunktion geht es um die Sicherstellung rationaler Führungsabläufe sowie die nötige Aufmerksamkeit und Sensibilität an koordinationsrelevanten Stellen.

Gruppen von Controlling-Instrumenten: zwei Arten

Abb. II-5 gibt einen Überblick über das Controlling-Instrumentarium. Im linken oberen Teil sind die generellen Instrumente der systemdefinierenden Koordination aufgeführt, im rechten oberen Teil die der systemausfüllenden Koordination. Im unteren Teil sind speziellere Controlling-Instrumente genannt und jeweils einer Gruppe zugeordnet: Einmal werden Instrumente aus dem Bereich derselben Führungsfunktion zusammengefasst, einmal handelt es sich um gleichartige Instrumente, die sich trotzdem keiner der anderen Führungsfunktionen zuordnen lassen; sie haben einen **führungsfunktionenübergreifenden** Charakter (vgl. zu dieser Einteilung auch Küpper [Controlling] 41).

Instrumente derselben Führungsfunktion

Instrumente derselben methodischen Art

Die Gruppen der ersten Art erfassen jeweils eigene Instrumente der Führungsfunktionen der Information, der Planung, der Kontrolle, der Motivation und der Überwachung. Wichtige systemdefinierende Instrumente des Controlling liegen hier in der Strukturierung dieser Führungsfunktionen, aber auch in der Nutzung mancher ihrer Methoden für koordinative Zwecke. Instrumente der zweiten Gruppe sind unmittelbar nach dem Instrument selbst benannt. Dazu zählen z. B. die Arbeit mit Kennzahlen, die Budgetierung, das Berichtswesen und die wertorientierte Steuerung. Wie bei den meisten Koordinationsinstrumenten könnte man zwar auch bei ihnen einzelne Komponenten anderen Führungsfunktionen zuordnen, nicht aber das Instrument insgesamt. Insofern handelt es sich um **eigenständige** Controlling-Instrumente. Die genannten Instrumente der beiden Gruppen sind mit ihrer Hauptzielrichtung in Abb. II-5 aufgenommen. Ihnen ist auch jeweils ein Kapitel dieses Buches gewidmet.

Was die Budgetierung und die wertorientierte Unternehmungssteuerung betrifft, so handelt es sich hier insofern um eine besondere Kategorie von Instrumenten, weil sie nicht als zwingende, sondern als optionale Komponenten des betrieblichen Controlling anzusehen sind. Ihr Vorkommen hängt davon ab, ob sie bei den im Betrieb eingesetzten Prinzipien der delegativen Koordination überhaupt gewählt wurden. Insofern stehen sie im Gegensatz zu den Instrumenten, die unmittelbar bestimmten Führungsfunktionen zugeordnet werden. Jene sind in einem gewissen Ausmaß unabdingbar. So müssen in jedem betrieblichen Führungsbereich die Funktionen der Information, der Planung, der Kontrolle und der Überwachung erfüllt werden. Von den gewählten Prinzipien der delegativen Koordinaton ist hingegen abhängig, in welchem Ausmaß eine Führungsfunktion methodisch ausgebaut wird – ob z. B. bestimmte Rechen-, Kontroll- oder Motivationsmethoden überhaupt vorkommen.

Auswahl der Controlling-Instrumente in diesem Buch

Die Auswahl der in diesem Buch behandelten Instrumente begründet sich einerseits durch die zwingende Notwendigkeit der **grundlegenden Komponenten** und andererseits durch die **Verbreitung** und **Häufigkeit** (so bei der Budgetierung und der Balanced Scorecard) oder **Aktualität** (so bei der wertorientierten Unternehmungssteuerung und weiteren Teilinstrumenten innerhalb der Kapitel). Trotz ihrer inhaltlichen Bedeutung für das Controlling werden die zahlreichen Instrumente des internen Rechnungswesens, insbesondere der Kosten- und Leistungsrechnung sowie der Investitionsrechnung, in diesem Band indessen nur allgemein angesprochen und nicht detailliert behandelt; ihnen sind schon

4. Überblick zum Controlling-Instrumentarium

Instrumente der systemdefinierenden Koordination		Instrumente der systemausfüllenden Koordination
• Zielbezogenheit des Führungs-Vorgehens sicherstellen ⇒	Messgrößen definieren, ggf. Zielgewichtungen einführen	• Einsatzgrenzen für das Führungsvorgehen (Strukturierungsgrenzen) als Koordinationsparameter: - Delegationsgrenzen (MbE-Grenzen) - Methodenzuordnungsgrenzen (Methodenwahlgrenzen, Verfahrenssteuerungs-Grenzen)
• zweckentsprechende Informationsbasis schaffen ⇒	Informationserfassungs- und -aufbereitungsmethoden Informationsbereitstellungsmethoden	• Festlegen methodischer Details, z. B.: - Durchführungshäufigkeit und -art - Zuständigkeiten und Ablauf - Modellparameter (Periodisierung u.a.), Präzision usw.
• Möglichkeiten der Falschinterpretation, des Unterlaufens und allgemein möglicher Principal-Agent-Probleme beachten ⇒	Berücksichtigung der Gesamtwirkung über Zielkoeffizienten, Schnittstellenbedingungen, Koordinationsparameter Haupt- und Nebenwirkungen abwägen Lösungsänderungen bei ungünstigen Wirkungen, insbesondere bei kontraproduktiv nutzbaren Entscheidungsspielräumen fundierte Verfahrensentscheidungen	• Feindefinition von Rechengrößen und anderen Daten, Wahl passender Begriffe • Schnittstellenbewertungen als Koordinationsparameter (Zielerreichungsparameter der Schnittstellenkoordination)

Instrumente der Informationsfunktion	Instrumente der Planungsfunktion	Instrumente der Kontrollfunktion	Standardinstrument der Kennzahlen
• Struktur periodischer und fallweiser Informationsbereitstellung • zweckorientierte Gestaltung von Rechenmethoden • Berechnung von Koordinationsparametern • Struktur informationstechnischer Komponenten • informationstechnische Instrumente zur Umsetzung systemausfüllender Koordinationsmaßnahmen	• Struktur von Planungsprozessen • Struktur von Planungssystemen • Einsatz von Planungsmethoden zur Koordination • Methodenzuordnungsgrenzen in Planungsmethoden	• Struktur von Kontrollprozessen • Struktur von Kontrollsystemen • Einsatz von Kontrollmethoden zur Koordination • Delegationsgrenzen in Kontrollmethoden	• Funktionsvielfalt von Kennzahlen zur Koordination • Kennzahlen zur mehrdimensionalen Messung • Kennzahlen als Element anderer Controlling-Instrumente • Kennzahlen als Strukturierungsgrenzen • selbständige Kennzahlensysteme / Balanced Scorecards
Kapitel III	**Kapitel IV**	**Kapitel V**	**Kapitel VI**

Instrument des Berichtswesens	Instrument der Budgetierung	Spezielle Überwachungsinstrumente	Instrumente der Motivation	Instrumente wertorientierter Unternehmenssteuerung
• Informationsbedarfsanalyse • Gestaltung des Berichtswesens • Informations- und Kontrollfunktion von Berichten, Anstoß von Planungsaktivitäten • Delegationsgrenzen im Berichtswesen	• Budgets als Teil organisatorischer Vorgaben • Budgets als Delegationsgrenzen • Ziel-, Anreiz- und Kontrollcharakter von Budgets • Wahl und Gestaltung von Budgetierungstechniken	• Struktur des internen Kontrollsystems als spezielles Kontrollsystem • Struktur der internen Revision • Koordination der Überwachung • Methodenzuordnungsgrenzen in der Überwachung	• Struktur von Anreizsystemen • Konzeption von Bemessungsgrundlagen • Koordinationsparameter für Belohnungssysteme	• spezielle wertorientierte Ziele • spezielle wertorientierte Kennzahlen • zielentsprechende Verwendung wertorientierter Kennzahlen
Kapitel VII	**Kapitel VIII**	**Kapitel XI**	**Kapitel IX**	**Kapitel X**

Abb. II-5: Überblick über das Controlling-Instrumentarium

wegen der dort erforderlichen Detaildarstellung eigene Bände gewidmet (siehe Troßmann/Baumeister [Rechnungswesen] sowie Troßmann [Investition]; vgl. im Übrigen zur Kosten- und Leistungsrechnung ausführlich z. B. Schweitzer/Küpper [Systeme]).

Sonderrolle des generellen Instruments der Kennzahlen

Einer besonderen Bemerkung bedarf das Instrument der Kennzahlen im Controlling. Einerseits sind Methoden, die auf Kennzahlen basieren, mögliche Koordinationsinstrumente innerhalb der delegativen Koordination. Sie kommen deshalb nur vor, wenn sie ausgewählt werden. Dies gilt etwa für eine Kennzahlensteuerung gegenüber einer Budgetierung, die Wahl einer Balanced Scorecard gegenüber einer anderen Ziel- und Berichtsvorgabe. Insofern weist die Kennzahlenverwendung keine Besonderheit gegenüber anderen Instrumenten, etwa der Budgetierung auf. Andererseits indessen greift das Controlling in zahlreichen Instrumenten und an vielen Stellen auf Kennzahlen zurück, um damit Ziele, Zielerreichungen, Vorgaben, Bedingungen und viele andere Führungsgrößen zu messen und zu präzisieren. In dieser Funktion kommen Kennzahlen in allen anderen Controlling-Instrumenten vor. Die Kennzahlenverwendung kann deshalb neben den grundlegenden Instrumenten des Controlling in den anderen Führungsfunktionen als weiteres **universelles Basisinstrument** des Controlling angesehen werden.

Instrumente der systemausfüllenden Koordination

Die Instrumente der systemausfüllenden Koordination gehen von bereits beschlossenen Prinzipien delegativer Koordination, bereits bestehenden und akzeptierten Lösungsverfahren für Teilbereiche (etwa für betriebliche Sparten, einzelne Abteilungen, untergeordnete Einheiten, Entscheidungsbereiche einzelner Personen usw.) aus und versuchen, durch Maßnahmen, die das Verfahren selbst nicht ändern, die Koordination sicherzustellen. Wie sich das bei verschiedenen Prinzipien der delegativen Koordination darstellt, ist im vorhergehenden Abschnitt 3 besprochen worden. Allgemein richten sich die Instrumente der systemausfüllenden Koordination auf vier verschiedene Fragen:

vier Fragen der systemausfüllenden Koordination

- In welchen Fällen ist welches Verfahren einzusetzen?
- Mit welchen Detailfestlegungen ist ein Verfahren durchzuführen?
- Wie ist sicherzustellen, dass die richtigen Input-Größen verwendet und die Output-Größen richtig interpretiert werden?
- Wie kann erreicht werden, dass ein Verfahren für die gesamtbetriebliche Politik hilfreich ist, obwohl es, abstrahiert von anderen Bereichen, nur einen kleinen Teilbereich bearbeitet?

Die Instrumente zur Lösung dieser Fragen sind in Abb. II-5 rechts oben zusammenfassend aufgeführt. Sie werden nachfolgend erläutert.

erste Frage der systemausfüllenden Koordination

Um den **Einsatzbereich** eines Verfahrens zu regeln, wählt man ein passendes Einteilungsmerkmal (oder mehrere solcher Merkmale) und legt fest, ab / bis zu welcher Ausprägung das Verfahren anzuwenden ist. Ein Einteilungsmerkmal kann z. B. der Ausgabenbetrag einer Maßnahme sein („bis zu Betrag x gilt Verfahren A, darüber hinaus gilt Verfahren B"). Die im vorhergehenden Abschnitt 3 (siehe S. 31) angeführten Delegationsgrenzen (MbE-Grenzen) entsprechen diesem Muster, das als allgemeines Instrument der systemausfüllenden Koordination verstanden werden kann. Es ist für jedes einzelne Verfahren der Führungsfunktionen anwendbar, sei es im Bereich der Informationsbereitstellung, der

4. Überblick zum Controlling-Instrumentarium

Planung, Entscheidung, Kontrolle oder in anderen Bereichen, also für jedes Vorgehen in der Führung. Mit dem Abgrenzen des Einsatzbereichs verschiedener Verfahrensweisen wird die Problemlösung insgesamt strukturiert. Deshalb können die Einsatzgrenzen auch als **Strukturierungsgrenzen** bezeichnet werden. Zwei Arten sind zu unterscheiden:

- Die schon bekannten **Delegationsgrenzen** geben in geeigneten Kennzahlen an, bis zu welchem Ausmaß die delegierte Entscheidung von der unteren Organisationseinheit wahrgenommen werden kann. Beispielsweise ist eine Delegationsgrenze durch einen maximalen Umsatz gegeben.

- **Methodenwahlgrenzen** geben in geeigneten Kennzahlen an, ab welcher Größenordnung eines Problems statt Verfahren 1 das Verfahren 2 anzuwenden ist. Beispielsweise werden Kunden ab einem bestimmten Grenzumsatz als Vorzugskunden behandelt.

In beiden Fällen liefern die Strukturierungsgrenzen den Übergang von der einen zu einer anderen Vorgehensweise der Führung. Im Fall der Delegationsgrenze wird dabei die Zuständigkeitsebene gewechselt, die Entscheidung fällt an die höhere Stelle zurück. Im Fall der Methodenwahlgrenze handelt es sich um einen Wechsel nicht aus hierarchischen, sondern aus probleminhaltlichen Gründen. Strukturierungsgrenzen als typische **Koordinationsparameter** sind ein hilfreiches und oft sehr effizient einsetzbares Instrument des Controlling. Sie kommen häufig in verdeckter Form vor, so bei der ABC-Analyse, bei der Portfoliomatrix und bei anderen Planungsmethoden (siehe u. a. Kapitel IV).

Einordnung in das allgemeinere Lösungsprinzip

Bestimmte **Anwendungsdetails** koordinationsentsprechend anzupassen, sind die typischen systemausfüllenden Maßnahmen innerhalb der eingesetzten Systeme. Für Rechen-, Planungs-, Kontroll- oder Anreizmodelle wird etwa festgelegt, wie oft und für welche Bereiche die Verfahren eingesetzt werden, wer wofür zuständig ist. Und es werden Modellparameter, etwa die erforderliche Rechenpräzision (Rundungsvorschriften) und die Aufgliederung in Teilkomponenten festgelegt.

zweite Frage, ...

Um übereinstimmende Interpretationen von In- und Output-Daten der Verfahren sicherzustellen, sind vor allem die **Feindefinitionen** der bearbeiteten Daten anzugeben. Sie sind einheitlich und möglichst missverständnisvermeidend zu fassen. Vorteilhaft ist, wenn eine führungsfunktionenübergreifende, einheitliche Begriffswelt angestrebt wird. Im betrieblichen Alltag kann dies entsprechende Ergänzungen bzw. Präzisierungen in betrieblichen Datenbankbeschreibungen erfordern.

dritte Frage und ...

Das Problem, trotz Verwendung von Partialansätzen schließlich möglichst gut an eine gesamtoptimale Lösung heranzukommen, kann mit besonderen Koordinationsparametern zur **Schnittstellenbewertung** angegangen werden. Mit diesem Instrument kann der Einfluss von nicht abgebildeten Bereichen wenigstens pauschal berücksichtigt werden. So bildet ein kalkulatorischer Zinssatz in einer Kalkulation oder in einer Investitionsrechnung die nicht erfasste Finanzierungsproblematik ab. Ein Lagerkostensatz erlaubt es, pauschal in der Beschaffungsoptimierung die knappe Lagerraumsituation hilfsweise einzubringen. Entsprechendes gilt für pauschale Verrechnungssätze für Personaleinsatzstunden, für Verbräuche von Zwischenproduktbeständen, für die Inanspruchnahme von Präsentationsseiten in einem Verkaufskatalog oder im Internetauftritt usw.

vierte Frage der systemausfüllenden Koordination

Einordnung in das allgemeinere Lösungsprinzip

Solche Bewertungsparameter sichern die inhaltliche Verwendbarkeit der Einzelverfahren zum Finden von Teillösungen. Dieses Instrument liefert damit die Voraussetzung für die Zerlegbarkeit des Gesamtproblems in kleine Einheiten sowie damit auch die entsprechende Delegierbarkeit von Teilproblemen. Die Bestimmung der Schnittstellenbewertungen gehört zum allgemeineren Problem der **Lenkpreise,** einem Teilgebiet des internen Rechnungswesens (vgl. dazu z. B. Troßmann/Baumeister [Rechnungswesen]).

Kapitel-Übersicht

Kapitel II auf einen Blick

- Controlling-Probleme sind definitionsgemäß Probleme der Führungskoordination. Allgemeines und Gemeinsames zu Controlling-Problemen lässt sich herausfinden, indem man solche Koordinationsprobleme abstrahierend und typisierend betrachtet.

- Koordination ist dort nötig, wo zusammengehörende Entscheidungsbereiche getrennt werden. Eine solche Trennung ist grundsätzlich in der arbeitsteiligen betrieblichen Wirtschaft nicht nur unvermeidlich, sondern sinnvoll und erwünscht. Sie kann aber unterschiedlich geregelt werden. Davon hängt ab, welche Koordinationsprobleme konkret entstehen.

- Die getrennten wechselseitigen Zusammenhänge (Interdependenzen) können sachlicher oder personeller Art sein. Beide Arten gliedern sich tiefer auf. Die entstehenden Unterfälle enthalten jeweils wohlbekannte Beispiele.

- Zur Lösung der entstehenden Koordinationsaufgaben gibt es zwar sehr verschiedene, insgesamt aber grundsätzlich nur wenige Möglichkeiten: Es sind die Prinzipien der delegativen Koordination. Sie unterteilen sich in sachorientierte und personenorientierte. Erstere enthalten den ganzen Katalog der typischen Controlling-Instrumente.

- Dazu gehören u. a. Generalanweisungen, Methodenvorgaben, Budgets, Zielvorgaben mit Kennzahlen, allgemeine Zielvorgaben sowie die Steuerung mit Lenkpreisen.

- Im Allgemeinen werden mehrere Prinzipien der delegativen Koordination nebeneinander angewendet. Deshalb muss der jeweilige Anwendungsbereich abgegrenzt werden, z. B. durch bestimmte Steuerungsparameter.

- Von den gewählten Prinzipien der delegativen Koordination hängen zu einem gewissen Anteil die konkreten Controlling-Aufgaben ab. Andere Controlling-Aufgaben dagegen fallen unabhängig davon immer an.

- Dementsprechend gibt es zwingend und optional einzusetzende Controlling-Instrumente, unter letzteren zudem häufiger und seltener angewendete.

- In jeweils eigenen Kapiteln des vorliegenden Buches werden Controlling-Instrumente behandelt, die entweder hauptsächlich an der gleichen Führungsfunktion ansetzen oder dem gleichen methodischen Ansatz folgen.

Was Rechnungswesen und betriebliche Informationstechnik mit dem Controlling zu tun haben:

Kapitel III: Controlling-Aufgaben bei der Gestaltung des betrieblichen Informationssystems

1. Das Rechnungswesen als Controlling-Gegenstand

a) Überblick zu den Teilgebieten des betrieblichen Informationssystems

Das betriebliche Informationssystem ist das traditionelle Betätigungsfeld des Controlling. Man kann es in einen **inhaltlichen** Aspekt und einen **informationstechnischen** Aspekt gliedern. Der inhaltliche Aspekt umfasst das betriebliche Rechnungswesen, aber auch andere Informationsteilsysteme, etwa die nicht wertbezogenen Rechnungen aus ergänzenden operativen Bereichen und die Bereitstellung strategischer Informationen. Der informationstechnische Aspekt des betrieblichen Informationssystems ist vor allem durch die (gut begründete und sinnvolle) Verselbständigung wichtiger Komponenten des betrieblichen Informationssystems für das Controlling bedeutend geworden. Solche Komponenten sind betriebliche Datenbanken einerseits und betriebliche Modell- und Methodenbanken andererseits. Wegen ihrer strukturgebenden und bisweilen auch möglichkeitenbestimmenden Bedeutung bietet die informationstechnische Seite des betrieblichen Informationssystems wichtige Ansatzpunkte für das Controlling. Sie werden nach den zunächst behandelten inhaltlichen Komponenten in Abschnitt 2 näher beleuchtet.

Einteilung des betrieblichen Informationssystems

Das Verhältnis zwischen Controlling und Rechnungswesen ist ebenso eng wie zwiespältig. Ursprünglich aus dem betrieblichen Rechnungswesen hervorgegangen, hat sich das Controlling auf dem Weg zu seinem heutigen Verständnis mehr und mehr davon abgenabelt und verselbständigt. Dennoch bleibt ein enger Bezug. So wird Controlling in mancher Interpretation auch heute noch als (bloßes) Teilgebiet des Rechnungswesens gesehen (siehe dazu Kapitel XI, S. 307). Aber auch wenn man der in diesem Buch vertretenen Definition des Controlling folgt, die den Koordinationsaspekt in den Vordergrund stellt, gehört das Rechnungswesen zu den wichtigsten Controlling-Instrumenten.

Rechnungswesen als inhaltliche Komponente

Der Pauschalbegriff Rechnungswesen umfasst eine breite Palette ganz unterschiedlicher Methoden. Zudem gibt es zahlreiche Einteilungskriterien. Für den ersten Überblick empfiehlt sich eine Differenzierung nach Fachinhalt, Informationsempfänger und Rechnungszweck. Nach dem **Fachinhalt** teilt sich das Rechnungswesen in die drei großen Gebiete der Bilanzrechnung, der Finanzrechnung und der Kosten- und Leistungsrechnung. Diese Gliederung ist auf den

Einteilung des Rechnungswesens

ersten Blick nur von inhaltlichen Merkmalen bestimmt, richtet sich indessen auch markant am Kriterium des **Informationsempfängers** aus, mit dem sie weitgehend parallel verläuft, wie Abb. III-1 zeigt.

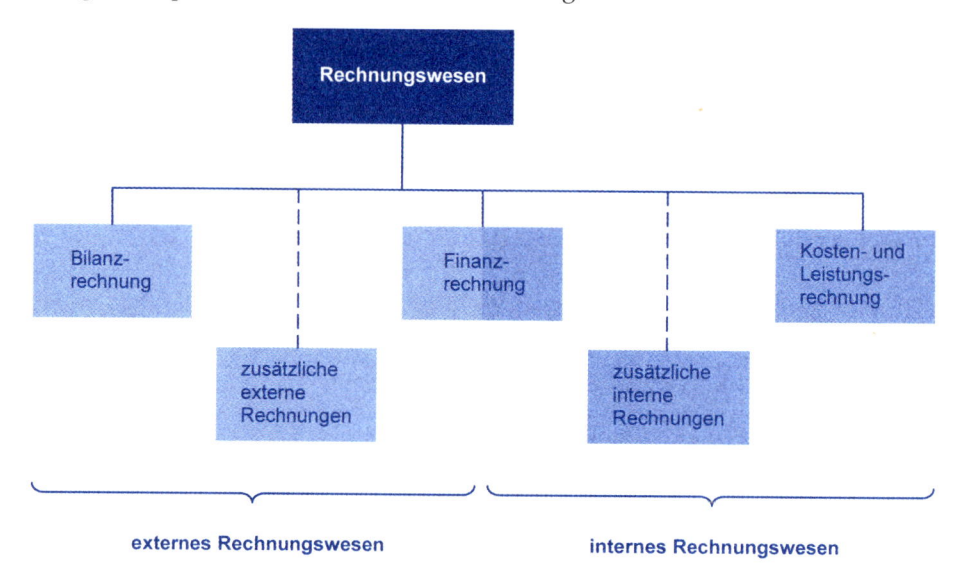

Abb. III-1: Die traditionellen Hauptgebiete des Rechnungswesens

externes und internes Rechnungswesen

Diese Zuordnung von Fachinhalt und Informationsempfänger wird insbesondere deutlich, wenn man die Begriffsfassungen beispielsweise der Kosten und Leistungen betrachtet und sie den entsprechenden Positiv- und Negativgrößen der Bilanzrechnung, also Aufwand und Ertrag, gegenüberstellt. Unabhängig von den Feinheiten der jeweiligen definitorischen Fassung zeigt sich, dass generell Kosten und Leistungen sinnvoll nur bei interner betrieblicher Kenntnis bestimmt werden können. Dies ist zugleich ein Indiz für die vorherrschende Bedeutung der traditionellen Unterscheidung von externem und internem Rechnungswesen. Die wichtigsten Unterschiede zwischen internen und externen Rechensystemen zeigt Abb. III-2.

Bedeutung der Einteilung in intern und extern

Charakteristisch für diese Einteilung ist, dass sie sich zwar auf das Kriterium des Informationsempfängers stützt, dennoch zugleich eine weitgehend zutreffende Einteilung der **inhaltlichen** Rechenkonzepte erlaubt. Als eindeutig intern gilt die Kosten- und Leistungsrechnung, eindeutig extern die Bilanzrechnung. Zwar ist von beiden Rechenwerken auch jeweils eine zweite, am untypischen Empfängerkreis ausgerichtete Ausprägung denkbar, sie kommt aber doch nur im Ausnahmefall vor. So werden in manchen Liefer-Abnehmer-Beziehungen Kalkulationen oder andere Kosteninformationen des Vertragspartners verlangt. Automobilhersteller etwa erwarten solche Einblicke von den Kraftfahrzeug-Zulieferern; entsprechend in umgekehrter Richtung Brauereien von ihren Gaststättenpächtern. Die in solchen Fällen an den externen Informationsempfänger gelieferten Informationen zählen dann zum externen Rechnungswesen, auch wenn sie nach Bezeichnung und Form dem internen Rechnungswesen folgen. Dies ist allein schon deswegen sinnvoll, weil bei der Erstellung solcher Rechnungen eindeutig nicht die eigenen Entscheidungszwecke, sondern die **mög-**

lichen Interpretationen des externen Informationsempfängers im Vordergrund stehen. Ganz analog ist zum Standardfall der externen Bilanz eine ausnahmsweise für ausschließlich interne Zwecke erstellte Bilanz denkbar, die dann aber nicht den externen Normen zu entsprechen braucht. Hingegen gibt es die Finanzrechnung, das dritte inhaltlich charakterisierte Rechengebiet, von vornherein sowohl für interne als auch für externe Zwecke, insbesondere in Form der Finanzpläne.

externes Rechnungswesen
- eher dokumentations- und rechnungslegungsorientiert
- normiert durch
  - Handels- und Steuerrecht
  - ggf. ausländische Normen
  - internationale Standards (IFRS)
- Adressaten sind extern; Information dient auch der geschickten Beeinflussung der Entscheidung anderer

internes Rechnungswesen
- entscheidungsorientiert, aber auch dokumentations- (= abrechnungs-)orientiert
- nicht extern normiert, aber durch interne Zwecke bestimmt (vor allem entscheidungslogisch)
- Adressaten sind intern; Information dient der passenden Fundierung der eigenen Führung

Schnittbereich:
- Periodenabrechnung, auch für Unternehmensteilbereiche
- Erfolgsbeurteilung
- leistungsorientierte Entlohnungskomponenten
- wertorientierte Steuerung

Abb. III-2: Verhältnis von externem und internem Rechnungswesen

Nach dem **Rechenzweck** ist grundsätzlich die Nach- und die Vorrechnung zu unterscheiden. Nachrechnungen dienen entweder einer bloßen Abrechnung oder der Kontrolle. Abrechnungszweck ist vor allem allgemein die Erfolgsfeststellung und speziell die Erfolgsbesteuerung, vielfach auch die Ausschüttungsbemessung. Kontrollrechnungen gehen über die Abrechnung hinaus, weil sie neben ihr eine Gegenüberstellung mit einer früher erstellten Prognose- oder Vorgaberechnung sowie eine Abweichungsanalyse umfassen. Der Kontrollzweck selbst wiederum kann darin liegen, organisatorische Einheiten zu beeinflussen, ein angestrebtes Planungsziel, etwa in einem Prozessablauf, selbst sicherzustellen oder Informationen zur Verbesserung des Planungsprozesses zu

Einteilung nach dem Rechenzweck

gewinnen. Nachrechnungen bilden insgesamt das **dokumentatorische** Rechnungswesen. Vorrechnungen können einen reinen Prognosezweck oder einen Entscheidungs- bzw. Steuerungszweck haben. Häufig fasst man sie unter dem Begriff des **entscheidungsorientierten Rechnungswesens** im weiteren Sinn zusammen.

Jeder der Rechnungszwecke kann sich, und das gibt ein weiteres Einteilungskriterium ab, einerseits auf bestimmte **sachliche Maßnahmen** richten wie der Herstellung und den Absatz einer bestimmten Produktart oder andererseits auf **organisatorische Einheiten** bzw. Einzelpersonen, etwa zur Abteilungsanalyse oder Leistungsbeurteilung.

periodische und fallweise Zahlenbereitstellung

Alle angeführten Rechnungen kann man zusätzlich in diejenigen unterscheiden, die in periodischem Rhythmus, in der Regel zumindest jährlich aufgestellt werden, und diejenigen, die anlassbezogen der Beantwortung spezifischer Fragen gelten. Letztere können deshalb auf die individuellen Besonderheiten des zu betrachtenden Falls ausgerichtet werden, und sie sind nicht nur in den konkreten Zahlen, sondern möglicherweise auch in ihrer methodischen Struktur **situationsbezogen.** Periodisch erstellte Rechnungen dagegen haben gerade diese Eigenschaft nicht, sondern erfüllen entweder ein wiederkehrendes Informationsbedürfnis oder stellen **Basisinformationen** bereit, die während eines ganzen Zeitraums als Basis für die dann anfallenden aperiodischen Rechnungen dienen.

Bedeutung dieser Einteilung für die Konzeption ...

Die Unterscheidung zwischen periodischen und aperiodischen Rechnungen folgt einem weit in die Rechnungswesen-Entwicklung zurückreichenden Gedanken, der sich schon bei Schmalenbach (vgl. [Lenkung] 66, vgl. auch Schweitzer/Küpper [Systeme] 53 f.) findet und später vor allem von Riebel (vgl. [Grundrechnung] 785 ff.) aufgegriffen wurde: **Man möchte Zahlen für die betrieblichen Rechnungszwecke bereitstellen, die für einen längeren Zeitraum gelten und die man möglichst ohne größere Veränderungen für die Beantwortung der laufend anfallenden Fragen direkt heranziehen kann.** Nun ist klar, dass eine solche „Grundrechnung" (so die ursprüngliche Bezeichnung) keinesfalls alle Rechenbedürfnisse abdecken kann, da zahlreiche Besonderheiten einzelner Fälle nicht vorher bekannt sein können. Neben der Grundrechnung sieht Schmalenbach für solche Fälle deshalb **„Sonderrechnungen"** vor. Riebel geht davon aus, dass in einer Grundrechnung die wenigsten Fragen komplett beantwortbar sind und spricht deshalb von **„Auswertungsrechnungen",** die sich an die Grundrechnung anschließen.

... und die Software des Rechnungswesens

Nach ihrer informationstechnischen Realisierung stellt sich heute eine Grundrechnung genauer als **Datenbank** dar (vgl. grundsätzlich vor allem Sinzig [Rechnungswesen], ferner Troßmann [Finanzplanung] 569 f.), deren Inhalte zur Lösung konkreter Fragen abgerufen und in eine situationsentsprechende („Auswertungs-")Rechnung eingebracht werden. Damit löst sich die Frage nach der Grenze zwischen Grund- und Auswertungsrechnungen in der Konzeption von Datenbankstrukturen für das Rechnungswesen auf. Hier entsteht zwangsläufig eine Unterscheidung von Zahlen, die über einen längeren Zeitraum gelten, und solchen, die nur für eine bestimmte Situation zutreffen. Mit allen Wertgrößen – das sind bei traditioneller Interpretation fast durchweg Zahlen des Rechnungswesens – ist genau besehen immer das Festlegen eines **Gültigkeitszeitraums** verbunden. Deshalb sind alle Zahlen des Rechnungswesens, die nicht nur für einen konkreten einzelnen Anwendungsfall gelten, immer wieder zu aktuali-

1. Das Rechnungswesen als Controlling-Gegenstand

sieren. Dies geschieht in weiten Bereichen periodisch. Abb. III-3 gibt einen Überblick zu den wichtigsten Merkmalen und Hauptanwendungen von periodischen Rechnungen, Abb. III-4 zu typischen fallbezogenen Rechnungen (vgl. Schweitzer/Küpper [Systeme] 11 f., 49 ff.).

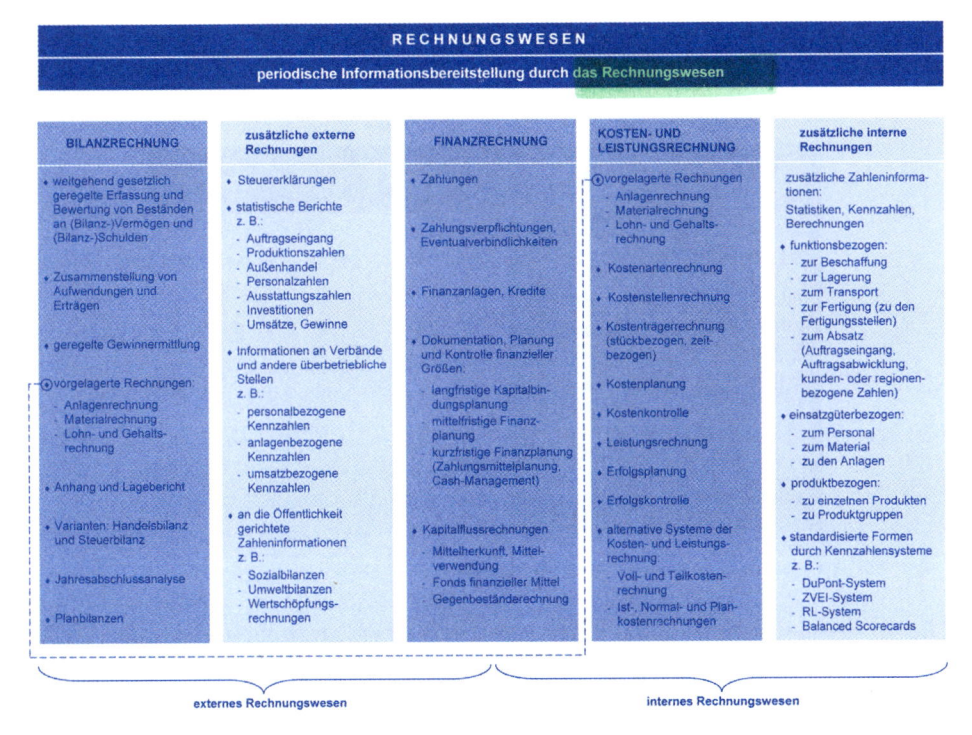

Einteilung des Rechnungswesens

RECHNUNGSWESEN
periodische Informationsbereitstellung durch das Rechnungswesen

BILANZRECHNUNG	zusätzliche externe Rechnungen	FINANZRECHNUNG	KOSTEN- UND LEISTUNGSRECHNUNG	zusätzliche interne Rechnungen
• weitgehend gesetzlich geregelte Erfassung und Bewertung von Beständen an (Bilanz-)Vermögen und (Bilanz-)Schulden	• Steuererklärungen	• Zahlungen	• vorgelagerte Rechnungen: - Anlagenrechnung - Materialrechnung - Lohn- und Gehaltsrechnung	zusätzliche Zahleninformationen: Statistiken, Kennzahlen, Berechnungen
• Zusammenstellung von Aufwendungen und Erträgen	• statistische Berichte z. B.: - Auftragseingang - Produktionszahlen - Außenhandel - Personalzahlen - Ausstattungszahlen - Investitionen - Umsätze, Gewinne	• Zahlungsverpflichtungen, Eventualverbindlichkeiten	• Kostenartenrechnung	• funktionsbezogen: - zur Beschaffung - zur Lagerung - zum Transport - zur Fertigung (zu den Fertigungsstellen) - zum Absatz (Auftragseingang, Auftragsabwicklung, kunden- oder regionenbezogene Zahlen)
• geregelte Gewinnermittlung		• Finanzanlagen, Kredite	• Kostenstellenrechnung	
• vorgelagerte Rechnungen: - Anlagenrechnung - Materialrechnung - Lohn- und Gehaltsrechnung	• Informationen an Verbände und andere überbetriebliche Stellen z. B.: - personalbezogene Kennzahlen - anlagenbezogene Kennzahlen - umsatzbezogene Kennzahlen	• Dokumentation, Planung und Kontrolle finanzieller Größen: - langfristige Kapitalbindungsplanung - mittelfristige Finanzplanung - kurzfristige Finanzplanung (Zahlungsmittelplanung, Cash-Management)	• Kostenträgerrechnung (stückbezogen, zeitbezogen)	• einsatzgüterbezogen: - zum Personal - zum Material - zu den Anlagen
			• Kostenplanung	• produktbezogen: - zu einzelnen Produkten - zu Produktgruppen
• Anhang und Lagebericht			• Kostenkontrolle	
			• Leistungsrechnung	
• Varianten: Handelsbilanz und Steuerbilanz	• an die Öffentlichkeit gerichtete Zahleninformationen z. B.: - Sozialbilanzen - Umweltbilanzen - Wertschöpfungsrechnungen	• Kapitalflussrechnungen: Mittelherkunft, Mittelverwendung Fonds finanzieller Mittel Gegenbeständerechnung	• Erfolgsplanung	• standardisierte Formen durch Kennzahlensysteme z. B.: - DuPont-System - ZVEI-System - RL-System - Balanced Scorecards
• Jahresabschlussanalyse			• Erfolgskontrolle	
• Planbilanzen			• alternative Systeme der Kosten- und Leistungsrechnung: - Voll- und Teilkostenrechnung - Ist-, Normal- und Plankostenrechnungen	

externes Rechnungswesen — internes Rechnungswesen

Abb. III-3: Teilgebiete der periodischen Informationsbereitstellung durch das Rechnungswesen

RECHNUNGSWESEN
aperiodische Informationsbereitstellung durch fallbezogene Rechnungen

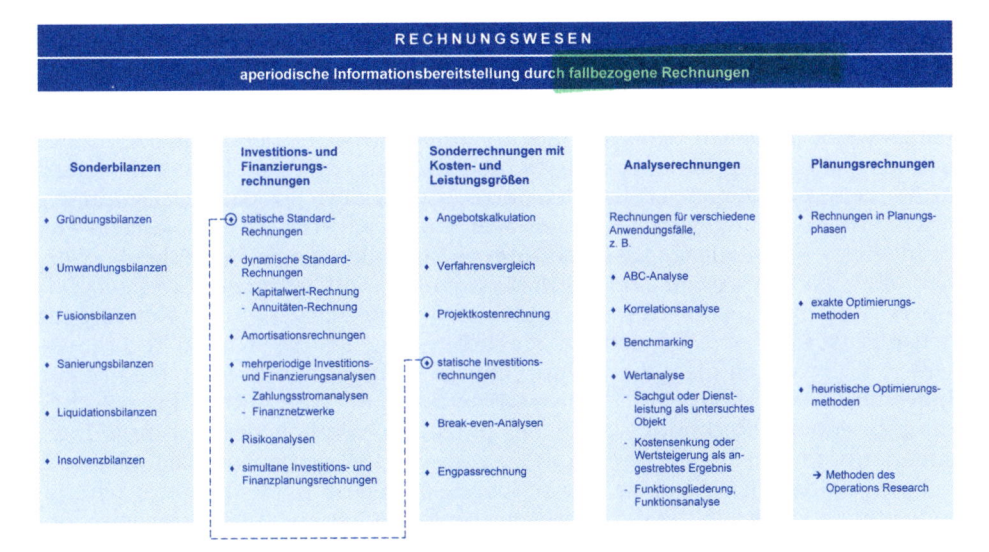

Sonderbilanzen	Investitions- und Finanzierungsrechnungen	Sonderrechnungen mit Kosten- und Leistungsgrößen	Analyserechnungen	Planungsrechnungen
• Gründungsbilanzen	• statische Standard-Rechnungen	• Angebotskalkulation	Rechnungen für verschiedene Anwendungsfälle, z. B.	• Rechnungen in Planungsphasen
• Umwandlungsbilanzen	• dynamische Standard-Rechnungen - Kapitalwert-Rechnung - Annuitäten-Rechnung	• Verfahrensvergleich	• ABC-Analyse	
• Fusionsbilanzen	• Amortisationsrechnungen	• Projektkostenrechnung	• Korrelationsanalyse	• exakte Optimierungsmethoden
			• Benchmarking	
• Sanierungsbilanzen	• mehrperiodige Investitions- und Finanzierungsanalysen - Zahlungsstromanalysen - Finanznetzwerke	• statische Investitionsrechnungen	• Wertanalyse - Sachgut oder Dienstleistung als untersuchtes Objekt	• heuristische Optimierungsmethoden
• Liquidationsbilanzen	• Risikoanalysen	• Break-even-Analysen	- Kostensenkung oder Wertsteigerung als angestrebtes Ergebnis	
• Insolvenzbilanzen	• simultane Investitions- und Finanzplanungsrechnungen	• Engpassrechnung	- Funktionsgliederung, Funktionsanalyse	→ Methoden des Operations Research

Abb. III-4: Teilgebiete der Informationsbereitstellung durch fallbezogene Rechnungen

b) Controlling-Bezug der einzelnen Rechnungswesenkomponenten

sechs Rechnungswesenfelder für die Controlling-Analyse

Um den Controlling-Bezug des Rechnungswesens präziser herauszuarbeiten, ist es hilfreich, die beiden Haupteinteilungen des Rechnungswesens nach **Fachinhalt und Informationsempfänger** einerseits sowie nach **Rechnungszweck** andererseits gleichzeitig zu betrachten (einige Passagen dieser Überlegungen in den Abschnitten b, c, d sind auch unter Troßmann [BilMoG] veröffentlicht). Dies ergibt das Tableau der Abb. III-5.

Rechnungszweck	Informationsempfänger	extern	intern
Nachrechnungen (Dokumentationsrechnungen)	(reine) Abrechnungen	F	C
	Kontrollrechnungen	E	B
Vorrechnungen	Prognoserechnungen	D	A
	Entscheidungs- und Steuerungsrechnungen		

Abb. III-5: Gliederung des Rechnungswesens nach Informationsempfänger und Rechnungszweck

Feld A

Die so entstehenden Felder lassen die besonders controllingrelevanten Rechnungsgebiete deutlich werden. Im Feld A zeigt sich als besonderer Controlling-Schwerpunkt das **entscheidungsorientierte interne Rechnungswesen.** Hier liegen für die tägliche Controllingarbeit unabdingbaren Prognose- und Entscheidungsrechnungen. Entscheidungsvorbereitende Rechnungen sind in hohem Maße auf die jeweiligen Ziele der Entscheidungsträger auszurichten und zudem von den Merkmalen der Entscheidungssituation abhängig. Schon deshalb sind sie nahezu ausschließlich nur als interne Rechnungen denkbar.

Felder A und D: Unterschiede

Wenn zentrale Controlling-Felder eher auf das entscheidungsorientierte Rechnungswesen aufbauen denn auf das dokumentatorische, heißt das noch nicht, dass deshalb zwangsläufig der Zusammenhang zum externen Rechnungswesen nicht mehr problematisiert werden muss. Zumindest für das entscheidungsorientierte Rechnungswesen ist dazu aber die – vielleicht als herablassend empfundene – Konsequenz, dass dann die entscheidungslogische Rechenkonzeption die Orientierungsmarke abgeben muss. Die oft geforderte weitgehende Übereinstimmung von externen und internen Rechensystemen, **Konvergenz** genannt, ist in diesem Bereich nur möglich, wenn sich das externe Rechnungswesen sehr weit an die entscheidungslogisch zwingenden Ansätze herantastet. Indessen: Dieses Argument ist zweischneidig. Zum einen führt das entscheidungsorientierte Rechnungswesen bei präziser Definition der Entscheidungssituation und entsprechender Logik zu zwingenden Rechenansätzen, allenfalls bis auf entscheidungsirrelevante Komponenten. Diese Eindeutigkeit macht gerade den Reiz des entscheidungsorientierten Rechnens aus (und lässt viele Controller angesichts mancher viel Vorwissen und Erfahrung erfordernder Regelungskaskaden der externen Rechnungslegung besondere Freude am internen

Rechnungswesen empfinden). Zum anderen freilich stellt sich diese Eindeutigkeit der entscheidungsorientierten Rechnungen eben nur angesichts einer ganz **konkreten Entscheidungssituation** ein, die regelmäßig nicht beliebig reproduzierbar ist und sich schon deswegen einer, zumal nachträglichen, **intersubjektiven Überprüfbarkeit** – einer Kernforderung der externen Rechnungslegung – entzieht. Deshalb sind Entscheidungsrechnungen von vornherein weitgehend die Domäne des internen Rechnungswesens.

Eine entscheidungsorientierte Rechnung für den externen Informationsempfänger würde präzisere Informationen über dessen **Ziele** einschließlich seiner Risikobereitschaft und auch dessen (subjektive) Informationslage und Zukunftseinschätzung voraussetzen. Dies dürfte im Allgemeinen nicht vorliegen. Schon gar nicht kann für einen ganzen Typus von externen Informationsempfängern (etwa „die Investoren") eine entscheidungsorientierte Rechnung bereitgestellt werden, die mehr als einige Basisinformationen enthält und tatsächlich zu entscheidungsbrauchbaren endgültigen Alternativenbewertungen gelangt. Die mit D bezeichneten Teilfelder der Abb. III-5 sind somit genau genommen **nicht bestückbar**. Allenfalls geht es in externen Rechnungen in diesem Bereich darum, Ansätze zu finden, die für eine entscheidungsorientierte Vorgehensweise prinzipiell in Frage kommen.

<small>Konsequenz für Feld D</small>

Dies alles macht deutlich, dass bei Entscheidungsrechnungen die Unterschiede in Zielsetzung, Voraussetzungen und Vorgehensweise so deutlich sind, dass hier eine Trennung von internem und externem Rechnungswesen unabdingbar ist. Chancen für eine Konvergenz interner und externer Rechnungen könnten daher allenfalls bei den **Dokumentationsrechnungen** bestehen. Was hierunter die Kontrollrechnungen betrifft (Felder B und E in Abb. III-5), so ist daran zu erinnern, dass eine Kontrolle zwingend eine Bezugsgrundlage braucht, etwa das Soll bei einem Soll-Ist-Vergleich. Diese Bezugsgrundlage kommt aus einem vorherigen Planungsprozess, im Falle einer Rechnung also aus einer vorherigen Prognose- oder Entscheidungsrechnung. Weil für diesen Fall aber die Argumentation der Felder A und D greift, ergibt sich für Feld B eine besonders hohe Controlling-Relevanz. Dagegen ist Feld E, außer was den Feststellungsteil betrifft, nicht ausfüllbar.

<small>Felder B und E: Unterschiede</small>

<small>Konsequenz für Feld E</small>

Insgesamt verbleibt damit als sinnvolles Anwendungsfeld für das externe Rechnungswesen vor allem das Feld F der dokumentatorischen Rechnungen. Das Gegenstück dazu im internen Rechnungswesen kennzeichnet Feld C. Beide Varianten von Abrechnungen haben einen **unterschiedlichen Controlling-Bezug:** Für die internen Abrechnungssysteme ist es eine wichtige Controlling-Aufgabe, für die führungspolitisch bedeutsamen Inhalte und eine korrekte Interpretierbarkeit zu sorgen. Beispielsweise sind irreführende Rechnungen zu vermeiden, auch wenn sie vielleicht nicht „falsch" im engeren Sinn sind. Generell ist es hier die Zielrichtung der Controlling-Arbeit, insbesondere auch mit den Zahlen des dokumentatorischen Rechnungswesens zur zielorientierten betrieblichen Führung beizutragen. Dies umfasst Aspekte der rechentechnischen Gestaltung, des zahlenmäßigen Inhalts und auch der Hilfestellung bei der Ergebnisinterpretation.

<small>Felder C und F: Unterschiede</small>

Indessen ist die führungspolitische Gestaltung bei **abrechnungsorientierten internen Rechnungen** weit weniger eindeutig als beim entscheidungsorientierten Rechnungswesen, wo vor allem die Ableitungslogik Hilfestellung bietet. Bei

<small>C und F: detailliertere Analyse</small>

der nachträglichen Rechnung liegt eine vergleichbare Argumentationsbasis nicht vor. Der Erfolg hat viele Väter – der Misserfolg auch, nur mit dem Unterschied, dass hier gerne jedwede Vaterschaft abgestritten wird. Tatsächlich ist es so, dass in aller Regel ein bestimmtes Ergebnis eben die Wirkung des Zusammentreffens einer ganzen Reihe von Entscheidungen und nicht beeinflussbarer Umweltzustände ist. Ein nachträgliches **Zerlegen in Teilkomponenten**, die auf einzelne Entscheidungsträger oder die Entscheidungen einzelner Perioden zurückzuführen sind, ist im Allgemeinen objektiv **nicht möglich**. Will oder braucht man trotzdem eine solche Zurechnung, etwa in Form eines Periodengewinns oder des Erfolgsanteils der Division X oder des Managers M, dann muss auf **Regeln** zurückgegriffen werden, die bestenfalls als akzeptierte Normen gelten können, oft aber auch als festgelegte, vielleicht vorab kommunizierte oder einfach nur übliche Konventionen zu interpretieren sind.

inhaltliche Besonderheit der Dokumentationsrechnungen C und F

Das externe Rechnungswesen liefert ganze Systeme solcher Regeln. Beurteilungsmaßstäbe dort orientieren sich generell an den akzeptierten Zielen der Rechnungs**legung.** Es geht also um Kriterien der Objektivität und Belegbarkeit, die sich etwa in der intersubjektiven Überprüfbarkeit, also Reproduzierbarkeit durch fachkundige Dritte konkretisieren.

Controlling-Bezug von Feld C

Aus Controllingsicht sind abrechnungsorientierte Rechnungen dagegen vor allem daran zu messen, welche **Wirkungen** sie entfalten. Jene wiederum richten sich nach dem Einsatzzweck. Dass die nach Regelungen des externen Rechnungswesens ermittelten Zahlen für Controlling-Zwecke gut passen, ist schon deshalb kaum zu erwarten. Auch mit Normen der externen Rechnungslegung, die als „investororientiert" gelten – wie etwa die International Financial Reporting Standards (IFRS) – , lässt sich dieses prinzipielle Problem nicht beseitigen. Besonders augenfällig tritt es bei der Suche nach einer geeigneten Größe zur anreizorientierten Leistungsmessung für Manager auf. Dies gilt selbst bei vergleichsweise guten Voraussetzungen (vgl. z. B. zu einem markanten Fall Pfaff [IFRS], im Übrigen siehe Kapitel IX). Allgemein sind typische Einsatzzwecke für interne Dokumentationsrechnungen

- die **Leistungsmessung** („Performance-Messung") eines Managers oder einer organisatorischen Einheit,

- die an die Leistungsmessung anschließende Festlegung leistungsorientierter **Entlohnungskomponenten,**

- die auf der Abrechnung fußende Festlegung von **Vorgabegrößen** folgender Perioden, etwa Budgets aller Art oder anderer Zielerreichungsausmaße.

Konkrete Anwendungsbeispiele zum letztgenannten Punkt sind etwa

- die aus einem Bereich abziehbare Höhe liquider Mittel als gegenwärtig frei verfügbarer **Cash flow,**

- die sich aus dem errechneten Restkapitaleinsatz ergebende **Sollhöhe** zu erwirtschaftender **Zinsen** (die später den Nettogewinn nach Zinsen mitbestimmen),

- die aus vergleichbaren Projekten zu erzielenden **Mindest-Überschüsse,**

- Anhaltspunkte für die mögliche **Desinvestition.**

1. Das Rechnungswesen als Controlling-Gegenstand

Für die **externen Abrechnungssysteme** ist der Controlling-Bezug anders: Hier ist zunächst grundsätzlich zu fragen, ob sich mit dem nach außen gerichteten dokumentatorischen Rechnungswesen überhaupt eine Controlling-Aufgabe verbindet. Dazu betrachten wir das weitere Schicksal der externen Zahlen. Interessant dabei sind vor allem solche externe Informationsempfänger, die auf Basis der erhaltenen Informationen Entscheidungen treffen, etwa Finanzinvestitionsentscheidungen als (spätere) Anteilseigner oder Gläubiger. Sie verfügen über keine auf ihre Zwecke und Situation speziell ausgerichteten Entscheidungsrechnungen, wie sie die Felder D oder E enthalten hätten. Deshalb bleibt ihnen nichts anderes übrig, als die Dokumentationsrechnungen, die ja nur berichtenden Charakter haben, selbst also keine Handlungsalternativen bewerten, als Grundlage ihrer Entscheidungen heranzuziehen. Das führt zu einem wichtigen Merkmal externer Rechnungen: Einer externen Dokumentationsrechnung kommt eine **wichtige Beeinflussungsfunktion** auf Einschätzungen, Bewertungen und Entscheidungen externer Entscheidungsträger zu. Für das Controlling ergibt sich daraus eine Aufgabe, die sich durchaus von der beim internen Rechnungswesen unterscheidet: Es könnte dafür sorgen, die externen Dokumentationsrechnungen nach Möglichkeit so zu gestalten, dass die Entscheidungen, die externe Entscheidungsträger darauf basieren, für die **eigenen betrieblichen Ziele** möglichst günstig ausfallen. Die Controlling-Aufgaben für Feld C und F stimmen also nur dann überein, wenn interne und externe Entscheidungsträger und damit ihre Ziele zusammenfallen. Das dürfte die Ausnahme sein.

Controlling-Bezug von Feld F

Wie gleich können C und F sein?

c) Zur Eigenständigkeit interner und externer Dokumentationsrechnungen

Nach diesen Überlegungen bestehen nur im Falle der Dokumentationsrechnungen Potenziale für die seit Jahren immer wieder erhobene Forderung nach einer **Konvergenz** interner und externer Rechnungen. Angestrebt wird damit genauer, die internen und externen Dokumentationsrechnungen vom Typ F und C in einer gemeinsamen Rechnung aufgehen zu lassen. Generalisierend wird vom Streben einer Konvergenz des internen und des externen Rechnungswesens insgesamt gesprochen. Gemeint sein können nach den bisher angestellten Überlegungen indessen lediglich **Abrechnungen** im engeren Sinn – freilich immer noch ein sehr umfassender Bereich, bedenkt man, dass sich die externe Rechnungslegung fast vollständig hier zuordnen lässt. Will man unter diesem Gesichtspunkt die Diskussion präzisieren, stellt sich zunächst heraus, dass der Ausdruck „externes Rechnungswesen" **keineswegs eindeutig** ist. Vielmehr fragt sich:

C/F-Frage ist die Konvergenzfrage

Schwierigkeiten einer Konvergenz wegen ...

- Welche externen Rechnungen sind genau gemeint?
- Welchen Zweck verfolgen sie?
- Wie kann eine Konvergenz bewerkstelligt werden?

Die erste Frage entsteht, weil zum Jahresabschluss, der typischen externen Rechnung, mehrere Formen nebeneinanderstehen:

... vieler externer Formen

- der handelsrechtliche Einzelabschluss, die **Handelsbilanz,**
- der steuerrechtliche Abschluss, die **Steuerbilanz,**

- die für den Konzernabschluss aufbereitete, in die Konsolidierung einzubringende Variante des Einzelabschlusses, die sogenannte **Handelsbilanz II,**

- die **Konzernbilanz** nach IFRS.

Die beiden Letztgenannten treten nur bei manchen, immerhin aber durchweg bei den größeren Unternehmungen auf.

... mit markanten Unterschieden

Schon zwischen den ersten beiden, insgesamt aber zwischen allen Typen des externen Rechnungsabschlusses gibt es reichlich Unterschiede. Jene ändern sich zudem immer wieder. So hat beispielsweise das Bilanzrechtsmodernisierungsgesetz (BilMoG) von 2009 zwar vereinzelt den handelsrechtlichen Einzelabschluss stärker an den IFRS-Abschluss angenähert, gleichzeitig aber den Abstand zur Steuerbilanz vergrößert (vgl. Troßmann [BilMoG] 92). So ist also der **externe Partner** von Konvergenzbestrebungen **keineswegs eindeutig**.

... Orientierung an Nebenzwecken

Auch der Zweck der Konvergenzforderung liegt nicht auf der Hand. Man könnte sie mit der Erwartung begründen, dass Schwächen oder sogar Fehler beim Verfolgen der Rechnungszwecke dadurch vermieden oder zumindest reduziert werden, die Rechnungen also irgendwie „besser" werden. Man kann ergänzend dazu Sekundärwirkungen, wie „einfacher", „schneller", „schöner" anführen. In der Konvergenzdiskussion werden nahezu ausschließlich Argumente dieser Sekundärart angeführt. Übereinstimmende Rechnungen hätten Vorteile, da

- dadurch die **Kosten** des Rechnungswesens insgesamt wegen des reduzierten Arbeitsumfangs niedriger würden,

- sich die **Kommunikation,** insbesondere innerbetrieblich, deutlich vereinfache und verbessere, da für innerbetriebliche Führungszwecke die gleichen Zahlen verwendet werden wie in der externen Kommunikation,

- dadurch die Erklärung von **Unterschieden** entfiele,

- Manager als Folgewirkung aller vorgenannten Gründe insgesamt „zufriedener" seien

(zu Zusammenstellungen solcher Argumente vgl. z. B. Weißenberger [Integration] 166 f., Kahle [Unternehmenssteuerung]). Die Kostenreduktion, teilweise sogar als Hauptbeweggrund identifiziert (so Kahle [Unternehmenssteuerung] 784), ergibt sich aus den rechentechnischen Folgen einer Konzeptkonvergenz: Es wird ein integrierter Kontenplan möglich, kalkulatorische (Zusatz- und Anders-)Kosten fallen weg, die Bewertung der betriebswirtschaftlichen Wirtschaftsgüter und der zu bilanzierender Vermögensgegenstände stimmen überein und schließlich werden Überleitungsrechnungen zu aus anderen Gründen doch noch erforderlichen besonderen internen Rechnungen (also der Kategorien A und B) deutlich einfacher (vgl. z. B. Weißenberger [Integration] 165). Die Einseitigkeit dieses Arguments liegt auf der Hand.

... wenig Anpassungsspielraum auf beiden Seiten

Wie könnte man das mit dem Ausdruck „Konvergenz" umschriebene Anpassen beider Rechensysteme erreichen? Prinzipiell gibt es dafür zwei Richtungen. Will man die Rechnungen selber nicht fehlerhafter gestalten als bisher, eröffnet sich indessen kaum ein Spielraum.

- Das **externe Rechnungswesen** muss vor allem objektiven, nachprüfbaren Regeln folgen, ein letztlich „Richtig" oder „Wahr" gibt es da nicht. Maßstab ist dagegen die **Normeinhaltung,** sei es die Gesetzeskonformität, die Begründung mit den Grundsätzen ordnungsmäßiger Buchführung oder anderen Normen und Regelwerken.

- Das **interne Rechnungswesen** ist dagegen zumindest prinzipiell begründbar, in der Regel durch seine grundsätzliche **Entscheidungsorientierung**.

Da man die Logik nicht ändern kann, gesetzte Normen dagegen schon, steht die mögliche Anpassungsrichtung damit fest. Diesem Gedanken entspricht der **Management Approach** des IFRS und die tatsächliche Beobachtung der Änderung US-amerikanischer Bilanzierungsregeln (vgl. Kahle [Unternehmenssteuerung] 776, sowie Weißenberger [Integration] 162), freilich vor dem Hintergrund einer dort ziemlichen Nichtexistenz eines ausgefeilten und umfassenden internen Rechnungswesens. Auch dieses Beispiel zeigt mehr die **Problematik** als die Einfachheit von Konvergenzbestrebungen.

d) Die Stellung der Informationsbereitstellung zum Controlling insgesamt

Was kann man aus der differenzierten Betrachtung des Rechnungswesens mit seinen zahlreichen Ausprägungen entnehmen? Zunächst ist es der Tatbestand, dass wegen der verschiedenen Zwecke, Informationsempfänger sowie weiterer Merkmale der Rechnungen von einem einheitlichen Rechnungswesen nicht gesprochen werden kann. Mehr noch: die verschiedenen Formen des Rechnungswesens sind je für sich sinnvoll und begründbar; die Diskussion um die Konvergenz insbesondere von internem und externem Rechnungswesen orientiert sich erstens hauptsächlich an **Sekundärzielen**, die kaum gegen die eigentlichen unterschiedlichen Rechenzwecke abgewogen werden können, zweitens betrifft sie **nur einzelne Rechnungswesen-Ausprägungen**, nämlich Dokumentationsrechnungen, und zudem auf der Seite des externen Rechnungswesens **nur jeweils eine der** auch dort nicht konvergenten **Unterarten** (z. B. Handels- und Steuerbilanzen).

Differenziertheit des Rechnungswesens ...

... ergibt unterschiedliche Controlling-Relevanz:

Das Verhältnis von Rechnungswesen und Controlling ist dementsprechend für die verschiedenen Teile des Rechnungswesens differenziert zu betrachten. Und hierzu ergibt die Analyse ein eindeutiges Ergebnis:

(1) Von Controlling-Relevanz sind **alle Teile des internen Rechnungswesens,** kaum aber Teile des externen Rechnungswesens. Dort wo noch ein gewisser koordinativer Charakter im externen Rechnungswesen lokalisiert werden könnte, etwa in der Abstimmung des betrieblichen Außenauftritts, bleibt er aber eng auf die eigentliche Rechnung und ihre direkten Konsequenzen begrenzt, so dass zusätzliches Controlling-Engagement neben den Kompetenzen im externen Rechnungswesen meistens nicht erforderlich sein dürfte.

nur manche Rechnungswesenteile sind betroffen

(2) Auch im internen Rechnungswesen, wo ein enger Controlling-Bezug besteht, ist Controlling und die Informationsbereitstellung nicht gleichzusetzen, da die Arbeitsrichtungen nicht identisch sind. Controlling geht stets über die Berechnung, Bereitstellung und Interpretation der Zahlen hinaus. Aus der Aufgabe der Führungskoordination ergibt sich, dass vor allem **die führungspolitische Wirkung der Zahlen** zu betrachten ist. Deshalb sind im Control-

eigene Arbeitsrichtung des Controlling

ling Rechenergebnisse argumentativ zu differenzieren bzw. zu untermauern, in Führungszusammenhänge einzuordnen und instanzengerecht aufzubereiten. Je nach führungspolitischem Zweck wird aus dem Kostenrechner eher ein Kostenmanager, aus dem Deckungsbeitragsrechner eher ein Deckungsbeitragsmanager usw. Im Bereich der Kostenrechnung werden derartige Aspekte insbesondere in den neoinstitutionellen und behaviouristischen Ansätzen berücksichtigt (vgl. Pfaff/Weißenberger [Fundierung] 120). Sie betonen die verhaltensbeeinflussende Wirkung von Kostenrechnungsergebnissen. Auch dort, wo der Controller selbst die Informationsbereitstellung übernimmt, also selbst das interne Rechnungswesen betreibt, geht die Führungsaufgabe über die reine Zahlenbereitstellung hinaus.

Aus der Führungsfunktion des Controlling ergeben sich schließlich zwei weitere Abgrenzungsaspekte gegenüber dem klassischen Rechnungswesen im engeren Sinn:

auch Zahlen außerhalb des eigentlichen Rechnungswesens

(3) Die für das Controlling relevante Bereitstellung quantitativer Informationen ist keineswegs auf das eigentliche Rechnungswesen beschränkt. Vielmehr sind zur Erfüllung der Controlling-Aufgaben auch zahlreiche weitere Zahlen erforderlich, gerade wo es um die Koordinationsaufgaben zur betrieblichen Planung, zur Kontrolle, zur Arbeit mit Kennzahlen und um das Berichtswesen geht. Dies können vor allem **auch sachliche Größen,** also Mengen, Gewichte, Zeiten, Entfernungen und andere physikalische Größen sein. Beispiele sind Produktions- und Leistungsmengen, Produktionskoeffizienten, weitere Stücklisteninformationen und Arbeitsplandetails, Ausschussquoten, Maschinenzeiten, Kapazitätszeiten, Wartezeiten und Liegezeiten, Verweildauern von Außenständen, Werbeerfolgskoeffizienten, usw. Auch die Bereitstellung dieser Informationen kann man zu den Controlling-Aufgaben rechnen.

auch andere Informationen

(4) Schließlich ist die Informationsbasis für die Controlling-Arbeit und auch die Informationsbereitstellungsaufgabe des Controlling keineswegs auf Zahlen begrenzt. Gerade dort, wo eine quantitative Messung nicht vorliegt, ist Controlling-Kompetenz bei der klaren Definition erfassbarer Informationen und ihrer korrekten Interpretation erforderlich. In vielen Fällen bieten sich **Index-Zahlen** als besondere Kennzahlenart an, um zunächst **schwer greifbare Informationen** präziser zu erfassen und handhabbar zu machen. Dies wird im nachfolgenden Abschnitt e behandelt.

e) Erfassung mehrdimensional gemessener Tatbestände als Grenzfall des Rechnungswesens mit hoher Controlling-Relevanz

Controlling-Relevanz nichtquantitativer Informationen

Das Rechnungswesen in seinen verschiedenen Ausprägungen erfasst und verarbeitet in erster Linie finanzielle Zahlen. Andere darin auftretende Größen, etwa Mengen- oder Zeitgrößen, dienen nur der Herleitung und Berechnung der Wertzahlen. Wo das Rechnungswesen im weiteren Sinn auch technische Größen bereitstellt, stimmt das Messprinzip insoweit mit den finanziellen Größen überein, als es sich hier ebenfalls um jeweils eine **einzige Messdimension** handelt.

Eine andere Kategorie von Informationen liegt dort vor, wo nur verbale und argumentative Informationen anstelle von Zahleninformationen zur Verfügung stehen. Dort ist es wichtig, die Informationen so zu präzisieren, dass sie überhaupt in die weitere Informationsverarbeitung etwa im Berichtswesen oder in der Planung eingebracht werden können. Dafür bietet es sich oft an, die fragliche Größe mit Hilfe mehrerer Kriterien, also **mehrdimensional** zu messen.

Auf diese Möglichkeit wird überall dort ausgewichen, wo eine **Bewertung** abzugeben ist, eine Position, eine Situation oder eine Entwicklung möglichst präzise **gemessen** werden soll, die sich in einer einzigen Zahl nicht hinreichend treffend ausdrücken lässt. Typischerweise handelt es sich dabei um die Charakterisierung von Produkten oder ganzer Märkte, um die eigene Stellung auf Märkten, gegenüber Wettbewerbern oder um die eigenen betrieblichen Kompetenzen, etwa in der Produktionstechnik, um die Fähigkeiten der Mitarbeiter, die Entwicklungsmöglichkeiten einzelner Produkt- oder Absatzbereiche. Diese Größen werden dann gerne mit klingenden Namen versehen. Beispiele sind das Markt-, Produktions-, Kompetenz-, Fähigkeiten- oder Entwicklungspotenzial, allgemein das **strategische Potenzial** oder der **strategische Engpassfaktor** (zu typischen Beispielen vgl. z. B. Coenenberg/Baum/Günther [Controlling] 71 ff.; Koch [Technologiebilanz] 135 ff.). Zu ihrer Messung zieht man jeweils mehrere Einzelmerkmale heran. So erfasst man die Wettbewerbsposition eines eigenen betrieblichen Produkts beispielsweise durch seinen Marktanteil, seine Herstellkosten, sein Image in der Zielgruppe, sein Design, seine Handhabbarkeit und andere Eigenschaften. Auch für diese Einzelmerkmale selbst liegen vielfach keine natürlichen Messskalen vor. Deshalb werden sie in Indikatorkennzahlen ausgedrückt. In der **Profildarstellung** von Abb. III-6 beispielsweise wird die Wettbewerbsposition eines Produkts in zwölf Einzelmerkmalen gemessen. Jedes einzelne von ihnen ist in einem Punktwert auf der sechsstufigen Schulnotenskala ausgedrückt.

Beispiele mehrdimensionaler Messgrößen

Das mehrdimensionale Messen hat hauptsächlich zwei Anwendungsbereiche. Zum einen kommt es dort vor, wo sich **sachliche** und **soziale Zielgrößen** nicht in unmittelbar physikalischen Maßgrößen erfassen lassen, also z. B. bei der Produktqualität, der Kundenzufriedenheit, dem Betriebsklima, der Regeleinhaltungstreue (Compliance), der Verkaufsatmosphäre. Zum anderen tritt es verstärkt dort auf, wo ohnehin kaum quantitative Größen vorhanden sind, nämlich in der **strategischen Planung**. Deshalb rechnet man die typischen mehrdimensionalen Messinstrumente oft auch direkt dem **strategischen Controlling** zu. So werden Produktpotenzialmessungen wie in Abb. III-6 als strategisches Controlling-Instrument verstanden. In gleicher Weise können strategische Größen wie das Eignungspotenzial von Mitarbeitergruppen, das Kompetenzprofil einer Produktionsabteilung oder die Wettbewerbsstärke eines Geschäftsbereichs gemessen werden.

Anwendungsbereiche des mehrdimensionalen Messens

Eine zur einfachen Profildarstellung inhaltlich gleichwertige, aber äußerlich anders erscheinende Variante der graphischen Darstellung ist das **Polarprofil**. Für das Produkt aus Abb. III-6 ist das Polardiagramm in Abb. III-7 wiedergegeben.

Profildiagramm

Was ist aus Controlling-Sicht bei solchen mehrdimensionalen Messungen zu beachten? Zunächst ist festzustellen, dass es sich dabei methodisch um die Bestimmung eines Wertes nach der Methode der **Nutzwertanalyse** handelt. Deshalb sind in jedem Fall die dafür bekannten Bedingungen auch hier einzuhalten (vgl. z. B. Troßmann [Investition] 24 ff.):

Korrektheitsprinzipien mehrdimensionaler Messungen

- Die herangezogenen Einzelkriterien müssen **unabhängig** voneinander sein.
- Jedes Kriterium ist einzeln auf einer **eigenen Skala** zu messen; vor der Zusammenfassung zu einem Gesamtwert ist auf eine **einheitliche Messskala** überzugehen.
- Zur Ermittlung eines Gesamtwertes (des Nutzwertes) sind die Einzelkriterien alternativenunabhängig zu **gewichten.** Letzteres ist eine Bewertungsaufgabe, die die Präferenzen des Bewertenden ausdrückt und deshalb nicht ohne ihn möglich ist.

Profildiagramm

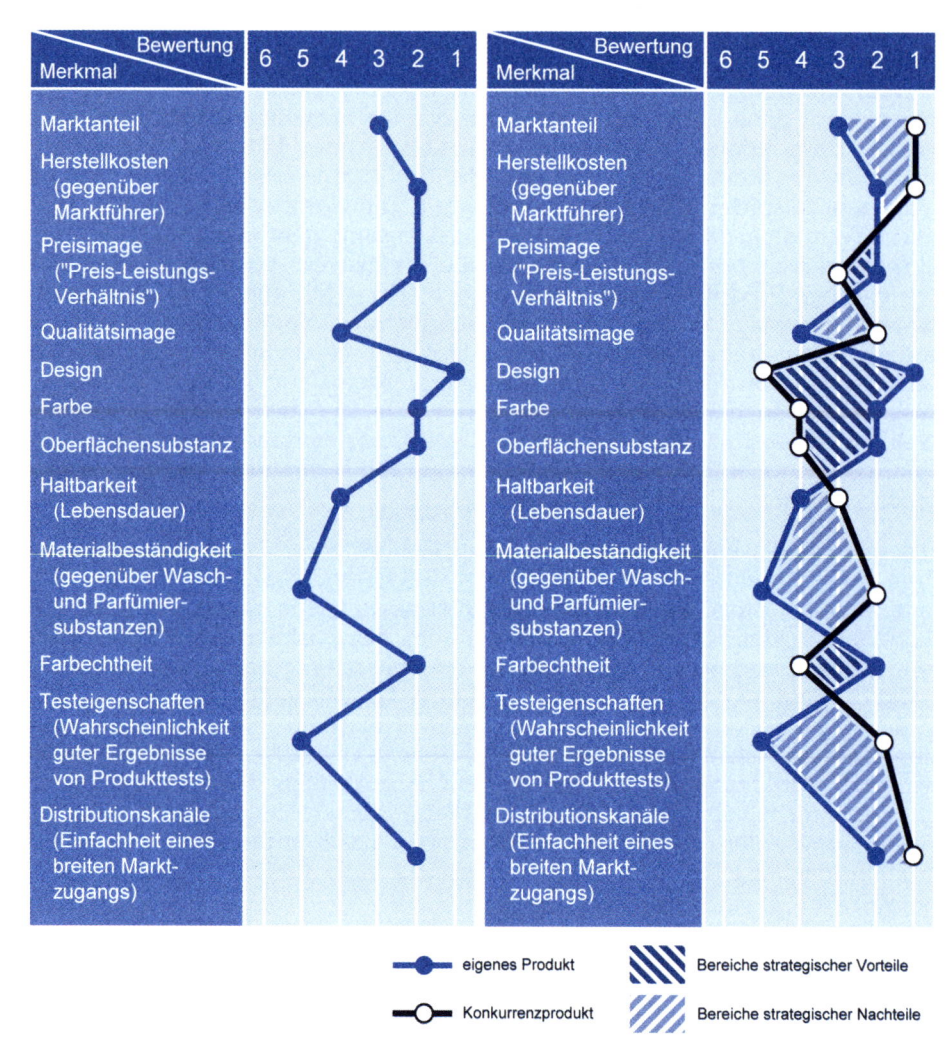

Merkmal	Bewertung (eigenes Produkt)	Bewertung (Konkurrenzprodukt)
Marktanteil		
Herstellkosten (gegenüber Marktführer)		
Preisimage ("Preis-Leistungs-Verhältnis")		
Qualitätsimage		
Design		
Farbe		
Oberflächensubstanz		
Haltbarkeit (Lebensdauer)		
Materialbeständigkeit (gegenüber Wasch- und Parfümiersubstanzen)		
Farbechtheit		
Testeigenschaften (Wahrscheinlichkeit guter Ergebnisse von Produkttests)		
Distributionskanäle (Einfachheit eines breiten Marktzugangs)		

— eigenes Produkt
—○— Konkurrenzprodukt
▨ Bereiche strategischer Vorteile
▨ Bereiche strategischer Nachteile

Abb. III-6: Profildarstellung einer mehrdimensionalen Messung der strategischen Wettbewerbsposition eines betrieblichen Produkts

Probleme der Profildarstellung

Verglichen mit den Merkmalen der Nutzwertanalyse fällt bei der Profildarstellung in Abb. III-6 auf, dass hier bereits von vorneherein mit einer **einheitlichen Skala** gemessen wurde (was die Sache vereinfacht) und **keine Gewichtungen** vorliegen. Darüber hinaus wird auch kein Gesamtwert berechnet, wofür ja die Gewichtungen erforderlich wären. Vielmehr beschränkt sich die mehrdimensionale Messung hier darauf, die Einzelausprägungen der Messung jedes Kriteriums nebeneinanderzustellen. Freilich: Auch dies vermittelt einen Eindruck, nämlich den einer impliziten Gleichgewichtung. Es ist die einzige Möglichkeit der Interpretation dieser Darstellungsart (es sei denn, es ist eine Gewichtung explizit eingearbeitet, vgl. Mooradin/Matzler/Ring [Marketing] 100).

Als wäre dies als Quelle möglicher Missinterpretationen nicht schon schlimm genug, kommt noch ein Zweites hinzu: Untergliedert man ein Kriterium, z. B. das Produktimage, in mehrere Teilkriterien, etwa das Qualitätsimage und das Preisimage, so erhöht dies normalerweise die Messgenauigkeit, weil differenzierter vorgegangen wird. Bei der Nutzwertanalyse ist dies damit verbunden, dass sich auch die Gewichtungen entsprechend aufgliedern. Statt beispielsweise einer Gewichtung von 10% für das Image insgesamt hätte man dann das Qualitätsimage mit dem Teilgewicht 4% und das Preisimage mit dem Teilgewicht 6% zu berücksichtigen. Die übrigen Kriterien wären in ihrem relativen Beitrag zum Gesamtnutzwert nicht beeinträchtigt. Bei der Profildarstellung der Abb. III-6 hingegen ergäbe sich allein durch Aufgliederung einer bisherigen Position in mehrere Teilpositionen interpretativ eine relativ höhere Betonung dieses Aspekts und entsprechend eine Reduzierung der relativen Bedeutung der anderen Einzelaspekte. Verstärkt wird die (falsche) Interpretation noch durch die Profil**linie,** wie sie auch in Abb. III-6 eingetragen ist. Die Verbindungsstrecken zwi-

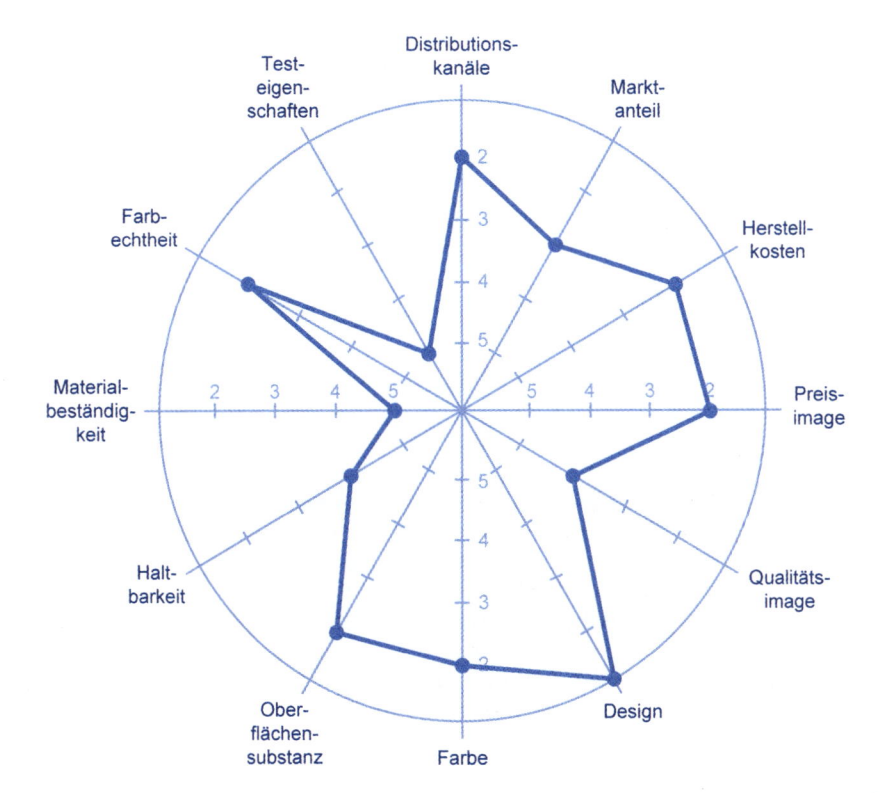

Abb. III-7: Das strategische Produktpotenzial in Polarprofildarstellung

schen den Bewertungspunkten, aus denen sie besteht, sind ohne jede Interpretation, erzeugen aber durch ihren mehr oder weniger stark ausladenden Zickzackverlauf einen deutlichen optischen Eindruck.

Probleme der Polarprofildarstellung

Erst recht problematisch ist aber die graphische Hervorhebung von **Flächen.** Dies ist bei der Polarprofildarstellung von vornherein angelegt (siehe Abb. III-7). Bei der einfachen Profildarstellung wird es möglich, wenn zwei Profillinien in das gleiche Diagramm eingetragen werden, um ein eigenes Produkt mit einem Konkurrenzprodukt zu vergleichen. Das rechte Beispiel in Abb. III-6 zeigt ein solches Bild. Diese Darstellungsart von strategischen Stärken und Schwächen eines Produkts im Konkurrenzvergleich wirkt letztlich manipulativ. Erkennbar wird dies schon daran, dass sich die Größe der schraffierten Felder bereits durch eine Änderung in der Reihenfolge der Kriterien beeinflussen lässt.

Beim mehrdimensionalen Messen kommt allgemein dem Controller verstärkt die Aufgabe zu, auf die **Einhaltung der Bedingungen** der Nutzwertanalyse zu achten und die Manager vor **Fehlinterpretationen** durch einseitig wirkende Graphiken zu bewahren.

2. Die informationstechnische Gestaltung als Controlling-Gegenstand

a) Entstehung der informationstechnischen Koordinationsproblematik

Charakterisierung von Datenbanken

Innerhalb der betrieblichen Informationssysteme spielt der informationstechnische Aspekt für das Controlling eine besondere Rolle. Genauer ist darunter die informations- und kommunikationstechnische Komponente der Realisierung von Informationssystemen zu verstehen. Dies ist deshalb von Controlling-Relevanz, weil hier, bedingt durch die Konstruktionslogik von Informations- und Kommunikationssystemen, eine **Verselbständigung** von Gestaltungselementen vorliegt, die auf den Inhalt zurückwirkt. Dies gilt sowohl für die **Datenbestände** als auch für die **Verarbeitungssoftware**. Datenbanken sind Sammlungen von Daten, die

- auf Permanentspeichern verfügbar,
- elektronisch bearbeitbar,
- situationsunabhängig und unabhängig von einem bestimmten Anwendungsprogramm
- sowie zentral organisiert

bereitgestellt und gepflegt werden. Die beiden letztgenannten Merkmale zeigen den selbständigen und damit übergreifenden Charakter der Datenbanken. Dabei geht es tatsächlich um die **zentrale Organisation** im engeren Sinn, nicht etwa auch um eine (physisch) zentrale Speicherung. So sind dezentrale, verteilte Datenbanken ebenfalls zentral organisiert. Auch schließt die Datenbank-Idee keineswegs aus, an einigen oder sogar vielen Stellen des Betriebs Teil- oder Komplettkopien der Datenbank vorzuhalten. Wichtig ist einzig und allein eine eindeutige Klarheit darüber, was als Original gilt und wer für den Inhalt verantwortlich ist.

Als Alternative zur Datenbank ist nur eine dezentrale Datenhaltung denkbar, bei der die verschiedenen betrieblichen Stellen die Daten, die sie für die Lösung ihrer Aufgaben brauchen, jeweils selbst definieren und erfassen sowie in eigenen Dateien speichern. Diese Dateien sind naturgemäß auf den jeweiligen Verwendungszweck – je nach Fähigkeit ihres Erstellers – besonders gut ausgerichtet, aber nur auf diesen. Und sie sind über ihre Ursprungsstelle hinaus nicht zwingend bekannt (aber auch nicht zwingend unbekannt), ihre anderweitige Verwendung ist also nicht organisiert. Diese Art der Informationsbereitstellung, wir nennen sie (einzel-)**dateienorientiert,** entspricht der (historischen) Standardlage vor der Einführung von betrieblichen Datenbanken. Sie findet sich auch heute überall dort, wo die für eine Stellenaufgabe als erforderlich angesehenen Informationen nicht oder nur teilweise in einer Datenbank enthalten sind. Der Vorteil der dateienorientierten Vorgehensweise besteht darin, dass die Informationshoheit eindeutig beim Verwender liegt. Er ist für die Beschaffung der Informationen zuständig; nach seinem Verwendungszweck richten sich Definition, Präzision, Aktualität und weitere Merkmale der Informationen, auch die Zugriffsmöglichkeiten für andere betriebliche Stellen. Insofern entsteht keinerlei inhaltliche Abstimmungsaufgabe über diese Stelle hinaus, insbesondere nicht zwischen der Führungsaufgabe der Bereitstellung von Informationen und ihrer Verwendung in Planung, Kontrolle, Personalführung u. a. Insgesamt ist die dateienorientierte Informationsbereitstellung damit **kaum controllingrelevant.** Aber sie hat zwei große Nachteile: die ungesteuerte Datenredundanz und, damit verbunden, die Problematik der Dateninkonsistenz.

Grundidee einer Datenbank

Datenredundanz entsteht dadurch, dass die gleichen Daten mehrfach gespeichert werden. Dies ist für sich zunächst noch nicht problematisch, wird es aber dann, wenn vermeidbarer Zusatzaufwand durch mehrfaches Erfassen entsteht und wenn es durch unterschiedliche Definitionen im Detail zu inhaltlichen Unterschieden in den gespeicherten Daten kommt. Erst recht führt es dort zu Abstimmungsproblemen, wo an verschiedenen Stellen zwar nicht die gleichen, aber doch ganz ähnliche Informationen unter gleichen oder ähnlichen Bezeichnungen erfasst werden, die bei gleichzeitiger Betrachtung hätten vereinheitlicht werden können. Derartige Negativeffekte entstehen dadurch, dass unbekannte, zufällige, also **ungesteuerte Datenredundanzen** vorliegen. Soweit Datenredundanzen gesteuert entstehen, könnten sie ohne weiteres – durch die zentrale Organisation – auch vermieden werden. Gründe für gesteuerte Datenredundanzen sind u. a. eine zweite Erfassung zur Fehlervermeidung, ein schnellerer oder unabhängiger Zugriff im operativen Geschäft, etwa an der Supermarktkasse, eine zusätzliche Sicherung der Daten gegen Datenverlust, -fälschung und externen Angriffen.

Vermeidung des ersten ...

Wo Datenredundanzen aber ungesteuert entstehen, sind sie nahezu unausweichlich mit **Dateninkonsistenzen** verbunden. Von Dateninkonsistenz spricht man, wenn zum gleichen Sachverhalt mehrere, sich widersprechende Werte vorgehalten werden, also zum Beispiel zwei verschiedene Farbnummern zur gleichen (einfarbigen) Produktkomponente. Dateninkonsistenzen entstehen bei ungesteuerten Datenredundanzen entweder gleich, weil an den verschiedenen Stellen unterschiedliche Definitionen und Erfassungsmethoden verwendet werden, oder sie stellen sich im Zeitablauf durch Unterschiede in den Datenintegritätsmaßnahmen und der Datenaktualisierung ein. **Datenintegrität** bezeichnet die Korrektheit und Vollständigkeit der Daten. Sie untergliedert sich in die semantische und die operationale Datenintegrität. Die **operationale Datenintegrität** stellt vor allem ein Problem der technischen Korrektheit und Eindeutigkeit

... und zweiten Hauptnachteils von Einzeldateien

dar. Hier geht es um die Unversehrtheit der Daten bei äußeren Einflüssen wie Stromausfall, starken Temperaturschwankungen, physikalischen Erschütterungen oder auch beim gleichzeitigen Zugriff von mehreren Anwendern oder mehreren Programmen, etwa bei physischen Datenumspeicherungen und Änderungen der Speicherorganisation. Diese eher technische Problematik ist in der Regel kein Arbeitsgebiet des Controllers. Bei der **semantischen Datenintegrität** geht es um Maßnahmen der möglichst problemlosen Nutzbarkeit von Datenbeständen trotz unvollständiger oder falscher Eingaben. Hierzu werden beispielsweise Prüfroutinen eingesetzt, die Fehleingaben oder unzulässige Operationen verhindern sollen, oder es werden Werte gemäß Plausibilitätsvorgaben geändert bzw. Standardwerte eingesetzt, um Fehler bei nachfolgenden Anwendungen zu vermeiden. Auf diese Weise werden etwa unzulässige Negativwerte bei Längen-, Gewichts- oder Entfernungsangaben, unmögliche Größenordnungen bei Kosten, Preisen, Lager-, Produktions- oder Bestellmengen identifiziert. Um zu vermeiden, dass ganze Gesamtauswertungen nicht durchführbar sind, nur weil bei einem von vielleicht 10.000 Produkten ein offensichtlich falscher Wert vorliegt, werden mit Datenintegritätsmaßnahmen solche Werte verändert oder eliminiert. So wird beispielsweise statt einer eindeutig falschen Größe der Standardwert null, eins oder ein üblicher Durchschnitt gesetzt. Weil aber für unterschiedliche Zwecke derartige **Datenintegritätsmaßnahmen** zu unterschiedlichen Korrekturen führen können, sind sie ein wichtiger Grund für später entstehende Dateninkonsistenzen. Offensichtlich ist die Entstehung von Inkonsistenzen bei unterschiedlich häufigen und unterschiedlich umfassenden Aktualisierungen von Datenbeständen.

aber: Nachteil neuen Koordinationsbedarfs

All die angesprochenen Nachteile der dateienorientierten Informationsbereitstellung lassen sich durch Datenbanken vermeiden. Der Preis dafür ist aber eine Verselbständigung der Informationsbereitstellung von ihren (ohnehin verschiedenen) Verwendungen. Damit gibt es erhebliche Koordinationsaufgaben zwischen der Bereitstellung von Daten einerseits und ihrer Verwendung andererseits, also typische Controlling-Aufgaben. Zur Bereitstellung gehören nach den bisherigen Überlegungen vor allem die Definition, die Erfassung, die Bereithaltung der Daten, ihre Aktualisierung sowie die Maßnahmen zur Datenintegrität. Da durch all diese Maßnahmen derselbe Tatbestand im Zeitablauf verschiedene Werte annehmen kann und auch Datenänderungen für verschiedene Stellen im Betrieb zu unterschiedlichen Terminen relevant werden, ist zudem erforderlich, beim Abruf stellenbezogen für die jeweils relevante Version der zeitlichen Datenaktualisierung zu sorgen.

b) Controlling-Aufgaben bei Datenbanken

die Datenbank als selbständiges Koordinationsobjekt

Die im vorhergehenden Abschnitt dargelegten Gründe für die Existenz von Datenbanken haben erhebliche Controlling-Auswirkung. Sie verändern den Ansatzpunkt für abstimmende Überlegungen und Aktivitäten, und sie verändern diese Überlegungen und Aktivitäten auch inhaltlich. Der Ansatzpunkt ist **die Datenbank selbst,** nicht mehr die spezielle Erfassung oder Rechnung, mit der eine Information bereitgestellt wird. Und alle koordinativen Überlegungen müssen sich an den **möglichen Verwendungszwecken** ausrichten, für die ein Datenbankinhalt in Frage kommt, jedenfalls an die gedacht werden kann. Die mit Datenbanken verbundene Koordinationsaufgabe hat deshalb von vornherein immer einen **generellen Charakter,** der über einen Einzelfall hinausgeht, selbst wenn der Anlass abstimmender Überlegungen ein Einzelfall ist.

Drei große Controlling-Aufgaben bei Datenbanken stellen sich. Zu gestalten ist

(1) der **Abbildungsumfang** betrieblicher Datenbanken,

(2) der **Detailinhalt** der Datenbank,

(3) der führungspolitisch begründete **Zugang** zu Datenbankfunktionen.

drei Controlling-Aufgaben bei Datenbanken

Mit dem **Abbildungsumfang** ist die Frage angesprochen, welche der betrieblichen Informationen überhaupt in eine Datenbank eingebracht werden sollen. Für viele Standardkomponenten des Rechnungswesens ist dies unstrittig. Andererseits gibt es auch immer Informationen, für die sich wegen ihres singulären Charakters erst gar nicht die Frage der Abbildung in einer Datenbank stellt. Nun findet aber gerade diese Einschätzung bei einzelnen Stellen anlässlich der Erfüllung einer führungsunterstützenden Aufgabe statt, also etwa bei der strategischen Planung, in der Kontrolle oder bei der Lösung von Personalführungsaufgaben. Und das kann bedeuten, dass das Verwendungspotenzial einer Information fälschlicherweise als isoliert angesehen wird, wo sich ein Datenbankkonzept bereits anbieten würde. Die klassische dateienorientierte Informationsbereitstellung wird es naturgemäß in jeder Stelle immer geben, und sei es nur für ganz wenige Spezialinformationen. Controlling-Aufgabe ist es aber, die **Grenze** zwischen der **isolierten, dateienorientierten Informationsbereitstellung** und dem **Datenbank**weg festzulegen und ggf. zu gestalten.

erste Controlling-Aufgabe

Um zu ermitteln, was eine Datenbank konkret enthält, wie weit also der Abbildungsumfang reicht, sind, soweit es nicht offensichtlich ist, die gleichen Methoden anzuwenden wie zur nachfolgend zu besprechenden zweiten Controlling-Aufgabe, dem Detailinhalt der Datenbank. Der vorgefundene Stand der Datenbankrealisierung ist regelmäßig weniger auf systematische Entscheidungen zurückzuführen als auf Zufälligkeiten, Nichtwissen oder Organisationsmängel. Oft darf vermutet werden, dass gerade „unscharfe" Informationen aus dem Umfeld der Produktqualität, des Kunden- oder Lieferantenverhaltens, des betriebseigenen Personals oder generell aus dem strategischen Bereich zwar alle Merkmale einer Datenbankdarstellung erfüllen, jene aber nicht realisiert ist. In der Folge werden die oben skizzierten Nachteile der klassischen dezentralen Datenhaltung (Redundanzen, Inkonsistenzen) auftreten. Der umgekehrte Fall, also die zentral organisierte Datenbanklösung für eindeutig nur isoliert und singulär gebrauchte Informationen, dürfte derzeit weniger zu erwarten sein. Sein Nachteil wäre der zentrale Koordinationsaufwand, obwohl Redundanz- und Inkonsistenzgefahr nicht besteht.

Der **Detailinhalt der Datenbank** ist für die Erfüllung der Koordinationsfunktion deshalb wichtig, weil ein großer Teil der koordinativen Maßnahmen, die das Informationssystem betreffen, über die datenbanktechnische Realisierung führt. So sind Berechnungs- und Definitionsdetails sowie Änderungsrhythmen, in die sich eine systemausfüllende und ggf. auch systemgestaltende Koordination konkretisiert, immer Gestaltungsmerkmale der Datenbank. Deshalb ist es für die Erfüllung der Controlling-Zwecke wichtig, eine vorhandene Datenbankkonzeption erkennen und eine geplante mitgestalten zu können.

zweite Controlling-Aufgabe

Drei-Ebenen-Modell zum Datenbank-Aufbau

Hierzu ist das Drei-Ebenen-Modell hilfreich, das auf die amerikanische Normengesellschaft ANSI (American National Standard Institute) zurückgeht. Es trennt, wie Abb. III-8 (vgl. Troßmann [Finanzplanung] 467) zeigt, das interne, das konzeptionelle und das externe Schema. Das **interne** Schema betrifft Einzelheiten der physischen Datenspeicherung, das **konzeptionelle** dagegen die logische Gesamtbeschreibung aller relevanten Objekte und ihrer Beziehungen. Ein **externes** Schema kennzeichnet den problembezogenen Ausschnitt der Datenbank für eine bestimmte Nutzeranwendung. Deshalb gibt es zu jedem Zeitpunkt nur ein konzeptionelles und nur ein internes Schema, aber je nach Anzahl und Unterschiedlichkeit der Benutzergruppen und damit der Anwendungszwecke mehrere externe (Auswertungs-)Schemata.

Entity-Relationship-Modell

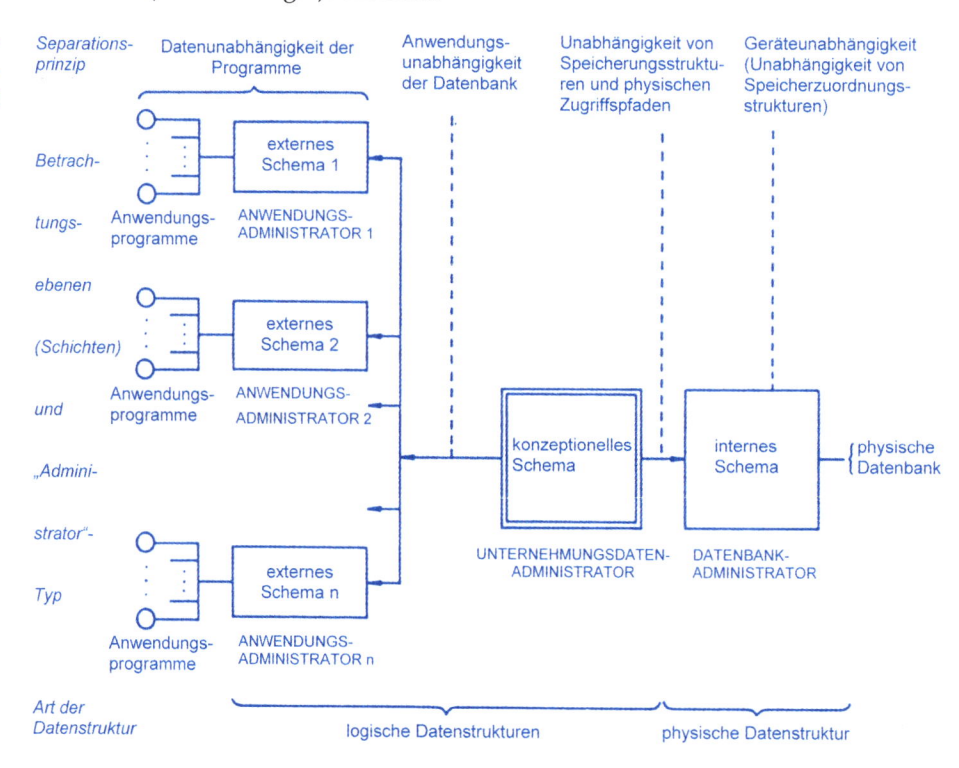

Abb. III-8: Die drei Schemata einer Datenbank

konzeptionelles Datenbankschema

Für die inhaltliche Controlling-Sicht auf eine Datenbank eignet sich vor allem das konzeptionelle Schema. Es bietet nicht nur einen Einblick in die Aufbaustruktur aus inhaltlicher Sicht, sondern lässt für jede Anwendung erkennen, wie das externe Schema aussehen würde. Deshalb richtet sich die Datenbankanalyse des Controllers hauptsächlich auf das konzeptionelle Schema. Zu seiner Analyse, ebenso wie zum Neu-Entwurf dient ein **semantisches Datenmodell.** Es umfasst alle in der Datenbank abgebildeten Arten von Informationen und die Beziehungen zwischen ihnen. Zur übersichtlichen Darstellung des semantischen Datenmodells ist vor allem das **Entity-Relationship-Modell** verbreitet, das auf Chen [Entity-Relationship Model] und weiter auf Senko [Data Structures] zurückgeht. Ein Ausschnitt eines Entity-Relationship-Modells ist in Abb. III-9 (Stahlknecht/

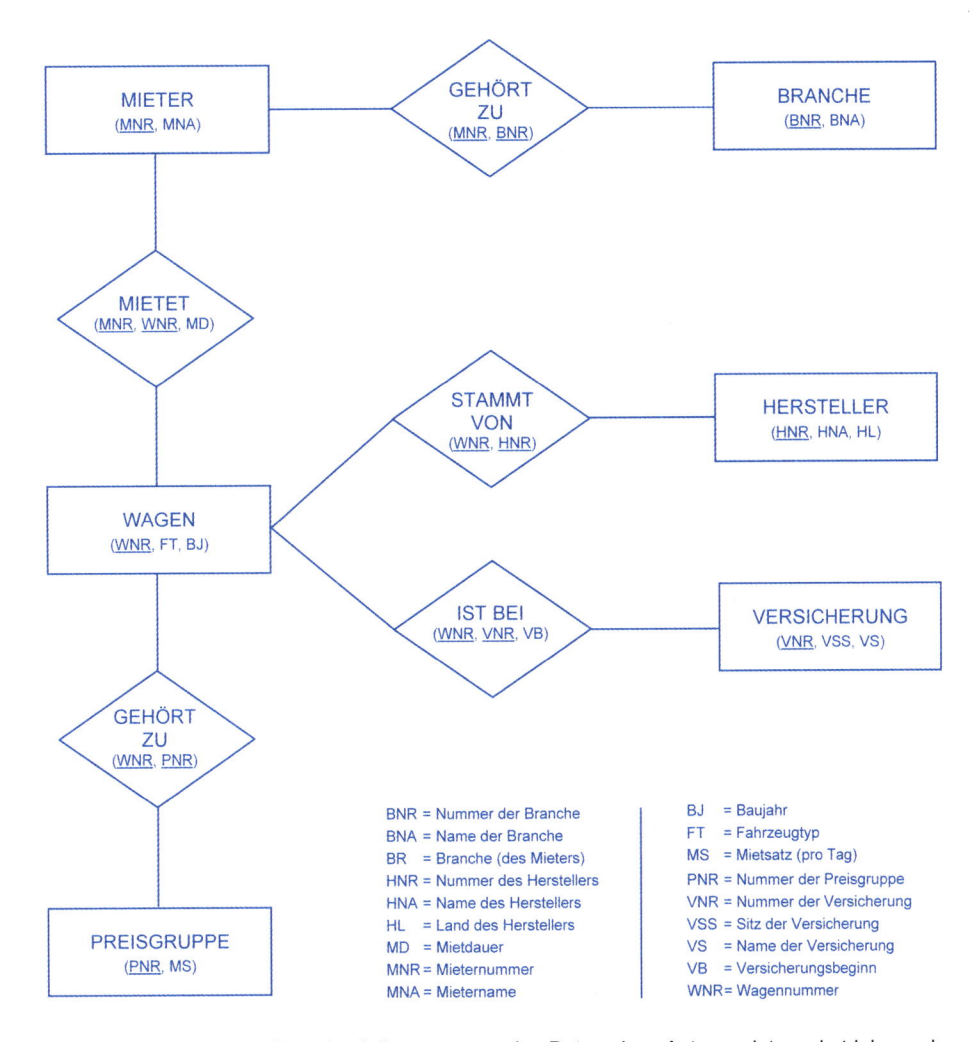

2. Die informationstechnische Gestaltung als Controlling-Gegenstand

```
MIETER ──── GEHÖRT ZU ──── BRANCHE
(MNR, MNA)   (MNR, BNR)    (BNR, BNA)

MIETET
(MNR, WNR, MD)

              STAMMT VON ──── HERSTELLER
              (WNR, HNR)      (HNR, HNA, HL)

WAGEN
(WNR, FT, BJ)

              IST BEI ──── VERSICHERUNG
              (WNR, VNR, VB) (VNR, VSS, VS)

GEHÖRT ZU
(WNR, PNR)

PREISGRUPPE
(PNR, MS)
```

BNR = Nummer der Branche
BNA = Name der Branche
BR = Branche (des Mieters)
HNR = Nummer des Herstellers
HNA = Name des Herstellers
HL = Land des Herstellers
MD = Mietdauer
MNR = Mieternummer
MNA = Mietername

BJ = Baujahr
FT = Fahrzeugtyp
MS = Mietsatz (pro Tag)
PNR = Nummer der Preisgruppe
VNR = Nummer der Versicherung
VSS = Sitz der Versicherung
VS = Name der Versicherung
VB = Versicherungsbeginn
WNR = Wagennummer

Abb. III-9: Beispiel eines Datenbankdiagramms zu den Daten eines Autovermietungsbetriebs nach Stahlknecht/Hasenkamp mit der einfachen Entity-Relationship-Darstellungstechnik

Hasenkamp [Wirtschaftsinformatik] 168) wiedergegeben. Eine etwas stringenter strukturierte Variante des Entity-Relationship-Modells ist die **konstruktive Methode** der Datenbankentwicklung nach Wedekind (vgl. [Objekttypen-Methode]), die zwar weniger verbreitet, gerade aber für inhaltliche Analysen aus Controlling-Sicht oft besser geeignet ist (vgl. vor allem Troßmann [Finanzplanung] 470 ff.).

Darstellungsmittel des einfacheren Entity-Relationship-Modells sind, wie Abb. III-10 zeigt, **Objekttypen** (für „Entities") und **Beziehungstypen** (für „Relationships") einerseits sowie **Attribute** andererseits. Dies sind Bezeichnungen für ganze Klassen. Einzelelemente der Klasse Objekttypen sind beispielsweise Objekte (Entities). So ist die Klasse KUNDE ein Beispiel für einen Objekttyp; „Fa. Hamacek" wäre ein Beispiel für ein Objekt des Objekttyps KUNDE. Jeder Objekttyp und jede Relation hat Attribute. Zum Objekttyp KUNDE gehören beispiels-

Entity-Relation-ship-Modell als Hilfsmittel

III. Controlling-Aufgaben bei der Gestaltung des betrieblichen Informationssystems

Begriffe zur relationalen Datenbank

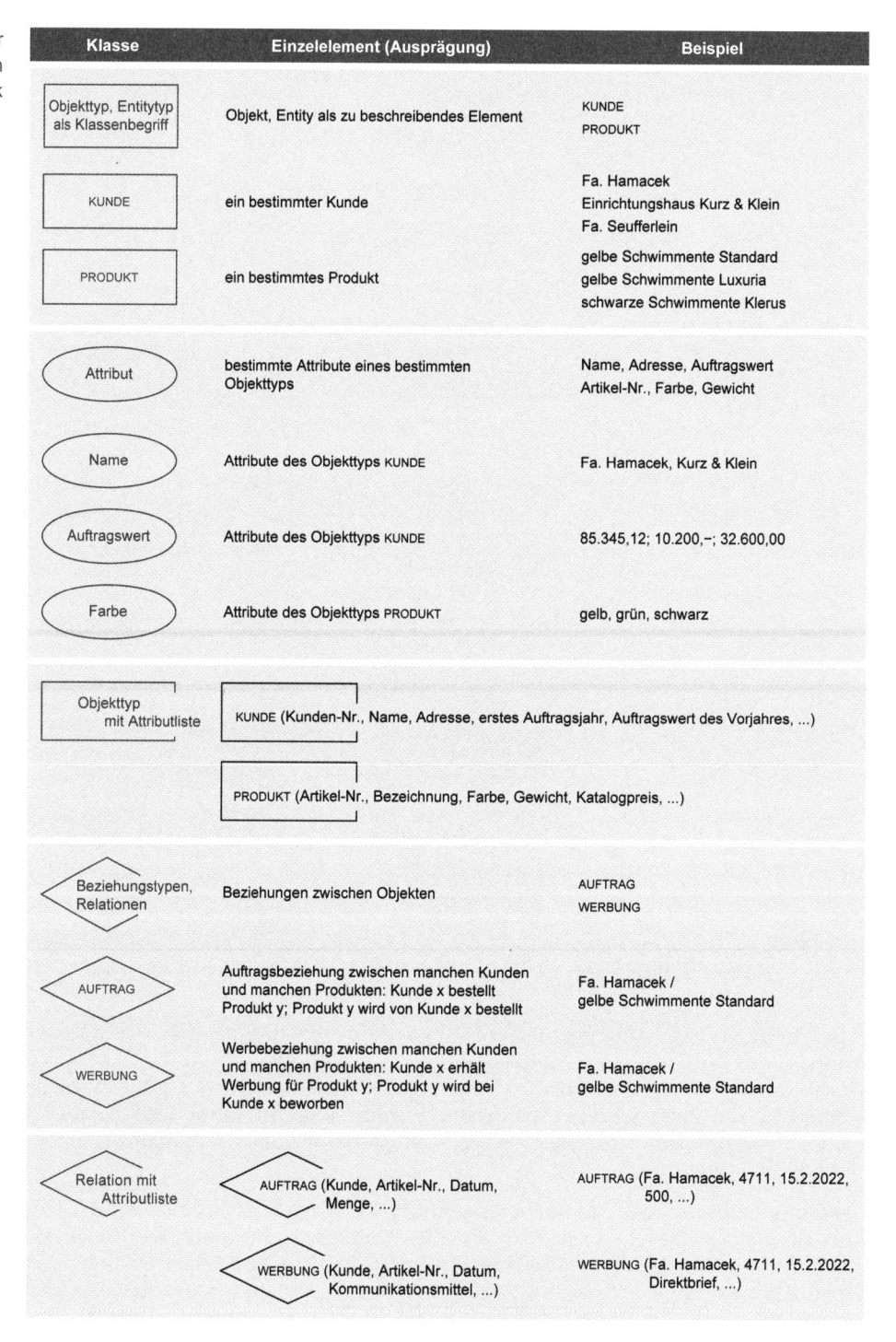

Klasse	Einzelelement (Ausprägung)	Beispiel
Objekttyp, Entitytyp als Klassenbegriff	Objekt, Entity als zu beschreibendes Element	KUNDE PRODUKT
KUNDE	ein bestimmter Kunde	Fa. Hamacek Einrichtungshaus Kurz & Klein Fa. Seufferlein
PRODUKT	ein bestimmtes Produkt	gelbe Schwimmente Standard gelbe Schwimmente Luxuria schwarze Schwimmente Klerus
Attribut	bestimmte Attribute eines bestimmten Objekttyps	Name, Adresse, Auftragswert Artikel-Nr., Farbe, Gewicht
Name	Attribute des Objekttyps KUNDE	Fa. Hamacek, Kurz & Klein
Auftragswert	Attribute des Objekttyps KUNDE	85.345,12; 10.200,–; 32.600,00
Farbe	Attribute des Objekttyps PRODUKT	gelb, grün, schwarz
Objekttyp mit Attributliste	KUNDE (Kunden-Nr., Name, Adresse, erstes Auftragsjahr, Auftragswert des Vorjahres, ...) PRODUKT (Artikel-Nr., Bezeichnung, Farbe, Gewicht, Katalogpreis, ...)	
Beziehungstypen, Relationen	Beziehungen zwischen Objekten	AUFTRAG WERBUNG
AUFTRAG	Auftragsbeziehung zwischen manchen Kunden und manchen Produkten: Kunde x bestellt Produkt y; Produkt y wird von Kunde x bestellt	Fa. Hamacek / gelbe Schwimmente Standard
WERBUNG	Werbebeziehung zwischen manchen Kunden und manchen Produkten: Kunde x erhält Werbung für Produkt y; Produkt y wird bei Kunde x beworben	Fa. Hamacek / gelbe Schwimmente Standard
Relation mit Attributliste	AUFTRAG (Kunde, Artikel-Nr., Datum, Menge, ...) WERBUNG (Kunde, Artikel-Nr., Datum, Kommunikationsmittel, ...)	AUFTRAG (Fa. Hamacek, 4711, 15.2.2022, 500, ...) WERBUNG (Fa. Hamacek, 4711, 15.2.2022, Direktbrief, ...)

Abb. III-10: Allgemeine Darstellungsmittel zum Entwurf relationaler Datenbanken

weise Name, Adresse, erstes Auftragsjahr, Auftragswert des Vorjahres als Attribute. Die konkreten Werte für Kunde Hamacek sind „Hamacek / Grenzweg 123 – 78999 Musterhausen / 2012 / 85.345,12". Abb. III-11 (Troßmann [Finanzplanung] 482) und Abb. III-12 (Wedekind [Objekttypen-Methode] 371 – abgeändert) zeigen Darstellungsmittel und ein Beispiel zum Wedekind-Modell.

Für Letzteres ist typisch, dass die **Entstehungsreihenfolge** der einzelnen Datenbankinhalte in das semantische Datenbankmodell eingeht; erkennbar an den Reihenfolgepfeilen in der Grafik. Zudem werden deutlicher als im üblichen Entity-Relationship-Modell verschiedene inhaltliche Informationsarten unterschieden, die für die Datenbankstruktur von Bedeutung sind (vgl. Abb. III-11), so neben der Relation die **Reduktion** und die Fallunterscheidung (Aufgliederung, **Subordination).** Berücksichtigt man diese Feinheiten beim Datenbank-Entwurf, entstehen von vornherein „normalisierte" Datenbankmodelle (vgl. zum Begriff der Normalisierung z. B. Stahlknecht/Hasenkamp [Wirtschaftsinformatik] 173 f.). Der eher formale Schritt der „Normalisierung" eines Datenbank-Entwurfs, die ja als eine Fehlerbeseitigung verstanden werden kann (vgl. Troßmann [Finanzplanung] 482 f.), entfällt dann.

konstruktive Methode als Verbesserung

Auf Basis einer sorgfältigen Analyse des konzeptionellen Schemas einer Datenbank können alle Koordinationsprobleme präzisiert und bearbeitet werden, die im Zusammenhang mit der Führungsaufgabe der Informationsbereitstellung

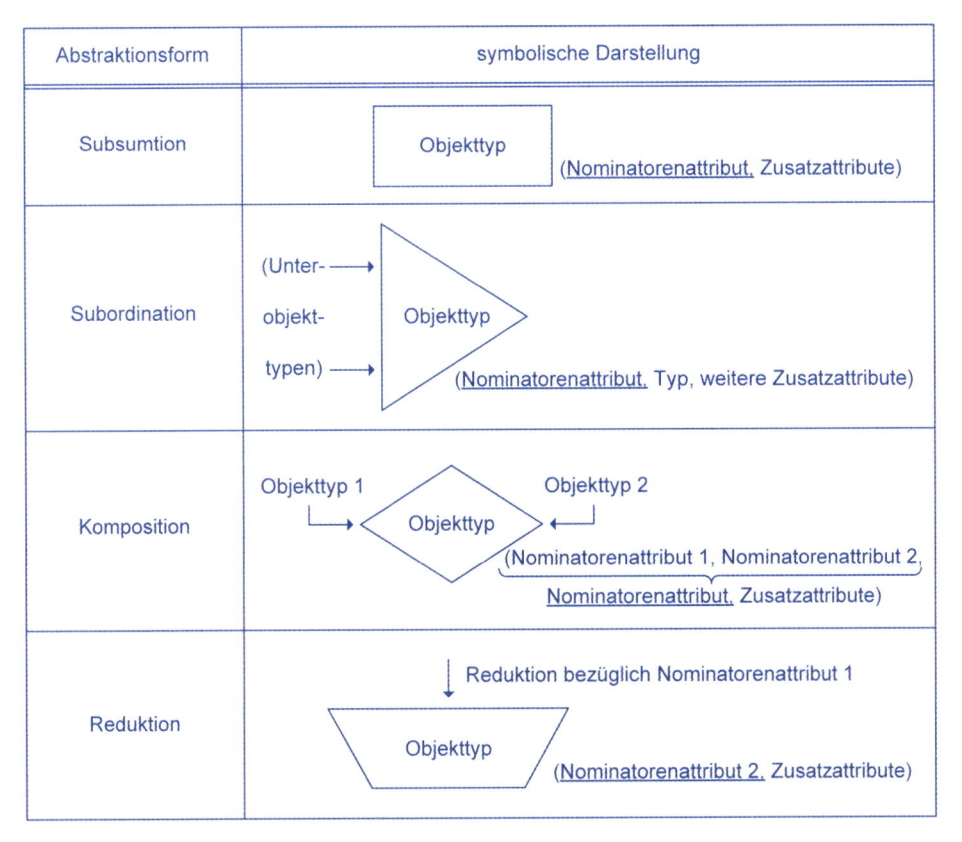

Abstraktionsform	symbolische Darstellung
Subsumtion	Objekttyp (Nominatorenattribut, Zusatzattribute)
Subordination	(Unter-objekt-typen) → Objekttyp (Nominatorenattribut, Typ, weitere Zusatzattribute)
Komposition	Objekttyp 1 → Objekttyp ← Objekttyp 2 (Nominatorenattribut 1, Nominatorenattribut 2, Nominatorenattribut, Zusatzattribute)
Reduktion	Reduktion bezüglich Nominatorenattribut 1 ↓ Objekttyp (Nominatorenattribut 2, Zusatzattribute)

Abb. III-11: Symbole der Darstellungstechnik von Datenbankdiagrammen nach Wedekind

Lösung der zweiten Controlling-Aufgabe

anfallen. Es ist die geeignete Stelle, um Informationsarten präzise zuzuordnen, Details der Definition zu klären, zusätzliche Datenbankpositionen als weitere Attribute schon vorhandener Objekttypen oder mit Hilfe neuer Objekttypen unterzubringen, vorhandene Attribute oder Objekttypen zu ändern oder zu entfernen. Damit ist ein erheblicher, nämlich der vom Informationsbereich ausgehende Teil der **klassischen Koordinationsproblematik** zwischen Planung und Rechnungswesen bearbeitbar. Insofern ist die Arbeit mit dem konzeptionellen Schema von Datenbanken für den Controller wichtig. Ob und inwieweit ein Controller tatsächlich ein konzeptionelles Schema entwirft, darin Änderungen anbringt oder vorschlägt, jene umsetzt oder überwacht, ist eine Arbeitsverteilungsfrage zwischen Controlling und den für die betriebliche Informations- und Kommunikationstechnik Zuständigen. Hier besteht insofern die gleiche Lage wie zur Frage, ob ein Controller selbst rechnet oder das interne Rechnungswesen „nur" hilfreich begleitet.

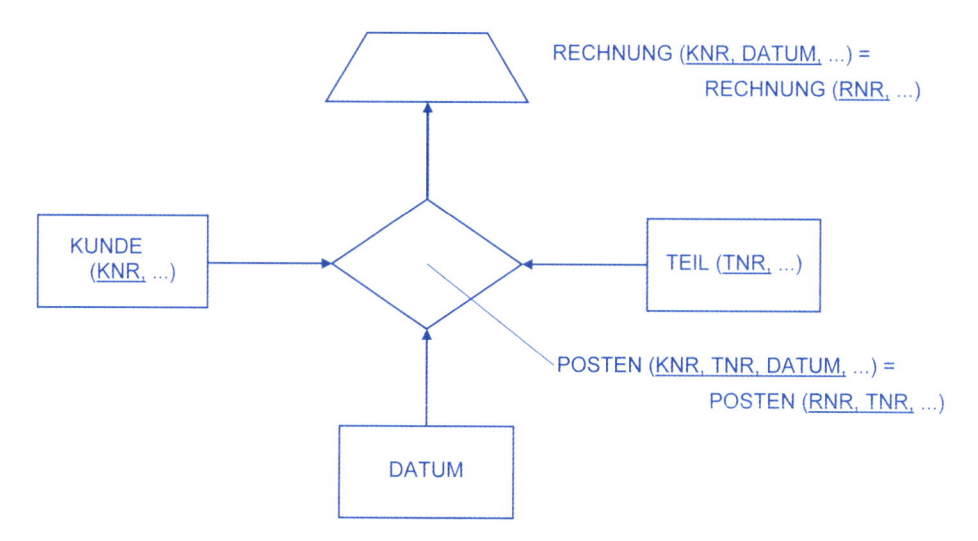

Abb. III-12: Beispiel eines Datenbankdiagramms zu einer Ausgangsrechnung nach der Wedekind-Methode

dritte Controlling-Aufgabe

Der dritte Fragenkomplex, die **Zugangsberechtigung** zu den Datenbankfunktionen, verlangt weniger informationstechnische Kenntnisse denn einen guten Überblick über die unterschiedlichen Rechenzwecke, zu denen sich Datenbankinhalte eignen, und vor allem über unvorhergesehene und ggf. kontraproduktive Nutzungsmöglichkeiten. Ein typisches Beispiel sind die Plankosten für die Folgeperiode einer mit Kostenbudgets geführten Kostenstelle. Hierzu gibt es mindestens zwei Werte: einmal das vorgegebene Kostenbudget, einmal den Prognosewert, der die für das Jahresende zu erwartende Kostenhöhe angibt. Nicht ungewöhnlich wäre es, wenn bei einem Budget von 100.000 € die Prognosekosten höher, z. B. bei 108.000 € liegen würden. Beide Zahlen werden gebraucht und sind deshalb sinnvollerweise in der Datenbank enthalten. Während das Budget u. a. als Steuerungsvorgabe hauptsächlich für den Kostenstellenleiter wichtig ist, sind die Prognosekosten für die übergeordneten Stellen zu deren eigener Kostenplanung von Interesse. Es liegt auf der Hand, welche kontraproduktive Wirkung die Kenntnis des großzügiger erscheinenden Prognosewerts beim Kostenstellenleiter entfalten könnte. Obwohl (oder weil) das entsprechende Datenfeld gar nicht dem Rechenzweck dieses Kostenstellenleiters dient und deshalb vielleicht nicht primär an den Nebeneffekt einer Nutzung durch ihn gedacht wird, ist gerade er vom Zugriff darauf auszuschließen.

Einige der zahlreichen anderen Beispiele, die es zur Zugangsbeschränkung aus führungspolitischen Gründen gibt, betreffen den Zugriff auf die Daten der Konkurrenten bei betriebsinternen Wettbewerben, etwa im Verkauf, die errechneten Verhandlungsober- oder -untergrenzen bei betriebsinternen Preis-Mengen-Verhandlungen, die Leistungsdaten von Mitbewerbern auf eine innerbetrieblich zu besetzende Stelle. Erst recht problematisch sind die Fälle, bei denen es um Änderungsmöglichkeiten von allerlei Steuerungsgrößen durch selbst betroffene Personen geht, z. B. bei Budgets, ferner bei Lenkpreisen, Soll-Werten, Mindest- oder Höchstvorgaben.

Allgemein kann man folgende Zugriffsrechte auf Datenbankinhalte unterscheiden: *Differenzierung der dritten Controlling-Aufgabe*

(1) lesen (abrufen)
(2) ändern (beschreiben, laden) } einzelner **Datenfelder**

sowie

(3) ändern
(4) löschen } ganzer **Datensätze.**

Zugangsbeschränkungen auf Datenfelder sollen verhindern, dass Einträge den falschen Stellen bekannt oder durch nicht zuständige Stellen verfälscht werden. Zugriffsbeschränkungen auf Datensätze richten sich gegen Manipulationen an den Datensätzen. Jene könnten das Vorhandensein ganzer Objekte, also einzelner Kunden, Lieferanten, Mitarbeiter, Produktarten, Maschinen oder Kostenstellen, unzutreffend vortäuschen oder nicht ausweisen. Die Problematik entsprechender Konsequenzen liegt auf der Hand.

Die Zugangsberechtigung der angesprochenen vier Arten wird technisch an das **Benutzerkonto** des sich einloggenden Datenbanknutzers gebunden. So eröffnen sich für ihn nur einzelne Teile der Datenbank; manche Datensätze sowie manche Felder von Datensätzen erscheinen nicht auf seiner Benutzeroberfläche; manche Funktionen, z. B. die Änderungsfunktion, bieten sich ihm nicht. Die technische Realisierung solcher Zugriffsberechtigungen ist unabhängig davon, ob sie führungspolitisch motiviert sind oder aus anderen Gründen als sinnvoll erscheinen. Neben der führungspolitischen Motivation gibt es zwei weitere Gründe dafür, nicht allen Benutzern einer Datenbank unbeschränkte Benutzungs- und Änderungsmöglichkeiten zu geben: Datenschutz und Datensicherheit. Beim **Datenschutz** geht es ausschließlich um personenbezogene Daten, wie sie gerade im betrieblichen Bereich an verschiedenen Stellen anfallen, so vor allem beim Personal, bei den Kunden und bei den Lieferanten. Hierzu gibt es neben allgemeiner Zweckmäßigkeitsüberlegungen vor allem auch klare rechtliche Vorschriften, etwa das Bundesdatenschutzgesetz (BDSG). **Datensicherheitsüberlegungen** betreffen dagegen den Schutz der Daten vor physischen Einwirkungen, wie Hitze, Kälte, Wasser, Blitzschlag, vor unabsichtlichen Veränderungen, etwa Fehlern bei der Erfassung, Übertragung oder Verarbeitung sowie den Schutz vor feindlichem und bösartigem Zugriff, etwa Spionage, Fälschung oder Miss- *Miterledigung anderer Datenbankaufgaben* brauch. Die Zugriffsbeschränkungen aus datenschutzrechtlichen Überlegungen und aus Sicherheitsgründen gehören in deutlichem Gegensatz zu den führungspolitischen Gründen nicht zu den Controlling-Aufgaben. Da sie aber teilweise die gleichen Umsetzungsmaßnahmen erfordern, ist im betrieblichen Alltag bisweilen auch dieser Bereich ganz oder teilweise dem Controlling zugeordnet. Insbesondere kommt es vor, dass im Controlling auch die Aufgabe des gesetzlich vorgesehenen Datenschutzbeauftragten angesiedelt wird.

c) Controlling-Aufgaben bei Modell- und Methodenbanken

Charakterisierung von Methodenbanken

Ähnliche Gründe, wie sie für die Entstehung von Datenbanken gelten, haben auch zur Entwicklung von Methodenbanken geführt. Allgemein kann man Methodenbanken als Sammlungen von Programmen verstehen, die ebenso wie die Datenbanken

- auf Permanentspeichern verfügbar

- und elektronisch verwendbar sind,

- unabhängig von bestimmten Situationen und einzelnen Anwendungsfällen bereitgestellt und gepflegt

- sowie zentral organisiert werden.

eigene Koordinationsproblematik bei Methodenbanken

Wenn auch unterdessen mehrere Ansätze der Wirtschaftsinformatik eine verbundene Behandlung von Daten und Methoden empfehlen, vor allem die objektorientierten Konzepte (vgl. z. B. Balzert [Objektmodellierung]), so ändert das nichts daran, dass **Controlling-Überlegungen** einmal **für Datenbestände,** einmal **für die Verarbeitungssoftware** relevant sind und sich ggf. auf unterschiedliche Aspekte richten. Freilich kann durch die jeweils kombinierte Zuordnung von Daten- und Methodenteilmengen durchaus erwartet werden, dass verschiedene der prinzipiell möglichen Koordinationsprobleme erst gar nicht auftreten. Im Übrigen ist davon auszugehen, dass selbst bei weitgehender Anwendung des Prinzips eines Daten- und Methodenverbundes stets noch isolierte zusätzliche Datenbestände und auch zusätzliche Methodensammlungen bestehen. Deswegen ist es in jedem Fall sinnvoll, auch die Controlling-Anforderungen an die Bereitstellung von Methodenbeständen getrennt zu betrachten.

Grundidee einer Methodenbank

Entstanden sind Methodenbanken ursprünglich aus der Erkenntnis heraus, dass bestimmte Verarbeitungsprogramme nicht nur für den einzelnen Anwendungszweck nutzbar sind, für den sie ursprünglich entwickelt wurden. So eignet sich etwa ein Programm zur ABC-Analyse für Beschaffungsgüter (siehe Kap. IV, S. 84) ebenso für eine entsprechende Gruppierung von Kunden, Endprodukten, Belegschaftsangehörigen oder Steuerbilanzpositionen. Methodensammlungen tragen je nach erfassten Anwendungsbereichen sehr verschiedene Bezeichnungen, sie heißen etwa Programmbibliotheken, Softwarepakete, Anwendungssoftware; oder ihre Namen weisen auf den jeweiligen Einsatzbereich hin, so bei Kostenrechnungs-, Produktionsplanungs-, Prognosemethoden- oder Budgetierungssoftware. Von Controlling-Relevanz ist freilich nur Anwendungssoftware aus dem betriebswirtschaftlichen Bereich, allenfalls ergänzt um Software formal mathematisch-statistischer Art, sowie allgemeine Bürosoftware, die etwa für graphische Darstellungen eingesetzt wird.

Bei Methodenbanken mit betriebswirtschaftlichem Anwendungsschwerpunkt wird teilweise genauer zwischen **Modellbanken** einerseits und **Methodenbanken** im engeren Sinn andererseits unterschieden. Diese Abgrenzung geht davon aus, dass sich der Lösungsprozess eines betriebswirtschaftlichen Problems in zwei Schritte untergliedern lässt: Im ersten Schritt wird das Problem in eine formale Modellstruktur gebracht, im zweiten Schritt wird für solche Standardmodelle eine Lösung errechnet. Beispiele für derartige Formalmodelle und zugehörige Lösungsalgorithmen sind etwa das lineare Planungsmodell mit der Simplexmethode zur Lösung; eine Liste von Positionen und jeweils einem Kennzahlenwert pro Position mit der ABC-Analyse als Lösungsmethode; eine Tabelle von (x,y)-Parametern mit der linearen Regression, Regressionen dritten oder höheren Grades, der Errechnung einer logistischen Sättigungsfunktion sowie weiterer passender Analyserechnungen als mögliche Methoden; eine mehrdimensionale Tabelle mit einem Spektrum statistischer Auswertungsmethoden.

tiefere Untergliederung von Methodenbanken ...

Die beschriebenen Beispiele sind dadurch gekennzeichnet, dass eine Methode bekannt ist, die auf verschiedene Probleme angewendet werden kann, wenn sie nur der methodenentsprechenden Standardstruktur entsprechen. So gibt es zahlreiche betriebswirtschaftliche Probleme, die bei geeigneter Vereinfachung in die Modellstruktur der linearen Planungsrechnung gebracht werden können. Der Anwendungsbereich der ABC-Analyse ist oben bereits diskutiert worden. Alle statistischen Analysen sind auf zahlreiche Anwendungsfälle anwendbar; je nach Methode gibt es dafür schwach oder eher stark einschränkende Anwendungsbedingungen.

In allen diesen Fällen kann im Gesamtlösungsprozess zunächst die Rückführung auf die **Standardstruktur** eines Formalmodells und danach dessen **formale Lösung** auseinandergehalten werden. Wenn die gleiche Formalstruktur für inhaltlich verschiedene Anwendungsfälle geeignet ist, zerlegt man ihre Lösung in ein eigenes (Unter-)Programm und konzentriert sich im übergeordneten Programm auf die Bildung des Formalmodells (Codierung) und die korrekte Interpretation der Formalmodell-Lösung (Decodierung). Fasst man Programme der beiden Typen in jeweils getrennten Methodensammlungen zusammen, entstehen Modellbanken einerseits und Methodenbanken (im engeren Sinn) andererseits.

... durch Trennung von Modellaufbau und -lösung

Eine **Modellbank** ist demnach eine Sammlung von Programmen, die jeweils eine **Abbildungsstruktur** bereithalten, die konkrete, einzelfallbezogene Modelle aufzubauen gestatten. Diese Programme sind so konstruiert, dass sie für eine unbestimmte Vielzahl von Anwendungsfällen geeignet sind. Ein Beispiel wäre also etwa ein Programm, das, den stets gleichen Regeln folgend, jeden Tag die Finanzplanungsproblematik in die Form eines linearen Programms bringt, oder ein Programm, das die gleiche Problematik in die Form eines Netzwerk-Modells überträgt (vgl. Troßmann [Finanzplanung] 555 ff.).

Eine **Methodenbank** im engeren Sinn ist eine Sammlung von Programmen, die konkrete **Rechen- bzw. sonstige Bearbeitungsaufgaben** für ein bereits aufgebautes Modell bestimmter Formalstruktur ausführen. Beispiele für Letzteres sind die Mittelwert- und Varianzberechnung, die Nullstellensuche mathematischer Funktionen, das Simplex-Verfahren, die Methode der kleinsten Quadrate etwa für Regressionsrechnungen, die Methode des gleitenden Durchschnitts, die Kapitalwert- oder Annuitätenberechnung.

Bei genauer Besicht ist die Trennung in Modell- und Methodenbanken insofern künstlich, als sie **nur bei manchen betriebswirtschaftlichen Problemstellungen** tatsächlich vorliegt. Ob eine spezielle Modellierung eines bestimmten Problems, die zugleich ohne Rückgriff auf eine bekannte Formalstruktur das Problem spezifisch löst, nun einer Modell- oder einer Methodenbank zuzuordnen wäre, bleibt offen. Andererseits gibt es die schrittweise Problemmodellierung und damit schrittweise Problemlösung auch in **mehr als zwei Stufen.** Beispielsweise stellt sich mitunter heraus, dass ein untersuchtes Problem im Kern große Analogie zu einem inhaltlich ganz anderen Problem hat, so dass es darauf zurückgeführt werden kann. Dann würde ein erstes Programm diese Übertragung bewerkstelligen, das zweite wäre die Modellierung des Analogieproblems und das dritte dann dessen rechnerische Lösung. So zeigt das Problem der Disposition eines Treibstofflagers im Flughafen unter Berücksichtigung zahlreicher Vorgaben eine große Ähnlichkeit zum generellen betrieblichen Liquiditätsproblem. Ob in diesem Fall das „mittlere" Programm einer Modell- oder einer Methodenbank zuzuordnen wäre, ist unklar. Eine solche Zuordnung ist im Übrigen auch nur dann nötig, wenn man die beiden Gruppen unterscheidet. Dagegen ist eine Nichtunterscheidung unproblematisch. Nicht nur aus diesem Grund findet man sie im betrieblichen Anwendungsfall eher selten. Allerdings gibt es oft (Teil-)Methodenbanken unterschiedlicher Problemgruppen – aber letztlich hauptsächlich deswegen, weil sie als Komplettangebot so erworben wurden.

Die Controlling-Aufgaben im Zusammenhang mit Methodenbanken sind einerseits analog zu denjenigen bei Datenbanken, stellen sich aber andererseits in eigener Form dar. Sie können in folgende drei Hauptaufgaben gegliedert werden:

(1) Welche **Methoden** sind verfügbar bzw. sollen verfügbar sein?

(2) Welche Hilfestellung gibt es für die **Methodenauswahl**?

(3) Wie wird der Benutzer bei der **Anwendung einer gewählten Methode** unterstützt?

Der **Inhalt einer Methodenbank** ist durchweg weniger formal strukturiert darzustellen, da es zwischen den Methoden kaum abzubildende Beziehungen gibt. Gegenüber Datenbankmodellen hat man bei Methodenbanken einfache Verzeichnisse, allenfalls nach inhaltlichen Aspekten, etwa Anwendungsbereichen gegliedert. Aus Controlling-Sicht kann interessant sein, welche Methoden mehr, welche weniger wichtig für die Erledigung der Führungsaufgaben im Betrieb sind. In der betrieblichen Praxis hat sich hier die Richtung der Überlegungen in vergangenen Jahrzehnten in den meisten Bereichen deutlich zu einem Überangebot geändert: In den meisten Fällen bestehen die betrieblichen Methodenbanken zu großen Teilen aus Standardsoftware, die ein breites Spektrum von jeweils einschlägigen Methoden, etwa der Kostenrechnung, der Investitionsrechnung, der Produktionsplanung, der Materialversorgung oder der Statistik bieten, darunter naturgemäß auch solche, die für die spezielle betriebliche Situation nicht benötigt werden, bisweilen auch ungeeignet sind. Während es ursprünglich eine wichtige Aufgabe gewesen sein mag, auf fehlende Methoden aufmerksam zu machen, geht es deshalb heute eher darum, die standardmäßig breite Auswahl beherrschbar zu machen. Im Einzelfall mag dennoch aus der koordinationsorientierten Sicht des Controlling eine Methode zur betriebsspezifischen

Bearbeitung eines Problems nötig sein, die in den vorhandenen Softwarepaketen fehlt und die die Lösung bestimmter Führungsprobleme vereinfachen oder verbessern würde.

Aus Controlling-Sicht ist die **Methodenauswahl** besonders wichtig. Welche Kriterien dafür zu beachten sind, zeigt im gruppierten Überblick Abb. III-13 (Troßmann [Finanzplanung] 452).

<small>zweite Controlling-Aufgabe</small>

Allerdings ist eine sorgfältig abwägende Methodenauswahl regelmäßig kaum zu erwarten. Vielmehr dürfte der Auswahlprozess deutlich verkürzt sein. Hier liegt das eigentliche führungspolitische Problem der (heutigen) Methodenbanken. Da es dank einer entsprechenden Softwareausstattung oft nur wenig eigenen Aufwand des Nutzers verlangt, eine Methode auszuwählen und anzuwenden, besteht bisweilen eher die Gefahr einer ungeeigneten Methodenanwendung als die des völligen Verzichts. Je mehr Methoden aber zur Verfügung stehen, desto wichtiger wird es, dass der Benutzer über ihre Funktion und Eignung informiert ist. Dazu gibt es zwei Ansatzpunkte, die **Methodenbeschreibung** sowie die Regelung des **Methodenzugriffs.**

Im Gegensatz zum analogen Datenbankmerkmal dient die Methodenbeschreibung nicht einer präzisen Definition, sondern einer Kennzeichnung von Zweck, Anwendungsbedingungen und Vorgehensweise. Da die Methodenbeschreibung durchaus als Auswahlhilfe für den Benutzer anzusehen ist, muss sich das Interesse des Controllers vor allem auf sie richten. Je nach Struktur des Methodenbankverwaltungssystems, der Software zur Organisation und Nutzung der Methodenbank, greift man auf die Methodenbeschreibung über ein explizites Auswahlhilfe-Modul oder über ein allgemeines „Hilfe-Modul" zu. Oft informieren die dort abrufbaren Texte allerdings eher über den methodischen Aufbau des Programms als über passende und unpassende Anwendungssituationen; bisweilen sind sie recht oberflächlich gehalten. Vor allem wenn eine Methode zu einem als Ganzes beschafften Standard-Methodenpaket gehört, kann nicht erwartet werden, dass sich in Methodenbeschreibungen brauchbare Hinweise für die eigene betriebliche Situation finden. Gerade sie wären aber wichtig, um zu verhindern, dass aus Unkenntnis ungeeignete Methoden gewählt werden. Ungeeignet kann eine Methode sein, weil

<small>Vermeidung ungeeigneter Methoden</small>

- sie zwar im Methodenpaket enthalten ist, aber **konzeptionell** generell gegenüber Alternativmethoden so erhebliche **Defizite** hat, dass sie nie empfohlen werden kann, so etwa die entscheidungslogisch falsche Methode des internen Zinsfußes;

- sie zwar prinzipiell brauchbar und hilfreich ist, aber auf einen **Anwendungsfall** ausgerichtet ist, der im gegebenen Betrieb oder Betriebsteil **nicht vorliegt,** etwa eine Methode, die eine über das Jahr gleichmäßig verteilte Produktnachfrage voraussetzt, wo Saisonartikel produziert werden;

- sie zwar prinzipiell brauchbar und hilfreich ist, auch für die betrieblichen Gegebenheiten passt, dies aber **nur in bestimmten Fällen,** d. h. nur bei manchen Produkten zu manchen Zeiten oder bei manchen Berechnungskonstellationen, beispielsweise ein Programm zur Auslieferungsplanung, das für Sonderaktionen nicht gilt oder das die besondere Zerbrechlichkeit mancher Produkte nicht berücksichtigt;

Kriterien zur Methodenwahl

(1) Abbildbarkeit des betrachteten Problems

Modellreichweite (Vollständigkeit in der Problemerfassung), Ausmaß der Differenziertheit, Detailliertheit und Präzision (Berücksichtigung unvollkommener Information), abbildbare Interdependenzen

(2) Beeinflussbarkeit und Anpassungsfähigkeit des Modells

(a) freie Wählbarkeit der Modellcharakteristika, etwa in Form von Parametern

(b) Variierbarkeit der Modelleingangsgrößen

(c) Möglichkeit, Vorgaben einzubringen, insbesondere in Planungssystemen Alternativen in Art und Höhe vorherzubestimmen

(d) Möglichkeit, bei jeder Anwendung aktualisierte Daten zu verwenden, insbesondere automatische Aktualisierungen

(3) Wirtschaftlichkeit des Methodeneinsatzes

(a) hinsichtlich der Dateneingabe: möglichst umfassende Datenversorgung aus Datenbanken, im Übrigen individuelle Eingabe möglichst unmodifizierter Erhebungsdaten

(b) hinsichtlich der Rechenzeit und des Speicherbedarfs

(c) im Verhältnis zur erreichten Lösungsgüte: einem zusätzlichen Aufwand müssen Änderungen in den Ergebnissen gegenüberstehen, die als mindestens äquivalente Steigerung der Ergebnisqualität angesehen werden

(4) Benutzerführung

(a) Einfachheit des Modells

Leichte Verständlichkeit von Aufbau und Inhalt der Modellgrößen und -zusammenhänge, Verfügbarkeit von Erklärungskomponenten

(b) Robustheit des Modells

Vorkehrungen dafür, dass auch bei (bis zu einem gewissen Ausmaß) fehlerhaften Daten noch verwendbare Modellaussagen zustande kommen: standardmäßiges Herstellen der Datenintegrität

(c) Einfachheit der "Kommunikation"

– soweit möglich automatisierte Modellgenerierung

– einfache Dateneingabe: angepasste Übernahme aus Datenbanken, unkomplizierte individuelle Eingabe

– Interaktionsmöglichkeit (Dialogfähigkeit)

– sonstige, allgemeine Benutzeroberfläche

(d) unmittelbare Verwendbarkeit der Ergebnisse

– Umsetzbarkeit der Modellergebnisse in konkrete Einzelmaßnahmen ohne Uminterpretationen

– automatisierte Ergebnisausführung: Berichtsgenerierung, Datentransfer zur Umsetzung in Ausführungsmaßnahmen, z. B. Erstellen von Überweisungen, Ausfertigen von Bestellungen

Abb. III-13: Beurteilungskriterien zur Auswahl von Methodensoftware

- sie zwar prinzipiell für die betrieblichen Gegebenheiten passt und hilfreich ist, aber eine **andere Methode** verfügbar ist, die aus verschiedenen Gründen **besser** für den vorliegenden Fall geeignet ist, beispielsweise speziell auf die eigenen betrieblichen Bedingungen hin entwickelt wurde.

In all diesen Fällen wären entsprechende Hinweise in den jeweiligen **Methodenbeschreibungen** für den potenziellen Nutzer wichtig. Freilich muss gerade bei Standardmethodenpaketen davon ausgegangen werden, dass in die Software, auch was die Beschreibungskomponente betrifft, gar nicht eingegriffen werden kann. So ist für die Controlling-Arbeit an dieser Stelle von großer Bedeutung, auf andere Weise den Methodenbank-Nutzer über betriebsinterne Anwendungsbedingungen, Empfehlungen und ggf. ein Abraten von Methoden zu informieren. Dies kann beispielsweise ein elektronisches **Benutzerhinweis-Handbuch** sein, über dessen Existenz und Nutzen so deutlich informiert werden muss, dass die Methodenbank-Anwender es vor der eigentlichen Methodenauswahl konsultieren.

Eine besondere Möglichkeit, eine möglichst passende Methodenwahl zu unterstützen, ist es, sie durch eine **Zugriffsberechtigung** zu flankieren. Dies greift die Analogie zum Datenbank-Zugriff auf, ist aber deshalb meist schwieriger zu realisieren, weil hier auch in die Standardverwaltungsroutinen erworbener Methodenbanken eingegriffen werden müsste. Prinzipiell aber wäre es durch die Orientierung an der Benutzeridentifikation möglich, speziell für den Anwendungsbereich seiner Aufgaben in seiner organisatorischen Einheit

flankierende Maßnahmen zur Methodenwahl

- empfohlene,
- neutral angebotene,
- neben empfohlenen ersatzweise denkbare,
- bedenkliche, nur in deklarierten Sonderfällen zweckmäßige,
- verbotene / unpassende und deshalb gar nicht angebotene,
- unbekannte bzw. nicht eingeordnete

Methoden zu unterscheiden.

Die dritte Hauptaufgabe des Controlling in Zusammenhang mit Methodenbanken liegt darin, die Nutzung einer gewählten Methode zu unterstützen. Dies betrifft einerseits die **Methodenvorbereitung** und andererseits die Ergebnisumsetzung. Vor Anwendung einer Methode sind regelmäßig bestimmte **Parameter** festzulegen, das Programm ist auf die spezielle betriebliche Situation hin auszurichten. Das sind oft **Rahmeneinstellungen,** die den Anwendungsfall genauer charakterisieren. Beispielsweise ist hier festzulegen, in wie viele Teilperioden ein Planungszeitraum gegliedert ist, wie lange eine Teilperiode ist, mit wie vielen Betriebstagen das Jahr anzulegen ist, ob es einen einheitlichen kalkulatorischen Zinssatz für den ganzen Betrieb oder z. B. nach Produktgruppen oder Organisationsbereichen unterschiedene gibt, wie viele Stufen in der Deckungsbeitragsrechnung vorkommen, ob gegebene, „gesetzte" Lösungskomponenten, etwa als Konsequenz früherer Entscheidungen zu beachten sind usw. Der Anwendungsnutzen einer Methode erhöht sich im Allgemeinen erheblich, wenn solche Parameter in Übereinstimmung mit den sonstigen betrieblichen

dritte Controlling-Aufgabe

Gegebenheiten gewählt werden. Hier konkretisiert sich eine wichtige systemausfüllende Koordinationsaufgabe des Controlling. In welcher Form passende Vorgaben eingebracht werden, ist wiederum auch von den Bedingungen der Methodenbank-Software abhängig. Die eleganteste Version besteht darin, dies in einem vorgeschalteten Programm einer Modellbank zu erledigen.

Die Interpretation und modellentsprechende Umsetzung der **Ergebnisse** einer Methodenverwendung gehört zu den üblichen Management-Unterstützungsaufgaben des Controlling. Inwieweit dies erforderlich ist und inwieweit es automatisiert geschehen kann, hängt sehr vom Komfort und den Gestaltungsmöglichkeiten der Methoden-Software ab.

d) Besonderheiten von Entscheidungsunterstützungssystemen

Computerunterstützung bei Einzelfallproblemen

Beim Einsatz computergestützter Systeme ist nicht nur an Komplettlösungsmethoden zu denken, sondern auch an die partielle Computerunterstützung des Planungsprozesses, der im Übrigen weniger formal strukturiert und teilweise auch manuell durchgeführt sein mag. Eine solche partielle Computerunterstützung kommt vor allem dort in Frage, wo es nicht um die Lösung von sich standardmäßig wiederholenden Problemen geht, sondern eher um die Bearbeitung von Einzelfällen. Gerade auch dort ist mit der ad-hoc-Auswahl einer Methode aus dem bereitgehaltenen Spektrum zu rechnen. In Abgrenzung zu Standardplanungssystemen werden computergestützte Systeme, die zur Lösung eines umfassenden Problems fallorientiert für Teile des Planungsprozesses eingesetzt werden, **Entscheidungsunterstützungssysteme (Decision Support Systems)** genannt. Es sind Systeme, die für die isolierte Entscheidung eines Einzelfalls

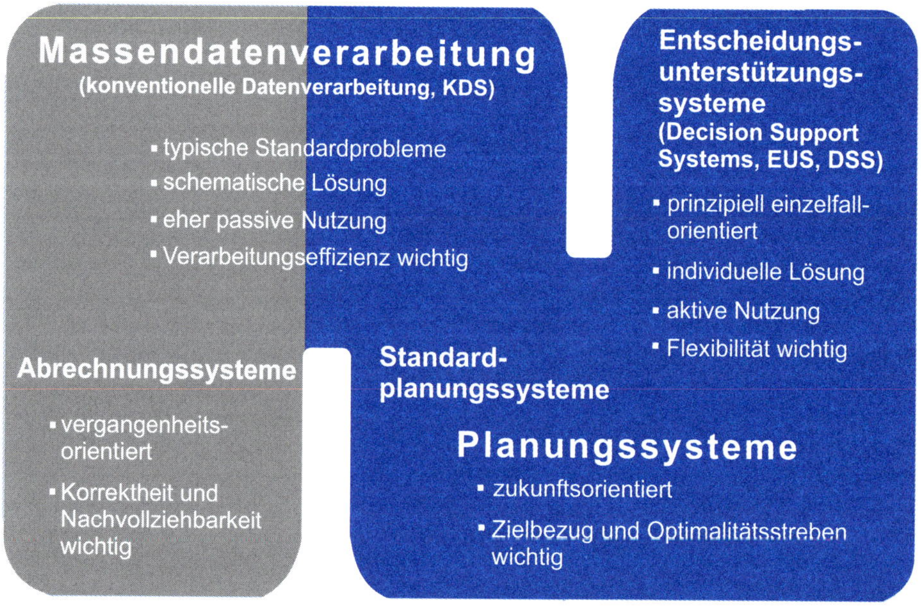

Massendatenverarbeitung
(konventionelle Datenverarbeitung, KDS)
- typische Standardprobleme
- schematische Lösung
- eher passive Nutzung
- Verarbeitungseffizienz wichtig

Entscheidungsunterstützungssysteme
(Decision Support Systems, EUS, DSS)
- prinzipiell einzelfallorientiert
- individuelle Lösung
- aktive Nutzung
- Flexibilität wichtig

Abrechnungssysteme
- vergangenheitsorientiert
- Korrektheit und Nachvollziehbarkeit wichtig

Standardplanungssysteme

Planungssysteme
- zukunftsorientiert
- Zielbezug und Optimalitätsstreben wichtig

Abb. III-14: Einordnung von Entscheidungsunterstützungssystemen in die Formen der Computerunterstützung

2. Die informationstechnische Gestaltung als Controlling-Gegenstand

geeignet sind, der auch bei Abstraktion von den ihn charakterisierenden Daten seiner Art nach einmalig ist oder in vergleichbarer Weise nur so selten auftritt, dass sich eine allgemeine, delegierbare Programmierung der Entscheidungsfindung nicht lohnen würde, also keine Standardentscheidung vorliegt. Abb. III-14 zeigt eine schematische Einordnung der Entscheidungsunterstützungssysteme.

In Abb. III-15 sind wichtige Arten von Entscheidungsunterstützungssystemen aufgeführt, danach geordnet, in welchem Umfang der Planungsprozess damit abgedeckt wird (vgl. hierzu die traditionelle Einteilung von Alter [Decision Support Systems] sowie Troßmann [Finanzplanung] 447).

Auch der Ansatzpunkt der Entscheidungsunterstützungssysteme verdeutlicht, was für die **Controlling-Perspektive** auf das betriebliche Informationssystem insgesamt gilt: Sie ist in diesem für die betriebliche Führung traditionell sehr grundlegenden Bereich eher kleinteilig und detailbezogen. Das schränkt die **koordinative Bedeutung** keineswegs ein, zeigt aber, dass es beim Informationssystem an zahlreichen Stellen um die Erfüllung der Koordinationsaufgabe geht. Entsprechendes gilt auch für die Planungsaufgabe dort, wo Methoden bereitzu-

erhebliche koordinative Wirkung aller Teile des Informationssystems

(1) Auskunftssysteme
Mit ihnen können Einzeldaten aus Datenbanken abgerufen werden.

(2) Systeme zur Datenanalyse
Sie erlauben Standardanalysen von Daten.

(3) Systeme zur Informationsaufbereitung
Sie gewähren den Zugriff auf eine Reihe von Datenbanken. Die Daten können mit Hilfe einfacher Modelle aufbereitet werden.

(4) Rechensysteme
Sie berechnen die Auswirkungen von Einzeldaten auf interessierende Ergebnisgrößen. Der Zusammenhang zwischen ihnen ist (mehr oder minder umfangreich) *definitorisch* festgelegt. Es handelt sich insbesondere um Systeme der Bilanz-, Finanz- sowie Kosten- und Leistungsrechnung.

(5) Prognosesysteme auf Basis realtheoretischer Hypothesen
Diese Systeme bestimmen ebenfalls Ergebnisgrößen zu eingegebenen Anfangsdaten. Der Zusammenhang ist jedoch, zumindest teilweise, nicht definitorisch eindeutig, sondern durch eine (vermutete bzw. mehr oder weniger gut bestätigte) *realtheoretische Hypothese* gegeben.

Systeme der Art (4) und (5) dienen der Beantwortung von "What-if"-Fragen.

(6) Optimierungssysteme
Sie bestimmen eine Optimallösung für Problemstellungen bestimmter Formalstruktur.

(7) Vorschlagssysteme
Sie schlagen eine Lösung für Probleme vor, die nicht adäquat in einfach lösbaren Formalmodellen abbildbar sind. Neben exakten Optimierungstechniken enthalten sie daher (heuristische) Lösungskomponenten zur Anpassung von Modellösungen auf Anwendungsbesonderheiten.

Entscheidungsunterstützungssysteme

Abb. III-15: Typen von Entscheidungsunterstützungssystemen

stellen sind. Generell ist bei der Gestaltung des Informationssystems zum einen als systemdefinierende Koordinationsaufgabe eine koordinationsfreundliche Struktur herzustellen, zum anderen sind als systemausfüllende Koordinationsaufgabe unmittelbar Informationen und Methoden selbst bereitzustellen und damit wichtige Alltagsaufgaben zu erfüllen, insbesondere die Anwendung ungeeigneter Methoden und nicht zielführend berechneter Zahlen zu vermeiden.

Kapitelübersicht

Kapitel III auf einen Blick

- Das betriebliche Informationssystem ist das traditionelle Betätigungsfeld des Controlling. Man kann es in einen inhaltlichen Aspekt und einen informationstechnischen Aspekt gliedern.

- Der inhaltliche Aspekt umfasst vor allem das betriebliche Rechnungswesen. Es hat viele Facetten. Grundlegend ist die Trennung von internem und externem Rechnungswesen. Immer wieder wird über ihre Konvergenz diskutiert. Deshalb lohnt ein Blick auf ihre unterschiedliche Zwecksetzungen und Ansatzpunkte.

- Als stark rechnungsbestimmend erweist sich die Unterscheidung von Dokumentationsrechnung (Nachrechnung) und Plan-, insbesondere Entscheidungsrechnung (Vorrechnung).

- Für das Controlling ist insbesondere das interne Rechnungswesen von Bedeutung. Die Controlling-Rolle beschränkt sich jedoch nicht nur auf die korrekte Berechnung und Bereitstellung passender Zahlen. Im Vordergrund steht vielmehr die führungspolitische Wirkung der Zahlen.

- Besondere Anforderungen stellt die mehrdimensionale Messung von Sachverhalten. Sie bietet (leider) auch einen fruchtbaren Nährboden für fehleranfällige und irreführende Konzepte.

- Der informationstechnische Aspekt des betrieblichen Informationssystems ist vor allem durch die (gut begründete und sinnvolle) Verselbständigung wichtiger Komponenten des betrieblichen Informationssystems für das Controlling bedeutend geworden. Dies sind hauptsächlich
    - betriebliche Datenbanken,
    - betriebliche Modell- und Methodenbanken.

- Für die Analyse einer Datenbank ist die Kenntnis der konzeptionellen Struktur unabdingbar. Sie wird vorteilhaft durch Entity-Relationship-Modelle dargestellt. In den Attributlisten der Datensätze müssten sich die tragenden Begriffe der abgebildeten Inhalte wiederfinden.

- Eine Reihe typischer Koordinationsaufgaben des Controllers sind in der Gestaltung von Datenbanken zu lokalisieren. Dies betrifft zum Beispiel einheitliche Detaildefinitionen und die Zugangsberechtigung.

- Modell- und Methodenbanken bieten an den Ein- und Ausgangsschnittstellen zum Verwender wichtige Ansatzpunkte für Controlling-Überlegungen. Dabei geht es z. B. um die Bereitstellung von Verwendungsempfehlungen, um koordinationsorientierte Customizing-Hilfen sowie um die Interpretation und Umsetzung von Resultaten.

- Eine besondere Rolle spielen Entscheidungsunterstützungssysteme. Sie wenden die informations- und kommunikationstechnischen Möglichkeiten auf eine wichtige, aber historisch zunächst untypische Weise an.

*Worauf es bei der Gestaltung der betrieblichen
Planung ankommt:*

Kapitel IV: Controlling-Aufgaben bei der Planung betrieblicher Prozesse

1. Der Planungsprozess als Controlling-Gegenstand

a) Bedeutung der Planung als Schwesterfunktion des Controlling

Neben dem Informationssystem sind Planung und Kontrolle die klassischen Führungsfunktionen, auf die sich die Koordinationsfunktion des Controlling richtet. Sie umfasst hier vor allem Maßnahmen, die im **methodischen** Vorgehen liegen, während im Informationssystem die Bestückung mit Detaildaten im Vordergrund steht. Die Methodik hat Auswirkungen auf

Koordinationswirkung der Planungsmethoden

- die zur konkreten Durchführung von Planungs- und Kontrollmaßnahmen erforderlichen Daten,
- die Schwierigkeit, mit der anschließende Führungsaufgaben erfolgreich erledigt werden können,
- die unbeabsichtigten, aber führungspolitisch bedeutsamen Nebenwirkungen, die bei der Realisierung eines Plans und zugehöriger Kontrollprozesse entstehen,
- die Zielorientierung und die Zielgünstigkeit der geplanten Maßnahmen.

Die Controlling-Aufmerksamkeit richtet sich zum einen auf den **einzelnen Planungsprozess** in seinen Teilschritten, zum anderen auf das Zusammenwirken einzelner Planungen im gesamten betrieblichen **Planungssystem**. Beide Ansatzpunkte sind mit typischen Controlling-Überlegungen, typischen Problemstellungen und typischen Controlling-Lösungen verbunden.

Ansatzpunkte für das Controlling in der Planung

Den entscheidungslogischen Ablauf des Planungsprozesses zeigt Abb. IV-1. Die dort angeführte Reihenfolge geht ursprünglich auf Wild zurück (vgl. Wild [Planung]; die Darstellung in Abb. IV-1 lehnt sich an Schweitzer [Planung] 48 an). Grundsätzlich stellen sich Controlling-Aufgaben in jeder Phase des Planungs- und Kontrollprozesses. Allerdings sind sie in manchen Phasen besonders markant, so dass sich auf sie ein besonderer Blick lohnt. Für die Planung sind dies die Phasen der Zielbildung, der Problemstrukturierung, der Bewertung und der Entscheidung. Die Durchsetzungsphase bildet den Übergang zum Kontrollprozess und spielt insofern eine Sonderrolle. Die jeweilige Controlling-Problematik wird nachfolgend besprochen.

IV. Controlling-Aufgaben bei der Planung betrieblicher Prozesse

Planungsphasen

PLANUNG

- Zieloperationalisierung: Präzisieren der vorgegebenen Ziele, Ordnen der Einzelziele
- relevanter Ausschnitt des Zielsystems
- Problemfeststellung: Wahrnehmen von Ziel-Ist-Abweichungen, als Problem erkennen, Einschätzen der Relevanz
- Strukturieren der Probleme nach Abhängigkeiten und Dringlichkeiten
- Problemhierarchie
- Alternativensuche
- Lage- und Wirkungsprognosen
- Planalternative 1 ... Planalternative n
- Bewertung der Alternativen
- Entscheidung
- **Plan**

Vorkopplung / Rückkopplung

- Durchsetzung

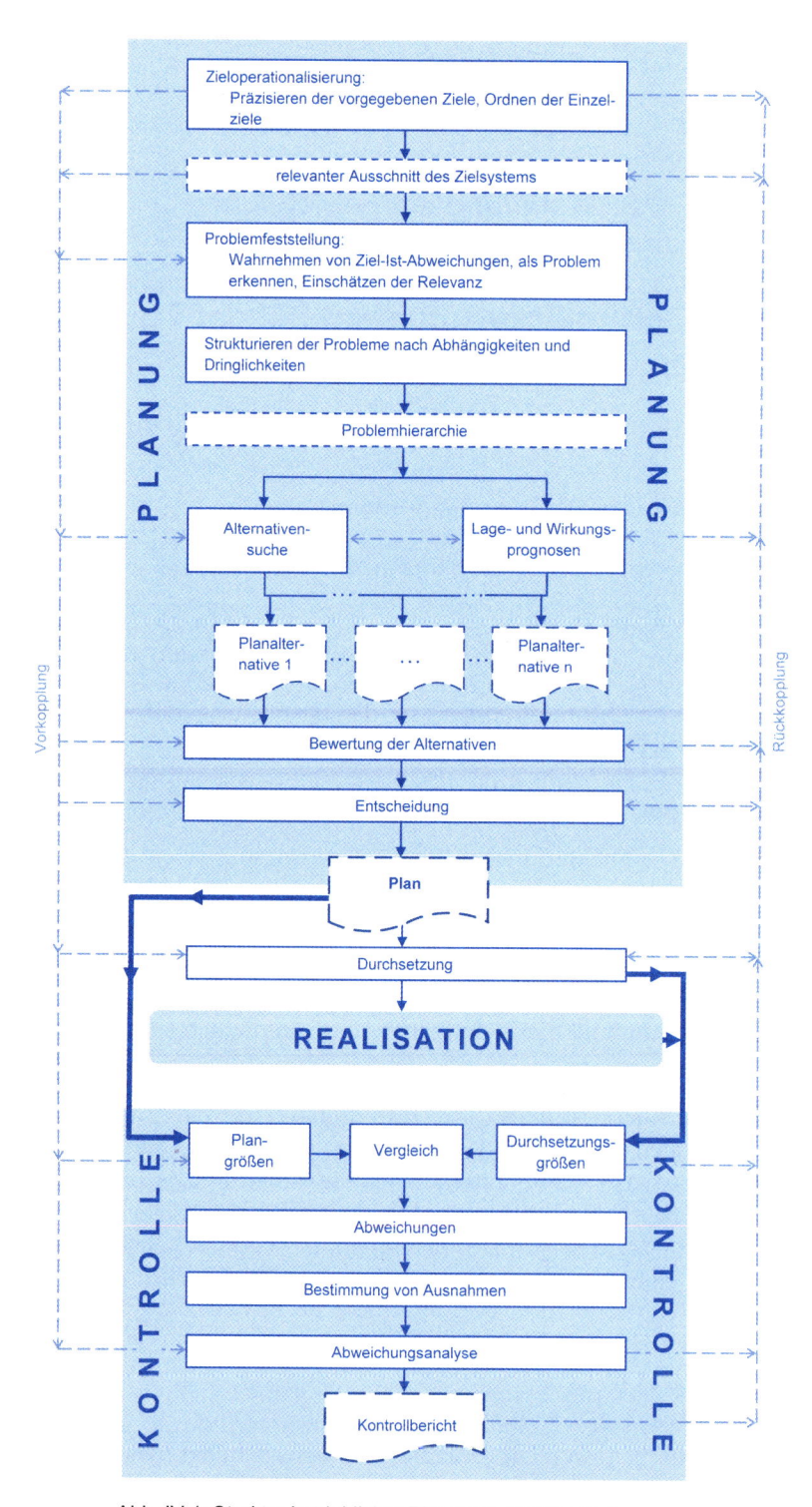

REALISATION

KONTROLLE

- Plangrößen — Vergleich — Durchsetzungsgrößen
- Abweichungen
- Bestimmung von Ausnahmen
- Abweichungsanalyse
- Kontrollbericht

Abb. IV-1: Struktur betrieblicher Planungs- und Kontrollprozesse

b) Koordinationsaufgaben in der Phase der Zieloperationalisierung

In der Phase der Zielbildung besteht eine besondere Controlling-Aufgabe in der **Präzisierung** und **Operationalisierung** der Ziele, beispielsweise in Kennzahlen. Soweit für die zu lösende Planungsaufgabe das gleichzeitige Verfolgen mehrerer Ziele von Bedeutung ist, muss auch das **Verhältnis konkurrierender Ziele** zueinander präzise geklärt werden, etwa durch eindeutige Präferenzreihenfolgen oder Gewichtungsfaktoren. Einzelheiten dazu sind vor allem in der Phase der Alternativenbeurteilung wichtig, wo wir sie auch genauer behandeln (siehe Abschnitt d). Um eine klare und sichere Argumentationsgrundlage zu haben, ist die Vorstellung eines **betrieblichen Zielsystems** hilfreich und zweckmäßig. Darunter ist die geordnete Menge der im Betrieb verfolgten Ziele zu verstehen. Ordnungskriterien können **Präferenzbeziehungen** (Ziel A ist wichtiger als Ziel B), **Mittel-Zweck-Beziehungen** (wird Ziel A verfolgt, erreicht man Ziel B besser) oder **definitionslogische Beziehungen** (Ziel A hängt rechnerisch mit Ziel B zusammen; es gibt eine Umrechnungsregel) sein. Die Existenz eines derartigen Zielsystems ist die Voraussetzung für widerspruchsfreies Führungshandeln. Ohne Zweifel wäre es daher nicht nur für das Controlling, sondern für das gesamte betriebliche Management am besten, das betriebliche Zielsystem wäre in dokumentierter Form und stets aktuell verfügbar. Das ist indessen in aller Regel nicht der Fall. Aber es ist auch nicht erforderlich. Denn in jeder Entscheidungs- und Bewertungssituation ist nur ein **gewisses Spektrum** von Alternativen angesprochen; und jene wirken nur auf einen **Teil** der im Betrieb insgesamt relevanten Ziele. Die jeweiligen **Situationsmerkmale** (räumlich, zeitlich, sachlich, personell) schränken die beeinflussbaren und betroffenen Ziele weiter ein. Daher genügt es, von der Vorstellung eines (kompletten) betrieblichen Zielsystems auszugehen, von dem in der aktuellen Entscheidungslage nur ein (kleiner) Ausschnitt von Bedeutung ist. Der Ausschnitt enthält nur die gerade relevanten Ziele und ggf. auch nur „abschnittsweise". Letzteres bedeutet, dass lediglich für bestimmte Zielausprägungen (nämlich diejenigen, die durch jetzige Entscheidungen auch erreicht werden können) überhaupt Werte definiert sind. Dies genügt, um die Bewertung und die Entscheidungsfindung auf eine verlässliche Grundlage zu stellen. Gerade deswegen ist es aber auch wichtig, die für eine bestimmte Planungs- und allgemeiner Führungssituation relevanten Ziele zu erfassen und in den situationsorientiert gebildeten Ausschnitt des (gedachten) gesamtbetrieblichen Zielsystems einzubringen. Auf diese Weise kann mit klarer Fundierung und dennoch praktikabel vorgegangen werden.

Bei der Feststellung und Ordnung der Planungsprobleme ist es wichtig, auf den Zusammenhang zum Zielsystem zu achten. **Probleme** sind definiert **als Abweichung** des Ist-Zustandes zum Zielzustand. Deshalb ist wichtige Voraussetzung für eine fundierte Problemanalyse, dass dieser Zielbezug nicht verloren geht. Probleme ohne zugehörige Ziele kann es nach dieser Definition nicht geben. Im Alltag aber ist die Argumentationsreihenfolge oft anders: Es werden Probleme benannt, zu denen zugehörige Ziele (noch) nicht formuliert sind. Beispielsweise wird nach Berichten von den Verkäufern über die offensichtlich gestiegene Unzufriedenheit der Kunden diskutiert und dies als Problem formuliert. Eindeutig als Ziel ist aber beispielsweise formuliert und ausgegeben worden, den bisher bescheidenen Gewinn deutlich zu steigern. Als Detailziel wurde festgelegt, zwar möglichst die Erlöse auch über Preiserhöhungen zu steigern, jene aber möglichst wenig sichtbar zu bewerkstelligen. Deshalb hat man die Verpackungseinheiten völlig verändert; sie stellen sich optisch nach wie vor sehr voluminös dar, enthalten aber deutlich weniger. Nun haben dies zwar zahlreiche Kunden missbilligend bemerkt – weshalb das Unternehmensimage deutlich gesunken ist –, die Taktik ist dennoch insgesamt aufgegangen, wie die Gewinnzahlen zeigen. Wenn nun die gesunkene Kundenzufriedenheit als Problem diskutiert wird, zeigt dies indirekt, dass offensichtlich das Unternehmensimage trotz bisher anderer Zielformulierung doch eine gewisse Rolle als eigenständiges Ziel spielt.

Unterschied zwischen Mittel zur Zielerreichung und eigenständigem Ziel

Für die Koordinationsfunktion ist es von zentraler Bedeutung, solche Diskrepanzen penibel aufzudecken und zu klären. Ist ein Ziel, das offenbar von Relevanz ist – sonst wäre seine Nichterfüllung ja kein Problem – nicht als solches formuliert, dürfte es bei der Bewertung in späteren Schritten konsequenterweise auch nicht beachtet werden. Damit wäre nicht ausgeschlossen, dass sich bei der weiteren Planungsauswahl letztlich eine Alternative durchsetzt, die gerade dieses Ziel wieder nicht erfüllt, also just eines der Probleme erst gar nicht behebt. Im angesprochenen Beispiel ist die bisher gefundene Lösung so lange richtig, wie das Unternehmensimage nicht als akzeptiertes Ziel vorgegeben ist. Dann ist auch ein verschlechtertes Image als Nebenwirkung hinzunehmen. Will man das nicht, muss es bereits in der Zielformulierung expliziert sein. Um das Beispiel korrekt zu interpretieren, ist darauf hinzuweisen, dass hier Ableitungs-, Zuordnungs- und Rechenfehler ausgeschlossen wurden. Andernfalls wäre auch noch zu prüfen, ob das beobachtete Problem auf einen Bewertungsfehler der vorherigen Planungsrunde zurückzuführen ist. Denn auch wenn das Unternehmensimage kein eigenes betriebliches Ziel ist, so ist es doch immer noch als Mittel zum Zweck von Bedeutung: Sinkt es über ein hinnehmbares Ausmaß hinaus ab, wird auch das ursprünglich gesetzte Ziel der Erlös- und Überschusssteigerung nicht erreicht. Hätte man dennoch eine entsprechende Alternative gewählt, dann wäre ein Fehler in der Bewertung, also etwa ein Zuordnungs- oder Rechenfehler dafür verantwortlich.

c) Koordinationsaufgaben in der Phase der Problemsystematisierung

Kriterien für die Systematisierung von Problemen

Bei der Identifikation von Problemen entsteht zunächst die beschriebene prinzipielle Aufgabe, das Zielsystem zu komplettieren. Dies stellt nachträglich die erforderliche konsistente Basis der Planungsüberlegungen her. Die eigentliche Aufgabe der Problemanalyse ist es aber, die Einzelprobleme zu ordnen und in einen Zusammenhang zu bringen. Denn jene werden in der Regel isoliert und punktuell wahrgenommen, lösen dann einen Planungsprozess aus oder werden in einen schon laufenden Planungsprozess eingebracht. Bei der Problemsystematisierung geht es um zwei wichtige Ordnungskriterien: den Abhängigkeitszusammenhang und die Dringlichkeit. Nach dem **Abhängigkeitszusammenhang** ist zwischen ursprünglichen und Folgeproblemen zu unterscheiden, nach der **Dringlichkeit** zwischen drängenden und weniger drängenden Problemen. Diese Systematisierungen sind nicht identisch, haben aber beide unmittelbare Bedeutung für die aktuelle Problembehandlung.

Beispiel zur Problemordnung

Beispielsweise mag als Problem zuerst eine unpassende Vorratshaltung im Lager angesprochen worden sein: von Material M0815 ist stets zu wenig vorrätig; dagegen liegen von Material M0851 umfangreiche Bestände auf Lager. Weitere Probleme sind unstimmige und nicht realisierbare Produktionspläne, das Überschreiten zugesagter Auslieferungstermine, zahlreiche Kundenreklamationen und ein zunehmend schlechter Ruf wegen mangelnder terminlicher Zuverlässigkeit. In der weiteren Problemerfassung und -analyse hat sich ergeben, dass in der Stückliste infolge eines Zahlendrehers ein Eingabefehler bei zwei Artikelnummern vorliegt, weswegen mehrfach bei programmgebundenen Bestellungen Vorratsergänzungen falsch berechnet wurden. In diesem Beispiel ist als ursprüngliches Problem die Falscherfassung in der Stückliste identifizierbar. Alles Weitere sind Folgeprobleme. Folgeprobleme lösen sich prinzipiell weitgehend von selbst, wenn ursprünglichen Probleme beseitigt sind. Allerdings kann dieser Prozess erhebliche Zeit in Anspruch nehmen. Im vorliegenden Fall wären die fehlenden Mengen beim Material M0815 jedenfalls ein drängendes Problem, nicht dagegen die Überbestände bei der anderen Materialart. Als drängend dürften aber der Lieferverzug bei aktuellen Aufträgen sowie das negative Kundenimage anzusehen sein. So müssten sich die Anstrengungen auf die Korrektur der Stücklistendaten, auf eine Eilbeschaffung der fehlenden Materialmengen sowie auf eine Kommunikationsoffensive konzentrieren.

Allgemein haben bei der Problemsystematisierung tendenziell solche Einzelprobleme Vorrang, die eher **höherrangige** Ziele betreffen und eher **ursprünglichen** und **dringlichen** Charakter haben. In der Feinabwägung zur Ordnung der Problembearbeitung ist bei konkurrierenden Positionen letztlich die voraussichtliche Zielwirkung entscheidend, die mit der Problemlösung verbunden ist. In sie fließt nicht nur die Positionierung des problembestimmenden Ziels ein, sondern auch das Ausmaß und die zeitliche Verteilung weiterer Zielwirkungen, die mögliche Lösungen voraussichtlich mit sich bringen. Im Beispielfall war die fehlende Vorratsmenge von Material M0815 die problemauslösende Zielabweichung. Wenn als Lösungsmöglichkeit beispielsweise eine kostenlose Zugabe für die zu spät belieferten Kunden erwogen wird, wäre als wichtige Zielwirkung die Imageveränderung bei nicht betroffenen Kunden zu beachten. Sie waren zwar durch den Lieferengpass gar nicht geschädigt, halten es jetzt aber vielleicht für ungerecht, nicht auch von der Zugabe profitieren zu können. Diese vorher nicht relevante Zielwirkung könnte dazu führen, dass die erwogene Alternative mit der Zugabe letztlich nicht gewählt wird. Allgemein ist zu berücksichtigen, dass im Zuge der Realisierung einzelner Lösungsalternativen die Zielerreichung mehrerer Ziele gleichzeitig verändert wird. Deshalb können dabei auch Ziele eine Rolle spielen, die für die Problemdefinition ohne Bedeutung waren, für die also keine erkennbare Ziel-Ist-Abweichung vorlag.

In der **Alternativensuche** stehen inhaltliche Sachkenntnis, Kreativität und, je nach Problem, auch Spürsinn im Vordergrund. Controlling-Arbeit im engeren Sinn ist dies nicht. Immerhin kann der Controller darauf achten, dass Einzelvorschläge und **Alternativenstränge**, deren Ungünstigkeit nicht erwiesen ist, **nicht vorzeitig** aus der Lösungsfindung **ausgeschlossen** werden. Auch ist, soweit hierzu Vorwissen verfügbar ist oder erschlossen werden kann, auf Alternativenstrukturen aufmerksam zu machen, die in der Vergangenheit besonders erfolgreich waren.

d) Koordinationsaufgaben in der Phase der Bewertung

Die Phase der Bewertung bietet einen der wichtigsten Ansatzpunkte für das Controlling. Hier ist darauf zu achten, dass die Alternativen streng zielbezogen

Zielbezug der Bewertung

Vollständigkeit des Zielsystems

bewertet werden. Vor allem darf bei einem konsistenten Planungsverfahren nicht ein Kriterium zur Bewertung herangezogen werden, das nicht auch als Ziel vorher formuliert war. Im betrieblichen Alltag ist deshalb an dieser Stelle häufig ein **Rücksprung zur Zieloperationalisierung** erforderlich, um fehlende Ziele zu ergänzen, deren offenbare Bedeutung sich erst bei der Bewertung herausgestellt hat. Aus Controlling-Sicht ist dann wichtig, mit diesem „neuen" Ziel die vorher bereits durchlaufenen Schritte zu wiederholen, um weitere Konsequenzen dieses Ziels, etwa bei der Problemsystematisierung und der Bewertung anderer Alternativen nicht zu übergehen. Typischerweise treten in diesem Sinn neue Ziele dann hervor, wenn dem Entscheidungsträger Planvorschläge vorgelegt werden, die er ablehnt, weil sie eine Eigenschaft nicht oder nicht ausreichend haben, die er für wichtig hält.

Beispiel einer Zielergänzung in der Bewertungsphase

Beispielsweise lehnt ein Manager eine vorgeschlagene deutliche Preissenkung eines Produkts ab, weil sie die (negative) Wirkung auf die bisherigen Käufer nicht berücksichtige. Auf den Hinweis, der entsprechende Nachfragerückgang bei den Altkunden sei bereits eingerechnet, hebt er hervor, es gehe ihm auch um die Meinung, die jene Altkunden über den Betrieb und dessen Management haben: sie solle nicht negativ beeinträchtigt werden. Nun ist dies kein irrationales Argument – wenn der (gute) Ruf bei den bisherigen Kunden als **eigenes Ziel** gesetzt ist. Es würde zur Kategorie der sozialen Ziele gehören. Ist es das nicht, wird die Wirkung auf den Ruf der Unternehmung bei den Kunden bzw. bei einzelnen Kundengruppen nur insoweit beachtet, als er Rückwirkungen auf andere, „echte", d. h. im Zielsystem aufgeführte Ziele hat. Im Beispiel war zunächst in Kauf genommen worden, dass der Ruf bei Altkunden sinkt. Dies war optimal, weil der im Gefolge der Rufschädigung eintretende Verlust an Umsatz und Deckungsbeitrag durch entsprechende Neuzugänge mehr als ausgeglichen würde. Im Allgemeinen liegt ein „eigenes" Ziel immer dort vor, wo die Zielwirkung direkt an diesem Ziel gemessen und beurteilt wird und nicht auf ein anderes Ziel zurückführt. Deshalb ist es im Beispiel zwingend, dass das Ziel „keine Verschlechterung des Rufes bei Altkunden" als eigenständiges Ziel behandelt wird.

Controlling-Aufgaben bei der Messung der Zielerreichung

Bewertung bei mehreren Zielen

Neben der Frage, ob sich anlässlich der Alternativenbewertung Ziele zeigen, die vordem noch nicht explizit formuliert waren, sind die Messung der **Zielerreichung für jedes einzelne Ziel** sowie die zusammenfassende **Alternativenbewertung bei mehreren Zielen** wichtige Controlling-Ansatzpunkte. Zumindest die Messskalen für die Zielerreichung müssten prinzipiell schon in einer der ersten Phasen des Planungsprozesses, und zwar bei der Operationalisierung des Zielsystems, für jedes einzelne Ziel gewählt sein. Das gleiche gilt zwar auch für die Einzelheiten, die das Verhältnis der Ziele zueinander bestimmen, hier aber werden vielfach manche Abwägungsfragen offen gelassen, bis sich die Notwendigkeit ihrer Klärung tatsächlich zeigt. Spätestens dann, wenn über konkrete Alternativen eine gemeinsame Rangfolge zu bilden ist, bedarf es aber hierzu eindeutiger Präferenzangaben. Sie müssen an dieser Stelle erforderlichenfalls nachgeholt werden. Methodisch gibt es nicht allzu viele Möglichkeiten dazu. Ein allgemeines, sehr oft anwendbares Instrument dazu liefert die **Nutzwertanalyse** (vgl. ursprünglich Zangemeister [Nutzwertanalyse], ferner z. B. Troßmann [Investition] 25 ff.). Bei ihr werden die eingehenden Ziele gewichtet und in eine übergeordnete Zielfunktion mit dem Nutzwert als angestrebte Zielgröße eingebracht. Sie eignet sich immer dann, wenn prinzipielle Substituierbarkeit der Ziele vorliegt, d. h. ein Weniger bei einem Ziel durch ein entsprechendes Mehr bei einem anderen Ziel ausgeglichen werden kann.

Einen Grenzfall dazu stellt die absolute **Zielpräferenzfolge** dar. Bei ihr werden die beteiligten Ziele in eine Rangfolge gebracht. Ein nachrangiges Ziel kommt erst dann zum Zuge, wenn das vorhergehende erfüllt ist. Insofern dominieren die vorhergehenden Ziele die nachrangigen, woraus sich die zweite Bezeichnung der Zielpräferenzfolge als **Zieldominanz** erklärt. Typischerweise kommt die Zielpräferenzfolge vor allem dort vor, wo die ersten Ziele mit Satisfizierungs-Ausprägung formuliert sind. Beispielsweise soll ein ständiger Mindestliquiditätsbestand von x € sichergestellt sein, danach soll ein Gesamtdeckungsbeitrag von mindestens y € erreicht werden, eine Mitarbeiterzufriedenheit von mindestens z Indexpunkten usw., bis schließlich an letzter Stelle die dann noch bestehenden Handlungsmöglichkeiten zur Erhöhung des betrieblichen Gesamtgewinns genutzt werden sollen (siehe hierzu auch das Beispiel in Abb. VI-2 aus Kapitel VI, S. 129).

Für die Controlling-Funktion im Planungsprozess ist die Bewertung deshalb eine besonders wichtige Phase, da hier die Entscheidung über den Plan maßgeblich vorbereitet wird. Die vordergründig erkennbare Funktion ist die **Beratung und Unterstützung** des Managements bei der Entscheidungsfindung – soweit sie überhaupt in Anspruch genommen wird. Dies ist bei Alltagsentscheidungen regelmäßig weniger der Fall als bei neuen oder sehr bedeutenden Entscheidungen. Und sie gehört zu den ergänzenden Dienstleistungsangeboten des Controlling, die nicht zwingend auch vom Controller selbst wahrgenommen werden müssen.

Nebenfunktionen ...

Charakteristische und unabdingbare Controlling-Aufgabe ist dagegen die **koordinative** Berücksichtigung von Aspekten der Zielsetzungs-, Informationsbereitstellungs-, Organisations- und Motivations-Funktionen in der Bewertungsphase. Dazu gehört es, wie beschrieben, sicherzustellen,

- dass in der Bewertung **nur** Kriterien herangezogen werden, die auch (vorher) als **Ziele** formuliert wurden – notfalls müssen der als relevant betrachtete Ausschnitt des Zielsystems entsprechend komplettiert und die davon abhängigen Planungsschritte wiederholt werden;
- dass in gleicher Weise auch die in der Bewertung angewendete relative **Gewichtung** der einzelnen Ziele den vorherigen Vorgaben entspricht;
- dass die **Messskalen** der einzelnen Zielkriterien definitionsentsprechend angewendet werden und die Alternativenbewertung nach den einzelnen Zielen zielsystemkonform in eine gemeinsame und einheitliche Rangordnung für alle Alternativen und über alle Ziele eingebracht werden.

... und Hauptfunktion des Controlling bei der Bewertung

In der Bewertung tritt ergänzend hinzu, sicherzustellen,

- dass auch **alle Zielkriterien** des Zielsystems berücksichtigt werden, d. h. insbesondere nicht nur diejenigen, die bereits ursprünglich als Vorplanungsziele genannt oder im Zuge der Bewertungsphase noch ergänzt wurden;
- dass auch die **Durchsetzungsmöglichkeiten und -probleme** der Planalternativen bedacht werden.

Die erste Zusatzaufgabe folgt der Forderung nach **Kongruenz** zwischen Zielsetzung und Bewertung. Sie äußert sich so, dass neben dem Prinzip „Alle Bewertungskriterien müssen Zielkriterien sein" auch das Prinzip „Alle Zielkriterien müssen auch Bewertungskriterien sein" gilt. Jedenfalls sind die Zielkriterien zu beachten, soweit sie nicht offensichtlich irrelevant sind. Damit soll vor allem gewährleistet werden, dass auch unerwünschte Nebenwirkungen erfasst und in die Bewertung einbezogen werden.

<small>Berücksichtigung von Durchsetzungsaspekten in der Alternativenbewertung</small>

Mit der zweiten Zusatzaufgabe wird der Blick auf die weiteren Phasen im Führungsprozess gerichtet, die auf die Auswahl einer Alternative folgen. Insbesondere die Durchsetzung eines beschlossenen Plans kann, je nach Inhalt, unterschiedlich schwierig werden (Genaueres wird im Abschnitt f besprochen). In der Bewertung von Planalternativen ist darüber zu befinden, ob derartige Aspekte bei der Bewertung eine Rolle spielen sollen oder nicht. Diese Frage ist insofern von Bedeutung, als dieses Kriterium die prozessinternen Durchführungsmodalitäten betrifft, nicht aber eine Eigenschaft der gewählten Alternative im engeren Sinn selbst. Andererseits könnte es auch als Wirkung auf ein durchführungsbezogenes Ziel interpretiert werden, etwa „möglichst problemarmer interner Umgang" oder „Vermeidung von Maßnahmen, die bei den Durchführenden größere Widerstände hervorrufen, wenn es andere, widerstandsärmere Alternativen gibt, die nach ihrer Zielwirkung noch akzeptierbar sind". Soweit die Durchführungsaspekte in die Alternativenbewertung nicht vollständig einfließen, sollten sie dennoch, zumindest pauschal, als **ergänzende Beurteilungskriterien** in der Entscheidungsphase vorliegen. Insbesondere wenn die Entscheidung von einem Gremium getroffen wird, vor allem, wenn dies in kooperativem Führungsstil unter Beteiligung der Durchführungsbetroffenen geschieht, kann die separate Bereitstellung der eigentlichen Zielerreichungswerte und einer Durchsetzungsbewertung von Vorteil sein.

e) Koordinationsaufgaben bei der Entscheidung

<small>eigene Rolle der Entscheidungsphase</small>

Die Entscheidung selbst bietet bei konsistenter Bewertung kaum noch Spielräume. Freilich ist sie insofern eine eigene Führungsphase, als die Bewertung noch zu den vorbereitenden Planungstätigkeiten gehört, die delegierbar sind und beispielsweise von Planungsstäben und Controllern übernommen werden können. Die Eigenständigkeit der Entscheidung gegenüber der Alternativenbewertung zeigt sich vor allem dann, wenn

- zwei oder mehr Alternativen mit nahezu gleicher Gesamtbewertung an der Spitze liegen; dann reicht das vorher formulierte Ziel- und Bewertungssystem offensichtlich zu einer eindeutigen Empfehlung nicht aus und kann jetzt (zielerreichungsunschädlich) durch persönliche **ad-hoc-Präferenzen** ergänzt werden; ersatzweise könnte auch zufällig entschieden werden;

- ein Gremium entscheidet; dann sind die im Planungsprozess verwendeten Zielpräferenzen lediglich als **vorläufige Vorhersage** der vermutlichen Gremienentscheidung zur Zielgewichtung anzusehen.

Im letztgenannten Fall beschränkt sich die Entscheidungsvorbereitung zunächst auf die Prognose der Einzelzielerreichung, während die eigentliche **Zielgewichtung** der Gremiendiskussion und der dortigen Entscheidungsfindung vorbehal-

1. Der Planungsprozess als Controlling-Gegenstand

ten bleibt. In diesem Fall können die aus Controlling-Sicht wichtigen Grundsätze einer konsistenten Entscheidungsfindung für die Zusammenführung mehrerer Einzelzielbewertungen erst in der Entscheidungsphase beachtet werden. Wie bei einer Gremienentscheidung könnte prinzipiell freilich auch bei einer Einpersonenentscheidung die endgültige Festlegung von Zielpräferenzen an diese Stelle verschoben werden; dies ist aber durch frühere Präferenz-Erklärung dort eher vermeidbar. *(Besonderheiten von Gremienentscheidungen)*

f) Koordinationsaufgaben im weiteren Führungsprozess

Mit der Entscheidung für eine Alternative liegt der Plan vor, der realisiert werden soll. Damit ist der eigentliche Planungsprozess beendet. Vor der Realisation aber ist der Plan noch **durchzusetzen.** Das bedeutet zweierlei: erstens kann es sein, dass die Instanz, für die geplant wurde, selbst nicht die volle Entscheidungsgewalt über die im Plan enthaltenen Maßnahmen hat. Sie muss also eine **Vorgesetzten-Entscheidung** oder die Zustimmung eines Gremiums einholen, das selbst nicht bei der Entscheidungsfindung mitgewirkt hat. Zweitens sind die einzelnen Maßnahmen, aus denen der Plan besteht, den zur Ausführung vorgesehenen Personen bzw. Organisationseinheiten mitzuteilen und in geeigneter Weise vorzugeben. Die erste Durchsetzungskomponente tritt also nur manchmal, die zweite jedoch immer auf. Je nach hierarchischer Stellung, Führungsstil, Kompetenz und persönlichem Verhalten der Beteiligten kann nach beiden Durchsetzungskomponenten der schließlich organisatorisch umgesetzte Plan mehr oder weniger stark von dem ursprünglich beschlossenen abweichen. Dies ist selbst dort möglich, wo die durchsetzende Instanz formal und tatsächlich über alle erforderlichen Kompetenzen und Steuerungsmittel verfügt, beispielsweise dann, wenn der betreffende Instanzenleiter bereits bei der ersten Anweisung eine von ihm für den Beauftragten als ungünstig angesehene Konsequenz durch eine (mehr oder weniger kleine) **Planänderung** zu vermeiden sucht. In solchen Fällen werden Plantermine verschoben, Mengen auf- oder abgerundet, Arbeitsverfahren modifiziert, Materialarten gewechselt usw. Entsprechendes wiederholt sich möglicherweise im weiteren Instanzenweg nach unten, sofern Planmaßnahmen an ganze Abteilungen zur Ausführung übergeben werden. Insgesamt wird damit nicht exakt der beschlossene Plan umgesetzt, sondern eine im Durchsetzungsprozess daraus entstehende Planvariante. *(Unterschiede zwischen Entscheidung und Durchsetzung)* *(zwei Komponenten der Durchsetzung)*

Controlling-Aufgabe ist es, das Wirkungsausmaß solcher Modifikationen abzuschätzen und das Managerbewusstsein auf solche Stellen zu lenken, wo relativ große Folgewirkungen der Planmodifikation zu befürchten sind. Soweit es gelingt, die in der Umsetzungsphase zu erwartenden Änderungen von Maßnahmen und damit der Zielerreichung eines Plans frühzeitig abzuschätzen, können solche Verwerfungen zumindest pauschal bereits im eigentlichen Planungsprozess antizipiert werden. *(Planmodifikation in der Durchsetzung …)*

Auch die umgesetzte Planversion ist letztlich nicht diejenige, die tatsächlich realisiert wird – denn bei der eigentlichen Realisation treffen ja alle Plangrößen auf die jeweilige **reale Situation.** Hier modifizieren Durchführungsverantwortliche die auszuführenden Maßnahmen nochmals, passen sie etwa auf aktuelle Bedingungen und Restriktionen – oder auch auf eigene oder abteilungsspezifische Ziele an. Hier stellt sich aber auch heraus, dass prognostizierte Ausgangs- *(… und in der Realisation)* lagen nicht (genau) zutreffen, dass prognostizierte und tatsächliche Input-Output-Verhältnisse auseinanderfallen, dass Planwirkungen nur zum Teil dem Prognostizierten entsprechen. Insgesamt wird damit eine Variante des beschlossenen Plans umgesetzt und eine weitere Variante realisiert. Da dies im Allgemeinen immer so ist, besteht die Führungsaufgabe einerseits darin, diese Abweichungen bereits im Planungsprozess prognostisch zu berücksichtigen, andererseits aber auch darin, die Umsetzungs- und Realisationsverwerfungen möglichst klein zu halten. Beides ist auch eine Aufgabe der Kontrolle (siehe dazu Kapitel V).

2. Planungsinstrumente als Controlling-Gegenstand

a) Zur Controlling-Relevanz von Planungsinstrumenten

Systematik von Planungsmethoden

Für die Durchführung von Planungsprozessen braucht man **Instrumente**. Schon oft ist versucht worden, den einzelnen **Planungsphasen** die jeweils passenden **Methoden** zuzuordnen (vgl. ursprünglich Wild [Planung] 146 ff., gefolgt von zahlreichen weiteren Autoren). Dies gelingt auch, allerdings regelmäßig nur mit Einschränkungen. Abb. IV-2 gibt eine solche Systematik wieder; sie folgt zu großen Teilen dem verbreiteten Ansatz von Pfohl/Stölzle ([Planung] 153 ff.) und Küpper ([Industrielles Controlling] 906, vgl. auch Wall [Planungssysteme] 133 ff.). Einschränkungen einer Zuordnung von Methoden zu Planungsphasen ergeben sich dadurch, dass viele Methoden nur Teile einer Planungsphase unterstützen, andere dagegen gleich mehrere Phasen abdecken.

vier Gruppen von Planungsmethoden mit besonderer Controlling-Bedeutung

Unter Controlling-Gesichtspunkten ist die Methodenanwendung an vielen Stellen unproblematisch, verlangt aber entsprechende Kenntnisse. Soweit eigene Planungsstäbe eingerichtet sind, fällt die Methodenanwendung im betrieblichen Alltag in deren Zuständigkeit. Die Controlling-Aufgabe besteht in diesem Fall in der passenden Verknüpfung mit anderen Führungsbereichen, etwa in der Bestückung mit passenden Rechnungswesen-Informationen. Über diese bloße systemausfüllende Koordination hinaus besteht eine generelle **Controlling-Relevanz** bei unterschiedlich abgegrenzten Gruppen von Planungsinstrumenten:

- Planungsmethoden mit **grundsätzlicher Bedeutung** für die Systemkoordination: Das sind, wie sich aus den Darlegungen in Abschnitt 1 dieses Kapitels ergibt, die grundlegenden Verfahren der Zielpräzisierung, Ausnahmedefinition und Alternativenbewertung.

- **Prognosemethoden**: Hier kann die Auswahl, je nach Methode auch die Durchführung, eine punktuell erhebliche Controlling-Relevanz haben, und zwar dort, wo implizite Vorentscheidungswirkungen zu befürchten sind (wegen Einzelheiten dazu vgl. Troßmann [Investition] 81 ff.).

- das **interne Rechnungswesen**: Die Methoden der Bewertung, aber auch der Abweichungsanalyse und anderer Planungsphasen gehören größtenteils zum internen Rechnungswesen und betreffen damit ein eigenes, großes Anwendungsfeld des Controlling. Es bedarf einer breiten und differenzierten Behandlung im Detail und ist daher Gegenstand eigener Bände (vgl. hierzu Troßmann/Baumeister [Rechnungswesen] sowie Troßmann [Investition]).

2. Planungsinstrumente als Controlling-Gegenstand

Planungsinstrumente: Überblick

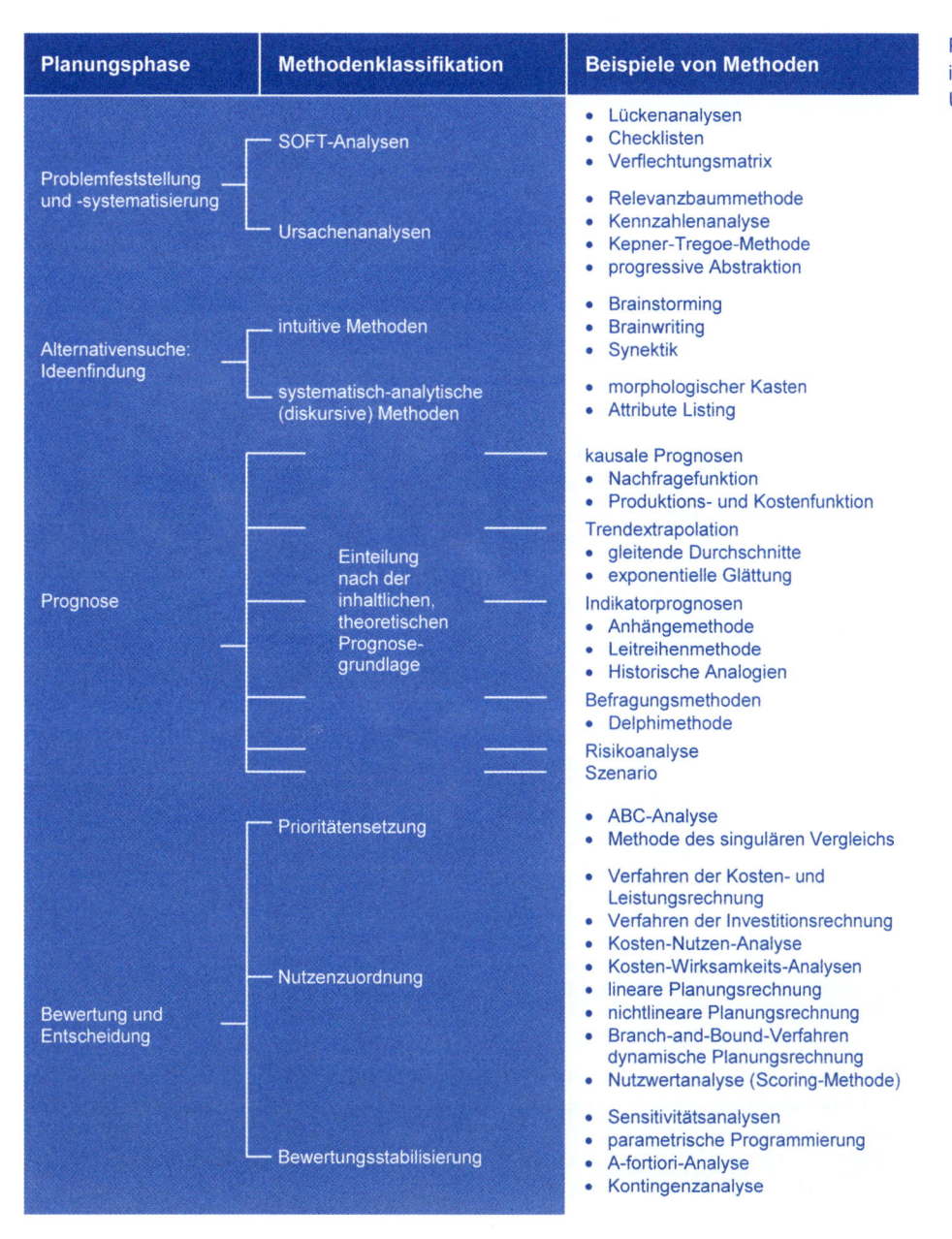

Planungsphase	Methodenklassifikation	Beispiele von Methoden
Problemfeststellung und -systematisierung	SOFT-Analysen	• Lückenanalysen • Checklisten • Verflechtungsmatrix
	Ursachenanalysen	• Relevanzbaummethode • Kennzahlenanalyse • Kepner-Tregoe-Methode • progressive Abstraktion
Alternativensuche: Ideenfindung	intuitive Methoden	• Brainstorming • Brainwriting • Synektik
	systematisch-analytische (diskursive) Methoden	• morphologischer Kasten • Attribute Listing
Prognose	Einteilung nach der inhaltlichen, theoretischen Prognosegrundlage	kausale Prognosen • Nachfragefunktion • Produktions- und Kostenfunktion Trendextrapolation • gleitende Durchschnitte • exponentielle Glättung Indikatorprognosen • Anhängemethode • Leitreihenmethode • Historische Analogien Befragungsmethoden • Delphimethode Risikoanalyse Szenario
Bewertung und Entscheidung	Prioritätensetzung	• ABC-Analyse • Methode des singulären Vergleichs
	Nutzenzuordnung	• Verfahren der Kosten- und Leistungsrechnung • Verfahren der Investitionsrechnung • Kosten-Nutzen-Analyse • Kosten-Wirksamkeits-Analysen • lineare Planungsrechnung • nichtlineare Planungsrechnung • Branch-and-Bound-Verfahren dynamische Planungsrechnung • Nutzwertanalyse (Scoring-Methode)
	Bewertungsstabilisierung	• Sensitivitätsanalysen • parametrische Programmierung • A-fortiori-Analyse • Kontingenzanalyse

Abb. IV-2: Zuordnung von Planungsinstrumenten zu Planungsphasen

- Planungsmethoden mit erheblichem **Einfluss auf den weiteren Planungsablauf** sowie Planungsmethoden, bei denen Controlling-Stellen zu Rate gezogen werden, weil die Methoden einer **rechnerischen Vorbereitung** bedürfen und weil dafür traditionsgemäß den Controlling-Stellen eine natürliche Grundkompetenz zugesprochen wird. Letzteres gilt auch für Methoden, die zwar nicht zum Rechnungswesen im engeren Sinn gehören, aber eine deutliche rechnerische Komponente enthalten. Die beiden Begründungen sind sehr verschieden, betreffen aber häufig die gleichen Methoden. Deshalb behandeln wir sie hier gemeinsam.

Die letztgenannte Kategorie ist für die Controlling-Arbeit von besonderer Bedeutung, weil der koordinative Charakter nicht ohne weiteres (wie etwa beim internen Rechnungswesen) auf der Hand liegt, dennoch aber von erheblichem Gewicht ist. Nachfolgend werden aus dieser Kategorie zwei typische Beispiele herausgegriffen: die ABC-Analyse und die Portfolio-Analyse. Die erste wird üblicherweise als ein Verfahren der operativen, allenfalls taktischen Planung, die zweite als typisches Instrument der strategischen Planung eingeordnet.

b) Koordinationsaspekte der ABC-Analyse

Die ABC-Analyse ist eine Methode zur Vorsortierung. Namensgebend ist die Einteilung in die drei Gruppen A, B und C. Die Methode ist abstrakt, d. h. auf keinen bestimmten Anwendungsfall beschränkt. Die ursprüngliche und nach wie vor typische Anwendung ist die im Beschaffungsbereich (vgl. z. B. Troßmann [Beschaffung] 161 ff.). An diesem Beispiel wird die ABC-Analyse nachfolgend erläutert.

Zweck der ABC-Einteilung

Ausgangsproblem ist die Beschaffungs- und Vorratsplanung für die im Betrieb verwendeten Materialien. Angesichts einer größeren Zahl davon soll die Planung bei den einzelnen Materialarten **unterschiedlich aufwendig** betrieben werden. A-Güter sollen sorgfältig, C-Güter dagegen eher pauschal und weniger detailliert geplant werden, B-Güter in einem dazwischenliegenden Ausmaß. Vor der eigentlichen Beschaffungsplanung ist also diese Vorstrukturierung anzulegen. Nach ihr richtet sich das weitere Vorgehen. Dafür braucht man ein Kriterium. Die Idee ist, dass „wichtigere" Güter genauer geplant werden als weniger wichtige. Was aber sind im Sinne der Planungsaufgabe „wichtige" Güter? Klar ist, dass durch eine mehr oder weniger genaue Planung die Bedarfsmenge eines Materials selbst nicht beeinflusst wird, sondern nur deren Bereitstellung. Je nach Beschaffungspolitik werden über den Planungszeitraum hinweg unterschiedlich große Mengen gekauft und gelagert. Beeinflussbar durch die Beschaffungspolitik sind also vor allem die damit verbundenen Sekundärkosten: die Lager- und Zinskosten, die Kosten der Lieferantenwahl und weiterer Bestellvorbereitungen, des Einkaufs, der Anlieferung und der Einlagerung sowie Lagerhaltung. In einem gewissen Ausmaß kommen allerdings auch Primärkosten hinzu, etwa bei schwankenden Einkaufspreisen und für entgehende Geschäfte bei Materialmangel, erfasst durch Fehlmengenkosten.

Rechentechnik der ABC-Analyse

Bezugsobjekte sind bei der ABC-Analyse durchweg die **Objekte**, die gruppiert werden sollen, hier also die Materialarten. Auch dabei wird der besseren Interpretation wegen in kumulierten Prozentwerten gerechnet. So kann auf einen Blick erkannt werden, welcher Anteil der Güterarten in derselben Gruppe liegt. Graphisch stellen sich die Verbindungslinien der so aufbereiteten Merkmalszahlen gemäß Abb. IV-4 stets als monoton steigende Verteilungskurve zwischen dem Null- und dem Hundertprozent-Punkt dar. Es handelt sich um die **Lorenzkurve**. Sie gibt die **Konzentration** des erfassten Merkmals, hier des Einkaufsumsatzes auf die Bezugsobjekte, hier die Materialarten, an. Bei völliger Gleich-

2. Planungsinstrumente als Controlling-Gegenstand

Gut Nr.	Jahresbedarf in Mengen	Preis	Einkaufs-umsatz	Rang	Gut Nr.	kumu-lierter Positionen-anteil	absoluter Einkaufsumsatz	relativer Einkaufsumsatz zur Jahressumme isoliert	relativer Einkaufsumsatz zur Jahressumme kumuliert
(1)	(2)	(3)	(4)	(5)	(6)	(7)	(8)	(9)	(10)
101	1.250 ME	40,— €/ME	50.000,— €	12	104	4 %	840.000,— €	28,55 %	28,55 %
102	10 kg	75,— €/kg	750,— €	22	112	8 %	720.000,— €	24,47 %	53,02 %
103	15.000 ME	2,50 €/ME	37.500,— €	14	108	12 %	600.000,— €	20,39 %	73,41 %
104	80.000 Rollen	10,50 €/Rolle	840.000,— €	1	121	16 %	125.000,— €	4,25 %	77,65 %
105	5 t	1500,— €/t	7.500,— €	15	113	20 %	103.500,— €	3,52 %	81,17 %
106	2.000 Stück	2,10 €/Stück	4.240,— €	19	125	24 %	84.600,— €	2,88 %	84,05 %
107	850 hl	65,— €/hl	55.250,— €	11	118	28 %	69.700,— €	2,37 %	86,42 %
108	1.000.000 Ex.	0,60 €/Ex.	600.000,— €	3	120	32 %	66.000,— €	2,24 %	88,66 %
109	750 Stück	1,— €/Stück	750,— €	23	124	36 %	60.000,— €	2,04 %	90,70 %
110	17.200 m³	0,25 €/m³	4.300,— €	18	123	40 %	58.100,— €	1,97 %	92,67 %
111	220 Packg.	2,85 €/Packg.	627,— €	24	107	44 %	55.250,— €	1,88 %	94,55 %
112	600 Paletten	1200,— €/Palette	720.000,— €	2	101	48 %	50.000,— €	1,70 %	96,25 %
113	900 kg	115,— €/kg	103.500,— €	5	116	52 %	41.250,— €	1,40 %	97,65 %
114	550 Gebinde	8,— €/Gebinde	4.400,— €	17	103	56 %	37.500,— €	1,27 %	98,92 %
115	280 l	3,— €/l	840,— €	21	105	60 %	7.500,— €	0,25 %	99,18 %
116	750 Stück	55,— €/Stück	41.250,— €	13	117	64 %	6.600,— €	0,22 %	99,40 %
117	22.000 Blätter	0,30 €/Blatt	6.600,— €	16	114	68 %	4.400,— €	0,15 %	99,55 %
118	8.500 m²	8,20 €/m²	69.700,— €	7	110	72 %	4.300,— €	0,15 %	99,70 %
119	125 km	4,40 €/km	550,— €	25	106	76 %	4.200,— €	0,14 %	99,84 %
120	220 t	300,— €/t	66.000,— €	8	122	80 %	1.125,— €	0,04 %	99,88 %
121	50.000 ME	2,50 €/ME	125.000,— €	4	115	84 %	840,— €	0,03 %	99,91 %
122	45 m³	25,— €/m³	1.125,— €	20	102	88 %	750,— €	0,03 %	99,93 %
123	290.500 Stück	0,20 €/Stück	58.100,— €	10	109	92 %	750,— €	0,03 %	99,96 %
124	5.000 Rollen	12,— €/Rolle	60.000,— €	9	111	96 %	627,— €	0,02 %	99,98 %
125	940 l	90,— €/l	84.600,— €	6	119	100 %	550,— €	0,02 %	100,00 %

Einkaufsumsatz insgesamt: 2.942.542 €; 25 Positionen; alle Werte sind exakt gerechnet, aber gerundet ausgewiesen.

(a) Ausgangsdaten und Berechnung des absoluten Einkaufsumsatzes

(b) Ranggeordnete Berechnung der relativen Kumulationsgrößen

Abb. IV-3: ABC-Analyse im Beschaffungsbereich mit dem Einkaufsumsatz als Ordnungskriterium

verteilung wird die Lorenzkurve zur Verbindungsgeraden. Je mehr sich die Einkaufsumsätze auf wenige, umsatzstarke Güterarten konzentrieren, desto mehr schmiegt sich die Lorenzkurve in die linke obere Ecke des Begrenzungsquadrats.

Nach dieser Rechnung fehlt noch die eigentliche ABC-Gruppierung. Sie ist aber kein bloßer Rechenschritt, sondern Ergebnis einer abwägenden Entscheidung. Als Rechenergebnis liegt immerhin die Reihenfolge vor. Sollen tatsächlich drei Gruppen unterschieden werden, dann ist klar, dass das erstrangige Objekt zur Klasse A, das letztrangige zu C gehört. Gesucht sind also die **Klassengrenzen** zwischen A und B einerseits sowie B und C andererseits. Wenn es sich als günstig erweist, ein Objekt x aus dieser Rangfolge der Gruppe A zuzuweisen, denn es ist wegen der errechneten Rangfolge klar, dass auch alle Objekte mit besserem Rang (die also in der Graphik links von x liegen) zu A gehören. Auf der anderen Seite ist klar, dass rechts von jedem Objekt y, das bereits der Klasse B zugeordnet wurde, keinesfalls mehr ein Mitglied von A zu finden ist. Der rechnerische Teil der ABC-Analyse ist deshalb eine wertvolle, arbeitserleichternde Grundlage, weil er die Objekte in eine eindeutige Rangfolge bringt.

ABC-Einteilung ist kein Rechenergebnis, …

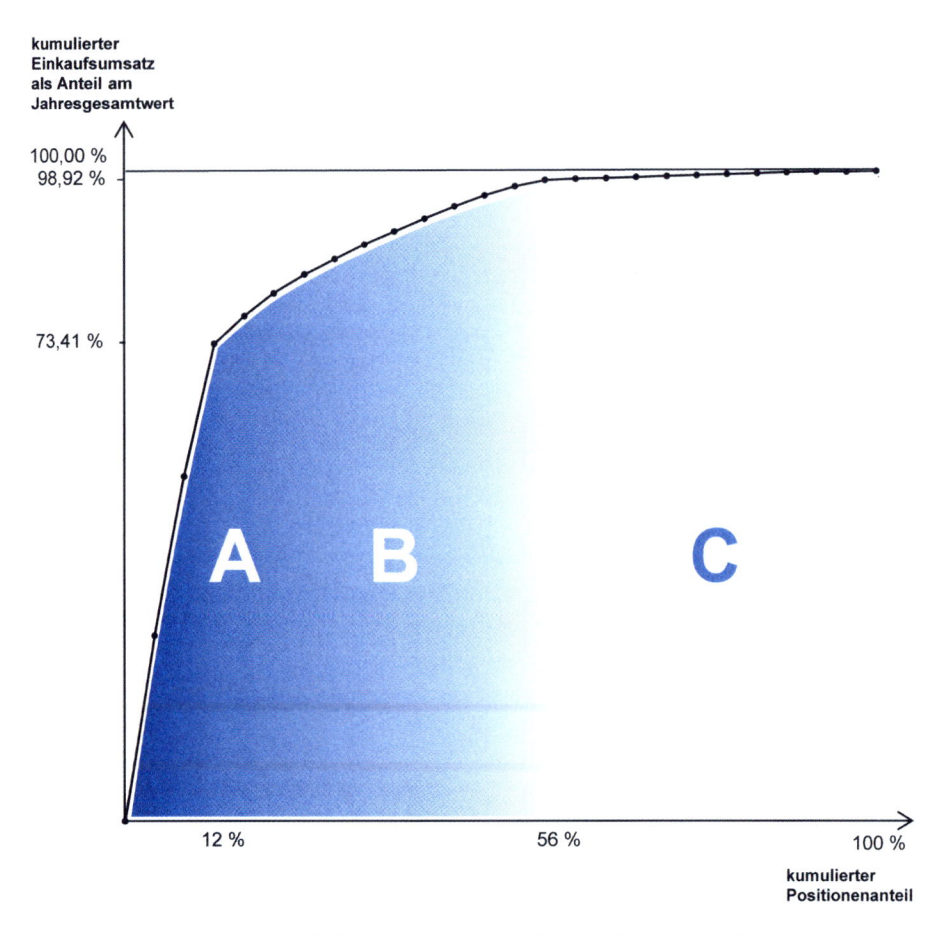

Abb. IV-4: Lorenzkurve zur ABC-Analyse mit beispielhaften Einträgen von Klassengrenzen

... sondern eine Koordinationsentscheidung

Die Festlegung der Klassengrenzen, obwohl in der Literatur kaum problematisiert, ist eine Aufgabe mit wichtigen führungspolitischen Konsequenzen: C-Güter und B-Güter erhalten bei der Beschaffungsplanung eine geringere Aufmerksamkeit. Für A-Güter wird dagegen ein sorgfältigeres Verfahren angewendet; es mag eine vergleichsweise aufwendigere programmgebundene Prognosekomponente und optimierende Kostenabwägungen bei der Bevorratungspolitik enthalten. Die Beschaffungspolitik ist also passgenauer und insgesamt besser zielentsprechend; damit verbunden ist andererseits auch ein intensiverer persönlicher Einsatz des Beschaffungsverantwortlichen. Die Zuordnung eines Beschaffungsgutes zur Klasse A bringt damit einerseits inhaltlich eine bessere Zielerreichung, andererseits eine höhere Kapazitätsbelastung des Managers mit sich. Die Klassengrenzen der ABC-Analyse sind daher als typische **Strukturierungsparameter**, genauer: als **Methodenwahlparameter** (siehe Kapitel II, S. 36) zu interpretieren; ihre Festlegung ist eine Controlling-Aufgabe. Da die Objektrangfolge bereits rechnerisch vorliegt, ist jeweils das Grenzelement zu finden, das noch in die höherrangige Klasse gehört. Für die Grenze zwischen A- und B-Gütern der Beschaffung ist die letzte Güterart festzustellen, bei der sich gegenüber einer Einordnung als B-Gut der zusätzliche Managereinsatz durch eine entsprechend höhere Zielerreichung der Beschaffungspolitik (gerade noch) lohnt. Wie generell bei der Wahl von Koordinationsparametern sind auch hier zwei Effekte unterschiedlicher Ebenen zu vergleichen: Die **inhaltliche Güte** der zu treffenden Entscheidung, beispielsweise die Gesamtkosten der gewählten Beschaffungspolitik, und die **Mühe** dafür, zu dieser Entscheidung zu gelangen, beispielsweise in Managerarbeitszeit ausgedrückt. Ein solcher Vergleich wird in beiden Komponenten naturgemäß auf eher pauschalen, durch entsprechende Detailerfahrungen gestützten, groben Einschätzungen bestehen müssen.

Das Typische an Planungsprozessen, die mit einer ABC-Einteilung arbeiten, ist die Unterteilung in die **Vorstrukturierung** und die daran anschließende **eigentliche Lösung** der Planungsaufgabe. Für jene gibt es bei der beschriebenen Variante der ABC-Analyse drei vorher klar festzulegende Verfahrensweisen (die für A-, die für B- und die für C-Güter), die zwar alle grundsätzlich der üblichen Planungsabfolge entsprechen, jedoch große Unterschiede in der methodischen Feinheit, in der Genauigkeit und weiteren Merkmalen tragen. Die ABC-Analyse kann nur dann fundiert durchgeführt werden, wenn bereits vorher die Planungsarten für die zu unterscheidenden Objektklassen feststehen.
allgemeine Merkmale der ABC-Analyse

Die ABC-Analyse ist eine allgemeine **Vorstrukturierungsmethode**. Sie ist in mehrerer Hinsicht offen. Beispielsweise kann die beschriebene Methode für eine beliebige Zahl vorgegebener Klassen durchgeführt werden. Die typischerweise beschriebene Drei-Klassen-Bildung wird man beispielsweise bei einer sehr großen Zahl von Beschaffungsgütern eher durch eine Einteilung in vielleicht fünf oder acht Klassen ersetzen.

Inhaltlich sind ABC-Analysen außer im Beschaffungsbereich in verschiedenen anderen betrieblichen Anwendungszusammenhängen üblich, wenn dort eine bestimmte Aufgabe für eine große Zahl von Fällen zu erledigen ist und deshalb unterschiedliche Arten dieser Erledigung für sinnvoll gehalten werden. Typische Fälle sind etwa die Klassifizierung in A-, B- und C-**Kunden**, in A-, B- und C-**Absatzregionen**, in A-, B- und C-**Endprodukte**, in A-, B- und C-**Mitarbeiter**, in A-, B- und C-**Maschinen**, in A-, B- und C-**Entwicklungsprojekte,** usw. An die Stelle des Einkaufsumsatzes in der klassischen ABC-Analyse der Beschaffungsgüter tritt dann eine andere, jeweils passend zu wählende Kennzahl, die das eigentliche Merkmal für die Einteilung abgibt. Die Controlling-Aufgabenstellung ist durchweg prinzipiell identisch: es ist die verwendete Einteilungs-Kennzahl festzulegen, ggf. zu präzisieren, und es sind vor allem die jeweiligen Klassengrenzen abwägend zu bestimmen.
viele Anwendungsfälle der ABC-Analyse

c) Koordinationsaspekte der Portfoliomatrix-Analyse

Als zweites Beispiel betrachten wir die Portfolio-Analyse in der bekannten Darstellungsform als **Vierfeldermatrix.** Sie ist eines der am häufigsten angeführten betriebswirtschaftlichen Instrumente, insbesondere in der strategischen Planung. Die ursprüngliche Form geht auf Boston Consulting zurück; Varianten folgten aus anderen Quellen (zum Überblick vgl. z. B. Baum/Coenenberg/Günther [Controlling] 187 ff. sowie Macharzina/Wolf [Unternehmensführung] 347 ff.). Generell gilt die Methode unterdessen als betriebswirtschaftliches Allgemeingut. Die Vierfeldermatrix zeigt Abb. IV-5.
große Verbreitung der Methode

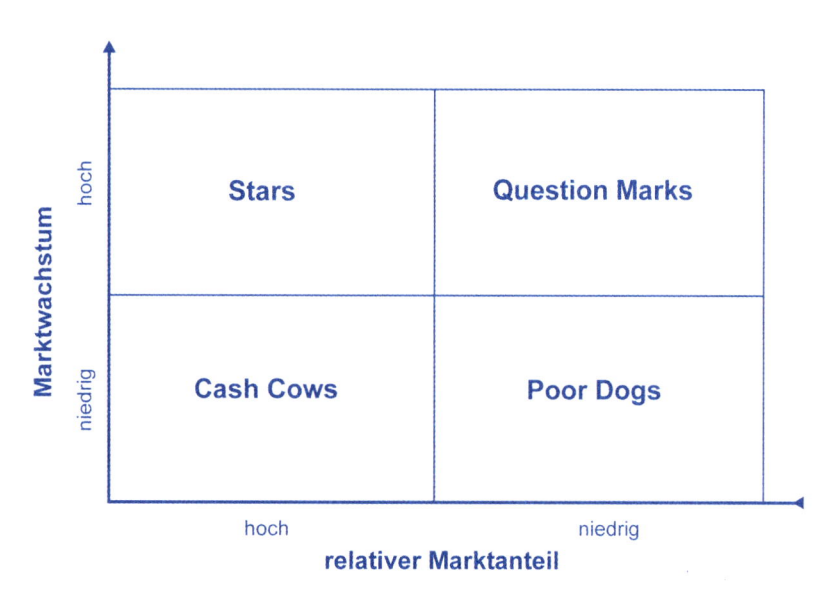

```
                          ↑
                          |
         hoch   ┌──────────────────┬──────────────────┐
                │                  │                  │
    Markt-      │     Stars        │  Question Marks  │
    wachstum    │                  │                  │
                ├──────────────────┼──────────────────┤
                │                  │                  │
         niedrig│   Cash Cows      │    Poor Dogs     │
                │                  │                  │
                └──────────────────┴──────────────────┘─→
                      hoch              niedrig
                          relativer Marktanteil
```

Abb. IV-5: Grundform der Portfoliomatrix

Zweck der Portfoliomatrix-Analyse

Als Planungsmethode unterstützt die Portfolio-Analyse dieser Art eine oder mehrere Planungsphasen. Nachfolgend wird zunächst präzisiert, welche das sind. Anschließend soll der Controlling-Bezug der Methode herausgearbeitet werden.

Die Portfolio-Methode kann für verschiedene Zwecke genutzt werden. Zur Erläuterung und Analyse gehen wir davon aus, dass die untersuchten Elemente klar definierte Produktarten oder Produktgruppen des betrachteten Betriebes sind. Für die folgenden Überlegungen wäre jede andere, insbesondere allgemeinere Definition ebenso möglich, aber vielleicht abstrakter. Die Portfolio-Analyse basiert auf der Kernidee, jedes abzubildende Objekt durch **zwei Merkmale** zu charakterisieren. Eines, der spätere Abszissenwert, stellt die **eigene Stärke**, das andere, der spätere Ordinatenwert, die **betriebsexterne Entwicklung** dar. So sollen eigene Stärken und Schwächen den Chancen und ungünstigen Risiken des Marktes gegenübergestellt werden.

erstes Einordnungsmerkmal

Für beide Merkmale werden relative Indikator-Kennzahlen gewählt, die von den konkreten Werten soweit abstrahieren, dass völlig beliebige Objekte miteinander verglichen werden können. Als Kennzahl der eigenen Stärke eines Produktes wird also nicht der eigene Umsatz in Euro gemessen, auch nicht der bereits relativierende Umsatzanteil in Prozent, sondern eine (pfiffig definierte) weiter relativierende Kennzahl: der **relative Marktanteil**. In der Standarddefinition wird darin der eigene Marktanteil auf den Marktanteil des stärksten Konkurrenten bezogen:

$$\text{relativer Marktanteil} = \frac{\text{eigener Marktanteil}}{\text{Marktanteil des stärksten Konkurrenten}}$$

Dadurch sind die unterschiedlichen Marktverhältnisse berücksichtigt. Es gibt Märkte, auf denen sehr viele Anbieter mit jeweils nur einem kleinen Marktanteil auftreten, so dass bereits ein Marktanteil von 1 % als relativ groß gilt. Wenn auf einem solchen Markt der stärkste Anbieter 2 % hat und der eigene Betrieb beispielsweise 1,5 %, zeigt der relative Marktanteil mit 0,75 die relative Stärke der eigenen Position. Teilt sich auf einen anderen Markt ein Großabnehmer mit 70 % den Markt mit einigen kleineren Konkurrenten, zu denen der eigene Betrieb mit 20 % zählt, weist der relative Marktanteil mit 0,29 die trotz allem eher schwache Position aus.

Als zweites Einordnungsmerkmal wird im Standardmodell das **Wachstum des Gesamtmarktes** genommen, soweit möglich als Mengenwachstum (z. B. Anzahl der in Deutschland verkauften Neu-PKWs eines Jahres gegenüber dem gleichen Wert des Vorjahres), andernfalls als Umsatzsummen-Veränderung.

Mit diesen beiden Relativgrößen gelingt es, völlig **unterschiedliche Produkte** und unterschiedliche Märkte miteinander zu **vergleichen** und in das gleiche zweidimensionale Koordinatensystem einzubringen. Ohne weiteres kann also etwa ein Mischkonzern alle seine Produkte in die gleiche Darstellung aufnehmen und vergleichen. An dieser Eigenschaft liegt es weitgehend, dass die Portfolio-Analyse so generell einsetzbar, einfach interpretierbar und insgesamt so beliebt ist.

zweites Einordnungsmerkmal

Die Methode läuft in folgenden Schritten ab:

Ablauf der Portfolio-Analyse

(1) Für jedes Produkt sind die **beiden Merkmalswerte** festzustellen. Dementsprechend ist das Produkt im entsprechenden Koordinatensystem zu **erfassen**.

(2) Auf beiden Koordinaten ist die **Grenze** zwischen „groß" und „klein" festzulegen. Daraus ergeben sich die typischen vier Felder. Jedes der erfassten Produkte liegt in einem davon.

(3) Für jedes Feld gibt es eine **Standardinterpretation**. Sie erspart neuerliche Planungsarbeit für die dort zugeordneten Objekte.

Je nachdem, wie weit die im letzten Punkt genannte Standard-Interpretation reicht, unterstützt oder ersetzt die Portfolio-Analyse eine oder mehrere der Planungsphasen. Im einfachsten Fall beschränkt sich die Aussage auf eine Standard-Analyse der Ist-Situation. Die erhobenen Merkmale „relativer Marktanteil" und „Marktwachstum" erlauben es, Plausibilitätsüberlegungen auf ihre Kombination anzuwenden. Sie können auch durch einzelne theoretische Ansätze untermauert werden. So wird etwa der Erfahrungskurvenansatz gerne angeführt (vgl. ursprünglich Henderson [Erfahrungskurve] 45; ferner z. B. Baum/Coenenberg/Günther [Controlling] 91 ff.), obwohl er nach seinen Voraussetzungen einen eher restriktiven Anwendungsbereich haben dürfte. In jedem Fall gibt es zahlreiche Argumente zur Begründung der typischen Produktsituation in den vier Feldern mit ihren plakativen und treffenden Bezeichnungen, den Cash Cows, Poor Dogs, Stars und Question Marks. Zunächst ist diese Einordnung als **Problemanalyse** und **Problemeinordnung** anzusehen.

Wirkung der Einordnung in ein Matrixfeld

Aber die Interpretation der Portfoliomatrix geht in der Regel über die Problemeinordnung hinaus. Der Charakterisierung als Standardproblem entspricht nämlich auch eine **Standardprognose.** Sie beruht letztlich auf der gleichen Grundlage wie die Problemanalyse. Beispielsweise hat eine Produktgruppe, die als Poor Dog eingestuft wurde, eine entsprechend triste Prognose: die Lage ist schlecht –

und sie wird auch nicht besser. Auf der Basis dieser Prognose schließlich ist eine Empfehlung zur Verhaltensweise ableitbar. Für Poor Dogs etwa ist es am besten, nichts mehr zu investieren, das Produkt mittelfristig auslaufen zu lassen und, solange es ohne nennenswerte Investitionen möglich ist, noch die Cash flows abzuschöpfen, die der Markt hergibt. Solche Standardplanalternativen gibt es für jede der vier Felder. Sie heißen **Normstrategien.**

Gründe für die Beliebtheit der Portfolio-Analyse

Insgesamt ist die Vierfelder-Portfolio-Analyse demnach mit einem stark verkürzten Durchlauf der Planungsphasen verbunden. Im weitestgehenden Fall wird sogar der gesamte **Planungsprozess** durch die Einordnung in eines der vier Felder ersetzt. Der Anwender akzeptiert dann gleichzeitig Problemeinordnung, Standardinterpretation, Standardprognose und Normstrategie. Neben der gleichzeitigen Erfassbarkeit völlig unterschiedlicher Produktbereiche in der gleichen Portfoliomatrix ist diese Verkürzung des Planungsprozesses ein zweiter Grund für die hohe Verbreitung und Beliebtheit der Portfolio-Analyse.

Controlling-Aufgaben der Portfoliomatrix-Anwendung

Aus Controlling-Sicht bedürfen vor allem **zwei Aspekte** der Aufmerksamkeit: einmal die **Anwendbarkeit der Standardinterpretationen** bis hin zur gewählten Planalternative, einmal die Einordnung der analysierten Objekte in eines der vorgesehenen Felder. Was den ersten Aspekt betrifft, so sind in jedem Fall die angebotenen Standardwege nicht ohne eine zumindest kritische Grundprüfung zu übernehmen. Jene muss umso sorgfältiger ausfallen, je größer und bedeutender das jeweilige in der Portfolio-Analyse untersuchte Objekt, etwa ein Produkt oder ein Produktbereich, ist. Die Portfolio-Analyse ist für die Lösungsfindung insgesamt als **heuristische Methode** zu verstehen, die in vielen Fällen auf effiziente Weise zu einer passenden und zielgünstigen Lösung führt. Sollte der Prozentsatz, mit dem dies gelingt, beispielsweise bei 90 % liegen, wäre, etwa durch geeignete Plausibilitätsüberlegungen, zu prüfen, ob nicht das betrachtete Problem zu den 10 % nicht anwendbarer Fälle zählt.

die Matrixeinteilung ist kein Rechenergebnis, ...

Während mit dem ersten Aspekt die Anwendbarkeit der Methode grundsätzlich problematisiert wird, geht es bei der zweiten Controlling-Frage um ein Hauptmerkmal der Anwendung. Charakteristisches Merkmal der Portfolio-Methode ist es, dass alle planerischen Aussagen zu einem Objekt strikt mit dessen **Einordnung in eines der vorgesehenen Matrixfelder** verbunden ist. Nun liefert die Erfassung der zugehörigen zweidimensionalen Daten zwar eine relative Einordnung im entsprechenden Koordinatensystem, keineswegs aber eine absolute. Dies liegt daran, dass auf beiden Achsen die Grenzen zwischen „klein" und „groß" nicht vorab festgelegt sind und auch nicht vorab festlegbar sind (zu einem Überblick über die spärlichen Vorschläge der Fachliteratur vgl. Fischer/Möller/Schultze [Controlling] 172 f.). Abb. IV-6 zeigt, dass das gleiche Produkt letztlich in jedem der vier Felder auftreten kann, wenn nur die Feldergrenzen passend verschoben werden (Troßmann [Wissensbasis] 145). Die Zuordnung zu einem Portfolio-Feld ist also keineswegs eine bloße Rechenaufgabe, sondern unterliegt einer entsprechenden analytischen Einschätzung.

Was der rechnerische Teil der Portfolio-Analyse liefert, ist die **relative Positionierung** der untersuchten Objekte. Die Grenzen der Felder sind dagegen festzulegen, indem untersucht wird, ob die damit verbundenen Wirkungen auf die einzelnen Objekte zutreffen. Wenn also, wie im ersten Aspekt angesprochen, die möglichen Standardinterpretationen für die untersuchten Objekte überhaupt in Frage kommen, kann durch die Feinjustierung der Feldergrenzen diejenige Zu-

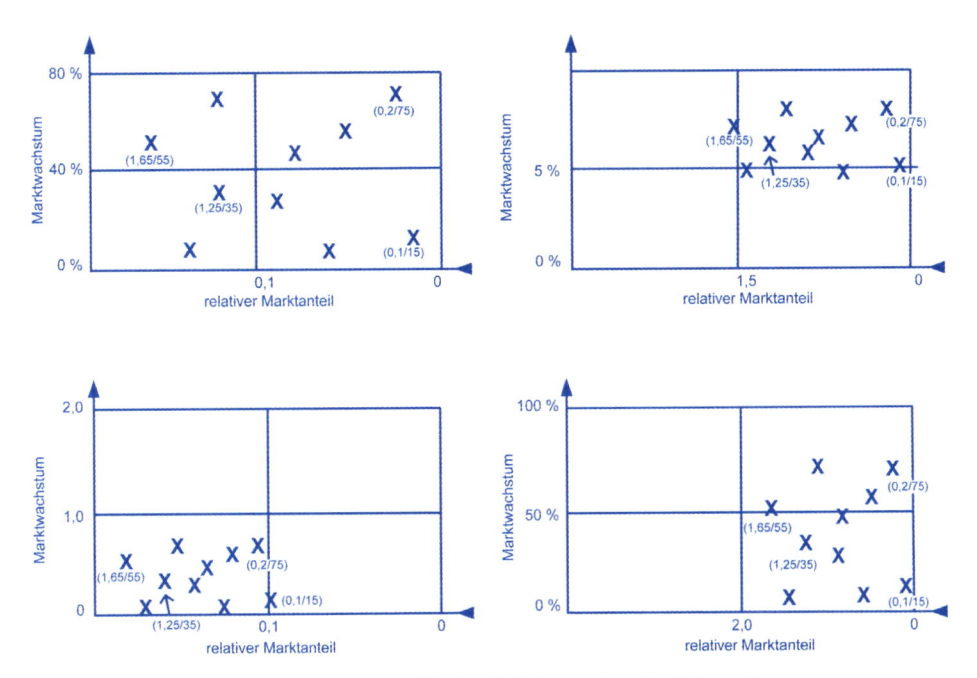

Abb. IV-6: Führungspolitischer Spielraum einer Portfoliomatrix

ordnung der Produkte gefunden werden, die insgesamt zur besten Zielerreichung führen. Dazu müssen einzelne Produkte, die an potenziellen Grenzlinien liegen, genauer daraufhin untersucht werden, ob sie etwa eher als Cash Cows oder als Poor Dogs einzuordnen sind. Da aber insgesamt bereits die relative Positionierung festliegt, beschränkt sich diese genauere Untersuchung auf eine kleinere Teilmenge. Wird etwa ein Produkt als Cash Cow eingeordnet, gilt dies für alle anderen, die links unten davon liegen, ebenfalls. Ist das betrachtete Produkt dagegen als Poor Dog charakterisiert, gilt dies damit auch für alle, die in der Koordinatendarstellung rechts unten davon eingeordnet sind. Wie bei der ABC-Analyse handelt es sich somit auch bei den Grenzen zwischen den vier Feldern um typische **Methodenwahlparameter.** Mit ihrer Festlegung beeinflusst der Controller einerseits Art und Umfang der für die einzelnen Produktgruppen eingesetzten **Managerkapazität**, andererseits die mögliche **Zielerreichung** im Planungsprozess selbst.

... sondern eine Koordinationsentscheidung

3. Planungssysteme als Controlling-Gegenstand

a) Die Koordinationsproblematik in Planungssystemen

Der einzelne Planungsprozess darf im betrieblichen Zusammenhang nicht isoliert betrachtet werden. Sei es, dass sich entsprechende Planungsprozesse mit anderen Daten prinzipiell wiederholen – wie etwa bei Produktions- oder Finanzplanungen –, sei es, dass es sich um eine eher singuläre Planungsaufgabe handelt – etwa die Planung einer Standortverlegung –, stets ist der einzelne Planungsprozess Teil eines betrieblichen **Planungssystems.** Unter dem betrieblichen Planungssystem versteht man die geordnete Gesamtheit aller Planungs-

Definition von Planungssystemen

prozesse des Betriebs. Ordnungskriterien allerdings gibt es mehrere. Deshalb ist die Struktur eines betrieblichen Planungssystems nicht in nur einer Dimension (etwa klein, mittel, groß) darstellbar.

fünf Strukturmerkmale

Die wichtigsten Merkmale eines Planungssystems sind seine

- sachliche,
- zeitliche,
- planungshierarchische,
- und unternehmungsorganisatorische

Struktur sowie

- seine Aktualisierungsstruktur im Zeitablauf.

Notwendigkeit sukzessiven Vorgehens

Alle fünf Strukturmerkmale führen zu je einer eigenen Einteilung von Teilplänen des Gesamtbetriebs sowie zu entsprechenden Abstimmungsaufgaben. Hätte man die Möglichkeit und würde man es für sinnvoll halten, dann könnte man einen einzigen, sehr umfassenden Plan, der nach allen genannten Dimensionen vollständig ist, in einem Gesamtansatz aufbauen. Er wäre **simultan** in allen Teilkomponenten gebildet und somit nach seiner Konstruktionsart von vornherein abgestimmt. Diese Vorstellung ist freilich lediglich ein gedanklicher Grenzfall. Deshalb muss nach allen Merkmalen **sukzessiv** vorgegangen werden. Dies bedeutet, es werden Teilpläne gebildet, die dann noch mehr oder weniger stark einer Abstimmung bedürfen, je nachdem, wie geschickt man schon bei der Bildung der Teilpläne auf Abgestimmtheit geachtet hat. Innerhalb einer gegebenen Planungsgliederung gelingt dies vor allem durch die **Reihenfolge,** in der die einzelnen Pläne aufgebaut werden. Der später entwickelte Plan kann dann die Plangrößen des früher entwickelten als gegebene Daten übernehmen und so eine inhaltliche Abgestimmtheit erreichen. Freilich kann auf diese Weise im Allgemeinen nicht auch der zielgünstigste Gesamtplan entstehen; dafür werden bei der sukzessiven Reihenfolge zu viele Alternativen ausgeschieden, die in anderer Kombination vielleicht eine zielgünstigere Zusammenstellung des Gesamtplans erlaubt hätten. Deshalb ist die **Sukzessivitätsreihenfolge** bei jedem Strukturmerkmal eines der wichtigsten Koordinationsgrößen der Gestaltung des Planungssystems.

begrenzte Änderbarkeit eines bestehenden Planungssystems

Die Gestaltung von Planungssystemen ist deshalb eine **Koordinationsaufgabe;** sie ist **systemdefinierend**. Freilich sind die in der Wirtschaftspraxis vorzufindenden Planungssysteme in aller Regel nicht aus systematischen Erwägungen heraus gebildet worden, sondern haben sich durch einen schrittweisen Ergänzungsprozess eher zufällig so entwickelt, wie sie sind. Das Praktizieren eines Planungssystems erfordert ein umfassendes Zusammenwirken zahlreicher Beteiligter auf allen betrieblichen Ebenen. Deswegen zeigt sich die Leistungsfähigkeit eines bestimmten Planungssystems üblicherweise auch erst nach einigen Jahren. Dadurch besteht ein hoher **„Platzhirsch-Vorteil"** für jedes vorhandene Planungssystem. Es belegt jeden Wechsel prinzipiell mit hohen Hürden. Zunächst würde ein grundlegender Wechsel im Planungssystem einen erheblichen Umstellungszeitraum mit sich bringen, währenddessen auch ein grundsätzlich „besseres" System in seiner Anlaufphase wäre und daher als ungünstiger erscheinen würde als ein eingefahrenes „schlechteres" System. Ein Wechsel eines bestehenden und eingeschliffenen, funktionierenden Systems ist deshalb in der Regel nur dann angezeigt, wenn das in Aussicht genommene System tatsächlich in maßgeblichen Merkmalen deutlich besser wäre.

Dennoch ist es nicht nur für die Wahrnehmung der Koordinationsaufgaben des Controlling von Interesse, welche Möglichkeiten es für die Konzeption eines Planungssystems gibt und welche typischen Probleme mit den einzelnen Formen verbunden sind. Damit weiß man um Alternativen zum bestehenden System und kann ggf. **Optimierungsspielräume** abschätzen (zu einer Übersicht über weitere Ziele der Gestaltung von Planungs- und Kontrollsystemen vgl. Wall [Planungssysteme] 115 ff.).

Untergliedert man das Planungsproblem des Betriebes, entsteht ein System von (Teil-)Planungen mit entsprechenden Teilplänen. Dann wird der betriebliche Gesamtplan nicht in einem Gesamtansatz (simultan) gebildet, sondern sukzessive. Dabei entwickelt man in der oben skizzierten Weise schrittweise einen Plan nach dem anderen, indem die Ergebnisse der bereits entstandenen Pläne als Vorgaben für die weiteren Planungen gelten. Dadurch ergeben sich zwangsläufig zusammenpassende, abgestimmte Pläne. Allerdings erfüllen sie insgesamt keineswegs übergreifende Gütekriterien, da bei der Planerstellung jeweils nur die Partialsicht auf den betrachteten inhaltlichen Teil des Gesamtproblems besteht und dementsprechend auch **nur Partialziele** optimiert werden können. Zur Wahl stehen nur diejenigen Alternativen, die nach den Entscheidungen der vorhergehenden Planungen noch möglich sind. In ungünstigen Fällen kann die sukzessive Vorgehensweise deshalb dazu führen, dass nicht nur ein zielungünstiger Gesamtplan entsteht, sondern sich gar keine realisierbare Lösung mehr konstruieren lässt, obwohl bei Gesamtbetrachtung durchaus eine Lösungsmöglichkeit bestanden hätte.

Vorgehensweise der sukzessiven Planung

Aus diesen Gründen ist es bei sukzessiver Planung immer zweckmäßig, nach dem ersten Durchgang im sukzessiven Planungsaufbau früher entwickelte Teilpläne doch noch ein weiteres Mal zu betrachten und ggf. zu **modifizieren**. Auf diese Weise soll schließlich ein abgestimmter und gleichzeitig möglichst guter Plan erreicht werden. Bei sukzessiver Planentwicklung sind solche Abstimmungsrunden nicht zu vermeiden, wenn eine akzeptable Planungsgüte erreicht werden soll. Es liegt auf der Hand, dass die Abstimmungsrunden umso aufwendiger sind, je ungünstiger die Ergebnisse der ersten Planungsrunde ausfallen. Deshalb ist es für die Planungsarbeit wichtig, die **Reihenfolge** der sukzessiven Planentwicklung möglichst geschickt zu wählen.

Wichtigkeit der Sukzessivitätsreihenfolge

Bei drei sachlichen Teilplänen für den Beschaffungs-, den Fertigungs- und den Absatzbereich wäre es beispielsweise ungünstig, wenn man aus kaum nennenswert beschränkten Beschaffungsmöglichkeiten einen Beschaffungsplan zusammenstellt; darauf basierend einen Fertigungsplan und schließlich unter diesen Voraussetzungen einen dazu passenden Absatzplan erstellen will, der dann die bestehenden Absatzbeschränkungen einhält. Dann erweist sich an der letzten Stelle die gesamte Kombination der erarbeiteten Pläne als nicht realisierbar. Will man die gewählte Planungsabfolge beibehalten, müsste jetzt versucht werden, das vorrangig geplante Beschaffungsprogramm so zu ändern, dass die damit gefertigten und abzusetzenden Produkte im später gebildeten Absatzplan auch den gegebenen Absatzrestriktionen entsprechen, also realisierbar sind. Dieses Prinzip kann zu mehrfachen Planungsrunden und zu entsprechendem Aufwand führen.

Beispiele ungünstiger Planungsabfolgen

Regel für die Sukzessivitätsreihenfolge

Allgemein ist es stets methodisch nachteilig, wenn am Ende der sukzessiven Planungsabfolge ein Bereich steht, bei dem enge Restriktionen das Handlungsfeld stark einschränken, so dass sich dort leicht der gesamte Plan als nicht realisierbar herausstellen kann. Dies ist der Hintergrund des auf Erich Gutenberg (vgl. [Produktion] 164 f.) zurückgehenden **„Ausgleichsgesetzes der Planung"**, nach dem eine sukzessive Planungsabfolge dort angefangen werden soll, wo der (größte) Engpass besteht. Dieses „Ausgleichsgesetz" ist genau genommen als heuristische Regel für eine geschickte Planungsreihenfolge zu interpretieren. Freilich ist sie nur in äußerst übersichtlichen, eher einfachen Planungssituationen hilfreich. Voraussetzung für die Anwendung dieser Regel ist ja, **schon vorher** genau zu wissen, wo der Engpass liegt. Im Allgemeinen bestehen indessen an vielen Stellen Restriktionen, die, je nach Größenordnung, möglicherweise zu tatsächlichen Engpässen werden. Bei welchen dies letztlich der Fall ist, könnte verlässlich nur ein simultaner Planungsansatz herausfinden – und den will man ja gerade mit der sukzessiven Planung vermeiden. Wenn zudem **gleichzeitig mehrere Engpässe** wirksam werden, ist der Nutzen der Engpass-Regel Gutenbergs zusätzlich eingeschränkt. Das gleichzeitige Ausschöpfen mehrerer Engpässe entsteht aber, wie etwa das Modell der linearen Planungsrechnung zeigt, in vielen Fällen schon aus logischen Gründen und ist zudem plausibel. Insgesamt gibt es für die bei sukzessiver Planung festzulegende Abfolge naturgemäß keine sichere Regel; vielmehr muss man sich dazu, wie nachfolgend dargestellt, mit einigen plausiblen Überlegungen begnügen.

Gründe für die Güte praktizierter sukzessiver Planung

Dass angesichts dessen die notgedrungen umfassend praktizierte sukzessive Planung im betrieblichen Alltag dennoch vielerorts ohne prinzipielle Schwierigkeiten zu brauchbaren Gesamtplänen führt, liegt vermutlich hauptsächlich an ihrem jeweils **langjährigen Einsatz**, währenddessen einerseits der Planungsumfang und damit die Planungskomplexität in jeweils verkraftbaren Schritten zugenommen hat und sich andererseits durch **stetiges Verbessern** eines jährlich wiederholten Planungsablaufs eine akzeptierte, verlässliche und letztlich effiziente Planungsorganisation entwickelt hat, die zu insgesamt befriedigenden Ergebnissen führt. Dies ist auch ein Grund dafür, weshalb im Konstruktionsprinzip eines praktizierten Planungssystems ein kurzfristig erschließbares Optimierungspotenzial regelmäßig nicht besteht. Dies begründet das oben als „Platzhirsch-Vorteil" bezeichnete Beharrungsvermögen eines eingeführten Planungssystems.

Präzisierung von Planungsdimensionen

Für die Aufgliederung der betrieblichen Planung und damit die Bildung eines Planungssystems kommen die oben bereits genannten Merkmale in Frage. Welche Einteilung auch immer betrachtet wird, in jedem Fall sind die einzelnen Planungsdimensionen noch genauer festzulegen. Abb. IV-7 zeigt dies für sachlich und zeitlich differenzierte Pläne (vgl. Troßmann [Prinzipien] 128).

b) Die sachliche Koordination von Planungssystemen

Möglichkeiten der sachlichen Gliederung

Eine **sachliche** Gliederung der Planung orientiert sich an einem inhaltlichen Merkmal des Planungsgegenstandes. Da jener immer im betrieblichen Primärbereich liegt, sind hierzu alle Aspekte zu dessen Strukturierung denkbar. Dies sind vor allem die **Umsatzphasen** des Güterprozesses, die **Einsatzgüterbereiche** und die **Produktbereiche**, die **Regionen** der betrieblichen Tätigkeit und die

3. Planungssysteme als Controlling-Gegenstand

Merkmal	sachliche Problemstruktur	zeitliche Problemstruktur
(1) Reichweite der Planung	sachlicher Planungsumfang: Welche betrieblichen Teilbereiche umfaßt die Planung?	Planungshorizont: Zeitraum, für den ein Plan aufgestellt wird
(2) Differenziertheit der Planung	Anzahl der Sachbereiche, die im Plan unterschieden werden	Anzahl der Teilperioden, die im Plan unterschieden werden
(3) Detailliertheit der Planung	Art und Umfang der sachlichen Teilpläne; Ausmaß, in dem sachliche Einzelheiten erfaßt werden	Länge der Teilperioden; Ausmaß, in dem zeitliche Einzelheiten erfaßt werden
(4) Berücksichtigung von Interdependenzen verschiedener Teilpläne	Art der berücksichtigten sachlichen Interdependenzen	Art der berücksichtigten zeitlichen Interdependenzen: statische, komparativ-statische, stationär-dynamische oder evolutorisch-dynamische Planung
(5) Präzision der Planung	sachliche (betragsmäßige) Genauigkeit der Plangrößen; Ein-/Mehrwertigkeit nicht zeitlicher Plangrößen	terminliche Genauigkeit der Plangrößen; Ein-/Mehrwertigkeit von Zeitangaben

Abb. IV-7: Strukturmerkmale von Planungsansätzen

Kundengruppen. Alle diese inhaltlichen Einteilungsmöglichkeiten kommen auch bei der organisatorischen Aufgabenanalyse vor (vgl. ursprünglich Kosiol [Organisation] 43 ff., ferner z. B. Schreyögg [Organisation] 93 ff.). Hier angewendet, führen sie u. a. zu den üblichen Teilgebieten der Beschaffungs-, Fertigungs- und Finanzplanung für die Umsatzphasen und zur Personal-, Anlagen- und Materialplanung für den Einsatz.

Bei keiner der möglichen aufgabenorganisatorischen Einteilungen nach inhaltlichen Sachgebieten kommen allerdings Teilgebiete wie **Gewinnplanung, Kostenplanung, Qualitätsplanung** oder **Betriebsklimaplanung** zustande. Solche Komponenten findet man zwar da und dort in betrieblichen Planungskonzepten, sie sind aber bei genauer Besicht gar keine Planungen: Ihnen fehlt das Merkmal der „eigenen" Alternativen, die formuliert, bewertet und letztlich ausgewählt werden könnten. Vielmehr handelt es sich bei diesen Beispielen um die jeweilige **Zielerreichung**. So kann als „Gewinnplanung" lediglich zusammengestellt werden, welcher (Plan-)Gewinn nach den einzelnen tatsächlichen Teilplanungen insgesamt entsteht. Es werden daher ausschließlich **Konsequenzen** der eigentlichen inhaltlichen Planungen zusammengestellt. Dies gilt, wie die genannten Beispiele zeigen, für alle Konzepte, die anstelle eines inhaltlichen Teilgebiets durch die Erreichung eines Ziels abgegrenzt sind. Wegen der vorrangigen Bedeutung der Ziele wünschen insbesondere Management-Instanzen bisweilen, genau so bezeichnete Teilpläne aufzustellen und auszuweisen. Durchweg handelt es sich dabei aber nur um Listen von Positionen, die aus anderen (sachlich-inhaltlichen) Plänen entnommen werden. Die Identifikation solcher unechter Teilplanungen ist wichtig, da sie für die Planentwicklung keine Rolle spielen, sondern nach abgeschlossener und abgestimmter Planung aller tatsächlichen Teilplanungen einfach als deren Konsequenzen zusammengestellt werden können.

mögliche Verwirrung durch unechte Teilplanungen

Finanzplanung ist aber echte Teilplanung

Ein besonderer Blick lohnt sich in diesem Zusammenhang auf die **Einnahmen- und Ausgabenplanung** sowie die Finanzplanung insgesamt. Hier kann es sich zu einem großen Teil ebenfalls um Konsequenzen anderer Planungen handeln, etwa die Ausgaben für die Beschaffungs-, Fertigungs- und Absatzaktivitäten sowie die Einnahmen aus dem geplanten Absatz. Jene sind aber nur ein Teil der Finanzplanung. Hinzu kommen **eigene Gestaltungsmöglichkeiten** des Finanzbereichs, insbesondere Geldanlagen und Finanzierungen. Soweit in der Finanzplanung aus den anderen Planungsbereichen lediglich deren finanzielle Konsequenzen übernommen werden und sich die finanzpolitische Gestaltung auf die rein finanziellen Alternativen, wie Geldanlagen und Kreditaufnahmen, beschränkt, spricht man von **passiver Finanzplanung;** werden aber zur Erreichung finanzieller Ziele auch Alternativen des realwirtschaftlichen Bereichs in die Finanzplanung einbezogen, etwa Verkäufe von Teilen der Betriebsausstattung oder der Aufbau von Materialbeständen, nennt man die Finanzplanung **aktiv** (vgl. Troßmann [Finanzplanung] 47). Daran wird deutlich, dass die Finanzplanung keine bloße Zielerreichungsplanung ist, sondern in jedem Fall einen eigenen Gestaltungsraum hat. Genau besehen ist der von anderen Planbereichen beeinflusste und ggf. vorgegebene Teil bei der Finanzplanung vielleicht im Ausmaß, nicht aber prinzipiell anders als bei anderen inhaltlichen Planbereichen: Auch etwa die Planung eines Fertigungsbereichs hat (passiv) von den Planungsbereichen der vorher geplanten Bereiche, etwa dem Absatz, auszugehen, kann jene aber bei entsprechender Planabfolge auch (aktiv) gestalten.

keine natürliche Sukzessivitätsreihenfolge sachlicher Teilpläne

Typisch an den inhaltlichen Teilgebieten ist, dass keine natürliche Abfolge, Rangfolge oder Über-/Unterordnung besteht. Damit sind auch die entsprechenden Teilpläne prinzipiell **gleichrangig**. Es ist weder ein eindeutiger Anfang,

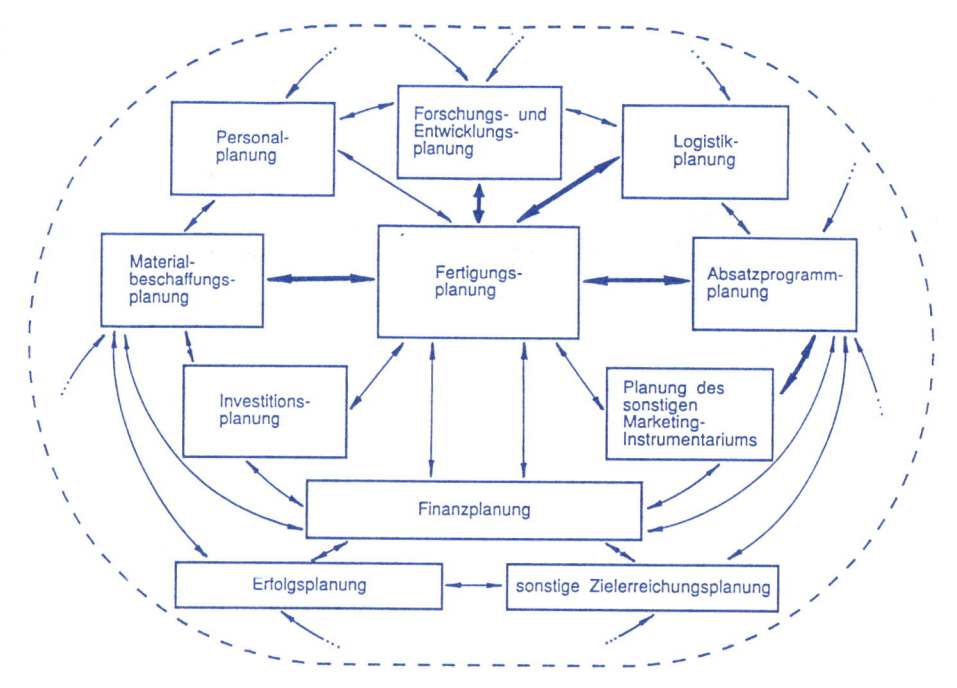

Abb. IV-8: Beispiel eines sachlich gegliederten Planungssystems

noch eine Reihenfolge für die einzelnen Teilplanungen gegeben. In Abb. IV-8 ist ein Beispiel einer sachlichen Planaufgliederung dargestellt, es ist eines von vielen möglichen.

Für die bereits oben angesprochene Planungs-Unterscheidung nach den Güterprozessen wird häufig die Reihenfolge Absatzplanung, Fertigungsplanung, Beschaffungsplanung als naheliegend empfohlen. Hintergrund mag die **Vermutung** eines dominierenden Absatzengpasses sein. Indessen trifft die aus dem Konsumgüterbereich stammende Engpassvermutung auch dort häufig nicht zu, erst recht aber dort nicht, wo etwa wegen Beschaffungsproblemen oder Kapazitätsgrenzen in der Fertigung andere bzw. weitere Grenzen bestehen.

c) Die zeitliche Koordination von Planungssystemen

Der **zeitlichen** Gliederung von Plänen liegt eine **Periodeneinteilung** des Gesamtplanungszeitraums zugrunde. Zu den Detailfragen gehört es, die Länge der Perioden und ihre Anzahl festzulegen (vgl. Abb. IV-7 oben). Prinzipiell bietet die zeitliche Plangliederung im Vergleich zur sachlichen eine deutlich geringere Vielfalt. Dies liegt daran, dass die zeitlichen Teilpläne eine eindeutige lineare Abfolge haben. Für die sukzessive Planentwicklung kommen daher nur wenige Möglichkeiten in Frage, letztlich sind es nur drei:

Möglichkeiten der zeitlichen Gliederung

- die **Vorwärtsentwicklung**, ausgehend vom Plan der Periode 1,
- die **Rückwärtsentwicklung**, das „Roll-back-Verfahren", ausgehend vom Plan der letzten Periode des Planungshorizonts,
- eine Planentwicklung, die von einem **mittleren Periodenplan** ausgeht und sich nach beiden Seiten fortsetzt.

Bei allen drei Varianten ist die sukzessive Abfolge der Pläne durch den natürlichen Zeitzusammenhang gegeben. Andere Möglichkeiten, also ein Überspringen von Perioden in der Planentwicklung, bieten sich wegen der mit ihnen verbundenen Abstimmungsprobleme kaum an. Schon die dritte Variante, ein Beginnen weder am Anfang noch am Ende, dürfte als ungewöhnlich gelten. Sie bietet sich allerdings dort an, wo eine Zielsetzung speziell auf eine bestimmte Periode hin ausgerichtet ist oder wo eine Periode markant geringe Handlungsspielräume bietet. In den meisten Fällen konzentriert sich die Wahl deshalb auf die Vorwärts- und die Rückwärtsentwicklung. In beiden Fällen muss auch hier mit mehreren Abstimmungsrunden gerechnet werden. Dabei betont die Vorwärtsentwicklung im ersten Schritt die Realisierbarkeit, die Rückwärtsentwicklung hingegen die längerfristige Zielerreichung; der jeweils andere Aspekt ist dann in den Abstimmungsrunden einzubeziehen. Um den Vorrang der betrieblichen Ziele sicherzustellen, kann aus Controlling-Sicht deshalb der Rückwärtsentwicklung ein leichter Vorzug gegeben werden.

nur zwei Fälle sind praxisrelevant

d) Die planungshierarchische Koordination von Planungssystemen

Planungshierarchisch ist zwischen Plänen verschiedenen Rangs zu unterscheiden. Übergeordnete Pläne haben grundsätzlichen Charakter und betreffen die Hauptentwicklungen der betrieblichen Tätigkeit; die untergeordneten Pläne

Möglichkeiten der planungshierarchischen Gliederung

beschäftigen sich mit der Umsetzung im Einzelnen. Für die planungshierarchische Plangliederung ist die Anzahl der Ränge, **Planungsstufen** genannt, festzulegen. Üblich sind zwei, drei oder vier Stufen, denkbar wären auch mehr. Es gibt jeweils typische, wenn auch nicht überall einheitlich praktizierte Bezeichnungen für die entstehenden Planungsstufen. Bei zwei Stufen spricht man von **Grob-** und **Feinplanung**, bei drei Stufen von **strategischer, taktischer** und **operativer** Planung. Ab vier Stufen tritt eine gewisse Verlegenheit in der Namensgebung ein. Hahn/Hungenberg unterscheiden bei ihrem vierstufigen System zum Beispiel neben der strategischen und der operativen Planung noch die Zielplanung als oberste Stufe sowie die gesamtunternehmensbezogene Ergebnis- und Finanzplanung (vgl. [PuK] 96 f.); Kirsch/Maaßen untergliedern neben unternehmenspolitischer Rahmenplanung und strategischer Programmplanung in lang- und kurzfristige operative Planung (Kirsch/Maaßen [Managementsysteme] 14 ff.).

Während sachlich und zeitlich gebildete Teilplanungen in den verschiedenen Planungsrunden im Kern die gleiche Ausprägung haben, sind bei hierarchisch differenzierten Teilplanungen gerade hier Unterschiede typisch und insgesamt zwingend. Abb. IV-9 (Pfohl/Stölzle [Planung] 87) zeigt typische Ausprägungen der verbreiteten dreistufigen Einteilung.

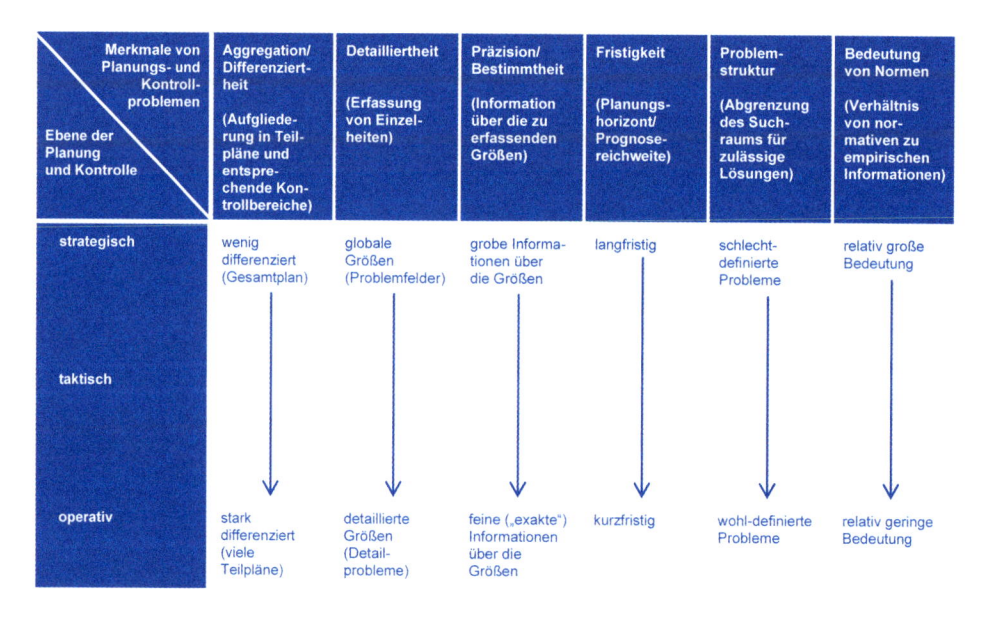

Ebene der Planung und Kontrolle \ Merkmale von Planungs- und Kontrollproblemen	Aggregation/ Differenziertheit (Aufgliederung in Teilpläne und entsprechende Kontrollbereiche)	Detailliertheit (Erfassung von Einzelheiten)	Präzision/ Bestimmtheit (Information über die zu erfassenden Größen)	Fristigkeit (Planungshorizont/ Prognosereichweite)	Problemstruktur (Abgrenzung des Suchraums für zulässige Lösungen)	Bedeutung von Normen (Verhältnis von normativen zu empirischen Informationen)
strategisch	wenig differenziert (Gesamtplan)	globale Größen (Problemfelder)	grobe Informationen über die Größen	langfristig	schlecht-definierte Probleme	relativ große Bedeutung
taktisch	↓	↓	↓	↓	↓	↓
operativ	stark differenziert (viele Teilpläne)	detaillierte Größen (Detailprobleme)	feine („exakte") Informationen über die Größen	kurzfristig	wohl-definierte Probleme	relativ geringe Bedeutung

Abb. IV-9: Typische Kennzeichen strategischer, taktischer und operativer Planung nach Pfohl/Stölzle

Diese Charakteristika sind indessen keine definitorischen Eigenschaften. Einzelne davon, wenn auch nicht alle gleichzeitig, können also im Einzelfall auch nicht zutreffen. So gibt es durchaus operative Entscheidungen mit langfristigem Charakter, etwa die unbefristete Einstellung einer Arbeitskraft für Hilfsdienste im Produktionsbereich, oder kurzfristige Entscheidungen mit strategischem Charakter, etwa ein Komplettwechsel der Produktionstechnik nach unerwartetem Ausfall der bisherigen Fertigungsanlage.

Was die sukzessive Abfolge der Planungen verschiedener Hierarchiestufen betrifft, so gibt es hierbei nur zwei Möglichkeiten:

- von der untersten Stufe beginnend nach oben, **induktiv** genannt,
- von der obersten Stufe beginnend nach unten, **deduktiv** genannt.

nur zwei Fälle der Planentwicklung

Soll die Rolle der höheren Stufe als grundsätzliche Rahmenplanung erfüllt werden, ist die deduktive Planentwicklung zwingend. Ein induktiver Planaufbau ist zwar denkbar, birgt aber die Gefahr in sich, zu einer bloßen Fortschreibung der existierenden Pläne der gleichen Stufe zu verkommen. Dann wäre die höherstufige Planungsaufgabe gar nicht erfüllt. Da im Alltag naturgemäß das operative Geschehen stets die größere Dringlichkeit artikuliert, besteht ohnehin die dauernde Gefahr der Vernachlässigung strategischer Überlegungen, zumindest wenn sie nicht organisatorisch einer separaten, in das operative Tagesgeschäft nicht involvierten Einheit, etwa einem Stab für die strategische Planung, zugeordnet ist. Die Sicherstellung einer strategischen Orientierung ist deshalb stets eine wichtige Koordinationsaufgabe des Controlling im Bereich der betrieblichen Planung.

Für die Abstimmung der Pläne verschiedener Stufen ist deren **Verknüpfung** von besonderer Bedeutung. Beim hierarchischen Planzusammenhang kann durchaus derselbe inhaltliche Problembereich sowohl aus strategischer als auch aus operativer Sicht bearbeitet werden; Entsprechendes gilt für zeitlich differenzierte Pläne. Dann ist der Zusammenhang dieser Plangrößen zu klären. Wo es sich um Pläne derselben Stufe handelt, entsteht diese Frage so nicht; dort geht es vielmehr um eine möglichst eindeutige Abgrenzung der verschiedenen Planungsbereiche sowie den Übergang zwischen den Teilplänen an den Grenzstellen. Allgemein bieten sich drei Möglichkeiten für die Verknüpfung von Pla-

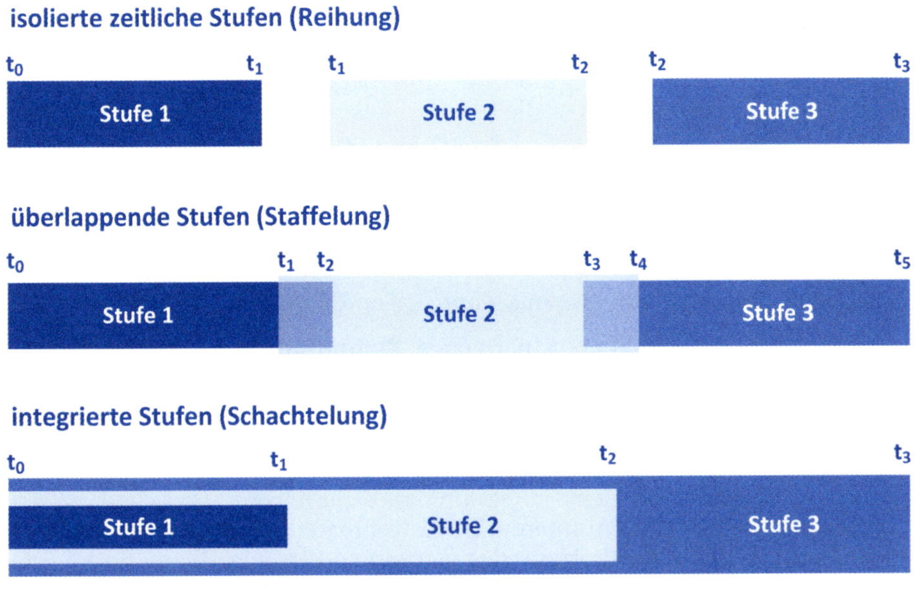

isolierte zeitliche Stufen (Reihung)

t_0 — Stufe 1 — t_1 | t_1 — Stufe 2 — t_2 | t_2 — Stufe 3 — t_3

überlappende Stufen (Staffelung)

t_0 — Stufe 1 — t_1 t_2 — Stufe 2 — t_3 t_4 — Stufe 3 — t_5

integrierte Stufen (Schachtelung)

t_0 — Stufe 1 — t_1 — Stufe 2 — t_2 — Stufe 3 — t_3

Abb. IV-10: Möglichkeiten der zeitlichen Verkettung von Planungsstufen nach Wild

nungsstufen an: Die Reihung, die Staffelung und die Schachtelung (vgl. Wild [Planung] 171 ff.). Für den verbreiteten Fall einer dreistufigen Planungshierarchie sind die drei Verknüpfungsformen in Abb. IV-10 dargestellt (Wild [Planung] 172).

<small>drei Verknüpfungsarten von Planungsstufen</small>

Bei Reihung und Staffelung tritt die Zeitdimension als äußeres typologisches Kriterium stärker hervor als es der tatsächlichen Bedeutung entspricht. Nach dem Prinzip der **Reihung** sind aufeinanderfolgende Planungsstufen überschneidungsfrei: sie betreffen stets unterschiedliche Planungsgegenstände. Bei der **Staffelung** gibt es einen Überschneidungsbereich in einer Teilmenge. Beide Prinzipien haben als besondere Konsequenz, dass die Stufenabgrenzung jeweils nach dem Rhythmus der unteren Stufe anzupassen ist. Die operative Planung etwa hat einen kürzeren Planungshorizont als die taktische, so dass im Zeitablauf die Abgrenzung verschwinden würde (siehe dazu Abschnitt c). Dies ist beim dritten Verknüpfungsprinzip, der **Schachtelung,** nicht der Fall. Hier werden, der Definition der Hierarchie entsprechend, die unteren Planungsstufen vollständig als Teil der oberen Planungsstufen behandelt. Dies ist nicht nur methodisch die klarere Sichtweise; sie ist auch im Zeitablauf unproblematisch, da in den Rahmen der höheren Stufen von vornherein sachlich-inhaltlich und zeitlich mehrere der jeweils kleineren Planungsumfänge der unteren Stufen integrierbar sind.

e) Die unternehmungsorganisatorische Koordination von Planungssystemen

<small>Möglichkeiten der unternehmungsorganisatorischen Gliederung</small>

In der **unternehmungsorganisatorischen Plandifferenzierung** geht es um die Pläne für die jeweils aufbauorganisatorischen Einheiten, also um den betrieblichen Gesamtplan, die Pläne für die Bereiche, Abteilungen, Gruppen, bis hin zu den einzelnen Stellen. Diese Zuordnung ist in der partizipativen Planentwicklung, aber auch für die spätere Plandurchsetzung von großer Bedeutung. Je nach Konstruktionsprinzip der betrieblichen Aufbauorganisation ist die sachlich-inhaltliche Gliederung möglicherweise teilidentisch mit der unternehmungsorganisatorischen. Im Vordergrund der unternehmungsorganisatorischen Planungsdifferenzierung steht aber die bei der bloßen sachlichen Gliederung nicht berücksichtigte Unterscheidung der organisatorischen betrieblichen Ebenen, d. h. die Verteilung der Aufgaben auf die betrieblichen Stellen. Von allen Strukturmerkmalen des Planungssystem gibt es hier am wenigsten festzulegen: die Organisation des Betriebes steht fest; damit ist der Umfang der Teilplanungen nicht disponibel. Und für die Planungsabfolge gibt es nur zwei Möglichkeiten:

<small>nur zwei Fälle der Planentwicklung</small>

- die Planabstimmung von oben nach unten, **Top-down-Planung** genannt,
- die Planabstimmung von unten nach oben, **Bottom-up-Planung** genannt.

Typisches Merkmal der **Top-down-Planung** ist die gute Zielausrichtung: Die von der Unternehmungsleitung gesetzten Ziele können beim Konkretisierungs- und Zuordnungsprozess auf die tieferen Hierarchieebenen so „heruntergebrochen" werden, dass eine abgestimmte Zielerreichung gesichert wäre – wenn bei den Teilbereichen unten auch realisierbare Teilaufgaben ankommen. Letzteres ist genau das Problem der Top-down-Planung. Beim **Bottom-up-Prozess** hingegen wird es vermieden. Jener ist dadurch gekennzeichnet, dass man die Pläne der übergeordneten Ebenen aus den als realisierbar und realistisch angegebenen Teilplänen der untergeordneten Ebenen zusammensetzt. Diese (extreme) Formulierung des Prinzips zeigt, dass hierbei die Ausrichtung auf die gesamtbetrieblichen Ziele völlig auf der Strecke bleiben kann. Mittel der Wahl kann deshalb nur eine sukzessive Planentwicklung sein, die in einem ersten Top-down-Durchlauf für eine Zielausrichtung sorgt, dann in einem Bottom-up-Rücklauf nach dem Aspekt der Realisierbarkeit korrigiert, und dies ggf. mehrfach wiederholt. Diese Art der sukzessiven Planabstimmung über die unternehmungsorganisatorische Hierarchie hinweg heißt **Gegenstromverfahren**.

eindeutige Empfehlung möglich

4. Gesamtkoordination von Planungssystemen

a) Charakter der Controlling-Instrumente für eine Planungssystem-Koordination

Die Koordinationsaufgabe des Controllers im Bereich der Planungssysteme umfasst zwar wie immer sowohl die systemdefinierende als auch die systemausfüllende Koordination; die systemdefinierende Aufgabe tritt aber, wie sich aus den grundsätzlichen Überlegungen zu Beginn des vorhergehenden Abschnittes ergibt, nur eingeschränkt auf. In seltenen Fällen mag eine vollständige Neukonzeption des Planungssystems einschließlich der Folgeplanungen und ihrer Abstimmung angebracht sein, ansonsten geht es aber bei der systemdefinierenden Koordination allenfalls um kleinere Modifikationen, etwa in der Sukzessivitätabfolge. Die eigentliche Koordinationsarbeit des Controlling für Planungssysteme liegt in der **systemausfüllenden Koordination**.

vorherrschende Koordinationsart bei Planungssystemen

Konkret müssen dabei vor allem die **Verknüpfungsparameter** betrachtet werden, die die Verbindung zwischen den sukzessiv erstellten Teilplänen erfasssen. So sind aufeinanderfolgende Perioden beispielsweise durch die **Lagerbestände** verbunden, die in einem Teilplan am Periodenende, im anderen am Periodenanfang bestehen. Damit trotz periodenbezogener Planung übergeordnete Ziele erreicht werden, müssen diese Lagerbestände bewertet werden. Je nach Bewertungshöhe erscheint es so in der Planung der vorhergehenden Periode als mehr oder weniger günstig, Bestände zum Nutzen künftiger Perioden aufzubauen. Entsprechendes gilt für die Verknüpfung von Materialplänen und Fertigungsplänen: hier ist die Vorteilhaftigkeit von Materialbeständen in Bewertungsgrößen auszudrücken, um eine isolierte Teilplanung zu ermöglichen.

typische Koordinationsparameter für Planschnittstellen

Bei der Verknüpfung der verschiedenen Planungsstufen, etwa der taktischen mit der operativen Planung, geht es um die **Konkretisierung von Planungsgrößen** unterschiedlicher Präzision, unterschiedlichen Zeitbezugs und unterschiedlicher Detailliertheit. Beispielsweise könnte ein taktischer Plan eine Absatzgröße von 1.000 ME einer Produktart innerhalb eines Jahres enthalten. In den operativen Plänen werden dagegen konkreter die einzelnen Absatzzahlen für die drei Produktvarianten im Monat Mai betrachtet. Bei diesem Konkretisierungsschritt ist das angenommene Aufteilungsverhältnis der Gesamtmenge für die Produktart auf die drei enthaltenen Varianten sowie die jeweilige saisonale Verteilung zu analysieren. Dies sind die Problempunkte der systemausfüllenden Koordination. Bei der unternehmungsorganisatorischen Differenzierung der Planung sind analog die Verteilungsregeln zu betrachten, nach denen aus einer einzigen Zielgröße etwa für einen Bereich die vier Zielgrößen für die vier Abteilungen dieses Bereichs gebildet werden.

die Anzahl der Koordinationsparameter sagt nichts über die Planungskomplexität

Formal entsteht bei einem Planungssystem, das in mehrere Dimensionen differenziert ist, schnell eine **große Zahl abzustimmender Verknüpfungsstellen** (vgl. zu einem Beispiel für ein Planungssystem, das nach sachlichen, planungshierarchischen und unternehmensorganisatorischen Gesichtspunkten gegliedert ist, Hahn/Hungenberg [PuK] 91). Die **Koordinationsschwierigkeit** kann man aber kaum sinnvoll an dieser formalen Komplexitätszahl messen. So können als Verknüpfungsparameter zwischen den Teilplänen inhaltlich verschiedene Größen auftreten – wie Lagerbestände, Teilbeträge von Gesamtbudgets, Zwischenbewertungen von Halbfabrikaten, Aufgliederungen von Fertigungskapazitäten, Aufgliederungen von Prognosezahlen –, oder es kann sich um den inhaltlich gleichen, jedoch unterschiedlich differenzierten Parameter handeln – z. B. Lagerbestände am Montats-, Quartals-, Jahresende; Lagerbestände in Werk 1, Werk 2, Werk 3; Lagerbestände einer gleichwertigen Produktgruppe insgesamt und Lagerbestände der einzelnen Produktarten dieser Sorte.

b) Planungs-Aktualisierung im Zeitablauf: der Ansatz der rollenden Planung

Planaktualisierung als gesondertes Strukturierungsproblem

Alle bisherigen Überlegungen zu Planungssystemen richten sich auf den Aufbau und die Entwicklung der Teilpläne zu einem bestimmten Zeitpunkt. Neben den verschiedenen Strukturelementen, die hierzu zu wählen sind, gibt es noch eine ganz andere, davon unabhängige Frage, die ebenfalls Arbeitsweise, aber auch Qualität des Planungssystems bestimmt: der Zusammenhang von Planungen im Zeitablauf. Genauer ist damit gemeint, wie die zu verschiedenen Terminen erstellten Pläne für den sachlich-inhaltlich gleichen Planungsbereich zusammenhängen, insbesondere wenn verschiedene Aktualisierungsstände konkurrieren. Dies wird hier als **Aktualisierungsstruktur der Planung** bezeichnet. Dabei wird also nicht, wie bisher, der Zusammenhang von Plänen betrachtet, die durchweg alle zum gleichen Planungszeitpunkt erstellt werden, aber beispielsweise für verschiedene Zeiträume gelten. Vielmehr geht es um die mögliche Weiterentwicklung der bisherigen Planung zu einem späteren Zeitpunkt. Insofern gehört die hier betrachtete Frage nicht zur gleichen Merkmalsgruppe wie die anderen Strukturfragen eines Planungssystems.

zwei Möglichkeiten der Planaktualisierung über die Stufen

Es gibt zwei grundsätzliche Möglichkeiten dafür, was Planungen zum gleichen Anwendungsbereich im Zeitablauf miteinander zu tun haben:

- entweder sie hängen **gar nicht** zusammen,
- oder es gibt zeitliche Teilpläne, die **mehrfach** in verschiedenen Planungsrunden bearbeitet werden, bei denen also von einer Weiterentwicklung gesprochen werden kann.

erste Möglichkeit

Im ersten Fall handelt es sich bei jeder Planungsrunde um eine **Neuaufwurfsplanung,** d. h., der Plan wird erstmals erstellt. Dies ist natürlich auch dann der Fall, wenn ein bereits bestehender Plan für eine frühere Periode als Vorlage für die jetzige Planung verwendet wird. Bei der Neuaufwurfsplanung entstehen demnach im Zeitablauf Einzelplanungen, die sich nach dem Prinzip der Reihung aneinander anschließen.

Die Reihung von Einzelplanungen entsteht zwangsläufig auch dann, wenn über den zeitlichen Zusammenhang keine methodische Festlegung getroffen wurde.

Die jeweilige Neuaufwurfsplanung gereihter Einzelpläne hat indessen einen erheblichen Nachteil: Sie kann nicht zwischen Planungszeitraum und Festlegungszeitraum trennen. Für den einen ist prinzipiell ein langer, für den anderen ein kurzer Horizont günstig. Diese Koppelung kann in der **rollenden Planung** überwunden werden. Dem für den kürzeren Zeitraum sprechenden Argument einer mit zeitlicher Ausdehnung zunehmenden Unsicherheit wird dadurch Genüge getan, dass zwar ein großer Planungszeitraum gewählt wird, aber in dessen späteren Abschnitten gröber, pauschaler, weniger differenziert vorgegangen wird. Der längere Planungszeitraum gehört also zu einer insgesamt höheren Planungsstufe. Durch ein rhythmisches Fortschreiben und Konkretisieren werden die Plangrößen des früheren Planungsteils jeweils in mehreren Runden fortgeschrieben, konkretisiert, überprüft und aktualisiert, so dass die Plangrößen der jeweils ersten Perioden dabei an Verlässlichkeit gewinnen. Beschränkt man also den Festlegungszeitraum dann auf eine oder einige wenige Perioden des ersten Planungshorizonts, hat man die angestrebte Trennung von Festlegungs- (= Entscheidungs-) und Planungshorizont erreicht.

zweite Möglichkeit

Revolvierende Planung

Rollende Planung

(1) (a) **Mehrstufigkeit** des Planungssystems (mindestens zwei Stufen)

(b) Verknüpfung der Planungsstufen nach dem Prinzip der **Schachtelung**

(2) (a) • In jeder Stufe Differenzierung in **zeitliche Teilplanungen**

• Prinzip einer weitreichenden **Überlappung** der Teilplanungen

• Festgelegte Rhythmen der Entwicklung der Teilpläne **(rhythmische Fortschreibungen)**

(1) (c) **Deduktive** Entwicklung der Pläne

(d) **Rhythmische Konkretisierung** bei Übergang zu einer tieferen Planungsstufe (mit von den Fortschreibungsrhythmen unabhängigen, eigenen Rhythmen)

(2) (b) **Rhythmische Überprüfung** und **rhythmische Änderungsmöglichkeit** der Teilpläne (jeweils eigene Rhythmen)

(c) Prinzip der **Gesamtoptimierung**

Abb. IV-11: Prinzipien der revolvierenden Planung

Merkmale der rollenden Planung

Im Ergebnis sind in der unteren Stufe die im Zeitablauf aufeinanderfolgenden Pläne nach dem **Prinzip der Überlappung** verbunden. Will man abrupte Übergänge auch in der oberen Planungsstufe vermeiden, wird man auch dort nach dem Überlappungsprinzip vorgehen. Insgesamt entsteht ein der Reihung genau entgegengesetztes Prinzip der Planungsabfolge im Zeitablauf: die rollende Planung. Die exakten Definitionsmerkmale sind in Abb. IV-11 zusammengefasst (vgl. Troßmann [Prinzipien] 130); die dort ebenfalls charakterisierte „revolvierende" Planung (vgl. hierzu ursprünglich Wild [Planung] 178 f.) erfüllt konzisere Merkmale; sie gilt als besonders konsequente Ausprägung des rollenden Prinzips. Abb. IV-12 stellt schematisch die rollende Planentwicklung bei einem zweistufigen System mit einem Gesamtplanungshorizont von fünf Jahren dar (vgl. Troßmann [Prinzipien] 124).

notwendige Verfahrensregeln für den Planungsstufenübergang

Bei der Kombination zeitlich aufeinanderfolgender Pläne gleicher oder verschiedener planungshierarchischer Stufen haben **mehrere Ausgestaltungsmerkmale** erhebliche koordinative Bedeutung. Zunächst sind dies die Aufbaumerkmale der beteiligten Teilplanungen, also etwa der zeitliche Planungshorizont, die Anzahl der Teilperioden sowie die weiteren Merkmale, wie sie etwa in Abb. IV-7 (siehe S. 95) aufgeführt sind, ferner die generellen Parameter der planungshierarchischen Koordination (siehe S. 98). Hinzu treten die speziellen Koordinationsaspekte, die sich daraus ergeben, dass die prinzipiell gleichen Planungsgegenstände **zu verschiedenen aufeinanderfolgenden Terminen mehrfach behandelt** werden und dabei naturgemäß unterschiedliche Ausprägungen haben können. Dafür bedarf es eigener Verfahrensregeln. Sie müssen zum Beispiel das Verhältnis klären von neueren Planungsinformationen aus der kurzfristiger aus-

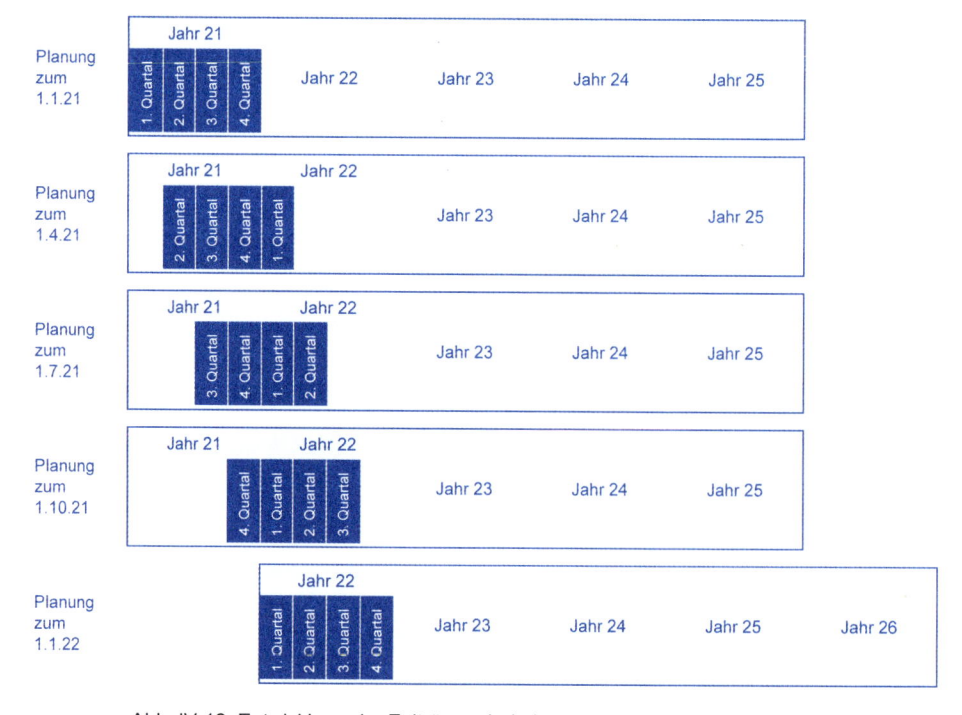

Abb. IV-12: Entwicklung der Zeiträume bei einer rollenden Fünfjahresplanung

gerichteten, aktuelleren Planung zu den grundsätzlicheren Größen der längerfristigen und übergeordneten, jedoch etwas „älteren" Planung. Es ist keineswegs ausgemacht, dass in dieser Frage prinzipiell der aktuelleren Planung ein Vorrang zukommt. Vielmehr hängt es von inhaltlichen Fragen ab, wann und in welchem Ausmaß überhaupt Aktualität vor Grundsätzlichkeit zu stellen ist. Beispielsweise kann eine aktuelle Nachfrageschwankung nur auf einer anderen zeitlichen Verteilung einer prinzipiell eher längerfristig konstanten Gesamtnachfrage beruhen. Solche Koordinationsfragen sind typisch für die Controlling-Aufgaben bei der rollenden Planung.

Allgemein hängt sowohl die notwendige Zahl an Abstimmungsrunden als auch die Güte des entstehenden Gesamtplans ganz erheblich davon ab, wie gut die jeweils relevanten Verknüpfungsparameter gebildet werden. „Gut" ist ein Verknüpfungsparameter dann, wenn er trotz sukzessiver Teilplanungen möglichst weitgehend die Erreichung eines übergreifenden Gesamtoptimums unterstützt. Der systemausfüllenden Koordination kommt damit eine erhebliche Bedeutung zu. Allerdings lässt sich deren Qualität letztlich nicht sicher beurteilen – Beurteilungsmaßstab wäre ja die Abweichung zum Ergebnis einer Simultanplanung. Jene aber liegt nicht vor, so dass sowohl Lob als auch Tadel der Koordinationsarbeit letztlich nur im Hinblick auf die bisherigen Erfahrungen mit unterschiedlich guten Sukzessivplanungen ausgesprochen werden kann.

Beurteilung der sukzessiven Planung insgesamt

Kapitel IV auf einen Blick

Kapitelübersicht

- Neben dem Rechnungswesen sind Planung und Kontrolle die üblicherweise am stärksten mit Controlling-Anwendungen durchsetzten Führungsbereiche.

- Die Planung kennzeichnet markant den gesamten Führungsprozess. Eine gute Strukturierung des Planungsprozesses ist daher für eine wirkungsvolle Führungsarbeit von hervorragender Bedeutung.

- Typische Controlling-Anliegen in der Planung richten sich auf den abgestimmten Zusammenhang der einzelnen Planungsschritte. Beispiele sind die Zielsetzung und Bewertung, die Zielgewichtung und Problemhierarchisierung.

- Für die unterschiedlichen Teilphasen der Planung gibt es ein breites Angebot an Planungsinstrumenten. Sie macht sich der Controller zunutze, um seine Koordinationsaufgabe zu erfüllen. Für die systemausfüllende Koordination wichtig sind insbesondere Planungsinstrumente, die über eine Problemstrukturierung methodische Vorentscheidungen treffen, so die ABC-Analyse und die Methode der Portfoliomatrix. Mit solchen Instrumenten wird der entsprechende Entscheidungsprozess maßgeblich strukturiert.

- Das geordnete Ineinandergreifen einzelner Planungsprozesse ergibt das Planungssystem. Es hat eine
  - sachliche,
  - zeitliche,
  - planungshierarchische,
  - unternehmungsorganisatorische

  Struktur.

- Neben der Aufbaustruktur der Planung ist ihre Aktualisierung im Zeitablauf zu regeln. Hierfür ist die rollende Planung das Mittel der Wahl.
- Die Planungsstruktur, durch eine Meta-Entscheidung festgelegt, bestimmt den Controlling-Alltag erheblich. Eine Strukturänderung im Planungssystem ist allerdings mühevoll und langwierig. Dies erklärt das beobachtbare Beharrungsvermögen gewachsener Planungsstrukturen im Betrieb.
- Gerade in gegebenen Planungssystemen ist die systemausfüllende Koordination des Controlling besonders wichtig. Sie kann strukturelle Schwächen des Planungssystems teilweise ausgleichen.

Was alle schon immer vermutet haben:

Kapitel V: Controlling-Aufgaben bei der Kontrolle betrieblicher Prozesse

1. Kontrolle als Teil des Führungsprozesses

a) Merkmale der Kontrolle

Kontrolle ist eine Führungsfunktion, die aus verschiedenen Gründen viele Ansatzpunkte für das Controlling bietet. Insbesondere enthalten eine Reihe von Controlling-Instrumenten auch Kontrollkomponenten. Die Ansatzpunkte und die besondere Problematik der Kontrolle sind bereits zu einem erheblichen Teil in der Durchsetzung des Plans, zum Teil auch im Planungsprozess selbst angelegt. Deshalb soll zunächst ein Blick auf die Phase der **Durchsetzung** geworfen werden. Wie erfolgreich sie ist, hängt letztlich davon ab, welche Situation bei denjenigen besteht, die den Plan ausführen sollen. Sie lässt sich durch die drei Komponenten Kennen, Können, Wollen charakterisieren.

Was ist Kontrolle?

Am einfachsten scheint die Komponente **„Kennen"** zu sein: Es muss über die vorgesehenen Maßnahmen des Plans und ihren Zusammenhang so informiert werden, dass die Beauftragten zumindest ihre eigene Aufgabe in den für sie erforderlichen Merkmalen hinreichend detailliert kennen. Ungeeignete Informationsübermittlung, nicht adressatengerechte Erläuterungen oder ungünstiges Umfeld (z. B. persönliche Abneigung) können dabei Probleme bereiten.

Voraussetzung 1 erfolgreicher Planumsetzung

„Können" betrifft die Fähigkeiten der zur Ausführung Vorgesehenen. Dies ist zum einen eine Frage der Auswahl von Personen bzw. Organisationseinheiten, zum anderen eine Frage der vorhandenen Fähigkeiten. Letztere können möglicherweise durch Schulungen oder sonstige Bildungsmaßnahmen verbessert werden. Probleme im Fähigkeitenbereich entstehen

Voraussetzung 2

- einmal durch falsche Einschätzung des Fähigkeitenpotenzials: der Beauftragte beherrscht objektiv die erwartete Tätigkeit nicht;
- zum anderen durch mangelndes Verbesserungspotenzial: der Beauftragte ist schulungsunfähig, er versteht beispielsweise Bildungsmaßnahmen inhaltlich nicht.

Beides lässt sich in die Principal-Agent-Problemkategorie der „Hidden Characteristics" einordnen.

Als besonders schwierig kann sich die **„Wollens-**Komponente" erweisen. Auch der fehlende Durchsetzungswille ist nur teilweise unmittelbar erkennbar. Möglicherweise wird er vom Beauftragten deutlich kommuniziert, möglicherweise

Voraussetzung 3

handelt es sich um die Principal-Agent-Problematik der „Hidden (Non-)Action"
(siehe Kapitel II, S. 22). Zur Lösung stehen vielfältige Motivationsmechanismen
zur Verfügung, die bereits bei einer Beteiligung am Planungsprozess beginnen
und insbesondere die Konstruktion und den Einsatz geeigneter Anreizinstrumente (siehe Kapitel IX) umfassen.

Ablaufschritte der Kontrolle

Die eigentliche Kontrolle besteht im Kern, wie Abb. IV-1 (siehe Kapitel IV, S. 74) zeigt, aus wenigen Schritten: Es sind einerseits Plangrößen, andererseits Größen aus der Umsetzung zweckentsprechend auszuwählen, zu vergleichen und die sich (oft rechnerisch) ergebenden Abweichungen zu analysieren. Die Plangrößen stammen aus dem Planungsprozess und können neben den eigentlichen geplanten Ergebnissen auch jede andere Position aus dem Planungsprozess umfassen. Die Umsetzungsgrößen stammen aus dem Durchsetzungs- und Realisationsprozess. Auch sie beschränken sich nicht auf Endresultate, sondern können sich ebenso auf jede Größe erstrecken, die bei der Plan-Umsetzung eine Rolle spielt. Aus der Gegenüberstellung möglicher Plan- und Umsetzungsgrößen ergeben sich, wie Abb. V-1 zeigt, unterschiedliche **Kontrollarten,** die teilweise eigene Namen tragen (vgl. hierzu auch Schweitzer [Planung] 96).

Plangröße \ Umsetzungsgröße	Soll: umgesetzte Ziele	Wird: aktuelle Prognosen	Ist: tatsächliche Situation
Soll: nach Plan zu erreichende Ziele	Soll-Soll-Vergleich: **Zielkontrolle**	Soll-Wird-Vergleich: **Planfortschrittskontrolle**	Soll-Ist-Vergleich: **Ergebniskontrolle**
Wird: im Plan enthaltene Prognosen	–	Wird-Wird-Vergleich: **Prognosekontrolle**	Wird-Ist-Vergleich: **Prämissenkontrolle**
Ist: im Plan angenommene Ausgangslage	–	–	Ist-Ist-Vergleich: **Startpunktvergleich**

(Zeilen: aus der Planung stammende Größe als; Spalten: zur Zeilengröße aus der Planung gehörende Größe in der Umsetzung als)

Abb. V-1: Spezifische Kontrollarten der Umsetzungsphasen

Planungsbezug der Kontrolle

Grundlegend für jede Kontrolle ist der Bezug zu einer **vorherigen Planung.** Ohne Plangröße ist eine Kontrolle nicht definiert. Dies führt zu der oft zitierten Aussage Wilds ([Planung] 44): „Kontrolle ohne Planung [ist] unmöglich". Das an gleicher Stelle formulierte Gegenstück „Planung ohne Kontrolle ist […] sinnlos" betont den engen Zusammenhang von Planung und Kontrolle auch in umgekehrter Richtung. Da weite Teile des Führungsprozesses naturgemäß zeitlich hintereinander liegen, ist klar, dass schon deswegen etliche besondere Koordinationsaufgaben vorliegen.

b) Zwecke der Kontrolle

Ehe die Koordinationsaufgaben genauer betrachtet werden, ist zunächst ein Blick auf den **Zweck der Kontrolle** zu richten. Es ist klar, dass sich die Koordination vor allem daran zu orientieren hat. Danach sind drei verschiedene Kontrollarten denkbar. Sie treten in der praktischen Anwendung oft in kombinierter Form auf und sind deshalb nicht immer klar erkennbar. Aber sie weisen durchaus deutliche Unterschiede in den Kontrollmaßnahmen auf. Das Gemeinsame aller Kontrollzwecke ist, dass der jeweilige Zweck immer sichergestellt oder verbessert werden soll. Es kann sich handeln um

- die aktuelle Prozessdurchführung,
- die grundsätzliche Durchsetzung von Planvorgaben,
- die Prognosefähigkeit in Planungsprozessen.

drei Kontrollzwecke

Diese drei grundlegenden Kontrollzwecke unterscheiden sich auch darin, wie eng sie mit dem konkreten Prozess verbunden sind, in dem die Kontrollarbeit greift. Die stärkste Verbundenheit hat der Kontrollzweck der **Prozessdurchführung.** Hier wird kontrolliert, um Zielmerkmale des aktuellen Produktionsprozesses sicherzustellen bzw. zu verbessern, also die Termineinhaltung, die Mengen, die Qualität des Auftrags. Neben Zwischen- und Endkontrollen kommen dafür auch alle anderen in Abb. V-1 genannten Kontrollarten in Frage. Konsequenzen solcher Kontrollen sind entweder die Freigabe oder Nacharbeiten bzw. Ergänzungsaufträge sowie Maßnahmen zur Abmilderung ungünstiger Folgen nicht mehr (rechtzeitig oder vollständig) auszugleichender Abweichungen, etwa das Angebot von Preisnachlässen an Kunden.

erster Kontrollzweck

Der Kontrollzweck der **Durchsetzung von Planvorgaben** richtet sich auf die Mitarbeiter, die mit der Durchführung geplanter Maßnahmen befasst werden. Kontrolliert wird, um festzustellen, ob und wie die Planvorgaben tatsächlich umgesetzt werden. Ein wichtiger Teil der Kontrollaufgabe besteht darin, herauszufinden, ob Umsetzungsmängel an den Kennens-, Könnens- oder Wollenskomponente liegen. Danach richten sich dann auch die Kontrollkonsequenzen: es sind Informations-, Schulungs- oder spezielle Maßnahmen zur Durchsetzung von Anweisungen. Die wiederholte Kontrolle dient bei diesem Zweck dazu, generell die Durchsetzung von Planvorgaben sicherzustellen und zu verbessern. Deshalb ist streng genommen der aktuelle Produktionsprozess nur ein Beispiel, an dem der Kontrollierende erkennen kann, inwieweit (noch) Durchsetzungsprobleme bestehen und wie bisherige kontrollfolgende Maßnahmen bereits gewirkt haben. Wird ein entsprechendes Defizit anlässlich der Kontrolle am aktuellen Prozess identifiziert, ist die zugehörige relevante Konsequenzmaßnahme nicht in erster Linie etwa eine Korrektur des erkannten Produktionsfehlers, sondern beispielsweise eine nochmalige Verfahrensschulung, ein weiterer Verhaltenshinweis u. ä. Erreicht werden soll eine Verhaltensänderung, die zu besserer Durchsetzungsqualität führt. Deshalb erfüllen die Kontrollen hier eine Lehrwirkung. Die Kontrolle demonstriert das Interesse an der planmäßigen Durchführung und zugleich die Möglichkeit, weiter bestehende Abweichungen zu entdecken und etwa angedrohte Konsequenzen auszuführen. Die Kontrolle hilft aber auch, präzisere Verhaltenshinweise zu erarbeiten. So können passende Maschineneinstellungen, die günstigste Materialnutzung und vor allem die zielentsprechende Arbeitsweise herausgefunden und begreiflich gemacht werden. Der Kontrollzweck liegt damit zwar nicht im betrachteten Produktionsprozess selbst, sondern im Potenzial und damit immer noch in der Ausführungsebene.

zweiter Kontrollzweck

Der **Kontrollzweck** der verbesserten **Prognosefähigkeit in Planungsprozessen** dagegen liegt im Führungsbereich. Die Kontrolle soll helfen, künftige Planungsprozesse zu verbessern. Kontrolliert wird, um zu sehen, wie weit die Planungsprognosen von den tatsächlich erreichten Umsetzungswerten abweichen. Streng interpretiert, arbeitet man bei diesem Kontrollzweck mit der impliziten Annahme (ganz im Gegensatz zu den beiden anderen Kontrollarten), die erreichten Durchführungsgrößen seien letztlich nicht vermeidbar, sondern nur besser oder schlechter vorhersagbar. Als Kontrollarten sind wiederum alle Varianten der Abb. V-1 denkbar, je nachdem, auf welche Plangröße sich das Kontrollergebnis dann richtet. Verfolgt man ausschließlich diesen dritten Kontrollzweck, würden erkannte Mängel am konkreten Produkt sowie erkannte falsche Verhaltensweisen von Mitarbeitern nicht zu Produktnacharbeiten und nicht zu entsprechenden Änderungsanweisungen oder anderen personalpolitischen Konsequenzen führen, sondern lediglich dazu, die in Produktionsplanungsprozessen dieser Art verwendeten prognostizierten Ausschussquoten zu erhöhen.

Das letztgenannte Beispiel verdeutlicht, dass im Anwendungsfall regelmäßig die drei klar unterscheidbaren Kontrollzwecke miteinander vermischt und in kombinierter Form praktiziert werden. Im skizzierten Beispiel hätte dies zur Folge, dass eine jetzt beobachtete Ausschussquote von z. B. 15% nicht unmittelbar zu einer entsprechenden Prognoseanpassung für künftige Planungsprozesse verwendet wird, sondern zu zerlegen wäre in denjenigen Anteil, der

dritter Kontrollzweck

- durch Prozesskontrollen noch erkannt und durch weitere Nacharbeitsmaßnahmen beseitigt werden kann,
- durch jetzige und künftige Verhaltenskontrollen und entsprechende personalpolitische Verfahren künftig nicht mehr anfallen wird,
- danach noch verbleibt und in die Planungsverfahren einbezogen werden muss.

Solche Zusammenhänge machen den Aufbau von Kontrollmaßnahmen und die Interpretation der Kontrollergebnisse nicht eben einfacher.

System-Einordnung der Kontrollzwecke

Von den drei unterschiedenen Kontrollzwecken sind, wie Abb. V-2 zeigt, die ersten beiden auf die **Ausführungsebene** gerichtet, der dritte jedoch auf die **Führungsebene.** In einer auf den ersten Blick anderen Einteilung gliedert Schäffer ([Kontrolle] 49) nach unterschiedlichen Kontrollhorizonten in Kontrollen

Kontrollzweck: Sicherstellung und ggf. Verbesserung ...	sichergestellt bzw. verbessert werden sollen ...	kontrolliert werden ...	angestrebt wird eine ...	die Kontrolle hat vorwiegend eine ...	Kontrolle ist Teil ...
1 ... der aktuellen Prozessdurchführung	Qualitäts-, Mengen- und andere Merkmale des aktuellen Prozesses	Zwischen- und Endergebnisse des Produktionsprozesses	bessere Zielerreichung des Prozesses durch Nacharbeiten und Korrekturen	Korrekturfunktion	der personellen Führung (des Umsatzprozesses)
2 ... der grundsätzlichen Durchsetzung	die künftigen Leistungen der Durchführungsbeauftragten	Verhaltensmerkmale	Verhaltensänderung	Lehrfunktion Präventionsfunktion	der sachlichen Führung (des Umsatzprozesses)
3 ... der Prognosefähigkeit	künftige Planungsprozesse	Informationen über Ergebnisse und Verhalten	höhere Planungsgüte durch bessere Prognosen	Informationsfunktion	der Informationsfunktion der Führungsebene

Abb. V-2: Charakteristika der drei grundlegenden Kontrollzwecke

erster, zweiter und dritter Ordnung. Kontrollen erster Ordnung dienen der „Sicherstellung einer rationalen Durchsetzung" (Schäffer [Kontrolle] 49), umfassen also die im vorliegenden Kapitel angeführten beiden Kontrollzwecke der prozessorientierten und der verhaltensorientierten Kontrolle. Schäffers Kontrolle zweiter Ordnung soll eine „rationale Antizipation" sicherstellen und entspricht damit dem von uns an der Führungsebene angesiedelten dritten Kontrollzweck einer Verbesserung der Prognosefähigkeit.

Keine Entsprechung im hier vorgestellten System hat die bei Schäffer genannte Kontrolle dritter Ordnung. Hierunter versteht er Analysen zur „Sicherstellung eines rationalen Modells". Untersuchungsgegenstand ist hier das Führungssystem selbst: „Sind die Führungsteilaufgaben günstig verteilt?", „Entspricht das System der Planung den anzustrebenden Zielen?" und letztlich auch: „Passen die einzelnen Führungsaktivitäten gut zusammen?" Solche Metafragen zählen wir im vorliegenden Buch nicht zur Führungsaufgabe der Kontrolle, sondern ordnen sie dem Controlling zu. Ebenso wird zum Beispiel die Organisation des Planungsprozesses nicht zur Organisation gerechnet, die Planung des Planungsprozesses nicht zur Planung, die Erfassung und Auswertung von Informationen über die Vorteilhaftigkeit dieser oder jener Organisationsform von Planung oder Kontrolle nicht zum Rechnungswesen usw.

2. Betriebliche Kontrollprozesse als Controlling-Gegenstand

Schon ihre Definition deutet an, dass die Kontrolle eine Führungsaufgabe ist, bei der fast durchweg eine **Koordination zu anderen Führungsfunktionen hin** erforderlich ist. In der Tat trifft dies bei allen Koordinationsaufgaben zu, die man für Kontrollaktivitäten unterscheiden kann. Im Einzelnen sind es folgende sechs Arten:

sechs Controlling-Aufgaben im Kontrollprozess

(1) die Präzisierung des Kontrollproblems,

(2) die Messung von Plan- und Umsetzungsgrößen,

(3) die Identifikation relevanter Abweichungen (Ausnahmen),

(4) die Zuordnung von möglichen Ursachen,

(5) die Bestimmung der Konsequenzen entstandener Ausnahmen,

(6) die Wirkungen des Kontrollprozesses insgesamt.

Für die **Präzisierung des Kontrollproblems** ist zunächst der Kontrollzweck sowie der zu untersuchende Einzelfall zu präzisieren. Daraus sind geeignete Plangrößen und Umsetzungsgrößen festzustellen und daraus die für den Vergleich zu verwendenden auszuwählen. Kriterium dafür ist, wie gut die Größen den Kontrollzweck erfüllen können. Die **Messung der Plan- und Umsetzungsgrößen** umfasst vor allem auch die Messskalen, mit denen gearbeitet wird. Sie sind für die jeweils zusammengehörenden Planungs- und Umsetzungsgrößen einheitlich zu wählen. Darüber hinaus ist bei Koordinationsüberlegungen zu fragen, ob die Plan- und Umsetzungsgrößen überhaupt das Richtige messen, d. h., ob mit der Feststellung von Abweichungen an dieser Stelle auch geeignete Indizien für die eigentliche Kontrollfrage gefunden sind.

erste und zweite Koordinationsaufgabe

dritte Koordinationsaufgabe

Ein zentrales koordinatives Element der Kontrollfunktion ist die **Abweichungsanalyse.** Zunächst führt die Differenzenberechnung bei allen Plan- und Umsetzungsgrößen in der Regel zu einer rechnerischen Abweichung. Es ist deshalb eine Führungsaufgabe, festzulegen, welche davon weiterverfolgt werden sollen, welche nicht. Damit werden die Abweichungen in relevante Positionen, **Ausnahmen** genannt, und sonstige, **Normalfälle** genannt, klassifiziert. Kriterium ist die Zielrelevanz beim verfolgten Kontrollzweck. Handelt es sich um wenige, zudem inhaltlich verschiedene Abweichungspositionen, kann dies individuell für jede Abweichungsposition unterschieden werden, beispielsweise auch, bevor eine zahlenmäßige Abweichungshöhe im konkreten Fall feststeht, indem etwa ein Toleranzintervall für diese Abweichungsart festgelegt wird. Gibt es für den gleichen Abweichungstyp sehr viele Einzelpositionen, etwa wenn für alle Produktarten eines Bereichs bestimmte Soll-Ist-Abweichungen berechnet werden, empfiehlt es sich, auf ein formales Verfahren der Ausnahmedefinition überzugehen. Die Möglichkeiten hierzu werden im Kapitel zum Berichtswesen (siehe Kapitel VII, S. 168 ff.) vorgestellt.

Unteraufgabe von hoher Controlling-Bedeutung

Die **Unterscheidung von Ausnahme- und Normalfall** ist eine typische Controlling-Aufgabe; sie entscheidet nicht nur darüber, an welchen Stellen auf den ersten Teil der Kontrollaktivitäten weitere Schritte folgen, sondern sie regelt auch Umfang und Einsatz der Managerkapazität. Die Qualität dieser (Meta-)Entscheidung bemisst sich prinzipiell nach den beiden möglichen Fehlerarten, die dabei auftreten können:

- Fehler erster Art: eine letztlich unproblematische Position wird als Ausnahmesituation interpretiert; dadurch werden Analysekapazität und Managerkapazität unnütz an falscher Stelle vergeudet;
- Fehler zweiter Art: eine letztlich problematische Abweichung wird nicht als Ausnahmefall erkannt; dadurch entwickeln sich reale Prozesse in zielungünstiger Weise weiter, wo man möglicherweise noch korrigierend hätte eingreifen können.

vierte Koordinationsaufgabe

Die weiteren Schritte des Kontrollprozesses gibt es nur bei den als Ausnahmefall identifizierten und akzeptierten Positionen. Für diese Fälle werden Ursachen für die entstandenen Abweichungen gesucht. Controlling-Aufgabe hier ist es, zu prüfen, auf welcher Grundlage die Ursachenzuordnung basiert; welche Hypothesen also dem verwendeten Zusammenhang von Ursachen und entstandener Abweichung zugrunde liegen. Insbesondere ist dabei von Bedeutung, alternative Hypothesen zu erwägen, die bei anderer Ursache zur gleichen Abweichung hätten führen können. Damit können frühzeitig ungerechtfertigte Verantwortungszuweisungen vermieden werden.

fünfte Koordinationsaufgabe

Was die **Konsequenzen der Ausnahmenidentifikation** betrifft, so handelt es sich hierbei genau genommen um einen neuen Planungsauftrag. Jede Ausnahme ist eine als relevant eingeschätzte Ziel-Ist-Zustands-Abweichung und bildet damit den Ausgangspunkt einer neuen Planungsrunde. Freilich kann man auf der Basis der vorliegenden Kontrollinformationen auch ohne neuerlichen Planungsprozess bereits typische Konsequenzen nennen: Beim Kontrollzweck der Prozesssicherstellung und -verbesserung beispielsweise sind bei relevanten Prozesszielabweichungen in jedem Fall korrigierende, zumindest schadenmindernde Aktivitäten geboten; welche genau das sind, würde tatsächlich eine entsprechende Feinplanung zeigen. Nur im Grenzfall könnte sich herausstellen, dass ein passives Hinnehmen der entstandenen Problemlage die beste Handlungsalternative ist. Neben diesen Konsequenzen, die dem eigentlichen Hauptzweck der Kontrolle folgen, können sich indessen auch Maßnahmen als günstig erweisen, die zu anderen Kontrollzwecken gehören, etwa Verfahrens- und Verhaltenshinweise an Produktionsmitarbeiter oder Änderungen in eigenen Planungsparametern. Entsprechendes gilt für die Ergebnis-Umsetzung bei ursprünglich anderen Kontrollzwecken.

Von grundsätzlicher Bedeutung ist es, darauf zu achten, dass durch die **Konsequenzmaßnahmen** der Abweichungsanalyse nicht der ursprüngliche Kontrollzweck konterkariert, sondern möglichst unterstützt wird. Dies umfasst zwei Punkte. Einerseits bedeutet es, dass eine erkannte Schwachstelle bei Stelle x nicht zu möglicherweise sogar negativ empfundenen Konsequenzen an Stelle y führen darf, ohne dass dies an der Stelle y ausführlich erläutert wird. Denkbar sind solche Verschiedenheiten für Ursache und Korrekturkonsequenz durchaus. So mag durch nachlässigen Arbeitseinsatz an der Produktionsstelle x ein erheblicher Zeitverzug bei einem Auftrag eingetreten sein; zusätzlicher Schichtbetrieb an einer Prozessnachfolgerstelle y könnte dies ausgleichen.

sechste Koordinationsaufgabe: Haupt- und Nebenwirkungen

Der zweite zu beachtende Punkt bei der Zusammenstellung der Kontrollkonsequenzen liegt in der **Präventionsfunktion** und betrifft daher vor allem das Verhalten der Kontrollierten: Durch die Kontrolle selbst wird die Nachverfolgung von Anweisungen und Vorgaben demonstriert. Damit wird auch ein Beitrag zur künftigen Glaubwürdigkeit von Verantwortungskontrolle und Konsequenz-Ankündigung geleistet. Deshalb sind im Hinblick auf diese Zukunftswirkungen ggf. auch Konsequenzmaßnahmen sinnvoll, die vielleicht bei isolierter Betrachtung des aktuellen Falls verzichtbar scheinen, beispielsweise die Ahndung einer kleinen Kassendifferenz. Mit gleicher Begründung kann es auch sinnvoll sein, auf eine (nur) kurzfristig günstig erscheinende Konsequenzmaßnahme zu verzichten, um langfristig keine falschen Anreize zu setzen.

In allgemeiner Weise trifft die zuletzt angesprochene Überlegung auch auf den allgemeinen Koordinationsaspekt zu, bei dem die **Wirkungen der Kontrollprozesse insgesamt** zu betrachten sind. Grundgedanke hierbei ist, dass jede Kontrolle, unabhängig von ihrem Zweck und der mit ihr verfolgten Absicht eine Reihe von Wirkungen hat. Darunter fallen die beabsichtigten (jedenfalls im günstigsten Fall), aber auch unbeabsichtigte Wirkungen; letztere sind vielleicht gern, vielleicht ungern gesehen. Es ist Koordinationsaufgabe, die Gesamtwirkungen sowie insbesondere unbeabsichtigte Nebenwirkungen des Kontrollprozesses vorab festzustellen und zu beurteilen. Insbesondere betrifft dies personelle Nebenwirkungen. Unabhängig vom eigentlichen Kontrollzweck entstehen Verhaltenswirkungen insbesondere durch die Kontrolle selbst. Zwei gegenläufige Wirkungen können bei den kontrollierten Stellen auftreten:

sechste Koordinationsaufgabe: Gesamtwirkung

psychologische Nebenwirkungen

(1) die Kontrolle wird von den Mitarbeitern der kontrollierten Stellen – selbst wenn ihr Verhalten gar nicht Kontrollgegenstand ist – als **Mißtrauen** in ihrer Arbeit erlebt. Mögliche Konsequenz ist die Suche nach Kontroll-Lücken und das gezielte Reduzieren der Leistung in solchen nicht kontrollierten Abschnitten.

(2) die Kontrolle wird von den Mitarbeitern als Zeichen besonderer **Aufmerksamkeit** für ihre damit als besonders wichtig eingestufte Arbeit interpretiert

– selbst wenn ihre Leistung gar nicht Kontrollgegenstand ist. Dies gibt ihnen auch einen besonderen Motivationsschub und führt zu besserer Leistung auch an nicht kontrollierter Stelle.

<small>weitergreifende Nebenwirkungen</small>

Nun sind aber derartige Wirkungen nicht auf die kontrollierte Einheit beschränkt. Vielmehr zeigen sich entsprechende Wirkungen auch bei nicht kontrollierten parallelen Organisationseinheiten:

(1) Die in der Paralleleinheit stattfindende Kontrolle wird zum Anlass genommen, über die Nichterkennbarkeit realisierter Leistungserbringung nachzudenken. Ein verstärktes Auftreten von **Principal-Agent-Problemen** des Typs „Hidden Action" kann die Folge sein.

(2) Die in der Paralleleinheit stattfindende Kontrolle wird als besondere, möglicherweise sogar ungerechtfertigte **Wertschätzung** dieser Paralleleinheit interpretiert. Die Folge kann sein

  a) verstärkte Unzufriedenheit über die vermeintliche ungerechtfertigt ignorante Haltung der vorgesetzten Stellen mit entsprechend ungünstigen Motivationswirkungen,

  b) eine Verstärkung der eigenen Anstrengungen mit ggf. gesteigerten Leistungen, um die eigene Leistungsfähigkeit, möglicherweise im konkurrierenden Vergleich zu Paralleleinheiten zu demonstrieren.

Zu den aufgeführten Möglichkeiten, insbesondere zum zweiten Punkt, gibt es empirische Erfahrungen, zurückgehend ursprünglich auf die (aus heutiger Sicht nicht einwandfreien) Experimente der Mayo-Gruppe in den Hawthorne-Werken der Western Electric Company aus den 1920er/1930er Jahren (zum Überblick vgl. z. B. Kieser [Human Relations] 141 ff., Greif [Organisationspsychologie] 40 ff.).

Die beschriebenen generellen Koordinationsaufgaben im Kontrollprozess umfassen durchweg auch die generelle Unterstützung in der Auswahl passender Methoden. Die Ergebnisse regelmäßiger oder in anderer Weise sich wiederholender Kontrollen werden typischerweise in **Berichten** an die zuständigen Instanzen weitergegeben (siehe Kapitel VII).

3. Besondere Gestaltungsmerkmale von Kontrollen

<small>Gestaltung einzelner Kontrollen</small>

Wie die Kontrollen gestaltet werden, bestimmt sich nach einer ganzen Reihe von Merkmalen (vgl. dazu z. B. Küpper [Controlling] 221), die teilweise vom Kontrollproblem abhängen. Einige davon haben aber über die Konkretisierung des Vorgehens hinausgehende Bedeutung, die zum Teil auch mit einem Koordinationsaspekt verbunden ist. Dazu gehören

- die formalen Eigenschaften der Kontrolle,
- der Umfang der Kontrolle,
- das Festlegen der Kontrollierenden.

Zu den formalen Eigenschaften zählen vor allem die Standardisierung und die Dokumentation (vgl. Küpper [Controlling] 221). Je mehr ein Kontrollprozess standardisiert ist, desto eher wird er als objektiv angesehen. Dies kann insbesondere dort wichtig sein, wo Kontrollkonsequenzen persönlicher Art auftreten können. Andererseits geht mit zunehmender Standardisierung auch Flexibilität verloren, jene aber ist gerade dort von Bedeutung, wo wegen unterschiedlicher Kontrollwirkung differenziert werden muss (siehe oben, S. 113).

<small>formale Eigenschaften</small>

Die **Dokumentation** ist eng mit der Nachprüfbarkeit und Belegbarkeit von Kontrollinformationen verbunden; sie spielt daher vor allem im hierarchischen Zusammenhang eine Rolle. Wo Kontrollergebnisse in Berichte einfließen, liegt zwangsläufig ohnehin eine Dokumentation vor; diskutabel ist sie daher nur bei isolierten Kontrollen und Ad-hoc-Kontrollen.

Mit dem Umfang der Kontrolle ist der Fall angesprochen, dass zum gleichen Kontrollobjekt **mehr oder weniger viele Einzelpositionen** kontrolliert werden können. Dies ist in den betrieblichen Prozessen oft, wenn auch nicht durchweg der Fall. Typisch ist die Kontrolle eines Einzelschrittes innerhalb eines größeren Prozesses, der in großer Wiederholung auftritt, also etwa bei der Serien- oder Massenproduktion oder bei der Durchführung von Alltagsgeschäftsprozessen, etwa der Kundenauftragsbearbeitung, Fakturierung, Materialbereitstellung, Lohnabrechnung, Buchführung oder weiteren Sekundärleistungen. Hier ist die Anzahl der zu kontrollierenden Positionen (also Produkteinheiten, Stücke bzw. Fälle) festzulegen. Grenzfälle sind die **Vollerhebung** einerseits und die isolierte Prüfung eines **einzigen Einzelfalls** andererseits. Dazwischen liegt die **Stichprobenprüfung.** Diese Frage ist von weniger deutlichem koordinativen Charakter, sondern richtet sich mehr nach den Kosten, dem Zeiteinsatz sowie dem Umfang einer Vollerhebung. In manchen Fällen, etwa wenn nur eine „zerstörende" Prüfung in Betracht kommt, ist eine Stichprobenkontrolle zwingend.

<small>Kontrollumfang</small>

Mit oft erheblichen Nebenwirkungen verbunden ist die Verteilung der Kontrollaufgaben, d. h. das Festlegen der Kontrollierenden. Traditionell werden hierzu vor allem **Eigen- und Fremdkontrolle** einander gegenübergestellt. Bei der Eigenkontrolle führt die kontrollierte Person den Kontrollvergleich nach entsprechenden Vorgaben selbst durch. Im Gegensatz zur Fremdkontrolle ist das nur unter bestimmten Bedingungen, die allerdings oft herbeigeführt werden können, möglich. Gut kontrollierbar ist zum Beispiel eine Leistung, die sich in einem objektiv messbaren Arbeitsergebnis niederschlägt, so etwa die technische Funktionsfähigkeit eines Produkts, das Gewicht, die Abmessungen oder andere physikalische Eigenschaften, der Zeitbedarf oder der Einsatzverbrauch für einen Auftrag usw. Manches davon kann auch durch eine mechanische bzw. automatische Prüfung unpersönlich realisiert werden, die von der kontrollierenden Person nur zu veranlassen und auszuwerten ist. Auch hier kann kontrollierte und kontrollierende Person identisch sein. Dagegen entzieht sich einer Eigenkontrolle alles, was mit einer individuellen Einschätzung der Leistungsfähigkeit zu tun hat (zum Beispiel: „wie geschickt war die Verhandlungsführung?"), sowie alles, was für das Kontrollieren gerade dieselbe Eigenschaft verlangt, die kontrolliert werden soll (zum Beispiel: „sind die Satzzeichen richtig gesetzt?").

<small>Festlegen der Kontrollierenden</small>

Wo Eigenkontrolle möglich ist, sind ihre Vorteile gegenüber der Fremdkontrolle abzuwägen. Für die Eigenkontrolle spricht generell eine positive motivatorische und auch leistungsfördernde Wirkung: eigene Fehler können direkt erkannt, in ihren Ursachen möglicherweise selbst durchschaut und besser vermieden werden, ohne sich gegenüber Dritten rechtfertigen zu müssen. Die Eigenkontrolle ist

<small>Beurteilung von Eigen- und Fremdkontrolle</small>

effizienter, weil der Kontrollierende über Insiderinformationen verfügt und potenzielle Schwachstellen besser kennt. Andererseits hat die Eigenkontrolle durchaus auch mögliche Negativeffekte: es fehlt das dokumentierte Interesse der vorgesetzten Stelle; möglicherweise ist die Kontrolle unvollständig oder weniger sorgfältig; möglicherweise werden weitergereichte Kontrollinformationen manipuliert; möglicherweise fallen weder besonders gute, noch besonders schwache Leistungen im Zuge der Kontrolle auf.

<small>verallgemeinerte Arten von Kontrollierenden</small>

Das traditionelle Gegenüber von Eigen- und Fremdkontrolle ist bei genauer Besicht zu präzisieren und, worauf insbesondere Schäffer (vgl. [Kontrolle] 169 ff.) hingewiesen hat, zu differenzieren. Sofern nicht Eigenkontrolle vorliegt, gibt es nämlich gemäß Abb. V-3 (Schäffer [Kontrolle] 174) mehrere Möglichkeiten für die Kontrollierenden. Kontrollieren kann zunächst eine vorgesetzte Instanz, der typische Fall der traditionell interpretierten Fremdkontrolle. Es kann aber auch, als **„Co-Kontrolle"** bezeichnet, auf gleicher hierarchischer Ebene eine Folgestelle im Prozessablauf kontrollieren, etwa eine spätere Produktionsstelle, die ganz besonders auf die Mängelfreiheit des betrachteten Prozessschritts angewiesen ist. Je nachdem, ob der Kontrollierende der Co-Kontrolle zur gleichen organisatorischen Einheit gehört wie der Vorgesetzte, kann die Vorgesetztenkontrolle oder die Co-Kontrolle die größere Nähe zur Eigenkontrolle aufweisen. Für die Interpretation und Beurteilung verschiedener Kontrollbeziehungen ist es wichtig, ob eine Kontrolle eher als selbststeuerbar oder als von außen bestimmt aufgefasst wird. Dies führt Schäffer (vgl. [Kontrolle] 194) zur Unterscheidung von **intern** und **extern basierter Kontrolle.** Die Einordnung einzelner Kontrollzuständigkeiten als intern oder extern basiert ist von der betrachteten Einheit abhängig. Aus Sicht einer kontrollierten Person ist alles extern basiert, was Andere beteiligt. Aus Sicht eines Abteilungsleiters, eines Projektleiters oder der Unternehmensleitung umfasst die intern basierte Kontrolle auch manche Co- und Vorgesetztenkontrolle.

mögliche Verteilung der Kontrollzuständigkeit:

Eigen-kontrolle	↔		vertikale Koordination	horizontale Koordination
		gemeinsamer Zweck dominiert	**Fremdkontrolle**	**Co-Kontrolle**
		gemeinsamer Zweck dominiert nicht	—	**Marktkontrolle**

Subsidiaritätsgesetz der Kontrolle:

So viel intern basierte Kontrolle wie möglich ...,	*komplementäre und substitutive* ↔ *Beziehungen*	**... so viel extern basierte Kontrolle wie nötig.**

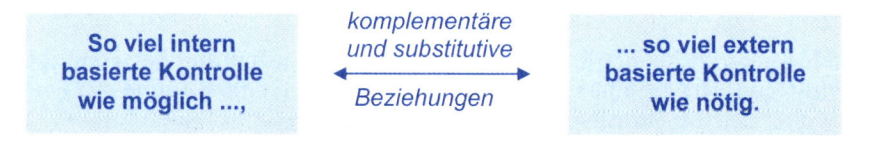

Abb. V-3: Regelung der Kontrollzuständigkeit nach Schäffer

Ein Grenzfall liegt vor, wenn die Kontrolle schließlich außerhalb der Betriebsgrenzen liegt. Dann handelt es sich um die **Marktkontrolle,** ausgeführt etwa durch Kunden, sonstige Handelspartner, Konkurrenten, überbetriebliche Institutionen oder Warentester. Sie ist in vielen Fällen als extern basiert anzusehen, könnte aber auch gezielt in intern basierte Kontrollen integriert werden. Sogar die Kontrolle durch einen Marktpartner selbst könnte noch als intern basiert einzuordnen sein, und zwar dann, wenn der Erfolg einer bestimmten Produktart gegenüber einem Alternativprodukt der Konkurrenz im Vordergrund steht. Dies liegt dann auch im Interesse des abnehmenden Händlers, Weiterverarbeiters oder Vermittlers, also des Marktpartners, der die Kontrollfunktion übernimmt. Nach der Einteilung Schäffers wäre dies freilich als eine überbetriebliche Co-Kontrolle zu interpretieren, da der gemeinsame Zweck des Markterfolgs dominiert. Bei der Marktkontrolle i. e. S. gemäß Abb. V-3 ist der kontrollierende Marktpartner in erster Linie daran interessiert, selbst eine einwandfreie Leistung zu haben bzw. zu erbringen, ersatzweise einen Preisnachlass oder eine Rückabwicklung seines Kaufs zu realisieren.

Kontrollen durch Externe

Die von einer ausschließlich intern zu einer weitgehend extern basierten Kontrolle stufenweise ungünstiger werdenden Eigenschaften hat Schäffer zur in Abb. V-3 (Schäffer [Kontrolle] 174, 199 f.) wiedergegebenen Forderung des Subsidiaritätsgesetzes der Kontrolle als heuristische Regel für die Zuordnung der Kontrollverantwortlichkeit veranlasst.

4. Gestaltungsmerkmale von Kontrollsystemen

Naturgemäß treten auch Kontrollen nicht singulär auf, sondern sind in aller Regel Teil eines geordneten Zusammenhangs, eines **Kontrollsystems.** Um ein Kontrollsystem zu charakterisieren, kann man sich zunächst am zugrunde liegenden Planungssystem orientieren: Da Kontrollen einer vorhergehenden Planung folgen, übertragen sich jedenfalls die dort angewendeten Einteilungskriterien. Allerdings haben Kontrollsysteme möglicherweise **eigene Schwerpunkte.** Sie resultieren aus zwei Besonderheiten im Zusammenhang von Planungs- und Kontrollsystem: Wo der Kontrollzweck der grundsätzlichen Durchsetzung verfolgt wird, setzen die Kontrollen zweckmäßig an den Organisationsstellen an, die mit den geplanten Aufträgen betraut sind. Für diesen Kontrollzweck steht also der **organisationshierarchische** Teil des Planungssystems im Vordergrund. Die zweite Besonderheit hängt damit zusammen, dass Planung und Kontrolle zum gleichen Problem in der Durchführungshäufigkeit deutlich auseinanderfallen können. So wird man einen Ablauf, der sich mehrfach wiederholt, zwar nur einmal planen, aber ggf. **mehrfach kontrollieren.** Dies trifft vor allem für alle Produktionsprozesse in Serien- oder Massenfertigung zu, ebenso für sich wiederholende Verwaltungs- und Sekundärleistungsprozesse. Ein wichtiger Gestaltungstatbestand der Kontrollen ist dabei nicht nur, welcher Erhebungsumfang bei der einzelnen Kontrolle angesetzt wird (siehe dazu oben, S. 115), sondern auch, in welcher **zeitlichen Verteilung** solche Kontrollen vorgesehen werden. Das Kontrollsystem entsteht dann aus der Kombination der zeitlichen Kontrollpunkte und des jeweiligen Erhebungsumfangs.

Gestaltung ganzer Kontrollsysteme

Die Möglichkeit einer **Stichprobenauswahl** entsteht aber nicht nur bei repetitiven Prozessen, sondern ist ein **generelles Merkmal** von Kontrollen – auch in

zusätzliche Gestaltungsparameter von Kontrollsystemen

inhaltlicher Hinsicht. So können unterschiedliche inhaltliche Aspekte eines Kontrollobjekts, etwa eines Produkts, eines Produktions- oder Verwaltungsprozesses, entweder in der Tiefe oder in der Breite kontrolliert werden. Schäffer ([Kontrolle] 77 ff.) spricht in diesem Zusammenhang von den Prinzipien der Fokussierung und der Differenzierung. Wie in Abb. V-4 dargestellt, formuliert das **„Fokussierungsgesetz der Kontrolle"** die heuristische Regel „So viel Fokussierung der Kontrolle wie möglich, so viel Differenzierung wie nötig" ([Kontrolle] 244).

Auswahl von Kontrollobjekt und Kontrollinhalt:

Prinzip der Fokussierung ←→ Prinzip der Differenzierung

"Fokussierungsgesetz" der Kontrolle:

So viel Fokussierung der Kontrolle wie möglich ..., ←komplementäre und substitutive Beziehungen→ ... so viel Differenzierung wie nötig.

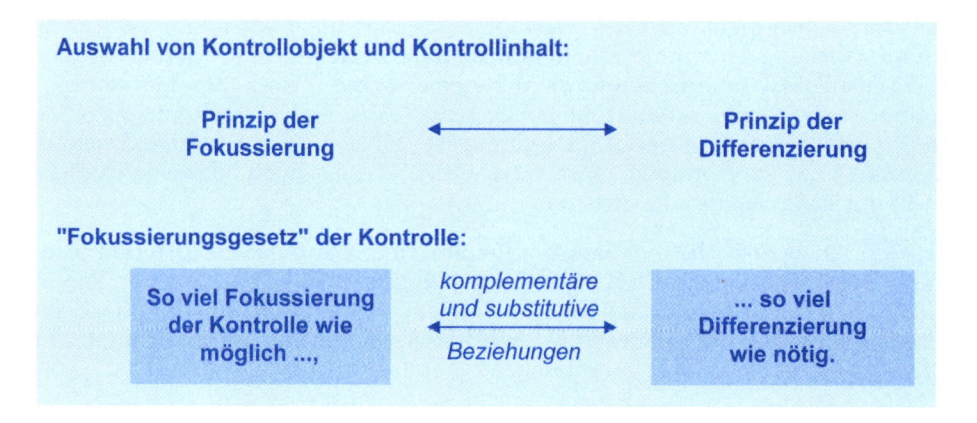

Abb. V-4: Regeln zur inhaltlichen Spezifizierung des Kontrollobjekts nach Schäffer

Fasst man die Gestaltungsmöglichkeiten von Kontrollsystemen zusammen, so entsteht bereits aus den zahlreichen Planungsarten, die bei der Bildung eines Planungssystems möglich sind, eine Vielfalt möglicher Formen. Hinzu treten die charakterisierenden Basismerkmale der Kontrolle, also Kontrollzweck und Art der verglichenen Größen. Die in Abschnitt 3 besprochenen besonderen Gestaltungsmöglichkeiten von Kontrollen vergrößern den Spielraum zusätzlich. Schließlich ist es in einem Kontrollsystem auch möglich und insgesamt zweckmäßig, **zum gleichen Plan mehrere Kontrollen** anzusetzen. Sie unterscheiden sich beispielsweise

- in der inhaltlichen Spezifizierung des gleichen Kontrollobjekts durch aufgegliederte Einzelkontrollen,

- in der zu kontrollierenden Umsetzungsphase,

- im Kontrollumfang der einzelnen Kontrolle (siehe S. 115),

- in der zeitlichen Verteilung inhaltlich gleicher Kontrollen.

Insgesamt umfasst deshalb die Konstruktion eines Kontrollsystems **deutlich mehr Möglichkeiten** als die eines Planungssystems. Zudem ist im Vergleich das Kontrollsystem bei weitem nicht so unflexibel, wie es ein eingeführtes Planungssystem sein mag. Da die Kontrollmerkmale kaum Rückwirkungen auf die Art und den Ablauf des weiteren Führungsprozesses haben, lassen sie sich in einer systemdefinierenden Koordination prinzipiell auch kurzfristig leichter ändern.

4. Gestaltungsmerkmale von Kontrollsystemen

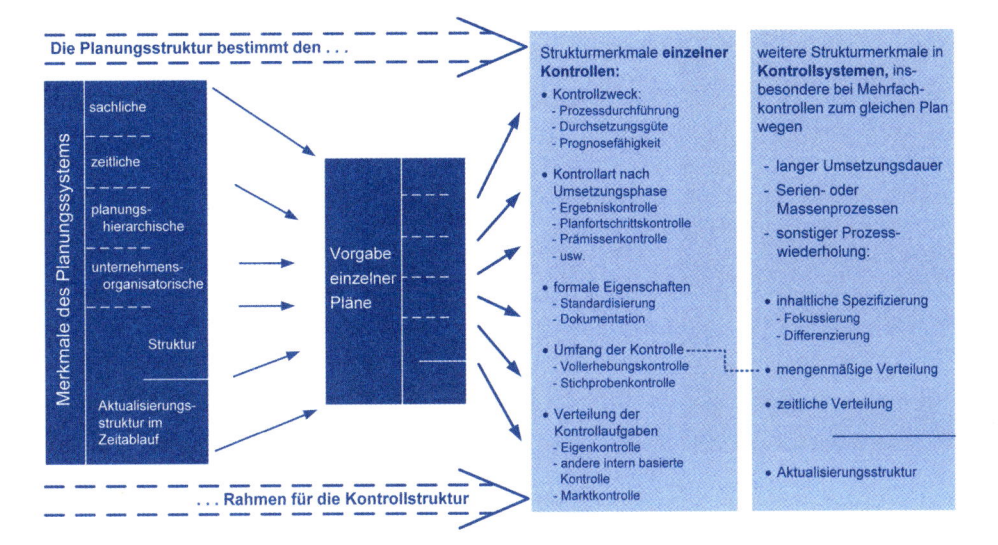

Abb. V-5 fasst die Strukturierungsmerkmale von Kontrollsystemen zusammen. Während die Struktur der vorgelagerten Planung den Rahmen für die Kontrollstruktur vorgibt, bestimmen die weiteren Merkmale die eigentlichen Spezifika der Kontrollen sowie ihr Zusammenwirken im Kontrollsystem. Der Aufbau solcher Kontrollsysteme ist auch Teil der systemgestaltenden Koordinationsaufgabe des Controlling.

Koordinationsaufgaben bei Kontrollsystemen

Merkmale des Planungssystems
- sachliche
- zeitliche
- planungshierarchische
- unternehmensorganisatorische
- Struktur
- Aktualisierungsstruktur im Zeitablauf

Die Planungsstruktur bestimmt den ... → Vorgabe einzelner Pläne ← ... Rahmen für die Kontrollstruktur

Strukturmerkmale einzelner Kontrollen:
- Kontrollzweck:
  - Prozessdurchführung
  - Durchsetzungsgüte
  - Prognosefähigkeit
- Kontrollart nach Umsetzungsphase
  - Ergebniskontrolle
  - Planfortschrittskontrolle
  - Prämissenkontrolle
  - usw.
- formale Eigenschaften
  - Standardisierung
  - Dokumentation
- Umfang der Kontrolle
  - Vollerhebungskontrolle
  - Stichprobenkontrolle
- Verteilung der Kontrollaufgaben
  - Eigenkontrolle
  - andere intern basierte Kontrolle
  - Marktkontrolle

weitere Strukturmerkmale in Kontrollsystemen, insbesondere bei Mehrfachkontrollen zum gleichen Plan wegen
- langer Umsetzungsdauer
- Serien- oder Massenprozessen
- sonstiger Prozesswiederholung:
  - inhaltliche Spezifizierung
  - Fokussierung
  - Differenzierung
- mengenmäßige Verteilung
- zeitliche Verteilung
- Aktualisierungsstruktur

Abb. V-5: Strukturierungsmerkmale von Kontrollsystemen

Für die Gestaltung der zahlreichen Merkmale von Kontrollsystemen ergeben sich über die bereits bei den Planungssystemen und hier ergänzend besprochenen Merkmale hinaus keine prinzipiellen Besonderheiten. Allerdings sollen wegen ihrer speziellen Eigenschaften zwei Kontrollfälle genauer betrachtet werden: die strategische Kontrolle und die Verhaltenskontrolle. Die Aspekte, die beim Aufbau des sogenannten „internen Kontrollsystems", eines besonderen Teilgebietes der Kontrollsysteme, zu beachten sind, besprechen wir in Kapitel XI.

zwei besondere Kontrollfälle

Bei der **strategischen Kontrolle** handelt es sich klassifikatorisch um die Kontrolle, die sich an die planungshierarchisch unterschiedene strategische Planung anschließt. Sie ist vor allem interessant, weil hier – sowohl im Planungsbereich als auch bei der Kontrolle – oft einzelne Teilaspekte betrachtet werden, die zwar zu anderen Anwendungsbereichen keinen prinzipiellen Unterschied im Vorgehen aufweisen, jedoch die typischen Ausprägungen betonen. So greift Steinle ([Systeme] 296), wie Abb. V-6 zeigt, insbesondere von den möglichen phasenorientierten Kontrollarten die Planfortschrittskontrolle und die Prämissenkontrolle heraus, die gerade für die Umsetzung der typischerweise sehr langfristig angelegten Strategien von Bedeutung sind.

erste besondere Kontrollsituation

Die in Abb. V-6 als drittes Beispiel genannte **strategische Überwachung** ist nach einem anderen Merkmal gebildet. Hier handelt es sich nicht um die Kontrolle einer Umsetzungsphase, sondern es geht um das (frühzeitige) Erkennen von betriebsinternen und vor allem betriebsexternen Entwicklungen, die für die stra-

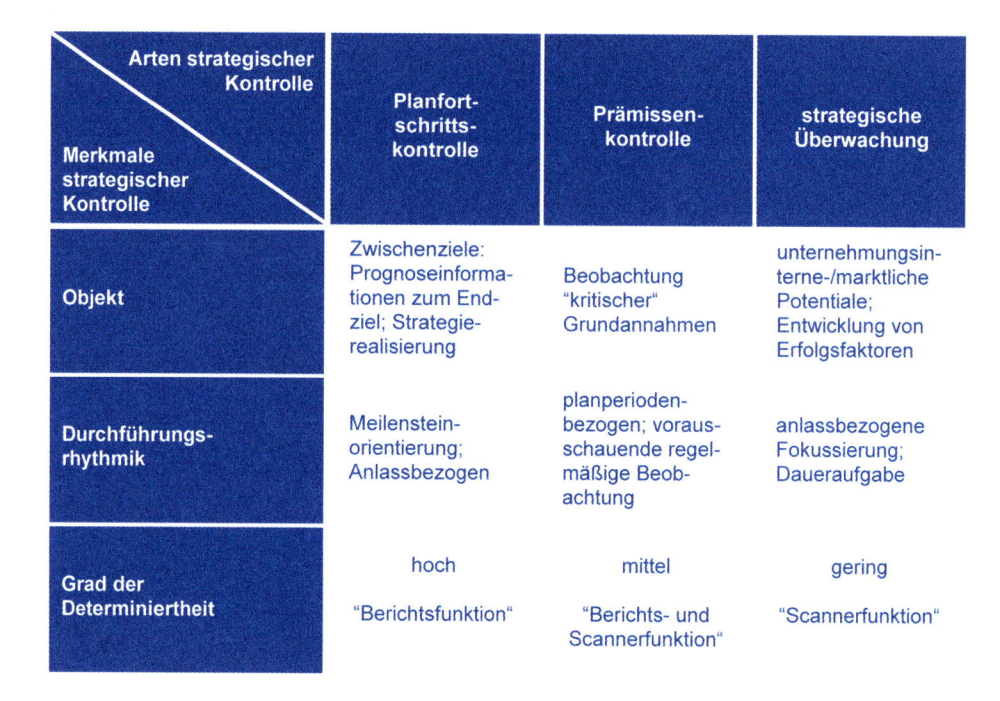

Arten strategischer Kontrolle Merkmale strategischer Kontrolle	Planfort-schritts-kontrolle	Prämissen-kontrolle	strategische Überwachung
Objekt	Zwischenziele: Prognoseinformationen zum Endziel; Strategierealisierung	Beobachtung "kritischer" Grundannahmen	unternehmungsinterne-/marktliche Potentiale; Entwicklung von Erfolgsfaktoren
Durchführungs-rhythmik	Meilensteinorientierung; Anlassbezogen	planperiodenbezogen; vorausschauende regelmäßige Beobachtung	anlassbezogene Fokussierung; Daueraufgabe
Grad der Determiniertheit	hoch "Berichtsfunktion"	mittel "Berichts- und Scannerfunktion"	gering "Scannerfunktion"

Abb. V-6: Arten und Merkmale strategischer Kontrolle nach Steinle

Einordnung in die allgemeine Begriffswelt

tegische Position des Betriebes von Bedeutung sein können (vgl. z. B. Fischer/Möller/Schultze [Controlling] 181 ff.). Es soll beispielsweise dazu dienen, frühzeitig entsprechende Planungsprozesse in Gang zu setzen, wenn sich Chancen oder Risiken abzeichnen, die bisher in der Planung nicht hinreichend berücksichtigt wurden. Diese strategische Überwachung erweist sich somit für die Zielerreichungsmöglichkeiten des Betriebes als äußerst wichtig; sie ist im Begriffssystem dieses Buches jedenfalls als Problemwahrnehmung zu Beginn eines Planungsprozesses einzuordnen. Um eine typische Kontrolle handelt es sich insoweit nicht, als zum (neu) identifizierten Problem bisher kein Plan vorliegt, der die Kontrollvoraussetzung bildet.

Allgemein hat das sogenannte strategische Controlling, das sich speziell mit den Controlling-Aspekten der strategischen Unternehmensführung befasst, einen besonderen Schwerpunkt in der strategischen Problemanalyse (vgl. vor allem Coenenberg/Baum/Günther [Controlling]), mangels entsprechender Vorgaben weniger dagegen in der strategischen Kontrolle, vor allem weil es in der strategischen Planung regelmäßig an der für differenziertere Kontrollen nötigen hinreichenden Präzision der Plangrößen mangelt.

zweite besondere Kontrollsituation

Als zweiter Fall soll die **Verhaltenskontrolle,** genauer und allgemeiner: die Kontrolle zur Durchsetzung der Planvorgaben betrachtet werden. Wegen ihrer Orientierung an der unternehmungsorganisatorischen Plandifferenzierung ist sie bereits oben hervorgehoben worden. Einen Überblick gibt Abb. V-7 (auszugsweise nach Schäffer [Kontrolle] 127, 142). Das besondere inhaltliche Gestaltungsinteresse rührt daher, dass gerade hier in erheblichem Maß Principal-Agent-Probleme eine Rolle spielen können. Dadurch gibt es in manchen Fällen

4. Gestaltungsmerkmale von Kontrollsystemen

ein Interesse der Kontrollierten, vorhandene relevante Abweichungen nicht aufzudecken. Deshalb müssen Kontrollszenarien für diesen Kontrollzweck besondere Vorkehrungen enthalten, Kontrollen trotz gegenteiligen Bemühens von Kontrollierten erfolgreich durchzuführen. Zudem gelangt insbesondere beim Principal-Agent-Problem der „Hidden Action" der Präventionscharakter zu besonderer Bedeutung. Die Kontrolle muss so sein, dass das „Entdeckungsrisiko" groß ist und die dann eintretenden Kontrollkonsequenzen einen gewissen „Abschreckungscharakter" enthalten. Abb. V-7 in Kombination mit Abb. V-8 (Schäffer [Kontrolle] 149) zeigt hierzu ein breites Spektrum von Möglichkeiten.

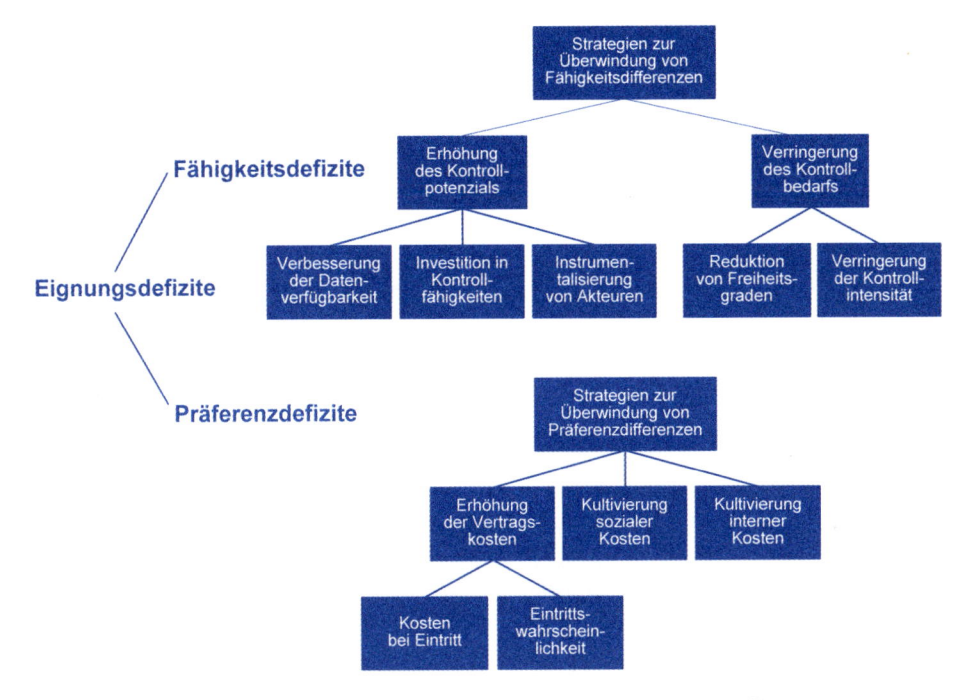

Abb. V-7: Strategien für die Verhaltenskontrolle nach Schäffer

subjektiv \ objektiv	100 %	Kleiner 100 %
100 %	sichere Kontrolle	„unsichtbare Allgegenwart"
Kleiner 100 %	verdeckte Kontrolle	„mal so, mal so"

Abb. V-8: Kombinationsfälle subjektiver und objektiver Kontrollwahrscheinlichkeiten nach Schäffer

alternative Instrumente der Verhaltenssteuerung

Die in Abb. V-7 angesprochenen Fähigkeitsdefizite betreffen mangelndes Können, umfassen also die Principal-Agent-Problematik der Hidden Characteristics; die Präferenzdefizite betreffen mangelndes Wollen, den Hintergrund für Hidden-Action-Probleme. Nicht in Abb. V-7 enthalten sind die Möglichkeiten, Principal-Agent-Probleme durch eine adäquate **Anreizgestaltung** anzugehen; dies wäre in manchen Fällen eine Alternative zu Kontrollen (siehe dazu Kapitel IX).

Kapitelübersicht

Kapitel V auf einen Blick

- Kontrolle ist eine Führungsfunktion, die häufige und viele Ansatzpunkte für das Controlling bietet. Insbesondere enthalten viele Controlling-Instrumente auch Kontrollkomponenten.

- In der Kontrolle werden Plangrößen mit Größen der Umsetzung verglichen. Kontrolle setzt daher eine vorherige Planung voraus.

- Als zu vergleichende Größen aus Plan und Umsetzung können jeweils Soll-, Ist- oder Wird-Werte gewählt werden. Daher gibt es zahlreiche Kontrollarten.

- Für Controlling-Überlegungen zentral ist die Unterscheidung wichtiger Kontrollzwecke. In Frage kommen die Sicherung oder Verbesserung
  - der Prozessdurchführung,
  - der Durchsetzungsgüte,
  - der Prognosefähigkeit.

- Nur wenn der Kontrollzweck klar ist, kann sinnvoll ein adäquates Kontrollmodell aufgebaut werden.

- Für jeden Kontrollzweck gibt es typische Durchführungsalternativen.

- Analog zur Planung kann auch bei der Kontrolle sowohl der einzelne Prozess als auch das gesamte System betrachtet werden. Dabei werden die jeweils besonderen Koordinationsaufgaben des Controlling deutlich.

- Besonders wichtig darunter sind
  - die Präzisierung des Kontrollproblems,
  - die Definition und Identifikation von Ausnahmen als relevante Abweichungen,
  - die Bestimmung der Konsequenzen entstandener Ausnahmen,
  - die Nebenwirkungen von Kontrollen, insbesondere psychologischer Art.

- Eine wichtige Einzelfrage ist, wer kontrolliert. Neben der traditionellen Unterscheidung von Eigen- und Fremdkontrolle bietet auch die Kontrolle auf gleicher Hierarchieebene, die Co-Kontrolle, interessante Möglichkeiten.

- Kontrollsysteme richten sich zum einen nach dem Aufbau des vorgelagerten Planungssystems, bieten aber auch eigene Strukturierungsmaßnahmen, die von Controlling-Relevanz sind.

- Insbesondere zur Verhaltenskontrolle spielt die generelle Principal-Agent-Problematik eine Rolle. Hier ergeben sich Berührungspunkte zur Motivations- und Anreizproblematik.

Wie das Universalwerkzeug intelligent eingesetzt wird:

Kapitel VI: Prinzipien der Kennzahlenanwendung im Controlling

1. Merkmale von Kennzahlen

Das Arbeiten mit Kennzahlen ist eine universell eingesetzte Standardidee im Controlling. Zahlreiche Controlling-Instrumente enthalten Kennzahlen als wichtige Parameter, Ziel- oder Entscheidungsgrößen; manche Instrumente basieren konstitutiv auf bestimmten Kennzahlen. Für neue Controlling-Probleme bietet ein Kennzahlenansatz oft den fruchtbaren Kern einer Lösungsmethode. Trotz ihrer zahlreichen, sehr unterschiedlichen Anwendungsfälle gibt es einige gemeinsame und stets auftretende Merkmale von Kennzahlen, die sowohl das Positive als auch das Negative daran ausmachen können. Diese Merkmale zweckgerecht zu nutzen, muss daher ein Hauptanliegen des Controlling sein.

Wichtigkeit von Kennzahlen als Controlling-Instrument

Was ist eine Kennzahl? Einige **Beispiele** mögen das verdeutlichen: Der mittelständische Unternehmer wird nach einigen harten Monaten eines wirtschaftlichen Abschwungs nach der Situation in seinem Betrieb gefragt. Er antwortet, sein Auftragsbestand sei nun bereits wieder auf 62 Tage angewachsen. Um über die Auswirkungen der aktuellen Grippewelle in seinem Produktionsbereich zu informieren, nennt der Abteilungsleiter 45% als derzeitigen Krankenstand. Den Markterfolg eines Neuprodukts kennzeichnet der Marketingchef mit der Wiederkaufrate von 70%. Nach dem Stand ihres Studiums befragt, führt die fünfsemestrige Controlling-Studentin ihre bereits erfolgreich erworbenen 160 Leistungspunkte nach dem ECTS-Standard an und freut sich über ihr um 0,3 gegenüber dem Studienjahrgangs-Durchschnitt besseres Notenergebnis.

Sinn von Kennzahlen

Allen Beispielen gemeinsam ist, dass anstelle ausufernder Erläuterungen mit zahlreichen Details eine Zahl kurz und prägnant informiert. Sehr typisch ist, dass durchaus nicht nach einer Zahl gefragt war, sondern vielmehr nach einer Situationsbeschreibung, dem Erfolg einer Maßnahme, der Konsequenz eines Ereignisses. Wenn dann mit einer Zahl geantwortet wird, ist unausweichlich, dass damit die interessierende Frage nur in einem bestimmten Aspekt beantwortet wird. Dieser Aspekt aber wird sehr präzise beschrieben; er kann daher bei wiederholter Beschäftigung auch genauer beurteilt und verfolgt werden. Dies mag dazu verleiten, eine ursprünglich breiter und allgemeiner gestellte Frage auf eine Kennzahl zu verengen und sich schließlich nur noch für die Entwicklung dieser Kennzahl statt für den gesamten Sachverhalt zu interessieren. Dass dies (immer) ein Unterschied ist, liegt daran, dass jede Kennzahl – das ist

Eigenschaften von Kennzahlen

ihr Vorteil – die Betrachtung auf eine eindeutig quantitativ definierte Rechenvorschrift reduziert und damit ein übersichtliches und klares Messkriterium bereitstellt, dass sie aber auch – das ist ihr Nachteil – alle Einzelheiten, die etwa zur Entstehung der konkreten Kennzahlenhöhe beigetragen haben, ausblendet. Die Hauptproblematik bei jeder Kennzahlanwendung besteht demgemäß darin, eine Definition zu finden, die den Hauptaspekt der jeweiligen Fragestellung akzeptabel erfasst und nur wenig Spielraum für Fehlschlüsse lässt. Da dies nicht ganz einfach ist, bietet sich hier für Controller eine anspruchsvolle und wichtige Aufgabe. Einfach ist die Aufgabe nur dort, wo der betrachtete Sachverhalt bereits von vornherein in Zahlen messbar ist, also etwa Werte, Längen, Gewichte, Volumen, Entfernungen, Geschwindigkeiten sowie sonstige physikalische oder ökonomische Größen unmittelbar gefragt sind. Gerade im Controlling werden Kennzahlen aber typischerweise dort eingesetzt, wo der Sachverhalt zunächst ganz und gar nicht (leicht) **messbar** ist. Vielmehr soll er gerade **erst durch die Kennzahl messbar gemacht werden.** So ist es bei Sachverhalten wie der Konjunkturlage, der allgemeinen betrieblichen Situation, der Marktakzeptanz von betrieblichen Produkten, ihrer Qualität oder Umweltfreundlichkeit, dem Produktionspotenzial, den Fähigkeiten und der Zufriedenheit von Mitarbeitern, ihrem Bildungsstand oder Fortbildungswillen, der Güte einer Organisation, der Schwierigkeit einer Aufgabe oder einer bestimmten Arbeitsstelle, dem Zahlungsverhalten von Kunden, ihrer Markenbindung sowie dem Ansehen des Betriebes und seiner Produkte bei Lieferanten, Kunden, Investoren und der Gesellschaft insgesamt.

Kennzahlenbegriff

Deshalb definieren wir eine Kennzahl als eine Größe, die über einen Sachverhalt komprimiert in quantitativer Form informiert (vgl. Troßmann [Kennzahlen] 520). Wichtiges Merkmal dieser Begriffsfassung ist, dass der abgebildete Sachverhalt nicht etwa schon vorher quantitativ messbar gewesen sein muss, sondern eben gerade erst durch die Kennzahlendefinition quantitativ gemessen, also quantitativ messbar gemacht wird. In einer Kennzahl verdichten sich stets ursprünglich isolierte Einzelinformationen zu einem Gesamtblick. Dem universellen Charakter entsprechend gibt es aus allen Bereichen eine Vielzahl von Kennzahlen. Einen Einblick vermitteln Kennzahlen-Sammlungen, wie sie in zahlreichen Praxis-Checklisten und -handbüchern auftauchen. Eine der umfassendsten Kennzahlen-Sammlungen ist das Werk von Radke ([Formelsammlung]).

Arten von Kennzahlen

Kennzahlen lassen sich generell nach **formalen und inhaltlichen Kriterien** sowie nach ihrer Funktion gliedern. Die **formale** Einteilung hebt auf die **Berechnungsart** ab, unterscheidet also z. B. Kennzahlen, die absolute Summen bzw. Differenzen oder relative Größen sind. Letztere lassen sich tiefer in Beziehungs-, Gliederungs- und Verhältniszahlen untergliedern. **Inhaltlich** kann man sie verschiedenen Bereichen zuordnen, etwa organisatorisch, güterfunktional oder produktorientiert. Solche generellen Einteilungen sind aus Controlling-Sicht von eher untergeordneter Bedeutung. Vor allem ist es müßig, sich darüber Gedanken zu machen, ob etwa der Umsatz eine Einzelgröße oder eine Summenzahl ist oder ob etwa das „Auslieferungsvolumen im Verhältnis zum Produktionsvolumen pro Tag, beides jeweils gemessen in Bruttoverkaufswerten" nun eine Produktions- oder eine Absatzkennzahl ist, ob sie eine Mengen- oder Wertzahl ist (die genannte Beispielkennzahl hat übrigens durchaus einen sinnvollen Anwendungsbereich).

Weitaus wichtiger erscheint die **Funktion,** die mit einer Kennzahl erfüllt werden soll. Nach ihr richten sich die Controlling-Anstrengungen, die dazu zu unternehmen sind. Auch die bekannten Controlling-Instrumente, die in den anderen Kapiteln behandelt werden, enthalten oft an zentraler Stelle Kennzahlen, die für die Wirksamkeit des betrieblichen Instruments maßgeblich sind.

2. Funktionen von Kennzahlen

a) Einteilung der Kennzahlenfunktionen

Alle Funktionen, die mit Kennzahlen verfolgt werden, lassen sich in folgende drei Kategorien einteilen (vgl. Troßmann [Kennzahlen] 521 ff.):

(1) Informationsfunktion der Kennzahlen:

    Die Kennzahl dient einer adressatengerecht komprimierten Information.

(2) Funktion der Kennzahlen als Instrument der sachlichen Führung:

    Die Kennzahl unterstützt einzelne Phasen des Planungs- und Kontrollprozesses, indem sie die Überlegungen auf markante Positionen konzentriert.

(3) Funktion der Kennzahl als Instrument der organisatorischen Führung:

    Die Kennzahl dient zur Vorgabe und Lenkung in der organisatorischen Hierarchie.

Prinzipien der Kennzahlengliederung

Abb. VI-1 zeigt diese Hauptfunktionen und zugehörige Unterfälle im Überblick (diese Übersicht sowie einige Passagen der nachfolgenden Erläuterungen sind auch unter Troßmann [Kennzahlen] veröffentlicht). Am wenigsten anspruchsvoll ist die **Informationsfunktion** der Kennzahlen. Wann immer einer Kennzahl keine weitergehenden Aufgaben in der betrieblichen Führung zugesprochen werden und die Kennzahl aber überhaupt einen Zweck erfüllt, kann jener nur in einer allgemeinen Information liegen. Hier spielt die Eigenschaft der Kennzahlen, komprimiert zu informieren, eine besondere Rolle. So käme in vielen Fällen die vollständige und umfassende Information über alle Einzelheiten letztlich einer unbrauchbaren Desinformation gleich. Besonders deutlich wird dies an Berichten betrieblicher Einheiten an ihre vorgesetzten Instanzen. Um einen brauchbaren Eindruck zu gewinnen, müssen hier Einzelinformationen instanzenorientiert verdichtet werden. So spielt die generelle Informationsfunktion für den Inhalt von Berichten eine wichtige Rolle.

Problematik neutraler Information mit Kennzahlen

Die überaus meisten Zahlen in betrieblichen Berichten erfüllen allerdings nicht nur einen einfachen Informationszweck, sondern einen deutlich anspruchsvolleren führungspolitischen Auftrag (zum Berichtswesen siehe Kapitel VII). Entsprechendes gilt auch allgemein: Überall dort, wo die gleiche Kennzahl über einen längeren Zeitraum verwendet wird, bleibt es kaum bei der bloßen Informationsfunktion. Vielmehr wird einer immer wieder genannten Kennzahl im Alltag unwillkürlich eine weitergehende Bedeutung beigemessen; vor allem Betroffene selbst interpretieren die Kennzahl in diesen Fällen oft als Zielerreichungszahl und behandeln sie demnach als **Instrument der organisatorischen Führung.**

VI. Prinzipien der Kennzahlenanwendung im Controlling

Funktionen von Kennzahlen
- **allgemeine Informationsfunktion:** Kennzahlen als kompakte quantitative Information
- **Kennzahlenfunktionen als Instrument der sachlichen Führung**
  - **Zielbildung:** Kennzahlen als operationalisierte Zielgröße
  - **Problemwahrnehmung:** Kennzahlen als (Früh-)Warnindikatoren
  - **Problemstrukturierung:** Kennzahlen zur Ursachenanalyse
  - **Alternativensuche:** Kennzahlen zur Systematisierung von Alternativen
  - **Prognose:** Kennzahlen als Bezugsgrößen
  - **Zuordnung einer Lösungskategorie:** Kennzahlen als Einordnungskriterien
  - **Konstruktion von Lösungen:** Kennzahlen als Vorteilhaftigkeits-/Optimalitätskriterien für Maßnahmen
  - **isolierte Bewertung interdependenter Größen:** Kennzahlen als Beurteilungsmaße von Restriktionsgrößen
  - **parametrische Lösung von Entscheidungsproblemen:** Kennzahlen zur Reduktion der Entscheidungskomplexität
  - **pauschale Kennzeichnung von Optimallösungen:** Kennzahlen als Sekundärzielgröße zwischen ursprünglicher Zielgröße und konkreten Maßnahmen
  - **Kontrolle:** Kennzahlen als Vergleichsgrößen
- **Kennzahlenfunktionen als Instrument der organisatorischen Führung**
  - **direkte Lenkung:** Kennzahlenvorgabe als Generalanweisung bei bekannten Einzelmaßnahmen
  - **indirekte Lenkung:** Kennzahlenvorgabe als Zielgröße bei unbekannten Einzelmaßnahmen

Abb. VI-1: Funktionen von Kennzahlen

b) Kennzahlen im sachlichen Führungsprozess: das Prinzip

Als Instrument der **sachlichen Führung** unterstützen Kennzahlen den Planungs- und Kontrollprozess in allen seinen Phasen. Hier kommt ihre Eigenschaft zur Geltung, von unwesentlichen Besonderheiten der Einzelfälle zu abstrahieren, um sie trotz äußerlich unterschiedlicher Ausprägungen vergleichbar zu machen. So sollen Kontrollen ermöglicht, Probleme aufgedeckt, Prognosezusammenhänge präzisiert oder andere Schritte des Planungsprozesses unterstützt werden. Sie steuern auf pauschale Art den Planungsprozess, oder sie wirken bei der Gestaltung der Pläne, d. h. bei der Alternativenwahl mit. In jedem Fall wird der Planungsprozess hierdurch vereinfacht. Dies gilt entweder für einzelne seiner Teilphasen oder für die Planbildung insgesamt. Der Kennzahlenverwendung kommt oft die Bedeutung einer Art Vorauswahl zu. Man erspart sich umfassendere Analysen in den entsprechenden Planungsschritten, indem man die Konsequenzen ergreift, die durch die Höhe einer Kennzahl vorher festgelegt wurden. Damit erhalten solche Kennzahlen unmittelbare Controlling-Bedeutung. Sie erfüllen als Strukturierungsparameter (siehe Kapitel II, S. 37) eine Koordinationsfunktion. An ihrer Höhe orientiert sich der weitere Führungsprozess. Dies ist sinnvoll, wenn die durch den verkürzten Planungsprozess ersparte Führungsarbeit die gleichzeitig hinzunehmende Optimalitätsabweichung rechtfertigt. Freilich wird diese Abwägung allenfalls durch grobe Abschätzungen möglich sein.

Gliederung der Kennzahlenfunktionen nach dem Planungsablauf

Welche Einzelfunktionen Kennzahlen im Führungsprozess übernehmen können, zeigt Abb. VI-1 in ihrem mittleren Teil. Die Darstellung folgt dabei der üblichen Aufgliederung des Planungs- und Kontrollprozesses (siehe dazu Kapitel IV, S. 74).

Die genaue Rolle von Kennzahlen in den Phasen des Planungs- und Kontrollprozesses ist unterschiedlich. Zum einen können sie die jeweilige Phasenaufgabe unterstützen, zum anderen bieten sie aber an verschiedenen Stellen auch Möglichkeiten, den Planungsprozess selbst anders zu strukturieren, insbesondere zu verkürzen und zu vereinfachen.

Die **phasenunterstützende** Wirkung begründet sich durch die charakteristischen Kennzahleneigenschaften, insbesondere die **Operationalisierung**, die mit ihnen gelingt. Von dieser Kategorie gibt es Anwendungen in allen Phasen des Führungsprozesses. Einige der typischen Beispiele sind:

Beispiele von Kennzahlen im sachlichen Führungsprozess

- für **operationalisierte Zielgrößen**, damit zugleich **Bewertungsgrößen** für die Entscheidungsfindung sowie **Vergleichsgrößen für Kontrollen:**

  der Deckungsbeitrag pro Stück, der Kapitalwert der Einnahmenüberschüsse einer Produktart über ihren Lebenszyklus hinweg, der Customer Lifetime Value, die Produktions-, Lager- oder Absatzmenge einzelner Produkte, der Personalbedarf in Stunden pro Serie, der Materialnutzungsgrad, der Kundenzufriedenheits-Index, die Durchlaufzeit, der Mitarbeiterzufriedenheits-Index, der Aus- oder Fortbildungs-Index der Mitarbeiter, das durchschnittliche Belegschaftsalter, der „ökologische Fußabdruck" eines Produkts,

- für **Problemindikatoren:**

  die Fehlmengenquote, die Ausschussquote, die Kunden-Reklamationsquote, die Terminüberschreitungshäufigkeit, die durchschnittliche Planabweichung,

Gewinne bzw. Verluste einzelner Aktivitäten, der Krankenstand der Mitarbeiter, die Fluktuationsrate, die Anzahl von Betriebsunfällen, die Bewerberanzahl pro ausgeschriebener Stelle, Rücklaufhäufigkeiten von Verkaufsförderungsmaßnahmen,

- für **Bezugsgrößen bei Prognosen:**

  Kostenkoeffizienten, insbesondere Cost-Driver-Raten, die Pro-Kopf-Produktivität, der Lieferbereitschaftsgrad-Zuwachs pro zusätzlichem m³ Lagervolumen, die durchschnittliche Nachfragesteigerung pro zusätzlicher Werbeaktion bestimmter Art, die durchschnittlichen Kosten für die Einrichtung eines Büroarbeitsplatzes,

- für die **vereinfachte Konstruktion von Alternativen:**

  das Volumen oder das Gewicht bisheriger Produkte, der Materialnutzungsgrad oder die Anzahl der Arbeitsgänge verschiedener Konstruktionsvorschläge für ein Produkt, der Durchsatz pro Stunde beim Vergleich unterschiedlicher Möglichkeiten der Fertigungsorganisation, die durchschnittliche Fahrzeit alternativer Standorte für Auslieferungslager.

c) Kennzahlen im sachlichen Führungsprozess: markante Fälle

Ziele als Kennzahlen

In der **Zielbildung** können Einzelziele, aber auch ein gewichtetes Verhältnis mehrerer Ziele mit Hilfe von Kennzahlen quantitativ ausgedrückt werden. Dies erlaubt gleichzeitig die Formulierung präziser Soll-Vorgaben sowie eine adäquate Kontrolle, indem die Kontrollwerte auf die gleiche Weise ermittelt werden wie die Vorgabekennzahl. In der **Problemwahrnehmung** und **-ordnung** können Kennzahlen als Frühwarnindikatoren und zur Ursachenanalyse eingesetzt werden. Im ersten Fall helfen sie zur Problemwahrnehmung, u. a. innerhalb des Berichtswesens, im zweiten Fall, der Ursachenanalyse, geht man dagegen von bereits erkannten Problemen aus. Für sie werden Entstehungsgründe gesucht. Ausgangspunkt sind Hypothesen über mögliche Ursache-Wirkungs-Zusammenhänge. Soweit durchgängig mit Kennzahlen gearbeitet wird, liegt für den betrachteten Zusammenhang ein Kennzahlensystem vor. Dessen Kennzahlenhierarchie zeigt Ketten von Ursache-Wirkungs-Zusammenhängen, die zur Ursachenanalyse von Problemen, aber auch darüber hinaus im weiteren Planungsprozess angewendet werden können. Hierzu zeigt Abb. VI-2 ein Beispiel. Darin ist das betriebliche Zielsystem zu großen Teilen in Kennzahlen abgebildet; die mehrstufige Aufgliederung zeigt die Einflussgrößen-Hierarchie (zahlreiche andere Beispiele zu Kennzahlenbäumen finden sich vor allem bei Reichmann [Controlling] 53 ff.).

Zielsystem mit Kennzahlen

Allgemein ist ein **Kennzahlensystem** eine geordnete Zusammenstellung mehrerer Kennzahlen: die Ordnungsbeziehungen können wie bei allgemeinen Zielsystemen auf Präferenzangaben, definitionslogischen oder empirisch-kausalen Zusammenhängen beruhen.

Mit einem Kennzahlensystem ist eine sehr präzise Darstellungsform von Zielen und ihrer Untergliederung in Teilziele und Einflussgrößen möglich. Diese Kennzahlendarstellung findet ihre Grenzen dort, wo sich die einzelnen Positionen nicht in Kennzahlen formulieren lassen. Da die Kennzahlenabbildung definitionsgemäß immer einen zusammenfassenden oder abstrahierenden Charak-

2. Funktionen von Kennzahlen

CSR-Ziel:

Umsatz von Produkten mit CSR-Nachweis:
- mindestens Vorjahresniveau und Umsatzanteil von mindestens 50 %

Umsatz von Produkten mit nachweislichen CSR-Problemen: 0 %

Finanzziel:
1. Cash = 300.000 und SHV möglichst groß
2. ab SHV in Höhe von 95 % des Vorjahresniveaus: Cash möglichst groß
3. ab Cash von 500.000: SHV möglichst groß
4. ab SHV in Höhe von 104 % des Vorjahresniveaus: Cash möglichst groß

Mitarbeiterziel:

Mitarbeiterzufriedenheit im Durchschnitt mindestens 2,0 auf der Schulnotenskala

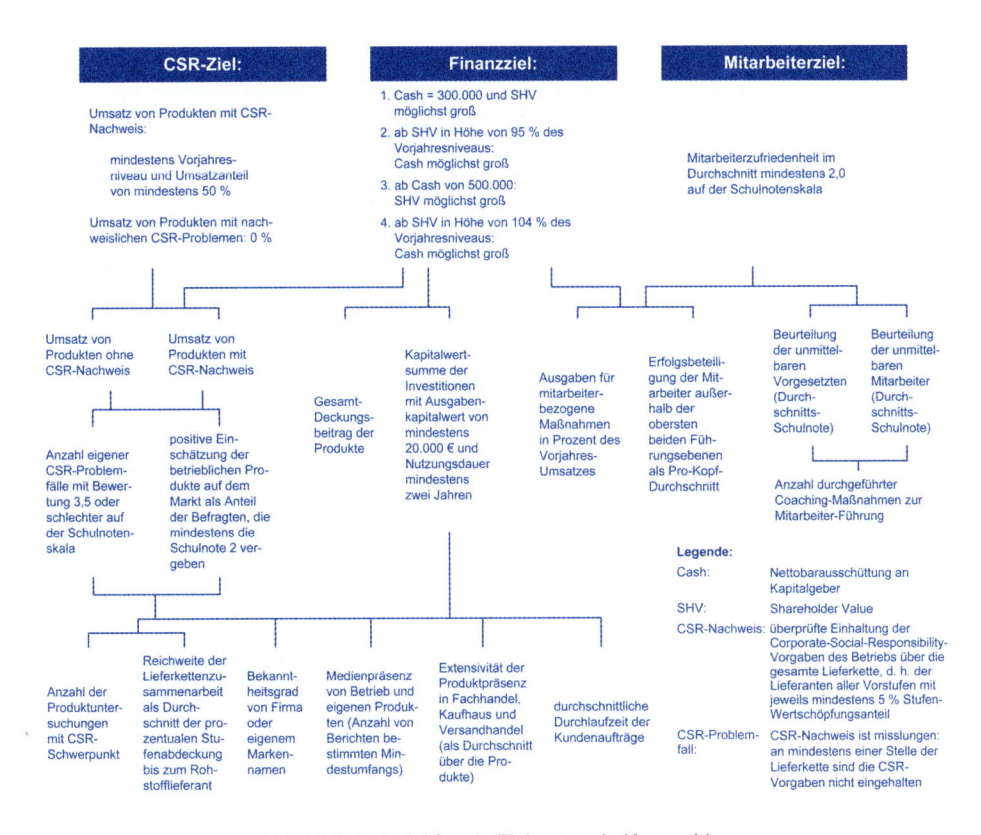

- Umsatz von Produkten ohne CSR-Nachweis
  - Anzahl eigener CSR-Problemfälle mit Bewertung 3,5 oder schlechter auf der Schulnotenskala
- Umsatz von Produkten mit CSR-Nachweis
  - positive Einschätzung der betrieblichen Produkte auf dem Markt als Anteil der Befragten, die mindestens die Schulnote 2 vergeben
    - Anzahl der Produktuntersuchungen mit CSR-Schwerpunkt
    - Reichweite der Lieferkettenzusammenarbeit als Durchschnitt der prozentualen Stufenabdeckung bis zum Rohstofflieferant
- Gesamt-Deckungsbeitrag der Produkte
- Kapitalwertsumme der Investitionen mit Ausgabenkapitalwert von mindestens 20.000 € und Nutzungsdauer mindestens zwei Jahren
  - Bekanntheitsgrad von Firma oder eigenem Markennamen
  - Medienpräsenz von Betrieb und eigenen Produkten (Anzahl von Berichten bestimmten Mindestumfangs)
  - Extensität der Produktpräsenz in Fachhandel, Kaufhaus und Versandhandel (als Durchschnitt über die Produkte)
- Ausgaben für mitarbeiterbezogene Maßnahmen in Prozent des Vorjahres-Umsatzes
- durchschnittliche Durchlaufzeit der Kundenaufträge
- Erfolgsbeteiligung der Mitarbeiter außerhalb der obersten beiden Führungsebenen als Pro-Kopf-Durchschnitt
- Beurteilung der unmittelbaren Vorgesetzten (Durchschnitts-Schulnote)
  - Anzahl durchgeführter Coaching-Maßnahmen zur Mitarbeiter-Führung
- Beurteilung der unmittelbaren Mitarbeiter (Durchschnitts-Schulnote)

Legende:
- Cash: Nettobarausschüttung an Kapitalgeber
- SHV: Shareholder Value
- CSR-Nachweis: überprüfte Einhaltung der Corporate-Social-Responsibility-Vorgaben des Betriebs über die gesamte Lieferkette, d. h. der Lieferanten aller Vorstufen mit jeweils mindestens 5 %-Stufen-Wertschöpfungsanteil
- CSR-Problemfall: CSR-Nachweis ist misslungen: an mindestens einer Stelle der Lieferkette sind die CSR-Vorgaben nicht eingehalten

Abb. VI-2: Beispiel für ein Zielsystem in Kennzahlen

ter hat, ist eine **Komplettdarstellung** von Zielsystem und Mittel-Zweck-Hierarchien in Kennzahlen nicht denkbar. Prominentes Beispiel sind alle Liquiditätsziele. Die Liquiditätseigenschaft ist für jede relevante Teilperiode zu bestimmen, also je nach Betrachtungshorizont zunächst etwa tages- und wochenweise, auf längere Sicht dann monats-, quartals- oder jahresweise. Man mag zwar das Gesamtergebnis in einem pauschalen „Erfüllungsgrad" zusammenfassen können, für eine ausschließliche Abbildung des Liquiditätssachverhaltes scheidet aber der Kennzahlenansatz aus. Dies liegt daran, dass eine Nichterfüllung der Liquiditätsbedingung in dem einen Zeitpunkt nicht durch eine besonders gute Erfüllung zu einem anderen Zeitpunkt ersetzt werden kann. Vielmehr sind genau diese Detailinformationen erforderlich, um die Liquiditätssituation beurteilen und gestalten zu können.

Von **strukturbeeinflussender** Bedeutung sind Kennzahlen dort, wo sie den Ablauf des Führungsprozesses steuern. Dies kann auftreten als

- Vorstrukturierung der Lösungsfindung,
- isolierte Bewertung interdependenter Größen,
- parametrische Lösung von Entscheidungsproblemen,
- pauschale Kennzeichnung von Optimallösungen.

Steuerung des Führungsprozesses mit Kennzahlen: vier Fälle

Fall 1 zur Führungsprozess-Steuerung

Wenn Kennzahlen zur **Vorstrukturierung der Lösungsfindung** verwendet werden, sollen sie eine Einteilung der Entscheidungsprobleme bieten und einen vorliegenden Einzelfall mit Hilfe seiner Kennzahl einordnen. Je nach Ausprägung der Kennzahl wird der Einzelfall einer Problemart zugeordnet; der weitere Planungsprozess richtet sich danach. Dies löst das Metaproblem der adäquaten Vorgehensweise, noch nicht das Problem selbst. Solche Vorstrukturierungstechniken sind sehr wertvoll; sie basieren in aller Regel auf einer geschickt gewählten Kennzahl oder mehreren davon. Beispiele dafür sind die ABC-Analyse, die Fallunterscheidung in der Portfoliomatrix (siehe zu beiden ausführlicher Kapitel IV, S. 84) sowie alle Arten von Klassenbildungen zur unterschiedlichen Problembehandlung, deren Klassengrenzen durch Kennzahlen definiert werden. Letztere sind Strukturierungsgrenzen im Sinne von Kapitel II (siehe S. 37). Konkret könnte dies die Umsatzhöhe oder der Materialeinsatz von Aufträgen sein, die Belegungszeit auf einer Maschine, das Auftragsvolumen oder die Bestellhäufigkeit von Kunden, die Anschaffungsausgaben bei Investitionen, der Schulabschluss von Belegschaftsmitgliedern, usw.

Fall 2 zur Führungsprozess-Steuerung

Kennzahlen zur **isolierten Bewertung interdependenter Größen** sind Koordinationsparameter zur Schnittstellenbewertung im Sinne von Kapitel II (siehe S. 37). Sie können die Komplexität eines Problems erheblich reduzieren. Jene entsteht u. a. dadurch, dass die Alternativen über Interdependenzbeziehungen (teilweise mehrfach) zusammenhängen. Beispielsweise sind die Herstellungsmengen mehrerer Produkte durch die gemeinsame Inanspruchnahme knapper Ressourcen miteinander verbunden. Das macht die Alternativen schwer bewertbar. Dualwerte, wie sie etwa bei der Produktionsprogrammplanung mit der linearen Planungsrechnung, aber auch bei anderen Optimierungsmethoden anfallen, vereinfachen die Alternativenbewertung erheblich. Sie drücken die durch gemeinsame Kapazitätsbedingungen entstehenden Interdependenzen komprimiert aus. Im Standardfall der linearen Produktionsprogrammplanung geben die Dualwerte die Grenzdeckungsbeiträge an, die bei Änderung der knappen Kapazitäten um je eine Einheit zusätzlich entstehen oder wegfallen. Damit werden zum einen die Kapazitäten direkt bewertet, zum anderen wird es möglich, weitere Kapazitätsverwendungen, etwa durch Zusatzaufträge, zu beurteilen, ohne eine umfassende Gesamtoptimierung neu durchführen zu müssen. Das Beispiel der Beurteilung von Zusatzaufträgen zeigt, dass derartige Kennzahlen für manche Standardprobleme unmittelbar eine Lösung anzugeben erlauben.

In die hier behandelte Kennzahlenkategorie gehören alle Werte, die einheitsbezogene Zieländerungen angeben, also neben den typischen Deckungsbeiträgen pro Engpasseinheit etwa auch Kalkulationssätze, Lagerhaltungskostenparameter, Mindestannuitäten und andere Engpassbewertungen. Das gleiche gilt für die variablen Kosten pro Bezugsgrößeneinheit aus der Grenzplankostenrechnung und dementsprechend auch für die Cost-Driver-Raten der Prozesskostenrechnung. Inwieweit solche Kennzahlen tatsächlich eine brauchbare isolierte Entscheidung erlauben, hängt davon ab, wie gut sie entscheidungslogisch begründet sind.

Fall 3 zur Führungsprozess-Steuerung

Besonders deutlich ist die Komplexitätsreduktion durch Kennzahlen erkennbar, wo sie ein **Entscheidungsproblem parametrisch lösen.** Der Standardbeispielfall ist die einfache Break-even-Analyse. Bei der grundsätzlichen Produktionsentscheidung wird beispielsweise die kritische Produktionsmenge berechnet, ab der sich eine Produktionsaufnahme lohnt. Damit ist auch ohne explizite Kenntnis der möglichen Absatzmenge eine Problemlösung möglich. Die unbekannte Größe wird als Parameter behandelt, die Grenzausprägung, bei der sich die Entscheidung gerade ändern würde, als Orientierungs-Kennzahl berechnet. Dieses Prinzip lässt sich immer dann anwenden, wenn ein Entscheidungsproblem zwar quantitativ lösbar ist, aber zur konkreten Lösungsberechnung eine zentrale Größe fehlt oder jedenfalls nicht in hinreichender Sicherheit vorliegt. Um die bestehende Berechenbarkeit dennoch zur Komplexitätsreduktion auszunutzen, arbeitet man mit einem Parameter (vgl. Schweitzer/Troßmann [Break-even-Analysen]). Für **diskrete Alternativen,** zum Beispiel also Ja/Nein-Entscheidungen, kann man damit Grenzausprägungen bzw. Intervalle angeben, für die die betrachtete Alternative optimal ist. Diese Ausprägungen des Parameters werden damit zu Kennzahlen für die Alternativenwahl; es handelt sich also um Methodenwahlparameter. Beispiele für Kennzahlen einer derartigen parametrischen Lösung sind

- kalkulatorische Zinssätze, die sich aus Schnittmengen von Kapitalwertfunktionen ergeben, für Investitionsentscheidungen,
- Mindestqualifikationsniveaus bei Personaleinstellungsentscheidungen,
- Mindestnachfrage- bzw. -angebotshöhen bei Standortentscheidungen,
- Höchst-Taktzeitenabweichungen für die Einrichtung zusätzlicher Bearbeitungsstationen bei Entscheidungen zur Gestaltung der taktierten Fließfertigung,
- Grenzanzahl aufgetretener Fehlerfälle für die Entscheidung über eine Produktrückrufaktion,
- Höchstbeträge fehlgeschlagener Lastschrifteinzugsversuche für die Lieferung gegen Rechnung an Versandhauskunden
- und alle Arten von Preisgrenzen für Ein- und Verkauf, mit denen auch kompliziertere Fälle (vgl. z. B. Baumeister [Preisgrenzenbestimmung]) erfasst und spezielle Risikosituationen operationalisiert werden können (vgl. Troßmann/Baumeister [Risikocontrolling] sowie Troßmann/Baumeister/Ilg [Projektrisiken]).

Die Komplexitätsreduktion ist dort am deutlichsten, wo aus Sicht des Entscheidungsträgers alle für eine fundierte Entscheidung erforderlichen Informationen bis auf gerade eine einzige Zahl vorliegen. Fehlen zwei oder mehr derartige Zahlen, bleibt das Prinzip zwar anwendbar, man erhält aber als Grenze zwischen den jeweils günstigsten Lösungsalternativen im Allgemeinen nur noch Kennzahlenkombinationen.

Bei der parametrischen Lösung eines Problems gibt die Kennzahl eine Bedingung für die Wahl einer von mehreren möglichen Alternativen an. Je kleiner dieser diskrete Alternativenraum ist, desto eher zeigt sich der Vorteil dieses Vorgehens. Deshalb ist es insbesondere bei der einfachen Ja/Nein-Entscheidung sinnvoll. Eine solche Rolle kann eine Kennzahl nicht übernehmen, wo **kontinuierliche Alternativen** bestehen, also eine Zahl, etwa als Bestell-, Produktions- oder Absatzmenge festzulegen ist. Dennoch kann auch hier in manchen Fällen ein Kennzahleneinsatz die Situation vereinfachen, nämlich dann, wenn sich die **Optimallösung durch eine bestimmte Konstante** pauschal charakteri-

Fall 4 zur Führungsprozess-Steuerung

sieren lässt. Dies kann beispielsweise ein optimaler Richt-Lagerbestand nach Auffüllung sein. Der bleibt über einen längeren Zeitraum gleich und erlaubt, die jeweils wechselnden optimalen Beschaffungsmengen zu bestimmen. Kennzahlen, deren Soll-Ausprägung auf diese Weise das anzustrebende Optimum einer Entscheidungssituation kennzeichnen, sind für zahlreiche betriebliche Entscheidungssituationen denkbar. Beispiele sind:

- die Parameter aller Arten von Lagerhaltungssystemen, wie Bestellmenge, Bestellbestand, Auffüllbestand, Bestellrhythmus,
- optimale Losgrößen einzelner Produktionsstufen,
- die Soll-Eindeckungszeit von Zwischenprodukten,
- optimale Auslastungsgrade von Maschinen,
- die Soll-Personalausstattung von Abteilungen oder Leitungsspanne von Managern,
- die Soll-Gruppenstärke teilautonomer Arbeitsgruppen,
- der Soll-Guthabenbestand einzelner Bankkonten,
- der Soll-Investitionsbetrag einzelner Geldanlagen,
- die Soll-Anzahl beworbener Produkte pro Katalogseite.

In allen Fällen besteht der Lösungsansatz darin, eine auf längere Zeit gleichbleibende Lösungsstruktur vorauszusetzen, die durch die jeweilige Kennzahl charakterisiert ist, und jene zu optimieren. Begnügt man sich dabei mit heuristischen anstelle exakter Optima, kann diese Lösungsidee entsprechend häufiger angewendet werden. Die tägliche Entscheidungsfindung ist nach Kenntnis der optimierten Kennzahlausprägung einfach. Darin liegt der Vorteil dieser Kennzahlenanwendung.

d) Kennzahlen im organisatorischen Führungsprozess

Vorgabe von Kennzahlen: zwei Fälle

Bei der **hierarchischen Lenkung** dienen Kennzahlen als Kern einer Vorgabe an Delegierte. Die Art der Lenkung wie auch der gesamte Kennzahleneinsatz hängt davon ab, ob die vorgegebene Kennzahl direkt oder nur indirekt beeinflussbar ist (vgl. ursprünglich Zwicker [Kennzahlen] 226). Bei einer **direkt beeinflussbaren Kennzahl** ist bereits klar, welche Maßnahmen konkret zu ergreifen sind. Der Umweg über die Kennzahlenvorgabe wird daher nicht aus inhaltlichen, sondern aus führungsorganisatorischen Gründen gewählt: Bei der Vorgabe einer direkt beeinflussbaren Kennzahl handelt es sich um eine Generalanweisung. Sie ersetzt zahlreiche, in ihren Ausprägungen unterschiedliche Einzelanweisungen. Eine zugehörige Kontrolle kann daher nicht einen mehr oder minder großen Zielerreichungsgrad messen, sondern lediglich feststellen, ob die Anweisung befolgt wurde oder nicht, ggf. wie oft. Eine besondere Honorierung der Kennzahlenerreichung selbst ist unangebracht. Die Kennzahl hat hier insgesamt die Funktion, eine Generalanweisung zu ermöglichen, kompakt und eindeutig zu formulieren sowie ihre Ausführung einfach kontrollierbar zu machen. Typische Beispiele direkt beeinflussbarer Kennzahlen finden sich regelmäßig dort, wo sich eine Optimallösung parametrisch in einer Kennzahl ausdrücken lässt (siehe

Abschnitt c). Das eigentliche Problem der Vorgabe direkt beeinflussbarer Kennzahlen besteht in der Festlegung der richtigen Höhe. Dies liegt in der Hand der vorgesetzten, delegierenden Instanz.

Bei der Vorgabe nur **indirekt beeinflussbarer Kennzahlen** ist die Problemlösung zum Delegationszeitpunkt deutlich weniger weit fortgeschritten als bei der Vorgabe direkt beeinflussbarer Kennzahlen. Die Vorgabe enthält nicht konkrete, zahlenmäßig beschriebene Aktionen, sondern ist eher als Ziel zu verstehen, das in einer Wunschhöhe einer Kennzahl ausgedrückt ist. Die Problemlösung wird dadurch kaum weniger schwierig. Typische Beispiele indirekt beeinflussbarer Kennzahlen sind

Kennzahlenvorgabe: der interessantere Fall

- Umsätze, Deckungsbeitragssummen und Deckungsbudgets,
- Gewinne, Kapitalwerte und Rentabilitäten,
- Durchlaufzeiten, Termineinhaltungsquoten für externe und interne Aufträge,
- Kapazitätsauslastungsgrade, Lagerumschlagszahlen sowie Fortschrittszahlen der Fertigungssteuerung,
- Ausschussquoten, Anzahl von Fehlteilen,
- Abschlussquoten von Außendienstmitarbeitern, Zufriedenheitsgrade bei Kunden oder Mitarbeitern, Aufmerksamkeits-, Wiedererkennungs- oder Markenbindungswerte als Folge kommunikationspolitischer Maßnahmen im Absatzmarketing.

Im Gegensatz zu den direkt beeinflussbaren Kennzahlen dient die Vorgabe in diesem Fall nicht nur einer rationellen Übermittlung von Maßnahmenanweisungen. Vielmehr weiß die vorgesetzte Instanz hier im Allgemeinen nicht, welche der möglichen Maßnahmen im Einzelfall konkret zielführend wären. Die Vorgabe bezweckt daher, der untergeordneten Instanz die Möglichkeit zu geben, mit ihren besseren Detailkenntnissen die ihr passend erscheinende Maßnahme zu wählen. Damit handelt es sich hier im Gegensatz zur Vorgabe direkt beeinflussbarer Kennzahlen um eine inhaltlich weitgehend **offene Delegation von Entscheidungskompetenz** mit einer Zielvorgabe in Form der indirekt beeinflussbaren Kennzahl.

Unterschied der beiden Fälle im Delegationsumfang

3. Koordinative Wirkung von Kennzahlen

Der Vielfalt der Kennzahlen entsprechend decken auch ihre koordinativen Wirkungen ein breites Spektrum ab. Sie lassen sich, den drei möglichen Hauptfunktionen der Kennzahlenverwendung folgend, grob drei Arten zurechnen: Kennzahlen, die vorwiegend einer kompakten Information dienen, erfüllen durch ihre zwangsläufig klare Definition die grundlegende Koordinationswirkung im Bereich der **Informationsbereitstellung und -verwendung.** Wo mit Kennzahlen gearbeitet wird, ist die Information präziser; mögliche Probleme durch widersprüchliche Interpretationen sind durch eindeutig kommunizierte Definitionen vermeidbar.

viele mögliche Koordinationswirkungen von Kennzahlen

Wo Kennzahlen für eine der zahlreichen Aufgaben in der sachorientierten Führung eingesetzt werden, erfüllen sie innerhalb des eigenen Planungs- und Kontrollprozesses der betroffenen Instanz die entsprechende Aufgabe. Ein Steuerungsproblem zwischen Hierarchieebenen kann hier nicht auftreten. Aber in diesem Bereich werden **zahlreiche Koordinationsaufgaben** im Feinen erfüllt, vor allem solche, die unmittelbar mit dem Planungsbereich verbunden sind (siehe Kapitel IV). Das gilt vor allem für die Abstimmung zwischen Zielsetzung, Alternativenbewertung, Kontrolle, Problemdefinition – also innerhalb der einzelnen Planungs- und Kontrollaufgaben, aber auch für die Abstimmung darüber hinaus zur Informationsbereitstellung, zum Berichtswesen und zu Anreizsystemen. Durch die Kennzahlenverwendung werden sie wegen deren spezifischen Eigenschaften, weil quantitativ konkretisiert und auf wenige Grundinformationen konzentriert, vor allem präziser und markanter erfüllt.

besondere Koordinationswirkung bei der Delegation

Ein besonderes Augenmerk verdient die hierarchische Lenkung mit Kennzahlen. Hier spielt eine große Rolle, (1) wie gut die gewählte Kennzahl für den Vorgabezweck **überhaupt geeignet** ist – und (2) wie gut die gewählte **Vorgabehöhe** der zu erfüllenden Zielsetzung entspricht. Beide Fragen stellen sich sowohl bei der Steuerung mit direkt als auch mit nur indirekt beeinflussbaren Kennzahlen, sie haben aber je eigene Antwortkriterien.

Welche Kennzahlen eignen sich zur direkten Vorgabe?

Im Fall direkt beeinflussbarer Kennzahlen bemisst sich die Eignung der Kennzahl einmal danach, wie gut sie inhaltlich **zur Lösung des Problems** passt, also eine optimale Lösung tatsächlich dadurch charakterisiert werden kann. Zum anderen hängt die Eignung davon ab, ob sie sich für eine Delegation als **Generalanweisung** auch dadurch anbietet, dass sie in der untergeordneten Instanz leicht und eindeutig verstanden und interpretiert werden kann sowie die zur Ausführung erforderlichen Handlungen fehlerlos abgeleitet werden können. Die Höhe der Kennzahlenvorgabe ist wie die Wahl der Kennzahl selbst Gegenstand von Optimierungsüberlegungen der übergeordneten Einheit.

Welche Kennzahlen eignen sich zur indirekten Vorgabe?

Maßgeblich für das Gelingen einer Delegation mit indirekt beeinflussbaren Kennzahlen ist, dass die als (Sekundär-)Ziel vorgegebene Kennzahl tatsächlich das angestrebte (Primär-)Ziel geeignet abbildet, insoweit also **Zielkongruenz** vorliegt. Dies ist bei dieser Variante der Kennzahlenvorgabe deshalb besonders wichtig, weil Zielverfehlungen in diesem Punkt wegen der Struktur der Delegationssituation nicht ohne weiteres sichtbar werden. Beim Kennzahleneinsatz für die Unterstützung des sachlichen Führungsprozesses wird die kennzahlensetzende Stelle die Zweckmäßigkeit des gewählten Ansatzes im eigenen Interesse selbst überprüfen. Bei der Vorgabe direkt beeinflussbarer Kennzahlen gehört die rhythmische Überprüfung des Kennzahlenansatzes sowie der jeweils angestrebten Zielhöhe zur Aufgabe der vorgebenden Instanz. Bei indirekt beeinflussbaren Kennzahlen indessen besteht am ehesten die Gefahr, diese Überprüfung zu vernachlässigen, da die Vorgabegröße selbst ja immer noch deutlichen Zielcharakter hat – und dabei leicht die Frage auf der Strecke bleibt, ob der Zweck-Mittel-Zusammenhang zwischen Primär- und Sekundärziel tatsächlich passend gefunden ist. Die untergeordnete Stelle dagegen problematisiert dies naturgemäß nicht zwingend; sie strebt vielmehr an, die Vorgabegröße möglichst gut zu erfüllen.

Die Problematik wollen wir am Beispiel des **Lieferbereitschaftsgrades** genauer betrachten. Die untergeordnete Einheit ist ein Materialdisponent. Seine Aufgabe ist es, die Materialeinkäufe so zu gestalten, dass im Jahresverlauf die Lagerbestände möglichst gut die Anforderungen abdecken, die kurzfristig vom Fertigungsbereich bei ihm ankommen. Da dort eine Auftragsproduktion vorliegt und die branchenübliche und aus Marktgründen erforderliche (kurze) Auftragszeit nicht ausreicht, die Materialien erst bei vorliegenden Kundenaufträgen zu beschaffen, muss Vorratslagerhaltung betrieben werden. Prinzipiell ist dies auch machbar, da das Angebotsprogramm des Betriebes zwar breit ist, aber doch mit einer gewissen Konstanz von den Kunden in Anspruch genommen wird. Es ist also möglich, wenn auch mit gewissen Streuungen, Wahrscheinlichkeitsprognosen über die Materialbedarfe aufzustellen. Der Materialdisponent hat die Aufgabe, den laufend zu beobachtenden tatsächlichen Bedarf an den diversen Materialien so bei seiner Vorratshaltung zu berücksichtigen, dass möglichst viele Anforderungen des Fertigungsbereichs direkt aus dem Lager erfüllt werden können. *Fallbeispiel zur zielentsprechenden Definition einer Steuerungskennzahl*

Klar ist, dass eine hundertprozentige Erfolgsquote nicht realistisch ist und nicht erwartet werden kann. Die delegierte Aufgabe der Materialdisposition soll durch den Lieferbereitschaftsgrad als eine Kennzahl präzisiert werden, die das sachliche Ziel möglichst präzise erfasst. Die um ein **Kostenbudget** als formales Ziel ergänzte Vorgabe lautet dann: „Die Materialdisposition ist so zu erledigen, dass bei einem Kostenbudget von 800.000 € für das nächste Jahr ein möglichst großer Lieferbereitschaftsgrad erreicht wird". Der Lieferbereitschaftsgrad ist hier eine indirekt beeinflussbare Kennzahl. Mit dieser Vorgabe ist das sachliche Ziel quantitativ messbar umgesetzt. Die konkrete Wirkung hängt von der Definition des Lieferbereitschaftsgrades ab. Hierzu zeigt Abb. VI-3 drei Möglichkeiten (vgl. Troßmann [Wissensbasis] 140). *gesamte Vorgabe*

Die üblichste Definition des Lieferbereitschaftsgrades ist die **positionenbezogene** (a) in Abb. VI-3. Um zu analysieren, wie ein so definierter Lieferbereitschaftsgrad wirkt, muss man davon ausgehen, dass das Steuerungskonzept greift, die materialdisponierende Stelle sich also ausschließlich auf das Erreichen eines hohen Lieferbereitschaftsgrades konzentriert, Nebeneffekte aber außer Acht lässt. Dann kann sich herausstellen, dass es günstig ist, von einem zwar nur sporadisch, dann aber in großen Mengen gebrauchten Material keinerlei Vorratsbestand zu halten. Die Wahrscheinlichkeit, eine Anforderung dieses Materials exakt erfüllen zu können, ist nur bei sehr großer Lagerhaltung hinreichend hoch. Wenn aber, wie bei der positionenbezogenen Definition des Lieferbereitschaftsgrades, Teillieferungen überhaupt nicht im Lieferbereitschaftsgrad honoriert werden, erscheint es bei der gegebenen quantitativen Messung als sinnvoll, eine Lieferfähigkeit solcher Positionen erst gar nicht anzustreben. Demgegenüber ergibt sich mit der gleichen Begründung, dass von Materialien, die häufig in relativ kleinen Mengen gebraucht werden, ein vergleichsweise großer Bestand vorteilhaft ist, um damit häufig eine positive Zählung im Lieferbereitschaftsgrad zu erhalten. *Schwächen der naheliegenden Kennzahlen-Definition*

Noch deutlicher wird die Steuerungswirkung, wenn der Fall einer teilweisen Erfüllbarkeit einer Anforderung analysiert wird. Trifft beispielsweise eine Anforderung über 100 Einheiten eines Materials ein, von dem nur 60 am Lager sind, hat der Disponent keinerlei Anreiz, dem Produktionsbereich erst einmal mit der Teillieferung von 60 zu helfen; denn eine Teillieferung wirkt sich im Lieferbereitschaftsgrad ebenso schlecht aus, wie eine komplette Nichtlieferung. Ein „schlauer" Disponent wird den kleinen Bestand von 60 weiter vorhalten, um vielleicht bei einer kleineren Nachfrage die Summe im Zähler des Lieferbereitschaftsgrades zu erhöhen.

mögliche Lösungen

Zur Vermeidung dieser Fehlsteuerung kann eine **Mengengewichtung** gemäß der Definitionsvariante b in Abb. VI-3 eingeführt werden. Hier wird zwar eine Teillieferung positiv gewürdigt, es verbleibt als Problem aber die verspätete sowie in der Materialart nicht ganz zutreffende Lieferung: Wenn eine Anforderung nicht unmittelbar erfüllt werden kann, nimmt im Lieferbereitschaftsgrad der Nenner zu, der Zähler nicht. Ob sich nun der Disponent um eine schnelle Nachlieferung oder ein Ersatzmaterial bemüht oder nicht, schlägt sich im Lieferbereitschaftsgrad nicht nieder. Will man auch dies in der Kennzahl honorieren, bietet sich möglicherweise eine **Indexdefinition** des Lieferbereitschaftsgrades an, wie es im Teil c der Abb. VI-3 skizziert ist.

Definitionsvarianten zum Lieferbereitschaftsgrad

(a) positionenbezogen:

$$\frac{\text{Anzahl korrekt erfüllter Positionen}}{\text{Anzahl angeforderter Positionen}}$$

(b) mengenbezogen:

$$\sum_i \frac{\text{korrekt gelieferte Menge in Position i}}{\text{angeforderte Menge in Position i}}$$

(c) Indexdefinition:

Index\Zeit Menge / Verspätung bis zu...	0 Std.	6 Std.	10 Std.	1 Tag	2 Tage	...
einwandfrei erfüllter Anteil mindestens 100 %	1,00	0,98	0,95	0,90	0,75	...
90 %	0,90	0,88	0,86	0,81	0,68	...
80 %	0,80	0,78	0,76	0,72	0,60	...
70 %	0,70	0,69	0,67	0,63	0,53	...
60 %	0,60	0,59	0,57	0,54	0,45	...
50 %	0,50	0,49	0,48	0,45	0,38	...

Reduktionsfaktor für abweichende Materialart:

korrektes oder problemlos verwendbares anderes Material	nahezu gleichwertiges Material	...	unbrauchbares Material
1,00	0,90	...	0,00

Abb. VI-3: Problematik der Zielpräzisierung im Lieferbereitschaftsgrad

allgemeine Vorgehensweise der Kennzahlenanalyse

Die Präzisierung quantitativer Ziele ist zum einen dort wichtig, wo mit quantitativen Management-Instrumenten Entscheidungen vorbereitet oder sogar über entsprechende Software automatisiert umgesetzt werden. Hier spielt das **vorherige Analysieren der Wirkung** unterschiedlicher Definitionsmöglichkeiten eine besonders große Rolle, da in einer routinehaften Massenanwendung (z. B. bei computergestützter Mengenplanung über alle Einzelteile, Zwischenprodukte und Endprodukte) eine manuelle Einzelüberwachung nicht mehr möglich ist

3. Koordinative Wirkung von Kennzahlen

und unerwünschte Wirkungen ansonsten erst nachträglich festgestellt werden könnten. Zum anderen ist eine durchdachte Definition dort relevant, wo in der hierarchischen betrieblichen Steuerung etwa im Verhältnis zwischen Zentrale und einzelnen Profit-Centern mit Zielvorgaben und entsprechender Ergebnismessung gearbeitet wird. Je mehr sich die über Ziele pauschal gesteuerten Einheiten nach diesem Lenkungskonzept verhalten, desto stärker wirken sich Schwachstellen bei der quantitativen Präzisierung der Ziele nachträglich aus.

Allgemein hängt die tatsächlich eintretende Wirkung gerade ungünstig definierter indirekt beeinflussbarer Kennzahlen von der **Verhaltensweise der Delegierten** ab. Drei Fälle sind zu unterscheiden, wie Abb. VI-4 zeigt: Im ersten Fall kümmert sich der Delegierte um die Kennzahlenvorgabe gar nicht; er verhält sich möglicherweise aber im Sinn der betrieblichen Ziele – vor allem dann, wenn jenseits der Kennzahlenwirkung Betriebskollegen ihn darum bitten. Im Beispielfall von oben könnte der Produktionsleiter den Materialdisponenten um die Herausgabe eines vorhandenen Lagerbestandes zur teilweisen Abdeckung einer Anforderung bitten, und jener würde der Bitte entsprechen. Der zweite Fall beschreibt den „schlauen" Delegierten, der ausschließlich die für ihn geltende Kennzahl optimiert – und sei es zulasten der betrieblichen Ziele. Der dritte Fall ist ein Delegierter, der sich über die Kennzahlenvorgabe wissend hinwegsetzt

Vorwegnahme möglicher Verhaltensweisen der Delegierten

drei mögliche Verhaltensweisen des Delegierten

Verständnis und Akzeptanz der Kennzahlenvorgabe beim Delegierten

- Der Delegierte **durchschaut** Definition und Berechnungsweise der Kennzahl **nicht**. Er verhält sich nach Gutdünken. ⟹ Die Kennzahlenvorgabe wirkt letztlich **nicht**.

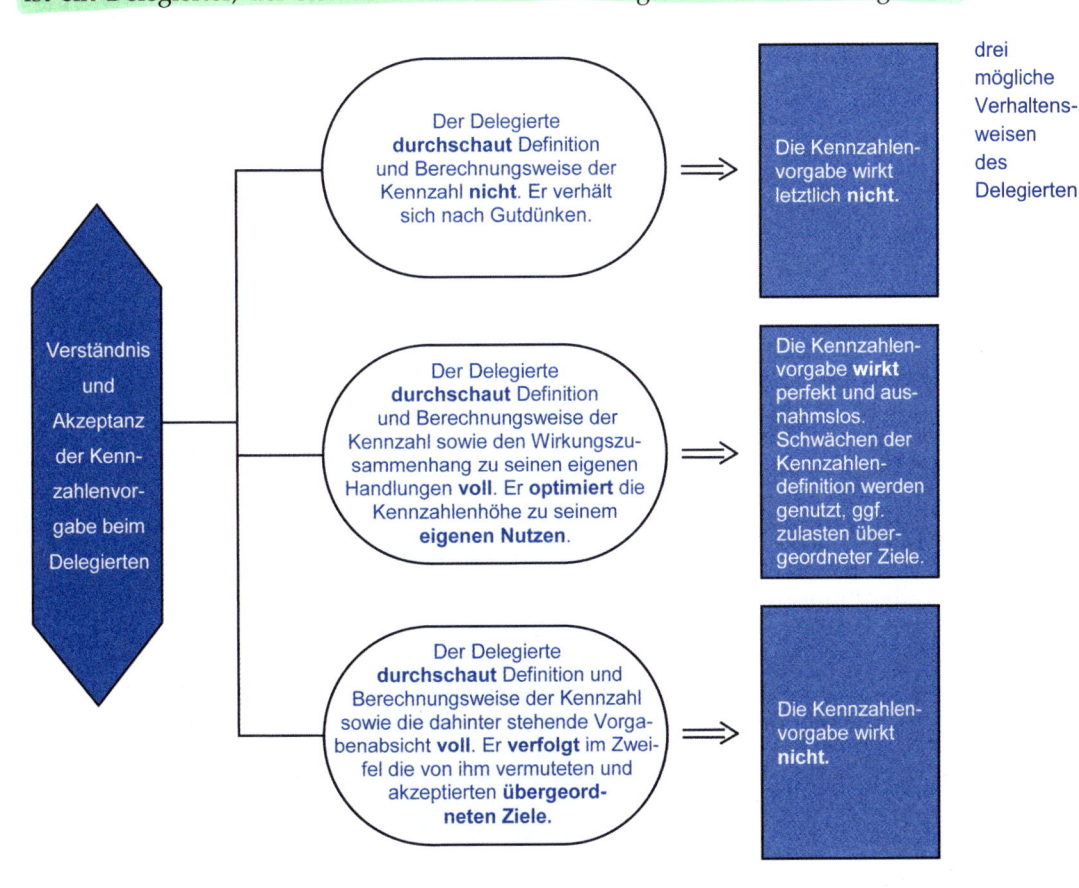

- Der Delegierte **durchschaut** Definition und Berechnungsweise der Kennzahl sowie den Wirkungszusammenhang zu seinen eigenen Handlungen **voll**. Er **optimiert** die Kennzahlenhöhe zu seinem **eigenen Nutzen**. ⟹ Die Kennzahlenvorgabe **wirkt** perfekt und ausnahmslos. Schwächen der Kennzahlendefinition werden genutzt, ggf. zulasten übergeordneter Ziele.

- Der Delegierte **durchschaut** Definition und Berechnungsweise der Kennzahl sowie die dahinter stehende Vorgabenabsicht **voll**. Er **verfolgt** im Zweifel die von ihm vermuteten und akzeptierten **übergeordneten Ziele**. ⟹ Die Kennzahlenvorgabe wirkt **nicht**.

Abb. VI-4: Wirkungsweise von Kennzahlenvorgaben

und sich im Zweifel an den betrieblichen Zielen orientiert. Er wird die beschränkte Anwendbarkeit der vorgegebenen Kennzahl aber auch bei seiner eigenen Leistungsbeurteilung thematisieren und eine entsprechende Würdigung einfordern.

Freilich ist im Allgemeinen davon auszugehen, dass am ehesten der mittlere Fall eintritt, also die Vorgabe systemsprechend aufgenommen wird. Gerade dann aber treten Fehlsteuerungen ein, die von der Definition der Kennzahl nicht ausgeschlossen werden. Deshalb ist die Analyse der Koordinationswirkung gerade bei indirekt beeinflussbaren Kennzahlen eine wichtige Controlling-Aufgabe. Übrigens: Der im dritten Fall als besonders „intelligent" gekennzeichnete Delegierte würde die Wirkung der Kennzahlen besser durchschauen als die ihm vorgesetzte Stelle (und deren Controller): Davon sollte besser nicht ausgegangen werden.

Was die vorgegebene absolute Höhe der Kennzahl betrifft, ist neben ihrem Optimalitätscharakter vor allem auch deren Anreizwirkung zu beachten (siehe dazu Kapitel IX).

4. Die Balanced Scorecard als Umsetzungs-Instrument

a) Charakterisierung der Balanced Scorecard

Popularität der Balanced Scorecard

Für die praktische Umsetzung des Kennzahlengedankens ist die Balanced Scorecard von besonderer Bedeutung. Es ist das augenfälligste Beispiel für ein Controlling-Instrument, das von der Beratungspraxis eingebracht und dann von der Fachwissenschaft breitflächig aufgenommen wurde. Seit etwa Mitte der 1990er Jahre hat sie, ausgehend von dem Ursprungsvorschlag von Kaplan/Norton (vgl. Kaplan/Norton [Performance], [Work] und [Balanced Scorecard]), eine Art Eroberungszug durch viele Betriebe, Fortbildungsveranstaltungen, Vorlesungen, Zeitschriften und Lehrbücher angetreten, der mit kaum einer anderen betriebswirtschaftlichen Methode vergleichbar ist. Worin liegt diese bemerkenswerte Vorschuss-Akzeptanz begründet? Wie ist die Balanced Scorecard bei nüchterner Analyse einzuordnen? Und: Wo gibt es Schwachstellen und Stolperfallen bei der Anwendung einer Balanced Scorecard? Diesen Fragen wird im Folgenden nachgegangen (einige Passagen dieses Teilkapitels sind auch unter Troßmann [Instrumente] veröffentlicht).

Anspruch der Balanced Scorecard

Der praktische Erfolg der Balanced Scorecard ist zweifellos zu einem erheblichen Teil dem effizienten Wirken von speziellen Praktikerseminaren und Werbeveranstaltungen sowie einer darauf aufbauenden Mund-zu-Mund-Propaganda zuzuschreiben, unterstützt durch zahlreiche Berichte erfolgreicher Anwendungen in verschiedenen Bereichen. Dies allein indes kann das Ausmaß des kollektiven Überzeugtseins nicht erklären. Tatsächlich gibt es mehrere **inhaltliche Argumente**, die üblicherweise für die Balanced Scorecard genannt werden (vgl. vor allem Horváth & Partners [Balanced Scorecard]). In absteigender Wichtigkeit – gemessen an der Darstellung der Entwickler der Balanced Scorecard und einiger ihrer Hauptvertreter – kann man sie etwa wie folgt zusammenstellen:

(1) Die Balanced Scorecard ist ein Führungsinstrument, das konsequent von der „Vision" des Betriebes und der sich daraus ableitenden Strategie ausgeht. Der

pauschale Begriff der Vision lässt sich dabei am ehesten als die **grundsätzliche Zielsetzung** des Betriebes, seine Existenzdefinition und seine Geschäftsidee interpretieren.

(2) Vision und Strategie müssen präzisiert und konkretisiert werden. Dies geschieht in der Balanced Scorecard konsequent, indem

- für die spezielle betriebliche Situation eine Reihe strategischer **Einzelziele** zu formulieren ist,
- für jedes dieser strategischen Einzelziele eine geeignete Maßgröße (eine Kennzahl) zu definieren
- sowie als operatives Ziel die jeweils dafür anzustrebende Höhe festzulegen ist
- und schließlich zu ihrer Erreichung geeignete Maßnahmen gewählt werden.

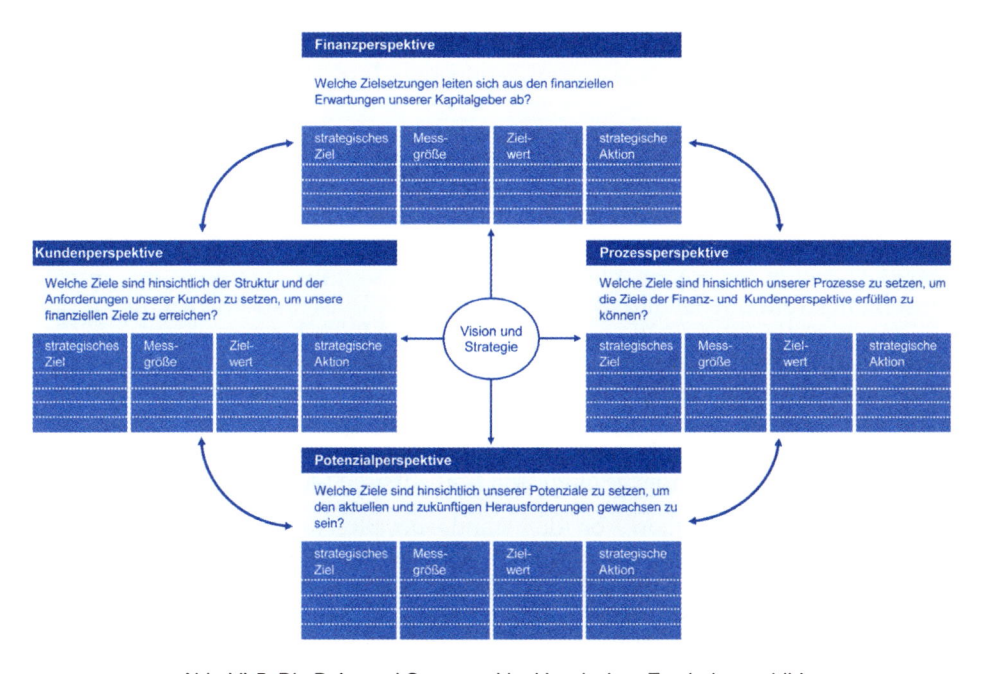

Abb. VI-5: Die Balanced Scorecard im klassischen Erscheinungsbild

(3) Diese Zielentfaltung gilt für den Gesamtbetrieb, wird aber unter vier herausgehobenen **„Perspektiven"** jeweils separat betrachtet:

- der finanzwirtschaftlichen Perspektive,
- der Kundenperspektive,
- der Perspektive der betrieblichen Prozesse,
- der Perspektive der betrieblichen Potenziale.

Diese vier Perspektiven stehen freilich nicht unabhängig oder auf gleicher Stufe nebeneinander, sondern tendenziell eher in einer mehrstufigen Mittel-

Zweck-Beziehung kaskadenartig untereinander (vgl. Kaplan/Norton [Organization] 77).

Standardaufbau der Balanced Scorecard

(4) Sowohl der Rhythmus von Berechnung und Bericht der Kennzahlen aller vier Perspektiven als auch die äußere Form ihrer Darstellung folgt einem **immer gleichen Schema** (vgl. Kaplan/Norton [Balanced Scorecard] 9 sowie Horváth & Partners [Balanced Scorecard] 3) – beides in Analogie zur Bilanz. Der Name „Balanced Scorecard" deutet einerseits diese an die Bilanz („Balance Sheet") erinnernde Stetigkeit an, andererseits soll sie auf die inhaltliche Ausgewogenheit (Balance) der Kennzahlenzusammenstellung hinweisen, die eben auch in Anzahl und Präzision die vier Perspektiven gleichmäßig behandeln. Sie zeigen sich äußerlich in den vier Balanced-Scorecard-Tableaus. Die typische Darstellung zeigt Abb. VI-5 (vgl. Horváth & Partners [Balanced Scorecard] 3).

Mit diesen zentralen Aufbaumerkmalen stellt sich die Balanced Scorecard als besonders vorteilhaftes und gleich mehrere Führungsinteressen bedienendes Instrument dar. Wie aber sind die ihr so zugesprochenen Eigenschaften belegt? Mit dieser Frage beschäftigen sich die nachfolgenden Abschnitte genauer.

b) Zur strategischen Dimension der Balanced Scorecard

Wozu dient die Balanced Scorecard wirklich?

Eine Balanced Scorecard ist – das wird unzweifelhaft deutlich, wenn man ihre Kernfunktionsweise betrachtet – zunächst und vor allem ein **Kennzahlensystem. Sie** arbeitet mit Kennzahlen, die sie, und das ist ihr größtes Pfund, in eine umsetzungsfreundliche und praktikable äußere Präsentationsstruktur bringt. Nimmt man die Kennzahlen weg, bleibt von der Balanced Scorecard außer erläuternden Texten nichts übrig. Wo aber Kennzahlen einsetzbar sind, geht es, dies ergibt sich schon aus der Kennzahlendefinition (siehe S. 124), um Sachverhalte, die sinnvoll quantitativ messbar gemacht werden können. Damit sind strategische Themen nur im Ausnahmefall überhaupt angesprochen: Sie liegen in aller Regel noch vor einer zwanglosen brauchbaren Quantifizierbarkeit.

korrekte Interpretation der Feinstruktur einer Balanced Scorecard

Und tatsächlich: Sieht man von der standardmäßig wiederkehrenden Floskel „Vision und Strategie" ab, die als Wortsymbol stets im Zentrum der Balanced-Scorecard-Darstellungen steht, findet sich nirgendwo ein Indiz für eine zwingend strategische Orientierung der relevanten Balanced-Scorecard-Größen. Vielmehr ist sie durch Zusatzüberlegungen, die genau genommen außerhalb des Balanced-Scorecard-Konzepts liegen, separat einzubringen (vgl. dazu Horváth & Partners [Balanced Scorecard] 111 ff.; die Originalquelle ist hierzu etwas zurückhaltender: vgl. Kaplan/Norton [Balanced Scorecard] 191 ff.). Dort, wo es sich nach der Spaltenbeschriftung der Balanced-Scorecard-Tableaus um „strategische Ziele" handeln sollte (so vor allem die deutschsprachigen Varianten; vgl. Horváth [Wissensmanagement] 157 sowie Horváth & Partners [Balanced Scorecard] 3), geht es schlicht um die **verbale** Formulierung eines (wichtigen) Ziels, das in der nächsten Spalte dann in Form von Kennzahlen (mehr oder weniger treffend) operationalisiert wird.

Die scheinbar strategische Orientierung ist, obwohl stets betont (vgl. vor allem Kaplan/Norton [Balanced Scorecard] 10 ff.), wenn man die Erläuterungen der Originalliteratur und die zahlreichen Beispiele von Balanced-Scorecard-Anwendungen betrachtet, bestenfalls als ungeschickte, jedenfalls aber unzutreffende Formulierung anzusehen. Entsprechendes gilt auch für die dritte Spalte der Balanced-Scorecard-Tableaus, für die in manchen Darstellungen ein „operatives Ziel" angekündigt wird (vgl. Horváth [Wissensmanagement] 157); hierbei handelt es sich um die **angestrebte Höhe** der vorher definierten Kennzahl.

Nun ist die Abfolge der tatsächlichen Spalteninhalte der Balanced-Scorecard-Tableaus alles andere als kritisierbar. Vielmehr kennzeichnet sie die (einzig) richtige Methode der Kennzahlenverwendung: Erst ist das Ziel möglichst klar verbal zu formulieren. Soweit es sich dafür eignet, gilt es dann, das Zielerreichungsausmaß in einer Zahl oder in mehreren zu messen. Dies ist die anspruchsvollste und zugleich interessanteste Aufgabe der Kennzahlenanwendung. Hier entscheidet sich auch, wie gut es überhaupt gelingt, mit den zwar vorteilhaften, aber doch sehr beschränkten Möglichkeiten einer Kennzahlenmessung das angestrebte Ziel zu operationalisieren. Freilich: Dabei geht es ausschließlich darum, ein Ziel **umzuformulieren,** um es handhabbar und damit auch besser in Teilschritten erreichbar zu machen. Die Planungsebene wird dabei nicht verlassen. Ist man also etwa im operativen Bereich, so wird er durch diese Zielumformulierung nicht verlassen.

Eine andere Problematik betrifft den mehrstufigen **planungshierarchischen** Zusammenhang. Die verbreitete Unterscheidung in strategische, taktische und operative Planung geht von drei Stufen aus, ist aber nur eines der möglichen Modelle (siehe hierzu Kapitel IV, S. 97). Zwischen den unterschiedlichen Planungsstufen einen abgestimmten Zusammenhang sicherzustellen, ist ein typisches Koordinationsproblem innerhalb der betrieblichen Führung. Für die Formulierung passender Ziele kommt nur die deduktive Entwicklung in Frage. Aus den grundsätzlichen, oft langfristigen Zielvorstellungen des Betriebes, die naturgemäß eher grob, wenig differenziert und unspezifisch sind, müssen möglichst konkrete und präzise Ziele für das operative Handeln gewonnen werden, die in ihrer Gesamtheit dann das Erreichen der übergeordneten strategischen Ziele gewährleisten.

<!-- marginalia: methodische Einordnung der Balanced Scorecard -->

Diese Aufgabe ist anspruchsvoll, wichtig und prinzipiell bei jeder operativen Planungsaufgabe zu leisten. Allerdings trägt das Konzept der Balanced Scorecard, entgegen den einschlägigen Beschreibungen, zu dieser Koordinationsaufgabe wenig bei. Hingegen liefert die Balanced-Scorecard zur Quantifizierung von Zielen in Kennzahlen (auch entgegen mancher ihrer Beschreibungen) zumindest eine Darstellungsstruktur.

c) Zu den vier Perspektiven der Balanced Scorecard

Die Balanced Scorecard umfasst vier Perspektiven. Abgesehen von der üblicherweise letztgenannten, der Perspektive der Potenziale, bei der die Bezeichnung da und dort leicht variiert (im Original heißt sie „Lernen und Wachstum"; vgl. Kaplan/Norton [Balanced Scorecard] 9, 126 ff.), sind sie eindeutig festgelegt. Andererseits wird in zahlreichen Anwendungsfällen und insbesondere in nahezu jeder Diplomarbeit zur Balanced Scorecard als Konzepterweiterung eine fünfte Perspektive vorgeschlagen, die aus gutem Grund diesen oder jenen Bereich berücksichtigt, der im betreffenden Anwendungsfall von besonderer Wichtigkeit ist (vgl. zu einer Diskussion dieser Frage auch Körnert/Wolf [Sys-

<!-- marginalia: Anzahl der Perspektiven -->

temtheorie] 133 f.). Kaplan/Norton selbst problematisieren in einer kurzen Passage die **Anzahl der Perspektiven** und plädieren für fallweise mehr oder weniger (vgl. Kaplan/Norton [Balanced Scorecard] 34 ff.). Bisweilen wird auch darauf hingewiesen, dass eine der vier klassischen Perspektiven in einem bestimmten Zusammenhang doch nicht ganz so zentral ist und vielleicht sogar verzichtbar wäre.

Begründung der Perspektiven

Worauf weisen solche Überlegungen hin? Jedenfalls kann zunächst festgestellt werden, dass bei der Bilanz, die gern als Patin für die Balanced Scorecard in Anspruch genommen wird, bisher noch niemand etwa eine dritte Seite neben Aktiv- und Passivseite vorgeschlagen hätte. Freilich liegt es hier daran, dass ein Konto nur eine andere Darstellungsform einer Gleichung ist und jene eben zwingend aus zwei Seiten besteht. Die vier Perspektiven der Balanced Scorecard dagegen sind zwar gut begründbar (jede für sich), letztlich aber doch **willkürlich** gewählt. Warum gibt es die Kundenperspektive? Weil der Betrieb kundenbezogene Ziele verfolgt, die ihm wichtig erscheinen. Warum gibt es keine Lieferantenperspektive? Etwa weil der Betrieb keine lieferantenbezogenen Ziele hätte? Etwa weil er den Beschaffungssektor für unproblematisch hält, vielleicht weil er die bedeutenderen Engpässe im Absatz vermutet? Etwa weil er den alten Händlerspruch, dass im Einkauf der halbe Gewinn liege, für prinzipiell falsch hält?

Was die Balanced Scorecard mit ihrer Unterscheidung in die vier Perspektiven bezweckt, ist, betriebliche Ziele in vier Gruppen einzuteilen. Sie orientiert sich dabei aber nicht, was zunächst naheliegend wäre, an einer der üblichen Einteilungen in inhaltliche Zielkategorien, so die gängige Gliederung in formale, sachliche und soziale Ziele (vgl. etwa Troßmann [Investition] 16 ff.). Vielmehr sollen die vier Perspektiven der Balanced Scorecard genau diejenigen Aspekte schlaglichtartig beleuchten, denen eine vorherrschende Bedeutung für die betriebliche Politik zukommt, eher im Sinne von Schlüsselerfolgsgrößen denn als systematische Komplettübersicht. Da somit **ein eindeutiges Klassifikationsmerkmal fehlt,** kann es im Einzelfall auch strittig sein, ob beispielsweise der Kapitalwert einer Absatzregion zu den Kennzahlen der Finanzperspektive oder der Kundenperspektive gehört, die durchschnittliche Auftrags-Auslieferungszeit besser den Prozesskennzahlen oder den Kundenkennzahlen zugeordnet wird usw.

mögliche Kriterien zur Einteilung in Perspektiven

Würde eine eher klassifikatorische Einteilung der verschiedenen Kategorien einer Balanced Scorecard einen methodischen oder inhaltlichen Vorteil haben? Auf den ersten Blick mag es so scheinen, als ob der Schlaglichtcharakter der üblichen Perspektiven verloren ginge. Inwieweit dies zutrifft, hängt vom gewählten Einteilungskriterium ab. Hier gibt es letztlich aber nicht sehr viele Möglichkeiten: **Zweck der Balanced Scorecard ist es ja, einerseits einen Status der Zielerreichung und andererseits Zielvorgaben auszuweisen.** Deshalb kommt letztlich nur eine **Einteilung in Zielarten** in Frage. Jene wiederum lassen sich kaum eindeutig und überschneidungsfrei jeweils primär zuständigen organisatorischen Einheiten zuweisen, was für die betriebliche Steuerung günstig wäre. Es ist eben nicht so, dass es eine Abteilung geben könnte, die speziell für die Mitarbeiterzufriedenheit zuständig wäre, während eine andere Abteilung für den finanziellen Erfolg sorgt (siehe hierzu auch Kapitel II, S. 10). Vielmehr wirkt jede Maßnahme, die im Betrieb ergriffen wird, regelmäßig auf die Erreichung ganz unterschiedlicher Ziele. Die Gewinnung eines neuen Auftrags etwa mag gleichzeitig den Deckungsbeitrag erhöhen, die kurzfristige Liquidität belasten, die Mitarbeiterzufriedenheit in Fertigungs- und Auslieferungsbereichen verringern und die betrieblichen Umweltziele belasten.

Aus diesen Überlegungen ergeben sich insgesamt folgende methodische Ergebnisse:

(1) Systematisch können die Kategorien einer Balanced Scorecard nur nach **Zielinhalten** gebildet werden, also etwa: formale (finanzielle) Ziele, sachliche (produkt- und produktionsprozessbezogene) Ziele, soziale (personenbezogene) Ziele.

(2) Das schließt nicht aus, dass zusätzlich zur gesamtbetrieblichen Balanced Scorecard auch für **organisatorische Teilbereiche** (Divisionen, Geschäftsbereiche, Abteilungen, Gruppen u. a.) die entsprechenden Teil-Balanced-Scorecards erstellt werden. Dann ist klar, dass sich hier die Kennzahlenarten prinzipiell wiederholen, jedoch jetzt auf den betrachteten Teil konzentriert sind. Darüber hinaus können Kennzahlen für detailliertere Sachverhalte betrachtet werden, die für Steuerungszwecke besonders relevant sind, so zum Beispiel die Auslastung der Maschine X, die Lieferbereitschaft bei Produkt Y, die Fortbildungsaktivität der Mitarbeitergruppe Z.

(3) Je nach betrieblicher Organisation wird es **wichtige Entscheidungsbereiche** geben, die nach der unternehmungsorganisatorischen Einteilung nicht hervortreten. Für sie können auf die gleiche Weise zusätzlich Teilbereichs-Kennzahlen gebildet werden.

Was die äußerliche **Ausgewogenheit** der Kennzahlenübersicht betrifft, scheint zunächst eine gewisse Gleichbehandlung naheliegend. Andererseits drängen sich zwei Überlegungen auf, die gerade nicht für eine zwingend gleich lange Liste der Kennzahlen sprechen:

Gleich viele Kennzahlen in jeder Perspektive?

- Zum einen haben die Zielkategorien eine unterschiedliche Relevanz.
- Zum anderen lassen sie sich unterschiedlich gut in Kennzahlen übersetzen.

Die beiden Argumente können zu widersprüchlichen Konsequenzen führen: Gerade für eine Zielkategorie mit geringer relativer Bedeutung können wegen ihrer schwierigen Messbarkeit mehrere Kennzahlen zweckmäßig sein, während vielleicht eine Zielkategorie von hohem Bedeutungsgewicht mit einer einzigen Kennzahl sehr treffend erfasst ist.

Wenn man die zielhierarchische Aufgliederung betrachtet, tritt ein weiterer Aspekt in den Vordergrund: Je tiefer die Ziele heruntergebrochen werden, sei es auf betriebliche Organisationseinheiten oder spezielle Entscheidungsgrößen, desto mehr kommen einzelne **Sachgrößen** gegenüber formalen Zielinhalten zum Zuge, zwischen denen ein Mittel-Zweck-Verhältnis besteht. Deshalb gibt es in Zielhierarchiebäumen umso mehr einzelne sachliche Kennzahlen, je tiefer die betrachtete Ebene liegt (siehe S. 128).

d) Konsequenzen der strukturellen Aspekte für die Kennzahlen einer Balanced Scorecard

Die separierte Darstellung unterschiedlicher Perspektiven, auch wenn es, wie oben skizziert, unterschiedliche Zielkategorien sind, kann den Eindruck erwecken, bei den Kennzahlen der einzelnen Bereiche handele es sich um isoliert beeinflussbare Größen. Die Tatsache, dass die gleiche Maßnahme regelmäßig auf mehrere Zielgrößen gleichzeitig wirkt, hat zwei Konsequenzen, die beide eine Einfachinterpretation der Balanced-Scorecard-Einträge beeinträchtigen:

- Es sind **gegenläufige Zielwirkungen** möglich, etwa könnte eine Steigerung der Kundenzufriedenheit gleichzeitig negativ auf eine finanzielle Überschussgröße wirken.

- Eine **unmittelbare Zuordnung** von erwünschter Zielwirkung und dazu geeigneter Maßnahmen, wie in der vierten Spalte der Balanced-Scorecard-Tableaus vorgesehen, ist im Allgemeinen **nicht möglich.**

Problematik der Verbundenheit von Zielen

Beides ist kein prinzipieller Hinderungsgrund, so vorzugehen, wie es die Balanced-Scorecard-Logik nahelegt, es erfordert aber Zusatzüberlegungen. Mit der **Mehrzielsituation** ist es zwangsläufig verbunden, die teils positiven, teils negativen Wirkungen auf die beteiligten Ziele zu vergleichen und gegeneinander aufzurechnen. Ein Mittel dazu sind Zielgewichtungen. Ergebnis derartiger Überlegungen, die teils Optimierungscharakter, teils aber auch ergänzenden Zielsetzungscharakter haben, kann vor allem die Festlegung von Sollhöhen einzelner Ziele sein, die Mindest-, Höchst- oder Wunschausprägungen gewährleisten. Ob und wo man einzelne Maßnahmen dennoch primär als durch ein bestimmtes Ziel veranlasst ansieht und dort in einem Balanced-Scorecard-Tableau aufführt, erscheint dann zweitrangig.

Problematik der Verwendung ungeeigneter Kennzahlen

Für jedes einzelne Ziel ist indessen von höchster Bedeutung, wie es in eine oder mehrere Kennzahlen umgesetzt wird. Der Umformulierungsprozess, unter Abschnitt b als ein Kern der Arbeit mit Kennzahlen charakterisiert, ist umso bedeutender, als ausschließlich die definierte Kennzahl das eigentliche Ziel repräsentiert. Den möglichen Problemen hierbei wird in zahlreichen Darstellungen zur Balanced Scorecard und zugehörigen Diskussionen allerdings kaum systematisch Beachtung geschenkt. Zwar behandeln Kaplan/Norton in der ausführlichen Originalpublikation immerhin einzelne Probleme einiger Kennzahlen im Zusammenhang mit praktischen Fallberichten (vgl. etwa die Diskussion zur Ausschussquote bei Kaplan/Norton [Balanced Scorecard] 121 f.); allerdings führt dies in der Sekundärliteratur offenbar nicht zur erforderlichen Sensibilität. So kommt es, dass, ohne Hinweis auf bekannte Schwächen, traditionell problematische bzw. einseitig abbildende Kennzahlen als typische Beispielkennzahlen in Balanced-Scorecard-Darstellungen auftreten. Solche Beispiele sind etwa

- die **Rentabilität:** sie ist als Entscheidungsgröße problematisch, weil sie einerseits den Anschein erweckt, der Kapitaleinsatz von Alternativen sei „herausgerechnet", also neutralisiert, sie aber andererseits exakt nur für einen bestimmten Kapitaleinsatz gilt,

- die **Amortisationsdauer** von Projekten: sie verkürzt die Beurteilung auf einen – bei den zu vergleichenden Projekten auch noch unterschiedlich langen – Teil der Projektlaufzeit, ohne die Erfolgsträchtigkeit des weiteren Projektverlaufs überhaupt zu beachten,

- der **Lieferbereitschaftsgrad** in traditioneller Definition: er ignoriert die möglichen und erforderlichen Maßnahmen bei Verfehlung der sofortigen, fehlerfreien Komplettverfügbarkeit eines Auftrags. Für jedwede „Nachbesserung" unterbleibt jegliche Honorierung (siehe S. 135).

4. Die Balanced Scorecard als Umsetzungs-Instrument

Zu allen drei Beispielen ist zu beobachten, dass in bestimmten Anwendungsfällen zwar aufgefrischte Namen verwendet werden (ROCE, On-Time Delivery o. Ä.), dass aber die eigentliche Problematik, die in der Verwendung solcher Kennzahlen zur Steuerung betrieblicher Organisationseinheiten liegt, kaum diskutiert wird. Damit sind in solchen Fällen in Alltagssituationen durch die Kennzahlen veranlasste Fehlentscheidungen nicht ausgeschlossen.

e) Methodische Schritte zur Konstruktion einer verallgemeinerten Balanced Scorecard

Die bisher diskutierten Kriterien zum Aufbau einer Balanced Scorecard sind in Abb. VI-6 zusammengefasst und um logische Folge-Aspekte ergänzt. Die Strukturmerkmale dieser Abbildung orientieren sich an dem, was eine Balanced Scorecard vor allem bietet: eine **Struktur,** die das führungspolitische Arbeiten mit Kennzahlen in eine Zielsystematik einbringt, dadurch übersichtlich interpretierbar und durchsetzungsfreundlich macht sowie in der Darstellung zu großen Teilen den Charakter eines **Berichtssystems** hat (siehe hierzu Kap. VII). Zum Inhalt der Kennzahlen (siehe hierzu die Abschnitte 2 und 3) sagt die Balanced Scorecard dagegen wenig, alle Hinweise in den Publikationen dazu sind eher als Beispiele für einen gewissen Anwendungsfall aufzufassen.

Folgerungen für den Aufbau einer Balanced Scorecard

Strukturmerkmal	Orientierungsprinzip	Festlegungsgrundlage	Möglichkeiten
Art und Anzahl der Kategorien ("Perspektiven")	unterschiedene Zielkategorien und ggf. tiefere Teilkategorien	• Bedeutung im betrieblichen Zielsystem • einheitliche betriebliche Festlegung (identisch für alle betrachteten Teileinheiten)	• formale • sachliche • soziale Zielinhalte, ggf. weitere Aufgliederung
Art und Anzahl der Einzelpositionen pro Kategorie	jeweils für die betrachtete betriebliche Einheit: • aufgeführte Einzelziele • Anzahl der Kennzahlen pro Einzelziel	• Bedeutung der Zielkategorie • Verschiedenheit der Ziele • Bedeutung des Einzelziels • Schwierigkeit der Abbildung des Einzelziels in Kennzahlen	• je nach betrieblicher Hierachiestufe unterschiedliche Vielfalt • je tieferstufig die Betrachtungseinheit, desto mehr treten Mittel-Zweck-Beziehungen an die Stelle von Präferenzangaben
äußere Darstellung	Orientierung des Aufbaus an der relativen Bedeutung der Positionen • generell nach der Bedeutung im Zielsystem • situationsbezogen nach der Eingreifdringlichkeit	• Erkennbarkeit der betrieblichen Systematik • prinzipielle Darstellungseinheitlichkeit in allen betrieblichen Einheiten • Beachtung der Grundsätze des Berichtswesens	• Gruppierung nach Zielkategorien • Kenntlichmachung der relativen Bedeutung • Nutzung akzeptierter Darstellungstechniken des Berichtswesens, z. B. Ampeltechnik, Hervorhebungsformen für Ausnahmen

Abb. VI-6: Konstruktionsmerkmale für Balanced Scorecards

VI. Prinzipien der Kennzahlenanwendung im Controlling

BSC-Beispiel

People & Leadership Development	People & Leadership Index (PLI) • misst, wie weit wir unsere angestrebte Führungs- und Unternehmenskultur erreicht haben.		Financial Results
Customer Excellence	Net Promoter Score (NPS) • gibt Auskunft über die Loyalität unserer Kunden.	Economic Value Added (EVA) • ist das wichtigste Kriterium zur Messung der Wertgenerierung. Revenue Growth • überwacht unsere Wachstumsrate. Profitables Wachstum ist uns dabei wichtiger als reine Umsatzsteigerung. Free Cash Flow • bildet ab, wie viel liquide Mittel generiert und verbraucht werden.	
Innovation Excellence	Young Revenues (YR) • spiegelt unseren Innovationsgrad wieder und liefert einen Indikator für die künftige Wettbewerbsfähigkeit.		
Operational Excellence	Customer-Perfect Order (CPO) • misst die Prozessqualität aus Kundensicht entlang unserer kompletten Wertschöpfungskette.		

PLI:

Es gibt vier zentrale Unternehmenswerte:

"Serve": Kundenbegeisternde Leistungen
"Empower": Mitarbeitern Verantwortung übertragen und Vorbild sein
"Act": Verlässlich und pragmatisch handeln
"Win": Wettbewerber übertreffen

Die Mitarbeiter erhalten zu diesen Werten zehn Fragen. Sie werden um so eher zustimmend antworten, je mehr die Unternehmenswerte in die tägliche Arbeit und damit in die gelebte Unternehmenskultur eingegangen sind. Abgefragt wird das Maß der Zustimmung auf einer Sechs-Punkte-Skala. In der Kennzahl PLI wird die Häufigkeit der mit 5 oder 6 Punkten Zustimmenden gemessen:

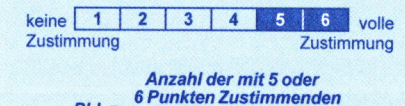

keine Zustimmung | 1 | 2 | 3 | 4 | **5** | **6** | volle Zustimmung

$$PLI = \frac{\text{Anzahl der mit 5 oder 6 Punkten Zustimmenden}}{\text{Anzahl der Befragten}}$$

NPS:

Loyalität der Kunden, dem bei Reichheld ([Question] 14 ff., insbes. 31) beschriebenen Messkonzept folgend:

Kunden werden direkt nach Leistungserbringung (Lieferung eines Gutes, Ausführen einer Dienstleistung) sowie ein Jahr danach gefragt, als wie wahrscheinlich sie es einschätzen, Carl Zeiss an andere weiterzuempfehlen. Dazu wird ihnen eine Zehn-Punkte-Skala vorgelegt und nach einer Befragungsperiode ermittelt, wieviel Prozent der Befragten gemäß der Zuordnung

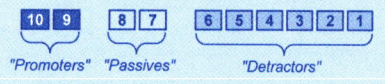

10	9		8	7		6	5	4	3	2	1
"Promoters"			"Passives"			"Detractors"					

befürwortend ("Promoters"), indifferent ("Passives") oder kritisch ("Detractors") geantwortet haben. Die Differenz zwischen den Anteilen an Promoters und Detractors ergibt den Net Promoter Score:

$$NPS = \text{Promoter-Anteil} - \text{Detractor-Anteil (\%)}$$

YR:

Anteil des Umsatzes mit Neuprodukten am Gesamtumsatz im vergangenen Halbjahr. Als neu gilt ein Produkt,

1. das vom Kunden als neu wahrgenommen wird,
2. a) das in Funktion oder Leistungsumfang neu für Zeiss-Produkte und relevant für Kunden ist
   b) oder dessen Charakteristika oder Spezifikationen neu für Zeiss-Produkte und von substanziellen Vorteil für Kunden sind
   c) oder das in einem neuen Preissegment mit einem deutlichen Unterschied zu schon exisitierenden Zeiss-Produkten liegt,
3. dessen erstmaliger Verkauf höchstens drei Jahre vor dem Erhebungszeitpunkt liegt.

CPO:

Die Kennzahl CPO misst den Anteil perfekt erledigter Aufträge. Als perfekt gilt eine pünktliche und vollständig erledigte sowie voll funktionsfähige Leistung. Jedes der drei Kriterien wird binär mit "1" (erfüllt) oder "0" (nicht erfüllt) erfasst. Perfekte Aufträge haben beim Produkt

Pünktlichkeit x Vollständigkeit x Funktionalität

den Wert 1.

Die Kennzahl CPO ergibt sich als Anteilssatz:

$$CPO = \frac{\text{Anzahl perfekter Aufträge}}{\text{Gesamtanzahl der Aufträge}}$$

Abb. VI-7: Balanced Scorecard der Carl Zeiss AG

Die Idee der Balanced Scorecard bietet, wie die in Abb. VI-6 aufgefächerten Möglichkeiten andeuten, durchaus ein erhebliches Potenzial an Umsetzungsunterstützung kennzahlenbasierter Führungspolitik. Voraussetzung ist, dass die stets in den Vordergrund gerückten äußeren Merkmale auch für einen betriebsspezifisch passend und durchdacht gewählten Kennzahlen-Inhalt genutzt werden. Dies indessen ist vermutlich, wenn man die zahlreichen Anwendungsfälle der Balanced Scorecard betrachtet, über die seit ihrem Aufkommen in den 1990er Jahren berichtet wird, in vielen Fällen fraglich. Oft beschränken sich die angeführten Kennzahlen auf vordergründig typische Beispiele, ohne erkennbar auf die spezifischen Eigenheiten der jeweiligen betrieblichen Zusammenhänge ausgerichtet zu sein. Nicht feststellbar ist allerdings, ob es lediglich Geheimhaltungsstrategien sind, die diesen Eindruck entstehen lassen.

Wichtigkeit betriebsspezifischer Kennzahlen

Eines der Beispiele, die sich positiv davon abheben, ist die Balanced Scorecard der Carl Zeiss AG. Sie ist sowohl in der Gesamtstruktur als insbesondere auch in den Spitzenkennzahlen auf die speziellen Ziele und Bedingungen des Hauses ausgerichtet und gibt auch deshalb auf kleinem Raum einen präzisen Einblick in die zentralen inhaltlichen Führungsgrößen. In Abb. VI-7 ist die Balanced Scorecard des Carl-Zeiss-Konzerns wiedergegeben (die Abbildung ist eine Kurzzusammenfassung interner Unterlagen der Carl Zeiss AG und erscheint mit freundlicher Genehmigung des Hauses).

Beispiel der Fa. Carl Zeiss

Die Zeiss-Balanced-Scorecard unterscheidet, den zentralen Zielfeldern der Carl Zeiss AG entsprechend, fünf Perspektiven. Für jede Perspektive, und das ist eine der bemerkenswerten Besonderheiten, steht nur eine einzige Kennzahl. Das ermöglicht eine klare Vorgabe und eindeutige Messbarkeit der Ziele in der betrieblichen Hierarchie; es vermeidet Argumentationen mit einfacher erreichbaren Ausweichzielgrößen. Entsprechend sorgfältig sind diese Kennzahlen vorher festzulegen. Sie müssen vor allem die tatsächlichen betrieblichen Zielinhalte treffen. Aber sie müssen auch die Bedingungen einer funktionierenden Vorgabegröße als indirekt beeinflussbare Kennzahl erfüllen, so vor allem die Kollusionsfreiheit (zu Details siehe Kap. IX, S. 241). Dass dies im angeführten Beispiel zutrifft, zeigen nicht nur logische Prüfung und Plausibilitätsüberlegungen, sondern auch die im vorliegenden Fall vorhandene empirische Erfahrung (dies belegen persönliche Berichte, vgl. ferner dazu Spitzenpfeil/Schneider [Unternehmensvision] 102 ff.).

Generell gilt, dass das Einbringen von Kennzahlen in eine Balanced Scorecard die eigentliche Problematik nicht ändert. Dem Controller bleibt, wie immer bei der Kennzahlenverwendung also auch hier, vor allem die Aufgabe der **zielentsprechenden Definition,** die Sicherstellung der **Zweckmäßigkeit des Systems** und auch die **Prüfung auf Kollusionsmöglichkeiten** beim Einsatz als Zielvorgabe und zur Leistungsmessung.

Controlling-Aufgaben bei Balanced Scorecards

Kapitel VI auf einen Blick

- Kennzahlen gehören zum traditionellen Controlling-Instrumentarium. Kennzahlen sind wichtige Bauelemente zahlreicher Controlling-Instrumente, aber auch selbständiges Instrument.
- Kennzahlen drücken einen Sachverhalt in quantitativ gemessener Form aus.

Kapitelübersicht

- Vor- und Nachteile entstehen durch die gleichen Merkmale:
  - Kennzahlen liefern kurze, knappe und prägnante Informationen.
  - Einzelheiten fallen unter den Tisch.
  - Was nicht ohnehin quantitativ messbar ist, wird durch die Kennzahlendefinition messbar gemacht.
- Das typische Problem bei Definition und Verwendung von Kennzahlen liegt in der Forderung nach „Einfachheit", die in der Regel empfindlich mit einer Mindestabbildungstreue (Realitätsähnlichkeit) kollidiert.
- Allgemein gibt es drei Gruppen von Kennzahlenfunktionen:
  - eine allgemeine Informationsfunktion,
  - die Funktion als Instrument der sachlichen Führung,
  - die Funktion als Instrument der organisatorischen Führung (die Vorgabe- und Steuerungsfunktion) durch direkte oder indirekte Lenkung.

  Die koordinative Wirkung macht sich sowohl bei der zweiten als auch der dritten Funktion fest.
- Die Koordinationskunst liegt darin, zweckentsprechende Kennzahlen zu definieren, die insbesondere nicht verfälschend wirken können. Es darf nicht möglich sein, einen besseren Kennzahlenwert ohne gleichzeitige Leistungssteigerung zu erreichen (Kollusionsfreiheit). Deshalb muss der Controller vorab nach vielleicht eröffneten Kollusionsmöglichkeiten suchen.
- Zur konkreten Umsetzung der Arbeit mit Kennzahlen gibt es eine sehr erfolgreich zündende Empfehlung: die Balanced Scorecard. Sie ist eine systematische Zusammenstellung von Kennzahlen zur betrieblichen Steuerung. Die verbreitete Anwendungsfreude beruht darauf, dass die Neuigkeit dieses Ansatzes betont wird und gleichzeitig Hinweise (auch terminologisch) darauf vermieden werden, dass es sich um ein klassisches Instrument handelt.
- Neu und für die konsequente betriebliche Anwendung vorteilhaft sind mehrere, eher äußerlich-formale Merkmale:
  - die begriffliche und darstellungsmäßige Anlehnung an Bilanzen des externen Rechnungswesens,
  - die vorgegebene zeitliche Regelmäßigkeit der Erstellung der Balanced Scorecard,
  - die Einteilung in meist vier Bereiche („Perspektiven"),
  - der formal gleiche Aufbau der Tabelle für jede Perspektive.
- Die aus der Originalliteratur übernommene Terminologie stiftet häufig Verwirrung, wenn es um die Einordnung in die übliche betriebswirtschaftliche Welt geht („Strategie" statt „verbal formuliertes Ziel" usw.).
- Wie jede Kennzahlenanwendung steht und fällt die Balanced Scorecard mit durchdachten Kennzahlendefinitionen.

Wo ein scheinbar simples Instrument zum intelligenten Mechanismus wird:

Kapitel VII: Das Berichtswesen als Controlling-Instrument

1. Die Informationsbedarfsanalyse als inhaltliche Voraussetzung für die Konzeption von Berichten

a) Controlling-Relevanz der Informationsbedarfsanalyse

Die Informationsfunktion ist eine der klassischen Führungsfunktionen. Innerhalb des Führungsbereichs hat das betriebliche Informationssystem die Aufgabe, Informationen bereitzustellen und abrufbar zu halten. Welche Informationen zu erfassen sind, wie sie aufzubereiten sind sowie zahlreiche weitere Aspekte des Informationssystems sind typische Führungsaufgaben. Bei der Gestaltung des betrieblichen Informationssystems geht es beispielsweise darum, passende Methoden zur Erfassung und Aufbereitung der Informationen zu bestimmen und anwendbar bereitzuhalten.

Stellung des Informationssystems im Führungsbereich

Neben der eigentlichen Informationsbereitstellung, die häufig zu den Dienstleistungsfunktionen des Controlling gezählt wird, gibt es wichtige **koordinative Wirkungen** des Informationssystems, denen sich das Controlling anzunehmen hat. Bei der Erfüllung vieler anderer Führungsfunktionen muss auf das betriebliche Informationssystem zurückgegriffen werden, so dass es zahlreiche Verbindungsstellen zwischen dem betrieblichen Informationssystem und den anderen Führungsfunktionen gibt. Insbesondere muss darauf geachtet werden, dass möglichst keine missinterpretierbaren Zahlen produziert und zur Verfügung gestellt werden, die falsche Schlüsse provozieren.

Controlling-Relevanz der Informationsfunktion

Um derartige Anforderungen erfüllen zu können, nimmt man üblicherweise für jedes Informationsinstrument, also etwa für die Kostenrechnung, eine Reihe von **Rechenzwecken** an, die typischerweise mit dem betrachteten Informationsinstrument erfüllt werden sollen. Unter dieser Voraussetzung können dann die einzelnen Informationsinstrumente methodisch-inhaltlich beurteilt und gestaltet werden. Entsprechendes gilt für eine Reihe weiterer Strukturmerkmale der Informationssysteme, etwa deren informationstechnische Realisierung. Generell werden bei dieser Herangehensweise die mit den jeweiligen Informationssystemen verbundenen Absichten nicht problematisiert. Dies gilt für alle typischen Fälle betriebswirtschaftlicher Informationssysteme, also etwa den verschiedenen Teilen des betrieblichen Rechnungswesens, anderer betrieblicher Dokumentationssysteme sowie einzelner Prognosesysteme oder Planübersich-

Bedarfsvermutung klassischer betrieblicher Informationssysteme ten. Vielmehr werden die Rechenzwecke, die zugleich den Grund für das Vorhalten entsprechender Informationssysteme abgeben, als prinzipiell klar und allenfalls im Detail zu präzisieren vorausgesetzt. Angesichts der breiten Verwendbarkeit und der damit verbundenen Generalität insbesondere des betrieblichen Informationssystems und weiterer institutionalisierter Informationsbereitstellungen im Betrieb ist dies in der Regel auch plausibel und sinnvoll.

Informationsbedarfsanalyse als Gegenstück

Die entgegengesetzte Denkrichtung setzt beim potenziellen **Informationsnutzer** an. Genauer geht es dabei um eine betriebliche Organisationseinheit, typischerweise um eine Stelle mit definierter Aufgabenstellung. Für sie wird gefragt, welche Informationen gebraucht werden, um die dortige Aufgabe zu erfüllen. Diese Herangehensweise kennzeichnet die **Informationsbedarfsanalyse.** Sie beschäftigt sich mit der Frage, welche Informationen in welcher Ausprägung in einer betrachteten Führungsstelle (mindestens) vorliegen sollten, damit dort zielentsprechende Entscheidungen gefällt werden können. Die charakterisierende Ausprägung der Informationen betrifft ihre Präzision, ihre Sicherheit, ihren terminlichen Vorlauf, ihre Aktualität und weitere Merkmale.

Das Problem der betrieblichen Informationsbereitstellung besteht so gesehen nicht erst darin, notwendige oder gewünschte Arten, Mengen oder Qualitäten von Informationen termingerecht vorzuhalten; vielmehr liegt es schon vorher darin, einen Informations**bedarf** adäquat und praktikabel zu bestimmen. Diese Aufgabe ist alles andere als leicht lösbar; sie ist bei genauer Besicht nicht einmal eindeutig zu formulieren. Bei vielen Aufgabenstellungen nämlich hängen die Art der Lösung und die vorhandenen bzw. nachgefragten Informationen eng zusammen. So kann beispielsweise bei der Materialbereitstellung sowohl von bekannten Materialbedarfen künftiger Perioden als auch von vermuteten, etwa durch eine Wahrscheinlichkeitsverteilung umschriebenen Bedarfen ausgegangen werden. Die Lösungsmethode – programmgebundene oder verbrauchsgebundene Prognose und Bereitstellungsplanung – wäre aber unterschiedlich. Entsprechendes gilt für nahezu alle Führungsaufgaben im Betrieb, sind sie doch gerade dadurch gekennzeichnet, dass dort Entscheidungen zu treffen sind, die eben nicht in jeder Hinsicht mit einer deterministischen Informationslage unterlegt sind.

Hätte die Führungsinstanz sämtliche Informationen für eine eindeutige Entscheidung, dann wäre nicht nur das Informationsproblem, sondern gleichzeitig auch die eigentliche Führungsaufgabe gelöst. Es kann daher bei der Informationsbedarfsanalyse nur darum gehen, diejenigen Informationen festzustellen, die einigermaßen praktikabel bereitstellbar sind und die Instanzenaufgabe besser lösbar machen.

spezielle Koordinationswirkung der Informationsbedarfsanalyse

Der **koordinative Charakter** der Informationsbedarfsanalyse liegt damit auf der Hand: Wenn es gelingt, für eine betrachtete betriebliche Instanz diejenigen Informationen bereitzustellen, mit denen diese Instanz in die Lage versetzt wird, möglichst „gute" Entscheidungen zu treffen, dann ist die Managerkapazität gut genutzt und das Informationssystem am hilfreichsten. Nach dieser Vorstellung wird angestrebt, zunächst den instanzenbezogenen Informationsbedarf festzustellen und auf dessen Ergebnissen aufbauend ein Berichtswesen zu entwerfen, das dafür sorgt, dass die Instanzen laufend mit den für sie relevanten Informationen zu versorgen.

b) Deduktive Methoden der Informationsbedarfsanalyse

Leider gehört die Informationsbedarfsanalyse trotz all ihrer Wichtigkeit zu den am schlechtesten gelösten Teilaufgaben des Controlling. Dies ergibt sich teilweise schon aus der Charakterisierung der Aufgabenstellung. Auch die verschiedenen bekannten Lösungsmethoden weisen durchweg Schwächen auf. Dies liegt vor allem darin begründet, dass ein direkter Weg zur Problemlösung kaum existiert (zum Überblick über Methoden der Informationsbedarfsanalyse vgl. ursprünglich Koreimann [Software-Entwicklung] 58 ff., ferner Friedl [Controlling] 126 ff.). Nach der beschriebenen Aufgabenstellung der Informationsbedarfsanalyse bestünde die zweckmäßigste Methode folgerichtig darin, die an der betrachteten Instanzenstelle vorzufindende Aufgabe zu durchdenken, eine optimale Arbeitsweise dafür zu finden und daraus schließlich den zugehörigen Informationsbedarf abzuleiten. Dies ist der **aufgabenlogische Ansatz** der Informationsbedarfsanalyse. Er ist deduktiv angelegt, da er von der Aufgabenstellung der Instanz deren Informations-Input logisch abzuleiten versucht.

Königsweg der Informationsbedarfsanalyse

Dieser naheliegende, prinzipiell einzig richtige Ansatz kommt freilich nur selten zum Zuge. Er ist dort möglich, wo es sich um eine im Kern derart **einfache und durchschaubare Aufgabenstellung** handelt, dass der zugehörige Informationsbedarf ohne weitere Analyse unmittelbar ersichtlich ist. Dies ist in aller Regel nur bei Standard-Aufgabenstellungen in unteren Hierarchieebenen überhaupt vorstellbar. Dasselbe gilt, wenn es sich bei der Instanzenaufgabe um eine Problemstellung handelt, die sich in einem **formalen Modell,** etwa mit analytischen Methoden oder der Entscheidungstabellentechnik, gut erfassen lässt. Dieser zweite Fall sieht anders aus, stimmt aber im Ergebnis mit dem ersten überein: Man weiß, wie die Instanzenaufgabe zu lösen ist. Um nämlich eine verlässliche Aussage über den Informationsbedarf für eine bestimmte Aufgabenstellung treffen zu können, muss prinzipiell die Problemlösungs- und Entscheidungsmethode der betrachteten Instanzenaufgabe bekannt sein. Dabei geht es nicht darum, irgendeine Methode anzunehmen, vielmehr muss sie gegenüber alternativ betrachteten Methoden einen Vorzug haben – es sei denn, der Informationsbedarf ist bei alternativen Lösungswegen ohnehin identisch. Da eine aufgabenlogisch orientierte Informationsbedarfsanalyse gerade nicht das Instanzenwissen der betroffenen Manager heranzieht, liegt es auf der Hand, dass nur für vergleichsweise wenige Stellen im Betrieb eine derartige Analyse erfolgreich sein kann.

beschränkte Anwendbarkeit

geringe Erweiterung der Anwendung durch Varianten

Eine andere Möglichkeit, eine neutrale, d. h. nicht vom jeweiligen Instanzenmanager beeinflusste aufgabenlogische Informationsbedarfsanalyse durchzuführen, besteht darin, auf die Einschätzung entsprechender **Experten** für die betrachtete Instanzenaufgabe zurückzugreifen. Jene Experten sollen gerade das beim Controlling nicht voraussetzbare Fachwissen zur Instanzenaufgabe mitbringen. Wenn es sich dann aus Sicht der Experten um einen wiederum leicht überblickbaren Fall handelt, können jene den entsprechenden Informationsbedarf entscheidungslogisch ableiten und damit „richtig" angeben. Auch diese Möglichkeit ist freilich in ihrer Anwendungsbreite stark eingeschränkt. Zumeist mangelt es an entsprechenden Experten, und zwar schon deswegen, weil zahlreiche Stellen durch die Eigenheiten der betrieblichen Organisation eine sehr betriebsspezifische Ausprägung ihrer Aufgabenstellung haben, selbst dort, wo es sich prinzipiell um eine typische, etwa branchenübliche Aufgabenstellung handelt.

c) Angebotsorientierte Methoden der Informationsbedarfsanalyse

zwei Arten indirekter Methoden

Nachdem eine unmittelbare, deduktive Analyse des Informationsbedarfs in den meisten Fällen ausscheidet, kann nur ein indirekter, **„induktiver"** Ansatz versucht werden. Dabei bieten sich zwei verschiedene Ansatzpunkte an: Entweder geht man vom bestehenden Informationsangebot aus oder von einer formulierten Informationsnachfrage. Das schematische Mengendiagramm in Abb. VII-1 zeigt, dass damit das angestrebte Ziel, nämlich den eigentlichen Informationsbedarf zu erfassen, nur teilweise erreicht werden kann (vgl. zu dieser sehr verbreiteten Mengendiagramm-Darstellung z. B. Schmidt [Zielerreichung] 29). Dementsprechend gibt es angebotsorientierte sowie nachfrageorientierte Methoden der Informationsbedarfsanalyse. Beide untergliedern sich jeweils noch tiefer. Die prinzipielle Herangehensweise zeigt Abb. VII-2 (Koreimann [Software-Entwicklung] 59).

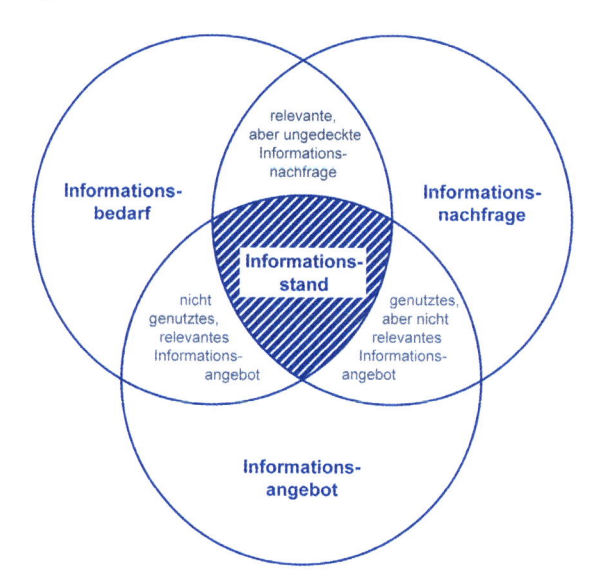

Abb. VII-1: Zusammenhang von Informationsbedarf, Informationsnachfrage, Informationsangebot und Informationsstand

erster Ansatzpunkt: das Informationsangebot

Die **angebotsorientierte Informationsbedarfsanalyse** geht vom bestehenden Informationsangebot aus. Dabei betrachtet sie entweder die bereits angelegten und laufend ergänzten Datenbestände, die im Betrieb vorhanden sind, oder speziell die betrieblichen Informationsflüsse. In neueren Modellen der Wirtschaftsinformatik, etwa der objektorientierten Modellierung, werden beide Aspekte auch kombiniert erfasst. Bei der **Datenanalyse** werden die vorhandenen Daten mit ihren Strukturen daraufhin überprüft, ob sie für die betrachtete Instanz von Nutzen sein können. Soweit die Daten in elektronischer Form vorliegen, sind

Vorteil einer Datenanalyse

dazu Datenbankbeschreibungen, insbesondere Datenbankdiagramme hilfreich (siehe Kapitel III, S. 58). Der große Vorteil dieser Art der datenorientierten Herangehensweise liegt darin, dass dabei möglicherweise für die betrachtete Instanz hilfreich verwendbare Informationen festgestellt werden, die ohnehin bereits erfasst sind bzw. im operativen Alltagsablauf erfasst werden und daher nahezu ohne jegliche Zusatzkosten den Informationsstand der betreffenden In-

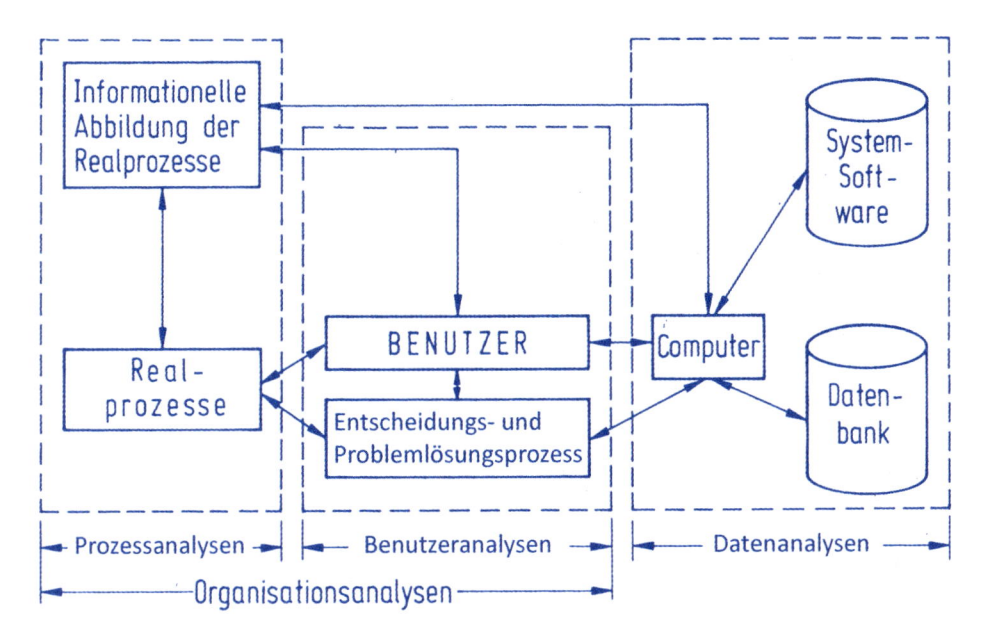

1. Informationsbedarfsanalyse als Voraussetzung für die Konzeption von Berichten

Abb. VII-2: Ansatzpunkte der induktiven Informationsbedarfsanalyse nach Koreimann

stanz verbessern können. Der gleiche Effekt ist auch bei Daten möglich, die außerhalb der standardisierten Datenbankinhalte erfasst werden und im Zuge einer allgemeiner gehaltenen Dokumentenanalyse feststellbar werden.

Gegenüber der Datenanalyse, für die in vielen Fällen umfassende Dokumentationen vorliegen, ist die Analyse der eigentlichen **Informationsflüsse** im Betrieb oft nur fragmentarisch und rudimentär dokumentiert. Seltener kann man auf traditionelle Datenflusspläne zurückgreifen, in günstigen Fällen liegen zu den Standard-Betriebsabläufen Prozessanalysen für die Informationsverarbeitung vor. Geeignete Darstellungsmodelle sind etwa Teildarstellungen des umfassenden ARIS-Modells (vgl. Scheer [Wirtschaftsinformatik] 18, 63), so z. B. Vorgangskettendiagramme zu einzelnen Prozessen. Eine andere Möglichkeit ist die Darstellung nach der objektorientierten Modellierungssprache UML (Unified Modeling Language, vgl. z. B. Hansen/Neumann [Wirtschaftsinformatik] 315 ff., hier etwa vor allem Sequenzdiagramme zu einzelnen Prozessen). Abb. VII-3 (Brombacher [Informationsmanagement] 129) und Abb. VII-4 (Hansen/Neumann [Wirtschaftsinformatik] 338) zeigen typische Beispiele zu Informationsfluss-Darstellungen.

Möglichkeiten einer Informationsflussanalyse

Der Vorteil einer Prozessanalyse gegenüber einer bloßen Datenbankanalyse liegt darin, dass hier die Entstehung und Erfassung einzelner Informationen im Betrieb sowie die Informationswege einzelner Prozesse nachvollzogen werden können. Dadurch werden Ansatzpunkte erkennbar, an welcher Stelle und zu welchen Zeitpunkten im Prozessablauf bereits bestehende Informationsflüsse genutzt werden könnten, um die betrachtete Instanz besser mit Informationen zu versorgen. Ihre Grenzen finden die angebotsorientierten Methoden der Informationsanalyse naturgemäß dort, wo Daten nicht erfasst werden. Immerhin geben sie aber auch die Möglichkeit, prinzipiell erfassbare Daten zu erkennen.

Vorteil einer Informationsflussanalyse

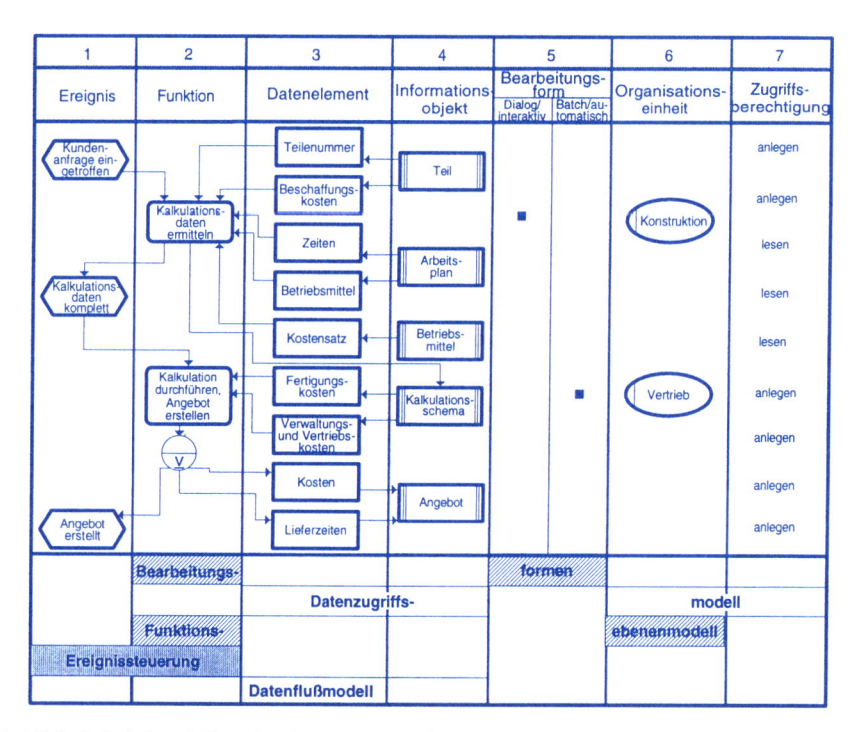

Abb. VII-3: Beispiel nach Brombacher zum Datenflussmodell als Teil des Vorgangskettendiagramms im ARIS-Modell

d) Nachfrageorientierte Methoden der Informationsbedarfsanalyse

zweiter Ansatzpunkt: die Informationsnachfrage

Die **nachfrageorientierten** Methoden der Informationsbedarfsanalyse orientieren sich unmittelbar an den Aufgabenträgern der untersuchten Instanz. Auch hier gibt es grundsätzlich zwei Herangehensweisen. Sie unterscheiden sich darin, ob der tatsächliche Problemlösungs- und Entscheidungsprozess der Instanz überhaupt interessiert oder nicht. Wird er nicht betrachtet, so handelt es sich um eine **Erhebung der Informationswünsche** der Instanz. Sie kann als freies Benutzerinterview, als Fragebogenerhebung, als Selbstbericht der Instanz oder auch in Form einer Beobachtung durchgeführt werden. Insbesondere bei Interview und Fragebogen besteht die Wahl zwischen offenen Fragen („welche wichtigen Informationen vermissen Sie bei Ihrer täglichen Arbeit?") oder der Vorlage eines Informationskatalogs („welche der nachfolgend aufgeführten Informationen wären Ihnen für Ihre tägliche Arbeit wichtig?"). Zur Methodenwahl sind die typischen Probleme der jeweiligen Erhebungsart abzuwägen. So besteht beim

... ohne Berücksichtigung des Problemlösungsprozesses

offenen Interview die Gefahr, dass die Befragten an wichtige Positionen gerade nicht denken. Bei der Katalogtechnik könnte demgegenüber ein starkes Interesse für aufgeführte Daten angegeben werden, an die die Befragten vorher nie gedacht haben. Auch die Beobachtung ist im Bereich der Informationssuche prinzipiell möglich, und zwar dadurch, dass, soweit datenschutzrechtliche Bestimmungen nicht entgegenstehen, erfolglose Anfragen an betriebliche Datenbanken festgehalten und ausgewertet werden, um zu erkennen, nach welchen Informationen mit gewisser Häufigkeit gesucht wurde.

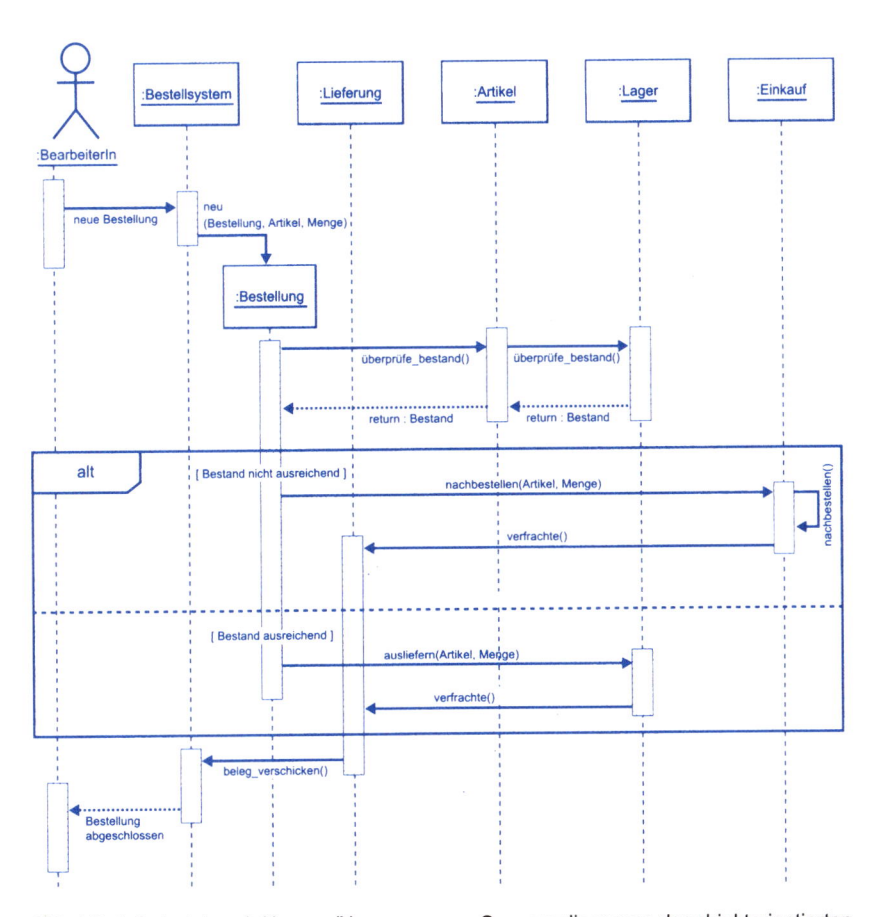

1. Informationsbedarfsanalyse als Voraussetzung für die Konzeption von Berichten

UML-Beispiel

Abb. VII-4: Beispiel nach Hansen/Neumann zum Sequenzdiagramm der objektorientierten Modellierungssprache UML

Alle genannten Erhebungsarten zur Informationsbedarfserfassung haben gemeinsam, dass die Problemlösungsmethode der Instanz unbekannt bleibt und deshalb insbesondere nicht festgestellt werden kann, ob nachgefragte Informationsarten von den Aufgabenträgern in ihre Entscheidungsprozesse überhaupt eingebracht werden – schon gar nicht, ob diese Informationen für die Entscheidungen letztlich relevant wären.

Die zweite Art der nachfrageorientierten Informationsbedarfsanalyse setzt genau an dieser Stelle an. Sie versucht, die **Arbeitsweise** der untersuchten Instanz **nachzuvollziehen** und dabei festzustellen, auf der Basis welcher Informationen tatsächlich die Instanz zu ihren Ergebnissen kommt. Nicht problematisiert werden diese Prozesse selbst. Es geht also nicht um eine Bewertung des Problemlösungsverhaltens, auch nicht darum, ob bestimmte Informationen überhaupt für die zu lösende Frage relevant sind oder nicht. Alles das würde eine aufgabenlogische Analyse voraussetzen, also über eine nachfrageorientierte Analyse weit hinausgehen. Vielmehr ist es das einzige Ziel der Analyse, diejenigen Informationen festzustellen, auf die sich die Manager dieser Instanz bei ihren Entscheidungen stützen. Das besondere Problem liegt dabei darin, dass, gerade an höheren Stellen der betrieblichen Hierarchie und entsprechend grundlegenderen

... mit Berücksichtigung des Problemlösungsprozesses

Fragestellungen, die eigentlichen Prozesse der Entscheidungsentstehung oft schwer erkennbar sind, teilweise intuitiven Charakter haben und deshalb erst in einem gewissen Ausmaß objektiviert werden müssen.

Sonderfall: Methode kritischer Erfolgsfaktoren

Eine gewisse Hoffnung für einen erfolgreichen Einsatz dieser Art der Informationsbedarfsanalyse gibt die **Theorie der kritischen Erfolgsfaktoren.** Nach dieser Theorie entscheiden zahlreiche Manager in gewohnten Routinefragen auf der Basis von nur wenigen zentralen Größen, eben der kritischen Erfolgsfaktoren. Untersuchungen dazu reichen bis in die 1960er Jahre zurück. Insbesondere Rockart hat in einem sehr bekannt gewordenen Harvard-Business-Review-Artikel (vgl. Rockart [Data Needs]) festgestellt, dass Manager bei wiederkehrenden Problemtypen, etwa der Auswahl von zu entwickelnden Kraftfahrzeugmodellen, ihre Entscheidung nur auf drei oder vier zentrale Größen basieren. Entsprechende Untersuchungen für viele weitere Anwendungsfälle ganz unterschiedlicher Branchen konnten diese Erscheinung vielfach bestätigen. Damit kann die Theorie der kritischen Erfolgsfaktoren zumindest als mögliche Anfangshypothese in einer konkreten betrieblichen Informationsbedarfsanalyse angenommen werden. Sie behauptet die Existenz kritischer Erfolgsfaktoren, die nur vom Typ der in der Instanz zu treffenden Entscheidungen, nicht aber von der konkreten Alternativensituation abhängen. Zudem gibt es für jeden Entscheidungstyp jeweils nur wenige solcher kritischen Erfolgsfaktoren. Trifft diese Theorie zu, dann sind die Anstrengungen der Informationsbedarfsanalyse vor allem darauf zu richten, diese kritischen Erfolgsfaktoren einer betrieblichen Instanz herauszufinden. Anschließend wäre anzustreben, möglichst gute Informationen gerade zu den kritischen Erfolgsfaktoren zu liefern, um die betrachtete Instanz in die Lage zu versetzen, ihre eigenen Entscheidungsregeln möglichst gut einzusetzen.

Vorgehensweise der Methode kritischer Erfolgsfaktoren

Nach dem Konzept der kritischen Erfolgsfaktoren konzentriert sich die Informationsbedarfsanalyse zunächst darauf, die jeweiligen kritischen Erfolgsfaktoren herauszufinden und zu operationalisieren. Hierzu eignen sich insbesondere Interviews mit den Instanzenmanagern, bei denen in mehreren Runden versucht wird, durch gemeinsame Analyse vergangener Entscheidungsprozesse die typischen Entscheidungsgrundlagen herauszuarbeiten. In der jeweils folgenden Sitzung wird der Interviewer in Form einer Zusammenfassung der bisherigen Ergebnisse mögliche kritische Erfolgsfaktoren präsentieren und zu ergründen versuchen, ob die gefundenen Positionen als zutreffend und vollständig akzeptiert werden. Dieses Aufdecken der kritischen Erfolgsfaktoren kann, je nach Managertyp und Entscheidungsfragen der Instanz, sehr langwierig sein und erhebliches Fingerspitzengefühl verlangen. In einem zweiten Schritt geht es dann darum, die identifizierten kritischen Erfolgsfaktoren für die Informationsbereitstellung messbar zu machen. Dabei ist davon auszugehen, dass kritische Erfolgsfaktoren zunächst verbal beschrieben sind. Es bietet sich an, zu ihrer Messung geeignete Kennzahlen zu definieren. Sie heißen **Schlüsselindikatoren (Key Performance Indicators).** Diese Schlüsselindikatoren sind letztlich Basisgrößen zur Prognose des Erfolgs der in der betrachteten Instanz zur Wahl stehenden Alternativen. Gelingt es, für wichtige Entscheidungstatbestände einer Instanz von deren Aufgabenträgern akzeptierte kritische Erfolgsfaktoren zu identifizieren und dazu passende Schlüsselindikatoren zu definieren, so können für die laufenden Entscheidungsprozesse die jeweiligen Ausprägungen der Schlüsselindikatoren in die Berichte für diese Instanz aufgenommen werden und so zu einer erheblich verbesserten Entscheidungsgrundlage führen.

1. Informationsbedarfsanalyse als Voraussetzung für die Konzeption von Berichten

Von besonderer Wichtigkeit für die Interpretation gefundener kritischer Erfolgsfaktoren und der zugehörigen Schlüsselindikatoren ist, dass sie in jedem Fall auf eine bestimmte Instanzenbesetzung ausgerichtet sind. Es sind letztlich die kritischen Erfolgsfaktoren einer bestimmten **Führungsperson.** Das erklärt sich schon daraus, dass sie aus der Analyse bestimmter Verhaltensmuster dieser Person resultieren, die auch als (erfolgreich erprobte) Faustregeln gelten können. Deshalb sind sie prinzipiell nur in Ausnahmefällen auf andere Personen übertragbar. Handelt es sich bei der Instanzenführung um ein Personengremium, sind die kritischen Erfolgsfaktoren zwar personell breiter fundiert, können dennoch auch hier bei einem personellen Wechsel nicht ohne weiteres beibehalten werden. Die in Literatur und Wirtschaftspraxis bisweilen angesprochenen **Key Performance Indicators eines Geschäftszweiges** schlechthin dürften also im Allgemeinen nur ausnahmsweise personenunabhängig und für verschiedene Instanzenbesetzungen hinweg übereinstimmend feststellbar sein.

Personenbezogenheit kritischer Erfolgsfaktoren

e) Die Methoden der Informationsbedarfsanalyse im Vergleich

Im Vergleich der verschiedenen Methoden der Informationsbedarfsanalyse sind folgende Überlegungen von Bedeutung:

Beurteilung der Methoden

- **Aufgabenlogische** Methoden beantworten die Aufgabenstellung der Informationsbedarfsanalyse direkt und prinzipiell auch fundiert. Sie scheiden aber gerade in den wichtigsten Fällen mangels Fachkenntnis zur Arbeit der untersuchten Instanz aus.

- Die **angebotsorientierten** Methoden der Informationsbedarfsanalyse bedürfen zu ihrem Einsatz wenig spezieller Sachkenntnisse zur untersuchten Instanz, haben prinzipiell eine klare Ablaufstruktur und können unmittelbar identifizierte Lösungsmöglichkeiten nutzen, d. h. der Instanz ein als brauchbar eingeschätztes, ohnehin vorhandenes, aber bisher ungenutztes Angebot zugänglich machen. Zudem ist der Hauptaufwand dieses Verfahrens, die Analyse vorhandener Datenbanken und Informationsflüsse, völlig unabhängig von der untersuchten Instanz, kann also vielfach genutzt werden. Allerdings liegen bei den angebotsbasierten Analysen Problemstellung und Herangehensweise weit auseinander – und ihre Unterstützungsmöglichkeiten für die Instanz sind naturgemäß begrenzt.

- Die **nachfragebasierten** Methoden sind vergleichsweise aufwendig und richten sich vor allem darauf, den subjektiven Informationsstand der untersuchten Instanz zu verbessern. Damit werden die dort praktizierten Managementprozesse selbst zumindest subjektiv, oft sogar auch objektiv verbessert. Eine objektive Verbesserung liegt jedenfalls dort vor, wo kritische Erfolgsfaktoren erfolgreich identifiziert werden konnten und die Instanz mit Hilfe entsprechender Schlüsselindikatoren (Key Performance Indicators) regelmäßig gezielt über sie informiert werden kann. Geht man vom üblicherweise angenommenen Spezialistenverständnis der Rollenverteilung aus – instanzenbezogene Fach- und Sachkenntnisse beim Manager, methodische Kenntnisse zur informationellen Unterstützung beim Controlling –, dann ist auf diese Weise die maximale Controlling-Unterstützung der Instanz erreicht. Was eine aufgabenlogische Analyse darüber hinaus bieten würde, wäre eine Problematisierung des eigentlichen Management-Tuns selbst. Indessen wird die sehr eingehende

Analyse der tatsächlichen Managementprozesse in der Instanz, wie sie mit dem Aufspüren kritischer Erfolgsfaktoren verbunden ist, häufig ein gewisses Reflektieren dieser Prozesse beim Instanzenmanager selbst provozieren – und damit indirekt möglicherweise auch zu einer Veränderung und vielleicht Verbesserung dieser Managementprozesse beitragen.

Auswirkungen auf das Controller-Image

Was die Rückwirkung auf die Controlling-Tätigkeit selbst betrifft, haben insbesondere die nachfragebasierten Methoden der Informationsbedarfsanalyse im Übrigen einen im Alltag nicht unwichtigen Nebeneffekt: Weil sie den Instanzenmanagern eine deutlich erkennbare aktive Rolle bei der Definition des Informationsbedarfs zuweisen, verbessern sie oft deutlich das Ansehen und die Stellung des betrieblichen Controlling.

2. Grundlagen des Berichtswesens

a) Aufgaben des Berichtswesens

Das **Berichtswesen** ist eines der Standardinstrumente des Controlling. Vielfach bestimmt es Ansichten über das Berufsbild des Controllers, so vor allem bei Nichtbetriebswirten. Es ist zugleich eines der Instrumente, die bereits deutlich vor der Etablierung des Controlling als eigene, definierte Führungsfunktion praktiziert wurden. Deshalb könnte der Verdacht nahe liegen, hier handele es sich um ein Instrument, das wenig zum Controlling-Kerngedanken nach dem heutigen Verständnis beiträgt, vielmehr eher eine Art Dokumentationsaufgabe erfüllt. Dass dem nicht so ist, sondern ein klar koordinativer Zweck mit dem Berichtswesen verbunden ist, ist Thema dieses Kapitels.

terminologische Abgrenzung

Zunächst soll ein Blick auf Terminologisches geworfen werden: Dem Rechnungswesen folgend, wird seit einigen Jahren verstärkt auch beim Berichtswesen eine interne und eine externe Variante unterschieden, dabei bevorzugt das Synonym **Reporting** nutzend. So bezeichnet das **Financial Reporting** ein an den Kapitalmarkt, insbesondere an aktuelle und potenzielle Investoren gerichtetes „externes" Berichtswesen (vgl. Weide [Reporting], Freidank [Unternehmensüberwachung]). Es liefert vor allem Informationen aus dem externen Rechnungswesen, ergänzt dabei die gesetzlichen Vorgaben oft um zusätzliche Angaben. Insbesondere wenn dabei wertorientierte Kennzahlen und ihre Erläuterung im Vordergrund stehen, wird eine solche Information **Value Reporting** oder **wertorientierte Berichterstattung** genannt (vgl. Schultze/Steeger/Schabert [Value Reporting]). Demgegenüber umfasst in dieser Terminologie das **Management Reporting** das in diesem Kapitel behandelte (interne) Berichtswesen im engeren Sinn. Es wird dementsprechend als Instrument des Controlling verstanden. Allerdings gibt es bei dieser Abgrenzung einen Bereich, der bisweilen uneinheitlich interpretiert wird: die **Konzernberichterstattung,** hier insbesondere die Konzernrechnungslegung. Sie wird fallweise dem (externen) Financial Reporting zugeordnet, insbesondere wenn die Orientierung an den handelsrechtlichen bzw. internationalen Regelungen angesprochen wird, fallweise auch dem (internen) Management Reporting, und zwar dann, wenn die Grobsteuerung der Konzernbetriebe im Blick steht. Was die inhaltliche Komponente betrifft, handelt es sich bei all diesen Abgrenzungsfragen um die Unterscheidung von externem und internem Rechnungswesen, die an dieser Stelle nicht tiefer problematisiert wird (siehe dazu Kapitel III). Im Weiteren wird vielmehr vor allem die generelle Controlling-Funktion analysiert, die mit der Gestaltung des Berichtswesens verbunden ist.

Als Bericht bezeichnet man eine **organisierte Form der Informationsübermittlung** innerhalb eines Betriebes. Definitionscharakteristikum ist die Organisiertheit, also eine Vorstrukturierung in zentralen Merkmalen. Dazu gehört vor allem eine Festlegung des Informationsempfängers, des Berichtsinhalts, des Berichtsweges und des Berichtsmediums sowie der Berichtsauslösung. Zu diesen und weiteren Detailmerkmalen der Vorstrukturierung zeigt Abb. VII-5 mögliche Ausprägungen (vgl. ähnlich Mertens/Meier [Informationsverarbeitung] 3 sowie Küpper [Controlling] 195).

Berichtsdefinition

Berichtsmerkmal	beispielhafte Ausprägungen
Berichtsinhalt	Gesamtunternehmung, betriebliche Teilfunktionen, Divisionen, Zahlen aus dem internen oder externen Rechnungswesen, Vergangenheits- (Ist-) Daten oder Zukunfts- (Plan- oder Soll-) Daten, Wertgrößen oder technische Größen, sonstige Zielerreichungszahlen
Detaillierung	ursprüngliche Zahlen, verdichtete Zahlen, Auswertungszahlen
Zeitbezug	Tag, Woche, Monat, Quartal, Jahr, Mehrjahreszeitraum
Informationsempfänger	Unternehmensleitung, oberste und obere Instanzen, untere Instanzen, ggf. Projektleiter, Stäbe
Berichtszweck	Planung, Dokumentation, Kontrolle und Steuerung
Berichtsweg	Top-down, Bottom-up, parallele Mehrfach-Verbreitung
Berichtsmedium	Papierdokument, Monitorbild, Datenträger, mündlicher / akustischer Bericht (ggf. mit Aufzeichnung)
Berichtsauslösung	zeitlicher Rhythmus, Toleranzüberschreitung, Abruf

Berichtsmerkmale mit besonderer Controlling-relevanz

Abb. VII-5: Merkmale von Berichten

Diese Berichtsmerkmale sind sowohl für den Berichtsempfänger als auch für das Controlling von unterschiedlicher Relevanz. Für den besonderen Charakter des Berichtswesens ist zunächst von Bedeutung, dass ein Bericht einem Empfänger zugeordnet ist, typischerweise einem Linienmanager. Ein Bericht ist demnach **instanzenorientiert,** wodurch er sich von zahlreichen anderen Informationszusammenstellungen unterscheidet, die empfängerunabhängig **problemorientiert** sind, wie etwa die Kostenrechnung oder Investitionsrechnungen. Daher kann und muss sich der Berichtsinhalt nach den speziellen Bedürfnissen und Anforderungen dieses Berichtsempfängers richten. Oft lässt sich der prinzipiell für eine Instanz adäquate Informationsbedarf in weiten Teilen durch einfache Plausibilitätsüberlegungen erkennen; für die spezifisch aufgabenorientierten Berichts-

Hauptmerkmale eines Berichts

Berichts-inhalt teile dieser Instanz indessen ist entweder eine Informationsbedarfsanalyse erforderlich (siehe dazu Abschnitt 1) oder man ist auf Vermutungen angewiesen. Was die Gewinnung der relevanten Informationen selbst betrifft, so ist dies weniger eine Frage des Berichtswesens im engeren Sinne, sondern vielmehr eine methodische Frage, die, je nach Inhalt, dem internen Rechnungswesen, weiteren innerbetrieblichen Analysen oder beispielsweise der Marktforschung zuzurechnen ist.

Von den verbleibenden Strukturfragen eines Berichtes sind vor allem

- die Berichtsauslösung und damit die Abfolge von Berichten im Zeitablauf,
- die interpretationswirksame Gestaltung des Berichts sowie
- die weiteren Analysemöglichkeiten, die der Bericht bietet,

für das Controlling relevant. Damit ist auch die Betrachtung vom Einzelbericht auf das gesamte System der Berichtserstellung, d. h. das Berichtswesen insgesamt zu erweitern. Als **Berichtswesen** (oder Berichtssystem, Reporting System) bezeichnet man die geordnete Gesamtheit der Berichte, die in einem Betrieb vorgesehen sind. Zunächst soll ein Blick auf die möglichen Formen des Berichtswesens geworfen werden.

b) Formen des Berichtswesens

Über die Jahre haben sich zahlreiche Formen des Berichtswesens herausgebildet. Abb. VII-6 (teilweise angelehnt an Mertens/Meier [Informationsverarbeitung] 2 ff. sowie Göpfert [Berichtswesen] 148 ff.) gibt einen Überblick dazu. Die Vielfalt erklärt sich aus der Unzulänglichkeit der ursprünglich einzigen Berichts-**Struktur traditioneller Komplett-berichte** form, des **periodischen Standardberichts.** Diese traditionelle Form listet in jedem Bericht vollständig alle Berichtspositionen aller Berichtselemente auf. In der Terminologie der Datenbanken handelt es sich um eine Komplettausgabe aller Berichtselemente (Datensätze) eines bestimmten Gegenstandsbereichs (eines Objekttyps) mit jeweils allen, zumindest aber vielen Berichtspositionen (einzelnen Attributen).

Solche Berichte erhielt der Manager ursprünglich periodisch. Ein typisches Beispiel zeigt Abb. VII-7. Hier handelt es sich um den häufigen Fall eines betrieblichen Artikelberichts für den abgelaufenen Monat. Berichtselemente sind die einzelnen Produkte des Betriebs. Berichtspositionen sind hier lediglich Umsätze, jeweils als aktuelle Zahlen des jüngsten Monats, als kumulierte Werte des laufenden Jahres, als Plan- und als Ist-Zahlen, zusammen mit Vergleichswerten aus dem Vorjahr und mit Abweichungsquoten. Andere typische Berichtspositionen sind Attribute wie Produktions- und Verkaufsmengen, Kosten und Preise in verschiedener Untergliederung, die beispielsweise wichtige Kostenkomponenten, bemerkenswerte Absatzmärkte und die zeitliche Verteilung betreffen. Das Beispiel zeigt, dass ein Standardbericht, ohne dass irgendwelche Besonderheiten vorzuliegen brauchen, schnell eine beträchtliche Zahl an Einzelinformationen umfassen kann, also beeindruckend umfangreich wird. Bei beispielsweise nur 500 Artikeln und je 20 Berichtspositionen handelt es sich bereits um 10.000 Einzeldaten. Nun mag diese Informationsfülle bereits für sich genommen bei manchem Manager abschreckend wirken – für sich allein ist sie aber noch keines-

2. Grundlagen des Berichtswesens

Einteilung der Berichtssysteme

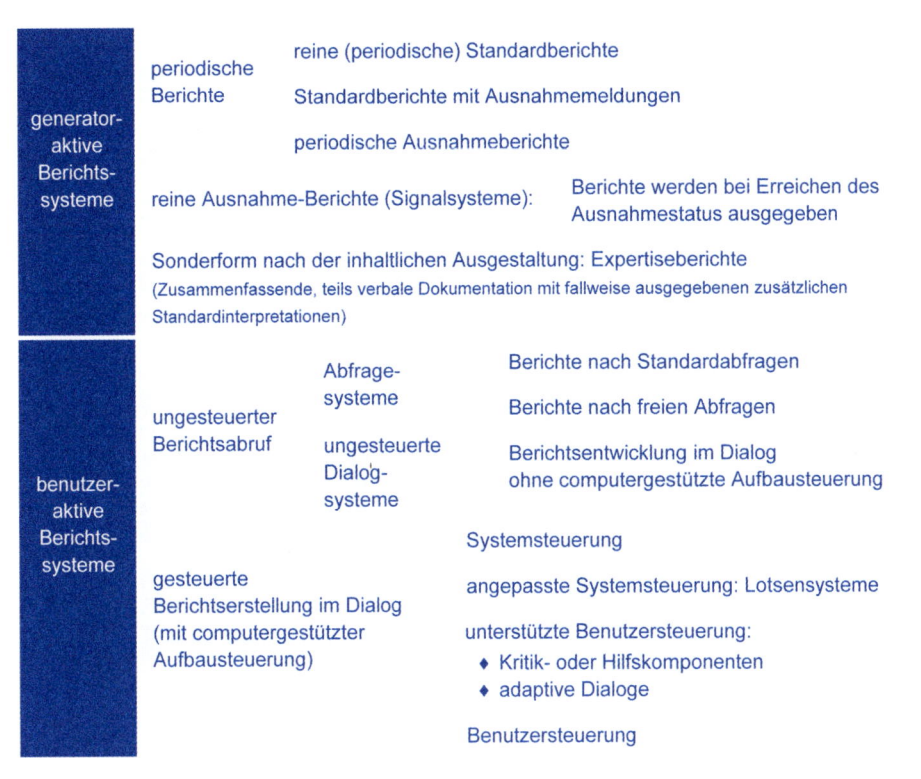

generatoraktive Berichtssysteme		
periodische Berichte	reine (periodische) Standardberichte	
	Standardberichte mit Ausnahmemeldungen	
	periodische Ausnahmeberichte	
reine Ausnahme-Berichte (Signalsysteme):	Berichte werden bei Erreichen des Ausnahmestatus ausgegeben	
Sonderform nach der inhaltlichen Ausgestaltung: Expertiseberichte (Zusammenfassende, teils verbale Dokumentation mit fallweise ausgegebenen zusätzlichen Standardinterpretationen)		

benutzeraktive Berichtssysteme		
ungesteuerter Berichtsabruf	Abfragesysteme	Berichte nach Standardabfragen
		Berichte nach freien Abfragen
	ungesteuerte Dialogsysteme	Berichtsentwicklung im Dialog ohne computergestützte Aufbausteuerung
gesteuerte Berichtserstellung im Dialog (mit computergestützter Aufbausteuerung)	Systemsteuerung	
	angepasste Systemsteuerung: Lotsensysteme	
	unterstützte Benutzersteuerung:	
	♦ Kritik- oder Hilfskomponenten	
	♦ adaptive Dialoge	
	Benutzersteuerung	

Abb. VII-6: Wichtige Arten von Berichtssystemen

wegs problematisch, ist es doch durchaus der inhaltliche Zweck eines Berichts, präzise Detailinformationen zu liefern. Als kontraproduktiv wirkt sich der Berichtsumfang indessen in Kombination mit der Häufigkeit der Berichtsvorlage aus. Die Ursprünge des Berichtswesens liegen in einer Zeit, in der ohne nennenswerte informationstechnische Unterstützung gearbeitet werden musste. Die Erstellung eines Berichts war somit eine aufwendige, manuell zu erledigende Angelegenheit, so dass der entstehende Komplettbericht nur in entsprechend großen Zeitabständen überhaupt erstellt werden konnte.

Problem traditioneller Komplettberichte

Schon seit mehreren Jahrzehnten indessen erlauben die informationstechnischen Möglichkeiten derartige Komplettberichte zu jedem beliebigen Zeitpunkt mit jeweils aktuellen Daten ohne nennenswerten Zusatzaufwand. Da die Eingabe der Ist-Daten ohnehin erforderlich ist, kann sie auch weitgehend verzögerungsfrei oder sogar prozessbegleitend erfolgen. Die einmal erstellte Software zur Berichtserstellung kann durch Beschränkung der Inputdaten auf die gewünschte Teilmenge sowie durch bloße Anpassung der Überschriften dazu herangezogen werden, für jede beliebige Teil- oder Zwischenperiode eines Jahres einen Bericht anzubieten. So entsteht zu markanten Zeitpunkten eine schnelle Abfolge von Wochen-, Monats- und Quartalsabschlussberichten. Zum gleichen Abschluss-Stichtag erhält der Instanzenmanager auf diese Weise gleichzeitig drei, vier oder mehr Komplettberichte über unterschiedliche Abrechnungszeiträume.

Dies führt zu einer **Informationsüberflutung** der so versorgten Manager, in deren Gefolge dann eine sachgerechte Auswertung der Berichte unterbleibt und

Inhalt: Umsatzbericht über alle Produkte Datum: 18.11.2021 Empfänger: Geschäftsleitung Sperrvermerk: Produktmanager			Monat Oktober 2021												
Produkt-nummer	Produktbezeichnung	Produkt-manager	Prognose	Soll	Ist	Abweichung Prognose / Ist		Abweichung Soll / Ist		Vergleich September 2021		Vergleich Oktober 2020		Vergleich Oktober 2019	
						absolut	%	absolut	%	absolut	%	absolut	%	absolut	%
(1)	(2)	(3)	(4)	(5)	(6)	(7)	(8)	(9)	(10)	(11)	(12)	(13)	(14)	(15)	(16)
4711	Schwimmente gelb "Standard"	Tschäcker	114.887,43 €	115.784,31 €	118.976,12 €	4.088,69 €	3,56 %	3.211,81 €	2,77 %	-15.876,43 €	-13,34 %	10.579,42 €	8,89 %	13.497,51 €	11,34 %
4712	Schwimmente gelb "Oval"	Tschäcker	50.042,85 €	51.034,94 €	45.033,59 €	-5.009,26 €	-10,01 %	-6.001,35 €	-11,76 %	-4.312,68 €	-9,58 %	3.111,86 €	6,91 %	4.976,54 €	11,05 %
4713	Schwimmente gelb "Rustikal"	Tschäcker	48.847,99 €	48.976,21 €	52.599,75 €	3.751,76 €	7,68 %	3.623,54 €	7,40 %	-5.163,24 €	-9,82 %	-4.391,23 €	-8,35 %	1.532,46 €	2,91 %
4714	Schwimmente gold "Luxuria"	Tschäcker	20.456,97 €	21.469,87 €	19.876,32 €	-580,65 €	-2,84 %	-1.593,55 €	-7,42 %	2.165,74 €	10,90 %	976,14 €	4,91 %	1.976,25 €	9,94 %
4715	Schwimmente gold "Paris"	Tschäcker	10.879,84 €	10.879,84 €	11.887,42 €	1.007,58 €	9,26 %	1.007,58 €	9,26 %	1.034,67 €	8,70 %	136,24 €	1,15 %	647,78 €	5,45 %
4716	Schwimmente grün "Yoschka"	Tschäcker	2.500,11 €	3.054,87 €	2.010,01 €	-490,10 €	-19,60 %	-1.044,86 €	-34,20 %	-243,13 €	-12,10 %	-1.297,64 €	-64,56 %	-2.897,56 €	-144,16 %
4717	Schwimmente rot "Devil"	Tschäcker	9.768,48 €	12.876,49 €	8.786,55 €	-981,93 €	-10,05 %	-4.089,94 €	-31,76 %	-13,20 €	-0,15 %	-765,21 €	-8,71 %	-1.024,66 €	-11,66 %
4718	Schwimmente schwarz "Klerus"	Paffai	5.443,25 €	5.443,25 €	13.669,87 €	8.226,62 €	151,13 %	8.226,62 €	151,13 %	13.669,87 €	100,00 %	13.669,87 €	100,00 %	13.669,87 €	100,00 %
⋮	⋮	⋮	⋮	⋮	⋮	⋮	⋮	⋮	⋮	⋮	⋮	⋮	⋮	⋮	⋮
4801	Glücksschwein "Bayern"	Ehrlich	12.432,87 €	12.741,68 €	12.523,56 €	90,69 €	0,73 %	-218,12 €	-1,71 %	50,87 €	0,41 %	89,54 €	0,71 %	198,77 €	1,59 %
4802	Glücksschwein "Saarland"	Ehrlich	999,21 €	1.500,87 €	1.036,00 €	36,79 €	3,68 %	-464,87 €	-30,97 %	164,30 €	15,86 %	269,84 €	26,05 %	546,33 €	52,73 %
4803	Glücksschwein "Baden-Württemberg"	Ehrlich	10.703,21 €	9.132,87 €	10.747,11 €	43,90 €	0,41 %	1.614,24 €	17,68 %	94,32 €	0,88 %	13,13 €	0,12 %	76,43 €	0,71 %
4804	Glücksschwein "Hessen"	Ehrlich	6.052,87 €	6.134,43 €	6.070,57 €	17,70 €	0,29 %	-63,86 €	-1,04 %	284,95 €	4,69 %	-46,85 €	-0,77 %	124,85 €	2,06 %
4805	Glücksschwein "Sachsen"	Ehrlich	4.302,64 €	6.498,21 €	4.220,16 €	-82,48 €	-1,92 %	-2.278,05 €	-35,06 %	916,34 €	21,71 %	165,38 €	3,92 %	354,67 €	8,40 %
⋮	⋮	⋮	⋮	⋮	⋮	⋮	⋮	⋮	⋮	⋮	⋮	⋮	⋮	⋮	⋮
5501	Gartenzwerg "Rügen"	Navratil	8.001,78 €	9.243,58 €	7.089,24 €	-912,54 €	-11,40 %	-2.154,34 €	-23,31 %	300,87 €	4,24 %	-1.243,56 €	-17,54 %	-2.431,54 €	-34,30 %
5502	Gartenzwerg "Mainau"	Navratil	13.248,75 €	14.469,87 €	12.876,38 €	-372,37 €	-2,81 %	-1.593,49 €	-11,01 %	956,43 €	7,43 %	-264,88 €	-2,06 %	-845,77 €	-6,57 %
5503	Gartenzwerg "Föhr"	Navratil	5.784,43 €	6.987,43 €	5.554,44 €	-229,99 €	-3,98 %	-1.432,99 €	-20,51 %	250,00 €	4,50 %	-436,31 €	-7,86 %	12,34 €	0,22 %
5504	Gartenzwerg "Helgoland"	Navratil	10.102,34 €	11.436,89 €	9.876,89 €	-225,45 €	-2,23 %	-1.560,00 €	-13,64 %	731,89 €	7,41 %	-796,43 €	-8,06 %	-1.052,21 €	-10,65 %
⋮	⋮	⋮	⋮	⋮	⋮	⋮	⋮	⋮	⋮	⋮	⋮	⋮	⋮	⋮	⋮
7130	Gummistiefel grün "Hamburg"	Disner	110.245,87 €	110.754,93 €	94.310,17 €	-15.935,70 €	-14,45 %	-16.444,76 €	-14,85 %	-8.132,43 €	-8,62 %	-7.823,42 €	-8,30 %	-5.768,39 €	-6,12 %
7131	Gummistiefel gelb "Stralsund"	Disner	69.541,68 €	70.351,76 €	68.942,98 €	-598,70 €	-0,86 %	-1.408,78 €	-2,00 %	346,21 €	0,50 %	3.449,22 €	5,00 %	5.431,97 €	7,88 %
7132	Gummistiefel rot "Bremerhaven"	Disner	30.338,77 €	30.783,95 €	28.337,57 €	-2.001,20 €	-6,60 %	-2.446,38 €	-7,95 %	764,21 €	2,70 %	1.689,34 €	5,96 %	3.462,15 €	12,22 %
7133	Gummistiefel gold "London"	Disner	17.543,88 €	18.031,34 €	19.455,43 €	1.911,55 €	10,90 %	1.424,09 €	7,90 %	1.543,26 €	7,93 %	2.999,72 €	15,42 %	3.354,88 €	17,24 %
7134	Gummistiefel Blumen-muster "Brüssel"	Disner	30.658,98 €	29.976,42 €	33.465,86 €	2.806,88 €	9,16 %	3.489,44 €	11,64 %	-465,21 €	-1,39 %	33.465,86 €	100,00 %	33.465,86 €	100,00 %
⋮	⋮	⋮	⋮	⋮	⋮	⋮	⋮	⋮	⋮	⋮	⋮	⋮	⋮	⋮	⋮
7201	Gymnastikband rot "Strong"	Tschäcker	14.000,46 €	14.000,46 €	14.556,23 €	555,77 €	3,97 %	555,77 €	3,97 %	764,35 €	5,25 %	4.837,76 €	33,23 %	7.948,21 €	54,60 %
7202	Gymnastikband grün "Medium"	Tschäcker	20.498,67 €	20.498,67 €	21.894,79 €	1.396,12 €	6,81 %	1.396,12 €	6,81 %	1.546,31 €	7,06 %	6.799,82 €	31,06 %	10.642,35 €	48,61 %
7203	Gymnastikband gelb "Easy"	Tschäcker	6.497,43 €	6.497,43 €	7.124,80 €	627,37 €	9,66 %	627,37 €	9,66 %	364,20 €	5,11 %	2.267,78 €	31,83 %	4.216,87 €	59,19 %
Summe			2.677.981 €	2.786.149 €	2.499.783 €	-2.858,98 €	-0,11 %	-564,37 €	-0,02 %	19.788,24 €	0,79 %	45.649,87 €	1,83 %	76.891,24 €	3,08 %

Abb. VII-7: Beispiel für einen

tendenziell für die betroffene Instanz eine Informationslage eintritt, wie sie auch völlig ohne Bericht entstanden wäre. Die skizzierte Gefahr besteht wegen einer unterdessen geschickteren Vorgehensweise heute tatsächlich kaum noch; sie ist aber weiterhin denkbar und als überlieferte Vergangenheitserfahrung vielerorts durchaus noch sehr präsent. Und sie ist auch zu einem guten Teil für typische Vorurteile und ironische Bemerkungen gegenüber der Tätigkeit von Controllern verantwortlich.

Überblick zu allgemeinen Berichtsformen

Der beschriebene Effekt der potenziellen Informationsüberflutung sowie der daraus resultierende tendenziell ungünstige Ruf der Controller hat zu einer stärker empfängerorientierten Betrachtung des Berichtswesens geführt. Daraus sind verschiedene Gestaltungsregeln für Berichte entstanden. Zum großen Teil sind solche Empfehlungen eher allgemein gehalten und umfassen vorwiegend Tipps zur äußeren Darstellung, etwa alle Berichte formal einheitlich aufzubauen, Gesamt- und Detailanalysen zu trennen, unterstützende Graphiken einzubringen

2. Grundlagen des Berichtswesens

		kumuliert Januar - Oktober 2021							Vorschauwerte für 31.12.2021					
	Prognose	Soll	Ist	Abweichung Prognose / Ist		Abweichung Soll / Ist		Vergleich Vorjahreszeitraum		Prognose November 2021	Soll November 2021	Prognose Quartal III	Soll Quartal III	Prognose 2021	Soll 2021
				absolut	%	absolut	%	absolut	%						
...	(33)	(34)	(35)	(36)	(37)	(38)	(39)	(40)	(41)	(42)	(43)	(44)	(45)	(46)	(47)
...	1.224.861,21 €	1.324.516,95 €	1.203.457,89 €	-21.403,32 €	-1,75 %	-121.059,76 €	-9,14 %	95.736,54 €	7,96 %	105.789,85 €	108.762,53 €	261.365,34 €	265.897,54 €	1.054.397,84 €	1.124.658,54 €
...	524.431,67 €	546.973,16 €	491.261,42 €	-33.170,25 €	-6,32 %	-55.711,74 €	-10,19 %	29.761,46 €	6,05 %	48.673,52 €	49.876,52 €	140.678,51 €	144.769,35 €	624.993,46 €	639.774,51 €
...	521.342,12 €	524.161,59 €	534.679,84 €	13.337,72 €	2,56 %	10.518,25 €	2,01 %	-39.864,95 €	-7,45 %	48.973,21 €	49.012,53 €	145.986,12 €	148.976,52 €	613.455,23 €	619.754,03 €
...	203.134,65 €	213.546,84 €	212.036,89 €	8.902,24 €	4,38 %	-1.509,95 €	-0,71 %	11.643,85 €	5,49 %	20.156,87 €	21.587,76 €	62.104,97 €	66.676,54 €	254.697,81 €	278.946,51 €
...	123.249,17 €	146.976,98 €	136.701,26 €	13.543,09 €	10,99 %	-10.185,72 €	-6,93 %	1.786,75 €	1,31 %	12.043,67 €	12.043,67 €	32.469,87 €	32.469,87 €	134.916,57 €	134.916,57 €
...	23.013,49 €	15.843,84 €	18.969,31 €	-3.144,18 €	-13,05 %	4.225,47 €	27,01 %	-13.487,20 €	-57,86 %	2.015,84 €	2.504,51 €	5.137,89 €	6.879,54 €	25.689,32 €	36.731,14 €
...	91.348,47 €	89.643,51 €	90.346,57 €	-1.001,90 €	-1,10 %	703,06 €	0,78 %	-8.467,92 €	-9,37 %	8.463,52 €	10.354,88 €	26.879,44 €	34.789,55 €	145.789,20 €	167.985,45 €
...	59.712,43 €	59.712,43 €	124.679,53 €	64.967,10 €	108,80 %	64.967,10 €	108,80 %	149.736,85 €	120,10 %	14.986,52 €	14.986,52 €	52.793,64 €	52.793,64 €	258.798,43 €	255.798,43 €
...	:	:	:	:	:	:	:	:	:	:	:	:	:	:	:
...	128.439,37 €	130.498,97 €	127.984,76 €	1.545,39 €	1,22 %	-2.484,21 €	-1,90 %	167,98 €	0,13 %	12.546,98 €	13.149,85 €	37.854,65 €	39.467,25 €	186.794,52 €	187.546,34 €
...	10.346,84 €	154.687,63 €	11.364,99 €	1.018,15 €	9,84 %	-143.322,64 €	-92,65 %	3.978,94 €	35,01 %	1.132,64 €	1.879,48 €	5.284,13 €	7.648,13 €	30.164,51 €	35.469,77 €
...	114.687,54 €	99.764,85 €	120.977,34 €	6.289,80 €	5,48 %	21.212,49 €	21,26 %	249,97 €	0,20 %	10.987,54 €	10.798,59 €	30.987,51 €	28.976,04 €	124.398,13 €	120.346,76 €
...	67.294,13 €	76.813,52 €	70.864,98 €	3.570,85 €	5,31 %	-5.948,54 €	-7,74 %	-498,73 €	-0,70 %	6.493,85 €	6.678,98 €	19.788,00 €	20.134,84 €	80.465,78 €	81.643,49 €
...	46.319,46 €	45.384,50 €	45.736,84 €	-582,62 €	-1,26 %	352,34 €	0,78 %	2.978,86 €	6,51 %	5.798,54 €	7.986,53 €	24.997,32 €	31.246,87 €	103.245,42 €	123.879,20 €
...	:	:	:	:	:	:	:	:	:	:	:	:	:	:	:
...	81.937,46 €	94.687,94 €	69.432,85 €	-12.504,81 €	-15,26 %	-25.255,09 €	-26,67 %	-16.497,21 €	-23,76 %	8.011,86 €	9.867,52 €	20.497,30 €	26.773,54 €	82.468,54 €	89.643,54 €
...	149.726,83 €	162.346,83 €	122.648,97 €	-27.077,86 €	-18,08 %	-39.697,86 €	-24,45 %	-3.465,38 €	-2,83 %	11.897,52 €	13.694,52 €	30.467,22 €	34.876,52 €	121.554,87 €	135.974,12 €
...	60.843,61 €	73.981,94 €	56.799,31 €	-4.045,30 €	-6,65 %	-17.183,23 €	-23,23 %	-5.167,73 €	-8,10 %	5.587,94 €	7.698,25 €	12.876,91 €	15.793,16 €	49.673,24 €	52.468,51 €
...	109.384,26 €	124.498,37 €	103.498,65 €	-5.885,61 €	-5,38 %	-20.866,72 €	-16,78 %	-8.873,44 €	-8,57 %	9.486,53 €	12.499,71 €	28.794,45 €	30.164,87 €	119.786,53 €	122.469,45 €
...	:	:	:	:	:	:	:	:	:	:	:	:	:	:	:
...	1.168.791,43 €	1.182.761,53 €	1.099.843,67 €	-68.947,76 €	-5,90 %	-82.917,86 €	-7,01 %	-80.736,95 €	-7,34 %	110.004,95 €	111.854,53 €	301.846,57 €	314.687,52 €	1.349.118,22 €	1.405.679,54 €
...	713.649,10 €	719.436,52 €	690.324,84 €	-23.324,26 €	-3,27 %	-29.111,68 €	-4,05 %	41.853,87 €	6,03 %	70.543,52 €	71.543,51 €	214.685,02 €	221.465,87 €	987.643,51 €	1.024.536,02 €
...	367.241,99 €	371.642,99 €	294.365,51 €	-72.876,45 €	-19,84 %	-77.277,48 €	-20,79 %	20.436,95 €	6,94 %	29.876,86 €	30.498,25 €	89.875,00 €	91.456,55 €	394.678,59 €	413.569,80 €
...	196.423,84 €	213.496,75 €	203.496,65 €	7.072,81 €	3,60 %	-10.188,10 €	-4,77 %	30.569,84 €	15,02 %	17.646,87 €	18.734,41 €	48.761,34 €	50.465,87 €	199.764,52 €	221.234,97 €
...	326.196,46 €	319.756,28 €	346.975,84 €	20.779,38 €	6,37 %	27.211,56 €	8,51 %	349.867,53 €	100,83 %	28.764,54 €	18.079,13 €	105.643,50 €	102.461,37 €	413.546,87 €	432.897,34 €
...	:	:	:	:	:	:	:	:	:	:	:	:	:	:	:
...	154.983,87 €	154.983,87 €	168.973,00 €	14.009,13 €	9,04 %	14.009,13 €	9,04 %	49.873,55 €	29,52 %	16.058,93 €	16.058,93 €	59.766,43 €	59.766,43 €	235.774,16 €	235.774,16 €
...	209.843,26 €	209.843,26 €	224.698,57 €	14.855,31 €	7,08 %	14.855,31 €	7,08 %	79.864,53 €	35,54 %	23.049,87 €	23.049,87 €	78.337,91 €	78.337,91 €	334.976,52 €	334.976,52 €
...	69.237,55 €	6.497,43 €	728.493,85 €	658.256,20 €	964,65 %	719.996,42 €	11081,25 %	28.769,86 €	3,98 %	7.338,34 €	7.338,34 €	21.498,63 €	21.498,63 €	86.971,34 €	88.971,34 €
...	27.853.341,69 €	28.257.934,95 €	26.467.983,55 €	-1.395.358,13 €	-5,01 %	-1.789.951,40 €	-6,33 %	576.813,20 €	2,18 %	2.723.648,92 €	2.784.579,02 €	8.905.487,81 €	9.149.872,53 €	39.786.345,22 €	41.569.887,30 €

periodischen Standardbericht

usw. (vgl. zum Überblick Göpfert [Berichtswesen] 152 ff., zu graphischen Darstellungen siehe auch c). Am bedeutendsten aber ist der Vorschlag, der Problematik regelmäßiger Komplettberichte mit **alternativen Formen von Berichtssystemen** zu begegnen. Dabei hat sich keineswegs eine eindeutig zu empfehlende Variante herausgebildet; vielmehr konkurrieren mehrere mögliche Ausgestaltungsformen untereinander. Sie lassen sich, Abb. VII-6 folgend, in die beiden großen Gruppen der generatoraktiven und der benutzeraktiven Systeme einteilen (zu dieser von vielen Autoren übernommenen Einteilung vgl. ursprünglich Szyperski [Informationssysteme] 1907).

Das charakterisierende Merkmal **generatoraktiver Berichtssysteme** ist die automatische, im System definierte Auslösung der Berichte. Üblichste und häufigste Form sind dabei die periodischen Berichte; sie werden durch einfachen Zeitablauf ausgelöst. Bei einer zweiten Form folgt die Berichtsauslösung nicht der Kalenderzeit, sondern einer inhaltlichen Größe. Der Auslöseetatbestand, der

Formen generatoraktiver Berichte

sogenannte **Trigger,** kann hier vor allem eine Abweichungsgröße sein, die laufend das kumulierte Ist mit einer entsprechenden Plan- oder Soll-Größe vergleicht. Überschreitet diese Abweichung eine bestimmte Toleranzgrenze, wird zum betreffenden Berichtselement ein Teilbericht erstattet. So könnte etwa für jedes Produkt täglich der kumulierte Ist-Absatz vom Jahresanfang bis zum Vortag ermittelt und einer entsprechenden Plan-Absatzmenge gegenübergestellt werden. Überschreitet die Abweichung eine gewisse, vorher festgelegte Toleranzgrenze, erhält der betroffene Manager einen Teilbericht just zu dem Artikel, bei dem dies der Fall ist. Sowohl der Berichtstermin als auch der auf diese Weise speziell ausgewählte Berichtsinhalt ist für den Manager „überraschend", kennzeichnet also nach Inhalt und Zeitpunkt eine Ausnahmesituation. Diese spezielle Art der Berichterstattung wird als **Signalsystem** bezeichnet.

Unterfälle generatoraktiver Berichte

Zu den periodischen Berichtssystemen zählen neben der Ursprungsform des periodischen Komplettberichts insbesondere zwei weitere Berichtsarten: der **Standardbericht mit Ausnahmemeldungen** sowie der **reine Ausnahmebericht.** In beiden Fällen soll die Aufmerksamkeit des Berichtsempfängers auf besonders beachtenswerte Positionen gelenkt werden. Sie sind als Ausnahmen gegenüber den „Normalfällen" zu kennzeichnen. Am Standardbericht mit Ausnahmemeldungen wird zwar nach wie vor der Komplettbericht geliefert, die identifizierten Ausnahmepositionen werden jedoch in besonderer Weise hervorgehoben (fett oder farbig dargestellt, in einer besonderen Tabelle separat hervorgehoben o. Ä.). Beim **reinen Ausnahmebericht** („Exception Reporting") beschränkt sich die gesamte Berichterstattung auf diese Ausnahmen. Voraussetzung für beide Formen ist eine vorherige eindeutige definitorische Abgrenzung von Normal- und Ausnahmefall. Dabei handelt es sich um eine speziell berichtswesentypische Controlling-Aufgabe, auf die wir im nächsten Abschnitt noch genauer eingehen.

Formen benutzeraktiver Berichte

Alle Berichtsformen, die auf eine Abgrenzung von Normal- und Ausnahmefall abstellen, verfolgen den Zweck, die mit einem Standardbericht verbundene Gefahr der Informationsüberflutung zu vermeiden und trotz der Informationsfülle das Managerinteresse und damit die knappe Managerkapazität auf besonders wichtige Positionen zu lenken. Prinzipiell den gleichen Zweck verfolgen die **benutzeraktiven Berichtssysteme.** Bei ihnen erscheint ein Bericht überhaupt nur dann, wenn die Instanz ihn eigens anfordert. Insofern muss der Benutzer selbst dafür Interesse und Zeit haben, sonst würde er auf den Abruf des Berichts verzichten. Nach dieser Konstruktion wird also ein Bericht kaum unwillkommen sein oder auf grundsätzliches Desinteresse stoßen. Dem prinzipiellen Vorteil von benutzeraktiven Berichtssystemen steht allerdings ein gewichtiger Nachteil gegenüber: Die ausdrücklich eingeräumte Möglichkeit, zu jedem beliebigen Zeitpunkt einen dann jeweils auch aktuellen Bericht zu bekommen, veranlasst die potenziellen Berichtsempfänger bisweilen durchaus dazu, sich mit der bestehenden Möglichkeit zufrieden zu geben und sie daraufhin nur sehr selten oder gar nicht zu nutzen. Dies ist vor allem aus den zahlreichen jeweils drängenden aktuellen Tagesverpflichtungen zu erklären, bisweilen auch aus dem Bewusstsein, dass ein geringfügig späterer Berichtsabruf schon wieder noch aktuellere Zahlen liefern würde, weshalb beispielsweise ein weiterer Tag abgewartet wird. Der Gefahr des möglichen Nichtabrufens von Berichten in einem benutzeraktiven Berichtssystem kann dadurch begegnet werden, dass nach Ablauf einer gewissen Frist ohne Abruf das System automatisch auf eine generatoraktive Variante umstellt, also dem Manager dann doch einen nicht angeforderten Bericht liefert. Eine Variante davon ist das Versenden von Erinnerungs- bzw. Auffoderungsmitteilungen, z. B. per E-Mail. Hier erhält der Manager statt des nicht angeforderten Berichts eine Verweis-Adresse zum Bericht, die er nur anzuklicken braucht, um den Bericht zu erhalten. Das mag als weniger aufdringlich empfunden werden. Genauso würde man verfahren, wenn der Bericht nicht ständig aktuell gehalten, sondern nur von Zeit zu Zeit neu zusammengestellt wird. Nach jeder Aktualisierung erhält der Manager bei diesem „Abonnement-System" eine entsprechende Abruf-Aufforderung (vgl. hierzu Gluchowski [Werkzeuge] 273). Auch beim Signal-System (siehe oben, S. 164) kann das Senden einer Verweis-Adresse an die Stelle des eigentlichen Berichts treten.

Varianten der benutzeraktiven Berichtssysteme unterscheiden sich danach, ob die Berichtszusammenstellung selbst aus einem einfachen Abruf vorgefertigter Berichte besteht, aus einer beliebigen Auswahl vorgefertigter Berichtselemente, oder ob die Berichtserstellung durch eine **unterstützende Systematik** begleitet und gesteuert wird. Im letztgenannten Fall enthält die Software für den Berichtsabruf inhaltlich begründete aufeinanderfolgende bedingte Auswahlkomponenten. Sie stellen sich dem Benutzer als eine Abfolge von Wahlangebotsmenüs dar, die sich in Abhängigkeit der ausgewählten Positionen unterschiedlich weiter verzweigen. Nach ihrer Fragetechnik lassen sich darunter wiederum zwei verschiedene Konstruktionsprinzipien auseinanderhalten (vgl. Mertens/Meier [Informationsverarbeitung] 6 f.). Bei der **Benutzersteuerung** enthalten die Auswahlmenüs fachmethodische Fragen zu den gewünschten Berichtsinhalten. So wird der Benutzer etwa nach Anklicken des Wunsches „Artikelkosten" mit der Wahl zwischen „Vollkosteninformationen" und „Teilkosteninformationen" konfrontiert. Fachlich entsprechend beschlagene Benutzer werden derartige Fragen nicht nur problemlos interpretieren und beantworten können, sondern auf diese Art auch zügig zu den gewünschten Berichtsinformationen gelangen. Bei der **Systemsteuerung** dagegen erscheinen Menüabfragen, die eine entsprechende Kenntnis über den Hintergrund der Informationsgenerierung nicht voraussetzen. Stattdessen wird nach dem Verwendungszweck der Informationen gefragt, um den Bericht passend bestücken zu können. Beispielsweise würde nach Anklicken der Wunschposition „Artikelkosten" das folgende Menü den Benutzer mit der Frage konfrontieren, ob er die gewünschten Kosteninformationen für Zwecke der Bilanzierung, der Angebotserstellung oder zum Vergleich von Herstellungsverfahren verwenden möchte. Benutzer, die in Kostenrechnungsfeinheiten weniger eingearbeitet sind, werden auf diese Weise ihren inhaltlichen Berichtswunsch gut charakterisieren können, während Kostenrechnungsfachleute mit der dazu nötigen indirekten Fragetechnik weniger glücklich wären. Computergestützte Berichtssysteme, die auf Basis einer Benutzersteuerung arbeiten, werden traditionell auch „Herrensysteme" genannt, solche mit Systemsteuerung dagegen „Sklavensysteme". Neben den charakterisierten Extremformen gibt es, wie Abb. VII-6 zeigt, Zwischenformen. So wird beispielsweise eine Benutzersteuerung um kritische Hinweise ergänzt, wenn der Benutzer eine sehr untypische Zusammenstellung von Berichtspositionen wählt, die auf eine mögliche Missinterpretation hinweisen könnte.

Trotz aller Anforderungsinitiativen der Informationsnutzer sind auch die benutzeraktiven Berichtssysteme zunächst und vor allem Berichte, d. h. letztlich vorher bereitgestellte und aufbereitete Informationen. Die mehr oder weniger pro-

Unterfälle benutzeraktiver Berichte

Herren-/ Sklavensysteme

vozierte **aktive Rolle** der nachfragenden Instanz muss sich auf die Auswahl und vielleicht die Darstellungsart der Berichtsinhalte **beschränken.** Schon daran zeigt sich das koordinative Wirken, die der Controller durch das Festlegen der bereitgestellten Informationen hat.

grundsätzliche Analyse der benutzeraktiven Systeme

Bei einer weitergehenden Nachfragerolle könnte die informationsempfangende Instanz auch einen Bedarf artikulieren, der nicht schon prophylaktisch vorab gedeckt worden ist. Verfolgt man das Prinzip von Nachfrage und eines komplementären Angebots konsequent weiter, würde das Instrument des Berichtswesens letztlich durch einen internen Wissensmarkt ersetzt. An die Stelle einer vorherigen Analyse des Informationsbedarfs und des Aufbaus entsprechender informationsbereitstellender Berichtssysteme würde die Koordination dort durch den Marktmechanismus erzielt. Freilich ist dies an weitreichende Voraussetzungen geknüpft, vor allem einer hinreichend genauen Artikulierbarkeit von Wissensnachfrage und Wissensangebot. Soweit eine gewisse Mindeststrukturierbarkeit der betreffenden Wissenselemente vorliegt, sind indessen in Teilbereichen **elektronische betriebsinterne Wissensmärkte** durchaus realisierbar (vgl. Ilg [Wissensmanagement]). Sie könnten insoweit den Berichtswesenansatz ersetzen. Mit einem kompletten Verzicht auf Berichtssysteme ist freilich schon wegen der spezifischen Koordinationskosten auch künftig nicht zu rechnen, wohl aber mit einer Ergänzung um marktliche Komponenten mit Verrechnungspreisen auch im Wissensbereich.

marktliche Koordination anstelle von Berichten

Bei allen Formen von Berichtssystemen kann die Information in der charakteristischen Zahlentabelle durch erläuternde Texte ergänzt werden. Sie liefern Standardinterpretationen; insbesondere weisen sie auf kritische oder ungewöhnliche Situationen hin. Solchermaßen ergänzte Berichte heißen **Expertiseberichte.** Je nach Ausprägung können sie mehr oder weniger umfangreiche Textpassagen enthalten, die einzelne Zahlen aus der Berichtstabelle erläutern oder weitere, auswertende Zahlen (etwa Summen, Durchschnitte, Veränderungsraten usw.) zusätzlich liefern. Bei entsprechend markanter Ausprägung enthalten Expertiseberichte eher implizite oder deutlich hervortretende, explizite Handlungsaufforderungen. Konstruktionshintergrund von Expertiseberichten ist ein Katalog von Standardtextbausteinen, die durch jeweils spezifische Trigger, d. h. bei bestimmten Datenkonstellationen ausgelöst werden (vgl. Mertens/ Meier [Informationsverarbeitung] 93 ff.). Nach anfänglicher Euphorie scheint unterdessen in der Anwendung von Expertiseberichten eine gewisse Ernüchterung eingetreten zu sein, was ihre Leistungsfähigkeit betrifft. Dies liegt vor allem darin begründet, dass ein Nutzen für den Informationsempfänger nur dort entsteht, wo die Textinterpretation nicht nur Offensichtlichkeiten verbalisieren (zu einer empirischen Erhebung hierzu vgl. Weber/Schaier/Strangfeld [Berichte] 39). Dies verlangt pointiertere Formulierungen und macht sorgfältigere Trigger-Definitionen erforderlich (siehe S. 164).

verbale Berichtsergänzungen

c) Äußere Gestaltung von Berichten

Gemeinsamer Zweck aller Berichtsformen, die sich als Alternative zum periodischen Standard-Komplettbericht anbieten, ist es, die gezielte Aufmerksamkeit des berichtsempfangenden Managers zu gewinnen und auf die aus Controlling-Sicht wichtigen Problempositionen des Berichts, die „Ausnahmen", zu lenken. Neben der in den einzelnen Berichtsformen unterschiedlichen Vorstrukturie-

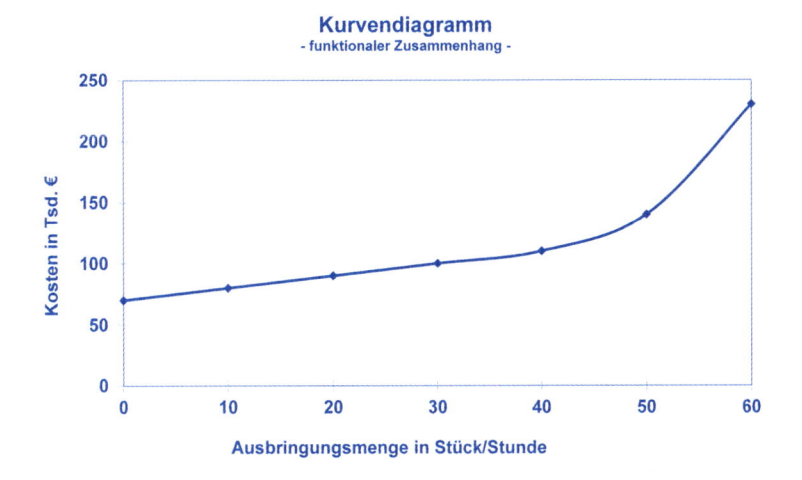

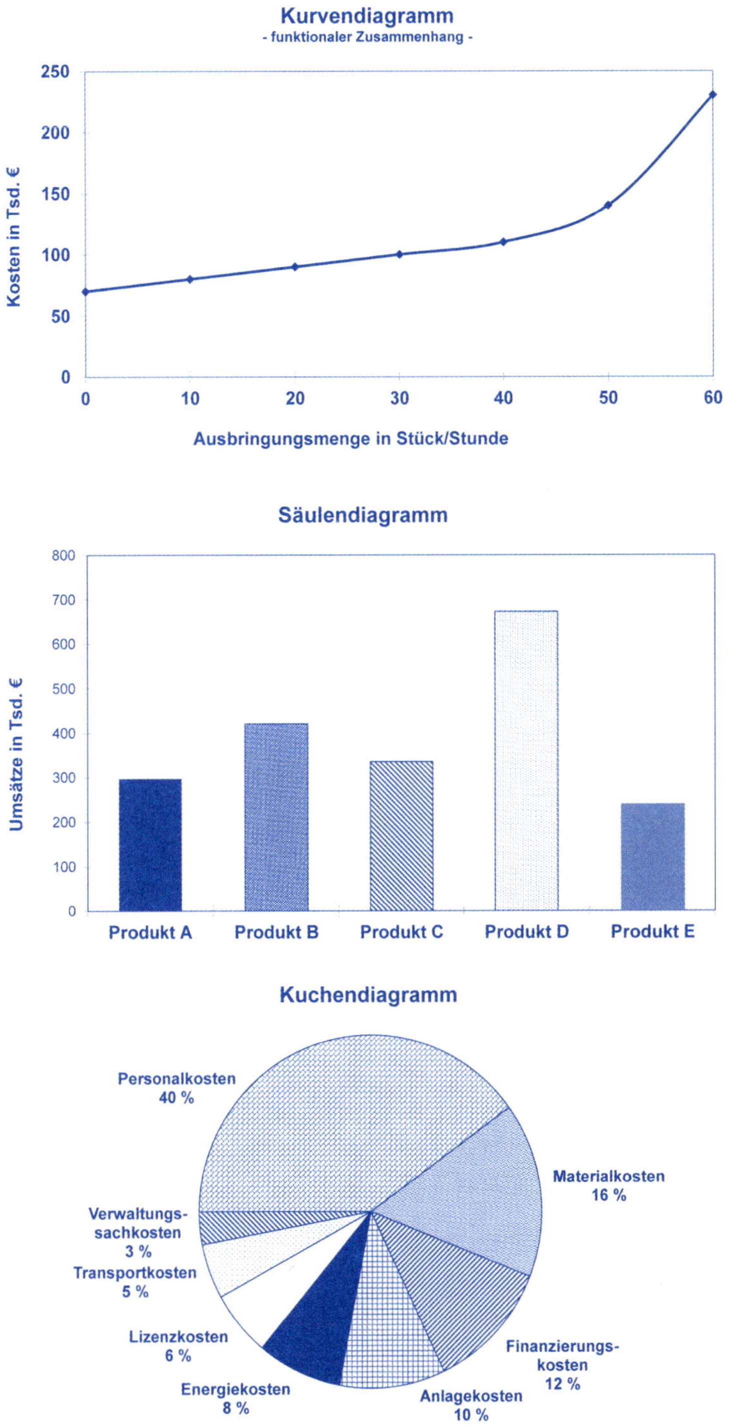

2. Grundlagen des Berichtswesens

Diagramm-arten

Kurvendiagramm
- funktionaler Zusammenhang -

Kosten in Tsd. €
Ausbringungsmenge in Stück/Stunde

Säulendiagramm

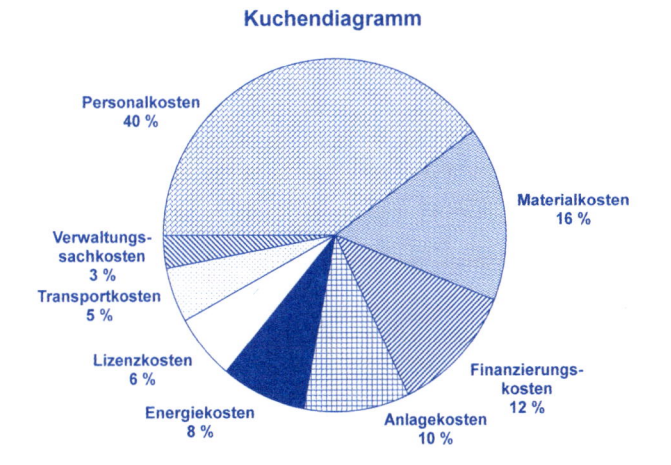

Umsätze in Tsd. €

Produkt A   Produkt B   Produkt C   Produkt D   Produkt E

Kuchendiagramm

- Personalkosten 40 %
- Materialkosten 16 %
- Verwaltungssachkosten 3 %
- Transportkosten 5 %
- Lizenzkosten 6 %
- Energiekosten 8 %
- Anlagekosten 10 %
- Finanzierungskosten 12 %

Abb. VII-8: Formen graphischer Darstellung von Zahlentabellen

nur drei Formen graphischer Darstellung

rung bietet die **graphische Gestaltung** eine ergänzende Möglichkeit hierzu. Grundsätzlich kommen für Zahlentabellen drei graphische Darstellungsformen in Frage (siehe Abb. VII-8):

- das **Kurvendiagramm:** es eignet sich für funktionale Zusammenhänge und zeitliche Entwicklungen,

- das **Säulendiagramm:** es eignet sich für Vergleiche verschiedener Positionen in der gleichen Maßgröße,

- das **Kuchendiagramm:** es eignet sich für Aufgliederungen eines Gesamtwertes in einzelne Summanden.

Für die graphische Darstellung von Berichtsinhalten ist wichtig, eine eingeführte, äußere Darstellungsart, auch in der räumlichen Anordnung, beizubehalten. Besonders beliebt sind seit einiger Zeit Darstellungen, die in der gleichen Übersicht mehrere Einzelgraphiken vereinen und nach Art der technischen Anzeigen für Piloten gestaltet sind (vgl. Gluchowski/Gabriel/Dittmar [Systeme] 215 ff., Gluchowski [Werkzeuge] 275 ff.). Wegen ihrer eingängigen Struktur erlauben solche **Cockpit-Darstellungen** in aufeinanderfolgenden Berichten trotz großer Informationsfülle eine schnelle Orientierung. Abb. VII-9 zeigt ein solches Management-Cockpit. Die darin vorkommende, ebenfalls beliebte Ampeldarstellung von Ausnahmen wird im folgenden Abschnitt 3 (siehe S. 174) besprochen. Soweit eine Cockpit-Darstellung hauptsächlich für die Online-Ansicht am Bildschirm konzipiert ist, wird sie auch als „(Performance)-Dashboard" bezeichnet (vgl. Gluchowski [Werkzeuge] 275).

Gerade in der graphischen Darstellung liegen allerdings auch erhebliche Gefahren einer Manipulation. Sie ergeben sich beispielsweise durch verkürzte, auszugsweise Darstellungen, durch Lücken, Streckungen der Koordinatenachsen, durch die Farbwahl oder durch mehrdimensional zu interpretierender Figuren, die nicht maßstabsgetreu wiedergegeben werden.

3. Die verborgenen Koordinationsaufgaben des Controlling im Berichtswesen

a) Die Abgrenzung von Ausnahmen als Koordinationsaufgabe

Außer dem Standardbericht enthalten alle Formen des Berichtswesens methodische Komponenten, die über die einfache Zusammenstellung der Berichtspositionen und deren entsprechenden Berechnungsvorschriften hinausgehen. Dabei handelt es sich um Festlegungen dazu,

- wie sich „Normalfälle" von Ausnahmefällen unterscheiden,

- bei welchen Datenkonstellationen welche verbalen (Standard-)Hinweise gegeben werden,

- welche Menüabfolge bei modellgestütztem Berichtsaufbau durch den Benutzer gegeben werden soll und ggf. welche Standardinterpretationen einer Systemsteuerung oder entsprechenden Hilfshinweisen zugrunde gelegt werden sollen,

- welche generellen Gestaltungsmöglichkeiten dem Benutzer insgesamt überlassen werden sollten.

3. Die verborgenen Koordinationsaufgaben des Controlling im Berichtswesen

Produkt: *rote Schwimmente "Devil"*   **Region:** *Deutschland*   **Abrufdatum:** *1. November 2021*

Umsatzentwicklung

Vergleich Ist-Umsatz / Soll-Umsatz nach Bundesländern

Bundesland	Umsatz Oktober 2021 Ist	Soll	Soll-Ist-Abweichung
Baden-Württemberg	524 €	576 €	–9,1 %
Bayern	626 €	1.436 €	–56,4 %
Berlin	466 €	652 €	–28,6 %
Brandenburg	550 €	551 €	–0,1 %
Bremen	226 €	242 €	–6,5 %
Hamburg	526 €	568 €	–7,4 %
Hessen	550 €	578 €	–4,8 %
Mecklenburg-Vorpommern	556 €	1.098 €	–49,4 %
Schleswig-Holstein	476 €	784 €	–39,3 %
Niedersachsen	900 €	1.566 €	–42,5 %
Nordrhein-Westfalen	926 €	930 €	–0,5 %
Rheinland-Pfalz	486 €	1.256 €	–61,3 %
Saarland	237 €	241 €	–1,5 %
Sachsen	396 €	986 €	–59,8 %
Sachsen-Anhalt	784 €	854 €	–8,3 %
Thüringen	559 €	561 €	–0,2 %
Summe	**8.787 €**	**12.876 €**	**–31,8 %**

Umsatzvergleich der Neuprodukte im Oktober 2021

Einkaufspreisentwicklung bei Kunststoffgranulat

Mengenentwicklung

Cockpit-Diagramm

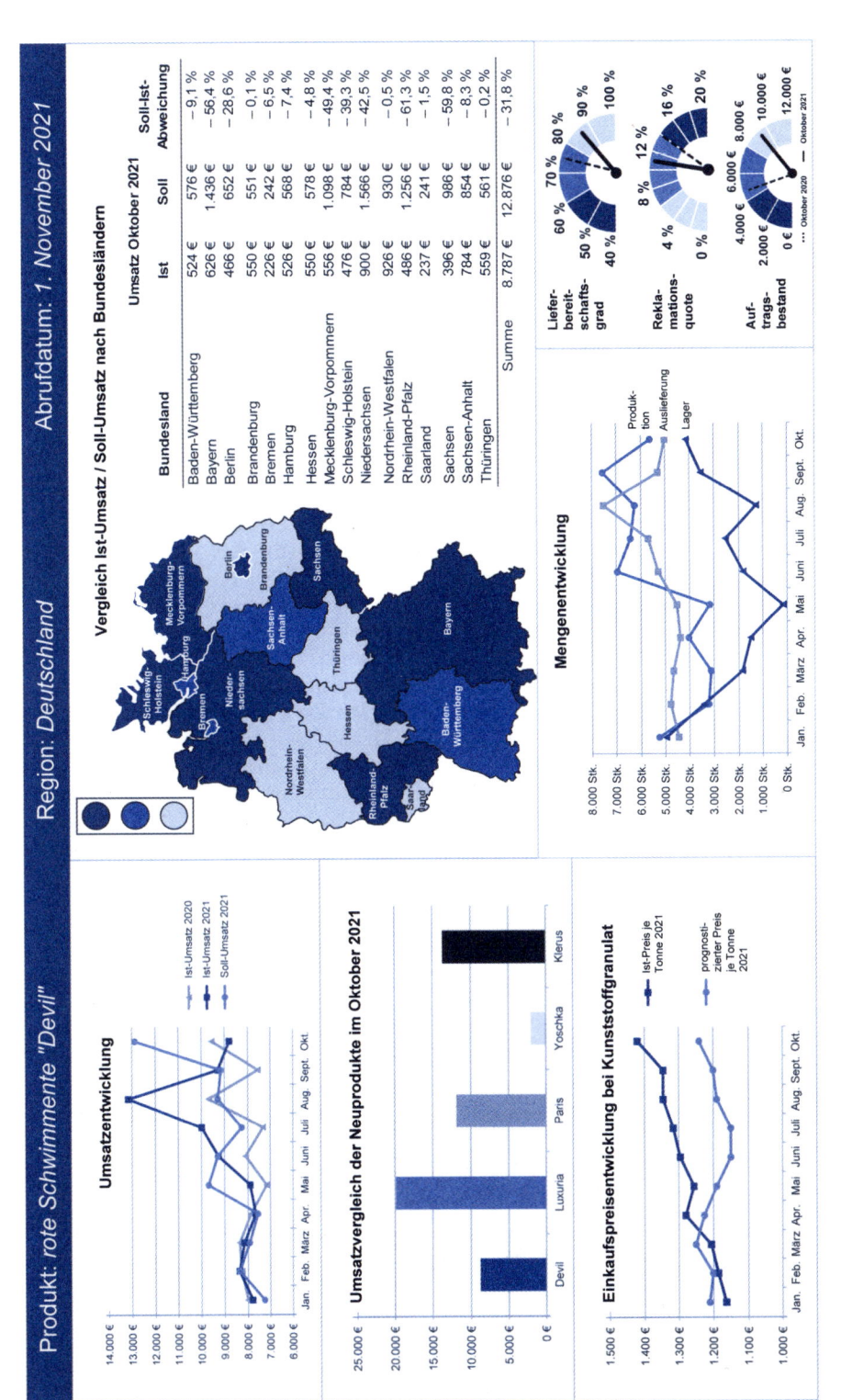

- Lieferbereitschaftsgrad
- Reklamationsquote
- Auftragsbestand

Abb. VII-9: Beispiel eines Management-Cockpits

Vorsortierungswirkung von Ausnahmen

Die bei weitem wichtigste Festlegungsgröße davon ist aus Controlling-Sicht die **Abgrenzung von Ausnahmesituationen.** Gegenüber der bei traditionellen Standard-Komplettberichten zwangsläufigen Auswertung der Berichtsinformationen durch den Berichtsempfänger gibt nämlich die Kennzeichnung von Ausnahmesituationen dem Berichtsleser eine inhaltliche Vorsortierung an. Hätte er sie nicht, müsste er nach seiner eigenen Einschätzung die Berichtspositionen jedes Berichtselements daraufhin beurteilen, ob sie für eine vertiefte Analyse Anlass geben oder nicht. Im ersten Fall wäre das Berichtselement, etwa ein Artikel, als „Ausnahmefall" einzuordnen, im zweiten als „Normalfall". Dabei ist davon auszugehen, dass der Berichtsempfänger, also der Manager einer entsprechenden Instanz, aus seiner inhaltlichen Kenntnis der Entscheidungsgegenstände seines Zuständigkeitsbereichs heraus diese Unterscheidung kompetent treffen kann. Aus Gründen einer besseren Ausnutzung der Managerkapazität und der Vermeidung einer Informationsüberflutung durch das Berichtswesen soll indessen bei zahlreichen Berichtsformen dem Manager gerade diese Vorsortierung abgenommen und bereits im gelieferten Bericht vorhanden sein.

die Ausnahmedefinition als Problemstrukturierungsgrenze

Nun ist das Herausfinden von Berichtselementen, die sich in einer Ausnahmesituation befinden, also etwa problematische Produkte, Absatzregionen, Aufträge o. Ä., weder eine unwichtige, noch eine einfache Aufgabe. **Wichtig** wird sie dadurch, dass mit der Unterscheidung von Normal- und Ausnahmefällen die Entscheidungssituation des Instanzenmanagers **vorstrukturiert** wird. Um die Ausnahmefälle wird er sich besonders kümmern müssen, dort also Managerkapazität einsetzen, während die Normalfälle mit weniger Aufmerksamkeit bedacht werden. Deshalb hat die Charakterisierung von Normal- und Ausnahmefällen einen stark koordinativen Charakter. Damit wird die knappe Managerkapazität auf die Stellen geleitet, die für die betriebliche Zielerreichung besonders relevant sind. **Schwierig** ist die Herausarbeitung von Ausnahmefällen deshalb, weil dazu prinzipiell inhaltliche Kenntnisse der Instanzenaufgabe erforderlich sind. So kann ein Produktbereichsmanager die zahlreichen Produkte, für die er in seiner Division verantwortlich ist, anhand eines Berichts vor allem dadurch in unproblematische und möglicherweise problembehaftete Produkte einteilen, weil er inhaltliches Wissen über die einzelnen Produkte, deren Marktsituation und über deren zu erwartende Entwicklung hat und deshalb aus den berichteten Daten insgesamt entnehmen kann, ob sich ein Produkt in einer zu erwartenden Weise entwickelt. Die Aufgabe der Vorstrukturierung der Entscheidungssituation einer Instanz deren Manager selbst zu überlassen, ist deshalb zunächst der beste Ansatz, um an dieser Stelle ein durch Sachkenntnis fundiertes Ergebnis zu erhalten. Andererseits wird dadurch wertvolle Arbeitszeit des Managers für eine vorbereitende, koordinative Einteilung seiner Tätigkeit verbraucht. Zudem führt die in rascher Folge auftretende Notwendigkeit derartiger Vorstrukturierungsüberlegungen zum skizzierten Eindruck der Informationsüberflutung und der damit einhergehenden Gefahr einer Teil- oder Nichtauswertung von Berichten.

Die mit der Kennzeichnung von Ausnahmepositionen arbeitenden Berichtsformen stellen also darauf ab, dass die inhaltliche Vorstrukturierung des Managereinsatzes vom Controlling übernommen wird. Da aber im Controlling das dazu erforderliche inhaltliche Wissen der Führungsinstanz nicht vorausgesetzt werden kann, ist eine **formale** Charakterisierung erforderlich. Die Ausnahmefälle innerhalb eines Berichts sind also mit Hilfe der einzelnen Berichtspositionen formal zu treffen. Der Übergang von einer vorherigen Sortierung durch den

Manager selbst zu einer schematischen Sortierung nach einer vom Controlling definierten formalen Regel kann heikel sein. Zum einen ist zu vermuten, dass die Manager bei ihren eigenen Einteilungen kaum ein formal nachmodellierbares System angewendet haben, möglicherweise auch nicht durchweg in sich konsistent und logisch begründbar vorgegangen sind. Zum anderen wird die dem Manager vorgegebene Fremdsortierung zu einer kritisierbaren Aufgabe eines Dritten. Aus Controlling-Sicht ist die Abgrenzung der Ausnahmesituationen von Normalfällen im Berichtswesen damit nicht nur inhaltlich eine sehr bedeutende Koordinationsaufgabe, sondern zusätzlich auch eine besonders riskante Aufgabe, was das Managervertrauen in die Controlling-Leistung betrifft.

Die Ausnahmedefinition im Berichtswesen bewegt sich stets zwischen zwei Arten von Fehlern, die im Controlling dabei begangen werden könnten:

Problematik der Ausnahmenfestlegung

- Beim **Fehler erster Art** der Ausnahmendefinition wird ein Berichtselement nicht als Ausnahmefall identifiziert, das sich später als Problemfall erweist.

- Beim **Fehler zweiter Art** werden Berichtselemente als Ausnahmefälle hervorgehoben, die sich bei genauerer Besicht durch den Manager und vor allem durch die realen Ergebnisse im weiteren Zeitverlauf als völlig „normal" und unauffällig erweisen.

Fehler der ersten Art kann man vor allem dadurch vermeiden, dass eine größere Zahl von Ausnahmefällen gemeldet wird. Dadurch aber steigt die Gefahr von Fehlern der zweiten Art. Der Sinn der Charakterisierung von Ausnahmefällen liegt ja gerade darin, angesichts des enormen Datenumfangs üblicher Berichte in der Auswertung eines Berichts auf eine möglichst überblickbare Zahl von wirklichen Problemfällen herunterzukommen. Dem würde eine extensive Kennzeichnung von Berichtselementen als mögliche Ausnahmen widersprechen.

Die Aufgabe der Ausnahmecharakterisierung im Berichtswesen ist mit der Aufstellung von Regeln für ein Expertensystem vergleichbar. Es geht darum, das implizite Wissen von Experten (hier den Fachmanagern) in **personenunabhängig ausführbare Regeln** zu fassen. Bei dieser Gelegenheit wird möglicherweise die abzubildende Managerleistung systematischer und konsistenter. Sollen derartige Ausnahmecharakterisierungen erstmals eingeführt werden, empfiehlt sich für die konkrete Controlling-Arbeit, bisherige, vom betreffenden Manager selbst sortierte Berichtslisten heranzuziehen und anhand der Managerauswertungen zu versuchen, weitgehend zutreffende Regeln für die Unterscheidung der untersuchten Berichtselemente zu identifizieren. Dabei ist eine Trefferquote von 100 % weder zu erwarten, noch üblicherweise anzustreben, weil sich erfahrungsgemäß einige Managereinschätzungen einer exakten Definition entziehen. Um Akzeptanz der schematischen Ausnahmecharakterisierung zu schaffen, kann es sich im Übrigen empfehlen, Berichtselemente, die ein Manager bisher wiederholt ohne erkennbare Systematik als Ausnahmefälle behandelt hat, in der Einführungsphase als fest vorgegebene Ausnahmepositionen auch weiterhin zusätzlich vorzusehen. Je besser die Einführung formaler Ausnahmedefinitionen gelingt, desto eher kann davon ausgegangen werden, dass die auf dieser Basis erstatteten Berichte mit Ausnahmecharakterisierung als hilfreiche Unterstützung von den Instanzen tatsächlich angenommen werden.

Tipps zur Einführung von Definitionsregeln

Im Hinblick auf die Schwierigkeit der Ausnahmecharakterisierung und ihrer besonderen koordinativen Wirkung ist auf einen wichtigen Unterschied zwischen Komplettberichten, die zusätzlich Ausnahmemeldungen enthalten, gegenüber reinen Ausnahmeberichten oder Signalsystemen hinzuweisen: Bei den Komplettberichten, die zusätzlich mit Ausnahmemeldungen versehen sind, hat die Instanz eine ergänzende Möglichkeit, auch Berichtselemente, die nicht als Ausnahmesituationen gekennzeichnet sind, zusätzlich in eine intensivere Bearbeitung mit einzubeziehen, sie also insoweit trotz Charakterisierung als Normalfälle wie Ausnahmefälle zu behandeln. Diese Möglichkeit fällt bei periodischen Ausnahmeberichten und Signalsystemen weg; gleichzeitig steigt hier die Verantwortung des Controlling für die entsprechende Auswahl.

b) Regeln zur Trennung von Normal- und Ausnahmesituationen im Berichtswesen

eindimensionale Ausnahmedefinition

Zur Ausnahmedefinition gibt es verschiedene Möglichkeiten. Grundsätzlich kann zwischen eindimensionalen und mehrdimensionalen Definitionen unterschieden werden. Dabei geht es um die Frage, ob zur Definition eine einzige Messgröße herangezogen wird oder ob dazu mehrere Messgrößen dienen. Verbreitet ist vor allem die **eindimensionale** Messung. Ausgangspunkt ist eine Kontrolle mit Abweichungsberechnung zwischen einer Plan- und einer Umsetzungsgröße. Plangröße könnte ein Soll-Absatz, Umsetzungsgröße der zugehörige Ist-Absatz im entsprechenden Zeitraum sein. Die Abweichung misst dann als Differenz den Abstand der Planverfehlung:

Abweichung = Plangröße – Umsetzungsgröße.

zwei Möglichkeiten eindimensionaler Definitionen

Ausnahmen sind bei dieser eindimensionalen Herangehensweise diejenigen Fälle mit besonders markanter Abweichung in beiden Richtungen. Zur Feinfestlegung gibt es wiederum zwei Möglichkeiten:

- Beim **Toleranzschwellen-Prinzip** werden in beiden Richtungen Abweichungsgrenzen definiert, bis zu denen eine Abweichung noch als „normal" gilt. Was darüber hinausgeht, ist eine Ausnahme.

- Beim **Tagesschau-Prinzip** wird eine gewünschte Anzahl n von Ausnahmen vorher definiert. Die n betragsmäßig größten Abweichungen gelten dann als Ausnahmen.

Gestaltung von Toleranzintervallen

Nach beiden Prinzipien muss die Definition keineswegs nach beiden Abweichungsrichtungen symmetrisch sein. Aus Controlling-Sicht wäre vielmehr zu prüfen, ab welcher Größenordnung eine Unterschreitung (negative Abweichung) der Plangröße vergleichbar „schlimm" ist wie eine Überschreitung (positive Abweichung). Beim Toleranzschwellenprinzip beispielsweise könnte eine Unterschreitung eines geplanten Absatzes von 1.000 Stück um 80 oder mehr Überlegungen wegen zusätzlicher Marketingmaßnahmen, wegen Problemen mit Mehrbeständen in Eingangs- und Ausgangslagern sowie in finanzieller Hinsicht mit sich bringen. Eine Überschreitung des geplanten Absatzes ist zwar im Allgemeinen erfreulich, wirft aber bei größerem Umfang durchaus Fragen der Lieferfähigkeit, der Fertigungskapazität, des Materialeingangs usw. auf. Die Problemschwelle indessen könnte hier vielleicht erst bei 1.150 Stück liegen. Anstelle einer Standarddefinition für das Toleranzintervall von beispielsweise +/– 10% dürften also bei genauerer Analyse eher **unsymmetrische Intervalldefinitionen** der Art + 15% / – 8% angemessen sein. Ob hingegen die Definition in absoluten Zahlen oder prozentual definiert wird, ist eher unerheblich.

3. Die verborgenen Koordinationsaufgaben des Controlling im Berichtswesen

Eine besondere Überlegung erfordern Abweichungsdefinitionen zur **zeitlichen Entwicklung.** Hier betreffen Plan- und Umsetzungsgröße das gleiche Merkmal zu verschiedenen Zeitpunkten, also etwa den Absatz einer bestimmten Produktart im Februar im Vergleich zum Januar. Die Abweichung erfasst dann die Änderung zwischen diesen beiden Monaten. Wird nun der Ausnahmetatbestand an das Überschreiten eines bestimmten Änderungsprozentsatzes geknüpft, so kann, wie Abb. VII-10 zeigt, durch aufeinanderfolgendes Unterschreiten der Empfindlichkeitsschwelle ein markantes kumuliertes Abweichen über mehrere Perioden hinweg unentdeckt bleiben. Um dies auszuschließen, sind bei Zeitentwicklungsabweichungen ergänzend sogenannte **„Brückenabweichungen"** erforderlich. Auch hierzu zeigt Abb. VII-10 ein Beispiel.

Sonderfall bei Zeitvergleichs-Toleranzen

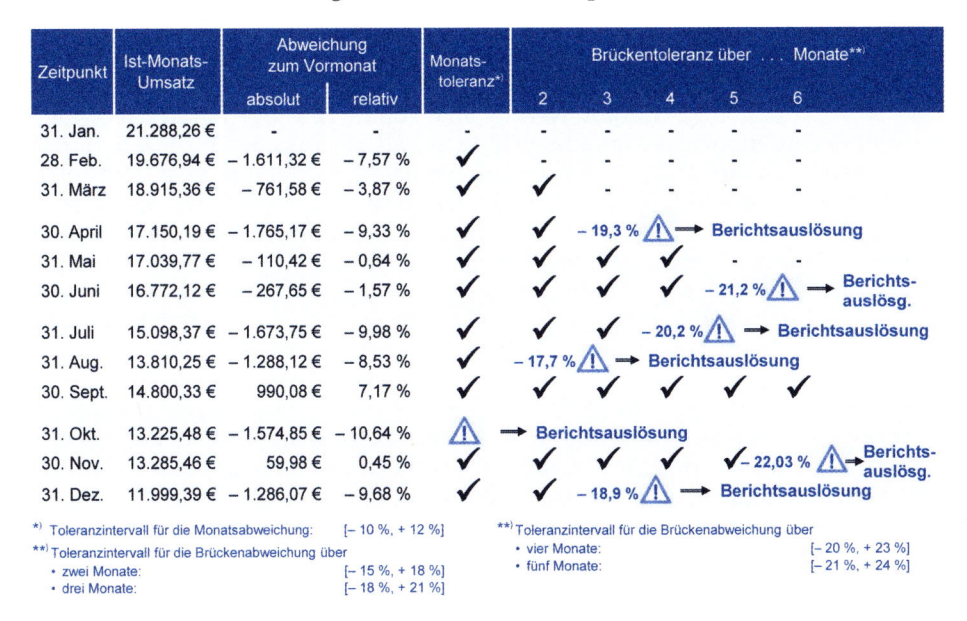

Zeitpunkt	Ist-Monats-Umsatz	Abweichung zum Vormonat absolut	Abweichung zum Vormonat relativ	Monats-toleranz*)	Brückentoleranz über ... Monate**) 2	3	4	5	6
31. Jan.	21.288,26 €	-	-	-	-	-	-	-	-
28. Feb.	19.676,94 €	− 1.611,32 €	− 7,57 %	✓	-	-	-	-	-
31. März	18.915,36 €	− 761,58 €	− 3,87 %	✓	✓	-	-	-	-
30. April	17.150,19 €	− 1.765,17 €	− 9,33 %	✓	✓	− 19,3 % ⚠ → Berichtsauslösung			
31. Mai	17.039,77 €	− 110,42 €	− 0,64 %	✓	✓	✓	✓		
30. Juni	16.772,12 €	− 267,65 €	− 1,57 %	✓	✓	✓	✓	− 21,2 % ⚠ → Berichtsauslösg.	
31. Juli	15.098,37 €	− 1.673,75 €	− 9,98 %	✓	✓	✓	− 20,2 % ⚠ → Berichtsauslösung		
31. Aug.	13.810,25 €	− 1.288,12 €	− 8,53 %	✓	− 17,7 % ⚠ → Berichtsauslösung				
30. Sept.	14.800,33 €	990,08 €	7,17 %	✓	✓	✓	✓	✓	✓
31. Okt.	13.225,48 €	− 1.574,85 €	− 10,64 %	⚠ → Berichtsauslösung					
30. Nov.	13.285,46 €	59,98 €	0,45 %	✓	✓	✓	✓	− 22,03 % ⚠ → Berichtsauslösg.	
31. Dez.	11.999,39 €	− 1.286,07 €	− 9,68 %	✓	✓	− 18,9 % ⚠ → Berichtsauslösung			

*) Toleranzintervall für die Monatsabweichung: [− 10 %, + 12 %]
**) Toleranzintervall für die Brückenabweichung über
 • zwei Monate: [− 15 %, + 18 %]
 • drei Monate: [− 18 %, + 21 %]
 • vier Monate: [− 20 %, + 23 %]
 • fünf Monate: [− 21 %, + 24 %]

Abb. VII-10: Brückenabweichungen zur Identifikation unerwünschter Abweichungskumulation

Auch beim **Tagesschau-Prinzip** kann eine symmetrische von einer unsymmetrischen Definition unterschieden werden. Im undifferenzierten Fall nimmt man die n betragsgrößten Abweichungen als Ausnahmen, unabhängig davon, ob es sich dabei um positive oder negative Abweichungen handelt. Im differenzierten Fall werden die positiven und negativen Abweichungen getrennt betrachtet. Man zieht die n_1 größten positiven und die n_2 betragsmäßig größten negativen Abweichungen als Ausnahmen heran. Symmetrisch ist die Definition dann, wenn $n_1 = n_2$ gilt.

zweite Möglichkeit eindimensional definierter Ausnahmen

Das Tagesschau-Prinzip hat seinen Namen daher, dass unabhängig von der „Schwere" die **Anzahl** der Ausnahmemeldungen immer gleich groß ist. Im Vergleich zum Toleranzschwellen-Prinzip ist aber an verschiedenen Berichtsterminen die letzte, gerade noch als Ausnahme eingeordnete Meldung, die sogenannte Grenzmeldung, im Allgemeinen unterschiedlich „schlimm". Dies bedeutet, dass ein Berichtselement mit einer Abweichung von beispielsweise + 8% in einem Bericht als Ausnahme hervorgehoben wird, im Bericht eines anderen Zeitpunktes hingegen als Normalfall unbeachtet bleibt, weil es eine hinreichend große Anzahl von Berichtselementen mit größerer Abweichung gibt. Demgegenüber ist beim Toleranzschwellen-Prinzip die Grenzmeldung immer ungefähr gleich „schlimm"; dafür aber ist der Umfang des Ausnahmeberichts im Allgemeinen immer verschieden. Daran wird auch erkennbar, welche koordinative Wirkung die beiden unterschiedlichen Definitionen haben: Tendenziell geht das Toleranzschwellen-Prinzip davon aus, dass der Manager für die durch die Ausnahmedefinition erfassten Fälle situationsentsprechend unterschiedlich viel Kapazität einzusetzen hat, während das Tagesschau-Prinzip von einer feststehenden Managerkapazität ausgeht, die sinnvollerweise in die jeweils schlimmsten Fälle zu investieren ist.

mehrdimensionale Abweichungsdefinition

Bei der **mehrdimensionalen Abweichungsdefinition** fließen mehrere Abweichungsgrößen in die Abgrenzung ein. Im einfachsten Fall berechnet man aus mehreren isolierten Abweichungsarten eine gemeinsame Abweichungsgröße, etwa die ungewichtete oder gewichtete absolute Summe, die mittlere quadratische Abweichung o. Ä. Darauf wendet man dann eine der eindimensionalen Ausnahmedefinitionen an. Im allgemeineren Fall wird versucht, für den aufzuspürenden Ausnahmefall ein **Erkennungsmuster** zu finden. Man untersucht also bekannte Fälle der Vergangenheit daraufhin, ob sich der gesuchte Ausnahmefall durch ein wiederkehrendes Muster von Merkmalsausprägungen charakterisieren lässt, woraus sich im günstigsten Fall dann Merkmale ergeben, an denen sich die ungünstige Entwicklung frühzeitig abzeichnet. So möchte man eine Kombination von Eigenschaftsausprägungen finden, nach denen sich später erfolglose Produkte, schwierige Marktentwicklungen, problematische Aufträge oder nichtzahlende, insolvente Kunden frühzeitig erkennen lassen. Die Berichtspositionen, die am besten in die Musterbeschreibung passen, ergeben dann die gesuchten Ausnahmen. Auch hier ist in einer Feinjustierung festzulegen, ob eine immer gleich große Stärke der Musterentsprechung (Toleranzschwellen-Prinzip) oder eine immer gleich große Anzahl von Ausnahmen (Tagesschau-Prinzip) zur Einordnung als Ausnahme führt.

Eine Ausgestaltungsvariante der Ausnahmendefinition ist die sogenannte **Ampeltechnik** (vgl. Abb. VII-11). Hier werden zwei Sorten von Ausnahmen defi-

Ampeltechnik

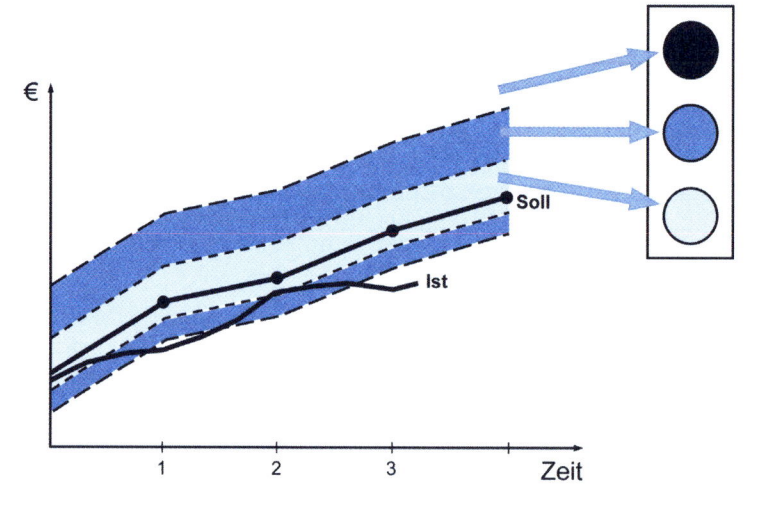

Abb. VII-11: Ampeltechnik zur Hervorhebung stufenweise definierter Ausnahmezustände

niert, die „leichteren" und die „schwereren". Dies ist in allen o. g. Definitionsarten möglich. Ergebnis ist eine Unterteilung der Berichtspositionen in

- den Normalfall („der grüne Bereich"),
- den Aufmerksamkeitsfall („der gelbe Bereich")
- und den Ausnahmefall („der rote Bereich").

Unterscheidung von zwei Ausnahmekategorien

In der graphischen Berichtsaufbereitung wird diese zweistufige Ausnahmedefinition gerne mit einer bildlichen Ampeldarstellung verbunden. In noch weiter differenzierter Form ist die Festlegung entsprechend der Grenzen dort erforderlich, wo es sich um Expertisesysteme handelt. Hier sind regelmäßig Merkmalskombinationen als Trigger erforderlich. Je sorgfältiger und besser fundiert ein Expertisebericht ist, desto deutlicher und effizienter kann das Controlling die mit dem Berichtswesen verbundene Koordinationsfunktion erfüllen.

4. Besonderheiten computergestützter Informationssysteme

a) Executive-Information-Systeme als besonders leistungsfähige computergestützte Berichtssysteme

Während für die generatoraktiven Berichtssysteme die informationstechnische Komponente der eigentlichen Berichtserstellung von weniger großer Controlling-Relevanz ist, treten bei den benutzeraktiven Berichtssystemen gerade die informationstechnischen Gestaltungsmerkmale stark in den Vordergrund. Ein Aspekt davon betrifft die grundsätzliche Berichtsdefinition, wie sie bereits in der grundsätzlichen Einteilung der Berichtswesen-Formen (siehe Abb. VII-6) angesprochen worden ist. Hierfür ist bedeutend, ob und welche Wahlmöglichkeiten der Benutzer für den Aufbau seines Berichts hat und auf welche Weise er ggf. bei der Auswahl unterstützt wird. Unterdessen erlauben die informationstechnischen Möglichkeiten beim Berichtsaufbau, insbesondere jedoch bei der Berichtsanalyse und -interpretation einigen Komfort. Einiges davon geht über die rein handwerkliche Bedeutung hinaus und ist von besonderer Controlling-Relevanz. Computergestützte Berichtssysteme, die bestimmte solcher controlling-relevanter Funktionalitäten aufweisen, werden als **Executive-Information-Systeme (EIS)** bezeichnet. Die besonderen Merkmale von Executive-Information-Systemen, die sie von allgemeinen computergestützten Berichtssystemen unterscheiden, sind auf die Lösung spezieller Probleme ausgerichtet. Insoweit können Executive-Information-Systeme dem Schnittbereich von computergestützten Berichtssystemen einerseits und Entscheidungsunterstützungssystemen andererseits zugerechnet werden, wie es der untere Teil von Abb. VII-12 zeigt. Das ist insofern bemerkenswert, als Berichtssysteme zunächst rein **instanzenorientiert** sind, während Entscheidungsunterstützungssysteme (instanzenfrei und ohne Berücksichtigung spezieller organisatorischer Merkmale) auf die Lösung einzelner **Problemtypen** bezogen sind. In Executive-Information-Systemen verbinden sich damit Elemente beider Ausrichtungen; Executive-Information-Systeme liefern neben instanzenbezogenen Informationen verschiedene Möglichkeiten der Problembearbeitung, die für die angesprochene Instanz von Bedeutung sein könnten.

Executive-Information-Systeme: Begriff

EIS: Einordung

Die Bezeichnung als Executive-Information-System (oder seltener „Führungsinformationssystem (FIS)") könnte von der Wortbedeutung her prinzipiell für jedes Berichtssystem verwendet werden, da sie nur das eigentliche Merkmal der Instanz anspricht. Die Bezeichnung ist aus der historischen Entwicklung der computergestützten Informationssysteme heraus zu verstehen. Der obere Teil von Abb. VII-12 (Hansen/Neumann [Wirtschaftsinformatik] 1065) zeigt schematisch wichtige Meilensteine bei der Entwicklung computergestützter Informationssysteme mit den Bezeichnungen der jeweils typischen Systeme. Die darin genannten „Management-Informationssysteme" aus den 1960/1970er Jahren haben wenig Gemeinsamkeit mit den heute diskutierten Executive-Information-Systemen (vgl. Gluchowski/Gabriel/Dittmar [Systeme] 82). Als **Management-Informationssysteme** wurden Softwarelösungen angesprochen, die möglichst ohne jegliche Notwendigkeit menschlichen Eingreifens betriebliche Planungs- und Entscheidungsprobleme komplett lösen sollten. Naturgemäß konnte diese Vorstellung allenfalls auf sehr klar definierten operativen Problemfeldern, zu denen vorstrukturierte Lösungsmechanismen möglich sind, überhaupt Erfolgschancen haben. Demgegenüber enthalten die Executive-Information-Systeme Problemlösungskomponenten nach Art der Entscheidungsunterstützungssysteme. Dies bedeutet, dass sie gezielt nur Teile des Planungsprozesses unterstützen. Während die früheren Management-Informationssysteme menschliche Managementleistungen **ersetzen** sollten, verfolgen Executive-Information-Systeme die Vorstellung, Entscheidungsträger der Instanz in ihrem Führungsprozess adäquat zu **unterstützen.**

vier EIS-Funktionalitäten

Als Executive-Information-System wird ein computergestütztes Berichtssystem bezeichnet, das insbesondere folgende vier Funktionalitäten aufweist (vgl. z. T. etwas allgemeiner Schinzer [Informationssysteme] 62 ff., Hansen/Neumann [Wirtschaftsinformatik] 1051 und 1026 f., Stahlknecht/Hasenkamp [Wirtschaftsinformatik] 382 ff., Gluchowski/Gabriel/Dittmar [Systeme] 74 ff.):

- Slicing and Dicing,
- Drill down,
- Roll up (Drill up),
- What-if-Analysen und How-to-achieve-Analysen.

erste EIS-Funktionalität

Slicing and Dicing (Würfeln und Schneiden) bezeichnet die Fähigkeit eines Berichtssystems, beliebige (zweidimensionale) Berichtsblätter einer prinzipiell mehrdimensionalen Berichtsstruktur zu generieren. Zur Erläuterung sind in Abb. VII-13 mehrere Berichtsblätter aus einer vierdimensionalen Berichtsstruktur beispielhaft dargestellt. Allgemein hat jede Berichtsdarstellung zwei Dimensionen: Zeilen und Spalten. Nur hilfsweise kann eine dritte oder vierte Dimension mit einer entsprechenden, sich ständig wiederholenden Untereinteilung jeder Zeile bzw. jeder Spalte dargestellt werden. Dies ist zwar in Ausnahmefällen tolerabel – insbesondere, wenn die tiefere Untergliederung nur einzelne Zeilen oder einzelne Spalten betrifft – gilt aber generell als unübersichtlich und unvorteilhaft. Als Konsequenz muss bei der Konzeption des Berichtswesens entschieden werden, wie der Zeilen-/Spalten-Aufbau eines Berichts ist und damit gleichzeitig, welche Berichtswerte es gibt.

Im Beispiel der Abb. VII-13 zeigt das oberste Blatt einen Ist-Umsatzbericht des Artikels 4711. Im Berichtsblatt selbst ist nach Absatzregionen einerseits und

4. Besonderheiten computergestützter Informationssysteme

Stellung von Executive-Information-Systemen

Unterstützungsumfang

- **CPM:** Corporate Performance Management
- **BI:** Business Intelligence
- **Data-Warehouse:** Entscheidungsunterstützung für alle Mitarbeiter
- **EIS:** Entscheidungsunterstützung von Top-Managern durch „Berichte auf Knopfdruck" und Abweichungsanalysen
- **DSS:** Entscheidungsvorbereitung durch Fachspezialisten mittels komplexer mathematischer Entscheidungsmodelle
- **BA:** Business Analytics durch vorgefertigte, komplette Lösungen
- **MIS:** Automatisiertes „Realzeitmangement" durch Kennzahlensysteme

1960   1970   1980   1990   2000   2010

Abgrenzung zu Management-Informationssystemen

- EUS / DSS Entscheidungsunterstützungssysteme
- EIS / FIS Executive Information Systems
- computergestützte Berichtssysteme
- Idee der Managementinformationssysteme (MIS)
- EDV / Basisdatenverarbeitung

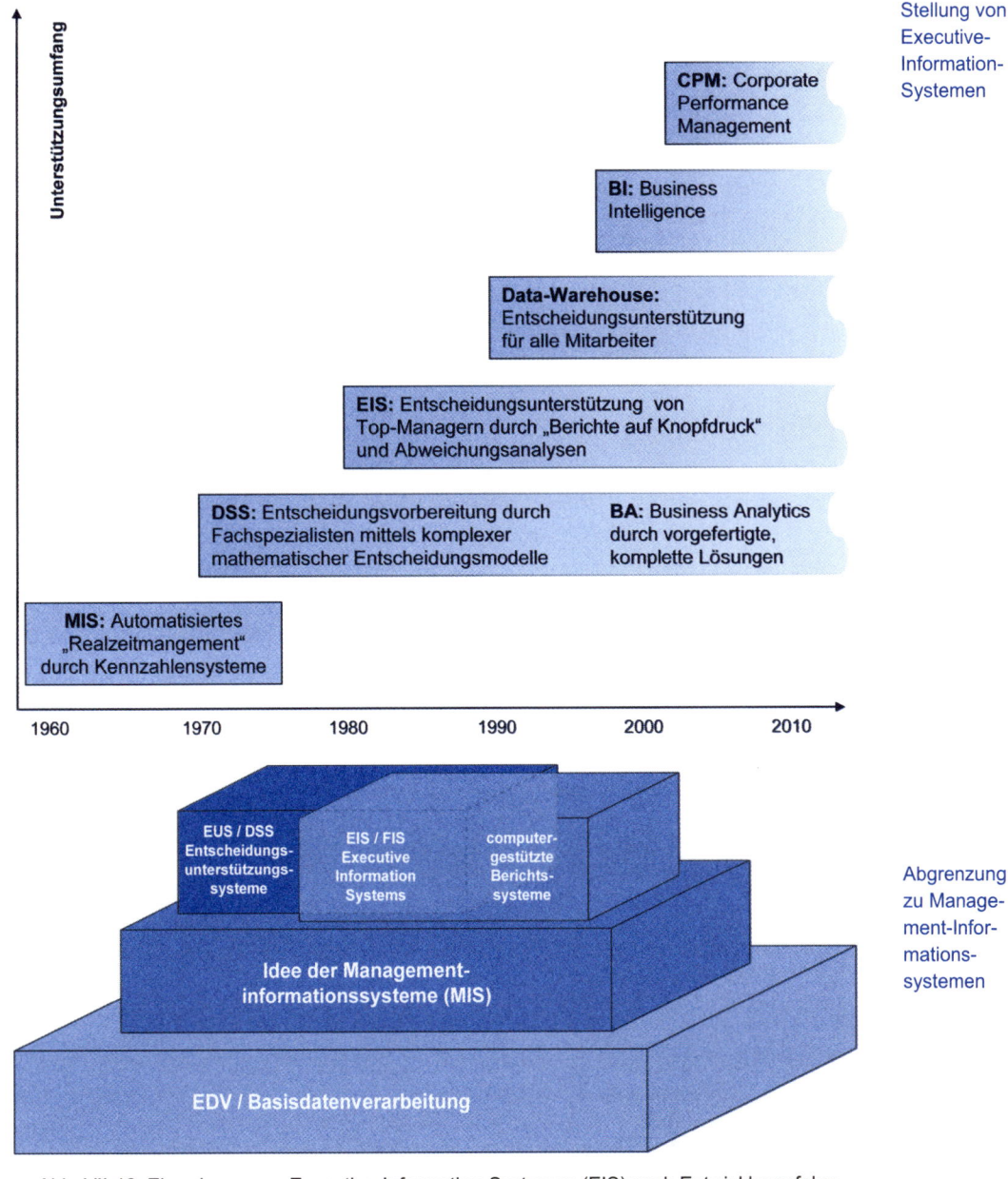

Abb. VII-12: Einordnung von Executive-Information-Systemen (EIS) nach Entwicklungsfolge gemäß Hansen/Neumann (oberes Bild) und nach Sichtweise (unteres Bild)

Perioden andererseits unterschieden. Damit gibt es nach diesem Aufbau alleine zum Ist-Umsatz so viele derartige Berichtsblätter, wie es Artikel gibt. Ist darüber hinaus neben dem Ist-Umsatz beispielsweise auch der Planumsatz, der Deckungsbeitrag oder eine bestimmte Kostensumme zu berichten, dann gibt es für jede Kennzahl nochmals ein Set an Berichtsblättern. Die Problematik liegt dabei nicht in der Anzahl der Berichtsblätter; jene ist schließlich eine Konsequenz der

Beispiel zu Slicing and Dicing

Slicing and Dicing

Artikel 4711: Gelbe Schwimmente „Standard" • Ist-Umsatz

Absatzregion \ Quartal	I	II	III	IV
Baden-Württemberg	...	...	...	...
restliches Deutschland	...	...	...	...
restliches Europa	...	...	...	...
restliche Welt	...	...	...	...
Summe	...	...	...	...

Artikel 4712: Gelbe Schwimmente „Event" • Baden-Württemberg

Kennzahl \ Quartal	I	II	III	IV
Absatz				
- Plan	...	...	...	...
- Ist	...	...	...	...
Umsatz				
- Plan	...	...	...	...
- Ist	...	...	...	...
Deckungsbeitrag				
- Plan	...	...	...	...
- Ist	...	...	...	...

Deckungsbeitrag • Quartal III

Produkt \ Region	Baden-Württemberg	restliches Deutschland	restliches Europa	restliche Welt
4711: Gelbe Schwimmente „Standard"	...	...	...	...
4712: Gelbe Schwimmente „Event"	...	...	...	...
4713: Grüner Laubfrosch	...	...	...	...
4714: Super-Richie	...	...	...	...

Dimensionen:

Produkte • Regionen • Perioden • Kennzahlen

Abb. VII-13: Slicing and Dicing bei einem mehrdimensionalen Verkaufsbericht

insgesamt zu berichtenden Positionen. Vielmehr geht es darum, dass die Funktion des Slicing and Dicing eben auch, wie die beiden weiteren Beispiele der Abb. VII-13 zeigen, für diesen Fall auch eine Grundstruktur des Berichts erlaubt, der die ungünstige Konsequenz vieler einzelner Berichtsblätter vermeidet.

Traditionell musste beim Entwurf eines Berichtssystems der Aufbau endgültig vorgegeben werden. Manuell erstellte Berichte, aber auch starre computergestützte Berichtssysteme erlauben später keine andere Darstellung als die vorher vorgesehene. Der Benutzer wiederum hat bei einem solch extrem starren System je nach Fragestellung entweder nur ein einziges Berichtsblatt zu analysieren oder nebeneinander immer wieder bestimmte Positionen von mehreren Berichtsblättern. Im ungünstigsten Fall hat er eine ganze Reihe von Berichtsblättern zu analysieren, von denen ihn jeweils nur eine einzige Zeilen-/Spalten-Position interessiert. Deshalb ist bei Konstruktion von Berichtssystemen der Controller mit der Frage konfrontiert, welche Standardeinteilung dem Berichtswesen zugrunde gelegt werden soll. Bei n verschiedenen Berichtsdimensionen können jeweils nur zwei für die Zeilen und Spalten ausgewählt werden. Daher gibt es $\binom{n}{2}$ Berichtsdarstellmöglichkeiten bei n Dimensionen. Im Beispiel der Abb. VII-13 handelt es sich insgesamt um vier Dimensionen; demnach gibt es sechs verschiedene Möglichkeiten, die Berichtsblätter zu diesem Beispielbetrieb zu gestalten; drei davon sind in Abb. VII-13 dargestellt.

Vorteil zur traditionellen Lösung

Wenn eine Berichtswesen-Software die Möglichkeit bietet, jede der angesprochenen Darstellungsarten für einen aktuellen Bericht auszuwählen, dann erfüllt dieses System die **Slicing-and-Dicing-Funktion.** Diese Funktion erlaubt dem Benutzer, die zu seiner Analysefrage passende Berichtsstruktur auszuwählen und damit einen situationsangemessenen interpretationsunterstützenden Bericht zu generieren. Datenbankkonzeptionell handelt es sich bei den einzelnen Berichtsdimensionen jeweils um Objekttypen; die Berichtspositionen sind einzelne Attribute von n-dimensionalen Relationen. Unterliegt also dem Berichtswesen ein relationales Datenbanksystem, ist prinzipiell ein Slicing and Dicing möglich; weitere Voraussetzung ist freilich eine entsprechende Software-Komponente zur Datenaufbereitung und -darstellung.

Die **Drill-down-Funktion** beschreibt die Möglichkeit, in einem Berichtsblatt in der elektronischen Darstellung einzelne Zeilen oder Spalten „anzuklicken" und dann zu Detailinformationen zu gelangen. Voraussetzung ist, dass im System die feinere Zusammensetzung der Zahlen aus der entsprechenden Berichtszeile bzw. -spalte in der Datenbank hinterlegt ist und die Berichtssoftware es erlaubt, durch Anklicken diese Feininformation zu erhalten. Dabei gilt das Darstellungsprinzip, dass bei Anklicken einer Zeile die Spaltenstruktur und -beschriftung erhalten bleibt, während die im nächsten Bild erscheinenden Zeilen eine Feinaufgliederung der bisherigen Zeile angeben. Entsprechend ist es bei Spalten. Die Drill-Down-Funktion ermöglicht es, das Zustandekommen und die Zusammensetzung von beliebigen Berichtsgrößen bis hin zu ihren Ursprungsdaten nachzuvollziehen. Sie erleichtert deshalb die Analyse von Problemfällen deutlich. Abb. VII-14 bietet ein Beispiel für die Drill-Down-Funktion, Abb. VII-15 für deren Gegenstück, die Roll-up-Funktion.

zweite EIS-Funktionalität

Bei ausgefeilter Drill-Down-Funktion kann ergänzend zu den Standardaufgliederungen an markanten Stellen auch eine verbale Zusatzerläuterung vorgehalten werden (zu solchen Zusatzerklärungen vgl. vor allem Haun [Planungs-

Drill down

Produktgruppe *Schwimmenten*: Umsatz

Absatzregion / Zeitraum	Ist Okt. 2021	Plan Okt. 2021	Ist Jan. – Okt. 2021	Plan Jan. – Okt. 2021	Abweichung Jan. – Okt. 2021
Baden-Württemberg	81.852 €	82.835 €	843.937 €	890.352 €	**– 46.415 €**
restliches Deutschland	109.135 €	107.780 €	1.125.249 €	1.156.470 €	– 31.221 €
restliches Europa	54.568 €	53.890 €	562.624 €	582.235 €	– 19.611 €
restliche Welt	27.284 €	24.945 €	281.312 €	292.118 €	– 10.806 €
Summe	272.839 €	269.450 €	2.813.122 €	2.921.175 €	– 108.053 €

Produktgruppe *Schwimmenten*: Umsatz in Baden-Württemberg

Produkt / Zeitraum	Ist Okt. 2021	Plan Okt. 2021	Ist Jan. – Okt. 2021	Plan Jan. – Okt. 2021	Abweichung Jan. – Okt. 2021
4711: Gelbe Schwimmente „Standard"	32.740 €	31.950 €	337.575 €	337.851 €	– 276 €
4712: Gelbe Schwimmente „Event"	8.185 €	8.375 €	84.394 €	85.296 €	– 902 €
4713: Gelbe Schwimmente „Rustikal"	16.370 €	18.632 €	168.787 €	200.365 €	**– 31.578 €**
4714: Goldene Schwimmente „Luxuria"	4.093 €	4.000 €	42.197 €	45.123 €	– 2.926 €
4715: Goldene Schwimmente „Paris"	819 €	856 €	8.440 €	9.474 €	– 1.034 €
4716: Grüne Schwimmente „Yoschka"	3.274 €	3.289 €	33.757 €	34.050 €	– 293 €
4717: Rote Schwimmente „Devil"	10.085 €	10.120 €	94.294 €	94.126 €	+ 168 €
4718: Schwarze Schwimmente „Klerus"	6.286 €	5.613 €	74.493 €	84.067 €	– 9.574 €
Summe	81.852 €	82.835 €	843.937 €	890.352 €	– 46.415 €

Artikel *gelbe Schwimmente „Rustikal"*: Umsatz in Baden-Württemberg nach Absatzkanälen

Absatzkanal / Zeitraum	Ist Okt. 2021	Plan Okt. 2021	Ist Jan. – Okt. 2021	Plan Jan. – Okt. 2021	Abweichung Jan. – Okt. 2021
Einzelhandel	5.421 €	8.279 €	58.636 €	82.566 €	– 23.930 €
Großhandel	6.548 €	6.355 €	67.515 €	72.122 €	– 4.607 €
Direktverkauf	4.401 €	3.998 €	42.636 €	45.677 €	– 3.041 €
Summe	16.370 €	18.632 €	168.787 €	200.365 €	– 31.578 €

Abb. VII-14: Prinzip der Drill-Down-Funktion im stufenweisen Bericht

4. Besonderheiten computergestützter Informationssysteme

Roll up

Produktgruppe *Schwimmenten*: Umsatz					
Absatzregion / Zeitraum	Ist Okt. 2021	Plan Okt. 2021	Ist Jan. – Okt. 2021	Plan Jan. – Okt. 2021	Abweichung Jan. – Okt. 2021
Baden-Württemberg	81.852 €	82.835 €	843.937 €	890.352 €	– 46.415 €
restliches Deutschland	109.135 €	107.780 €	1.125.249 €	1.156.470 €	– 31.221 €
restliches Europa	54.568 €	53.890 €	562.624 €	582.235 €	– 19.611 €
restliche Welt	27.284 €	24.945 €	281.312 €	292.118 €	– 10.806 €
Summe	272.839 €	269.450 €	2.813.122 €	2.921.175 €	**– 108.053 €**

Geschäftsbereich *Convenience*: Umsatz					
Produktgruppe / Zeitraum	Ist Okt. 2021	Plan Okt. 2021	Ist Jan. – Okt. 2021	Plan Jan. – Okt. 2021	Abweichung Jan. – Okt. 2021
Schwimmenten	272.839 €	269.450 €	2.813.122 €	2.921.175 €	– 108.053 €
Glücksschweine	34.597 €	36.008 €	376.929 €	507.119 €	– 130.190 €
Gartenzwerge	35.397 €	42.138 €	352.379 €	455.382 €	– 103.003 €
Gummistiefel	244.512 €	259.898 €	2.635.006 €	2.807.290 €	– 172.284 €
Gymnastikbänder	43.576 €	40.997 €	1.125.165 €	371.305 €	+ 753.860 €
Summe	630.921 €	648.491 €	7.302.601 €	7.062.271 €	**+ 240.330 €**

Gesamtunternehmung: Umsatz					
Geschäftsbereich / Zeitraum	Ist Okt. 2021	Plan Okt. 2021	Ist Jan. – Okt. 2021	Plan Jan. – Okt. 2021	Abweichung Jan. – Okt. 2021
Verpackung	1.356.963 €	1.256.332 €	9.569.798 €	9.152.232 €	+ 417.566 €
Wärmedämmung	895.261 €	900.152 €	7.696.715 €	7.566.498 €	+ 130.217 €
Convenience	630.921 €	648.491 €	7.302.601 €	7.062.271 €	+ 240.330 €
Summe	2.883.145 €	2.804.975 €	24.569.114 €	23.781.001 €	+ 788.113 €

Abb. VII-15: Prinzip der Roll-Up-Funktion

sprachen] 1289), die beispielsweise von der verantwortlichen Stelle eingegeben wurde. Dies setzt freilich voraus, dass entsprechend analyserelevante Stellen vorher identifiziert wurden. Dazu wiederum kann das System bei Identifikation der Ausnahmepositionen entsprechende Aufforderungen im Vorfeld generieren. Eine andere, weniger individualisierte Quelle von Zusatzerläuterungen bieten Standardmeldungen aus Expertisesystemen (siehe oben S. 166).

zusätzliche Möglichkeiten beim Slicing and Dicing

dritte EIS-Funktionalität	Bei der **Roll-up-Funktion** (oder auch Drill-up-Funktion) handelt es sich, wie Abb. VII-15 zeigt, um die zur Drill-down-Funktion inverse Möglichkeit. Hier kann durch Anklicken einer Summenzeile oder Summenspalte das weitere Schicksal dieser Zahlen in höherstufigen Berichten nachvollzogen werden. Das ist beispielsweise von Interesse, wenn analysiert werden soll, ob sich die Ergebnisse einer betrachteten Teileinheit parallel oder konträr zu den Zahlen des größeren übergeordneten Verantwortungsbereichs entwickelt haben.
vierte EIS-Funktionalität	Soweit ein Berichtssystem eine **What-if-Analyse** ermöglicht, kann der Benutzer an einer beliebigen Stelle eines Berichts die ausgeworfene Zahl nach entsprechender Markierung durch eigene Eingabe verändern. Er sieht danach in allen mit dieser Zahl zusammenhängenden Summenzeilen, Summenspalten und höherstufigen Berichten die Auswirkung seiner manuellen Änderung. Vorzugsweise werden Ursprungs- und alle Folgeänderungen in einer anderen Darstellungsart (z. B. in anderer Farbe) gezeigt. Mit dieser Funktion kann der Benutzer nachvollziehen, wie die Gesamtlage sich verändert hätte, wenn an der ursprünglich geänderten Stelle eine andere Situation vorliegen würde. Dies ist beispielsweise dann interessant, wenn ein bedeutender Auftrag einer Berichtsperiode nicht gewonnen werden konnte und man sich jetzt nachträglich für die tatsächliche Wirkung dieses Auftragsentgangs interessiert.
vierte EIS-Funktionalität, zweite Variante	Von prinzipiell gleicher Art ist die **How-to-achieve-Analyse.** Hier wird auf analoge Weise eine Ergebniszahl verändert, die sich aus unterschiedlichen Komponenten zusammensetzt. Geprüft werden soll hier, an welchen Stellen man hätte anders agieren müssen, um die angestrebte Zielzahl zu erreichen. Eine How-to-achieve-Frage ist allerdings nicht so eindeutig beantwortbar wie eine What-if-Frage. Da es mehrere Möglichkeiten gibt, wie man aus zwei oder mehr Summanden zu einer Zielsumme gelangen kann, wird das System nur dann eine eindeutige Antwort geben können, wenn es eine interne Verteilungsfestlegung hat. Dies wäre indessen für die Analyse ungünstig. Eine gute How-to-achieve-Analyse gibt deshalb dem Benutzer auf geeignete Weise das eröffnete Möglichkeitenspektrum zu erkennen, etwa indem an markanten Stellen minimale und maximale Ausprägungen blinkend angezeigt werden.

b) Erweiterte Auswertungsmöglichkeiten im Data Warehouse

Informationsgrundlage des Berichtswesens sind Datenbanken. Deren informationstechnische Basis, insbesondere die Wahl eines konkreten Datenbanksystems, wirft aus Controlling-Sicht keine Probleme auf, solange nur die laufende Bestückung der Berichte nach den in diesem Kapitel diskutierten controllingrelevanten Gesichtspunkten sichergestellt ist. Dies ist aber bei den heute in der Praxis eingesetzten Datenbanksystemen durchweg der Fall.

Problematik der operativen Datenhaltung für längerfristige Analysen	Wo es aber um die Integration von Daten aus verschiedenen Quellen geht, kann die informationstechnische Basis die Berichtsgenerierung in Arbeits- und Zeitaufwand deutlich beeinflussen. Einerseits sind es **betriebsexterne Quellen,** die regelmäßig in einzelne Berichte einfließen, etwa gesamtwirtschaftliche Größen, Branchenzahlen oder Daten aus relevanten volkswirtschaftlich vor- oder nachgelagerten Produktionsstufen. Andererseits, und das ist oft der umfangreichere Teil, handelt es sich um **betriebsinterne Daten aus verschiedenen Perioden,** die etwa zu Zeitvergleichen, zur mehrjährigen Entwicklungsanalyse oder zur Erfas-

sung mehrperiodiger Zusammenhänge gebraucht werden. Sie sind Inhalt der ohnehin vorhandenen betrieblichen Standard-Datenbanken, der sogenannten operativen Systeme, allerdings aus verschiedenen Perioden.

An dieser Stelle wirkt sich ein Tatbestand hinderlich aus, der aber gleichzeitig die Effizienz dieser operativen Systeme begründet, nämlich ihr **Aktualitätsbezug.** Für die Bearbeitung der betrieblichen Prozesse sind im Alltag stets nur die aktuellen Aufträge, Kundenbestellungen, Produktionsvorgänge, Anlieferungen und Rechnungen von Bedeutung. Von ihnen aber müssen zahlreiche Details im Direktzugriff sein, die nach Beendigung des jeweiligen Prozesses in aller Regel nur noch Registraturcharakter haben, beispielsweise welche Teilmenge eines Auftrags ein Kunde an welches seiner Eingangsläger, und dort an welches Werkstor bei welchem seiner Sachbearbeiter angeliefert haben möchte, welcher eigene Mitarbeiter zu welchem Zeitpunkt eine letzte Spezifizierung dieses Kundenauftrags entgegengenommen hat, usw. Alle derartigen Detaildaten werden zwar auch nach Prozessende weiter gespeichert, jedoch in einem Archivierungssystem, auf das – außer für Zwecke der internen Revision – allenfalls in Sonderfällen zurückgegriffen wird. Die operativen Systeme enthalten dagegen stets nur die Daten der „laufenden Periode", die, je nach Detailfestlegung, beispielsweise ein Jahr, aber bei kurzzyklischen Massenprozessen auch nur ein Quartal oder einen kürzeren Zeitraum umfassen kann. Eine Zusammenstellung interessierender Auftragsdaten über einen längerfristigen Zeitraum ist bei dieser Organisation der Datenspeicherung mit großem Aufwand verbunden.

Nun entstehen diese Probleme nicht nur anlässlich der Berichterstellung; vielmehr treten sie in gleicher Weise auch bei zahlreichen Analysen auf, die etwa im Marketing oder für interne Organisationszwecke durchgeführt werden. Eine Lösung bietet das Konzept des **Data Warehouse.** Es ist speziell für die Integration verschiedener Datenquellen entwickelt worden und soll dem Benutzer die eher handwerklichen Abruf-, Anpassungs- und Zusammenführungstätigkeiten ersparen. Für ihn soll in jeder Hinsicht der Eindruck einer einzigen, einheitlichen Datenbank mit der üblichen, einfachen Abrufmöglichkeit entstehen. Dies hat erhebliche Konsequenzen für die Informationsbasis und damit die Handlungsmöglichkeiten des gesamten betrieblichen Führungssystems (vgl. Sinz/Ulbrich-von Ende [Architektur] 178).

Data Warehouse als Lösung

Genauer ist ein Data Warehouse ein integriertes System von Auszügen mehrerer Datenbanken sowie externer Datenquellen, das sich dem Benutzer durch einen einheitlichen Informationskatalog (genauer: einen einheitlichen Katalog der Objekttypen mit ihren Attributen), dem **Data Dictionary** oder der **Metadatenbank,** präsentiert sowie ein zugehöriges Angebot an Auswertungsroutinen umfasst. Abb. VII-16 (Behme/Muksch [Informationsversorgung] 21) zeigt diese Komponenten im Zusammenhang.

In seiner internen Struktur besteht ein Data Warehouse im Kern

Aufbau eines Data Warehouse

- für die **externen** Quellen aus Links zu den entsprechenden Internetseiten, erforderlichenfalls ferner der Übermittlung von Zugangscodes und der Anwendung von Übertragungsalgorithmen, also Umrechnungen zur Auswertung und Anpassung,

- für die **internen** Quellen aus übertragenen Daten der eigenen operativen Systeme des Betriebes.

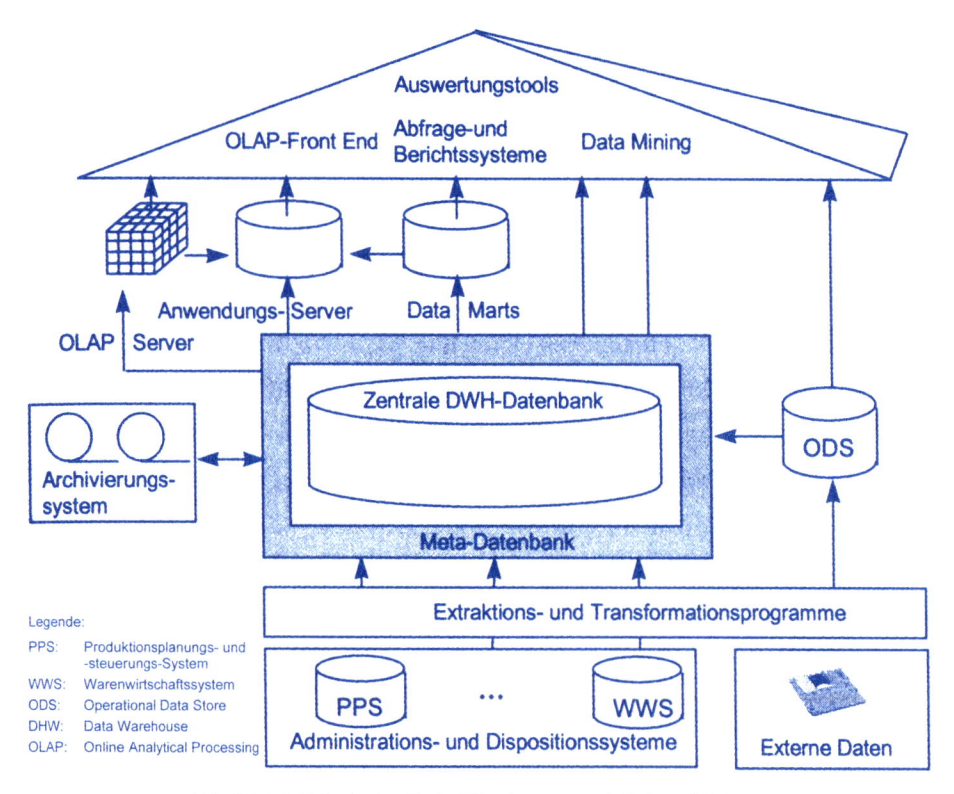

Abb. VII-16: Prinzip des Data Warehouse nach Behme/Muksch

Gestaltungsprobleme bereitet vor allem der zweite der beiden Teile. Hier muss entschieden werden,

drei typische Probleme der Datenübertragung zum Data Warehouse

- welche Teile der Datenbankinhalte aus den einzelnen Perioden für spätere Auswertungs- und Berichtszwecke bereitgehalten werden sollen und daher in das Data Warehouse zu übertragen sind **(Extraktion),**
- welche Verdichtungen dabei sinnvoll sind und welche Zusatzmerkmale, etwa die zur korrekten Identifikation zutreffende, jetzt unabdingbare Periodenangabe, eingebracht werden sollen **(Transformation),**
- bei welcher Gelegenheit die Data-Warehouse-Datenbestände aktualisiert werden **(Loading).**

Diese drei Fragen werden als „ETL"-Problematik der Data-Warehouse-Konzeption bezeichnet (vgl. z. B. Hansen/Neumann [Wirtschaftsinformatik] 10, 19; zur Transformation insbesondere Kemper/Finger [Transformation]). Abb. VII-17 zeigt wichtige Teilaspekte bzw. Vorgehensalternativen dazu.

Die Maßnahmen der Extraktion, der Transformation und des Ladens sind weitgehend handwerklicher, teilweise aber auch inhaltlicher Natur. Handwerklich sind vor allem viele Aufgaben der Transformation. Sie verursachen aber bei Einrichtung des Data Warehouse erhebliche Mühe. Diese Mühe nur einmal zu haben und nicht bei jeder Datenverwendung erneut, ist ein Hauptgrund für die Data-Warehouse-Idee. Handwerkliche Anpassungen dieser Art sind beispielsweise

- das Hinzufügen einer Zeitangabe bei allen Daten, die aus operativen Systemen entnommen werden und die „laufende" Periode oder die „Vorperiode" betreffen: **Problem der Homonyme,**
- die Vereinheitlichung der Periodisierung, wenn in zwei verschiedenen operativen Systemen einmal mit einer Wochen-, einmal mit einer Monatseinteilung gearbeitet wird: **Problem der Strukturunterschiede,**
- die Vereinheitlichung der Codierung, wenn der gleiche Sachverhalt, etwa die Frau/Mann-Unterscheidung einmal mit F/M, einmal mit 0/1, einmal mit W/M codiert war: **Problem der Synonyme,**
- Eliminierung von Doppelerfassungen, etwa von Prozessen, die über die Periodenlänge eines der operativen Grundsysteme hinausreichen und deshalb in zwei aufeinanderfolgenden Datenbankauszügen erscheinen: **Problem der Überlappungen.**

Beispiele zum Problem der Datentransformation

Data-Warehouse-Beschickung mit Daten aus operativen Systemen
ETL-Prozess: Extraction – Transformation – Loading

Extraktion: vier Formen

(1) periodische Extraktion, komplett oder nur die geänderten / neuen Daten
(2) anfragegesteuerte Extraktion
(3) ereignisgesteuerte Extraktion
(4) sofortige Extraktion (bei jeder Änderung des Quellsystems)

Transformation: vier Subprozesse

Filterung: syntaktische und semantische Fehler, ferner Steuerzeichen u. Ä. beseitigen

Harmonisierung: Codierungen anpassen, Dateitypen konvertieren, Begriffe vereinheitlichen, insbesondere Problematik von Synonymen und Homonymen

Verdichtung: Aggregation, „Granularität" erhöhen

Anreicherung: Ergänzung um zusätzliche Information zur Identifikation und Interpretation, z. B. bestimmte Kennzahlen

Laden: physischer Transfer der Daten

ETL-Prozesse

Abb. VII-17: Verarbeitungsschritte bei der Datenübertragung auf das Data Warehouse

Inhaltlicher Natur sind in erster Linie die **Extraktions-Überlegungen** der Data-Warehouse-Konzeption. Trotz heutiger Speicher- und Verarbeitungsmöglichkeiten muss man sich darüber im Klaren sein, welche riesigen Datenmengen dann entstehen, wenn nicht inhaltlich gut vorsortiert wird. Zahlreiche Details der operativen Systeme sind für spätere Auswertungen als Ballast anzusehen. In vielen Fällen können deshalb ohne Informationsverlust, dafür aber mit erheblichem Gewinn an Übersichtlichkeit Zusammenfassungen an die Stelle der Einzelpositionen treten, etwa Summen oder Durchschnitte. Dies sind inhaltliche Transformationsmaßnahmen, die zu einer Erhöhung der sogenannten **Granularität** führen. Hierzu muss vorab festgelegt werden, welche Details im Data Warehouse für spätere Zwecke noch relevant sein können. Das Hinzufügen von Gesamtinformationen wird wegen der häufig damit verbundenen Erhöhung der Aussagekraft auch als **Anreicherung** bezeichnet.

vereinfachte, ...

Auch bei sehr restriktiver Extraktion und deutlicher Erhöhung der Granularität entstehen im Data Warehouse insgesamt so große Datenmengen, dass es sich unter Verarbeitungsgesichtspunkten empfiehlt, für bestimmte Auswertungsmuster passende Datenteilmengen vorab zusammenzustellen und bereitzuhalten. Sie werden als **Data Marts** bezeichnet und eignen sich insbesondere für Zwecke des Berichtswesens.

... ergänzende und ...

In gewissem Sinn ein Gegenstück zu Data Marts bietet die Möglichkeit, einen **Operational Data Store (ODS)** einzurichten. Es handelt sich um eine Art Daten-Zwischenspeicher. Er hat die Aufgabe, die Zeit zwischen zwei Lade- und damit Integrationsvorgängen operativer Daten in die Data-Warehouse-Systematik zu überbrücken. Deshalb bietet sich eine ODS-Lösung dort an, wo diese Zeitspanne zu lang erscheint, um auf die unterdessen mögliche Aktualisierung zu verzichten. Ein Operational Data Store enthält die seit dem letzten Aktualisierungs-Laden des Data Warehouse angefallenen Daten aus den operativen Systemen, in der Regel noch in feinerer Granularität, aber, je nach Konzeption, schon teilweise in den anderen Aspekten (Homonyme, Synonyme, Überlappung) transformiert (vgl. Gluchowski/Gabriel/Dittmar [Systeme] 131 sowie Sinz/Ulbrich-vom Ende [Architektur] 184). Dadurch können erforderlichenfalls Data-Warehouse-Auswertungen im Hinblick auf jüngste Entwicklungen überprüft und aktualisiert werden. Darüber hinaus ermöglicht ein Operational Data Store auch Auswertungen eigener Qualität, da er für die jüngste Vergangenheit die gleichen Möglichkeiten wie das Data Warehouse insgesamt erlaubt, hierzu aber noch eine feinere Granularität bietet.

... zusätzliche Auswertungsmöglichkeiten im Data Warehouse

Was die Software zur Auswertung eines Data Warehouse betrifft, so handelt es sich dabei prinzipiell um alle Arten von Analysen, die mit Daten aus Datenbanken und externen Quellen betrieben werden können. Die Besonderheiten liegen in zwei Aspekten begründet: Erstens ist es die **permanente Verfügbarkeit** sowohl relevanter Vergangenheitsdaten, aktueller externer Zusatzquellen und (je nach Loading-Prinzip) hinreichend aktueller betriebsinterner Daten. Bei funktionierendem Data Warehouse können also ohne Vorbereitungsaufwand unmittelbar interessierende Analysen mit sicherer und hinreichend umfassender Datengrundlage durchgeführt werden. Diese Eigenschaft führt zur Bezeichnung **Online Analytical Processing (OLAP).**

Zweitens ist es der **inhaltliche Umfang** der Daten nach sachlicher, zeitlicher, planungshierarchischer und organisatorischer Breite und Tiefe. Das bedeutet nicht nur, dass sich ein Data Warehouse zur Prüfung und genauer Untersuchung einer fast unbegrenzten Vielfalt von Hypothesen der betrieblichen Prozesse und des zugehörigen Umfeldes eignet, sondern auch zum Aufspüren möglicher Zusammenhänge. Die heute möglichen Verarbeitungsgeschwindigkeiten erlauben es, diese Idee zu realisieren. Wenn also die herkömmliche Vorgehensweise darin besteht, einen (inhaltlich sinnvollen und real denkbaren) Zusammenhang zu formulieren und dann mit Hilfe der Daten seine mögliche Richtigkeit zu überprüfen, kann man jetzt im Data Warehouse den umgekehrten Weg beschreiten: Man lässt durch entsprechende Algorithmen alle nach Datenlage belegbaren Zusammenhänge herausfinden und prüft erst danach, ob es sich lediglich um zufällig entstandene Zusammenhänge oder bei passender Interpre-

Data Mining

Zielrichtung: Entdecken von Hypothesen
(im Gegensatz zum Verifizieren von Hypothesen)

Funktionen:

(1) **Aufspüren von Zusammenhängen:**
   Assoziationen, Verbindungen, Korrelationen, Abhängigkeiten

(2) **Einordnen in gegebene Klassen:**
   Klassifikation, Zuordnung, Finden einer Klassenbeschreibung durch Regeln oder Funktionen: die Anzahl der Klassen ist gegeben

(3) **Bilden von Clustern:**
   Clustering, Segmentieren: die höchstzulässige Abweichung ist vorgegeben, die Anzahl der Cluster ist offen

(4) **Erkennen von Abweichungen:**
   Musterabweichung, Toleranzschwellenüberschreitung

(5) **Suchen von Textmustern:**
   Text Mining, Information Retrieval, Suchmaschinen

Methoden:

Prüfen der Übereinstimmung von Eigenschaften, Strukturen, Regeln durch Clusteranalysen, Korrelations- und Regressionsanalysen und weitere statistische Methoden, Mustererkennungsmethoden

Abb. VII-18: Funktionen im Data Mining

tationsrichtung (was ist Ursache, was ist Wirkung?) um einen inhaltlich sinnvoll interpretierbaren Zusammenhang handelt. Diese Vorgehensweise wird als **Data Mining** bezeichnet (die deutsche Übersetzung „Datenbergbau" ist unüblich, vgl. zum Überblick: Hansen/Neumann [Wirtschaftsinformatik] 1032 ff.). Abb. VII-18 zeigt, welche Methoden dazu gerechnet werden können.

Kapitel-übersicht

Kapitel VII auf einen Blick

- Das betriebliche Berichtswesen gilt als eines der wichtigsten Controlling-Instrumente. Dies liegt vor allem an
  - seiner äußeren Sichtbarkeit im betrieblichen Alltag,
  - der inhaltlichen Bedeutung der Berichtselemente,
  - den Koordinationsmöglichkeiten durch die Gestaltung des Berichtswesens.

  Von genereller Bedeutung ist der letztgenannte Punkt. Er ist am wenigsten direkt erkennbar.

- Berichte sind vorstrukturierte Informationsübermittlungen an Entscheidungsträger im Betrieb. Sie orientieren sich immer an der berichtsempfangenden Instanz.

- Inhaltliches Hauptproblem ist, den Informationsbedarf der Zielinstanz adäquat und praktikabel zu bestimmen. Er ist aber nicht eindeutig.

- Am zweckmäßigsten wäre es, den Informationsbedarf unmittelbar aus der Instanzenaufgabe abzuleiten (aufgabenlogische Methode). Dieser Ansatz scheidet allerdings aus verschiedenen Gründen meistens aus. Hilfsmethoden sind
  - datenorientierte Methoden,
  - benutzerorientierte Methoden.

- Datenorientierte Methoden gehen vom vorhandenen Informationsangebot aus. Benutzerorientierte Methoden legen die Wünsche der Berichtsempfänger oder deren Art des Entscheidens zugrunde.

- Unter den benutzerorientierten Methoden ist der Ansatz der kritischen Erfolgsfaktoren besonders wichtig. Er führt zur Bereitstellung von Schlüsselindikatoren (Key Performance Indicators).

- Für die koordinative Wirkung von Berichten und Berichtssystemen ist insbesondere die Berichtsauslösung, die Berichtshäufigkeit sowie die Berichtsstrukturierung von Bedeutung. Dies gilt umso mehr, als der Ruf des Controlling in diesem Punkt nicht gut ist.

- Eine typische Controlling-Aufgabe in der Berichtsgestaltung ist die Trennung von Normal- und Ausnahmesituation. Hierauf basieren zahlreiche neuere Berichtssysteme.

- Executive-Information-Systeme (EIS) sind computergestützte Berichtssysteme mit speziellen Ausgestaltungskomponenten, die Elemente von Entscheidungsunterstützungssystemen aufweisen.

- Der Data-Warehouse-Ansatz soll ein benutzeraktives Berichtskonzept ermöglichen, das die diversen Probleme beim Zugriff auf unterschiedliche Datenbanken vermeidet bzw. im informationstechnischen Hintergrund erledigt. Wichtig dabei ist der Zugriff auf relevante betriebsinterne Daten, auch in ihrer mehrperiodigen Entwicklung, sowie auf relevante betriebsinterne Quellen.

Wie die verbreitetste Controlling-Standardmethode funktioniert:

Kapitel VIII: Die Budgetierung als Controlling-Instrument

1. Was ist ein Budget?

Eines der am meisten verbreiteten Controlling-Instrumente ist die Budgetierung. Sie gilt seit Jahrzehnten als ein typisches Controlling-Instrument, das gleichermaßen von der Wissenschaft und der betrieblichen Praxis als vorteilhaft eingeschätzt wird (vgl. Dambrowski [Budgetierungssysteme] 226; Jehn [Budgetierung] 398; Spreiter [Neugestaltung] 137; Libby/Lindsay [Beyond budgeting] 59 ff.; Weber/Voußem/Rehring [Benchmarks] 325). Das ist schon deshalb bemerkenswert, weil ein derartiger Konsens durchaus nicht als selbstverständlich gelten kann, wie etwa die Verhältnisse bei der Investitionsrechnung, einzelnen Kostenrechnungsmethoden, Lenkpreisen oder Kennzahlen zeigen. Auch im Verständnis von Budgets ist eine ziemliche Einheitlichkeit erkennbar.

Charakterisierung von Budgets

Ein **Budget** ist, der üblichen, auf Wild (vgl. [Budgetierung] 325) zurückgehenden Begriffsfassung folgend, eine **spezielle Plangröße in Geld, die einer Organisationseinheit für eine Periode zugeordnet wird.** Gegenüber anderen Planungsgrößen bestehen damit deutliche Unterschiede. So werden im Allgemeinen in einem Planungsprozess vor allem konkrete Vorgehensweisen festgelegt; die Planung beschränkt sich also nicht nur, wie die spezielle Form der Budgetierung, auf einen Geldbetrag. Die Planung mit Budgets ist insofern eher pauschal. Damit steht sie im Gegensatz zu einer detaillierten Planung, die zur Abgrenzung als **Maßnahmenplanung** bezeichnet wird. Eine Maßnahmenplanung legt insbesondere, ggf. neben Geldgrößen, auch Mengen-, Zeit- oder spezielle technische Größen fest. Regelmäßig soll mit einer Maßnahmenplanung ein sachliches Planungsproblem gelöst werden. Deshalb betrifft der Plan den Zeitraum, über den sich die gewählten Maßnahmen auswirken. Da ein Maßnahmenplan inhaltlich festgelegt ist, endet er nicht, wenn eine bestimmte Zeitspanne abgelaufen ist, sondern wenn die Maßnahmen abgeschlossen sind.

drei Definitionsmerkmale von Budgets

Neben dem Sachinhalt und dem Gültigkeitszeitraum ist die organisatorische Zuordnung das dritte Charakteristikum von Budgets. Während die Zuständigkeiten innerhalb einer Maßnahmenplanung Teil des Plans sind und im Allgemeinen unterschiedlich verteilt sein können, richtet sich ein Budget definitionsgemäß nur an eine einzige **Organisationseinheit.** Deshalb ist insgesamt ein

Budget in dreierlei Hinsicht eine formale Größe: inhaltlich, zeitlich und organisatorisch.

Beispiele von Budgets

Beispiele typischer Budgets sind: die Umsätze eines Außendienstverkäufers im nächsten Quartal, die Deckungsbeiträge der Division für eine Produktgruppe im nächsten Jahr, der Tagesspesensatz eines LKW-Fahrers, die Kosten einer Kostenstelle im nächsten Jahr, die maximale Anlagesumme des Finanzdisponenten im nächsten Quartal, das monatliche Kreditlimit eines Einkäufers, der für Werbung in einer Produktsparte bereitgestellte Betrag oder die jährlich liquide bereitzustellende Summe aus einem Projekt, etwa aus einer Finanzanlage oder einem zu Vermietungszwecken gehaltenen Gebäude. Allgemein lassen sich **Positivbudgets**, **Negativbudgets** und **Ergebnisbudgets (Differenzbudgets)** unterscheiden. **Positivbudgets** sind Einzelpositionen und Summen von Einnahmen, Einzahlungen, Erträgen und Leistungen. **Negativbudgets** sind Einzelpositionen und Summen von Ausgaben, Auszahlungen, Aufwendungen und Kosten. Als **Ergebnisbudgets** kommen vor allem Gewinne vor, Cash flows, Einnahmen-/Einzahlungsüberschüsse, Deckungsbeiträge und Kapitalwerte.

Einordnung als Controlling-Instrument

Nach ihrem prinzipiellen Charakter sind Budgets **Kennzahlen**, die sich für einzelne der allgemeinen Kennzahlenzwecke eignen (siehe Kapitel VI, S. 125). Von den planungsinternen Zwecken kommt für Budgets vor allem die Prognose in Frage. Besonders aber eignet sich ein Budget zur Vorgabe in der hierarchischen Steuerung. Dafür ist das Instrument bekannt. Und wegen seiner besonderen Vorteile hierin bildet die Budgetvorgabe auch ein eigenes Prinzip der delegativen Koordination.

Funktionen der Budgetierung

Betrachten wir jetzt die Funktionen der Budgetierung genauer. Mit der **Prognosefunktion** ist noch keine koordinative Wirkung verbunden. Vielmehr ist ein Prognosebudget ein rein **planungsinternes Instrument**. Es kann seine Funktion erfüllen, auch wenn es den Verantwortlichen der budgetierten Einheit überhaupt nicht mitgeteilt wird. Damit kann es ohne jede personenbezogene Problematik bleiben – was insofern bemerkenswert ist, als üblicherweise mit Budgets ein gewisses Konfliktpotenzial verbunden wird. Jenes tritt naturgemäß eher dort zutage, wo unterschiedliche organisatorische Hierarchiestufen beteiligt sind, also bei der Verwendung von Budgets als Steuerungsinstrument. Dies ist gleichzeitig der häufigste und bekannteste Einsatzzweck von Budgets. Hier dienen sie zur Vorgabe an die zu steuernde Einheit. Je nach Ausprägung des Steuerungscharakters

- verbleibt es bei einer bloßen **Vorgabe** (das ist selten),
- folgt der Vorgabe eine **Kontrolle**, häufig als Endkontrolle nach Ablauf der Budgetperiode, ggf. ergänzt durch unterperiodische Zwischenkontrollen,
- wird die Kontrolle um eine **Abweichungsanalyse** ergänzt,
- dient der Gesamtprozess aus Budgetvorgabe und -kontrolle der **Leistungsmessung** der betreffenden Manager,
- richtet sich ein Teil der persönlichen **Managerhonorierung** nach dem Abteilungsergebnis im Vergleich zum Budget.

Die Eignung von Budgets für diese steuernden Zwecke ergibt sich zunächst grundsätzlich bereits aus ihrem Charakter als Kennzahl, die im organisatorisch-hierarchischen Zusammenhang vorgegeben werden kann. Budgets sind in den allermeisten Fällen indirekt beeinflussbar. Gegenüber sonstigen Kennzahlen bietet freilich ein Budget typischerweise deutlich höhere Freiheiten, die seine Einordnung als eigenständiges Controlling-Instrument begründen.

2. Worin liegt das Koordinationspotenzial eines Budgets?

Soweit Budgets zur Steuerung verwendet werden, können sie eine **Koordinationsfunktion** erfüllen. Sie liegt einmal in der Tatsache, einmal in der Höhe der Budgetvorgabe. Die **Tatsache** der Budgetvorgabe überlässt die Festlegung von Durchführungsalternativen der budgetierten Einheit. Während eine Maßnahmenplanung nach dem Koordinationsprinzip der Einzelvorgabe (der gewählten Planalternative) arbeitet, wird mit einem Budget lediglich ein Geldrahmen vorgegeben, insofern also die vorgebende, zentrale Einheit entlastet. Möglicherweise muss dabei das Budget zwar zusätzlich durch weitere Zielvorgaben flankiert werden; dies beeinträchtigt aber die prinzipielle koordinative Wirkung nicht. Durch die Budgetvorgabe werden den so Gesteuerten große Spielräume eröffnet, die in dieser Weise mit anderen Kennzahlenvorgaben kaum verbunden sind. Deshalb entfaltet ein Budget eine entsprechend große **Motivationswirkung,** die gegenüber den weiteren motivatorischen Effekten einer Delegation deutlich im Vordergrund steht.

zwei Komponenten der Koordinationswirkung

erste Komponente

Die **Budgethöhe** selbst regelt den übertragenen Entscheidungsumfang nach dem Prinzip der delegativen Koordination (siehe Kapitel II). Gibt es parallel mehrere untergeordnete Einheiten, die budgetiert werden, etwa Abteilungen eines Bereichs, dann liefert die Budgetierung der einzelnen Abteilungen zugleich eine Vorab-Koordination der Mittelzuordnung über diese Abteilungen. Verfügt der Bereich beispielsweise über insgesamt 1.000 Geldeinheiten an Investitionsmitteln, die er möglichst sinnvoll seinen drei Abteilungen zuordnen soll, dann würde eine Maßnahmenplanung mit entsprechender Plan-Einzelvorgabe darin bestehen, die verschiedenen Investitionsalternativen der drei Abteilungen miteinander zu vergleichen, das insgesamt zielgünstigste Investitionsprogramm herauszufinden und entsprechende Anweisungen zu erteilen. Die zentrale Einheit hätte die gesamte Entscheidungsarbeit zu leisten, aber sie hätte auch die Garantie eines optimalen Mitteleinsatzes (soweit sie es selbst beurteilen kann). Gibt man hingegen jeder Abteilung ein eigenes Investitionsbudget, ist insoweit das Vergleichs- und Verteilungsproblem **vorab pauschal gelöst;** die Investitionsentscheidungen unterhalb der Budgetvorgabe werden in den Abteilungen getroffen.

zweite Komponente

Vorteil der Budgetierung

Als Preis für die geringere Entscheidungsarbeit muss die Zentrale in diesem Fall hinnehmen, dass dezentral getroffene und in sich aus dortiger Sicht optimale Investitionsentscheidungen tatsächlich aus zentraler Sicht keineswegs gesamtoptimal sein müssen. Dies beruht auf zwei **Dezentralisierungsdefiziten:**

Nachteil der Budgetierung

(1) Jede dezentral getroffene Entscheidung kann bei der Zielpräzisierung, der Alternativenwahl, der Prognose, der Bewertung oder an anderen Stellen des Planungsprozesses mangels übergeordneter Information oder Kompetenz zu **isoliert suboptimalen** Ergebnissen führen.

(2) Unabhängig davon ist selbst bei isoliert optimalen Entscheidungen in den Abteilungen davon auszugehen, dass nach Kenntnis der Abteilungsent-

scheidungen manche realisierte Geldverwendung in der einen Abteilung zugunsten einer mangels Mittel nicht mehr realisierten in einer anderen Abteilung aus **zentraler Sicht** unterlassen worden wäre.

Das erste Defizit liegt an den nicht ganz deckungsgleichen Zielsetzungen in den Abteilungen und der Zentrale. Das zweite Defizit dagegen beruht auf einer nicht optimalen Budgetfestlegung: Wäre bei der Budgetierung die spätere Budgetnutzung besser prognostiziert worden, hätte man das Budget entsprechend anders festgelegt. Beide Defizite lassen sich letztlich nicht ganz vermeiden, können aber durch geeignete Steuerungsmechanismen (für den ersten Punkt) bzw. durch geeignete Budgetierungsverfahren (für den zweiten Punkt) reduziert werden. Letztere werden separat in Abschnitt 4 dieses Kapitels besprochen.

Mechanismen zur Vermeidung der Nachteile

Unter geeigneten Steuerungsmechanismen ist vor allem die passende Kombination der eingesetzten Prinzipien delegativer Koordination zu verstehen. Um die Gefahr markant suboptimaler Entscheidungen in der delegierten Organisationseinheit zu reduzieren, bieten sich für die **Budgetsteuerung** folgende Möglichkeiten:

- Statt eines umfassenden Budgets für einen größeren Entscheidungsbereich bildet man **kleinere Budgets für einzelne Teilbereiche.** So werden etwa statt eines allgemeinen Budgets von 1 Mio. € für die betriebliche Kommunikationspolitik mehrere kleinere Budgets definiert, z. B. 300.000 € für produktbezogene Mediawerbung, 200.000 € für Verkaufsförderungsmaßnahmen, 100.000 € für Direktwerbung, usw. (siehe Kapitel I, S. 3). Damit hat man zwar die Budgetaufteilung auf diese Teilbereiche nicht delegiert, aber immerhin die Verwendung der Teilbudgets.

- Wie eben beschrieben, bildet man für kleinere Einheiten Budgets, ersetzt aber für manche Entscheidungsteilbereiche die Budgetvorgabe durch ein **anderes delegatives Koordinationsprinzip** mit kleinerem delegativen Spielraum, z. B. die Vorgabe einer Entscheidungsmethode.

- Eine Grenzform dieser Delegationsregelung besteht darin, dass man zwar ein Gesamtbudget für einen größeren Entscheidungsbereich vorgibt, aber bestimmte, **exakt zu definierende Maßnahmen davon ausnimmt** und für sie die Entscheidungszuständigkeit nicht delegiert. Im bisherigen Beispielfall wäre dies ein Budget für die betriebliche Kommunikationspolitik von 800.000 €, von dem alle einschlägigen Maßnahmen zu finanzieren sind außer Mediawerbekampagnen, die im Einzelfall mehr als 50.000 € kosten.

- Statt auf das Prinzip der Einzelanweisung zur Entscheidung über „große" Alternativen zurückzugehen, kann man sie auch bei dem vom Budget abgedeckten Delegationsbereich belassen, sie aber einer **eigenen Freigabe** durch die delegierende Instanz unterwerfen. Im bisherigen Beispiel läge also das Budget weiterhin bei 1 Mio. €; Mediawerbekampagnen mit Kosten von mehr als 50.000 € dürften aber erst nach Zustimmung (per Einzelanweisung) durch die vorgesetzte Instanz vom zugewiesenen Budget finanziert werden.

Voraussetzungen für die Koordinationswirkung:

In allen vier skizzierten Anwendungsfällen einer begrenzten Budgetsteuerung sind die jeweiligen Anwendungsbereiche der Budgetierung exakt festzulegen. In den ersten beiden Fällen geschieht dies durch eine **genaue Abgrenzung** der mit den Teilbudgets erfassten Entscheidungsbereiche. Es muss also klar sein, was unter Verkaufsförderung im Gegensatz etwa zur produktbezogenen Mediawerbung zu verstehen ist, sonst hätte eine separate Budgetierung keinen Sinn. In den letzten beiden Fällen werden die unterschiedlichen Koordinationsformen durch den beispielhaft gewählten Betrag von 50.000 € getrennt. Er ist eine **Delegationsgrenze** (MbE-Grenze). Als systemausfüllender Parameter dient er, ebenso wie die Abgrenzungsmerkmale der Teilbudgets, zur Feinjustierung des angewendeten Systems der delegativen Koordination.

klare Abgrenzung

Solche Größen sind **vor** der eigentlichen Budgetierung festzulegen. Erst wenn der Anwendungsbereich eines Budgets, d. h. insbesondere die damit zu erfassenden inhaltlichen Größen, also z. B. Ein- oder Auszahlungen für … in der Höhe bis zu …, exakt festgelegt sind, liegen die Rahmenbedingungen für die Budget-Steuerung vor. Nur wenn klar ist, welcher **Entscheidungsbereich sachlich, zeitlich** und **organisatorisch** mit dem Budget erfasst werden soll, kann die eigentliche Budgetierungsarbeit erledigt werden. Von dieser Voraussetzung gehen wir im Weiteren aus.

weitere Rahmenbedingungen

3. Die Rolle des Budgets in der Gesamtsteuerung der budgetierten Einheit

Ein Budget kann in sehr unterschiedlicher Weise als Steuerungsgröße vorgegeben werden. Der Definition folgend, handelt es sich um die Vorgabe eines formalen Ziels. Es ist inhaltlich durch die Art der Geldgröße (z. B. Umsatz, Kosten, Deckungsbeitrag) bestimmt. Was das Zielausmaß betrifft, sind zwei Möglichkeiten zu unterscheiden: entweder handelt es sich um eine fixierte Höhe, die möglichst exakt zu treffen ist, oder um eine satisfizierende Höhe, die (bei Umsätzen oder anderen Positivbudgets) mindestens zu erreichen ist, gerne aber übertroffen werden darf bzw. (bei Kosten oder anderen Negativbudgets) keinesfalls überschritten, gerne aber nicht völlig ausgenutzt werden soll. Oft wird sowohl vom Budgetierenden als auch von Budgetierten implizit eine Satisfizierungsvorgabe angenommen. Dann verbindet die budgetierte Einheit mit der Budgetvorgabe typischerweise eine **Bewilligungsfunktion:** Wenn das Budget eingehalten wird, gilt die Aufgabe als erfüllt und es gibt keinen Grund zur Kritik. In diesem Sinn gewährt das Budget der budgetierten Einheit auch eine Art Sicherheit: Wurde das Umsatzbudget erreicht, kann kein Vorwurf einer zu geringen Größenordnung kommen; wurde das Kostenbudget eingehalten, kann von Verschwendung keine Rede sein. Ob diese (verbreitete) Art der Interpretation tatsächlich angebracht ist, hängt freilich von der Gesamtvorgabe an die zu steuernde Einheit ab. In jedem Fall aber ist die „Bewilligung", die in der Praxis oft als besonders wichtiges Element der Budgetierung angesehen wird, letztlich keine eigene Funktion der Budgetierung, sondern Teil der Vorgabe. So ist etwa die Vorgabe eines Ausgabenbudgets schwerlich mit der Vorstellung zu verbinden, diese Gelder seien nun etwa nicht „bewilligt" – die Vorgabe hätte ja sonst keinen Sinn. Zu unterscheiden ist davon allerdings eine begrenzte Budgetvorgabe, mit der die Verwendung im Einzelnen geregelt wird (siehe S. 192).

mehrere Steuerungsmöglichkeiten mit Budgets

Je nachdem, wie die steuernde Vorgabe an die budgetierte Einheit insgesamt gestaltet ist, lassen sich zwei Fälle unterscheiden:

- Die Vorgabe beschränkt sich auf das Budget; das Budget ist also selbst die gesamte Vorgabe.

- Die Vorgabe des (formalen) Budgets wird durch eine inhaltliche Zielvorgabe ergänzt.

VIII. Die Budgetierung als Controlling-Instrument

das Budget als Teil der Vorgabe

Welcher Fall vorliegt, hängt auch davon ab, um welche Art eines Budgets es sich handelt. So ist die alleinige Vorgabe eines Negativbudgets regelmäßig nicht sinnvoll. Eine Obergrenze an Kosten oder Ausgaben lässt sich beispielsweise fast immer durch bloßes Nichtstun erreichen. Entsprechendes gilt nahezu durchweg auch für Positivbudgets. Hohe Einnahmen beispielsweise sind bei passendem Einsatz von Ausgaben leicht generierbar. Deshalb ist die nebenbedingungsfreie Vorgabe von Erlösbudgets oder Liquiditäts-Sollbeständen nicht zielführend.

das Budget als Komplettvorgabe

Dagegen kann, wenn inhaltlich die mit einem Budget verbundene Unbestimmtheit akzeptabel ist, durchaus ein Differenzbudget, etwa ein Jahresgewinn oder ein Jahres-Deckungsbeitrag als einzige Vorgabe sinnvoll sein. Sie kommt z. B. bei der Steuerung von Divisionen oder Tochtergesellschaften vor. Ein Beispiel, das in diese Kategorie fällt, ist die wertorientierte Steuerung mit einer periodenbezogenen Überschussgröße, etwa einer Economic-Value-Added-Vorgabe (siehe Kapitel X), die hier durchaus als Budget zu interpretieren ist. Präzise ausgedrückt, handelt es sich um die Vorgabe einer satisfizierenden Mindesthöhe einer periodenbezogenen Überschussgröße. Andere Typen wertorientierter Kennzahlen oder ein damit verbundenes Maximierungsziel erfüllen mangels Periodenbezug oder einer festgelegten Geldgröße nicht die Budgetdefinition.

wie ist der Budget-Teil der Vorgabe zu ergänzen?

Die Erfassung einer kompletten Zielvorgabe für eine Stelle nur durch Budgets ist generell ein Spezialfall. Denn abgesehen von dem beschriebenen speziellen Fall einer wertorientierten Steuerung dürfte auch die Vorgabe von Differenzbudgets regelmäßig um weitere sachliche Zielvorgaben ergänzt werden. Wie kann eine inhaltliche Zielergänzung aussehen? Zunächst ist von Bedeutung, ob sie ausschließlich durch die organisatorische Stellen- bzw. Abteilungsbeschreibung gegeben ist oder ob eine präzisere Zielbestimmung, etwa durch eine Kennzahl vorliegt.

Die allgemeine **organisatorische Aufgabenzuordnung** würde im betrieblichen Alltag jedenfalls genügen, um eine allzu formalistische Auslegung der Budgetsteuerung zu verhindern. Für einen Materialbereich etwa könnte die Aufgabenstellung lauten: „Bereitstellung der in der Fertigung benötigten Materialien". Wird nun etwa ein Kostenbudget dazugefügt, geht es insgesamt darum, mit dem so beschränkten Kostenbetrag die Materialbereitstellung so gut wie möglich zu bewerkstelligen, also etwa von den am meisten gefragten Gütern einen Lagerbestand vorzuhalten. Freilich wird man davon ausgehen müssen, dass die sehr präzise Vorgabe des Kostenbudgets einerseits und die sehr allgemeine, außerdem pauschal-verbale Vorgabe des gewünschten Outputs in ihrer Kombination eine ungünstige Gesamtwirkung entfaltet: Wenn es schwierig wird, könnte die notwendige Budgeteinhaltung als Begründung für eine hinzunehmende schlechtere inhaltliche Aufgabenerfüllung angeführt werden – ohne dass mehr als ein Grundverdacht als Gegenargument möglich ist.

Die Steuerungssituation und insbesondere die Koordinationswirkung der Budgetvorgabe wird schlagartig besser, wenn auch die Leistung der budgetierten Stelle präzise quantitativ gefasst wird. Im Beispiel der Materialbereitstellung könnte das etwa durch einen geeignet definierten Lieferbereitschaftsgrad geschehen, der in situationsentsprechender Höhe vorgegeben wird (siehe Kapitel VI).

3. Die Rolle des Budgets in der Gesamtsteuerung der budgetierten Einheit

Um die Steuerungswirkung eines Budgets zutreffend einschätzen und gestalten zu können, ist es also wichtig, die gesamte Steuerungssituation der budgetierten organisatorischen Einheit zu kennen. Dies liegt am formalen Charakter des Budgets, das ja selbst gerade keine inhaltliche Konkretisierung aufweist. Zur Charakterisierung der Steuerungssituation unterteilt man zweckmäßig in die **Input- und die Outputkomponente** der Stelle. Für beide muss es prinzipiell eine eigene Steuerungsvorgabe geben, die sich nach dem allgemeinen Koordinationsprinzip gemäß Abbildung II-3 aus Kapitel II (S. 24) richtet. Soweit Maßnahmen in der betrachteten Stelle nicht durch Einzelvorgabe bestimmt sind, entspricht die Steuerungsvorgabe einer der nachfolgend genannten Möglichkeiten, die man dafür unterscheiden kann und die für die Input-, wie für die Outputseite in vergleichbarer Weise bestehen. Die Steuerung von Input bzw. Output einer Stelle kann festgelegt sein:

genauere Analyse von Kombinationsvorgaben mit Budgets

Systematik der Steuerungsvorgaben

(1) durch die allgemeine organisatorische Aufgabenzuordnung: Dies ist möglicherweise auch nur implizit in Form einer allgemeinen **verbalen Aufgabenbeschreibung** geregelt oder ergibt sich indirekt als Folge der zur Verfügung gestellten Potenziale;

(2) durch vorgegebene **tatsächliche Restriktionen,** die das zulässige Ausmaß exakt begrenzen: Dies können auf der Inputseite etwa Belegschaftsstärken, Maschinenkapazitäten, Einsatzmengen oder -zeiten sein, auf der Outputseite vor allem Produktionsmengen oder andere Leistungsumfänge;

(3) durch eine **präzise Zielvorgabe,** die eine pauschalere Größe (etwa ein Gesamtvolumen) exakt festlegt, aber im Detail zahlreiche Ausgestaltungsvarianten erlaubt, die es zu optimieren gilt: Hierzu eignen sich insbesondere indirekt beeinflussbare Kennzahlen, wie etwa ein Lieferbereitschaftsgrad, ein Qualitätsindex, ein Kundenzufriedenheitsgrad (als Kennzahlenbeispiele für den Output) oder eine Material- bzw. Lohnkostenquote, ein Materialausnutzungsgrad, ein Lagerzeitanteil, ein Lagerumschlag, ein Durchschnittsrabatt (als Kennzahlenbeispiele für den Input);

(4) durch ein **indirekt beeinflussbares Negativ- bzw. Positivbudget:** Für Negativbudgets sind Kosten- und Ausgabenbudgets, für Positivbudgets sind Umsatz- und Produktionswertbugets typische Beispiele;

(5) durch ein **direkt beeinflussbares Negativ- bzw. Positivbudget:** Bei Negativbudgets kommt dies dort vor, wo sich der zughörige Output als Vorgabe nicht eignet oder zumindest die Meinung besteht, er eigne sich nicht, also etwa bei der Festlegung von Werbebudgets für bestimmte Produkte oder Produktgruppen. Ähnliches kann für Investitionsbudgets gelten. Bei Positivbudgets ist dies z. B. dort vorstellbar, wo ein betrachteter Produktionswert auf Vorrat produziert werden soll und dazu Verrechnungspreise und ein Produktionswertbudget (Vorratswertbudget) vorgegeben wird;

(6) durch ein **kombinatives Budget,** das die Input- und die Outputkomponente gleichzeitig bestimmt: Dies ist nur im Fall des oben bereits beschriebenen Ergebnisbudgets denkbar.

Einen Überblick über die möglichen Steuerungssituationen, die durchaus recht unterschiedlichen Charakter haben, gewinnt man, wenn die jeweils sechs Steuerungsfälle auf Input- und Outputseite einer Stelle kombiniert werden. Dies zeigt Abb. VIII-1. In ihr sind alle **Gesamtsteuerungsfälle** zusammengefasst, die für

Kombination von Input- und Outputvorgabe

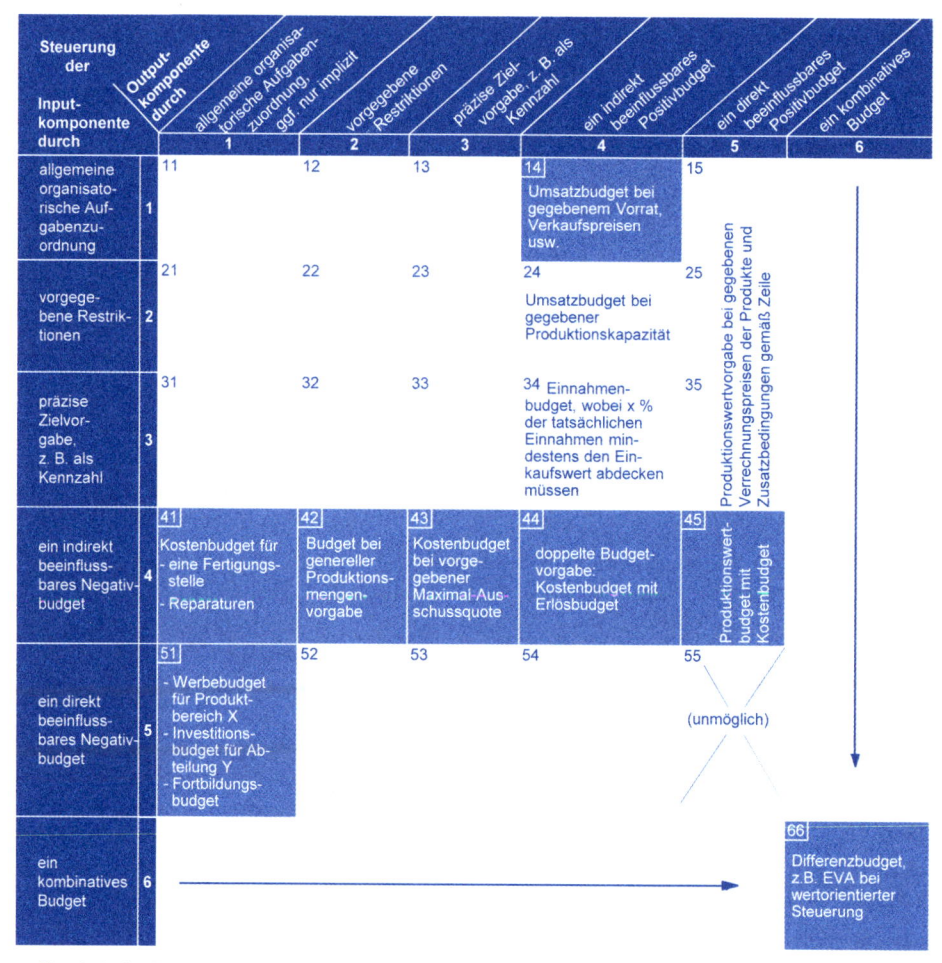

VIII. Die Budgetierung als Controlling-Instrument

Steuerung der Inputkomponente durch \ Outputkomponente durch	allgemeine organisatorische Zuordnung, ggf. nur implizit 1	vorgegebene Restriktionen 2	präzise Zielvorgabe, z. B. als Kennzahl 3	ein indirekt beeinflussbares Positivbudget 4	ein direkt beeinflussbares Positivbudget 5	ein kombinatives Budget 6
allgemeine organisatorische Aufgabenzuordnung **1**	11	12	13	14 Umsatzbudget bei gegebenem Vorrat, Verkaufspreisen usw.	15	
vorgegebene Restriktionen **2**	21	22	23	24 Umsatzbudget bei gegebener Produktionskapazität	25	Produktionswertvorgabe bei gegebenen Verrechnungspreisen der Produkte und Zusatzbedingungen gemäß Zeile
präzise Zielvorgabe, z. B. als Kennzahl **3**	31	32	33	34 Einnahmenbudget, wobei x % der tatsächlichen Einnahmen mindestens den Einkaufswert abdecken müssen	35	
ein indirekt beeinflussbares Negativbudget **4**	41 Kostenbudget für - eine Fertigungsstelle - Reparaturen	42 Budget bei genereller Produktionsmengenvorgabe	43 Kostenbudget bei vorgegebener Maximal-Ausschussquote	44 doppelte Budgetvorgabe: Kostenbudget mit Erlösbudget	45	Produktionswertbudget mit Kostenbudget
ein direkt beeinflussbares Negativbudget **5**	51 - Werbebudget für Produktbereich X - Investitionsbudget für Abteilung Y - Fortbildungsbudget	52	53	54	55 (unmöglich)	
ein kombinatives Budget **6**						66 Differenzbudget, z.B. EVA bei wertorientierter Steuerung

Hinweis: In den Feldern sind mögliche Beispiele eingetragen

Abb. VIII-1: System der Steuerungsmöglichkeiten mit Budgets

die Entscheidungsdelegation einer organisatorischen Einheit möglich sind. Für die Budgetierung kommen außer dem Sonderfall des kombinativen Ergebnisbudgets im Feld 66 nur die Felder der Zeilen 4 und 5 sowie der Spalten 4 und 5 in Frage. Diese Übersicht zeigt gleichzeitig auch die Verschiedenheit, in der eine Budgetsteuerung auftreten kann.

denkbare und häufige Fälle

Naturgemäß weichen Anwendungsbedingungen und Gestaltungsgesichtspunkte in den einzelnen Fällen deutlich voneinander ab, so dass im praktischen Anwendungsfall zunächst zu klären ist, durch welches Feld eine vorgefundene Situation tatsächlich erfasst wird. Die blau hervorgehobenen Felder in Abb. VIII-1 zeigen die üblicherweise häufiger zu beobachtenden Fälle. Es handelt sich um die verbreitete Kosten- bzw. Ausgabenbudgetierung in der Zeile 4, die isolierte Vorgabe einzelner Ausgabenbudgets im Feld 51, die Umsatzvorgabe in Feld 14 sowie die Gesamtsteuerungsvorgabe nach Feld 66, die vor allem bei der Steuerung von Tochtergesellschaften und großen Divisionen vorkommt.

4. Budgetierungstechniken

a) Systematik der Budgetierungstechniken

Die tatsächliche Wirkung der Budgetierung steht und fällt mit der Höhe der Budgets. Ihre Festlegung ist oft weitgehend stillschweigend dem Controller überlassen, obwohl sie keineswegs eine bloß rechenmethodische Durchführungsaufgabe ist, sondern, gerade wo es um Steuerungsvorgaben geht, deutlich führungspolitischen Charakter hat. Gleichwohl gibt es eine rechenmethodische Grundlage. Und jene hängt davon ab, welche Führungsfunktion das Budget erfüllen soll. Auch dafür sind wieder die beiden möglichen Hauptfunktionen von Budgets, die **bloße Prognosefunktion** und die **Vorgabe zur hierarchischen Steuerung** zu unterscheiden.

Budgets sind ihrer Hauptfunktion gemäß festzulegen

Nur in seltenen Fällen beschränkt sich der Budgetzweck auf die reine Prognose. Eine Prognose der inhaltlichen Budgetgröße, also etwa der Einnahmen, Ausgaben, Erlöse und Kosten der zu budgetierenden Organisationseinheiten wird aber gerne als Ausgangspunkt einer führungspolitischen Festlegung von Sollgrößen gewählt. Für die Prognose wird dann beispielsweise angenommen, dass sich die Umweltbedingungen nach dem bisher beobachteten Muster weiterentwickeln und dass die zu budgetierende Stelle ein gleichbleibendes Verhalten zeigt. Erst nach Kenntnis solcher Prognosewerte wird dann das eigentliche Vorgabebudget festgelegt. Dabei kann insbesondere eine gewünschte Anreizwirkung berücksichtigt werden.

Bei einer **Prognose** geht es darum, eine Methode anzuwenden, mit der möglichst gute Resultate möglich sind. „Gut" heißt dabei, die Abweichungen zu den später eintretenden Werten möglichst klein zu halten. Dafür kommen prinzipiell alle Prognosemethoden in Frage: die kausalen, die trendextrapolierenden und die indikatororientierten (vgl. Troßmann [Investition] 81 ff.). Die methodische Aufgabe besteht darin, eine möglichst geeignete Prognosehypothese mit den zugehörigen Basisgrößen zu finden.

Prognose als Budget-Hauptfunktion

Während sich die Güte der so fundierten Prognosebudgets lediglich an ihrer Treffsicherheit bemisst, steht bei allen **steuerungsorientierten Budgets** vor allem ihre führungspolitische Wirkung im Blickfeld. Jene aber hängt nicht nur von der sachlichen Faktenlage, sondern auch von den Personen in der budgetierten Einheit ab. Die Festlegung des Budgets folgt dann genau denjenigen Überlegungen, die bei jeder präzisen quantitativen Vorgabe zu berücksichtigen sind. Das vorgegebene Zielausmaß muss so sein, dass es

Steuerung als Budget-Hauptfunktion

(1) **prinzipiell erreichbar,** also faktisch möglich ist,

(2) angesichts der Ausgangslage sowie der vorhandenen Kapazitäten und gegebenen Fähigkeiten von den betroffenen Mitarbeitern erreichbar ist, aber von ihnen selbst **auch als erreichbar angesehen,** und damit als „realistisch" akzeptiert wird,

(3) dennoch aber gewisse Anstrengungen verlangt, also **anspruchsvoll** ist, und so zu einer besseren Erreichung der übergeordneten betrieblichen Ziele beiträgt,

(4) als **erstrebenswert** angesehen wird.

VIII. Die Budgetierung als Controlling-Instrument

Anforderungen an Steuerungsbudgets

Punkt 1 erfordert eine sachbezogene Prüfung und stellt eine Art Mindestvoraussetzung sicher, führt aber noch nicht zu einer bestimmten Vorgabezahl. Punkt 4 stellt sich durch eine geeignete Anreizkomponente ein, etwa eine Bindung an eine Bonuszahlung. Die Konstruktion des Anreizsystems ist aber eine eigene führungspolitische Entscheidung und bestimmt deshalb nicht die Höhe der Vorgabe. Zur eigentlichen Bestimmung der Vorgabezahl bleiben damit nur noch die Punkte 2 und 3. Sie geben die beiden Argumentationslinien wieder, die abzuwägen sind, um das Budget weder zu hoch, noch zu niedrig ausfallen zu lassen. Daran wird deutlich, dass es sich bei einer Budgetierung, die mehr als die reine Prognosefunktion erfüllen soll, nicht um die Herleitung einer logisch zwingenden Größe handelt, sondern um eine Entscheidung. Durchweg tritt dieser Fall dort auf, wo es sich nicht um ein Kosten- oder Ausgabenbudget handelt. Dies gilt vor allem für die Felder 14, 24, 34 sowie 15, 25, 35 und 66 der Abb. VIII-1. Bei Kosten- oder Ausgabenbudgets hingegen kann sowohl die Prognose- als auch die führungspolitische Vorgabefunktion im Vordergrund stehen.

unterschiedliches Angebot an Methoden

Zu den einzelnen Budgetierungssituationen gibt es ein ungleichmäßiges Angebot methodischer Unterstützung. Zur Prognosefunktion kommen prinzipiell die allgemeinen Prognosemethoden in Frage; zu den Steuerungsvorgaben würde Entsprechendes ebenfalls gelten – indessen gibt es hier kaum ein nennenswertes Spektrum von bewährten und üblichen Verfahren. Für die speziellen Fragen der Budgetierung haben sich nur für eng begrenzte Anwendungsfälle spezielle Verfahren oder Verfahrensausprägungen entwickelt, hier allerdings teilweise in mehreren Alternativformen. Sie betreffen durchweg die **Kosten- bzw. Ausgabenbudgetierung** und sind von ihrer methodischen Zielrichtung her teils eher dem Prognosezweck, teils auch eher einem Vorgabezweck zuzurechnen. Die Ausgaben- oder Kostenbudgetierung spiegelt gleichzeitig den Hauptanwendungsbereich der Budgetierung in der betrieblichen Praxis wider. Daraus lässt sich auch die verbreitete Meinung erklären, mit den bekannten Kostenbudgetierungsverfahren sei die Problematik der Budgetierung insgesamt angegangen, wenn auch nicht immer zufriedenstellend gelöst.

alle Budgetierungstechniken betreffen denselben Fall

zwei Einteilungsmerkmale

Zur Charakterisierung der auf die beschriebene Weise eingegrenzten Budgetierungsverfahren eigenen sich vor allem zwei Merkmale:

(1) die Fundierung der Argumentation,

(2) die Ausgangsbasis.

erstes Einteilungsmerkmal

Die **Fundierung der Argumentation** – es geht stets um Negativbudgets – kann sich an den Einsatzgrößen oder an der Ausbringung der zu budgetierenden Stelle orientieren. Dementsprechend handelt es sich um eine input- oder eine outputorientierte Budgetierung. Bei der **Inputorientierung** legen die Budgetierenden unmittelbar das von ihnen als passend angesehene Einsatzgüterprogramm nach Art und Menge fest und bestimmen daraus das angemessene Budget. Damit ist nicht nur das Budget bestimmt, sondern genau genommen auch seine Aufgliederung in Teilverwendungen. Jene spielt aber oft nach dem Budgetierungsvorgang gar keine Rolle mehr; sie dient vielmehr nur zur Begründung der Budgethöhe. Deshalb werden entsprechende Teilbudgets regelmäßig nicht vorgeschrieben, oft nicht einmal mitgeteilt. Bei **Outputorientierung** wird das Budget vom Ausbringungsprogramm der zu budgetierenden Stelle her bestimmt. Als Grundlage dafür ist also eine Hypothese über den Zusammenhang von Ausbringung und dafür erforderlichem Einsatz oder direkt dabei entstehenden Kosten bzw. Ausgaben erforderlich. Im günstigsten Fall handelt es sich dabei um eine quantitative Beziehung, also etwa um eine Kostenfunktion. Auch hier dienen diese Informationen zunächst als Basis für die Bestimmung der Budgethöhe; ob sie auch Teil der Vorgabe selbst sind, ist wieder eine Ausgestaltungsfrage. Beispielsweise könnte aus Anreizgründen ein in der Kostenfunktion enthaltener Einkaufspreis eines Materials mit einer anzustrebenden Sollhöhe angesetzt werden, statt mit einer derzeit wahrscheinlichen Wirdhöhe. Ebenso könnte für den Mengenverbrauch pro Einheit die angestrebte Sollhöhe berücksichtigt werden, statt die bisherigen Erfahrungsdaten zugrundezulegen.

Es gibt aber mehrere Stellen der Rechnung, wo eine strukturfortschreibende Prognosegröße zu einer führungsspezifischen Sollgröße hin verändert werden kann. Es ist beispielsweise auch denkbar, zunächst eine Kostenprognose auf Basis bekannter Verbrauchs- und Bewertungsstrukturen sowie eingehender Einzelprognosen herzuleiten und dann daraus pauschal eine **Vorgabegröße** zu bilden. Wenn eine Kostenfunktion zur Verfügung steht, bietet es sich zudem an, anstelle eines fixen (starren) ein **variables Budget** in Form der entsprechenden Kostenfunktion vorzugeben, insbesondere dann, wenn die Produktionsmengen oder andere wichtige Bestimmungsgrößen der Funktion nicht vorab feststehen.

Das zweite Einteilungsmerkmal, die **Ausgangsbasis,** betrifft den Anfangspunkt der Planung. Da sich die Budgetierung periodisch wiederholt, kann die Planung, statt als Neuaufwurf aufgebaut zu werden, auch vom jeweiligen Ergebnis der vorhergehenden Runde ausgehen. Dementsprechend unterscheidet man die **Nullbasis-** (oder Neuaufwurfs-)Budgetierung von der **Fortschreibungs**budgetierung.

zweites Einteilungsmerkmal

Bei der Fortschreibung konzentriert sich die Planungsarbeit auf Veränderungen, die sich seit der vorherigen Planungsrunde ergeben haben. Dazu gehören auch Informationen über Annahmen und Prognosen, die sich inzwischen als unzutreffend erwiesen haben. Der Vorteil der Fortschreibung liegt in einer insgesamt schnelleren Planung und der Vermeidung eines wiederholten Durchlaufens derselben Planungsschritte. Der große Nachteil indessen entsteht ebenfalls aus diesem Tatbestand: Oft nämlich verführt die Fortschreibung dazu, bisherige Ergebnisse unreflektiert fortzuschreiben und damit bisherige Fehler auf die aktuelle Planung zu übertragen. Deshalb gilt die Fortschreibung in der praktischen Anwendung gegenüber der Nullbasis-Budgetierung als ungünstiger.

Zu den bekannten bzw. wissenswerten Budgetierungstechniken gehören

- die allgemeine Programmbudgetierung,
- die inputorientierte Fortschreibung,
- die Gemeinkostenwertanalyse,
- das Zero-Base-Budgeting.

Überblick zu bekannten Budgetierungstechniken

Sie werden in den nachfolgenden Abschnitten besprochen. Für jede Budgetierungstechnik ist Voraussetzung, vorher klar den Bereich definiert zu haben, für den das festzulegende Budget gilt. Da es bei den nachfolgend beschriebenen Techniken durchweg um Kosten- oder Ausgabenbudgets geht, heißt das, es muss eindeutig feststehen, welche Kosten bzw. Ausgaben mit den gesuchten Budgets zu bestreiten sind.

b) Die allgemeine Programmbudgetierung

Prinzip der allgemeinen Programmbudgetierung

Die allgemeine Programmbudgetierung ist die typische outputorientierte Nullbasis-Budgetierung. Sie arbeitet mit einer Kostenfunktion, die vor allem Produktionsmengenvariable, ggf. auch weitere Variable enthält. Bei gegebener, d. h. prognostizierter bzw. nachträglich festgestellter Produktionsmenge ist daraus die zugehörige Kostenhöhe ableitbar. Damit lässt sich ein Kostenbudget outputorientiert bestimmen, eine entstandene Kostenhöhe beurteilen und danach eine Abweichungsanalyse durchführen. Dies entspricht dem Modell der **Plankostenrechnung.** Deren Varianten geben gleichzeitig auch die verschiedenen Ausgestaltungsmöglichkeiten der outputorientierten Budgetierung an. Weil dort die Voraussetzung einer **Kostenfunktion** am ehesten und am häufigsten erfüllt ist, ist diese Art der Budgetierung der typische Fall im industriellen Fertigungsbereich. Freilich ist sie keinesfalls darauf beschränkt. Durch eine genaue kostenrechnerische Analyse bietet sich diese Art der Budgetierung überall dort an, wo es gelingt, die Ausbringung einer Stelle sowie die weiteren Einflussgrößen der Kostenentstehung grundsätzlich zu messen und hinreichend verlässliche Kostenhypothesen aufzustellen.

kostenrechnerische Basis

breitere Anwendungsmöglichkeiten durch die Prozesskostenrechnung

Mit der Verbreitung der Prozesskostenrechnung ab den 1990er Jahren haben sich in vielen Bereichen der Betriebe dafür breite Anwendungsmöglichkeiten gezeigt. Die Idee der Plankostenrechnung war auch vordem keineswegs auf den engeren Fertigungsbereich beschränkt, wie bereits die ursprünglichen Vorschläge von Kilger aus dem Jahr 1961 zeigen (vgl. Kilger/Pampel/Vikas [Plankostenrechnung]). Dennoch sind für zahlreiche Stellen des Sekundärleistungsbereichs erst unter dem Begriff der Prozesskostenrechnung praktikable kostenrechnerische Zusammenhänge gefunden worden (vgl. Troßmann [Gemeinkosten-Budgetierung]). Sie können gerade auch für Zwecke der Kostenbudgetierung herangezogen werden. **Sekundärleistungen** sind Leistungen, die nicht an den Markt abgegeben werden, sondern die Produktion der eigentlichen Absatzprodukte unterstützen. Typische Beispiele sind Arbeitsvorbereitung, Rüsten der Fertigungsanlagen, Bestellung, Einkauf, Einlagerung und Handling des Materials, Verkaufsanbahnung sowie sämtliche Verwaltungs- und Führungsleistungen. Diese Sekundärleistungsbereiche werden häufig ungenau als „Gemeinkostenbereiche" bezeichnet – freilich sind tatsächlich nicht alle Produkte von Stellen, deren Kosten als Gemeinkosten von Absatzprodukten einzuordnen sind, zwingend ausschließlich Sekundärleistungen. Dies zeigen schon einfache Beispiele typischer Gemeinkosten, wie etwa Kosten für Strom, andere Betriebsstoffe, aber auch Beratungs-, Schulungs- und Garantieleistungen.

Sekundärleistungsbereiche als Problem der Budgetierung

Gerade Sekundärleistungsstellen, insbesondere solche aus dem Verwaltungsbereich, sind typische Problembereiche der Budgetierung. Zwar sind die Möglichkeiten eines präzisen plankostenrechnerischen Vorgehens deutlich gestiegen, keinesfalls aber werden sie – obwohl aus Budgetierungssicht zu bevorzugen – überall genutzt und keineswegs sind sie durchweg nutzbar. Vielmehr bleibt regelmäßig eine ganze Reihe von Stellen, für die **keine verwendbare Kostenanalyse** vorliegt. Auf sie konzentrieren sich die weiteren Budgetierungstechniken.

c) Die inputorientierte Fortschreibung

Die inputorientierte Fortschreibung ist in mehrerer Hinsicht das Gegenstück zur allgemeinen Programmbudgetierung. Es wird das Budget der Vorperiode genommen, geprüft, ob bei den Einsatzgütern Änderungen zu berücksichtigen sind, etwa in den Gehaltstarifen, anderen Einkaufspreisen oder in den benötigten Mengen, die betroffenen Budget-Summanden entsprechend angepasst – und das neue Budget steht fest. Diese Technik verlangt keine weiteren inhaltlichen und methodischen Voraussetzungen, ist also immer anwendbar. Bemerkenswert ist, dass die ursprüngliche Grundlage der inputorientierten Fortschreibung in der Regel ein **willkürlich gesetztes Budget** ist – nämlich dasjenige, das bei Einführung der Budgetierung festgelegt wurde. Die Anpassungen in den einzelnen Fortschreibungsrunden beruhen oft auf Anträgen und Begründungen der budgetierten Einheiten. Es werden weitere oder höherwertige Personalstellen, eine bessere Ausstattung oder eine zusätzliche Materialversorgung gefordert. Je nach Argumentationsqualität der Antragsteller und Beurteilungskompetenz der Entscheider führt dies zu Budgetanpassungen oder nicht.

Es liegt auf der Hand, dass die inputorientierte Fortschreibung außer dem Vorteil der einfachen, schnellen und uneingeschränkten Anwendbarkeit vor allem inhaltliche Nachteile hat: die **mangelnde Begründung** der Budgethöhe und damit die völlige Abhängigkeit von der (zufälligen) Kompetenz der budgetierenden Einheit. Als Hauptnachteil der inputorientierten Fortschreibung wird häufig allerdings eine Eigenschaft angeführt, die zwar eintreten kann, durchaus aber selbst bei dieser ansonsten ungünstigen Budgetierungstechnik nicht zwingend ist: die Tendenz der so Budgetierten, auf jeden Fall das zugewiesene Budget auch aufzubrauchen, im Volksmund gern als „Novemberfieber" bezeichnet. Dieser Effekt ergibt sich aus der Reaktion der vorgesetzten Einheit auf einen Budgetrest: Die damit verbundene Problematik ist nicht auf die inputorientierte Fortschreibung beschränkt, sondern besteht generell. Wir behandeln sie in Abschnitt 5.

inhaltliche Nachteile

Prinzip der inputorientierten Fortschreibung

d) Die Gemeinkostenwertanalyse

Die Gemeinkostenwertanalyse ist ein verbreitetes Budgetierungsverfahren, das unter verschiedenen Bezeichnungen von Unternehmungsberatungen angeboten und durchgeführt wird. Wie der Name andeutet, konzentriert es sich auf Sekundärleistungsbereiche. Ursprünglich stammt es von der Unternehmungsberatungsgesellschaft McKinsey, wo auch die ersten Verfahrensbeschreibungen veröffentlicht wurden (vgl. z. B. Roever [Gemeinkostenwertanalyse]). Es wurde dort in den 1970er Jahren entwickelt, zügig aber in seinem Prinzip und Ablauf von anderen Anbietern übernommen.

Herkunft der Gemeinkostenwertanalyse

Typisch für die Gemeinkostenwertanalyse ist, dass die **deklarierte Vorgehensweise** und der **tatsächliche Funktionsmechanismus** nicht durchweg übereinstimmen. Eine Zusammenfassung der in veröffentlichten Beschreibungen üblicherweise hervorgehobenen Merkmale zeigt Abb. VIII-2 (vgl. Troßmann [Gemeinkosten-Budgetierung] 519). Zunächst fällt als Besonderheit lediglich auf, dass als Ziel der Gemeinkostenwertanalyse eine **drastische Kostensenkung** im budgetierten Bereich angegeben wird – und nicht etwa, was als eigentliche Aufgabe eines Budgetierungsverfahrens anzusehen wäre, das Finden und Festlegen eines möglichst **zielentsprechenden Budgets.** Nach der Beschreibung basiert die Budgetierung zunächst auf einer sorgfältigen Kosten-Nutzen-Analyse aller Leistungen, die im untersuchten Bereich erbracht werden. Sodann identifiziere man

typisch: Beschreibung entspricht nicht dem Verfahrensprinzip

Was sagt die Beschreibung?

	Gemeinkosten-Wertanalyse (GWA), Overhead-Value-Analysis (OVA)	
Kurz-beschrei-bung der Gemein-kostenwert-analyse	Ziel	Drastische Senkung von Gemeinkosten
	Ansatzpunkt	– Nicht notwendige innerbetriebliche Leistungen sollen entfallen – Notwendige Leistungen sollen kostengünstiger erbracht werden
	besondere Problematik	– Die Produkte der Gemeinkostenbereiche (vorwiegend Dienstleistungen) sind hoch komplex – Ein durchgängiges Mengengerüst fehlt – Ein interner "Markt" fehlt
	Lösungs-idee	– Spezielles Verfahren zur schnellen und hinreichend exakten Schätzung der Kosten – Marktähnliche Bedingungen entstehen durch systematisches Zusammenführen von Nutzern der Gemeinkosten-Produkte – Eine dauerhaft unaufwendige, abnehmerorientierte Steuerung und Kontrolle der Gemeinkosten entsteht durch Verhandlungen in Lieferant-Abnehmer-Form
	Träger der Gemeinkosten-Wertanalyse	Spezielle Projektorganisation mit drei Arten von Funktionsträgern: • Lenkungsausschuss als Motivations- und letzte Entscheidungsinstanz • Gruppen vollzeitig eingesetzter Teammitglieder • Leiter von Untersuchungseinheiten (i. d. R. Führungskraft der entsprechenden Organisationseinheit)
	Vorgehensweise der Gemeinkosten-Wertanalyse	1. Vorbereitungsphase – Ziele klären – Untersuchungseinheiten festlegen – Die Wertanalysegruppen bilden – Personal informieren – Schulungen – Zeitplan erstellen 2. Analysephase 2.1 Für jede Untersuchungseinheit wird ein Katalog ihrer Leistungen gebildet und die Kosten für jede Leistungsart geschätzt 2.2 Für jede Leistungsart werden Kosten und zugehöriger Nutzen gegenübergestellt. Für Leistungen mit ungünstigem Kosten-Nutzen-Verhältnis soll der Leiter der Untersuchungseinheit Ideen zu einer Kostenreduktion von z. B. 40 % finden 2.3 Der Leiter der Untersuchungseinheit, die Leistungsabnehmer sowie Experten bewerten die Einsparungsideen nach Realisierbarkeit, Wirtschaftlichkeit und Risiko 2.4 Akzeptierte Ideen werden zu Aktionsprogrammen zusammengestellt und dem Lenkungsausschuss zur Verabschiedung empfohlen 3. Realisierungsphase

Abb. VIII-2: Deklarierter Ablauf der Gemeinkostenwertanalyse

jene Leistungen, die ein „ungünstiges" Kosten-Nutzen-Verhältnis aufweisen, um sie in Frage zu stellen. Überflüssige Leistungen indessen würden sofort gestrichen. Das neue (kleinere) Kostenbudget ergebe sich schließlich aus einem neuen Erstellungskonzept für die künftig zu erbringenden Leistungen des Bereichs. Von den Leistungen mit ungünstigem Kosten-Nutzen-Verhältnis fallen dabei einige ebenfalls weg, andere werden „günstiger" erbracht.

Wie müsste man sich dieses Verfahren vorstellen? Nun, grundlegend wäre die **Kostenanalyse.** Sie kann nach Lage der Dinge – wir befinden uns in einem Sekundärleistungsbereich – nur dadurch geschehen, dass das Spektrum der produzierten Leistungen sorgfältig erfasst und die jeweiligen Kostenentstehungszusammenhänge aufgespürt werden, also in Form einer Prozesskostenrechnung oder auf ähnliche Weise. Hätte man das, könnte man allerdings direkt auf eine allgemeine Programmbudgetierung umsteigen. Bei jener, das ist dort das Verfahrensprinzip, gibt man die in der Planperiode zu erbringenden Leistungen vor und leitet dann das zugehörige Budget ab. Bei der Gemeinkostenwertanalyse indessen sollen darüber hinaus auch die zu erbringenden Leistungen im Verfahren bestimmt werden, um sich auf „nötige" und „günstig" zu erbringende zu konzentrieren. Die dazu benannte **Nutzenanalyse** setzt eine Unterscheidung und Einzelcharakterisierung aller Leistungen des betrachteten Bereichs voraus – was innerhalb der Kostenanalyse, wenn sie denn wie beschrieben durchgeführt wurde, bereits erledigt sein müsste. Darauf baut eine Bewertung dieser Leistungen auf – vorzugsweise direkt in Wertgrößen, ersatzweise mit Hilfe von Indikatoren, also etwa Nutzwertkennzahlen. Auf ersteres deutet die Bezeichnung als Kosten-Nutzen-Analyse hin; für jene ist eine Kostenbewertung in Wertgrößen charakteristisch (vgl. z. B. Mühlenkamp [Kosten-Nutzen-Analyse]).

Wie müsste es nach der Beschreibung sein?

Man muss sich darüber im Klaren sein, dass eine umfassende Bewertung der Leistungen des zu beurteilenden Bereichs eine erhebliche Aufgabe darstellt, die keineswegs zu einer eindeutigen Lösung führt – schließlich handelt es sich durchweg um Sekundärprodukte. Für sie gibt es keine Marktwerte, sondern allenfalls abgeleitete und intern begründete Bewertungen. Schon deshalb wären eher grobe **Indikatorkennzahlen** zu erwarten als präzise Eurowerte. Nimmt man aber einmal an, eine Nutzenbewertung der einzelnen Leistungen liege tatsächlich vor, dann bleibt als Folgeschritt immer noch, daraus deren günstige oder ungünstige **Kosten-Nutzen-Verhältnisse** zu identifizieren. Dafür wäre eine geeignete Break-even-Grenze festzulegen – ebenfalls eine Aufgabe, die Bewertungsspielräume bietet und daher einer zielorientierten Festlegung bedarf. Alles in allem: Der so angekündigte Prozess wäre, wenn er so durchgeführt würde, nicht nur sehr mühsam, zeitaufwendig und mit zahlreichen Detailanalysen verbunden, er wäre auch methodisch sehr respektabel und wertvoll für eine ganze Reihe führungspolitischer Entscheidungen, deutlich über die Budgetierung hinaus. Es liegt auf der Hand, dass dies alles auch für kleinere Sekundärleistungsbereiche in der üblichen Zeitspanne von wenigen Monaten, die für Gemeinkostenwertanalysen angesetzt werden, **keinesfalls durchgeführt werden kann.**

das beschriebene Verfahren ...

... wäre schwierig und anspruchsvoll

... ist letztlich nicht leistbar

Dies bedeutet aber auch, dass den weiteren Verfahrensschritten der Gemeinkostenwertanalyse die Hauptbedeutung für die Budgetierung zukommt. Auch wenn in den Verfahrensbeschreibungen zur Gemeinkostenwertanalyse und auch im einzelnen Anwendungsfall in der betrieblichen Praxis ein anderer Eindruck entstehen mag:

... wird auch nicht praktiziert	- eine umfassende Kosten-Nutzen-Analyse der Prozesse **liegt** regelmäßig **nicht vor;**
- selbst wenn sie je vorliegen würde, wären Herleitungen und Ergebnisse alles andere als naturwissenschaftlich zwingend, sondern enthielten an mehreren Stellen (wichtige) zielbezogene **Bewertungen.**
... und wäre paradox	Schließlich: Wenn alle diese Voraussetzungen erfüllt wären, dann hätte man gleichzeitig auch das Komplettergebnis. Man wüsste, welche Leistungen man künftig haben will und wie viel sie kosten dürfen – die Budgetierung wäre also erfolgreich beendet. Eine wie auch immer geartete Diskussion zur Entscheidung über genau diese Größen wäre weder erforderlich noch sinnvoll, weil ohne Ergebnisspielraum.
das tatsächliche Verfahrensprinzip ... ... ist nichtquantitativ	Nun aber enthält die Gemeinkostenwertanalyse als weiteren – und, wie sich zeigt, wesentlichen – Prozessschritt just eine solche **argumentative Auseinandersetzung.** Typischerweise beginnt sie (vgl. Abb. VIII-2) damit, dass dem Leiter der budgetierten Einheit eine erhebliche Unrentabilität der von ihm verantworteten Prozesse eröffnet wird. Um ein günstiges Kosten-Nutzen-Verhältnis zu erreichen, wird er gebeten, **Kosteneinsparungsvorschläge** in einer ziemlich unrealistischen Größenordnung von z. B. 30% oder 40% zu entwickeln. In der genau gewählten Prozentzahl unterscheiden sich die Vorgaben der verschiedenen Unternehmungsberatungen; jedenfalls aber sind sie so hoch, dass die Vorgabe keinesfalls durch reine Rationalisierungsmaßnahmen der bisherigen Leistungsprozesse erreicht werden kann, seien sie auch noch so einfallsreich und ambitioniert. Wäre das nämlich der Fall, würde es auf ein erhebliches Versäumnis bisheriger Prozessoptimierung hindeuten; das Budgetierungsproblem wäre dann durch die entsprechende Reorganisation der Prozesse mit erledigt.
... beruht einerseits auf argumentativem Druck	Der mehr oder weniger deutlich ausgeübte Druck, tatsächlich entsprechende Kosteneinsparungsvorschläge zu präsentieren, bringt den Kostenstellenleiter dazu, schließlich Lösungsmöglichkeiten anzubieten, die auf den teilweisen **Verzicht bisheriger Leistungen** und damit einen entsprechenden **Stellen- und Anlagenabbau** hinauslaufen. Auf diese Weise kann er bis zu 100% seiner Kosten einsparen – wird allerdings auch keine Leistungen mehr erbringen. Inwieweit der Vortrag solcher Alternativen mit Trotz- oder Ironiekomponenten versehen ist, wird von dem persönlichen Naturell der Verantwortlichen abhängen. Jedenfalls sind derartige Vorschläge unabdingbare Voraussetzung für den damit einsetzenden Lösungsfindungsprozess. Von zentraler Wichtigkeit ist dabei die Zusammensetzung des Diskussions-(und ggf. auch Entscheidungs-)Teams. Hier kommt es darauf an, vor allem die möglichen Empfänger der betreffenden Sekundärleistungen zu versammeln. Geht es also beispielsweise um die Qualitätsprüfungs-Abteilung, so sind die Nutznießer einer guten Abteilungsleistung die Kunden des Betriebs, an deren Stelle die Verkäufer, die Marketingmitarbeiter, ferner die Produktionsleitung, die Prozessorganisatoren, die Entwicklungsingenieure und möglicherweise auch Verantwortliche aus dem Finanz- oder dem Personalbereich. Sie sollen nach Präsentation der (massiven) Kürzungsvorschläge die in Frage gestellten Sekundärleistungen verteidigen, indem sie die negativen Konsequenzen eines Wegfalls darlegen und so deren **Nutzen argumentativ belegen.** Keinesfalls also soll der Kostenstellenleiter selbst die Vorteile der von seinem Bereich erbrachten Leistung begründen – vielmehr ist das die Aufgabe seiner internen „Kunden". Gegen eine Kürzung einer funktionierenden
... andererseits auf Positivargumenten der Leistungsempfänger	

Qualitätsprüfung wird also ein Marketing-Chef, ein Produktionsleiter, ein strategisch Planender argumentieren. Auf diese Weise wird der nur schwer messbare Nutzen der Sekundärleistung argumentativ gegen die Kosten ihrer Erstellung abgewogen. Ergebnis des entsprechenden **Diskussionsprozesses** soll dann ein vereinbartes Niveau dieser Leistung und die Einräumung der entsprechenden Kostenhöhe, eben des Budgets, sein. Ob dabei eine Kürzung von 30 % gegenüber dem bisherigen Niveau, überhaupt eine Kürzung oder sogar eine Erhöhung herauskommt, ist prinzipiell offen. Die praktischen Erfahrungen zur Gemeinkostenwertanalyse zeigen allerdings, und darauf weisen die anbietenden Beratungsgesellschaften durchaus deutlich hin, regelmäßig eine merkliche Reduzierung von Kosten und Leistungen der untersuchten Bereiche.

... und führt insgesamt oft zu Budgetkürzungen

Da es sich um individuelle Vereinbarungen handelt und die Beratungsgesellschaften aus naheliegenden Gründen keine nachprüfbaren Erfolgsstatistiken dazu veröffentlichen, sind die empirischen Erkenntnisse weitgehend auf persönliche Einzelinformationen und bekannt gewordene Auffälligkeiten beschränkt. Tatsächlich sind insbesondere aus den 1990er Jahren mehrere Fälle namhafter deutscher Automobilhersteller bekannt, wo teils erhebliche Einsparungen gerade im Bereich der Qualitätskontrolle in der Folge einen massiven Imageverlust wegen deutlicher Qualitätsmängel der produzierten Autos bewirkten.

Nun soll gerade Derartiges durch das Zusammenbringen von Anbietern und Nutzern der Sekundärleistung, also das Herbeiführen einer **argumentativen Lieferanten-Abnehmer-Situation,** vermieden werden. Das ist der eigentliche Kern der Gemeinkostenwertanalyse. Die vorherigen, bisweilen hochkarätig bestückten Sitzungen, die Bildung vorbereitender Analysegruppen und die teilweise äußerlich beeindruckenden Zwischenergebnis-Präsentationen bilden lediglich das Rahmenwerk für die eigentlich entscheidende und inhaltlich unabdingbare Gegenüberstellung von Kosten und Leistungen der untersuchten Sekundärprodukte. Und jene hat eben, anders ist es nach den obigen Überlegungen praktisch gar nicht möglich, gerade keine eindeutige quantitative Basis mit zwingenden Konsequenzen, sondern findet verbal-argumentativ statt.

prinzipielle Funktionsidee der Gemeinkostenwertanalyse

In der Systematik der Budgetierungstechniken ist eine Gemeinkostenwertanalyse als eine **outputorientierte Fortschreibung** einzuordnen: Sie geht vom Vorjahresbudget aus, kürzt es als Argumentationsanstoß um z. B. 30 % und analysiert mit dem dadurch veränderten Output, welches Niveau insgesamt betriebspolitisch angestrebt wird. Insofern ist die Gemeinkostenwertanalyse ein vielleicht ungewöhnlich anmutendes, weil die Verfahrensidee kaum erkennbar offenlegendes, aber insgesamt in sich schlüssiges und durchaus praktikabel erscheinendes Budgetierungsverfahren.

Einordnung der Gemeinkostenwertanalyse

Dennoch hat es aus Sicht der generellen Controlling-Funktion zwei erhebliche Nachteile, die es trotz seiner erkennbaren Verbreitung problematisch machen:

zwei Nachteile

Der erste Nachteil ist: Es arbeitet **nicht verlässlich.** Das Finden des Budgets basiert zu einem wesentlichen Teil auf der Argumentationskraft der potenziellen Abnehmer und Nutzer der Leistung. Wenn jene nicht deutlich genug ihre Stimme erheben, wird nicht etwa die bisherige Leistungshöhe belassen, sondern massiv gekürzt – selbst wenn sich niemand für eine Kürzung stark macht. Dies liegt am Argumentationseinstieg. Er ist bewusst provokativ, um die Argumentation anzuregen. Zwei Gründe können indessen für ein Unterlassen der zentralen Gegenargumentation verantwortlich sein: Entweder der Leistungsabnehmer

erster Nachteil der Gemeinkostenwertanalyse

überblickt die Zusammenhänge nicht völlig – und schweigt; oder er ist durch das gesamte Rahmenwerk des Gemeinkostenwertanalyse-Prozesses derart eingeschüchtert, dass er, obwohl die negativen Konsequenzen der diskutierten Sparvorschläge mitleidsvoll durchschauend, in der Überzeugung, es gehe zuvörderst um möglichst **umfassende Kostenreduktionen,** eine möglichst unauffällige Position einzunehmen versucht, um zu vermeiden, dass sein eigener Bereich als nächstes in das Visier der externen Sparkommissare gerät.

zweiter Nachteil der Gemeinkostenwertanalyse

Der zweite Nachteil der Gemeinkostenwertanalyse ist: Die Vorgehensweise **verträgt sich nicht mit dem Koordinationsauftrag** des Controllers. Der Argumentationsbeginn der Gemeinkostenwertanalyse beruht darauf, den Kostenstellenleiter soweit in die Enge zu treiben, bis er selbst eine massive Kosten- und Leistungskürzung vorschlägt. Selbst wenn ein funktionierender Verfahrensablauf in der Folge dafür sorgt, dass keine zielwidrigen unangemessenen Entscheidungen getroffen werden, bleibt ein Argumentationsbeginn, der wenig vertrauensfördernd wirkt und ggf. ohnehin bestehende Principal-Agent-Probleme in künftigen Controlling-Prozessen verstärkt. Dies ist auch der Hauptgrund dafür, dass für Gemeinkostenwertanalysen in den meisten Fällen **externe Berater** beauftragt werden; der interne Controller würde höchstwahrscheinlich einen irreparablen Vertrauensverlust erleiden, bestenfalls würde man ihm in der Prozessdurchführung nicht glauben – dann aber könnte die Gemeinkostenwertanalyse auch nicht erfolgreich zu Ende gebracht werden.

e) Das Zero-Base-Budgeting

Herkunft des Zero-Base-Budgeting

Das Zero-Base-Budgeting zählt zu den älteren Budgetierungsverfahren. Es ist ursprünglich in der US-amerikanischen Administration unter Präsident Carter eingeführt und dadurch bekannt geworden (vgl. United States General Accounting Office [Performance] 6 sowie Lynch [Budgeting] 50). Dort wurde es nach kurzer Zeit wieder durch einfachere Verfahren ersetzt. Im privatwirtschaftlichen Bereich wird immer wieder von einzelnen Anwendungen berichtet; eine besonders große Verbreitung kann dem Zero-Base-Budgeting indessen nicht zugesprochen werden. Dies mag an dem erheblichen Durchführungsaufwand liegen, der ihm nachgesagt wird und der in gewisser Hinsicht auch zutrifft. Andererseits bietet das Zero-Base-Budgeting einen Lösungsansatz für exakt den gleichen Einsatzbereich wie die Gemeinkostenwertanalyse, vermeidet aber weitgehend deren Nachteile. Deshalb lohnt sich ein genauerer Blick auf dieses Budgetierungsverfahren.

Kernidee des Zero-Base-Budgeting

Ausgangspunkt des Zero-Base-Budgeting ist die Feststellung, dass eine Kostenfunktion für eine fundierte outputorientierte Kostenbudgetierung erforderlich wäre, aber nicht zur Verfügung steht. Eine vollständige Kostenfunktion würde insbesondere für alle denkbaren Ausbringungen der Stelle die zugehörigen Kosten zeigen, ggf. noch präzisiert durch weitere Kosteneinflussgrößen. Die Kernidee des Zero-Base-Budgeting lässt sich durch die Suche nach einem Mittelweg zwischen einer solchen umfassenden Komplettinformation und einer völligen Nichtinformation über die Kostenzusammenhänge charakterisieren. Eine praktikable Zwischenstufe wird darin gesehen, anstelle des vollständigen Verlaufs der vorgestellten Kostenfunktion wenigstens einige ihrer Punkte zu kennen, so dass trotz Fehlens des Gesamtverlaufs relevante Entscheidungsgrundlagen vorliegen. Beim Zero-Base-Budgeting sind das im Standardfall drei Punkte. Abb. VIII-3 zeigt das Prinzip.

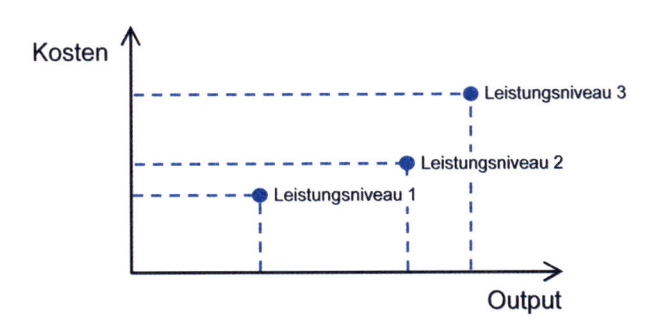

Abb. VIII-3: Drei Output-Kosten-Kombinationen

Die drei Punkte zeigen jeweils eine **Output-Kosten-Kombination,** die realisierbar ist. Eine davon ist bei der Budgetierung zu wählen. Damit hat man prinzipiell die gleiche Situation wie bei der allgemeinen Programmbudgetierung. Allerdings besteht hier nicht die Möglichkeit, den Output völlig beliebig zu wählen. Jener ist auch nicht quantitativ gefasst. Vielmehr ist er nur ordinal durch die drei Stufen charakterisiert. Sie können z. B. als „wenig", „mittel" und „viel" bezeichnet werden. Dieser Ansatz ermöglicht eine prinzipiell fundierte outputorientierte Budgetierung, indem nicht der bisherige Leistungsumfang oder das bisherige Budget fortgeschrieben, sondern über beide zusammengehörige Größen neu befunden wird. Dies erklärt auch den Namen dieser Budgetierungstechnik.

<small>Lösung des Mess-problems</small>

Zur Umsetzung dienen eine Reihe präzisierender Verfahrensschritte, die in Abb. VIII-4 (auszugsweise nach Meyer-Piening [Zero-Base-Budgeting]) zusammengestellt sind. Grundlegend ist, die Idee der nur punktweisen Analyse auf möglichst einheitlich analysierbare Leistungsarten anzuwenden. Deshalb wird im ersten Schritt die zu budgetierende Stelle in entsprechend kleine Teileinheiten, **Entscheidungseinheiten** genannt, zerlegt. Die Qualitätsprüfungs-Abteilung beispielsweise könnte man in die folgenden Entscheidungseinheiten untergliedern: Wareneingangsprüfung, Lager-Materialprüfung, Stichprobenprüfung der bereitgestellten Montageteile, Funktionsprüfung des Bauteils 1, 2, ..., n, Leistungsprüfung an Produktionsstelle a, b, ..., z, Endprüfung bei Absatzlagereingang, Versandprüfung. Für jede der Entscheidungseinheiten gilt es dann, beispielsweise drei unterschiedliche Outputhöhen, **Leistungsniveaus** genannt, zu unterscheiden und ihnen zugehörige Kosten zuzuordnen. Daraus entstehen **Entscheidungspakete.** Sie können in der Regel nur in der zu budgetierenden Stelle selbst, methodisch unterstützt vom betrieblichen Controlling, gebildet werden. Dabei kommt es darauf an, möglichst sinnvolle Alternativen zu finden. Deshalb kann es sich fallweise empfehlen, statt vom Output auch vom Input auszugehen. Entsprechende Fragen zur Zusammenstellung der Entscheidungspakete lauten dann z. B.:

<small>Ablauf des Zero-Base-Budgeting</small>

- Angenommen, man würde statt wie derzeit über zehn Personalstellen künftig nur über acht verfügen, welche Leistungen könnte man damit bei möglichst günstiger und zielentsprechender Zuordnung noch ermöglichen?

- Angenommen, man würde statt wie derzeit über zehn Personalstellen künftig über zwölf verfügen, welche zusätzlichen Leistungen wären dann bei optimalem Einsatz zusätzlich möglich?

Rolle der Entscheidungspakete

Die Entscheidungspakete je für sich unter optimierenden Gesichtspunkten zu definieren, ist für das Zero-Base-Budgeting von zentraler Bedeutung, da davon die Qualität der später gefundenen Budgets abhängt. Als psychologisch vorteilhaft kann dabei wirken, wenn stillschweigend – wie in den obigen Beispielfragen enthalten – die aktuelle Verfahrensweise als optimal vorausgesetzt und sie beispielsweise von vornherein als mittleres Leistungsniveau definiert wird. Ohnehin ergibt sich auch für jene früher oder später im Verfahrensablauf des Zero-Base-Budgeting eine gleiche Begründungsnotwendigkeit wie für die anderen. Gerade bei erstmaliger Anwendung des Zero-Base-Budgeting mag für die

Kurzbeschreibung des Zero-Base-Budgeting

Zero-Base-Budgeting	
Ziel	Fundierte outputorientierte Kostenbudgetierung
Ansatzpunkt	– Ausgehen von einer Nullbasis – Alle Kosten sind durch die erbrachte Leistung zu begründen – Bewertung der Leistung durch übergeordnete Bereiche
besondere Problematik	Die Leistung (der Output) der Stellen ist nur hilfsweise messbar
Lösungsidee	Es werden jeweils drei verschiedene Leistungsniveaus einer Stelle definiert, passende Verfahren zugeordnet und die erforderlichen Kosten berechnet. Zu entscheiden ist dann über derartige Entscheidungspakete.

Vorgehensweise des Zero-Base-Budgeting	1. Vorbereitungsphase
	   Präzisieren der Untersuchungsziele und Abgrenzen der zu budgetierenden Bereiche
	2. Analysephase
	   2.1 Einteilen jedes Untersuchungsbereichs in Entscheidungseinheiten
	   2.2 Definieren von drei Leistungsniveaus je Entscheidungseinheit
	   2.3 Zuordnen je einer günstigen Verfahrensart für jedes Leistungsniveau
	   2.4 Zusammenfassen von Leistungsniveau, zugehörigem Verfahren und entstehenden Kosten zu einem Entscheidungspaket je Leistungsniveau
	   2.5 Schrittweises Bilden einer Rangordnung über die Entscheidungspakete in Abteilungen, Bereichen, Gesamtbetrieb
	   2.6 Entscheiden über die Realisierungsgrenze (Budgetschnitt)
	3. Realisierungsphase
	   3.1 Festlegen der zusätzlichen und der wegfallenden Maßnahmen im Vergleich zum bisherigen Zustand
	   3.2 Durchsetzen der Budgets
	   3.3 Vorgabe der Budgets
	4. Überwachungsphase
	   Ständiges Überwachen der Budgeterfüllung

Abb. VIII-4: Ablauf des Zero-Base-Budgeting

betroffenen Kostenstellenleiter die Versuchung bestehen, für den Fall reduzierter Ausstattung keine sinnvolle Aufgabenerfüllung mehr angeben zu wollen. Als entscheidungslogische Konsequenz würde bei nicht genügender Mittelverfügbarkeit für das Leistungsniveau 2 dann die Entscheidungseinheit ganz eingestellt werden, statt auf Leistungsniveau 1 zurückzugehen. Für den Controller stellt sich deshalb in dieser Situation die spezielle Aufgabe, hierauf hinzuweisen, andererseits aber auch die Konstruktion realistischer Möglichkeiten anzuregen, die Ressourcen bei reduzierter Zuweisung sinnvoll einzusetzen. Ansatzpunkte bieten etwa eine stichprobenhafte Vorgehensweise, die Unterscheidung verschiedener Qualitätsstufen der Leistungserbringung nach dem Muster der ABC-Analyse (siehe hierzu Kapitel IV) oder der Verzicht auf bestimmte Detaillierungsstufen der Aufgabenerfüllung. Ein Beispiel zeigt Abb. VIII-5. Für die Definition des Entscheidungspaketes zu Leistungsniveau 3 gilt Entsprechendes. In der Regel wird man die Unterscheidung von drei Leistungsniveaus pro Entscheidungseinheit anstreben. Bisweilen ist es sogar einfacher, vier oder mehr zu definieren, als sich auf drei zu reduzieren. Dies ist unproblematisch, ebenso eine Reduktion auf zwei. Mindestens zwei allerdings müssen es sein, ansonsten bestünde für die Budgetierung kein Entscheidungsspielraum mehr.

Insgesamt ist die Bildung der Entscheidungspakete weitgehend emotionsfrei möglich, da in dieser Verfahrensstufe über die Budgethöhe nicht entschieden wird, sondern lediglich eine möglichst gut fundierte Voraussetzung dafür zu schaffen ist. Ohne Zweifel aber liegt an dieser Stelle der Grund für die besondere **Aufwendigkeit des Zero-Base-Budgeting.** Andererseits ist dieser Aufwand nur bei der erstmaligen Durchführung so erheblich, bringt neben der eigentlichen Budgetierungsbasis auch wichtige Einblicke in die betrachteten Prozesse und eröffnet auf dieser Weise auch bereits für sich Optimierungspotenzial.

Liegen Entscheidungspakete für alle Entscheidungseinheiten der betrachteten Organisationseinheit vor und sind gemäß einem vorzugebenden Schema dokumentiert (vgl. z. B. Abb. VIII-6), kann der Budgetierungsprozess vergleichsweise zügig weiter vollzogen werden. Er besteht im Kern darin, die definierten Leistungsniveaus in eine **Präferenzreihenfolge** zu bringen. Das kann beispielsweise so geschehen, dass zunächst von allen Entscheidungseinheiten diejenige gewählt wird, deren Leistungsniveau 1 als vordringlichstes angesehen wird. Für die zweite Position stehen dann die jeweiligen ersten Leistungsniveaus aller anderen Entscheidungseinheiten sowie der Übergang auf Leistungsniveau 2 der bereits gewählten Entscheidungseinheit zur Wahl. Allgemein konkurriert in jedem Auswahlschritt von jeder Entscheidungseinheit der Übergang auf das nächste noch nicht gewählte Leistungsniveau um die Platzierung. Dies gilt für jede Entscheidungseinheit so lange, bis das jeweils höchste Leistungsniveau gewählt ist. Mehr kann nicht erreicht werden. Für jede Rangordnungsposition ist also abzuwägen, ob es besser ist, bei einer bisher noch nicht berücksichtigten Entscheidungseinheit das Leistungsniveau 1 zu wählen oder bei einer bisher bereits platzierten Entscheidungseinheit auf das nächsthöhere Leistungsniveau aufzustocken. Um den Prozess operabel zu halten, ist es günstig, als Ausgangspunkt die kleinste organisatorische Einheit zu nehmen, bei der mehrere Entscheidungseinheiten zusammentreffen. Im Beispiel der Qualitätsprüfung könnte sich die Abteilung in die drei Arbeitsgruppen „Eingangsprüfung", „Fertigungsprüfung" und „Ausgangsprüfung" untergliedern. Dann werden im ersten Schritt die Rangordnungen pro Arbeitsgruppe gebildet. Abb. VIII-7 zeigt dies für die Arbeitsgruppe Eingangsprüfung.

Rangordnungsliste der Entscheidungspakete

Beispiele zu Leistungs- niveaus		Leistungsniveau 1 (W 1)	Leistungsniveau 2 (W 2)	Leistungsniveau 3 (W 3)
	Mengenprüfung	- grober Abgleich von Palettenbeschriftung und Lieferschein - Abgleich der Artikel-Nummern auf Palettenbeschriftung und Lieferschein - Zählprüfung der Palettenanzahl - Zählprüfung der Palettenbestückung bei einer Palette (Anzahl der Gebinde pro Palette)	zusätzlich zu LN1: - Abgleich mit der eigenen Bestellung nach Menge und Inhalt - Zählprüfung der Palettenbestückung bei drei (Stichproben-)Paletten - Öffnen von drei Gebinden und dann jeweils einer Einzelpackung einer beliebigen Palette und Zählprüfung der enthaltenen Stücke	zusätzlich zu LN2: - Zählprüfung aller angelieferten Paletten - Öffnen eines zufällig gewählten Gebindes mit Entnahme jeweils eines Einzelpakets sowie Zählprüfung des Inhalts bei mindestens drei Paletten - bei Nichtübereinstimmung in mindestens einem Fall sowie bei anderen Verdachtsfällen: Einzelpaket-Zählprüfung bei mindestens drei weiteren Einzelpaketen verschiedener Paletten
	Prüfung auf Transportschäden	Sichtprüfung auf äußere Beschädigungen - Beschädigungen der Trägerpaletten - Verletzungen der äußeren Schrumpffolien - Knautsch- und Quetschstellen der Paketverpackung - Risse, Kratzer, farbliche Veränderungen - Feuchtigkeitsschäden (Feuchtstellen, Trockenschäden)	zusätzlich zu LN1: - Sichtprüfung aller Pakete an den Palettenkanten auf Unversehrtheit - im Zweifelsfall: Öffnen von Gebinden und ggf. Einzelpaketen - genauere Prüfung der identifizierten Einzelpakete mit nicht einwandfreier Verpackung - in jedem Fall genauere Prüfung von mindestens jeweils einem Einzelpaket aus drei verschiedenen Paletten auf Unversehrtheit	zusätzlich zu LN2: - allgemeine Unversehrtheitsprüfung der ohnehin zur Mengenprüfung herausgegriffenen Einzelpakete - in jedem Fall Unversehrtheitsprüfung von mindestens jeweils einem Einzelpaket aus jeder dritten Palette, zufällig ausgewählt aus den Gebinden an den Palettenkanten - Temperatur- und Feuchtigkeitsprüfung durch Fernmessstab im Inneren von mindestens drei Paletten - im Verdachtsfall: genauere Prüfung von Einzelpaketen aus dem Inneren einer Palette
	Art- und Qualitätsprüfung	- Grobprüfung der Inhaltsdeklaration: Prüfen der Beschriftung eines Gebindes einer beliebigen Palette: Artikelnummer, weitere Angaben (Farbe, Größenausführung) - Grobprüfung des Inhalts: Öffnen einer Einzelpackung, Entnahme eines Einzelstücks. Äußere Prüfung: grober Abgleich mit Lieferschein nach Farbe, Form und Größe - Grobprüfung der Beschaffenheit: pauschale Qualitätseinschätzung nach offensichtlichen Mängeln	zusätzlich zu LN1: - Grobprüfung der Inhaltsdeklaration bei jeder dritten Palette, mindestens bei drei Paletten - Grobprüfung des Inhalts bei mindestens drei Einzelpaketen aus verschiedenen Paletten - bei jeweils einem Einzelstück dieser Einzelpakete auch Grobprüfung der Beschaffenheit - genauere Qualitätsprüfung bei mindestens einem zufällig herausgegriffenen Einzelstück: äußere Prüfung und einfache Funktionsprüfung, Sicht- und äußerer Grobversuchsabgleich mit den geforderten Qualitätseigenschaften nach betriebseigenen Bestellangaben bzw. Pflichtenheft	zusätzlich zu LN2: - Grobprüfung der Inhaltsdeklaration aller angelieferten Paletten - inhaltliche Grobprüfung bei je mindestens einem Einzelpaket an jeder dritten Palette - bei jeweils drei Einzelstücken der gewählten Einzelpakete auch Grobprüfung der Beschaffenheit - genauere Qualitätsprüfung (wie bei LN2 beschrieben) bei insgesamt mindestens 1 ‰ der angelieferten Menge, mindestens jedoch bei drei Einzelstücken; bei mehr als 10.000 Stück Reduktion des Stichprobenumfangs auf 0,5 ‰, jedoch mindestens 10, höchstens 25 - bei jedem dritten der zur genaueren Qualitätsprüfung herausgegriffenen Stücke zusätzlich: • Prüfen von Abmessungen und Gewicht • Prüfen der Materialverbindungen: Heiß-/Kalt-Analyse, physikalische Zieh-/Drehprüfung, Festigkeit • Prüfen der Materialeigenschaften: Rostresistenz, Temperaturtoleranz, Materialzusammensetzungsanalyse, chemische Resistenz gegen Säuren und Laugen
	Bericht	Bericht über die Wareneingangsprüfung: Vermerk auf Lieferschein: „in Ordnung" bzw. Mängelangabe	anstelle des Berichts nach LN1: Ausfüllen eines Standardformulars zur Wareneingangsprüfung: Einordnen in Standardkategorien durch Ankreuzen, manuelle Kurzbeschreibung von Besonderheiten	zusätzlich zum Standardbericht nach LN2: Auswertungsbericht der zusätzlichen Prüfungen nach LN3 auf einem Formular mit Standardrubriken zur Angabe einzelner Testergebnisse, zusammenfassende Prüfungsbewertung in einer Gesamtnote

Abb. VIII-5: Differenzierung von drei Leistungsniveaus bei der Entscheidungseinheit Wareneingangs-Prüfung

4. Budgetierungstechniken

Beispiel eines Entscheidungspakets

Leistungsniveau W 2:					
Zero-Base-Budgeting	Entscheidungseinheit 63 : Wareneingangskontrolle ZBB-Analyse vom 30. Juni 2022				Leistungsniveau: 2 von 3
	Personal		Kosten pro Jahr		
	Leitung	Mitarbeiter	Personalkosten	Sachkosten	Gesamtkosten
Daten für Leistungsniveau 1	1	2	130.000 €	23.000 €	153.000 €
zusätzlich für Leistungsniveau 2		2	80.000 €	15.000 €	95.000 €
kumulierte Daten	1	4	210.000 €	38.000 €	248.000 €

Aufgabe:
siehe Leistungsbeschreibung zur Wareneingangsprüfung W 2

Begründung für die Optimalität des Entscheidungspakets zu W 2:
Der Einsatz zweier zusätzlicher Mitarbeiter erlaubt die zeitlich längere und damit ausführlichere Prüfung eingegangener Lieferungen, insbesondere eine Prüfung jeder Lieferung anhand eines zufällig herausgegriffenen Einzelstücks. Eine Komplettprüfung der Lieferung würde nur die Kontrolle mancher Lieferungen erlauben, andere müssten gänzlich unkontrolliert den Wareneingang passieren. Entscheidende Mängel können durch die einfache stichprobenhafte Funktions- und Qualitätsprüfung von Einzelstücken auf Übereinstimmung mit den Anforderungen erkannt werden. Die Funktions- und Qualitätsprüfung ist wichtiger als eine ausführlichere Gestaltung der Mengenprüfung, da fehlerhafte Teile den Fertigungsprozess verzögern und Fertigungsmaschinen beschädigen können. Um fehlerhafte, (auch transportbedingt) beschädigte oder falsche Lieferungen noch zuverlässiger erkennen zu können, wären zudem umfangreichere stichprobenhafte Qualitätsprüfungen erforderlich, die zusätzliches, speziell geschultes Personal erfordern würden. Die standardisierte Dokumentation der Kontrollergebnisse ermöglicht eine systematische Verarbeitung von Informationen zur Lieferantenqualität. Da diese Informationen eine besser fundierte Beschaffungsplanung ermöglichen, erscheint diese Dokumentation noch vordringlicher als eine umfassendere Prüfung der Materialqualität einzelner Stücke. Eine zusammenfassende Prüfungsbewertung in einer Gesamtnote würde zusätzliche Schulungsmaßnahmen erfordern.

Verwendete Verfahren:
Zählprüfung, Sichtprüfung, Stichprobenprüfung, einfache Funktionsprüfung, schriftl. Standardbericht

Vorteile gegenüber Leistungsniveau W 1:
Die Sicherheit, die richtige Art und Menge an Teilen geliefert zu bekommen, ist höher; das frühzeitige Erkennen von Qualitätsmängeln ist möglich; aufgrund fundierter Prüfungsergebnisse und deren standardisierter Dokumentation sind vereinfachte Reklamationen möglich; die Gefahr kurzfristiger Fertigungsverzögerungen wegen fehlender, falscher oder beschädigter Teile ist reduziert; die Gefahr finanziellen Schadens aus entgangenen Reklamationsmöglichkeiten aufgrund nicht oder zu spät erkannter Mängel ist reduziert

Direkte Abhängigkeit von / Auswirkungen auf andere Entscheidungseinheiten / Abteilungen:
Zusätzlicher Informationsgewinn zur Lieferantenbeurteilung für die Beschaffungsplanung; erhöhte Materialversorgungssicherheit in der Produktion; geringe Gefahr kurzfristiger Fertigungsverzögerungen aufgrund mangelhaften Materials; Gefahr kurzfristiger Verzögerungen bei der Aufnahme von Lieferungen ins Warenlager; begrenzte, möglicherweise fehlende Auswertbarkeit der Lieferantenqualität aufgrund der nur standardisiert erfassten Kontrollergebnisse

Abb. VIII-6: Dokumentation eines Entscheidungspakets

Darstellung als Turm

Die **Rangordnungsliste** wird üblicherweise als Turm dargestellt. Dabei besteht allerdings nicht generell Einigkeit darüber, ob die am meisten präferierte Position oben oder unten eingetragen wird (vgl. z. B. Meyer-Piening [Zero-Base-Budgeting] 2289 f. und Pyhrr [Zero-base budgeting] 118 für die Version mit der höchsten Priorität oben, sowie z. B. Wall [Planungssysteme] 246 und Küpper [Controlling] 379 für die umgekehrte Version). In Abb. VIII-7 ist das Entscheidungspaket mit der höchsten Präferenz unten dargestellt. Je weiter die Position oben liegt, desto geringer ist ihre Präferenz.

Entscheidungseinheiten der Eingangsprüfung:

- Wareneingangsprüfung mit den Leistungsniveaus W1, W2, W3
- Lager-Materialprüfung mit den Leistungsniveaus L1, L2, L3
- Stichprobenprüfung der Montageteile mit den Leistungsniveaus S1, S2, S3

Rangordnungsbildung: Beginn

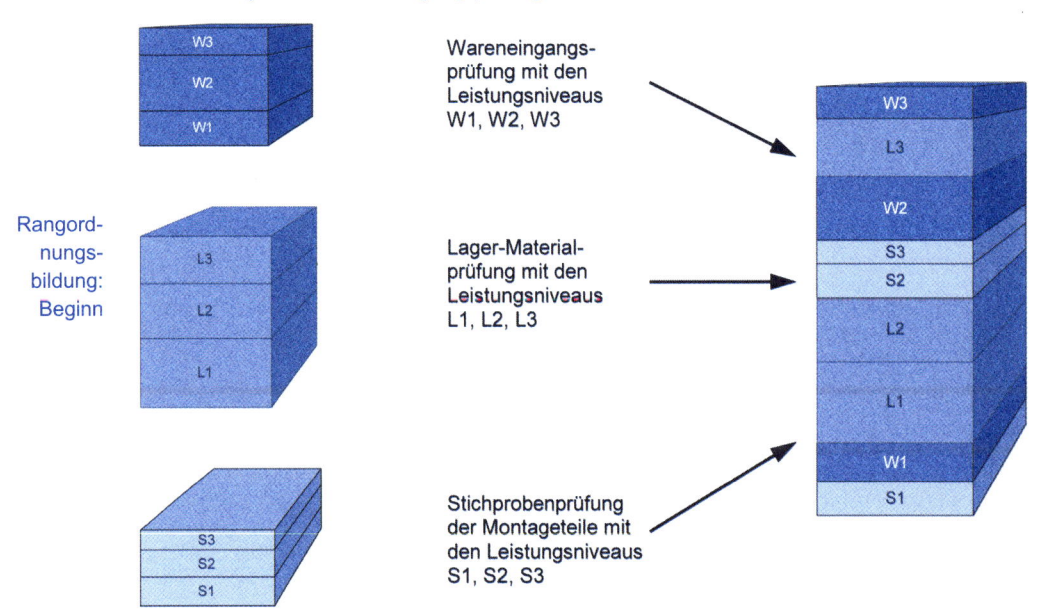

Abb. VIII-7: Zero-Base-Budgeting-Turm für die Eingangsprüfung

hierarchische Rangordnungsbildung

Wie die Entscheidung über diese Rangordnung in der Kostenstelle fällt, hat mit dem Zero-Base-Budgeting nur indirekt zu tun. Es kann also z. B. autoritär vom Kostenstellenleiter festgelegt oder auch in einer kooperativen Diskussion mit den Mitarbeitern der Stelle gemeinsam bestimmt werden. Gliedert sich die zu budgetierende Einheit in mehrere organisatorische Untereinheiten, wird man zur Rangordnung des Bereichs stufenweise gelangen, indem man zunächst jeweils eine für die Unterabteilungen vom dortigen Management bilden lässt und sie dem Management des übergeordneten Bereichs vorlegt, um daraus die gemeinsame Liste zu bilden. Dabei geht es nicht nur darum, die Rangordnungslisten in ihrer gegebenen Abfolge zusammenzumischen; vielmehr hat das Bereichsmanagement auch die Rangordnungen der Unterabteilungen zu überprüfen und zu ändern, wenn dies die übergeordnete Sicht erfordert. Letzteres gilt auch dort, wo die vorgesetzte Hierarchiestufe gar nicht mehrere Einzelranglisten zusammenzufügen, sondern lediglich eine einzige eines untergeordneten Bereichs zu genehmigen hat. Abb. VIII-8 zeigt dieses Prinzip der **Rangordnungsbildung über mehrere hierarchische Stufen** schematisch (zum Darstellungsprinzip vgl. Meyer-Piening [Planning] 24 f.).

4. Budgetierungstechniken

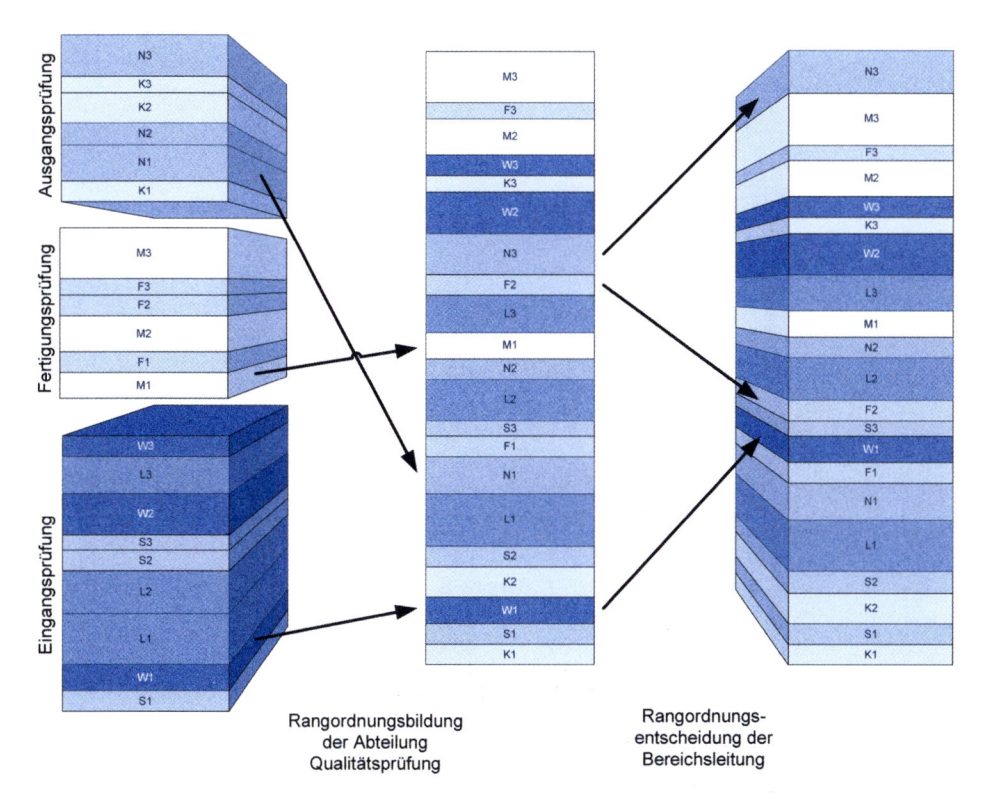

Abb. VIII-8: Prinzip der Rangordnungsbildung über mehrere hierarchische Stufen

Steht schließlich für alle zu budgetierenden Organisationseinheiten die Gesamtrangfolge der Entscheidungspakete fest, dann ist die eigentliche Budgetierungsfestlegung für alle integrierten Abteilungen nur noch eine einfache, fast formale Angelegenheit: Im Rangordnungsturm ist die Grenze zu finden zwischen denjenigen Entscheidungspaketen, die realisiert werden sollen, und jenen, die abgelehnt werden. Dieser **Budgetschnitt** kann auf zwei Arten gesetzt werden: Beim **passiven** Budgetschnitt liegt von noch höherer Hierarchiestufe bereits ein Gesamtbudget für alle im Zero-Base-Budgeting-Prozess erfassten Abteilungen vor; dann ist nur festzustellen, bis zu welchem Grenz-Entscheidungspaket dieses Gesamtbudget reicht. Dort liegt der Budgetschnitt. Beim **aktiven** Budgetschnitt gibt es eine derartige Vorgabe nicht. Hier hat die entscheidende Instanz das Grenz-Entscheidungspaket durch isolierten Vergleich der damit veranlassten zusätzlichen Vorteile und zusätzlichen Kosten direkt zu bestimmen. Es genügt, festzustellen, bei welchem Entscheidungspaket die Kosten letztmals gerechtfertigt sind. Da die Rangordnung bereits feststeht, sind damit alle im Rangordnungsturm weiter unten liegenden Entscheidungspakete ebenfalls genehmigt, alle darüber liegenden nicht. Aus Abb. VIII-9 wird ersichtlich, wie sich daraus die Einzelbudgets der bearbeiteten Abteilungen ergeben.

Budgetschnitt als letzter Schritt

Das Zero-Base-Budgeting kann in der Regel wegen des damit verbundenen Aufwands kaum für alle in Frage kommenden Bereiche eines Betriebes gleichzeitig durchgeführt werden. Das empfiehlt sich auch gar nicht. Vielmehr wird

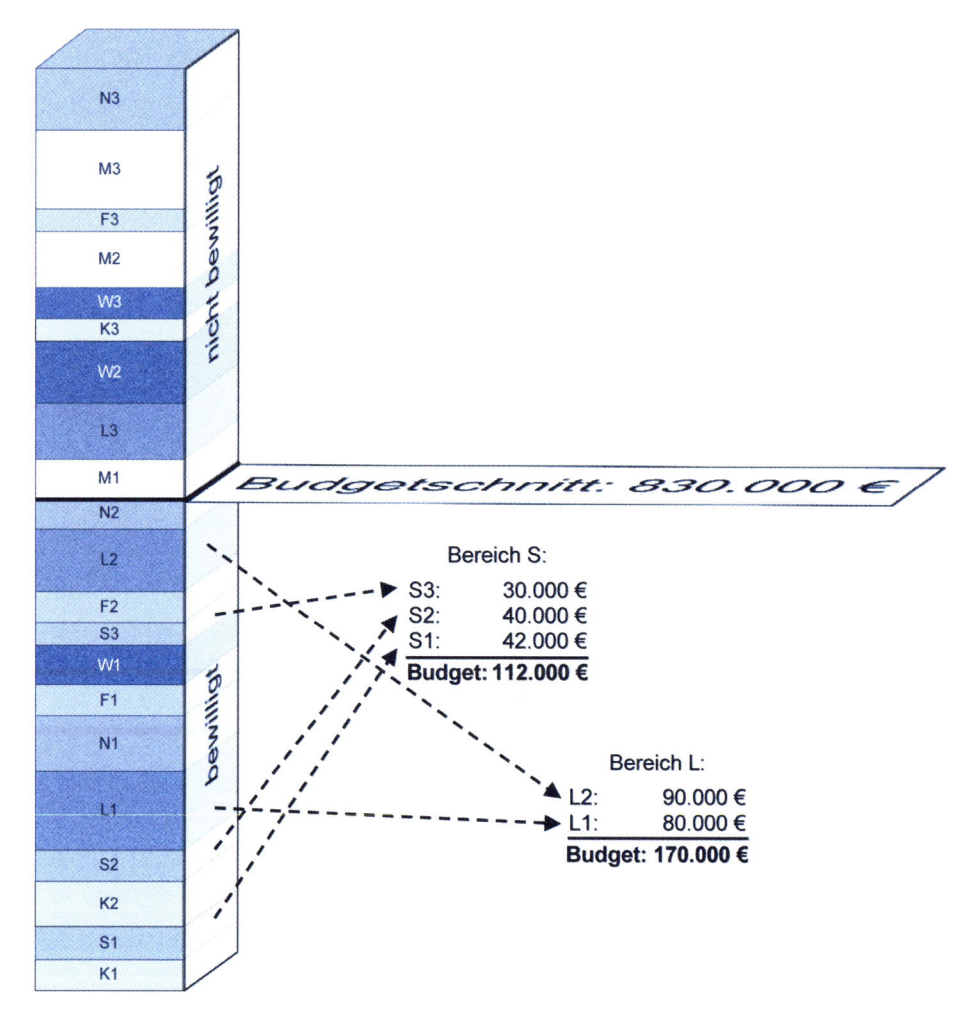

Abb. VIII-9: Zusammensetzung des Einzelbudgets aus dem bewilligten Teil des Rangordnungsturms

praktischer Einsatz des Zero-Base-Budgeting

man zweckmäßigerweise die in einem Jahr mit dem Zero-Base-Budgeting bearbeiteten Abteilungen über die nächsten drei bis fünf Jahre mit einer einfachen Fortschreibungsbudgetierung behandeln, ehe man das Zero-Base-Budgeting-Verfahren erneut anwendet. Diese Zwischenzeit kann genutzt werden, um das Zero-Base-Budgeting in anderen Bereichen sorgfältig durchzuführen. Dieses **rollende Vorgehen** stellt auch eine gewisse Konstanz gerade bei solchen Entscheidungseinheiten sicher, deren Entscheidungspakete nahe am Budgetschnitt liegen. Hier nämlich könnte sonst bereits bei geringfügigen Parameterbewegungen von Jahr zu Jahr ein jeweils kurzfristiger Auf- und Abbau der Kapazitäten entstehen. Inwieweit sich die einzelnen Eckpunkte überhaupt in aufeinanderfolgenden Zero-Base-Budgeting-Runden stark ändern, hängt von zahlreichen Faktoren ab; jedenfalls vereinfacht sich die Analysearbeit spätestens ab der dritten Runde deutlich.

5. Zur Wirksamkeit der Budgetsteuerung

a) Die organisatorische Steuerung nach der Budgetfestlegung

Mit der Festlegung und Vorgabe des Budgets ist die organisatorische Steuerung zwar angesetzt, aber keineswegs erledigt. Weitere Gestaltungsfragen der Budgetierung betreffen

- Zwischenkontrollen,
- Budgetänderungen innerhalb der Budgetperiode,
- Endkontrollen nach der Budgetperiode.

drei weitere Elemente der Steuerung mit Budgets

Da Budgets ein Spezialfall allgemeiner Plangrößen sind, die Budgetierung also eine spezielle Planung ist, gilt für **Kontrollen** grundsätzlich nichts anderes als im allgemeinen Fall. Daraus begründet sich die prinzipielle Vorteilhaftigkeit von Prämissenkontrollen, Fortschrittskontrollen, Zwischenabschlusskontrollen an markanten Terminen („Meilensteinkontrollen") sowie Endkontrollen. Wegen der speziellen Eigenheiten der Budgetierung als Delegationsprinzip wird der Budgetkontrolle auch eine wichtige Motivationswirkung zugesprochen (vgl. Künkele [Budgetkontrolle] 57 ff.). Weil es sich bei einem Budget um eine zentrale Führungsgröße handelt, wird man für alle einer Instanz untergeordneten Einheiten deren kumulierte Budgetinanspruchnahme in die regulären Berichte aufnehmen und sie in den berichtstypischen Mechanismen dazu nutzen, aktivitätsauslösende Meldungen zu veranlassen (siehe Kapitel VII). Für die Budgetierten selbst ist es zweckmäßig, nicht nur an einzelnen Kontrollterminen, sondern laufend über die aktuelle Isthöhe der Budgetinanspruchnahme informiert zu sein, da das Budget für sie eine wichtige Zielgröße ist. Abgesehen von dieser Besonderheit besteht für die Budgetierung in der Durchführung von Zwischenkontrollen und schließlich auch Endkontrollen kein Unterschied zu sonstigen Plankontrollen.

Budgetkontrollen

Anders verhält es sich indessen mit den Konsequenzen, die Zwischen- und Endkontrollen haben können. Insbesondere stellt sich die Frage, ob und wann ein Budget in der laufenden Budgetperiode geändert werden sollte, um es an aktuelle Entwicklungen anzupassen. Man nennt Budgets **„flexibel"**, wenn derartige Anpassungen vorgesehen sind bzw. in der ausgefeilten Variante sogar vorher verbindlich festgelegt wurden. Wann kann eine solche Budgetanpassung sinnvoll sein? Die Antwort richtet sich nach der Budgetierungstechnik: Bei der allgemeinen Programmbudgetierung liegen funktionale Zusammenhänge vor, die quantitativ exakt ausdrücken, wie das Budget vom Output der budgetierten Stelle sowie von anderen Einflussgrößen abhängt. Zeigt sich im Laufe der Budgetperiode, dass die tatsächlichen Ausprägungen dieser Größen von denjenigen abweichen, die bei der Aufstellung des Budgets angenommen wurden, ist es folgerichtig, das **Budget anzupassen.** Dies kann zwar prinzipiell auch erst nach der gesamten Budgetperiode geschehen; um den Aufbau von Budgetabweichungen, die hier ja gerechtfertigt wären, sowie die Notwendigkeit paralleler Korrekturrechnungen zu vermeiden, ist aber eine frühzeitige Budgetanpassung vorteilhafter. So können Budgetabweichungen auch unterperiodig danach unterschieden werden, ob sie tatsächlich eine Zielverfehlung bedeuten oder wegen der Änderungen von Größen außerhalb des Einflussbereichs der budgetierten Einheit entstehen. Nun setzt diese Differenzierung aber eine entspre-

unterperiodige Budgetänderung bei der allgemeinen Programmbudgetierung

chende Fundierung voraus. Deshalb ist ein flexibles Budget im eigentlichen Sinn nur dort möglich, wo die Voraussetzungen einer Programmbudgetierung erfüllt sind.

unterperiodige Budgetänderung bei anderen outputorientierten Budgetierungstechniken

Soweit andere Formen einer outputorientierten Budgetierung vorliegen, etwa beim Zero-Base-Budgeting oder zum Teil auch bei der Gemeinkostenwertanalyse, ist die Outputorientierung regelmäßig nicht durch Einflussgrößen begründet, die extern bestimmt sind (wie Auftragsmengen oder das Wetter) und sich zudem im Laufe der Periode erst herausbilden. Vielmehr wird der in diesen Budgetierungstechniken berücksichtigte Output durch Entscheidungen der vorgesetzten Instanz festgelegt. Insofern gibt es keinen Anlass für unterperiodige Korrekturen. Das Budgetierungsprinzip besteht ja gerade darin, für eine ganze Periode die Vorgabeentscheidung konstant zu halten – was naturgemäß von Umweltvariablen nicht erwartet werden kann. Als einziger Grund für eine unterperiodige Budgetkorrektur verbleibt hier nur der **Ausgleich von Prognosefehlern** in der Budgetberechnung. Hat man beispielsweise das für einen bestimmten Output angenommene Budget mit Preisen berechnet, die sich später als erheblich höher herausstellen, könnte sich eine entsprechende Budgetkorrektur empfehlen. Dies ist gleichzeitig die einzig mögliche Begründung für eine nachträgliche Änderung von Budgets, die inputorientiert aufgestellt wurden; ansonsten bietet die inputorientierte Formulierung keine Argumente, die späteren Änderungen unterliegen könnten. Insgesamt sind „flexible" Budgets also nur dort sinnvoll möglich, wo eine outputorientierte Budgetierung vorliegt und der Output in Parametern gemessen wird, die **externen** Einflüssen unterliegen. Keinesfalls kommt eine nachträgliche Budgetänderung in Frage, weil sich das gesetzte Budgetziel als zu leicht oder zu schwer erreichbar herausstellt. Solche Argumente sind vielmehr bei der Interpretation positiver und negativer Zielabweichungen nach Ablauf der Budgetperiode einzubringen.

Endkontrolle nach der Budgetperiode

Für die Steuerungsmaßnahmen nach der Endkontrolle ist zunächst die besondere Rolle des Periodenablaufs bei der Budgetsteuerung hervorzuheben. Budgets gelten definitionsgemäß für eine vorher festgelegte Periode. Deshalb hat der Gültigkeitszeitraum jedes Budgets ein eindeutiges vorher bekanntes Ende. Außer den bei jeder Endkontrolle üblichen Schritten der Abweichungsanalyse, Relevanzbeurteilung sowie ggf. Leistungsbeurteilung und Belohnung ist deshalb bei der Budgetierung auch eine Entscheidung über die entstandene **Budgetabweichung** zwingend. Auch hierfür ist wieder die ursprüngliche Fundierung des gesetzten Budgets von hervorragender Bedeutung. Bei outputorientierter Begründung im Allgemeinen und der Programmbudgetierung im Besonderen kann nach Kenntnis der eingetroffenen Höhe der Bezugsgrößen jetzt nachträglich festgestellt werden, wie hoch das Budget – bei unveränderter Gültigkeit der grundsätzlichen Berechnungshypothesen – dafür hätte sein sollen. Daraus lässt sich die tatsächlich zu verantwortende Abweichung feststellen. Dieser Defizit- oder Überschussbetrag kann nun weiter analysiert als Leistungsbeurteilungsgröße sowie als Bemessungsgrundlage für Belohnungssysteme

zwei Interpretationen der Budgetabweichung

herangezogen werden. Darüber hinaus ist aber in jedem Fall zu klären, wie dieser Restbetrag selbst weiter behandelt wird, denn es bieten sich zwei Möglichkeiten seiner Interpretation:

(1) Er stellt das **Ergebnis** der abgelaufenen Budgetperiode dar, an dem der Erfolg der budgetierten Einheit erkannt werden kann, der aber in der neuen Periode keine Rolle spielt.

(2) Er ist der Abschluss-Saldo eines Budgetkontos und damit gleichzeitig der **Anfangsbestand** für die neue Budgetperiode. Der positive bzw. negative Budgetrest wird also „übertragen".

Beide Interpretationen sind möglich und haben ihre spezifischen Begründungen und eigenen Wirkungen. Die erste Interpretation entspricht am ehesten der Gesamtkonzeption der Budgetsteuerung: Es wird ein fundiertes Budget festgelegt, vorgegeben, erforderlichenfalls unterperiodig angepasst, nachträglich werden wiederum fundiert Abweichungen berechnet und analysiert sowie schließlich eine Restabweichung als Endergebnis festgestellt. An ihr kann damit die über das betreffende Budget erfasste Leistung gemessen und auch honoriert werden. Es gibt keinen Grund, mit diesem Erfolgsbetrag etwa das Budget der Folgeperiode zu „verfälschen", da ja auch dieses wieder für sich fundiert bestimmt wird. Kennzeichnend für diese erste Interpretation ist es, die in Rede stehende Größe als **Restabweichung** zu bezeichnen und als Erfolgsmaßstab zu interpretieren. *erste Interpretation*

Die zweite Interpretation versteht die errechnete Größe als positiven oder negativen **Budgetrest** und orientiert sich vor allem an der Anreizwirkung, die von seiner Behandlung ausgeht: „Verfällt" beispielsweise ein mehr oder weniger mühsam eingesparter Rest eines zugewiesenen Ausgabenbudgets, sehen sich die Budgetierten um die Früchte ihrer Anstrengungen gebracht. So entsteht ein Anreiz, vorhandene Budgetmittel auszugeben, auch wenn damit nur ein sehr geringer Nutzen verbunden ist. Diese Fehlsteuerung verstärkt sich, wenn die budgetierte Einheit voraussetzt, die aktuelle Budgetnutzung werde als Indiz für eine angemessene Budgethöhe angesehen. Dann muss sie befürchten, dass nicht nur der aktuelle Budgetrest verloren geht, sondern darüber hinaus die künftige Zuweisung entsprechend gekürzt wird. Solche Befürchtungen entstehen und verstärken sich dort, wo für die Budgetfestlegung kein nachvollziehbares Verfahren erkennbar ist – möglicherweise auch tatsächlich nicht vorliegt. Will man das beschriebene Problem vermeiden, ohne von einer schlecht fundierten Budgetierung abzurücken, dürfen Budgetersparnisse nicht mit negativen Anreizen belegt werden. Dazu bleibt nur die Möglichkeit, nicht in Anspruch genommene Budgetmittel der einen Periode auf die Folgeperiode zu übertragen, natürlich ohne das neue Budget entsprechend zu kürzen. Wenn dies hinreichend klar kommuniziert wird, ermöglicht man damit eine regelmäßig bessere Budgetverwendung, als sonst zu befürchten wäre. Die budgetierte Einheit kann auf diese Weise Budgetmittel für spätere Perioden „ansparen". Wenn schon eine fundierte Budgetierung nicht vorliegt, besteht so zumindest die begründete Möglichkeit, dass die budgetierten Einheiten nicht zusätzliche zielverfehlende Dispositionen treffen. So ist die **Budgetübertragung** als „Hilfsverfahren" anzusehen, mit dem eine ungünstige Budgetierungstechnik in der Anwendung weniger nachteilig gestaltet werden kann. Dass dabei auch Budgetüberschreitungen, also negative Reste, auf die neue Periode übertragen werden, ist logische Konsequenz, systemkonform und insgesamt führungspolitisch günstig. Es widerlegt zudem die Vermutung, durch eine Überziehung des Budgets ließe sich gut dessen zu geringe Höhe belegen. *zweite Interpretation*

Die angeführten Vorteile verdeutlichen, dass die Budget-Restübertragung Schwächen der Budgetsteuerung, die situationsbedingt auftreten können und möglicherweise nur schwer vermeidbar sind, zumindest teilweise ausgleichen kann. Wie ein perfektes Budgetsystem die skizzierten Schwächen vermeidet, zeigen folgende typische Zusammenhänge:

Wirkungszusammenhänge in einem perfekten Budgetsystem

- Wenn ein fundiertes **Budgetierungsverfahren** vorliegt und erkennbar angewendet wird, haben die Budgetierten keinen Grund anzunehmen, ein positiver Ausgabenrest beispielsweise wirke sich ungünstig auf das Folgebudget aus.

- Wenn in der **Abweichungsanalyse** ein Mehr- oder Minderverbrauch nicht grundsätzlich als Indiz für ein falsch angesetztes Budget interpretiert, sondern sorgfältiger analysiert wird, entstehen keine Anreize, solche Abweichungen in der einen Richtung zu vermeiden und in der anderen Richtung entstehen zu lassen.

- Wenn ein wirksames **Belohnungssystem** existiert, das auch Budget-Endsalden als Bemessungsgrundlage mit einbezieht, entsteht auch ohne Restübertragung ein Anreiz zu zielgünstigem Verhalten. Ungünstig wirkt, wenn die Budgethöhe selbst als Belohnung wirken soll.

- Wenn der inhaltliche **Entscheidungsbereich**, der mit der Budgetvorgabe erfasst werden soll, eindeutig und passend abgegrenzt ist, gibt es keinen sinnvollen Bedarf dafür, über mehrere Perioden hinweg aus Budgetresten für größere Investitionen etwas „anzusparen". Vielmehr wäre hierzu von vornherein ein Teilbudget in einer eigenen Vorgabe für eine längere Budgetperiode zuzuweisen, um die beabsichtigte zeitliche Disposition systemkonform zu delegieren.

Soweit die Budgetsteuerung in diesen Punkten nicht im beschriebenen Sinne perfekt ist, bietet sich die Budgetübertragung daher oft als geeignetes Mittel an, um ungünstige Konsequenzen von ansonsten entstehenden Fehlanreizen zu vermeiden.

b) Der Ansatz des Beyond Budgeting

Ist die Budgetierung paradox?

Unter dem Schlagwort **Beyond Budgeting** ist ab der Jahrtausendwende das Instrument der Budgetierung insgesamt in Diskussion geraten. Ursprung war ein 1995 erschienener Artikel von Hope und Fraser (vgl. [Beyond Budgeting] sowie das spätere Buch [Budgeting]), in dem eindrucksvoll die paradox erscheinende Situation um die Budgetierung beschrieben wird, gefolgt von Empfehlungen zur Abhilfe. Paradox – obwohl so von Hope/Fraser nicht explizit benannt – mag erscheinen, dass die Budgetierung nahezu durchweg als wichtig bis unverzichtbar angesehen, gleichzeitig aber, und darauf heben Hope/Fraser ab, als zeitaufwendig, teuer, konfliktträchtig und letztlich wenig nutzbringend erlebt wird (vgl. Hope/Fraser [Budgeting] 3 ff.). Der Grund liege darin, dass Budgets fix seien, auf unflexiblen Vereinbarungen beruhten und deshalb insgesamt zu einer falschen Orientierung der so Budgetierten führten. Insgesamt sei die Festlegung von Budgets angesichts der heutigen dynamischen betrieblichen Situation nicht mehr zeitgemäß.

Diese Problembeschreibung ist in breiten Kreisen der betrieblichen Praxis, aber auch in Teilen der Fachwelt begeistert aufgenommen worden (vgl. zum Überblick z. B. Hansen/Otley/van der Stede [Overview] und Weber/Linder [Better

Budgeting]). Allerdings: Die genauere Analyse zeigt, dass Hope/Fraser ihre Argumentation implizit **ausschließlich auf zwei Budgetierungsfälle stützen**: Das Budget ist starr, wird also auch in der nachträglichen Beurteilung nicht an den tatsächlichen Output angepasst – oder es beruht von vornherein auf einer bloßen inputorientierten Fortschreibung. Bei dieser Ausgangslage ist offensichtlich, dass sich die beschriebenen ungünstigen Konsequenzen einstellen.

im Beyond Budgeting vorausgesetzte Budgetierungsart

Zur Lösung der beschriebenen Problematik schlagen Hope/Fraser zwei Maßnahmenbündel vor: „adaptive Managementprozesse" und eine „radikale Dezentralisierung". Als **adaptive Managementprozesse** verstehen sie (vgl. Hope/Fraser [Budgeting] 69 ff.)

erster Teil der Beyond-Budgeting-Empfehlung

- eine flexible, outputorientierte Budgetierung auf Basis externer Key Performance Indicators (KPI) aus Wettbewerbsstandards,
- „relative", vor allem an Konkurrenzergebnissen orientierte Vereinbarungen zur Leistungssteigerung statt fixer Leistungsvereinbarungen,
- einen kontinuierlichen Planungsprozess mit unterjährigen Überprüfungen und Anpassungen bei kurzen Rhythmen,
- den Vorrang von kurzfristiger, aktueller Planung vor einem übergeordneten „Masterplan".

Die **radikale Dezentralisierung** umfasst eine Reihe ganz unterschiedlicher Detailprinzipien, vor allem (vgl. Hope/Fraser [Budgeting] 143 ff., 177 ff.)

zweiter Teil der Beyond-Budgeting-Empfehlung

- eine weitgehende Delegation von Entscheidungen auf Teams möglichst tiefer Hierarchie-Ebenen nach dem Prinzip der wertorientierten Unternehmensführung,
- Balanced Scorecards mit besonderer Betonung der Customer Relationship zur Detailsteuerung in den dezentralen Einheiten,
- Benchmarking zur ständigen externen Orientierung von Zielsetzung und Zielerreichung,
- unternehmensweite IT-Systeme als Voraussetzung für fundiertes dezentrales Handeln,
- Activity Based Management, unterstützt durch die Prozesskostenrechnung,
- rollende Forecasts zur Überwindung des Jahrestakts.

Insgesamt ist damit eine wie auch immer geartete **„Überwindung" der Budgetierung nicht angelegt.** Der erste Empfehlungsteil, die adaptiven Managementprozesse, plädiert nämlich hauptsächlich für eine besser fundierte Budgetierung – eine Konsequenz, die bei genauerer Kenntnis der Budgetierungstechniken nicht überrascht. Die weiteren Punkte dieses ersten Teils sollen den Übergang von einem „Predict-and-Control"-Modell zu einem „Adaptive-and-Devolved"-Modell (vgl. Hope/Fraser [Budgeting] 195) charakterisieren. Sie bestehen bei genauer Besicht aus einzelnen Ausprägungen unterschiedlicher Führungsinstrumente, deren Einsatz fallweise sinnvoll sein kann oder nicht. Beispielsweise entsteht beim Konzept der rollenden Planung die Frage, ob bei widersprüchlichen Prognosen der aktuelleren Kurzfristplanung oder der grundsätz-

Interpretation des ersten Empfehlungsteils

licheren Langfristplanung das stärkere Gewicht gegeben werden soll. Und die Antwort darauf hängt durchaus von verschiedenen Bedingungen des jeweiligen Falls ab, ist also nicht generell gleich. Inwieweit sich insbesondere Key Performance Indicators gerade zur Budgetierung eignen, hängt stark von der Interpretation dieses Standardbegriffes ab. Soweit damit beispielsweise Kostenbestimmungsgrößen (Cost Driver) gemeint sind, dürfte ihre Rolle insbesondere bei der Kostenbudgetierung unstrittig sein. Ein enger gefasstes, gleichwohl verbreitetes Verständnis des Begriffes „Key Performance Indicator" wird in Kapitel VII dieses Buches vertreten (siehe S. 156).

Interpretation des zweiten Empfehlungsteils

Unter dem Begriff der „radikalen Dezentralisierung" schließlich haben Hope/Fraser im zweiten Empfehlungsteil eine ganze Reihe interessanter Einzelthemen aus verschiedenen Führungsinstrumenten zusammengefasst. Sie stehen in teils ergänzendem, teils ersetzendem, teils aber auch in gar keinem direkten Zusammenhang zum Instrument der Budgetierung. Sie können in dieser eher zufälligen Zusammenstellung deshalb auch **nicht als allgemeine Empfehlung** gelten.

Reaktionen auf das Beyond Budgeting

Im Gefolge der Aufmerksamkeit, die unter dem Schlagwort Beyond Budgeting der Budgetierung zuteil geworden ist, sind einige Varianten tatsächlich besser fundierter Budgetierungstechniken propagiert worden, so z. B. unter der Bezeichnung **„Better Budgeting"** (vgl. Weber/Linder [Better Budgeting]) oder **„Advanced Budgeting"** (vgl. Leyk/Kopp [Advanced Budgeting] 16 ff., 49 ff.; vgl. zum kritischen Überblick über weitere Teilaspekte auch Hansen/Otley/van der Stede [Overview], zur Betonung der Flexibilisierung ergänzend Dworski [Flexibilisierung]). Mit ihnen wird vor allem die Outputorientierung der Budgetierung betont.

Resümee zur Budgetierung

Nach dem heutigen Stand ist davon auszugehen, dass die Budgetierung nach wie vor und weiterhin zu den am häufigsten eingesetzten Controlling-Instrumenten gehört. Die Verknüpfung mit angrenzenden Instrumenten der Mengenplanung, der Kontrolle, der Motivations- und insbesondere Belohnungsmethoden wird in Wissenschaft und Praxis zunehmend mehr und deutlicher thematisiert, wodurch sich eine **stärkere Integration der Anwendung** ergibt.

Kapitelübersicht

Kapitel VIII auf einen Blick

- Die Budgetierung gehört zu den bekanntesten und beliebtesten Controlling-Instrumenten. Dennoch: Man kann Betriebe gut oder schlecht auch ohne Budgetierung führen.

- Ein Budget ist eine spezielle Plangröße in Geld, die für einen organisatorischen Verantwortungsbereich für eine Periode zugeordnet wird.

- Es gibt unterschiedliche Budgetierungstechniken. Sie unterscheiden sich vor allem nach
  - der Fundierung ihrer Argumentation: Wird das Budget einer Abteilung mit ihrem Input oder mit ihrem Output begründet?
  - der Ausgangsbasis: Beginnt die Budgetierungsüberlegung bei null oder beim Vorjahresbudget?

- Wenn es um Kostenbudgets geht, sind Ansätze der Plankostenrechnung die erste Wahl.
- Nur wo bei einer Kostenbudgetierung eine Plankostenrechnung nicht vorliegt bzw. nicht möglich ist (z. B. mangels passender Kostenfunktion), kommen hilfsweise andere Budgetierungsmethoden zum Zuge. Dazu gehören
  - die inputorientierte Fortschreibung,
  - die Gemeinkostenwertanalyse,
  - das Zero-Base-Budgeting.
- Unter Controlling-Aspekten
  - hat die inputorientierte Fortschreibung systematische Schwächen,
  - hat die Gemeinkostenwertanalyse erhebliche (Neben-)Wirkungsprobleme, weil sie Budgetierungsbetroffene argumentativ „in die Enge treibt",
  - ist das Zero-Base-Budgeting zwar aufwendig, erfüllt aber typische Anforderungen relativ am besten.
- Wie gut mit Budget insgesamt gesteuert werden kann, hängt nicht unerheblich auch davon ab, wie nach der ersten Budgetfestlegung verfahren wird. Dies betrifft
  - unterjährige Budgetanpassungen, also die Flexibilität von Budgets,
  - die Kopplung der Budgetierung an ein Belohnungssystem,
  - die Behandlung von Budgetresten und Budgetdefiziten.
- Unter dem Schlagwort „Beyond Budgeting" werden seit einiger Zeit Alternativen zu einer besonders ungünstigen Budgetierungsart (starre, eher inputbezogene Budgets) diskutiert. Dazu gehören einerseits die „besseren" Budgetierungstechniken, andererseits Instrumente außerhalb der Budgetierung.

Wo das Controlling in der Personalführung mitredet:

Kapitel IX: Controlling-Funktionen bei der Gestaltung betrieblicher Motivationssysteme

1. Die Anreizgestaltung als Teil der generellen Entlohnungsproblematik

a) Prinzipien der Lohngerechtigkeit

Wenn man die Kosten- und Leistungsrechnung als typisches Instrument eines klassischen Controlling ansehen kann, dann ist die Gestaltung von Anreizsystemen das typische Instrument des jüngeren Controlling. Dies hängt vor allem mit der Steuerungswirkung zusammen, die Anreizsysteme haben, und die zur naheliegenden und grundlegenden Forderung führt, ein Anreizsystem müsse zielkonform wirken. Die Handlungen, die es belohnt, müssen das Erreichen der betrieblichen Ziele fördern. Die Ausgestaltung von Anreizsystemen in dieser Weise ist damit vor allem eine **Koordinationsaufgabe zwischen Personalführungs- und Zielsetzungsfunktion;** es dürfte die wichtigste dieser Kategorie sein.

Ehe wir Zielsetzung, Aufbau und Wirkung von Anreizsystemen untersuchen, ist zunächst das wohl verbreitetste Anreizsystem zu betrachten: die leistungsorientierte Lohngestaltung. Häufig wird in neueren Fachdiskussionsbeiträgen monetäres Anreizsystem mit leistungsorientierter Entlohnung gleichgesetzt, bisweilen auch einseitig eine strikt leistungsorientierte Entlohnung gefordert, letzteres mit dem Argument, dies sei aus Anreizgründen zwingend.

vier Gerechtigkeitsprinzipien

Tatsächlich sind, wie in der Betriebswirtschaftslehre seit langem üblich, bei der Frage der richtigen Lohnhöhe mehrere Aspekte zu unterscheiden, von denen die Anreizwirkung nur einer ist. Der abstrakte Begriff der **„Lohngerechtigkeit"**, der ja individuell sehr unterschiedlich interpretierbar ist, wird genauer in vier verschiedene Prinzipien zerlegt (vgl. z. B. Domsch [Personal] 411):

- die Schwierigkeitsgerechtigkeit,
- die Leistungsgerechtigkeit,
- die Sozialgerechtigkeit,
- die Verhaltensgerechtigkeit.

Umsetzung des ersten Gerechtigkeitsprinzips

Mit der **Schwierigkeitsgerechtigkeit** werden Kriterien der Arbeitsstelle erfasst, also etwa die erforderlichen Kenntnisse, Fähigkeiten und Fertigkeiten, die für die Ausführung erforderlich sind; die Verantwortung, nicht nur für die Arbeitsergebnisse, sondern insbesondere für andere Mitarbeiter, aber auch für Anlagen und Materialien; ferner äußere Arbeitsbedingungen, wie sie bei der Arbeit im Freien oder unter besonderen Lärm-, Geruchs-, Temperaturbedingungen oder bei Schmutz vorliegen; besondere Gefährdungen, die durch chemische Stoffe, Gifte, Hitze, Kälte oder die allgemeine Verletzungsgefahr auftreten können. Ein Teil der Arbeitsschwierigkeit wird üblicherweise durch die Notwendigkeit entsprechender Ausbildung erfasst. Oft sind solche Stellen auf Personen beschränkt, die bestimmte schulische, akademische oder berufliche Abschlüsse bzw. Zusatzqualifikationen sowie entsprechende Mindestzeiten praktischer Erfahrung nachweisen können.

Methodisch kann die Arbeitsschwierigkeit summarisch oder analytisch, d. h. nach Einzelaspekten der genannten Arten differenziert, erfasst werden. Bei analytischer Vorgehensweise empfiehlt sich eine gewichtete Bepunktung nach Art der Nutzwertanalyse. Dies ist etwa bei gewerblich-technischer Tätigkeit unter der Bezeichnung **Arbeitsbewertung** üblich (vgl. z. B. Scholz [Personalmanagement] 735 ff.). Sie folgt dabei den Kriterien des sogenannten „Genfer Schemas" (vgl. z. B. Oechsler [Personal] 406 f.) und führt für jeden Arbeitsplatz letztlich zu einem **Arbeitswert.** Im nächsten Schritt, der sogenannten Lohnsatzdifferenzierung, wird jedem Arbeitswert ein **Lohnsatz** zugeordnet. Mit der Lohnsatzdifferenzierung wird vor allem die Relation der Lohnsätze verschiedener Arbeitswerte untereinander festgelegt. Solange diese Relationen gleichbleiben, genügt es, für genau einen Arbeitswert den absoluten Lohnsatz festzulegen. Ein solcher Standardlohn heißt Ecklohn und ist beispielsweise der Stundenlohn eines ausgebildeten Facharbeiters in einem Standardalter von 21 Jahren (vgl. z. B. Scholz [Personalmanagement] 741 f.).

In vergleichbarer Weise kann für eher kaufmännische und andere Tätigkeiten vorgegangen werden. Ob nun nach Stundensatz, Monatslohn oder Jahresgesamtgehalt vorgegangen wird, in jedem Fall kann stetig oder stufenweise differenziert werden. Der letztgenannte Fall ist breitflächig üblich. Es gibt dann jeweils für ein ganzes Intervall von Arbeitswerten den gleichen Lohnsatz; so entstehen **Tarifklassen oder -gruppen.** Einzelheiten der Arbeitsbewertung und der anschließenden Methoden zur Zuordnung eines Lohnsatzes bzw. Jahreseckgehalts, insbesondere auch deren Differenzierung nach Arbeitswerten und ggf. die Tarifklassenbildung, sind üblicherweise für die einzelnen Branchen in Manteltarifverträgen geregelt. Jene gelten regelmäßig auf Dauer, während die darin offengehaltene absolute Höhe des Ecklohns Gegenstand der periodisch stattfindenden Lohntarifverhandlungen ist.

Umsetzung des zweiten Gerechtigkeitsprinzips

Auch das Prinzip der **Leistungsgerechtigkeit** lässt sich isoliert präziser kennzeichnen, wenn man von einem Stundenlohn ausgeht. Leistungsgerechtigkeit bedeutet in diesem Fall, von mehreren Arbeitnehmern mit gleichem Lohnsatz diejenigen höher zu entlohnen, die mehr Leistung erbringen. Leistung wird dabei als erbrachte Arbeitsmenge pro Zeiteinheit interpretiert, eine Definition, die offensichtlich aus dem industriellen Fertigungsbereich stammt, aber auch dort bisweilen und erst recht in anderen betrieblichen Bereichen einer ergänzenden Auslegung bedarf. Um das Prinzip der Leistungsgerechtigkeit zu erfüllen, wird also nach der Festlegung des Lohnsatzes in der Arbeitsbewertung noch einmal differenziert. Dies geschieht durch die **Lohnform.** Die beiden Grundformen hier sind Zeitlohn und Akkordlohn. Nach dem Zeitlohn ist die (Anwesenheits-)Zeit im Betrieb Grundlage der Lohnberechnung, nach dem Akkordlohn ist es die produzierte Stückzahl. Zusätzlich können Zuschläge, sogenannte **Prämien,** gewährt und leistungsorientiert differenziert werden (vgl. die auf Kosiol [Entlohnung] 55 ff. zurückgehende Systematik der Lohnformen, zum Überblick vgl. z. B. Drumm [Personal] 492 oder Scholz [Personalmanagement] 744). Dies ist insbesondere beim Zeitlohn zweckmäßig, aber auch bei vielen Ausprägungsformen des Akkordlohns. Jene sind insbesondere deshalb erforderlich, weil der reine Akkordlohn, also die Bezahlung nach Stückzahl, aus vielen Gründen oft nicht möglich, nicht gewollt, nicht zulässig oder nicht sinnvoll ist. Beispiele für solche Gründe sind die Sicherstellung eines Mindestlohns, die nur begrenzte Beeinflussbarkeit der tatsächlichen Auftragsmenge und die begrenzte Berücksichtigungsfähigkeit der Qualität. Wo in Jahresgehältern gerechnet wird, können prinzipiell die gleichen Überlegungen greifen. Üblicherweise wird man den Mindestlohn als **Fixum** bezeichnen. Für die hinzutretenden (Leistungs-)Prämien gibt es viele Bezeichnungen.

Mit der **Sozialgerechtigkeit** der Entlohnung sollen verschiedene persönliche Merkmale des Arbeitnehmers berücksichtigt werden. In Frage kommen beispielsweise das Alter, die Dauer der Betriebszugehörigkeit, der Familienstand und die Kinderzahl oder der Gesundheitszustand. Lohnpolitische Instrumente sind hier Zuschläge, wieder in Form von Prämien oder auch eines erhöhten Lohnsatzes. Die Prämien heißen zum Beispiel hier Familienzuschlag, betriebseigenes Kindergeld, Betriebszugehörigkeitszuschlag oder Behinderungsausgleich.

_{Umsetzung des dritten Gerechtigkeitsprinzips}

Das Prinzip der **Verhaltensgerechtigkeit** schließlich zielt darauf ab, Komponenten bei der Entlohnung zu berücksichtigen, die nach den bisher besprochenen Merkmalen nicht erfassbar, dennoch aber wichtig sind. Hier geht es vor allem um zusätzliches Engagement im betrieblichen Sinne. So gibt es Mitarbeiter, die sich besonders um Auszubildende kümmern, neu eingestellte Kollegen betreuen, sich bei betrieblich organisierten Freizeitaktivitäten, etwa Betriebssportgruppen, Betriebschor, Betriebsband einbringen, Betriebsausflüge vorbereiten, sich um Betriebssenioren kümmern, als Erste-Hilfe-Beauftragte oder Katastrophenbeauftragte des Betriebs zur Verfügung stehen, Betriebsführungen für Besucher übernehmen oder an zahlreichen weiteren Stellen im betrieblichen Alltag mitwirken. Insbesondere zum Erreichen sozialer Ziele sind derartige Zusatzaktivitäten von Mitarbeitern von großer Bedeutung für den Betrieb. In der Regel werden sie zwar nicht wegen eines möglichen Zusatzlohns übernommen, vom Betrieb aber dennoch häufig im Lohn oder in anderer Form honoriert.

Umsetzung des vierten Gerechtigkeitsprinzips

b) Worauf können Anreize wirken?

Nach den klassischen vier Gerechtigkeitsprinzipien fließen Merkmale in die Entlohnung ein, die von den so Entlohnten teilweise beeinflussbar sind, teilweise nicht. Insofern bestehen auch unterschiedliche Möglichkeiten für die Setzung von Anreizen. Merkmale der **Sozialgerechtigkeit** kommen dafür kaum in Frage. Aus betrieblicher Sicht beträfe dies in dieser Kategorie am ehesten noch die Betriebszugehörigkeit. Sie wird aus diesem Grund allerdings teilweise auch als Merkmal des Verhaltens eingeordnet. Stärker unmittelbar beeinflussbar sind die

Anreizmöglichkeiten zu den vier Gerechtigkeitsprinzipien

Merkmale, die zu unterschiedlichen **Lohnsätzen** oder **Tarifklassen** führen. Dementsprechend bietet die Lohnsatzdifferenzierung bzw. Tarifklasseneinordnung auch deutlichere Anreize. Exklusive Tarifklassen mit entsprechender Tariflohnhöhe beispielsweise für Absolventen bestimmter Ausbildungsgänge oder akademisch Qualifizierte fördern die Attraktivität von Ausbildungs- und Bildungsabschlüssen sowie die entsprechenden Bildungsanstrengungen.

lang- und kurzfristig wirkende Anreizmöglichkeiten

Diese Anreize wirken eher grundsätzlich und langfristig. Sie sind insofern von denjenigen zu unterscheiden, die durch die Leistungsgerechtigkeit angesprochen werden. Nach dem Prinzip der **Leistungsgerechtigkeit** soll die aktuelle Bewältigung einer Leistungsmenge innerhalb des bestehenden Stellenauftrags des Arbeitnehmers unmittelbar belohnt werden. Demgegenüber belohnt die Lohnsatz- bzw. Tarifdifferenzierung die erfolgreiche Bildungsleistung pauschal durch (dauerhafte) Einordnung in eine entsprechend höhere Tarifklasse. Das Gleiche gilt auch für die Bereitschaft, etwa besonders unangenehme bzw. unbeliebte Arbeitsbedingungen auf sich zu nehmen sowie für die weiteren Komponenten der Schwierigkeitsmessung der Arbeit. Durchweg besteht hier eine Anreizwirkung grundsätzlicher Art, die auf längere Sicht angelegt ist.

Für den Bereich der **Verhaltensgerechtigkeit** ist der Zusammenhang loser, aber prinzipiell ebenfalls vorhanden. Ob und inwieweit hier entsprechende Anreize erfolgreich sein können und wie sie ggf. auszugestalten wären, ist hier besonders differenziert zu betrachten. Dies ergibt sich daraus, dass es sich durchweg um zusätzliche Merkmale des eigentlichen Beschäftigungsverhältnisses handelt, die oft weitgehend auf Freiwilligkeit beruhen und die nach ihrer Art gerade von Personen, in Situationen und aus Gründen übernommen werden, die sich einfacher und durchsichtiger Anreizüberlegungen entziehen. Gerade hier bedarf es deshalb sorgfältiger Abwägung von Anreizsetzungen, um kontraproduktive Wirkungen zu vermeiden.

2. Einordnung von Anreizsystemen in das Führungsinstrumentarium

a) Anreizsysteme als spezielle Motivationssysteme

Gründe für Anreizsysteme

Anlass für Überlegungen zu Anreizsystemen sind tatsächliche oder vermeintliche **Defizite** von Mitarbeitern. Sie können insbesondere auch aus **Principal-Agent-Problemen** (siehe Kapitel II, S. 22) resultieren und stellen sich meist bei der Durchsetzung von Führungsentscheidungen heraus, etwa anlässlich von Kontrollen (siehe Kapitel V). Abgesehen von den Problemen, die auf den Vorgesetzten zurückzuführen sind, nämlich vor allem „Kennensdefizite", handelt es sich um Fähigkeits- und Präferenzdefizite („Könnens-" und „Wollens-"Defizite, siehe Kapitel V, S. 107). Zwischen beiden bestehen Wechselwirkungen; Tätigkeiten, die man nicht gut kann, machen oft auch keine Freude; Tätigkeiten, die nur ungern ausgeübt werden, reizen auch nicht zur Intensivierung und Verbesserung der Fähigkeiten.

Präferenzdefizite als Hauptgrund für Anreizsysteme

Trotz dieser bestehenden Wechselwirkungen liegt bei Präferenzdefiziten der Hauptansatzpunkt in der Erhöhung der Motivation. Zur Behandlung von **Fähigkeitsdefiziten** dagegen bedarf es geeigneter Schulungsmaßnahmen. Jene müssen sich an dem identifizierten Fähigkeitsmangel ausrichten. Beispielsweise kann es an der tätigkeitsentsprechenden Qualifikation mangeln. Dann findet der betreffende Mitarbeiter keine passende Handlungsalternativen für die ihm gestellten Aufgaben, kann nicht brauchbar vorhersagen, wie sich welche Handlungsweise auswirkt, oder er kann zwar passende Konzepte entwickeln, sie aber nicht umsetzen, beispielsweise seine Mitarbeiter nicht zur Mitwirkung bewegen (vgl. Laux [Anreiz] 23 f.). Inwieweit es für den Erfolg der entsprechenden Schulungsmaßnahmen sinnvoll ist, ergänzend oder im Vorlauf präferenzverbessernde Anreize zu setzen, hängt davon ab, wie sie organisiert und durchgeführt werden. Jedenfalls reicht es im Allgemeinen zur Behebung von Fähigkeitsdefiziten keinesfalls aus, eine parallel dazu zu schwach ausgeprägte Präferenzkomponente anzugehen.

Liegt das eigentliche Problem im **Präferenzdefizit,** dann kommen prinzipiell Anreizsysteme zur Lösung in Frage. Ein Präferenzdefizit liegt vor, wenn der Mitarbeiter andere (Haupt-)Präferenzen hat als der Betrieb bzw. sein Vorgesetzter, jedenfalls was die Produktionsaufgabe betrifft, für die er vorgesehen ist. Das in der Literatur oft genannte „Arbeitsleid", das der Mitarbeiter bei der Ausführung der gewünschten Tätigkeit empfindet und das er deshalb vermeiden bzw. klein halten möchte (vgl. Laux [Anreiz] 23), ist eine Folge dieser unterschiedlichen Präferenzsituation.

Im unproblematischen Fall fehlt es dem Mitarbeiter an der Motivation für die von ihm erwartete Leistung nicht. Auch hier wissen wir allerdings nicht genau, wie seine Präferenzlage wirklich ist. Seine Motivation kann eher intrinsisch oder eher extrinsisch begründet sein. **Intrinsische Motivation** entsteht durch die Arbeit selbst, die Aufgabenstellung wird als interessant und wichtig empfunden, ihre Lösung als erstrebenswert, der eigene Einsatz deshalb als erforderlich, möglicherweise sogar als unabdingbar und mangels anderer in Frage kommender Personen als unersetzlich. Bei **extrinsischer Motivation** wird die Arbeit ausgeführt, weil dies mit dem Erreichen eines anderen, als wichtig empfundenen Ziels verbunden ist. In diesem Fall ist also die eigene Leistung ein (vielleicht ungeliebtes, aber hingenommenes) Mittel zum (präferierten) Zweck. Oft ist der einzelne Mitarbeiter für eine bestimmte Aufgabe zu einem gewissen Teil intrinsisch, zum anderen Teil extrinsisch motiviert; die extremen Fälle je einseitiger Motivation sind jedoch ebenfalls beobachtbar. Von besonderer Bedeutung ist, dass die Motivationsart eine **individuelle** Eigenschaft ist. Das führt dazu, dass die Mitarbeiter, die mit der gleichen Aufgabe betraut sind, keineswegs die gleiche Motivationslage haben müssen. Da aber Anreizsysteme oft nur einheitlich für die gesamte Organisationseinheit gebildet werden – und bei personenindividuellen Regelungen auch damit gerechnet werden muss, dass die Unterschiede kommuniziert werden –, kann dies die Gestaltung von Anreizsystemen erheblich einschränken.

unterschiedliche Motivationsarten

Nun ist die Möglichkeit, in eine **bestehende Motivationslage einzugreifen,** unterschiedlich ausgeprägt: Extrinsisch motivierte oder motivierbare Mitarbeiter sind prinzipiell für Anreize empfänglich, hier geht es um die möglichst gute und passende Gestaltung des Anreizsystems. Dies kennzeichnet also den Anwendungsbereich von Anreizsystemen. Soweit intrinsische Motivation vorliegt, ist das ansonsten durch Anreizmechanismen angestrebte Ziel bereits erreicht. Allerdings ist auch dies nicht völlig problemlos: Die intrinsische Motivation kann sich auf eine Arbeitserfüllung richten, die nicht genau mit der geforderten übereinstimmt, d. h. im Einzelnen bestehen doch Präferenzunterschiede. Dies äußert sich beispielsweise in einer übertriebenen Betonung einer bestimmten

Wirkungsgrenzen von Anreizen

Detaileigenschaft des herzustellenden Produkts, für die der Mitarbeiter dann mehr Engagement einbringt als angemessen, so dass insgesamt seine Arbeit nicht die gewünschte Effizienz aufweist. In ungünstigen Fällen überträgt er seine (aus betrieblicher Sicht falsche) Einstellung auch auf Arbeitskollegen, indem er sie auf die vermeintlich wichtigen und gebotenen Anforderungen hinweist, – und richtet so mehrfach Schaden an. Intrinsisch motivierte Mitarbeiter zu einer Änderung ihrer Aufgabeninterpretation zu bringen, ohne die positive intrinsische Grundeinstellung zu beeinträchtigen, ist oft nicht einfach und verlangt besonderes Fingerspitzengefühl.

Verletzlichkeit intrinsischer Motivation

Das Hauptproblem der intrinsischen Motivation besteht generell darin, dass sie **störungsanfällig** ist. Derartige Störungen sind insbesondere dann zu befürchten, wenn gleichzeitig das Instrumentarium der extrinsischen Motivation eingesetzt wird (vgl. zu diesen Motivationsverdrängungseffekten generell u. a. Sliwka [Anreize]). Will man beispielsweise in einer Fertigungsabteilung, in der einige der Mitarbeiter intrinsisch, andere extrinsisch motiviert sind, spezielle Anreize für die extrinsisch Motivierten setzen, um auch deren Leistung zu steigern, und führt deshalb ein produktionsmengenbezogenes Bonussystem ein, kann gerade dies kontraproduktiv wirken: Während die extrinsisch motivierte Gruppe vielleicht, die ausgelobten Bonuszahlungen im Blick, ihre Leistung steigert, kann es sein, dass die intrinsisch motivierte Gruppe ihre Leistungen deutlich verringert, erkennend,

- wie – angesichts der absoluten Bonushöhe – gering ihre bisher nicht explizit bewertete Leistung geschätzt wird,
- dass die „faulereren" Kollegen plötzlich Zusatzlohn für ihre nach wie vor geringere Leistung bekommen,
- dass angesichts der Bonuszahlung offensichtlich stillschweigend davon ausgegangen wird, die geforderte Arbeit werde nicht oder nur zum Teil erbracht, während man selbst bisher – offensichtlich irrenderweise – die Pflicht zur vollständigen Leistung für selbstverständlich gehalten hat.

Koordinationserfordernisse für Anreizsysteme

Dieser Effekt hängt keineswegs von der Höhe der Bonuszahlung ab, auch nicht von den Details des Anreizsystems. Vielmehr entsteht er durch die Tatsache des eingeführten Belohnungssystems selbst. Derartige Effekte können im Alltag an verschiedenen Stellen beobachtet werden. Dazu gehören typischerweise alle Versuche, bisher ehrenamtliche Tätigkeiten, für die sich – so vermutet man – künftig nicht mehr genügend Freiwillige finden, mit einem (eventuell kleinen) Anreiz zu versehen. Häufiger Effekt ist dann ein absoluter Rückgang der Anzahl Ehrenamtlicher. In der Literatur werden entsprechende Fälle beschrieben, etwa die Einführung von Zusatzgebühren im Kindergarten, wenn die Eltern mehr als zweimal pro Monat den vereinbarten Abholtermin überschreiten: Effekt war eine Zunahme der verspäteten Abholungen; zahlreiche Eltern wollten die zwei „inbegriffenen" Verspätungs-Möglichkeiten nutzen, andere nahmen die Zusatzgebühr als Preis für eine erwerbbare Leistung (vgl. Gneezy/Rustichini [Fine]). Bei der Gestaltung von Anreizsystemen muss also sehr deutlich auf die Entstehung von Nebeneffekten geachtet werden, die hier in manchen Fällen die erwünschte Hauptwirkung vollständig übertreffen können.

Aus den bisherigen Überlegungen ergeben sich für die Gestaltung von Anreizsystemen insgesamt folgende Koordinationserfordernisse:

(1) Es ist klar abzugrenzen, auf welche der **Gerechtigkeitsprinzipien** die Anreizwirkung zielen soll. Bei gegebener Aufgabenverteilung können Anreize unmittelbar in der Regel nur auf die aktuelle Leistungsmenge wirken. Prinzipiell und längerfristig werden Anreizsysteme aber auch auf die Bildungsanstrengungen und allgemein auf das Fähigkeitenpotenzial der Mitarbeiter, ferner auf ihre Bereitschaft, „schwerere" und unangenehmere Aufgaben zu übernehmen sowie zusätzliches Engagement einzubringen, einwirken.

(2) Ehe zum Instrument der Anreizsysteme gegriffen wird, ist zu prüfen, ob das identifizierte **Defizit** überhaupt ein Präferenzdefizit des Betroffenen ist.

(3) Soweit dies zutrifft, muss geklärt werden, wo es im Umkreis der durch das Anreizsystem anzusprechenden Zielgruppe möglicherweise **intrinsisch Motivierte** gibt – oder ob die Zielgruppe selbst zum Teil intrinsisch motiviert ist. Dann ist in den weiteren Überlegungen zu berücksichtigen, ob und inwieweit das einzuführende Anreizsystem die vorliegende intrinsische Motivation beeinträchtigt.

Wenn diese Voraussetzungen geklärt sind, kann an die eigentliche Gestaltung der Anreizsysteme gegangen werden.

b) Zusammenhang von Anreizsystem und Kontrolle

Um einen hinreichenden Leistungseinsatz von Beauftragten sicherzustellen, können Anreize gesetzt, Kontrollen durchgeführt oder beide Systeme kombiniert werden. In jedem Anwendungsfall sind Durchführbarkeit und Zweckmäßigkeit anders zu beurteilen. **Kontrollen** richten sich vor allem auf äußerlich beobachtbare Tatbestände, zum Beispiel individuelle Arbeitseinsätze in Produktionsabteilungen. Nimmt man die damit verbundenen Kosten in Kauf, kann so in manchen Fällen das Principal-Agent-Problem der Hidden Action gelöst werden. Das Mittel hierzu besteht darin, auf der Basis des erkannten Leistungsmangels unmittelbar in geeigneter Weise die Vorgesetztenfunktion einzusetzen. Letztlich werden die angewiesenen Tätigkeiten mit arbeitsrechtlichen Maßnahmen erzwungen. Die hier anzuwendenden Kontrollen fallen unter den Kontrollzweck der Durchsetzung von Planvorgaben (siehe Kapitel V, S. 109).

unterschiedlicher Ansatz von Anreizsetzung und Kontrolle

Typische **Anreize** unterscheiden sich in ihrer Anwendungsgrundlage deutlich von Kontrollen. Wo kontrolliert wird, um eine Durchsetzung zu erreichen, nötigenfalls auch mit Hilfe mittelbarer Vorgesetzter, ist es günstig, wenn die Vorgaben klar definiert sind und ihr Erreichen prinzipiell nur vom Einsatz des Mitarbeiters abhängt. Am treffendsten liegt diese Voraussetzung vor, wenn direkt beeinflussbare Kennzahlen vorgegeben werden. Demgegenüber eignet sich die Anreizsteuerung besser dort, wo entweder die angestrebten Größen nur indirekt beeinflussbar sind (erste Gruppe) oder wo die exakte Erfüllung von Vorgaben, seien sie nun selbst präzise oder eher pauschal, nicht festgestellt werden kann (zweite Gruppe). Letzteres umfasst Leistungen, die äußerlich nicht, kaum oder allenfalls unvollständig beobachtbar sind, also etwa alle Denkleistungen. Dazu zählen ferner Leistungen, die zwar sichtbar, aber in ihrer Zweckmäßigkeit nicht beurteilbar sind, etwa die Handwerkerleistung in einem Bereich, den der Auftraggeber nicht beherrscht. In dieser zweiten Gruppe von Fällen besteht auch die Hidden-Action-Problematik ohne gleichzeitig bestehende Kontrollmöglichkeit.

In beiden Fallgruppen soll mit einer Anreizsteuerung erreicht werden, dass der Beauftragte die gewünschte Leistung erbringt, wenn schon nicht um der entsprechenden Anweisung Folge zu leisten, sondern um in den Genuss der mit dem Anreiz in Aussicht gestellten Belohnung zu kommen.

Unterscheidung von Anreizarten

Für die prinzipielle Wirkung und auch für die bei der Konstruktion zu beachtenden Merkmale ist es unerheblich, von welcher Art die Anreize sind, wenn sie nur die Interessenlage der Mitarbeiter treffen. Insbesondere gibt es sowohl positive als auch negative Anreize. Die Wirkung **positiver Anreize** besteht darin, dass sich bei Zielerfüllung die Situation für den so Gesteuerten verbessert, bei Nichterfüllung bleibt sein Status erhalten. Bei **negativen Anreizen** dagegen ist das Gesamtniveau niedriger: Wird die gewünschte Leistung erbracht, bleibt es beim vorher erreichten Status, andernfalls aber wird er abgesenkt. Die relative Entscheidungssituation ist also letztlich identisch. In beiden Fällen wird davon ausgegangen, dass die Leistungserfüllung dem Mitarbeiter „Arbeitsleid" zufügt – weswegen er prinzipiell eine kleinere, reduzierte Einsatzleistung bevorzugt.

Kontrolle als Anreizart?

Durch das Anreizsystem soll diese Präferenzsituation zugunsten der Leistung verschoben werden. Dies geschieht dann, wenn die Anreizwirkung mindestens so groß ist wie das Arbeitsleid. Ob etwas in der einen Waagschale dazugefügt oder in der anderen Waagschale entnommen wird, ist in der Wirkung unerheblich. Freilich ist die motivationale Nebenwirkung bei positiven Anreizen deutlich besser. Nachfolgend wird die Anreizsteuerung nur am Fall positiver Anreize dargestellt.

Ähnlichkeiten in der Wirkung von Anreizen und Kontrollen

Der sich aus den bisherigen Darlegungen ergebende Zusammenhang von Defizitsituationen der Mitarbeiter, Motivationsstruktur sowie Kontroll- und Anreizsystem ist in Abb. IX-1 zusammenfassend wiedergegeben. Darin ist auch eine **Schnittmenge zwischen Anreizsystemen und Kontrollsystemen** angegeben. Sie entsteht bei entsprechend großzügig gefasster Interpretation von Anreiz- und Kontrollsystemen. Nach der Präventivwirkung von Kontrollen (siehe Kapitel V, S. 113) entsteht beispielsweise bereits durch die Ankündigung von Kontrollen ein gewisses Drohpotenzial, das als negativer Anreiz angesehen werden kann. Damit lassen sich Kontrollsysteme, die eine solche Präventivwirkung nutzen, auch den Anreizsystemen zurechnen. Dies kann einen erheblichen Teil der Kontrollen zum Zweck der Durchsetzung ausmachen. Umgekehrt gehört zu jedem Anreizsystem zwingend auch die Erfassung der Bemessungsgrundlage. Dies ist als Kontrollaktivität anzusehen. Je deutlicher der Leistungsanreiz ausfallen soll, desto mehr muss in die zugehörigen Kontrollen investiert werden (Milgrom/Roberts [Organization] 226). Freilich gibt es diese Schnittmenge nicht, wenn man Kontroll- und Anreizsysteme strikt nach den als typisch vorgestellten Merkmalen abgrenzt.

Um die Wirksamkeit von Anreizsystemen im engeren Sinn zu durchschauen, empfiehlt sich eine tiefere Einteilung. Sie unterscheidet danach, ob der gewährte Anreiz exakt vorher bekannt ist – oder nach Tatsache, Zeitpunkt oder Höhe eher überraschend kommt. Letzteres kann als eine Art nachträglicher Dank (für besonderen Arbeitseinsatz, besonders erfolgreiche Leistung o. Ä.) eingestuft werden. Es hat, je nach Ausgestaltung, vermutlich eine für alle Beteiligten positive Gesamtwirkung. Möglicherweise geht von solchen nachträglichen Aufmerksamkeiten auch eine grundsätzliche motivatorische Wirkung aus, die vor allem im Atmosphärischen liegt. Unter dem Aspekt, einen tatsächlichen **vorherigen** Anreiz zu setzen, sind solche Gaben freilich eher von begrenzter Bedeutung.

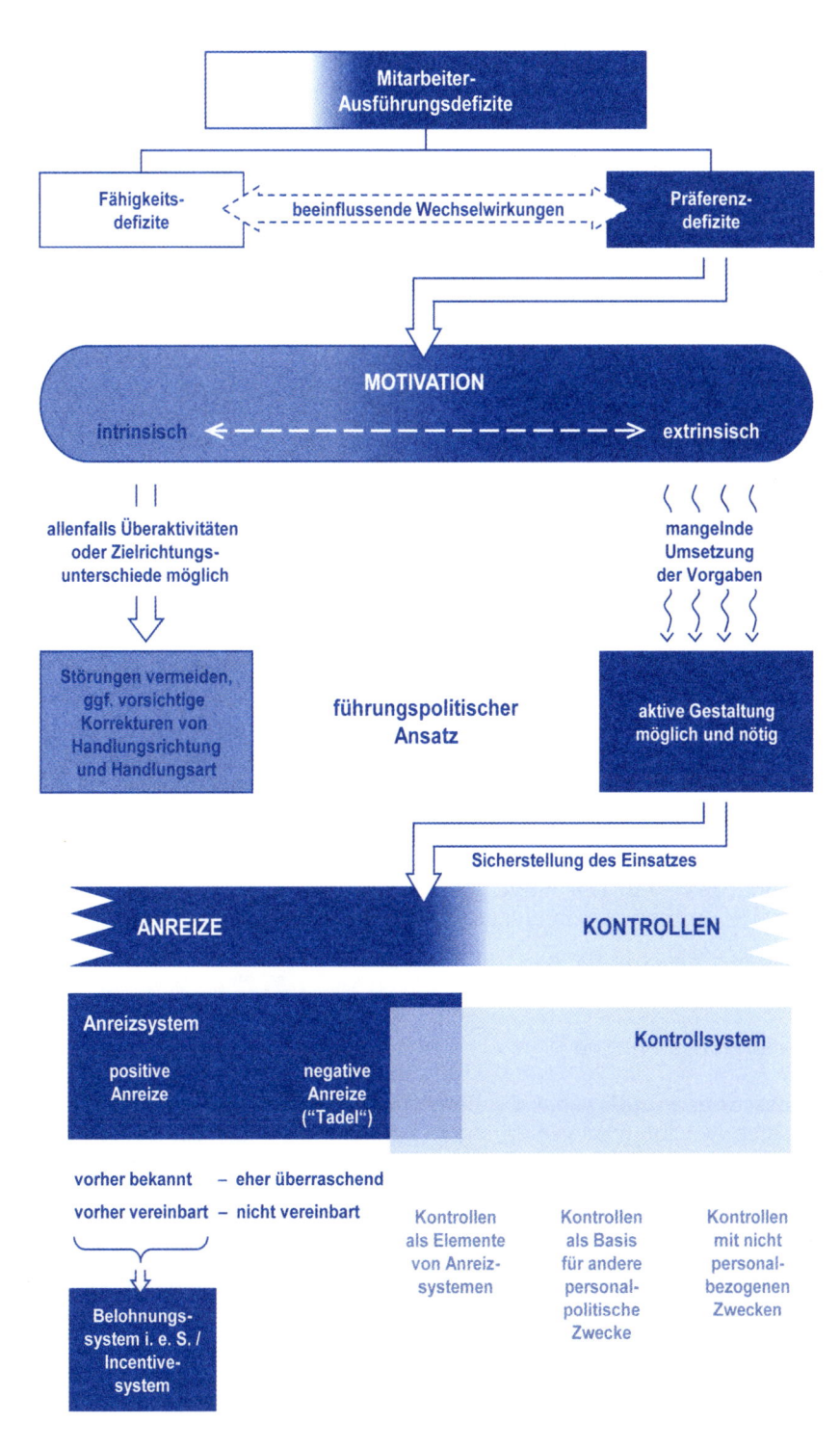

2. Einordnung von Anreizsystemen in das Führungsinstrumentarium

Argumentationsstruktur zu Anreizsystemen

```
                    Mitarbeiter-
                 Ausführungsdefizite
                    /         \
         Fähigkeits-         Präferenz-
         defizite  <-- beeinflussende Wechselwirkungen --> defizite
                           |
                      MOTIVATION
              intrinsisch <-----> extrinsisch
```

intrinsisch:
allenfalls Überaktivitäten oder Zielrichtungsunterschiede möglich
→ Störungen vermeiden, ggf. vorsichtige Korrekturen von Handlungsrichtung und Handlungsart

führungspolitischer Ansatz

extrinsisch:
mangelnde Umsetzung der Vorgaben
→ aktive Gestaltung möglich und nötig

Sicherstellung des Einsatzes

ANREIZE — **KONTROLLEN**

Anreizsystem
- positive Anreize
- negative Anreize ("Tadel")

vorher bekannt — eher überraschend
vorher vereinbart — nicht vereinbart
↓
Belohnungssystem i. e. S. / Incentivesystem

Kontrollsystem

- Kontrollen als Elemente von Anreizsystemen
- Kontrollen als Basis für andere personalpolitische Zwecke
- Kontrollen mit nicht personalbezogenen Zwecken

Abb. IX-1: Positionierung von Motivations- und Anreizsystemen

Vielmehr kann es sogar problematisch werden, wenn Mitarbeiter aus der Erfahrung früherer zusätzlicher Leistungshonorierungen, die nachträglich an sie selbst oder Kollegen gewährt wurden, nunmehr eine bestimmte Erwartungshaltung dazu aufbauen. Problematisch daran ist, dass Bedingungen für den Erhalt sowie Kriterien für die Höhe der Honorierungen ja nicht bekannt sind und mangels Kommunikation nicht kontrollierbare Vorstellungen über die Feinheiten des vermuteten Anreizsystems entstehen. Die Wahrscheinlichkeit dürfte groß sein, dass früher oder später die (ihrerseits dem Vorgesetzten unbekannten) Detailerwartungen enttäuscht werden.

Einteilung von Anreizsystemen nach der Wirksamkeit

Im Standardfall ist ein wirksames Anreizsystem mit positiven Anreizen demnach

- vorher zumindest in seinen zentralen Konstruktionsmerkmalen **bekannt**
- und zwischen Vorgesetzten und Mitarbeitern, zwischen Betrieb und Betroffenen **vereinbart**.

Definition von Incentive-Systemen

Nur dann kann es letztlich als vorheriger Motivator wirken. Es muss den Mitarbeitern vor deren Entscheidung über ihren Leistungseinsatz bekannt sein, insbesondere, was den prinzipiellen Zusammenhang zwischen eigenem Einsatz und erzielbarer Honorierung betrifft. Und die Mitarbeiter müssen sich darauf verlassen können. Anreizsysteme, die die beiden genannten Bedingungen erfüllen, werden **Belohnungssysteme** oder **Incentivesysteme** genannt (vgl. Laux [Anreiz] 33). Deren Aufbauprinzipien betrachten wir jetzt genauer.

3. Gestaltung von Belohnungssystemen als Koordinationsaufgabe

a) Struktur eines Belohnungssystems

Basiselemente eines Belohnungssystems

Ein Belohnungssystem (Incentive-System) setzt sich, wie in Abb. IX-2 dargestellt, aus drei Aufbauelementen zusammen:

(1) die Bemessungsgrundlage,

(2) die Art der Belohnung,

(3) die Belohnungsfunktion.

erstes Basiselement

Die **Bemessungsgrundlage** ist die Beurteilungsgröße, nach der sich die Belohnung richtet. Mit ihr wird die erbrachte Leistung erfasst, nach ihr bemisst sich die darauf gewährte Belohnung. Damit ist die Bemessungsgrundlage die zentrale Größe, die belohnt wird. An sie knüpft der Betrieb seine Leistungserwartung; auf sie richtet der zu Belohnende seine Anstrengungen – jedenfalls dann, wenn das Anreizsystem konstruktionsgemäß greift.

zweites Basiselement

Die **Art der Belohnung** erfasst den positiven Anreiz, der zur Wirksamkeit des Belohnungssystems führen soll. Während sich die Bemessungsgrundlage an dem ausrichtet, was der Betrieb vom Mitarbeiter erwartet, müsste sich die Belohnungsart an dem orientieren, was sich möglichst gut an den persönlichen Zielen, d. h. den Motiven des Mitarbeiters ausrichtet. Eine eigene Problematik entsteht an dieser Stelle daraus, dass die betrieblichen Ziele von den ausführenden Personen unabhängig formulierbar sind, die Belohnungsart dagegen letztlich personenindividuell gewählt werden müsste. Wenn sich das gleiche Belohnungssystem an eine ganze Gruppe gleichmäßig Betroffener richtet, also etwa alle Monteure der Fließstraße X oder alle Verkäufer des Betriebes, wird eine empfängerindividuelle Differenzierung der Belohnungsart in den meisten Fällen als ungünstig empfunden. Andererseits ist es bei einem Belohnungssystem, das ohnehin nur für einen einzigen Anwendungsfall vorgesehen ist, plausibel, die Belohnungsart auf den speziellen Empfänger auszurichten, vielleicht sogar von ihm vorschlagen zu lassen. Derartige individuelle Belohnungssysteme sind allerdings eher auf der Topmanagement-Ebene vorstellbar und zu beobachten. Auf unteren Hierarchie-Ebenen sind pauschale Belohnungsarten üblich. Neben einer Geldprämie, der sicherlich häufigsten Belohnungsart, kommen zahlreiche weitere Ausgestaltungen vor (vgl. Friedl [Controlling] 296), darunter materielle Belohnungen, wie Dienstwagen, Diensthandy und weitere persönliche Ausstattung mit individuell nutzbaren Geräten, kostenlose Teilnahmen an Incentive-Veranstaltungen, etwa Essen, Theater, Musicals, Fußballspiele, Shows, kürzere oder längere Reisen, sowie immaterielle Belohnungen wie formaler Aufstieg in der betrieblichen Hierarchie (ausgedrückt durch die Stellenbezeichnung als Abteilungs- oder Betriebsleiter, Direktor usw.), inhaltliche Beförderungen mit größerer Leitungsspanne, Verantwortung und breiterer Zuständigkeit sowie ausgedehnterer Entscheidungsbefugnis, etwa durch Veränderung von Delegationsgrenzen (Management-by-Exception-Parametern) zugunsten des Mitarbeiters.

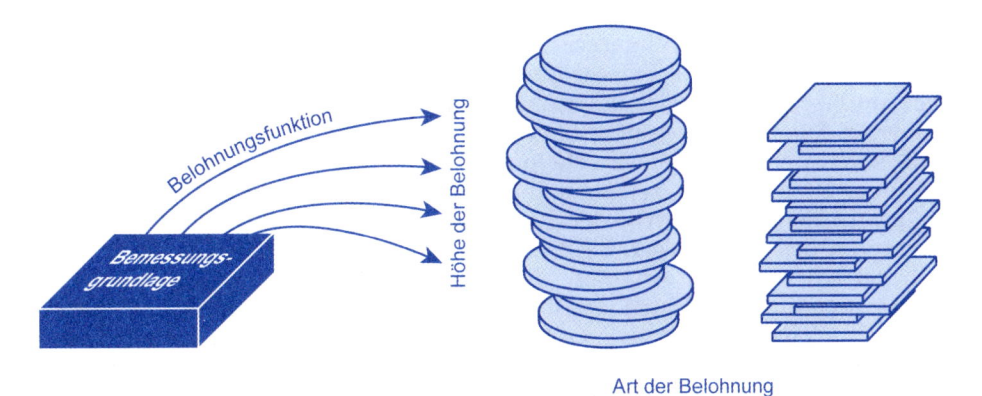

Abb. IX-2: Basiselemente eines Belohnungssystems

Die **Belohnungsfunktion** schließlich gibt den Zusammenhang an zwischen der Ausprägung der Bemessungsgrundlage und der Höhe der Belohnung. Außer der Selbstverständlichkeit, dass sie steigt (nicht zwingend monoton), gibt es keine allgemeinen Vorgaben zu deren Verlauf. Beispielsweise könnte die Belohnungsfunktion eher flach oder eher steil linear steigen, sie könnte treppenartig sein, und sie könnte nach unten oder nach oben begrenzt sein. Verlaufstypen von Belohnungsfunktionen sind in der Betriebswirtschaftslehre bereits vor Jahrzehnten diskutiert worden, und zwar vor allem unter dem Gesichtspunkt industrieller Akkordlöhne (siehe S. 225 sowie die Beispiele in Abb. IX-5, S. 242).

drittes Basiselement

Insgesamt ist die leistungsgerechte Entlohnung erst in jüngerer Zeit als Thema mit erheblichem Koordinationspotenzial erkannt und deshalb als **Controlling-**

traditionelle Bedeutung von Belohnungssystemen

Aufgabe wahrgenommen worden. In der Controlling-Literatur zu Anreizsystemen stehen dabei grundsätzliche Ausgestaltungsfragen im Mittelpunkt; vielfach wird die Entlohnung oberer und oberster Manager als wichtiger Anwendungsfall problematisiert. Die Vielfalt bereits breitflächig praktizierter Ausgestaltungsformen von Belohnungssystemen belegt aber die **Akkordlohnform** in der Industrie des gesamten 20. Jahrhunderts. Freilich entsteht diese Vielfalt eher durch Details der Belohnungsfunktion. Demgegenüber ist sie bei Belohnungsart und Bemessungsgrundlage deutlich kleiner: Zumeist handelt es sich um Geldlohn; der Verlauf der Belohnungsfunktion charakterisiert also eine **Lohnform.** Und was die Bemessungsgrundlage betrifft, stehen einerseits Produktionsmengen (für die Akkordentlohnung im Fertigungsbereich), andererseits Umsätze (für die leistungsorientierte Entlohnung im Absatzbereich) im Vordergrund.

Belohnungssysteme als Koordinationsaufgabe

Einige Verwerfungen, entstanden durch Grenzfälle einer sehr konsequenten Anwendung des Prinzips der Leistungsorientierung, gepaart mit traditionellen Bemessungsgrundlagen, haben ab Ende des 20. Jahrhunderts die Bedeutung einer Koordination der hier zusammentreffenden Führungsaspekte auch aus der Perspektive der betrieblichen Anwendung deutlicher hervortreten lassen. Nachfolgend betrachten wir deshalb grundsätzlich, welche Kriterien bei der Konstruktion eines Belohnungssystems von Bedeutung sind.

b) Hauptanforderungen an Belohnungssysteme

Haupt- und Durchführungsanforderungen an Belohnungssysteme

Ein Belohnungssystem soll **gerecht** sein! Diese Forderung dürfte breite Zustimmung finden. Wie die allgemeine Lohngerechtigkeit, um sie praktikabel zu machen, in die vier Gerechtigkeitsprinzipien der Schwierigkeitsgerechtigkeit, Leistungsgerechtigkeit, Sozialgerechtigkeit und Verhaltensgerechtigkeit zerlegt wird, so lässt sich auch die Vorstellung eines gerechten Belohnungssystems in diejenigen Komponenten zerlegen, die das „Gerechte" an einem Belohnungssystem ausmachen können. Was der Einzelne als insgesamt gerecht empfindet, ist immer von der persönlichen Sicht, Erfahrung und Betroffenheit geprägt. Dennoch herrscht über die Kriterien, die dabei eine Rolle spielen, weitgreifende Übereinstimmung. Sie lassen sich in zwei inhaltliche Hauptanforderungen und eine Reihe von Durchführungsanforderungen einteilen. Letztere betreffen eher die handwerkliche Umsetzung und sollen eine störungsfreie und konzeptionsentsprechende Durchführung sichern.

Die beiden inhaltlichen **Hauptanforderungen** bestimmen das Prinzip des Belohnungssystems und richten sich fast ausschließlich an die Bemessungsgrundlagen. Danach soll das Belohnungssystem den Prinzipien der

- Controllability
- und der Anreizkompatibilität

erste Hauptanforderung

entsprechen. Nach dem Prinzip der **Controllability** soll die Bemessungsgrundlage vom betreffenden Mitarbeiter beeinflussbar sein, und zwar möglichst ausschließlich. Er soll tatsächlich durch seine Aktivitäten eine höhere oder niedrigere Ausprägung der Bemessungsgrundlage bewirken können. Und er soll, das ist die organisatorische Voraussetzung, auch dafür zuständig sein, also Entscheidungskompetenz und Verantwortung dafür tragen. Alle Änderungen der Bemessungsgrundlage, die ohne sein Zutun entstehen, auch wenn sie nur die

Beeinflussbarkeit der Bemessungsgrundlage erleichtern oder erschweren, sind als **externe Einflüsse** anzusehen und sollen möglichst ausgeschlossen sein. In diesem Sinne soll die Bemessungsgrundlage so gewählt werden, dass ihre spätere Höhe ausschließlich und vollständig auf die Leistung des Mitarbeiters zurückzuführen ist.

Insgesamt umfasst damit die Controllability zweierlei:

(1) die Beeinflussbarkeit,

(2) die Ausschließlichkeit der Beeinflussbarkeit.

Die Forderung der Controllability ist oft nicht leicht zu erfüllen. Für den Verkäufer im Außendienst hängen die erreichten Abschlüsse von seinem eigenen Präsentations- und Argumentationsgeschick ab, aber deutliche, im obigen Sinn externe Einflüsse gehen von der Präferenzlage, der Kaufkraft und der sozialen Gesamtsituation der potenziellen Kunden in seinem Verkaufsbereich aus, ferner von den Anstrengungen der Konkurrenz, den Produktmerkmalen der eigenen im Vergleich zu den Konkurrenzprodukten und schließlich auch von den allgemeinen Marketingbemühungen des eigenen Betriebes. Hinzu treten Einflüsse, die von keinem der Beteiligten zu verantworten sind: das Wetter, die allgemeine Konjunkturlage, politische oder gesellschaftliche Entwicklungen.

Schwierigkeit, die Controllability zu gewährleisten

Nun muss das alles nicht zu einer fatalistisch hinzunehmenden Unmöglichkeit der Definition geeigneter Bemessungsgrundlagen führen. Vielmehr sind von all den genannten Einflüssen wieder diejenigen unproblematisch, die alle zu entlohnenden Mitarbeiter in gleicher Weise treffen. Ist die Konjunkturlage gerade für das eigene betriebliche Angebot ungünstig, so trifft das alle betrieblichen Verkäufer in gleicher Weise. Die Controllability, wie auch alle anderen Anforderungen an Belohnungssysteme, sind ja Gerechtigkeitsprinzipien, sollen also als ungerecht empfindbare Unterschiede zwischen den so Entlohnten vermeiden. Deshalb stören externe Einflüsse, denen alle gleichermaßen ausgesetzt sind, nicht, auch wenn sie im Zeitverlauf nicht konstant sind. Sie sind dann insoweit **nicht relevant**.

praktisches Vorgehen

Freilich ist die Voraussetzung der gleichmäßigen Beeinträchtigung aller Betroffenen wichtig. Wirkt sich beispielsweise die konjunkturelle oder gesellschaftliche Entwicklung in zwei Absatzregionen unterschiedlich aus, ist ihr Einfluss durchaus relevant. So könnte sich ein Wachstumsschub in der Kraftfahrzeugbranche beispielsweise in Bayern, Baden-Württemberg, Nordrhein-Westfalen und Niedersachsen belebend auf die Nachfrage nach Einrichtungsgegenständen auswirken, während sich in Mecklenburg-Vorpommern und Brandenburg kaum Auswirkungen zeigen. Dann ist es aber nicht der besonderen persönlichen Leistung zuzuschreiben, wenn Verkäufer solcher Einrichtungsgegenstände in den erstgenannten Bundesländern ein besonderes Absatzplus erzielen. Wo die Konkurrenz besonders ungeschickt agierende Verkäufer einsetzt, haben es die eigenen Leute leichter, wo die regionalen Preise und vielleicht auch die Einkommen der Bevölkerung relativ hoch sind, verkauft es sich besser als in strukturschwachen Gebieten – alle diese Beispiele verdeutlichen, dass das Einhalten der Controllability je nach Bemessungsgrundlage schwierig werden kann. Je mehr man relevante externe Einflüsse als „ungerecht" empfindet, desto eher wird man anstreben, entweder bei der vorgesehenen Bemessungsgrundlage zu versuchen, die externen Einflüsse herauszurechnen und damit eine Bemessungsgrundlage

Beispiele zur Controllability-Problematik

über die Betroffenen hinweg vergleichbar zu machen, oder zu einer anderen Bemessungsgrundlage zu greifen.

Welche Größen eignen sich als Bemessungsgrundlage und unterliegen nicht gleichzeitig einem erheblichen relevanten externen Einfluss? Die Antwort fällt nicht schwer, wenn man berücksichtigt, dass externe Einflüsse durchweg erst dann eine Rolle spielen, wenn es um die Wirkung einer eigenen Maßnahme geht, also um die Transformation des eigenen Einsatzes in das Ergebnis. Nimmt man also beispielsweise beim Außendienst-Verkäufer die Anzahl seiner Haustürgespräche, deren durchschnittliche Dauer und die Anzahl der von ihm veranstalteten Produktdemonstrationen, dann gibt es wenig externe Einflussgrößen, die auf diese Bemessungsgrundlage störend einwirken. Entsprechendes gilt allgemein: Je mehr man die Bemessungsgrundlage an Inputgrößen der betrachteten Stelle orientiert, desto eher ist das Prinzip der Controllability erfüllbar. Inputgrößen setzen beispielsweise am Einsatz des Mitarbeiters bei seiner Aufgabe an, während Outputgrößen der Stelle am Erfolg ausgerichtet sind. Externe Einflüsse können in der Regel nur den Erfolg beeinflussen, kaum aber den eigenen Einsatz. Nach dem Prinzip der Controllability erscheinen daher Bemessungsgrundlagen, die sich am Input orientieren, als „gerechter". Allerdings sind sie im Allgemeinen deutlich schlechter objektiv feststellbar, oft nicht leicht messbar und daher insgesamt schwerer kontrollierbar als Outputgrößen. Wählt man dagegen Outputgrößen als Bemessungsgrundlagen, muss wegen der mangelnden Isolierbarkeit fast zwangsläufig damit gerechnet werden, dass gegen das Controllability-Prinzip verstoßen wird.

zweite Hauptanforderung

Die zweite Hauptanforderung an Belohnungssysteme ist deren **Anreizkompatibilität.** Anreizkompatibilität bedeutet, dass die für die betrachtete Stelle definierten Ausprägungen der betrieblichen Ziele verträglich sind mit den Anreizen, die über die Bemessungsgrundlage an die Mitarbeiter gesetzt werden. Sprachlich wäre vielleicht die Bezeichnung „Zielkompatibilität der Bemessungsgrundlage bzw. des gesamten Belohnungssystems" treffender gewesen, eingebürgert hat sich jedoch der Ausdruck Anreizkompatibilität. Die Forderung der Anreizkompatibilität bedeutet, dass belohnt wird, was den betrieblichen Zielen entspricht – durchaus nichts Überraschendes. Alle betrieblichen Maßnahmen haben als oberste Orientierung das betriebliche Zielsystem; eine der wichtigsten Koordinationsaufgaben des Controlling ist es deshalb auch, die Zielausrichtung im Einzelnen zu gewährleisten.

Was die Situation an einer bestimmten Arbeitsstelle im Betrieb betrifft und ein Belohnungssystem für den an dieser Stelle eingesetzten Mitarbeiter, so wirken sich die allgemeinen Zielvorgaben je nach Person und Situation in unterschiedlicher Weise aus. Eine beste Gesamtwirkung kann also nicht ohne weiteres sichergestellt werden. Die Stellenaufgabe ergibt sich aus einem Teil der betrieblichen Ziele, und es ist klar, dass es zu einer guten Zielerreichung beiträgt, wenn sie möglichst vorgabengetreu erfüllt wird. Nun aber gelingt gerade dies nicht problemlos, weshalb ja ein Belohnungssystem konstruiert wird. Jenes soll die Erfüllung der Stellenaufgabe möglichst gut sicherstellen, wozu sich u. a. verschiedene Bemessungsgrundlagen unterschiedlich gut eignen: So kommen neben Bemessungsgrundlagen, die direkt den gewünschten Output zugrunde legen, auch Bemessungsgrundlagen in Frage, die indirekt am Input ansetzen. Auch Letztere wirken in Richtung einer sachlich besseren Stellenzielerfüllung.

Alle Belohnungssysteme haben neben dieser mehr oder weniger guten Erfüllung ihres eigentlichen Zwecks auch Nebenwirkungen. Sie wirken nämlich auf das Betriebsklima, auf die Vertrauens- und Glaubwürdigkeit, die dem betrieblichen Management zugesprochen wird, sowie auch auf die bestehende intrinsische Motivation. Deshalb kann insgesamt die Wahl einer inputorientierten Bemessungsgrundlage vielleicht zielgünstiger sein, obwohl bei einer mehr outputorientierten Bemessungsgrundlage das betrieblich angestrebte Stellenergebnis klarer im Vordergrund steht. Der Ausdruck „anreizkompatibel" in der zweiten Hauptanforderung an Belohnungssysteme bezieht sich also vor allem darauf, wie stark das Belohnungssystem eine zielorientierte Ausführung der Stellenaufgabe fördert. Wie gesehen, können dabei erhebliche Nebenwirkungen den Vorteil der Hauptwirkung teilweise wieder zunichtemachen.

Koordinationsproblematik bei den beiden Hauptanforderungen

Typische anreizkompatible Bemessungsgrundlagen sind (bei entsprechenden Zielsetzungen) für verkaufsorientierte Stellen u. a. Absatzzahlen, Umsätze, Deckungsbeiträge, die Anzahl an Neukunden, die Wiederkaufrate von Stammkunden, Stornierungsquoten, Beschwerdehäufigkeiten; für Stellen in der Produktion u. a. Ausschussquoten, Kapazitätsausnutzungsgrade, Materialnutzungsgrade, variable Stückkosten, Energiekosten, Maschinenausfallzeiten durch Umrüsten, Warten, Reparieren oder Teilemangel, ferner Lagerbestände, Durchlaufzeiten, Auftragsbestände in Umsatzwerten, in Tagen oder in Mengen. Bei allen aufgeführten Beispielen und auch im Allgemeinen gibt es mehr oder weniger erheblichen Einfluss externer Größen auf die jeweilige Höhe der Bemessungsgrundlage. Für die Festlegung der Bemessungsgrundlage in Belohnungssystemen besteht damit regelmäßig eine Dilemmasituation. Sie zeigt Abb. IX-3 schematisch (zur Darstellungsart vgl. Riegler [Anreizsysteme] 35). Abgesehen von zufällig harmonischen Bedingungslagen gibt es generell einen Konflikt zwischen der Controllability und der Anreizkompatibilität. Deshalb ist bei der Konstruktion eines Belohnungssystems insbesondere die Bemessungsgrundlage zu thematisieren, um den beiden Hauptkriterien der Anreizkompatibilität und der Controllability in einer möglichst zielgünstigen Mischung gerecht zu werden.

Dilemma zwischen den beiden Hauptanforderungen

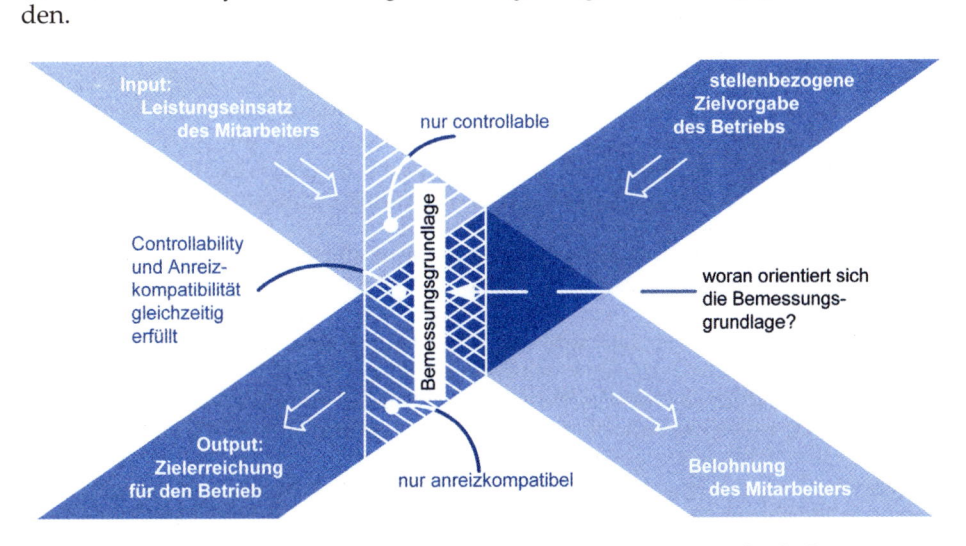

Abb. IX-3: Controllability und Anreizkompatibilität als Orientierungsprinzipien für die Bemessungsgrundlage

c) Auffällige Koordinationsprobleme zu den Hauptanforderungen

drei typische Beispiele

In praktizierten Belohnungssystemen war in der Vergangenheit vor allem die fehlende oder nicht zielgenau berücksichtigte Anreizkompatibilität Anlass zu Neukonzeptionen. Hierzu sollen drei typische Beispiele betrachtet werden. Ein für viele Branchen zutreffendes erstes Beispiel ist die Steuerung von Außendienst-Verkäufern über **Umsatzprovisionen,** obwohl Umsätze gar nicht im Zielsystem vorkommen, sondern vielmehr hohe Deckungsbeiträge erwirtschaftet werden sollen. In diesem Fall ist der Umsatz keine optimale Bemessungsgrundlage: Er ist outputorientiert, hat alle Probleme einer outputorientierten Bemessungsgrundlage – aber nicht deren üblichen Vorteil, weil er nur beschränkt anreizkompatibel ist. Produkte mit hohen Umsätzen weisen nicht zwingend auch hohe Deckungsbeiträge auf. Die Frage, was dagegen spricht, den Deckungsbeitrag, wenn er nun schon verfolgt wird, auch direkt als Bemessungsgrundlage zu nehmen, wird gerade im mittelständischen Betrieb mit dem Verweis auf die gewünschte Geheimhaltung der Stückdeckungsbeiträge beantwortet: Die Verkäufer sollen nicht den exakten Deckungsbeitrag kennen; es werden sonst vermehrt Fehlentscheidungen befürchtet. Eine Lösung wäre es in diesem Fall, eine absolute Kennzahl zu definieren und die Stückdeckungsbeiträge mit ihren Relationen zueinander in diese Kennzahl einzubringen.

erstes Beispiel

zweites Beispiel

Das zweite Beispiel stammt aus der **Versicherungsbranche.** Hier war es lange Zeit üblich, den Außendienst-Mitarbeitern gute Abschlussprämien für die Gewinnung neuer Verträge zu zahlen. Sie lagen beispielsweise in der Größenordnung des vom Versicherungsnehmer jährlich zu zahlenden Betrages. Die erste Jahresprämie ging also an den Verkäufer bzw. Vermittler. Die Größenordnung ist aus Sicht der Versicherungsunternehmung angesichts der langjährigen Versicherungsbeziehung zu Kunden und der sich akkumulierenden Beiträge durchaus nachvollziehbar und unter dem Gesichtspunkt der Anreizkompatibilität begründbar – wenn man vor allem an das Neugeschäft und an die prinzipiell lukrativeren Produkte denkt. Tatsächlich hat das System insoweit gegriffen: Die Verkaufsaktivitäten der Branche haben sich sehr stark auf den Vertragsabschluss konzentriert, und hier insbesondere auf (Kapital-)Lebensversicherungen und ähnliche Produkte, bei denen **hohe Abschlussprovisionen** möglich waren. Die Konzeption dieses Belohnungssystems hat aber auch das Entstehen von hierarchisch organisierten Vermittlungsinstitutionen gefördert, die sich gerade auf dieses Geschäft spezialisiert und es perfektioniert haben. „Kleinere" Versicherungstypen sind oft nur noch als Begleit- oder Einstiegsprodukt angeboten oder nur auf Kundennachfrage verkauft worden. Die Aufrechterhaltung guter Beziehungen zu bisherigen Kunden, die sogenannte **Bestandspflege,** wurde, weil nicht mit einem direkten Anreiz verbunden, teilweise vernachlässigt.

Schließlich hat sich als besonderes Verkaufssegment das **Umschichtungsgeschäft** entwickelt. Bei jenem wird dem Kunden ein Auflösen bisheriger Verträge und der Umstieg auf als besser empfohlene, neue Verträge (die erneut volle Abschlussprovisionen erbringen) nahegelegt. Immer mehr Einzelfälle offensichtlicher Fehlberatung von Versicherungskunden sind in den Medien diskutiert worden, der generelle Ruf der Versicherungsbranche sowie das Image von Versicherungsagenten und Außendienst-Mitarbeitern von Versicherungen haben erheblich gelitten. Nun sind zwar nicht alle diese Effekte ausschließlich auf die traditionellen Belohnungssysteme zurückzuführen und sie sind auch keineswegs tatsächlich bei allen Versicherern und über den gesamten Außendienst- und Agenturvertrieb hinweg aufgetreten; aber die Problematik zeigt, dass die herkömmlichen Belohnungssysteme gerade nicht auf die Verhinderung solcher Fehlentwicklungen ausgelegt waren. Unterdessen sind in der Versicherungsbranche weitaus differenziertere Provisionssysteme üblich. Alleine aus Sicht der Anreizkompatibilität müssten sie Komponenten enthalten, die z. B. auch die Beziehungspflege zu Altkunden sowie eine Kunden-Erstgewinnung auch bei „kleinen" Versicherungsverträgen honorieren und die andererseits auch die spätere Stornierung von Verträgen berücksichtigen.

Im dritten Beispiel geht es um die **Erfolgsbeteiligung von Top-Managern** in Unternehmungen, bei denen Eigentümer- und Managerfunktion personell getrennt sind, also typischerweise um große Aktiengesellschaften. Hier soll der Vorstand durch eine entsprechende Gestaltung seines Vertrages auch im persönlichen Einkommen an das Schicksal der von ihm geführten Unternehmung gebunden werden. Die traditionelle Beteiligung am Jahresgewinn, etwa dem in der Handelsbilanz ausgewiesenen, also die klassische Tantieme, wird seit geraumer Zeit vielerorts als zu kurz greifend bzw. fehlsteuernd angesehen. Hauptgrund ist die oft bestehende Möglichkeit, das aktuelle Jahresergebnis zulasten des Erfolgspotenzials künftiger Perioden kurzfristig nach oben zu treiben, etwa durch Einsparungen in der vorsorgenden Bestandshaltung, im Aufbau und der Aufrechterhaltung leistungsfähiger Personalkapazitäten oder in der Produktentwicklung sowie im Bereich von Forschung und Entwicklung. Dies ist möglich, weil der Gewinn und andere periodenbezogene Überschussgrößen die **langfristigen Effekte nur unzureichend** messen können (siehe Kapitel X).

drittes Beispiel

Für Aktiengesellschaften steht als Lösungsidee dieses Problems vor allem der Börsenkurs der Aktie und seine Entwicklung zur Verfügung. Hierzu sind zahlreiche Detailvorschläge vorgelegt und zum Teil auch umgesetzt worden. Für einen Teil des Managergehalts wählen sie als Bemessungsgrundlage den Kursunterschied der Aktie zwischen einem Jahresabschlussstichtag und einem künftigen Zeitpunkt, z. B. fünf Jahre später. Der Manager erhält letztlich eine davon abhängige (Zusatz-)Prämie. Diese Konstruktion soll einen Anreiz dafür bieten, gerade die künftige Umsatzentwicklung bei den heutigen Entscheidungen im Blickfeld zu haben, und es honorieren, wenn auf jetzigen Gewinn zugunsten eines (größeren) späteren Gewinns verzichtet wird. Hierzu bieten sich zahlreiche konkrete Ausgestaltungsmöglichkeiten im Detail. Sehr typisch ist etwa, als Belohnungsart Aktienoptionen einer gewissen Mindestlaufzeit zu gewähren oder die Bemessungsgrundlage so zu wählen, dass der finanzielle Effekt derartiger Aktienoptionen nachgebildet wird. In Abb. IX-4 sind verschiedene Formen solcher Belohnungssysteme zusammengestellt (Pellens/Crasselt/Rockholtz [Entlohnungssysteme] 12).

In der Behandlung der Problematik von Anreizsystemen aus Controlling-Sicht ist gerade die Vorstandhonorierung in börsennotierten Aktiengesellschaften Gegenstand eingehender Fachdiskussionen (vgl. zum Überblick u. a. Arnold/ Gillenkirch [Leistungsanreize], Maug/Albrecht [Vorstandsvergütung] sowie das ZfCM-Sonderheft [Incentivierung]). Ein Grund liegt sicherlich darin, dass es sich hier sowohl absolut als auch relativ um vergleichsweise **große Beträge** handelt, zumindest im Vergleich mit den durchschnittlichen Jahresgehältern aller Arbeitnehmer der jeweiligen Branche. Ein zweiter Grund liegt aber auch in der gene-

Controlling-Sicht auf die Managervergütung

```
┌─────────────────────────────────────────────────────────────┐
│           Wertorientierte Entlohnungssysteme                │
│           für Manager von Aktiengesellschaften              │
├──────────────────────────────────┬──────────────────────────┤
│      orientiert am Aktienkurs    │  orientiert an Kennzahlen│
│       und seiner Entwicklung     │    und ihrer Entwicklung │
└──────────────────────────────────┴──────────────────────────┘
```

echte Eigenkapital-instrumente	virtuelle Eigenkapital-instrumente	wertorientierte Kennzahlen
• Belegschaftsaktien (Restricted Stock)	• virtuelle Aktien (Shares of Phantom Stock)	• Cash Flow Return on Investment (CFRoI)
• Aktienoptionen (Stock Options)	• virtuelle Optionen (Stock Appreciation Rights)	• Economic Value Added (EVA) • Cash Value Added (CVA) u. a.

Abb. IX-4: Konstruktionsprinzipien erfolgsorientierter Belohnungsarten für Manager von Aktiengesellschaften

rellen Schwierigkeit, die Anreizkompatibilität so sicherzustellen, dass die langfristigen betrieblichen Ziele adäquat berücksichtigt sind. Teil des Problems ist dabei, dass jene schon auf der verbalen Ebene nur schwer formulierbar und noch schwerer operationalisierbar sind. Die bisher realisierten Formen einer anreizorientierten Gestaltung von Vorstandsprämien, gerne selbst von den Vorständen vorgeschlagen, haben oft durch ihre Konstruktionsdetails ziemlich unabhängig vom Aktienkursverlauf in jedem Fall hohe Managereinkommen gesichert. Dies zeigt nicht nur die Problematik, die Anforderung der Anreizkompatibilität zu erfüllen, wenn die betriebliche Zielvorgabe komplexer ist, sondern weist auf das mit der leistungsorientierten Entlohnung oft verbundene **Principal-Agent-Problem** hin. Entsprechend schwierig ist es, praktikable Gestaltungsmodelle für praxisnahe Fälle der Managerentlohnung zu entwickeln (vgl. Werkmeister [Managemententlohnung]).

Im Fall des obersten Managements der Unternehmung kommt ein weiterer Aspekt hinzu: Die hierzu diskutierten Ansätze zu Leistungsprämien gehen oft von Unternehmungen in **prinzipiell günstigen Situationen** aus, deren bisheriger Erfolg beibehalten oder sogar mehr oder weniger stark ausgebaut werden kann (wofür es dann die Leistungsprämie gibt). Für den Manager, der zu einer notleidenden Unternehmung in der Krise gerufen wird und dort Rettungsaktionen versucht, müssen solche Ansätze nicht unbedingt passen. Möglicherweise ist in solchen Situationen vorher schon klar, dass über Aktienkurse keinerlei Erfolgsaussage möglich und sinnvoll ist, weil Fusionspartner oder Aufkäufer zu suchen sind und bestenfalls gewisse Reste des bisherigen Betriebs auf Dauer weiterarbeiten werden. Gerade in solchen Fällen mag es aber besonders wichtig sein, gute Manager zu gewinnen. Dafür kann gefordert werden, das Belohnungssystem so aufzubauen, dass die bei guter Leistung zu erwartende Leistungsprämie nicht grundsätzlich schlechter ausfällt als bei florierenden Unternehmungen.

d) Durchführungsanforderungen an Belohnungssysteme

Die Durchführungsanforderungen an ein Belohnungssystem sind (vgl. Laux [Anreiz] 24 ff.)

- die Effizienz,
- die Kollusionsfreiheit / Pareto-Effizienz,
- die intersubjektive Überprüfbarkeit / Transparenz.

Die Forderung nach **Effizienz** soll allgemein ein günstiges Verhältnis von Einsatz und Ergebnis sicherstellen. Das bedeutet zweierlei: Zum einen richtet sich die Effizienz an die Konstruktionsmerkmale des Belohnungssystems. Es etwa für eine genauere Controllability aufwendiger zu gestalten, lohnt sich nur dann, wenn damit auch ein nennenswerter Akzeptanzgewinn bei den Mitarbeitern erreichbar ist.

erste Durchführungsanforderung

Effizienz bedeutet aber zum anderen, und das ist der wichtigere Aspekt, die Wirksamkeit des Belohnungssystems: Der Mitarbeiter soll eine (für ihn) spürbare Belohnung erhalten, wenn er eine Handlungsvariable im Sinne des Anreizes ändert. Nur dann greift das Belohnungssystem. Dies hat auch mit der Belohnungsart zu tun. Ist die gewählte Art der Belohnung nur von nachgeordnetem Interesse für den Mitarbeiter, dann bedarf es möglicherweise einer höheren Steigerung, bis die gewährte Belohnung tatsächlich Anreizwirkung entfaltet. Trifft dagegen die Belohnungsart ein Hauptinteresse, genügen vielleicht kleinere Belohnungsänderungen. Jedenfalls hängt die Effizienz hauptsächlich vom Verlauf der Belohnungsfunktion ab, und zwar von ihrer Steigung. Wegen der Verfolgung sozialer Ziele und teilweise auch mancher Sachziele gibt es gute Argumente, die Belohnungsfunktion sowohl bei eher kleinen als auch bei größeren Leistungsgraden abzuflachen, wie es die Beispiele in Abb. IX-5 zeigen (vgl. z. B. Drumm [Personal] 500). So werden Mindestlöhne gesichert und Anreize zu übersteigerter Leistung, die als grundsätzlich bedenklich oder aus Qualitätsgründen als eher kontraproduktiv eingestuft werden, vermieden.

Die **Kollusionsfreiheit** ist eine Anforderung, die gerade aus Controlling-Sicht sorgfältiges analytisches Durchdenken erfordert. Im Gegensatz zu anderen Anforderungen wird die Nichterfüllung hier nicht zwangsläufig später sichtbar – etwa durch eine mangelnde Funktion des Belohnungssystems. Vielmehr würden gerade die so Belohnten ein Interesse am (unauffälligen) Funktionieren des Systems haben. Kollusion (von lateinisch colludere, betrügen) bedeutet ein Unterlaufen des Systems. Der Zweck eines Belohnungssystems besteht darin, einen Anreiz zu höheren Leistungen zu geben, indem man sie mehr belohnt. Dieser Zweck wird unterlaufen, wenn es gelingt, zu mehr Belohnung zu gelangen, ohne gleichzeitig auch mehr zu leisten. Ein Belohnungssystem muss so konstruiert sein, das ist die Forderung der Kollusionsfreiheit, dass dies nicht möglich ist. Dies erscheint als selbstverständlich, ist aber im konkreten Fall oft dennoch nicht ganz trivial. Vor allem zwei Gründe sind es, die Kollusionsgelegenheiten entstehen lassen:

zweite Durchführungsanforderung

zwei Gründe für Kollusionsgelegenheiten

(1) eine unüberlegte Wahl der Bemessungsgrundlage,

(2) der misslungene Versuch, eine als ungünstig („ungerecht") empfundene Wirkung eines ursprünglichen Belohnungssystems zu vermeiden.

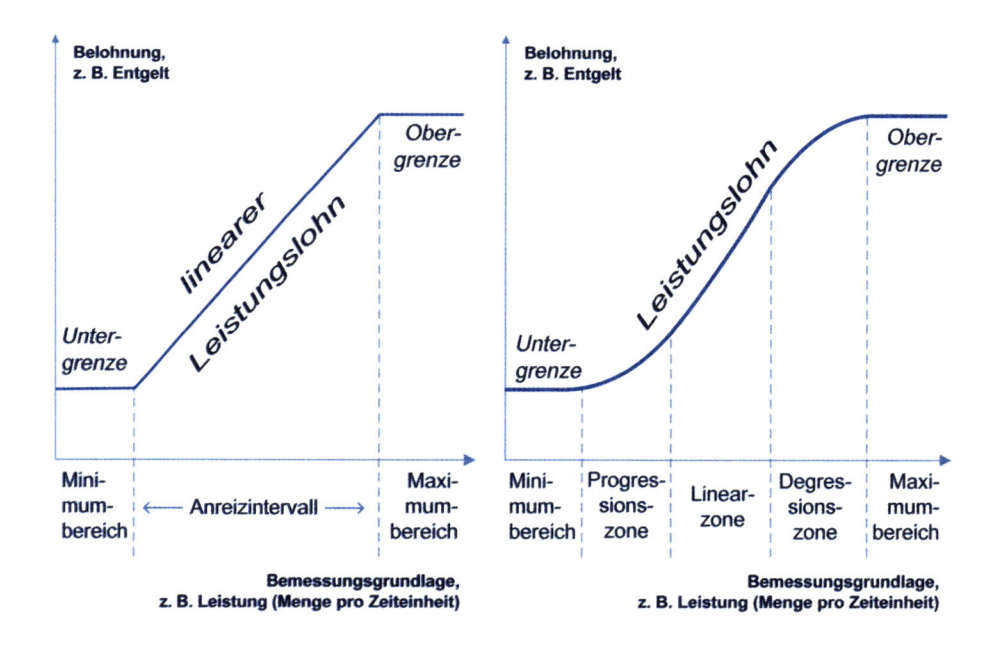

Abb. IX-5: Verlauf typischer Belohnungsfunktionen mit beiderseitigen Abflachungsphasen

Beispiel 1 zur undurchdachten Bemessungsgrundlage

Einige Beispiele mögen die so geschaffenen Kollusionsmöglichkeiten illustrieren. Eines der bekanntesten Beispiele zum ersten Entstehungsgrund sind **Abschlussprovisionen**, die für die Verkäufer bzw. Vermittler bei Vertragsabschluss fällig werden. Es spielt keine Rolle, ob sich die Provision auf die Tatsache des Abschlusses, auf die Menge oder auf den Umsatz bezieht. Das Problem entsteht vielmehr dadurch, dass die abschlussbezogene Provision nur vom Abschluss selbst, nicht von der Vertragserfüllung abhängig gemacht wird. Dies hat zur Folge, dass nur bei Kassageschäften (ohne Umtausch oder Rückgabemöglichkeit) der endgültige Vollzug sicher ist. In allen anderen Fällen ist nicht ausgeschlossen, dass Strohmänner Verträge abschließen und später stornieren, wofür ein findiger Verkäufer Provisionen erhält. Prinzipielle Lösungen bestehen darin, Provisionen zunächst vorläufig, generell später oder nur in zeitlichen Raten zu zahlen sowie bei Stornierungen ganz oder teilweise zurückzurechnen.

Beispiel 2

Ein anderes Beispiel zum gleichen Problemtyp ist der in Kapitel VI (siehe S. 134 ff.) besprochene **Lieferbereitschaftsgrad**. Wählt man diese indirekt beeinflussbare Kennzahl als Vorgabe in der hierarchischen Steuerung eines Lagerdisponenten, dann könnte die gleiche Kennzahl auch die Bemessungsgrundlage für eine entsprechende leistungsorientierte Belohnung sein. Nun ist schon bei der Analyse der einfachsten und zugleich gebräuchlichsten Definition des Lieferbereitschaftsgrades dargelegt worden, dass es geschicktes Agieren durchaus erlaubt, zu einem hohen Wert der so definierten Leistungs-Kennzahl zu gelangen, ohne tatsächlich auch eine entsprechend gute Leistung zu erbringen. Damit ist ein Belohnungssystem mit einer solchen Bemessungsgrundlage kolludierbar.

Weitere, aus demselben Grund nicht kollusionsfreie Bemessungsgrundlagen sind z. B.

- die **Stammkunden-Wiederkaufhäufigkeit,** berechnet aus dem Verhältnis *Beispiel 3*

$$\frac{\text{Anzahl der Bestellungen von Stammkunden in diesem Jahr}}{\text{Anzahl der Stammkunden im Vorjahr}}:$$

  zur Kollusion splittet man Bestellungen von Stammkunden in mehrere Teilaufträge;

- der **Nacharbeitserfolg,** berechnet aus der Prozentpunktedifferenz zwischen dem Anteil der Schlechtstücke in der Erstkontrolle und der endgültigen Ausschussquote, also: *Beispiel 4*

  100 % − first pass yield − Ausschussquote;

  damit wird erfasst, wie viel der in der Erstkontrolle nicht als gut akzeptierten Produkte durch Nacharbeit doch noch zu den Gutstücken nachgebessert werden konnten:

  zur Kollusion ist man bei der Erstkontrolle restriktiver;

- der **Qualitätsindex** für Produkt i in Quartal t, berechnet als *Beispiel 5*

  Qualitätsindex für Produkt i im Quartal t = Anzahl der Reklamationen, die zu Produkt i während des Quartals t eingetroffen sind:

  zur Kollusion genügt es, entweder weniger von diesem Produkt zu verkaufen oder durch entsprechende Deklaration („1 b − Ware") Reklamationen von vornherein auszuschließen.

Die aus dem zweiten Grund, der angestrebten Ungerechtigkeitsvermeidung, entstandenen Kollusionsmöglichkeiten sind in der Regel weniger offensichtlich. Auch dies sollen einige Beispiele verdeutlichen:

- Zur **Gewinnung von Neukunden** wird ein höherer Provisionssatz gewährt. Als Neukunde gilt, wer in den vergangenen zwei Jahren keinen Auftrag erteilt hat: *Beispiel 1 zum misslungenen Ausgleich von Ungerechtigkeit*

  Zur Kollusion trägt der Verkäufer als Kunde einen Familienangehörigen des eigentlichen Kunden ein und gewährt ihm dafür ein Neukundengeschenk oder einen Neukundenrabatt.

- Im Außendienst sind die Akquisitionsgebiete klar abgegrenzt. Es gibt eine bestimmte mengenbezogene **Verkaufsprovision** (die Detailart spielt keine Rolle). Standardfall ist, dass ein Verkäufer A in seiner (Exklusiv-)Absatzregion Kunden rekrutiert, die bei ihm abschließen. In manchen Fällen gelingt auch ein Abschluss mit einem Interessenten, der zum Absatzgebiet eines Kollegen B gehört. Dies kann durch zufällige Anwesenheit dieses Interessenten bei einer Verkaufsveranstaltung von A geschehen, durch Weiterempfehlung von A-Kunden an Personen, die im Gebiet von B wohnen, usw. Der Betrieb ist dankbar für jeden Kunden und möchte keinesfalls, dass in solchen Fällen der Kunde zuständigkeitshalber an den anderen Verkäufer verwiesen wird. Vielmehr soll sofort abgeschlossen werden. Deshalb soll Verkäufer A nicht zu seinem Gebiet gehörende Kunden ebenfalls (gerne) bedienen. Und B soll dies nicht als Nachteil empfinden, da ja ein Neukunde in seinem Gebiet prinzipiell von Vorteil ist, auch wenn er von Kollege A gewonnen wurde. Es soll aber auch ver- *Beispiel 2* mieden werden, dass Verkäufer A aktiv potenzielle Kunden von B akquiriert. Aus all diesen Gründen wird vereinbart, dass Verkäufer A in diesem Fall eine Provision bekommt, jene aber kleiner ist, als sie für einen Kunden seines eigenen Gebietes wäre. Man legt sie auf 60% der sonst üblichen Provision fest. Auch B erhält (obwohl er selbst hier nicht unmittelbar tätig war, aber vielleicht durch Nebenwirkungen früherer Werbeaktionen doch beteiligt ist und weil generell der Kunde zu seinem Gebiet gehört) eine „Gebietsprovision", die ebenfalls gegenüber der Normalprovision deutlich reduziert ist; sie beträgt ebenfalls 60%.

Zur Kollusion sprechen sich künftig die Verkäufer A und B ab und erklären jeweils, die eigenen Kunden seien durch den Kollegen gewonnen worden. Sie erhalten in der Summe 120% Provision, die sie mit beiderseitigem Vorteil aufteilen.

Beispiel 3
- Im Fertigungsbereich eines Industriebetriebs werden **Akkordlöhne** bezahlt. Um neue und noch ungeübte Mitarbeiter sowie Krankheitsaushilfen und Springer bei der Entlohnung nicht zu benachteiligen, andererseits für sie aber auch kein völlig anderes System zu praktizieren, wird vereinbart, die tatsächliche Arbeitsmenge mit einem Ausgleichsfaktor anzuheben und darauf die üblichen Akkordsätze anzuwenden. Dieser Ausgleichsfaktor beträgt 150% für die ersten zwei Arbeitstage und reduziert sich dann alle weiteren zwei Arbeitstage, an denen der Mitarbeiter an dieser Stelle eingesetzt ist, um jeweils 10%, bis er 110% erreicht hat. Nach einem Monat sinkt er auf die endgültigen 100%.

Zur (gemeinsamen) Kollusion kann der Schichtleiter entweder Umbesetzungen deklarieren, um einzelne Mitarbeiter in den Genuss der erhöhten Bemessungsgrundlage zu bringen. Oder er kann (von anderen) produzierte Mengen den besser abrechnenden Vertretungskräften zuschreiben. Der gemeinsam erschlichene Akkordlohn erlaubt es, durch nachträgliche Ausgleichszahlungen jeden Beteiligten besser zu stellen als bei korrekter Abrechnung.

Beispiel 4
- Aus strategischen Gründen soll in einem Betrieb eine neue Herstellungstechnik aufgebaut werden. Aus verschiedenen Gründen sind im aktuellen Entwicklungsstadium die variablen Stückkosten noch höher als die bei traditioneller Herstellungstechnik. Bei zunehmender Erfahrung mit der neuen Technik sowie bei entsprechend größerer Nachfrage nach dem dafür benötigten Spezialmaterial werden auf Dauer die variablen Stückkosten deutlich sinken und schließlich die der bisherigen Technik erheblich unterschreiten. Derzeit werden beide Herstellungstechniken nebeneinander betrieben. Die Geschäftsleitung will die **neue Technik fördern,** hat aber die Produktionsverteilung auf die Anlagen an die Produktionsleiter delegiert. Jene verfügen über ein Kostenbudget und erhalten eine Produktmengenvorgabe als zusätzliches Ziel. Dies führt (erwartungsgemäß) dazu, dass die kostengünstigere Produktionstechnik bevorzugt ausgewählt wird – dies ist aber die traditionelle. Deshalb hat die Geschäftsleitung zusätzlich eine Art Produktionskostenausgleich festgelegt: Für jedes nach der neuen Technik produzierte Stück erhält der Bereich eine Kostenentlastung gutgeschrieben, die 110% der variablen Mehrkosten pro Stück nach der neuen Technik beträgt.

Zur Kollusion kann der Produktionsbereich mehr als tatsächlich realisiert der neuen Anlage zuschreiben.

In der Literatur wird als eigene Anforderung an Belohnungssysteme bisweilen deren **Pareto-Effizienz** gefordert (vgl. Laux [Anreiz] 29 f.). Als pareto-effizient wird eine Verteilung V dann bezeichnet, wenn jede Verteilung, bei der sich mindestens ein Beteiligter besser stellt als bei der Ursprungsverteilung V, gleichzeitig für mindestens einen Beteiligten ein schlechteres Ergebnis bringt. Wendet man diese Definition auf die Gruppe der Belohnungsempfänger an, dann stellt sich ein Belohnungssystem dann als pareto-effizient heraus, wenn eine gegebene Verteilung der gewährten Belohnungen nur durch Umverteilung geändert werden kann und die Summe der Belohnungen dadurch nicht höher wird. Umverteilungen würden sich insbesondere dann ergeben, wenn eine Leistung, die etwa Person X erbracht hat, als Leistung von Y deklariert würde. Man erkennt, dass bei kollusionsfreien Systemen nur summenneutrale Umverteilungen möglich sind. Erlaubt andererseits ein Belohnungssystem eine Kollusion, ist es offenbar auch nicht pareto-effizient. Die Forderung nach Kollusionsfreiheit und die nach Pareto-Effizienz in diesem Sinn sind also **identisch.**

andere Interpretation und anderer Name zur zweiten Durchführungsanforderung

Die dritte Durchführungsanforderung schließlich betrifft die Komponente des „Kennens" und des Vertrauens in die Richtigkeit der Berechnungen. Dies ist ein wichtiger Faktor für die Akzeptanz eines Belohnungssystems. Alle anderen Anforderungskomponenten tragen ebenfalls zur Akzeptanz des Systems bei, richten sich aber auf dessen Inhalt. Mit der Forderung nach **Transparenz** soll der Definitionskomponente des vorherigen Bekanntseins und der vorherigen Vereinbarung nachgekommen werden. Transparenz bedeutet aber auch, dass die Betroffenen das System inhaltlich verstehen. Die Wirkungsweise des Belohnungssystems ist daher den von ihm erfassten Mitarbeitern, ihrem Ausbildungsstand und ihrer bisherigen Erfahrung entsprechend zu erläutern. Nur so kann es wirken. Diese Anforderung ist offensichtlich nicht durch besondere Merkmale des Belohnungssystems zu erfüllen, sondern durch eine entsprechende Kommunikationsleistung. Indirekt hat sie aber dennoch eine Konstruktionskomponente: Wo nämlich durch eine gewisse Vergröberung die Transparenz deutlich steigerbar wäre, kann sogar eine Mindererfüllung anderer Anforderungen zugunsten einer besseren Verständlichkeit bei den Betroffenen vorteilhaft sein. Gerade im Controlling ist freilich mit diesem Argument zurückhaltend zu verfahren, denn in Koordinationszusammenhängen gilt der Grundsatz, dass im Allgemeinen die Einfachheit und die inhaltliche „Gerechtigkeit" eines Systems einander widersprechende Forderungen sind. Und alle Anforderungen an ein Belohnungssystem sind ja Gerechtigkeitsanforderungen.

dritte Durchführungsanforderung

Intersubjektive Überprüfbarkeit eines Belohnungssystems bedeutet, dass auf der Basis objektiver Eingangsdaten, die vom Betroffenen stammen oder ihm zumindest bekannt und von ihm akzeptiert sind, jede sachkundige Person die gleiche konkrete Belohnungshöhe errechnen würde. Diese Forderung gilt als grundlegend für leistungsorientierte Entlohnungssysteme (vgl. vor allem Milgrom/Roberts [Organization] 215). Es sorgt für Kontrollierbarkeit und Willkürfreiheit und unterstützt somit das Vertrauen in den Berechnungszusammenhang der Belohnung.

noch: dritte Durchführungsanforderung

Die insgesamt fünf Anforderungen stehen durchweg in einer **konfliktären Beziehung** zueinander. Für die beiden inhaltlichen Hauptkriterien ist das oben schon dargelegt worden. Aber auch die drei Durchführungsanforderungen können zu widersprüchlichen Ausgestaltungstendenzen führen. Maßnahmen zur Verbesserung der Controllability komplizieren oft das System, weil sie Effekte

Gesamtschau auf die Anforderungen an Belohnungssysteme

nach Ursachen zu trennen versuchen. Dadurch sinkt die Transparenz, bisweilen wird das System kollusionsanfällig. Inputgrößen, bei denen grundsätzlich die Controllability besser zu gewähren ist, sind in der Regel schlechter objektiv überprüfbar. Maßnahmen zur Kollusionsverhinderung hingegen führen entweder zur Reduktion der Anreizkompatibilität (wo Unterschiede tendenziell nicht honoriert werden, kann man mit diesen Unterschieden auch nicht betrügen) oder sie vermindern die Transparenz. Eine erhöhte Effizienz bringt ihrerseits möglicherweise eine geringere Controllability mit sich (man verzichtet etwa auf die Isolierung des personenspezifischen Beitrags und belohnt das „Ganze") oder eine schwächere Überprüfbarkeit (man vereinbart eine angemessene Erfolgsbeteiligung, ohne sie genauer zu präzisieren; für den Betroffenen ist das vielleicht akzeptabel – nur nicht für Dritte).

Ein besonderer Blick lohnt sich auf den Zielaspekt des **Risikos.** Die Risikopräferenz der vorgesetzten Einheit ist Teil der betrieblichen Zielsetzung und bestimmt das Merkmal der Anreizkompatibilität mit. Typischerweise geht man davon aus, dass die Risikopräferenz, zumindest was das Einkommen betrifft, bei den Mitarbeitern schwächer ausgeprägt ist als bei den Vorgesetzten. Diese oft plausible Annahme ergibt nach den Forderungen der Anreizkompatibilität tendenziell eher ein Belohnungssystem mit sicheren, fixen Komponenten für den Mitarbeiter, während die Manager eher bereit sind, für den Betrieb den variablen, also risikoreicheren Komplementteil zu übernehmen. Eine solche Risikoteilung widerspricht indessen in gewissem Sinn grundsätzlich der Idee eines Anreizsystems. Sie steht auch im Widerspruch zur Forderung nach Kollusionsfreiheit. Letzteres erschließt sich durch einen Blick auf die im hierarchischen Zusammenhang möglicherweise bestehende Principal-Agent-Problematik. Es bietet sich an, die Entstehung der typischen Principal-Agent-Nachteile durch eine entsprechende Anreizgestaltung von vornherein zu verhindern. So lässt sich das Hidden-Action-Problem dadurch vermeiden, dass sich sowohl Vorgesetzter als auch Mitarbeiter letztlich nur noch für das Arbeitsergebnis interessieren, weil nur dieses honorierungsfähig ist. Dann bringt das Nichtstun des Mitarbeiters für den Vorgesetzten kein Risiko mehr; die ganze ungünstige Konsequenz daraus trägt der Mitarbeiter. Dieses Standardmuster zur Lösung von Principal-Agent-Problemen über ein Anreizsystem (siehe Kapitel II, S. 23) enthält als Lösungskern die Zuordnung des Risikos (einer schwachen Arbeitsleistung, eines Misserfolgs der Produktion usw.) an den Mitarbeiter (vgl. Laux [Anreiz] 29, Gillenkirch [Anreizverträge] 29 ff.). Nur so kann die Principal-Agent-Problematik mit delegiert werden. Dies aber steht in direktem Widerspruch zu den oft angenommenen typischen Risikopräferenzen von Principal und Agent.

4. Modellbeispiele spezieller Anreizsysteme bei Ressourcenverbund und asymmetrischer Informationslage

a) Delegationsprinzip und Koordinationsproblematik im Modellfall

Problemsituation eines Fallbeispiels

Um die Möglichkeiten und Grenzen in der Gestaltung von Belohnungssystemen an einem Fall zusammenfassend zu erläutern, betrachten wir in diesem Abschnitt ein in der Literatur oft herangezogenes Beispiel. Ausgangspunkt ist folgende Problemsituation: Ein Betrieb ist in n dezentrale Bereiche untergliedert, die prinzipiell gleichberechtigt sind und an die weitgehend Entscheidungsautonomie delegiert ist. Alle verwenden für ihre Produktion jedoch eine gemeinsame Ressource, die wegen ihres hohen Preises und des gemeinsamen Optimierungspotenzials von der Zentrale beschafft und verteilt wird. Gesucht ist für jeden Bereich i die Ressourcenmenge r_i, die ihm in der Planperiode zugewiesen werden soll, und damit die Gesamtbeschaffungsmenge $r = \sum_i r_i$. Zur Lösungsfindung meldet zunächst jeder Bereich i einen Gewinnzusammenhang in Form einer Zuordnung möglicher Einsatzmengen r_i und eines zugehörigen Gewinns. Er meldet also eine Gewinnfunktion in Abhängigkeit der erhaltenen Einsatzgütermenge. Sie wird als G_i^{meld} bezeichnet, um sie von der später relevanten Gewinnfunktion G_i^{tat} für den tatsächlich entstandenen Gewinn zu unterscheiden. Damit ist erfasst, dass die Bereiche eine Gewinnprognose melden, die mit der späteren Gewinnentstehung nicht unbedingt übereinzustimmen braucht. Die Zentrale kann aber nur anhand der gemeldeten Gewinnzusammenhänge $G_i^{meld}(i=1,\ldots,n)$ entscheiden. Die Zielfunktion der Zentrale ist der auf dieser Basis prognostizierte Gesamtgewinn

Delegationsprinzip

$$G(r_1, r_2, r_3, \ldots, r_n) = \sum_{j=1}^{n} G_j^{meld}(r_j) - K(r) \quad \text{mit } r = \sum_{j=1}^{n} r_j.$$

Dabei sind K(r) die Kosten für die beschaffte Gesamtmenge. Mit dieser Zielfunktion fällt die Zentrale ihre Entscheidung über die an die einzelnen Bereiche i zuzuweisenden Mengen r_i und damit zugleich über die Gesamtbeschaffungsmenge r (die rechnerischen Einzelheiten dieser Optimierungsaufgabe stehen hier nicht zur Diskussion).

Das Problem dieses Fallbeispiels besteht darin, dass der nach der Zuweisung der Menge r_i an den Bereich i später tatsächlich eingetretene Gewinn $G_i^{tat}(r_i)$ im Allgemeinen von dem nach der gemeldeten Gewinnfunktion zu erwartenden Gewinn $G_i^{meld}(r_i)$ abweicht. Das kann durch einen zu geringen Arbeitseinsatz im dezentralen Bereich i begründet sein; es kann aber auch an einer (absichtlichen oder unabsichtlichen) Falschprognose des bei der Menge r_i zu erwartenden Gewinns $G_i^{meld}(r_i)$ liegen. Diese Hintergrundproblematik versucht man über ein passend gewähltes Belohnungssystem zu lösen. Die allgemeinen Anforderungen an die Gestaltung von Belohnungssystemen konkretisieren sich im vorliegenden Fall zu einem Bündel von Einzelforderungen, die sich in folgenden sechs Beurteilungspunkten darstellen lassen und insgesamt nicht ganz einfach zu lösen sind:

sechs besondere Anforderungen an das Belohnungssystem im Fallbeispiel

(1a) Nach dem Prinzip der **Controllability** soll vor allem die eigene Bereichsleistung honoriert werden. Insbesondere soll die Belohnung für Bereich i nicht dadurch steigen, dass etwa in einem anderen Bereich j mehr geleistet wird. Der sogenannte **Free-Rider-Effekt** soll also vermieden werden.

(1b) Im vorliegenden Problemzusammenhang kann ein Bereich i selbst nicht verhindern, dass er durch (möglicherweise sogar gezielte) **Falschprognosen** eines anderen Bereichs j geschädigt wird, indem er dadurch weniger Ressourcen erhält und er weniger (eigenen) Gewinn erzielt. Vielleicht wird dadurch sogar die Ressourcenverteilung insgesamt ungünstiger und so weniger Gesamtgewinn erreicht. Es soll vermieden werden, dass sich wegen solcher Effekte die Belohnung von i reduziert. Dies ist eine Zusatzforderung, die zur Controllability-Bedingung gehört.

(2a) Nach der Forderung der allgemeinen **Anreizkompatibilität** soll die Belohnung umso höher sein, je höher der Bereichsgewinn $G_i^{tat}(r_i)$ ausfällt.

(2b) Um die Gefahr einer zentralen Fehlplanung und der damit verbundenen Fehlallokation der knappen Ressource zu vermeiden, soll eine möglichst zutreffende Prognose des Bereichs i gefördert werden, auch **wahrheitsgemäße Berichterstattung** genannt. Die Abweichung von $G_i^{meld}(s)$ zu $G_i^{tat}(s)$ für relevante Mengen s soll also möglichst klein sein. Diese Forderung ist beim angelegten System der Arbeitsteilung zwischen Zentrale und den dezentralen Bereichen ein Aspekt der systemausfüllenden Koordination und wird dadurch für das Belohnungssystem der untergeordneten Einheiten zu einem Teil der Anreizkompatibilität. Im Verhältnis der beiden bisher beschriebenen Komponenten der Anreizkompatibilität muss aber eine unternehmungszielentsprechende Größenordnung eingehalten werden: Wenn beispielsweise die Prognose falsch war und daraufhin dem Bereich i eine bestimmte Einsatzmenge s zugewiesen wurde, die einen über $G_i^{meld}(s)$ hinausgehenden Gewinn erbringt, darf die Belohnung der wahrheitsgemäßen Berichterstattung nicht so groß werden, dass auf den jetzt realisierbaren Gewinn $G_i^{tat}(s)$ verzichtet wird.

(2c) Das Zuweisungsproblem der Zentrale besteht auch darin, die relativen Vorteilhaftigkeiten des Ressourceneinsatzes in den anderen Bereichen zu vergleichen und die Ressourcen dorthin zu geben, wo insgesamt der relativ höchste Gesamtgewinn erreichbar ist. Die externen Beschaffungskosten für die Gesamtmenge, die bei großem Bedarf vielleicht progressiv steigen, können deshalb dazu führen, dass ein Bereich i eine kleinere Zuteilung erhält, wenn ein anderer Bereich j bessere Gewinnchancen meldet. Ein solcher Bereich i, der wegen der relativ besseren Ressourcennutzbarkeit anderer Bereiche weniger Zuweisungen erhält, darf **aus der insgesamt besseren Ressourcenverteilung keinen Belohnungsnachteil** erleiden. Auch diese Forderung gehört zur Anreizkompatibilität; sie kommt aber vor allem dann zu Zuge, wenn sich die Belohnung einseitig am isolierten Bereichsgewinn orientiert.

(3) Das Prinzip der **Kollusionsfreiheit** bedeutet im vorliegenden Fall, dass eine vorherige Absprache der Bereiche zu keiner Erhöhung der summierten Bereichsbelohnungen führen darf, wenn sich nicht auch der Gesamtgewinn erhöht.

Nichtrelevanz der weiteren Anforderungen

Die beiden verbleibenden allgemeinen Forderungen, die nach Effizienz und die nach Überprüfbarkeit und Transparenz des Belohnungssystems, weisen im vorliegenden Fallbeispiel keine Besonderheiten auf; insbesondere unterscheiden sich die nachfolgend dargestellten Lösungsvorschläge hierin nicht wesentlich. Diese beiden Anforderungen werden daher im Weiteren nicht eigens kommentiert.

b) Leistungsfähigkeit verschiedener Anreizsysteme für den Modellfall

drei Modelllösungen

Für das geschilderte Problem gibt es **verschiedene Lösungsvorschläge**. Die drei bekanntesten, das Profit Sharing, das Groves-Schema und das Weitzman-Schema, werden nachfolgend dargestellt (vgl. dazu die Originalquellen Groves

4. Modellbeispiele spezieller Anreizsysteme

[Incentive], Weitzman [Incentive Model] sowie die Darstellungen bei Ewert/ Wagenhofer [Unternehmensrechnung] 41 ff., 497 ff. und Laux [Anreiz] 521 ff.; die Symbolisierung erscheint äußerlich gegenüber den Originalquellen stark abgeändert, ist aber lediglich zur besseren Vergleichbarkeit vereinheitlicht). Mit B_i wird die Belohnung des Bereichs i (i = 1, ..., n) bezeichnet; α_i ist der (konstante) Anteilsatz, mit dem der Bereich i am tatsächlichen Gewinn oder an einem Verrechnungsgewinn partizipiert. Ebenso wie der Betrag $Fixum_i$ ist auch der Anteilsatz α_i für alle Bereiche i (i = 1, ..., n) von der Zentrale vorab festgelegt und kann Bereichsbesonderheiten berücksichtigen, nicht aber die Höhe des erst noch festzustellenden Basisgewinns.

Das **Profit Sharing** gewährt dem Bereich i eine Belohnung, die sich neben dem Fixum aus einem Anteil am betrieblichen Gesamtgewinn zusammensetzt:

erster Lösungsvorschlag

Profit Sharing:

$$B_i = Fixum_i + \alpha_i \cdot \underbrace{\left[\sum_j G_j^{tat}(r_j) - K\left(\sum_j r_j\right)\right]}_{\text{Bemessungsgrundlage}}$$

Mit dem Profit Sharing werden die Bedingungen der Beurteilungspunkte 2a, 2c und 3 erfüllt, die des Beurteilungspunktes 2b nicht gerade verletzt; aber die der Beurteilungspunkte 1a und 1b werden verfehlt.

Zu Beurteilungspunkt 1a:
Eine Free-Rider-Verhaltensweise ist möglich. Auch bei minimalem eigenen Arbeitseinsatz erhält der Bereich i seinen Anteil an dem von den anderen erwirtschafteten Gewinn.

Zu Beurteilungspunkt 1b:
Das System gewährt auch demjenigen Bereich, der wegen des besseren Input-Output-Verhältnisses anderer Bereiche selbst weniger Ressourcen erhalten und dadurch kleinere eigene Gewinnerreichungsmöglichkeiten hatte, durch seinen Anteil am insgesamt dadurch höheren Gewinn einen Teilausgleich. Entsteht diese Lage durch eine übertrieben positive Falschprognose anderer, dann ist im Allgemeinen der erhaltene gegenüber dem entgangenen Gewinnanteil kleiner.

Zu Beurteilungspunkt 2a:
Die Belohnung steigt, wenn der eigene oder auch der Gesamtgewinn steigt.

Zu Beurteilungspunkt 2b:
Gegenüber einer vorherigen Falschmeldung ist das System äußerlich indifferent. Weil falsche Prognosen das Gesamtoptimum stören, fällt aber mit jeder Falschprognose die Belohnung aller Bereiche kleiner aus als möglich. Ein Anreiz zu einer wahrheitsgemäßen eigenen Meldung besteht dadurch aber kaum, da die Belohnung zu stark von den nicht beeinflussbaren Meldungen der anderen Bereiche abhängt.

Zu Beurteilungspunkt 2c:
Nach dem bei Beurteilungspunkt 1b erläuterten generellen Muster werden auch die geringeren Gewinnerzielungsmöglichkeiten ausgeglichen, die wegen kleinerer Ressourcenzuteilung hinzunehmen sind, weil andere Bereiche ein besseres

Input-Output-Verhältnis haben. Allerdings ist hier im Gegensatz zur Falschprognose nach Punkt (1b) die dadurch zusätzlich erhaltene Belohnung gegenüber der entgehenden größer. Wie generell beim Profit Sharing gilt für alle die gleiche Bemessungsgrundlage, deshalb handelt es sich nicht um einen spezifischen Zuschuss wegen der Benachteiligung eines speziellen Bereichs.

Zu Beurteilungspunkt 3:

Kollusionsmöglichkeiten bestehen offensichtlich nicht. Im Gegenteil: größer ist die Gefahr eines Free-Rider-Verhaltens.

zweiter Lösungsvorschlag

Groves strebt in seinem Belohnungssystem (nach angloamerikanischer Sprechweise üblich als „Schema" bezeichnet) an, vor allem die Controllability-Problematik nach Beurteilungspunkt 1b zu beseitigen. Als Bemessungsgrundlage definiert er deshalb für jeden Bereich i einen spezifischen Verrechnungsgewinn. In diesen Verrechnungsgewinn geht nur der eigene Bereich i mit der tatsächlich erzielten Höhe ein. Für jeden anderen Bereich j wird der prognostizierte Gewinn $G_j^{meld}(r_j)$ für dessen zugewiesene Ressourcenmenge r_j angesetzt:

Groves-Schema:

$$B_i = \text{Fixum}_i + \alpha_i \cdot \underbrace{\left[G_i^{tat}(r_i) + \sum_{\substack{j \\ j \neq i}} G_j^{meld}(r_j) - K\left(\sum_j r_j\right) \right]}_{\text{Bemessungsgrundlage}}.$$

Damit erhält Bereich i diejenige Belohnung, die er auch erhalten hätte, wenn die Prognosen aller anderen Bereiche richtig gewesen wären. Die Forderungen der Beurteilungspunkte 1b und 2c sind damit bestmöglich erfüllt. Die Forderung der Anreizkompatibilität ist nach wie vor gut erfüllt, was den eigenen Beitrag von Bereich i betrifft. Für die Zentrale sind dagegen die prognostizierten Beträge der anderen Bereiche weniger belohnenswert als die tatsächlichen; insgesamt ist damit die Anreizkompatibilität nach Beurteilungspunkt 2a etwas schlechter erfüllt als beim Profit Sharing.

Auch die nach Beurteilungspunkt 2b betonte wahrheitsgemäße Berichterstattung wird letztlich nicht besser unterstützt. Bereich i könnte nach seiner Belohnungsfunktion dazu tendieren, eine optimistischere Prognose zu setzen. Weder er selbst, noch andere hätten davon einen direkten Nachteil; Falschprognosen werden nicht bestraft. Aber vielleicht erhält Bereich i dadurch eine etwas größere Menge an Ressourcen, weil er durch die übertriebene Gewinnprognose insgesamt förderungswürdiger erscheint als andere Bereiche. Soweit dies im Vergleich zu anderen Verwendungsmöglichkeiten zu ungerechtfertigt hohen Ressourcenzuweisungen führt, hat Bereich i dennoch einen Vorteil. Seine Belohnung wächst schon bei minimalem Mehrgewinn, den diese zusätzlichen Ressourceneinheiten ermöglichen. Der dazu korrespondierende Nachteil, nämlich eine geringere Gewinnerzielungsmöglichkeit in anderen Bereichen, würde sich aber für ihn nicht negativ auswirken. In seiner eigenen Belohnungsfunktion sind für die anderen deren gemeldete Werte anzusetzen.

Die größten Probleme bereitet allerdings der Beurteilungspunkt 3. Denn das System ist sehr deutlich kolludierbar: Wenn sich auch nur zwei Bereiche so absprechen, dass beide sehr große Prognosegewinne melden, entsteht konsequenzenfrei eine hohe Belohnung durch die Meldung des jeweils anderen. Angesichts dessen ist die Frage, ob es sich hierbei gleichzeitig um eine Free-Rider-Problematik handelt oder nicht, sekundär.

Das von **Weitzman** vorgeschlagene Belohnungssystem richtet sich dagegen primär auf die Prognosegenauigkeit. In seine Belohnungsfunktion für den Bereich i gehen ausschließlich die eigenen Gewinne dieses Bereichs i ein, und zwar die gemeldeten und die tatsächlichen. Damit kann das Weitzman-Schema auch die Prognoseabweichungen erfassen. Die Belohnungsfunktion berechnet sich aus einem Fixum und einem Anteil am tatsächlichen Gewinn. Stimmt jener mit dem gemeldeten überein, ist die mit der zugehörigen Einsatzmenge erreichbare Belohnung am höchsten. Dann ist auch die Berechnung beendet.

dritter Lösungsvorschlag

Stimmt in Bereich i die für die zugewiesene Einsatzmenge r_i gemeldete Gewinnhöhe nicht mit der tatsächlich erreichten überein, berechnet sich die Belohnung aus einem Grundterm und einem Korrektursummanden. Allgemein gilt im Weitzman-Schema folgende Belohnung:

Weitzman-Schema:

$$B_i = \underbrace{Fixum_i + \alpha_i \, G_i^{meld}(r_i)}_{\text{Grundterm}} + \underbrace{\begin{cases} \alpha_i^{MEHR} \cdot \underbrace{\left(G_i^{tat}(r_i) - G_i^{meld}(r_i)\right)}_{\text{falls positiv}} \\ \alpha_i^{WENIGER} \cdot \underbrace{\left(G_i^{tat}(r_i) - G_i^{meld}(r_i)\right)}_{\text{falls negativ}} \end{cases}}_{\text{Korrektursummand}} \quad \text{mit } \alpha_i^{MEHR} < \alpha_i < \alpha_i^{WENIGER}$$

Der rechts stehende Korrekturterm sorgt dafür, dass ein nicht prognostizierter Zusatzgewinn zwar (noch) eine positive Zusatzbelohnung ermöglicht, dieser Zuschlag aber gegenüber einer richtig prognostizierten Höhe unterproportional ist. Bleibt dagegen der tatsächliche Gewinn unter dem für die gleiche Ressourcenmenge vorhergesagten Betrag zurück, wird in Höhe der Differenz ein Belohnungs-Abschlag berechnet, der aber noch eine Nettobelohnung lässt. Sie ist allerdings kleiner, als sie bei korrekter Prognose gewesen wäre. Abb. IX-6 zeigt die Belohnungssituation in Abhängigkeit des tatsächlich erzielten Gewinns.

Der Verlauf zeigt, dass die durchschnittliche Belohnung nach erfolgter Meldung und zugeteilter Ressourcenmenge dort am größten ist, wo der tatsächliche mit dem gemeldeten Gewinn übereinstimmt. Zum Vergleich der drei dargestellten Belohnungsfunktionen ist darauf hinzuweisen, dass die absolute Höhe des Grundbetrags $Fixum_i$ und des Gewinnanteils α_i beim Profit Sharing und beim Groves-Schema gleich sein können, allerdings beim Weitzman-Schema im Vergleich zu den beiden anderen Belohnungssystemen beide höher sein müssten, um insgesamt ein vergleichbares Belohnungsniveau zu erreichen.

In der Beurteilung des Weitzman-Schemas im Vergleich zu den anderen beiden vorgestellten Belohnungssystemen ist nach der Hauptkonstruktionsidee offensichtlich, dass ein hoher Anreiz zu möglichst wahrheitsgemäßer Berichterstattung, d. h. zutreffender Prognose besteht, also Beurteilungspunkt 2b voll erfüllt

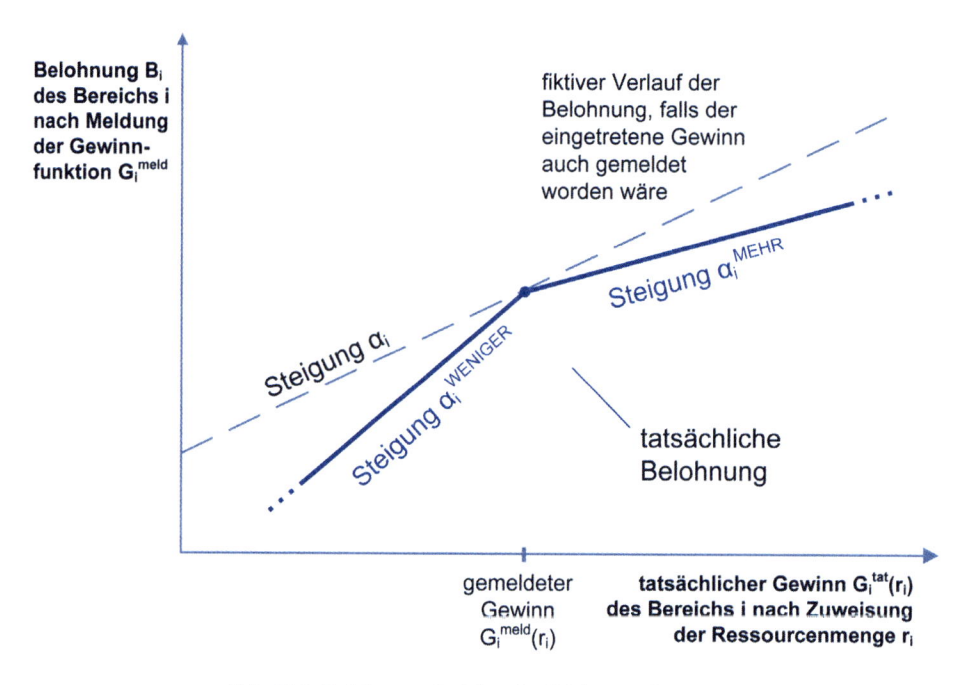

Abb. IX-6: Belohnungsfunktion des Weitzman-Schemas

ist. Kollusionsmöglichkeiten durch Kooperation mit anderen Bereichen nach Beurteilungspunkt 3 bestehen nicht, schon weil andere als die eigenen Werte in der Belohnungsfunktion gar nicht auftreten. Aus demselben Grund ist die Controllability gemäß Beurteilungspunkt 1a sehr gut erfüllt. Probleme der in Beurteilungspunkt 1b angegebenen Art können konstruktionsbedingt nicht auftreten.

Schlechter ist es dagegen mit der generellen Anreizkompatibilität nach Beurteilungspunkt 2a bestellt: Der den Betrieb vordringlich interessierende Gesamtgewinn tritt nur in der Summe der individuellen Belohnungsfunktionen auf. Ein Ausgleich gemäß Beurteilungspunkt 2c für Bereiche, die zugunsten produktiverer Schwesterbereiche teilweise auf eine höhere Ressourcenzuweisung verzichten müssen, existiert nicht.

Gesamtschau auf die Lösungsvorschläge

Im Vergleich der drei vorgestellten Belohnungssysteme nimmt die primäre Anreizkompatibilität nach Beurteilungspunkt 2a vom Profit Sharing über das Groves-Schema zum Weitzman-Schema hin ab, die Controllability nach Beurteilungspunkt 1 dagegen in der gleichen Reihenfolge zu. In Abb. IX-7 sind die einzelnen Beurteilungsaspekte nochmals im Überblick zusammengestellt.

Konsequenzen für die Konstruktion von Belohnungssystemen

Die Analyse der konkreten Anforderungen an ein Belohnungssystem für das noch einfach strukturierte Fallbeispiel, festgemacht an den sechs dafür relevanten Beurteilungspunkten, verdeutlicht die allgemeine Problematik, Lösungen für Anreizsysteme zu finden, die unter allen genannten Aspekten als gerecht akzeptiert werden. Nahezu durchweg muss man sich deshalb mit **Kompromisslösungen** begnügen. Aus koordinationsorientierter Controlling-Sicht ist dabei wichtig, bei allen Aspekten jedenfalls ein Mindestmaß an Prinzipieneinhaltung sicherzustellen und im Übrigen vor allem das Gerechtigkeitsempfinden der un-

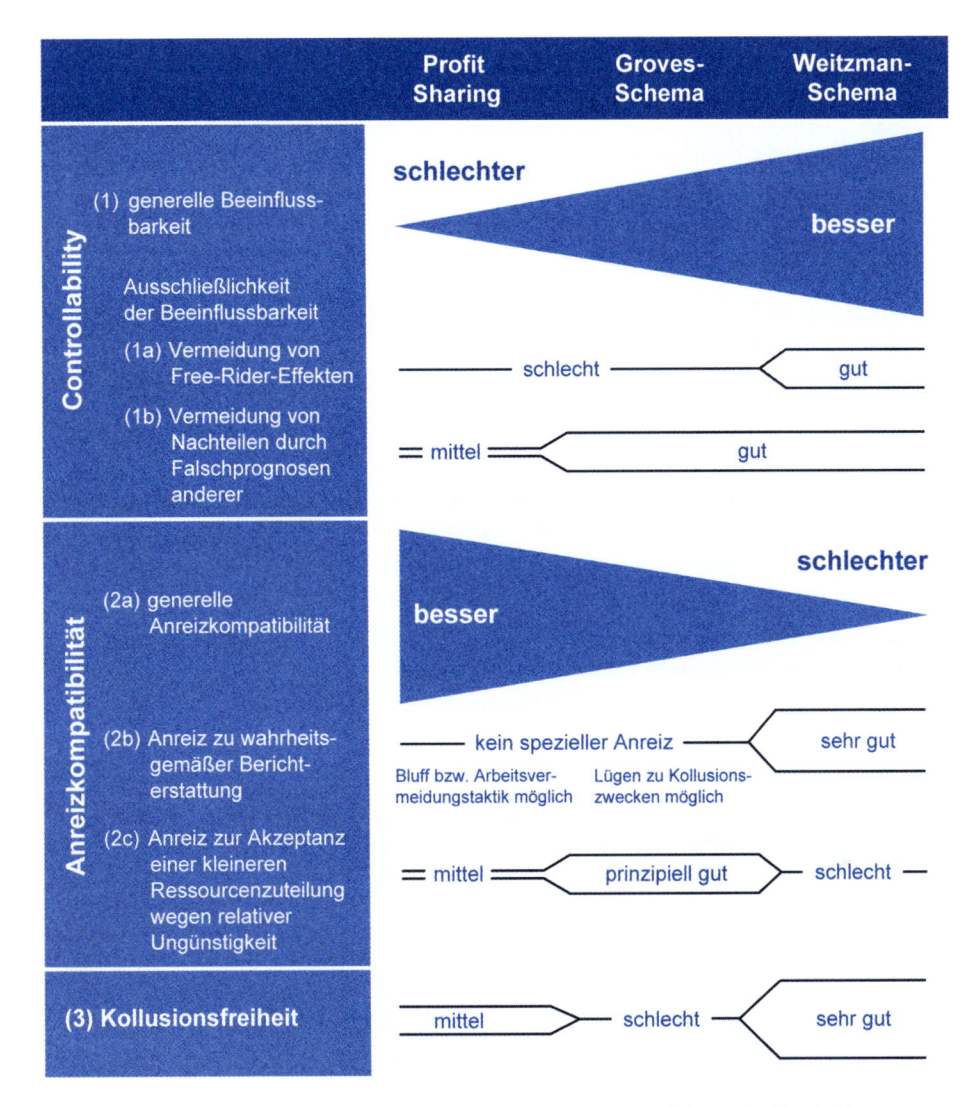

Kapitel IX auf einen Blick

	Profit Sharing	Groves-Schema	Weitzman-Schema	Gesamturteil zu den drei Belohnungs-funktionen
Controllability (1) generelle Beeinflussbarkeit	schlechter		besser	
Ausschließlichkeit der Beeinflussbarkeit (1a) Vermeidung von Free-Rider-Effekten	— schlecht —		gut	
(1b) Vermeidung von Nachteilen durch Falschprognosen anderer	= mittel =		gut	
Anreizkompatibilität (2a) generelle Anreizkompatibilität	besser		schlechter	
(2b) Anreiz zu wahrheitsgemäßer Berichterstattung	Bluff bzw. Arbeitsvermeidungstaktik möglich	kein spezieller Anreiz — Lügen zu Kollusionszwecken möglich	sehr gut	
(2c) Anreiz zur Akzeptanz einer kleineren Ressourcenzuteilung wegen relativer Ungünstigkeit	= mittel =	prinzipiell gut	schlecht	
(3) Kollusionsfreiheit	mittel	schlecht	sehr gut	

Abb. IX-7: Profit Sharing, Groves-Schema und Weitzman-Schema im Vergleich

mittelbar Beteiligten zu beachten. Zwingend aus Controlling-Sicht ist es, sich durch die Konstruktion des Belohnungssystems selbst nicht neue Probleme einzuhandeln, die größer sind als jene, die man mit dem Belohnungssystem beseitigen wollte.

Kapitel IX auf einen Blick

- Unter den Aufgaben der Koordination im Führungsbereich hat sich in den vergangenen Jahren insbesondere die Personalführung zu einem neuen Schwerpunkt der Controlling-Diskussion entwickelt. Insbesondere gilt dies für betriebliche Motivations- und Anreizsysteme.

- Zur Motivationswirkung aktiv gestaltbar sind speziell Anreizsysteme. Ihre Problematik ordnet sich zunächst in die allgemeinere Diskussion der Entlohnungsgerechtigkeit ein. Hier sind vier Gerechtigkeitsprinzipien zu berücksichtigen:
  - die Schwierigkeitsgerechtigkeit,
  - die Leistungsgerechtigkeit,
  - die Sozialgerechtigkeit,
  - die Verhaltensgerechtigkeit.
- Anreizsysteme können nur bei mangelndem Wollen, nicht aber bei mangelndem Können erfolgreich sein.
- Anreizsysteme zielen deshalb hauptsächlich (nur) auf die Leistungsgerechtigkeit.
- Kontrollen sind teilweise Elemente von Anreizsystemen, teilweise auch Alternativen dazu.
- Besondere Beachtung verdienen Belohnungssysteme (= Incentive-Systeme). Dies sind vereinbarte und bekanntgegebene Systeme positiver Anreize.
- Für Belohnungssysteme gibt es zahlreiche Beispiele im betrieblichen Alltag. Das ist einer der beiden Hauptgründe für die besondere Beachtung im Controlling.
- Den Gerechtigkeitsprinzipien folgend, lassen sich für Belohnungssysteme bestimmte Anforderungen aufstellen. Die beiden wichtigsten sind
  - das Prinzip der Controllability (der Beeinflussbarkeit)
  - und das Prinzip der Anreizkompatibilität (der Orientierung an betrieblichen Zielen).
- Nach den ergänzenden Durchführungsanforderungen für Belohnungssysteme ist insbesondere zu verhindern, dass ein Belohnungssystem unterlaufen werden kann (Anforderung der Kollusionsfreiheit). Es gibt viele Beispiele aus allen betrieblichen Bereichen dafür, wie schwierig dies ist. Dies ist der zweite Grund für eine Analyse aus Controlling-Sicht.
- Eine gleichmäßige Erfüllung der verschiedenen Anforderungen an Belohnungssysteme ist nur begrenzt möglich. Daher liegt auch hierin eine Optimierungsaufgabe.
- Eingängige Beispiele für den (eng begrenzten) Anwendungsfall einer speziellen Anreizproblematik bei der Investitionsbudgetierung sind die Modelle des Profit Sharing, des Groves- und des Weitzman-Schemas.

Warum es auch im einfachsten Fall manchmal nicht klappt:

Kapitel X: Wertorientierte Unternehmungssteuerung

1. Merkmale wertorientierter Unternehmungssteuerung

„Wertorientierung" bezeichnet allgemein eine Zielrichtung der betrieblichen Führung, und zwar eine betont **finanzielle.** Dies ist insofern bemerkenswert, als die heutige Betriebswirtschaftslehre und damit auch das Controlling von einem betrieblichen Zielsystem ausgeht, das neben **formalen** Zielen, zu denen insbesondere die finanziellen gehören, im Allgemeinen auch **sachliche** und **soziale** Ziele enthält. Die ausschließliche Konzentration auf formale Ziele ist deshalb ungewöhnlich. Möglicherweise wird sie in der betrieblichen Anwendung weniger konsequent verfolgt, als es auf oberer Ebene kommuniziert wird. Es mag deshalb sein, dass auch nichtformale Zielinhalte tatsächlich eine Bedeutung haben. Es wäre dann eine Controlling-Aufgabe, das festzustellen und ggf. die tatsächlich verfolgten Ziele an die intern in Führungsprozessen kommunizierten und berücksichtigten anzupassen. In diesem Kapitel wollen wir aber von der die Wertorientierung definierenden Beschränkung auf formale Ziele ausgehen. Dies bietet einen deutlichen und pointierten Bezugspunkt für betriebliche Entscheidungen. Andere Zielinhalte sind dann, wenn sie überhaupt noch vorkommen, auf eine instrumentale Rolle beschränkt: sie dienen als Mittel zum Zweck. Beispielsweise gibt man sich umweltfreundlich, weil dies über ein gutes Image bei betrieblichen Zielgruppen zu entsprechenden Umsatz- und Gewinnverbesserungen führt. Oder man bemüht sich um ein gutes Betriebsklima, weil gut gelaunte Mitarbeiter besser arbeiten usw.

Was ist wertorientierte Steuerung?

Was die Controlling-Arbeit angeht, so bietet die Wertorientierung tatsächlich einige **handwerklichen Vorteile,** die im Alltag von enorm erleichternder Wirkung sind:

- Statt mehrerer Ziele, deren Verhältnis zueinander, etwa über ihre Gewichtung, noch zu klären wäre, gibt es **nur ein einziges Ziel:** es geht um Geld.
- Anstelle von Zielinhalten, die durch eine geeignete operationalisierende Definition erst messbar gemacht werden müssten und über deren Messskalen erst nachgedacht werden müsste, wie Kundenzufriedenheit, Marktmacht, Produktqualität oder Umweltverträglichkeit, hat der Zielinhalt von vornherein bereits **eine unstrittige Skala:** Euro und Cent (oder die entsprechende Wertskala einer anderen Währung).

auf den ersten Blick ist wertorientierte Steuerung einfach, …

Damit vereinfacht sich die Controlling-Arbeit gerade an sensiblen Stellen erheblich. Freilich: So eindeutig, wie es der erste Blick versprechen mag, ist die Ziel-

... auf den zweiten Blick doch nicht

messung dann doch nicht. Das pauschale Postulat nämlich, der finanzielle Erfolg sei das allein Maßgebliche, weist noch **erheblichen Spielraum** auf. Beispielsweise stellen sich Fragen der folgenden Art:

- Geht es um (Bar-)Geld oder auch um **andere Vermögenswerte?**
- Soweit **Mehrbestände** an Vermögenswerten als zielerhöhend akzeptiert sind: Wie werden sie exakt bestimmt?
- Wie werden allgemein **„jetzige" gegenüber „späteren"** Finanzmitteln bewertet?

präzise Zieldefinition ist zwingend

Gerade dann, wenn das wertorientierte Ziel im hierarchischen Zusammenhang als Vorgabe der betrieblichen Steuerung dient, sei es zwischen Eigentümer und Manager, sei es zwischen verschiedenen betrieblichen Organisationsebenen, bedarf es einer präzisen Definition. Wegen der prinzipiell bereits gegebenen quantitativen Messbarkeit empfiehlt sich dafür eine **Kennzahl** (siehe Kap. VI, zur organisatorischen Führung mit Kennzahlen vgl. Troßmann [Kennzahlen] 531 ff., zur Führung mit wertorientierten Kennzahlen vgl. insbesondere Ballwieser [Unternehmensführung] und [Grundlagen], Ewert/Wagenhofer [Unternehmensrechnung] 524 ff., Plaschke [Wertkennzahlen] und Schabel [Investitionssteuerung] 65 ff.). Davon freilich gibt es, schon wegen der verschiedenen möglichen Antworten auf die oben skizzierten Fragen, eine ganze Reihe. Viele von ihnen unterscheiden sich nur im Detail, in mehreren Fällen tritt die gleiche Kennzahl auch unter verschiedenen Namen auf. Die Vielfalt lässt sich allerdings ordnen, wenn die wertorientierten Kennzahlen in folgende drei Arten gruppiert werden:

Arten wertorientierter Kennzahlen

(1) **Renditen (Rentabilitäten),**

(2) **periodenbezogene Überschussgrößen,**

(3) **Gesamtwertgrößen.**

Anforderungen an wertorientierte Kennzahlen

Die besonderen Charakteristika der Kennzahlen dieser drei Gruppen werden nachfolgend genauer analysiert (einige Passagen dazu sind, z. T. detaillierter, auch unter Troßmann [Unternehmenssteuerung] veröffentlicht). Dazu sind prinzipiell die gleichen Überlegungen anzustellen, wie sie allgemein für Kennzahlen gelten. Bei der wertorientierten Führung lässt sich, wie bei jedem anderen mit Kennzahlen angegangenen Führungsproblem auch, ein sachorientierter und ein hierarchisch-organisatorischer Aspekt unterscheiden. Um ihren sachlichen Führungszweck erfüllen zu können, müssen wertorientierte Kennzahlen

- **entscheidungsorientiert** und
- **zukunftsgerichtet**

konzipiert sein. Werden sie für die hierarchische Lenkung eingesetzt, was insbesondere für das Verhältnis zwischen Eigentümern und Managern bei managergeführten Unternehmungen typisch ist, ist es wichtig, dass die konkreten Ausprägungen einer eingesetzten wertorientierten Kennzahl

- **objektiv**

sind, ihre Berechnung also belegbar ist.

2. Die drei Gruppen wertorientierter Kennzahlen

a) Renditen als wertorientierte Steuerungskennzahlen

Rentabilitäten, insbesondere bei Finanzanlagen gerne auch mit dem Synonym **Renditen** bezeichnet, gehören zu den beliebtesten Kennzahlen der Betriebswirtschaftslehre überhaupt (vgl. u. a. die empirische Studie zur Anwendung der wertorientierten Unternehmensführung im Mittelstand von Günther/Gonschorek [Mittelstand] 23). Im sicherlich als Prototyp für alle betriebswirtschaftlichen Standard-Kennzahlensysteme zu bezeichnenden DuPont-Kennzahlenschema von 1919 tritt eine Rentabilitätszahl, der **Return on Investment (RoI),** als Spitzenkennzahl auf. In vielen anderen Zusammenhängen werden Rentabilitäten unermüdlich herangezogen, um die Alternativen vor der Entscheidung zu bewerten oder Resultate nach der Realisation von Entscheidungen zu beurteilen. Abb. X-1 gibt einen Überblick über die wichtigsten Rentabilitätsarten.

Rentabilitätsarten

Woran die unzweifelhafte Beliebtheit von Rentabilitäten liegt, ist empirisch nicht belegt. Plausibel aber sind zwei Gründe: zum einen wird die Rentabilität gern dann ins Spiel gebracht, wenn Investitionen verglichen werden sollen, die einen **unterschiedlichen Kapitaleinsatz** haben. Die Rentabilität, so wird dann argumentiert, rechne diesen Unterschied heraus, da sie den Gewinn auf eine eingesetzte Geldeinheit beziehe und so die unterschiedlichen Kapitaleinsätze vergleichbar mache.

Rentabilitäten sind beliebt, ...

Das zweite Argument liegt in der **Interpretation.** Rentabilitäten lassen sich ähnlich interpretieren wie Zinssätze. Sie bringen auch komplexere Investitionszusammenhänge in eine leicht vergleichbare Form, indem Projektergebnisse zwanglos Zinssätzen etwa für finanzielle Kapitalanlagen gegenübergestellt werden können.

Aus entscheidungslogischer Sicht sind Rentabilitäten durchweg problematisch, jedenfalls Rentabilitäten für Realinvestitionen (vgl. Troßmann [Investition] 101 ff.). Dies liegt vor allem daran, dass die **implizit angenommene Vergleichbarkeit** mit Finanzinvestitionen für Realinvestitionen an empfindlichen Stellen nicht besteht. So sind Realinvestitionen in aller Regel prinzipiell nicht beliebig mit gleicher Wirkung reproduzierbar: Bringt die Investition einer Maschine mit einem Anschaffungsbetrag von 100.000 € beispielsweise eine Rentabilität von 15 %, so kann nicht einfach davon ausgegangen werden, bei einer Investition weiterer 100.000 € würde sich derselbe Effekt nochmals ergeben – wie es bei einer Geldanlage bestimmten Typs durchaus zutreffen kann.

... aber problematisch

Kaum harmloser ist die regelmäßige **Unteilbarkeit von Realinvestitionen.** Es gibt keine halben Maschinen, Projekte, Produktentwicklungen usw. Dies hat zur Folge, dass ein optimales Investitionsprogramm keineswegs die Investitionen mit den größten Rentabilitäten enthält, wenn nach dem größten finanziellen Überschuss gefragt ist. Dies ist letztlich auch der Grund dafür, dass sich Rentabilitäten kaum für die Steuerungsvorgabe an Manager eignen, wenn jene tatsächlich konsequent eine Rentabilitätsmaximierung betreiben. Die unweigerliche Konsequenz wäre eine zunehmende Reduktion der Betriebstätigkeit, indem diejenigen Projekte mit kleinerer Rentabilität eingestellt werden, um im Ergebnis eine höhere Gesamtrentabilität bei allerdings kleinerem Gesamtvolumen zu erreichen. Abb. X-2 zeigt ein schematisches Beispiel dafür.

Rentabilitätsarten: Überblick

Rentabilität / Rendite

allgemeine Definition:

$$\text{X-Rentabilität} = \frac{\text{Gewinn}}{X}$$

- "Gewinn" ist zu präzisieren (z. B. vor/nach Steuern, vor/nach Zinsabzug)
- X kann sein: Kapital, insbesondere Eigen- oder Gesamtkapital, Umsatz, Verkaufsfläche ("m^2-Rentabilität"), Belegschaftsgröße ("Pro-Kopf-Rentabilität") u. a.

Kapitalrendite / Return on Capital Employed, ROCE / Return on Investment, RoI:

$$\text{RoI} = \frac{\text{Gewinn (i. d. R. vor Zinsabzug)}}{\text{investiertes Kapital}}$$

- oft synonym verwendet: investiertes Kapital, Bruttoinvestition, Bruttoinvestitionsbasis (BIB), Capital Employed (CE), Investment (I)
- Die (ältere) Bezeichnung Return on Investment (RoI) wird häufig auch dann verwendet, wenn man verschiedene Kapitaleinsätze (Eigenkapital / Gesamtkapital / projektbezogener Einsatz) unterscheiden will.
- Die übliche Rentabilitätsberechnung geht häufig vom durchschnittlich eingesetzten Kapital aus.

(Eigen-)Kapitalrentabilität, Return on Equity, RoE:

$$\text{RoE} = \frac{\text{Gewinn}}{\text{Eigenkapital + Kapital mit Eigenkapitalcharakter *}}$$

* z.B. Genußrechtskapital, 50 % der Pensionsrückstellungen u. ä.

Gesamtkapitalrentabilität r:

$$r = \frac{\text{Gewinn + Fremdkapitalzinsen}}{\text{Gesamtkapital *}}$$

* Gesamtkapital mit den/ohne die stillen Reserven

Cash Flow Return on Investment, CFRoI:

$$\text{CFRoI} = \frac{\text{Brutto-Cash-flow} - \text{Annuitätenabschreibung}}{\text{investiertes Kapital}}$$

Abb. X-1: Einzeldefinitionen verschiedener Rentabilitätsarten

	Division	A	B	C
Jahr 1	Kapitaleinsatz	1.000.000 €	1.000.000 €	1.000.000 €
	Divisions-Gewinn	180.000 €	120.000 €	60.000 €
	Divisions-Rentabilität	18 %	12 %	6 %
	durchschnittlicher Gewinn	120.000 €		
	Gesamt-Rentabilität	12 %		
	rentabilitätserhöhender Vorschlag: **Einstellen von Division C**			
Jahr 2	Kapitaleinsatz	1.000.000 €	1.000.000 €	
	Divisions-Gewinn	180.000 €	120.000 €	
	Divisions-Rentabilität	18 %	12 %	
	durchschnittlicher Gewinn	150.000 €		
	Gesamt-Rentabilität	15 %		
	rentabilitätserhöhender Vorschlag: **Einstellen von Division B**			
Jahr 3	Kapitaleinsatz	1.000.000 €		
	Divisions-Gewinn	180.000 €		
	Divisions-Rentabilität	18 %		
	durchschnittlicher Gewinn	180.000 €		
	Gesamt-Rentabilität	18 %		

Abb. X-2: Beispiel zur Steuerungsproblematik von Rentabilitäten

Diese Gründe haben eine gewisse Reserve zur Folge, die aus Controlling-Sicht gegenüber Rentabilitäten besteht. Genau genommen sind Rentabilitäten für **Entscheidungszwecke** ungeeignet – bei entsprechend behutsamer Interpretation dagegen können sie für **nachträgliche Analysezwecke**, etwa um die betriebliche Tätigkeit pauschal mit alternativen Finanzinvestitionen zu vergleichen, durchaus noch herangezogen werden. Der Unterschied zwischen Steuerungsvorgabe und nachträglicher betriebswirtschaftlicher Analyse (ohne Folgevorgabe der gleichen Kennzahl) bedarf einer sorgfältigen Beachtung. Diese Sensibilität ist freilich oft nicht vorhanden.

beschränkte Verwendbarkeit von Rentabilitäten

Wegen der eingeschränkten Verwendbarkeit spielen die zahlreichen Präzisierungsfragen, die in Zusammenhang mit ihrer konkreten Detaildefinition auftreten, keine so bedeutende Rolle, wie es auf den ersten Blick scheinen mag. In der Tat gibt es für die adäquate Definition einige offene Fragen. Sie kreisen durchweg um das Problem, in der Rentabilitätsberechnung möglichst zueinander passende Größen gegenüberzustellen. Ein in der Definition liegendes Spannungsverhältnis ergibt sich schon allein daraus, dass bei der Kapitalrentabilität im Nenner mit dem eingesetzten Kapital eine **Bestandsgröße** steht, während der Gewinn im Zähler eine **Bewegungsgröße** ist. Daraus entsteht z. B. die Frage, ob das im Zeitraum der Gewinnentstehung **durchschnittlich** eingesetzte Kapital oder das zu Beginn dieses Zeitraums **anfangs** eingesetzte Kapital die passende Bezugsgröße ist. Weitere Diskussionspunkte ergeben sich aus der Idee, manche Positionen im Kapitaleinsatz als nicht zinsberechtigtes, nicht zinspflichtiges, zinsfreies oder ähnlich gekennzeichnetes sogenanntes **„Abzugskapital"** anzu-

Definitionsspielräume bei Rentabilitätskennzahlen

sehen und deshalb aus dem investierten Kapital herauszunehmen (vgl. z. B. Schweitzer/Küpper [Systeme] 112 ff., Ewert/Wagenhofer [Unternehmensrechnung] 528, grundlegend Müller [Abzugskapital]). Beispielsweise sind damit Kundenanzahlungen, offene Lieferantenverbindlichkeiten oder auch geleistete Überstunden, die auf Arbeitszeitkonten gutgeschrieben werden, gemeint. Entsprechendes gilt für die Summanden im Zähler. Hier werden ggf. Positionen weggelassen, die Teilüberschüssen aus dem im Nenner herausgerechneten Abzugskapital entsprechen.

Nun könnte man die Diskussionen um den richtigerweise anzusetzenden Kapitalbetrag im Allgemeinen sowie die angemessene Höhe des Abzugskapitals und seine prinzipielle Sinnhaftigkeit im Besonderen als irrelevant auf sich beruhen lassen. Dies allerdings verbietet sich aus zwei Gründen: Zum einen sind Rentabilitäten, wie besprochen, eben vielerorts beliebt und in ihrer gezielten Verwendung zur nachträglichen Analyse in engen Grenzen noch tolerabel, was eine zumindest in sich schlüssige Festlegung der Bestimmungsgrößen erfordert. Zum anderen wird der zutreffende Kapitaleinsatz der betrachteten Aktivität zur Zinsberechnung naturgemäß auch **bei anderen wertorientierten Kennzahlen** gebraucht, so dass dessen genaue Höhe keineswegs irrelevant ist.

sinnvoller Umgang mit „Abzugspositionen"

Allerdings ist eine entscheidungslogisch korrekte Behandlung der als Abzugspositionen angesprochenen Größen, die zudem nicht überall einheitlich gesehen werden, im Einzelfall nicht immer einfach, dennoch aber letztlich eindeutig möglich. Hierzu ist vor allem die Aktivität, die mit der wertorientierten Kennzahl beurteilt werden soll, exakt abzugrenzen. Es kann sich etwa um eine bestimmte Produktion, eine Kundenbeziehung, einen Auftrag, eine Division oder einen ganzen Betrieb handeln. Mit dieser Aktivität sind zwangsläufig bestimmte Konsequenzen verbunden, die den erforderlichen Kapitaleinsatz bestimmen. Dies sind etwa Kundenvorauszahlungen, die an das dort hergestellte Produkt gebunden sind; es sind Lieferantenziele, die mit den dort beschafften Materialien zu tun haben; es sind Steuervergünstigungen, die wegen der dort eingesetzten Technik gewährt werden, usw. Entscheidungslogisch ist es wichtig, die **Konsequenzen von ihren Ursachen nicht zu trennen.** So können beispielsweise Steuerersparnisse nur dort den Kapitaleinsatz reduzieren, wo tatsächlich die steuerlich begünstigte Maßnahme durchgeführt wird. Eine andere Verteilung solcher Effekte könnte ein unzutreffendes Bild vermitteln und im Grenzfall zu einer Einstellung gerade der Aktivität führen, die zur entsprechenden Kapitalersparnis geführt hat und vielleicht auch nur durch sie finanziell vorteilhaft wird.

Brutto- oder Netto-Interpretation der Rentabilität

Für die Berechnung und die Interpretation der Rentabilitäten, wie auch anderer wertorientierter Kennzahlen, ist zu unterscheiden, ob eine Brutto- oder eine Nettogröße berechnet wird. Danach richtet sich, mit welcher finanziellen Wirkung das Unterlassen der betrachteten Aktivität anzusetzen ist. Dort kommt die finanzielle Nullalternative zum Zuge. Dies ist in der Geldanlageposition die erzielbare Verzinsung aus der entgehenden Anlage des Kapitalbetrages, in der Geldnachfrageposition ist es die vermeidbare Kreditzinszahlung. Die Höhe dieser finanziellen Nullalternative drückt der **Kalkulationszinssatz** aus.

In der Bruttorechnung weist die Rentabilität den Prozentsatz aus, der mit dem Kalkulationszinssatz zu vergleichen ist; in der Nettorechnung wird bereits vorab der Kalkulationszins auf den Kapitaleinsatz berechnet und vom Gewinn abgezogen. Dann gibt die (Netto-) Rentabilität an, um wie viel die betrachtete Aktivität finanziell „besser" ist als die Nullalternative. Diese Nettorentabilität wird bisweilen auch als **„Überrendite"**, „Residualrendite" oder „Spread" bezeichnet.

b) Periodenbezogene Überschussgrößen als wertorientierte Steuerungskennzahlen

Die naheliegende Möglichkeit, den finanziellen Erfolg von Aktivitäten zu messen, dürfte darin liegen, den „verdienten" Betrag einer Periode zu errechnen. Dies ist zugleich die älteste Art einer wertorientierten Messung. Entsprechend vielfältig sind die dieser Idee folgenden Größen. Allgemein kann man sie unter dem Begriff der **periodenbezogenen Überschussgrößen** zusammenfassen. Je nach verwendetem Rechenkonzept handelt es sich um den Jahresabschluss des externen Rechnungswesens, den Bilanzgewinn, eine davon abgeleitete Größe, also einen um bestimmte Korrekturen veränderten Bilanzgewinn, eine Cashflow-Größe oder ein Betriebsergebnis des internen Rechnungswesens, also etwa einen Deckungsbeitrag oder einen divisionalen Verrechnungsgewinn in einer Spartenstruktur.

Idee der Periodenüberschussgrößen

Mit der stärkeren Verwendung zur Steuerung sind mehr und mehr auch **Varianten** von Periodenüberschussgrößen aufgekommen, die als Modifikationen traditioneller Überschussgrößen zu verstehen sind. Hierzu gehören EBIT, EBITDA und ähnliche Bruttogewinne, die sämtlich aus dem Periodengewinn durch nachträgliche Korrekturaddition vorher abgezogener Positionen entstehen (für einen Überblick vgl. Küting/Weber [Bilanzanalyse] 333 ff.). Für solche Korrekturadditionen bieten sich beispielsweise (als traditioneller Ansatz) die Fremdkapitalzinsen, die Steuern, die Abschreibungen oder ggf. auch weitere Posten der Gewinn- und Verlustrechnung an. Beispiele dazu finden sich in Abb. X-3.

Steuerungsgrößen als modifizierte Gewinne

Eine besondere Kategorie innerhalb der periodenbezogenen Überschussgrößen sind Kennzahlen, die speziell für die wertorientierte Steuerung definiert wurden. Sie sollen die Zwecke der wertorientierten Steuerung passgenauer erfüllen als herkömmliche Periodenüberschussgrößen, die dies eher nur zufällig tun. Solche wertorientierten Steuerungsgrößen sind vor allem der **Economic Value Added (EVA)** und der **Cash Value Added (CVA)** sowie Spielarten davon (zum Economic Value Added vgl. Stewart [Value] und Stern/Stewart/Chew [EVA], zum Cash Value Added vgl. Lewis [Unternehmenswert], zu Praxisbeispielen vgl. Arbeitskreis Internes Rechnungswesen der Schmalenbach-Gesellschaft [Unternehmenssteuerung] 806 ff.). Beispiele hierzu sind ebenfalls in Abb. X-3 enthalten.

spezielle Steuerungsgrößen

Auf die speziell für die wertorientierte Steuerung gebildeten Kennzahlen einen Blick zu werfen, lohnt sich schon deshalb, weil sie Merkmale gezielt erfüllen, die andere periodenbezogene Überschussgrößen gerade nicht bieten. Hier steht zweifellos die **Zinsberücksichtigung** im Vordergrund.

Für Entscheidungs- und Steuerungszwecke ist von grundlegender Bedeutung, die Alternativensituation adäquat zu berücksichtigen. Bei allen isolierten Bewertungen vergleicht man dabei in der Regel die Durchführung der betrachteten Alternative mit ihrer Unterlassung. Was den **Kapitaleinsatz** für ein Projekt (oder den Gesamtbetrieb) betrifft, heißt das, die alternative Kapitalsituation zu betrachten, die bei Nichtdurchführung entstehen würde: Soweit man fremdfinan-

Hauptunterschiede im Ansatz der kalkulatorischen Zinsen, …

periodenbezogene Überschussgrößen

- Betriebsergebnis / operatives Ergebnis / Operating Profit

- handelsrechtlich: Ergebnis der gewöhnlichen Geschäftstätigkeit nach § 275 HGB

- Earnings Before Interest and Taxes, EBIT:

    EBIT = operatives Ergebnis vor Zinsen und Steuern

- Earnings Before Interest, Taxes, Depreciation and Amortization, EBITDA:

    EBITDA = operatives Ergebnis vor Zinsen und Steuern plus Abschreibungen auf Sachanlagen und immaterielle Anlagen

- Economic Value Added, EVA (Stern/Stewart-Konzept):

    EVA = Operatives Ergebnis vor Fremdkapitalzinsen und nach Steuern − Kapitalkosten

    EVA = NOPAT − Kapitalkosten auf Net Operating Assets

    - NOPAT: Net Operating Profit After Taxes, Nettoergebnis vor Fremdkapitalzinsen und nach Steuern
    - Net Operating Assets: eine Art betriebsbedingtes Kapital

- Cash Value Added, CVA:

    CVA = Brutto-Cash-flow − Zinsen auf Anfangskapitaleinsatz − Annuitätenabschreibung

- Earnings less Riskfree Interest Charge, ERIC (Velthuis/KPMG-Konzept):

    ERIC = Operatives Ergebnis vor Fremdkapitalzinsen − Kapitalkosten, berechnet mit Zinssatz für risikofreie Anlagen

- Wertbeitrag als Daimler-Variante einer Überschussgröße:

    Wertbeitrag für industrielle Bereiche =
    Operating Profit (vor Steuern, vor Zinserträgen)
    − Kapitalkosten* auf Net Assets

    * Kapitalkosten: z. B. 12 % vor Steuern

    Wertbeitrag für Finanzdienstleistungen =
    Operating Profit (vor Steuern, jedoch nach Zinserträgen)
    − Kapitalkosten* auf das Eigenkapital (Equity)

    * Kapitalkosten: z. B. 13 % vor Steuern

Abb. X-3: Wichtige periodenbezogene Überschussgrößen

ziert hat, würde man auf die Kreditaufnahme verzichten, also die Fremdkapitalzinsen sparen; soweit das betrachtete Projekt eigenfinanziert ist, würde man Zinsen für eine alternative Finanzanlage erzielen. Nun sind in allen Größen, die aus dem externen Rechnungswesen stammen, naturgemäß lediglich Fremdkapitalzinsen berücksichtigt, nicht aber die bei Eigenfinanzierung entgehenden Anlagezinsen. Die speziell für die wertorientierte Steuerung definierten Kennzahlen berücksichtigen dies – allerdings in unterschiedlicher Weise. Unterschiede ergeben sich aus

(1) dem **Kapitalbetrag,** der als Basis der Zinsberechnung angesetzt wird,

(2) dem **Zinssatz.**

Der Kapitalbetrag wird immer dort zu einem Diskussionspunkt, wo innerhalb laufender Projekte über den (schon bzw. noch) eingesetzten Betrag befunden werden muss. Dies trifft bei allen periodenbezogenen Kennzahlen zu. Was den Zinssatz anbelangt, so hat man hier einerseits die Wahl zwischen

- einem **Durchschnittszinssatz** für den gesamten finanziellen Einsatz
- oder dem **Grenzzinssatz** für den entscheidungslogisch ggf. disponiblen (letzten) zusätzlichen Kapitaleinsatz.

… im Kalkulationszinssatz, …

Als Durchschnittszinssatz wird vor allem ein gewichtetes Mittel zwischen dem Fremdkapitalzins, der vom Betrieb im Durchschnitt bezahlt wird, und dem „Eigenkapital-Zins", der von den Anteilseignern (im Durchschnitt) gefordert wird (und entscheidungslogisch deren Alternativanlagemöglichkeit entsprechen müsste), diskutiert. Für ihn hat sich die Abkürzung WACC für **Weighted Average Cost of Capital** eingebürgert. Einem vor allem bei Rappaport ([Shareholder Value] 32 ff.) zu findenden Vorschlag folgend, sind dabei Eigen- und Fremdkapital-Zinssätze gemäß der angestrebten (nicht der tatsächlich bestehenden) Kapitalstruktur zu gewichten. Entscheidungslogisch spricht viel für einen Grenzzinssatz; der WACC-Ansatz dagegen ist schwer begründbar.

… und bei der Risikoberücksichtigung

Ein zweiter Aspekt sind **Risikozuschläge,** die man bei der Verzinsung berücksichtigen kann oder nicht. Vor allem werden Risikozuschläge innerhalb der sog. „Eigenkapitalzinsen" vorgeschlagen und in ihrer Höhe häufig mit dem Capital Asset Pricing Model (CAPM) begründet. Abgesehen davon, dass das CAPM-Konzept von den Modellvoraussetzungen gar nicht passt (vgl. z. B. Troßmann [Investition] 498 ff.), ist der kalkulatorische Zinssatz für eine Risikoberücksichtigung aus methodischen Gründen eher ungeeignet (vgl. Troßmann [Investition] 153 f.). Dies berücksichtigt vor allem die Kennzahl ERIC (vgl. grundlegend Velthuis/Wesner [ERIC]), die strikt von risikolosen Zinssätzen ausgeht. Damit unterscheidet sich das ERIC-Konzept von den meisten anderen wertorientierten Ansätzen, die fast durchweg Risikozuschläge empfehlen oder sie zumindest für möglich halten. Es ist aber zu betonen, dass die Höhe des Kalkulationszinssatzes, und damit insbesondere die Frage eines Risikozuschlages, von den übrigen konzeptionellen Details getrennt betrachtet werden kann.

Wir wollen uns daher nachfolgend auf die anderen Konstruktionsmerkmale der wertorientierten Kennzahlen konzentrieren. Im konkreten Anwendungsfall freilich spielt der verwendete Kalkulationszinssatz als Koordinationsparameter eine wichtige Rolle (siehe Kapitel II, S. 37). Er kann bei allen wertorientierten Kennzahlen das Ergebnis markant beeinflussen. Die in der Unternehmenspraxis verwendeten Kalkulationszinssätze folgen tendenziell eher einer allgemeinen, inhaltlichen und zeitlichen Durchschnittsargumentation, sind aber wegen mancher unterschiedlich begründeter Komponenten nur schwer vergleichbar (vgl. KPMG [Kapitalkosten] 32 ff. und Arbeitskreis Internes Rechnungswesen der Schmalenbach-Gesellschaft [Unternehmenssteuerung] 811 ff.).

Zielkonflikt zwischen Objektivität und Zukunftsorientierung

Im Gegensatz zu den Renditen können periodenbezogene Überschussgrößen prinzipiell so konstruiert werden, dass sie zu **entscheidungslogisch korrekten** Aussagen führen. Die Forderung nach Entscheidungsorientiertheit einer wertorientierten Kennzahl ist also mit den periodenbezogenen Überschussgrößen prinzipiell erfüllbar. Allerdings besteht ein Konflikt zwischen den beiden weiteren Anforderungen: Je mehr sich eine periodenbezogene Überschussgröße an den Vergangenheitsergebnissen orientiert, also beispielsweise aus Zahlen des externen Rechnungswesens generiert wird, desto höher ist zwar ihre Objektivität, desto geringer fällt aber gleichzeitig auch die Zukunftsgerichtetheit aus. Soweit die wertorientierte Kennzahl für die hierarchische Steuerung verwendet wird, wird allerdings häufig dem Kriterium der **Belegbarkeit,** und damit der Manipulationsfreiheit, ein größeres Gewicht beigemessen. So werden periodenbezogene Überschussgrößen in vielen Fällen zum Mittel der Wahl.

belegbare EVA-Berechnung aus der Bilanz

Die bekannten periodenorientierten Überschussgrößen werden in der Unternehmungspraxis durchweg aus Zahlen des externen Rechnungswesens berechnet. Große Teile der jeweiligen Kennzahlen-Beschreibungen sind daher Anleitungen dafür gewidmet, welche Bilanz- und GuV-Positionen zu übernehmen und ggf. wie sie zu verändern sind. Besonders auffällig ist dies beim Economic Value Added sichtbar, wo über 100 sogenannter **„Operating-", „Funding-", „Shareholder-" und „Tax-Conversions"** angeführt werden (vgl. z. B. Stern Stewart & Co. [EVA] 65 ff., Weber u. a. [Unternehmenssteuerung] 57 ff.). Freilich kann man allen Überleitungs- und Bereinigungsfragen entgehen, wenn man den betreffenden Wert aus dem internen Rechnungswesen entnimmt (dessen umfassende Existenz allerdings im Ursprungsland des Economic Value Added nicht ohne weiteres vorausgesetzt werden kann). Diese, obgleich praktisch wichtigen Umsetzungsfragen dürfen deshalb den Blick auf die eigentlichen Konstruktionsmerkmale der wertorientierten Periodenkennzahlen nicht versperren. Eine akzeptable Entscheidungsorientierung und Zukunftsgerichtetheit versucht man vor allem durch eine weitgehende **Zahlungsorientierung** sowie geeignete Konzepte für die **Abschreibungen** und die **Zinsberücksichtigung** zu erhalten. Einzelheiten dazu untersuchen wir in Abschnitt 3 an ausgewählten Beispielen.

c) Gesamtwertgrößen als wertorientierte Steuerungskennzahlen

Idee der Gesamtwertgröße

Mit Gesamtwertgrößen soll der Gesamtwert der Unternehmung für den Eigentümer zum Bewertungszeitpunkt erfasst werden. Damit vermeidet man die bei den anderen Typen wertorientierter Kennzahlen auftretende Problematik, für periodengrenzenüberschreitende Prozesse Zwischenbestände zu bewerten und Zwischengewinne zu definieren. Abgesehen von nur auf grober Basis gewonnenen Schätzwerten ist als Gesamtwertgröße für die wertorientierte Steuerung nur der **Shareholder Value** von Bedeutung. Im Kern handelt es sich um die logische Anwendung der Kapitalwertrechnung (zur Kapitalwertrechnung vgl. Troßmann [Investition] 43 ff., zur Anwendung in der Unternehmensbewertung vgl. Hachmeister [Unternehmenswertsteigerung] 91 ff.) auf eine gesamte Unternehmung. Ausgangsfrage ist, welche Beträge in den einzelnen Jahren der weiteren Unternehmensexistenz an die Eigentümer fließen. Ob dies Ausschüttungen, Rückzahlungen aus Kapitalreduktion oder Liquidationszahlungen wegen Beendigung der Unternehmenstätigkeit sind, spielt keine Rolle. Wenn – wie in vielen Fällen – ein Liquidationszeitpunkt oder -anlass nicht festgelegt oder vorhersehbar ist, geht man von einer prinzipiell unendlichen Fortführung der Unternehmenstätigkeit aus, der **Going-Concern-Prämisse** des Shareholder-Value-Ansatzes.

Grundsätzlich wären also diese Zahlungsbeträge an die Anteilseigner unmittelbar zu prognostizieren. Da sich dieser sogenannte **Equity-Ansatz** als schwierig erweist, wird zur Shareholder-Value-Berechnung regelmäßig der sogenannte **Entity-Ansatz** gewählt. Bei ihm prognostiziert man zunächst die betrieblichen Zahlungsströme und in einem zweiten Schritt daraus die an die Anteilseigner resultierenden Zahlungen. Zentrale Konstruktionsidee des Ansatzes ist, für jedes Jahr den Betrag der frei verfügbaren Mittel, den **Free Cash flow** zu prognostizieren und dann diese Beträge zu kapitalisieren. Als „frei" werden diejenigen liquiden Mittel angesehen, die zur Verfügung stehen, nachdem nicht nur alle laufenden Zahlungsverpflichtungen erfüllt worden sind, die sich aus dem täglichen Umsatzprozess ergeben (also etwa Personalausgaben, Begleichung der Rechnungen für Materiallieferungen, laufende Steuerzahlungen), sondern auch bereits Investitionen finanziert sind, die in den jeweiligen Perioden für notwendig oder sinnvoll erachtet werden. Damit hängt die Höhe der freien Cash flows vor allem davon ab, welche Investitionsentscheidungen (später) getroffen werden.

methodisches Prinzip der Shareholder-Value-Berechnung

Der Modellansatz des Shareholder Value begründet das Investitionsvolumen damit entgegen des ersten Anscheins ausdrücklich **nicht** mit einer Art **Substanzerhaltung** der Unternehmung. Die Vorstellung einer solchen (wie auch immer präzisierten) Substanzerhaltung würde, wie insbesondere schon die weit zurückreichenden Versuche einer inflationsgerechten Bewertung zeigen, gerade nicht zu einer eindeutigen oder auch nur hinreichend klar eingrenzbaren Höhe von Investitionsbeträgen führen (vgl. die Diskussion um die Substanzerhaltung in den „organischen Bilanztheorien", z. B. nach dem Vorschlag von Fritz Schmidt, zum Überblick z. B. Egger [Bilanz]). Das Shareholder-Value-Modell geht vielmehr davon aus, dass die betrieblichen Investitionen prinzipiell ausschließlich der betrieblichen Entscheidung unterliegen. Das ist mit der Modellkonzeption insofern konsistent, als die Prognose der Cash flows in den weiteren Perioden ja gerade durch die **Investitionshöhe mitbestimmt** wird. Hier liegt letztlich auch der eigentliche Vorteil des Shareholder-Value-Gedankens: Jede Art der betrieblichen Investitionspolitik schlägt sich mit ihren Konsequenzen im Shareholder-Value-Modell nieder: Je mehr zugunsten von Zukunftsprojekten auf jetzige Ausschüttungen verzichtet wird, desto höher werden tendenziell die Cash flows späterer Perioden. Umgekehrt kann man die Cash flows jetziger Perioden nur auf Kosten späterer Perioden steigern. Dieser Zusammenhang kann adäquat nur in einem Gesamtwertmodell abgebildet werden.

Freilich liegt hier auch die Verlässlichkeitsschwachstelle dieser wertorientierten Kennzahl: Während die Verwendung und Interpretation periodenbezogener Überschussgrößen letztlich voraussetzt, dass in einem gewissen (allerdings nicht exakt spezifizierten) Umfang Zukunftsinvestitionen vorliegen, geht das Shareholder-Value-Modell davon aus, dass sich genau die Entscheidungen hierüber auch in den konkreten Cash-flow-Zahlen ausdrücken. Damit bleibt in jedem Fall eine **Belegbarkeitslücke:** Bei periodenbezogenen Überschussgrößen sind zwar die einzelnen Positionen prinzipiell gut belegbar, nicht aber die Verzichtbarkeit der nicht vorhandenen. Beim Shareholder Value als Gesamtwertgröße ist sichtbar, welche Zahlungsüberschüsse künftiger Perioden berücksichtigt werden und ggf. auch, auf welche Investitionsgrundlage sie gestellt werden, offen muss aber die Fundiertheit dieser Prognosen bleiben.

vermeidbare Probleme wegen pauschaler Standardhypothesen

In der üblichen Standardanwendung des Shareholder Value, die auf Rappaport (vgl. [Shareholder Value] 32 ff.) zurückgeht, werden indessen die prinzipiellen Abbildungsmöglichkeiten des Modells durch Standardhypothesen stark eingeschränkt. Sie bezwecken eine **einfache Berechnung** des Shareholder Value aus vorhandenen Größen, insbesondere des externen Rechnungswesens – tun dies jedoch **auf Kosten des eigentlichen Modellzwecks.** Die Standardhypothesen nach Rappaport behaupten

- einen konstanten Zusammenhang zwischen dem ausgewiesenen Gewinn der externen Rechnungslegung und dem Cash flow,
- ein konstantes prozentuales Verhältnis dieses Gewinns vom Jahresumsatz,
- einen konstanten Zusammenhang von Jahresumsatz-Steigerung und den betrieblichen Investitionen in Umlaufvermögen und Anlagevermögen,
- ein gleichbleibendes Wachstum des betrieblichen Umsatzes.

Danach berechnet sich der freie Cash flow FCF eines Jahres gemäß:

> FCF = [(Umsatz des Vorjahres) · (1 + Wachstumsrate des Umsatzes)
> · (betriebliche Gewinnmarge) · (1 – Cash-Gewinnsteuersatz)]
> – Zusatzinvestitionen ins Anlagevermögen und ins Umlaufvermögen.

... aber viel einfachere Rechnung

Mit den Standardhypothesen wird zwar nicht behauptet, dass die angesprochenen Cash-flow-Bestimmungsgrößen tatsächlich immer solchen Bedingungen folgen – man könnte jederzeit andere Werte einsetzen – sie legen aber immerhin nahe, dass man im konkreten Fall auf dieser Basis den Shareholder Value berechnen kann. Tut man dies, dann hängt insgesamt der Shareholder Value **nur noch vom (bekannten) Umsatz des Vorjahres** ab (d. h. des jüngsten Jahres, für das externe Rechnungsgrößen vorliegen) sowie von den einzelnen Faktoren für die postulierten Zusammenhänge, nämlich

- der Wachstumsrate w des Umsatzes,
- der betrieblichen Gewinnmarge,
- dem Gewinnsteuersatz,
- der Investitionsquote für Sachanlageinvestitionen als Anteil der Umsatzsteigerung,
- der Investitionsquote für Umlaufinvestitionen als Anteil der Umsatzsteigerung.

... und klingende Namen

Diese Faktoren werden von Rappaport und vor allem von der ihm in diesem Punkt folgenden Literatur als **„Value Driver" („Werttreiber")** bezeichnet (vgl. Rappaport [Shareholder Value] 56 sowie z. B. Günther [Controlling] 267 ff., Schöntag [Performance-Messung] 202 ff. und Coenenberg/Salfeld [Unternehmensführung] 99 ff.). Es ist offensichtlich, dass die eigentlichen Vorteile des Shareholder-Value-Konzepts, die vor allem in seinem differenzierten Vorgehen liegen, durch Anwendung dieser Standardannahmen völlig auf der Strecke bleiben.

Will man also die Idee des Ansatzes nicht konterkarieren, sind derartige Pauschalierungen bei der Berechnung eher zu vermeiden, es sei denn, die darin verwendeten Beziehungen treffen zumindest annähernd zu. Die **allgemeine Vorgehensweise** der Shareholder-Value-Berechnung nach dem Entity-Ansatz beruht demgegenüber auf einer **Prognose** der Cash flows der einzelnen Perioden. Dabei ist es zweckmäßig, den gesamten Planungszeitraum in zwei Phasen einzuteilen. Der Shareholder Value SHV bestimmt sich demgemäß aus drei Summanden:

zwei Phasen der Shareholder-Value-Berechnung

> SHV = Kapitalwert der Phase I + Kapitalwert der Phase II – Fremdkapital

Phase I umfasst den Zeitraum, für den **differenzierte Grundlagen einer Cashflow-Prognose** vorliegen. Dies können u. a. eingetroffene Kundenaufträge, prognostizierte Verkaufszahlen schon vorhandener Produktarten sein oder Prognosen zu bereits in der Entwicklung befindlichen Produktideen bzw. noch zu akquirierender Nachfrage. Je nach Anwendungsfall erstreckt sich die Phase I beispielsweise auf drei, fünf oder acht Jahre. Aus den so bestimmten freien Cash flows der einzelnen Jahre aus Phase I berechnet man den Kapitalwert und hat auf diese Weise den ersten der drei Summanden des Shareholder Value.

Rechnung für Phase I

Darüber hinaus ist eine differenzierte Prognose schwieriger, da kaum fundiert unterschiedliche Annahmen gesetzt werden können. Zwar wird man mit guter Begründung in den einzelnen Jahren verschieden hohe Cash flows erwarten; oft fehlen aber jegliche konkreten Grundlagen dafür, Jahre mit höheren oder niedrigeren Cash flows konkret zu benennen. Deshalb spricht vieles dafür, mit einer **Pauschalannahme** zu arbeiten. Darin kann z. B.

Rechnung für Phase II

- ein konstanter,
- ein mit der Rate w (falls w > 1) konstant steigender oder
- ein mit der Rate w (falls w < 1) konstant fallender

Cash flow c bzw. $c \cdot w^t$ (für t = 1, ..., ∞) für die einzelnen Jahre prognostiziert werden. Dabei bezeichnet c bzw. $c \cdot w$ den freien Cash flow des ersten Jahres der Phase II. In den überaus meisten Fällen dürfte eine derartige Prognose in geeigneter positiver Höhe realistischer (d. h. mit einer höheren Eintrittswahrscheinlichkeit versehen) sein als etwa die Prognose eines Cash flows von null in den Perioden der Phase II (was einem „Weglassen" der Phase II in der Rechnung entsprechen würde).

Diese Pauschalannahme macht zugleich den Kapitalwert RW_T für die Phase II leicht berechenbar, kann er doch jetzt – falls die Wachstumsrate w kleiner bleibt als der Zinssatz p – als Barwert einer **ewigen Rente** in der angegebenen Höhe c bzw. der steigenden oder fallenden Höhe $c \cdot w^t$ (für t = 1, ..., ∞) ausgerechnet werden:

$$RW_T = \frac{c}{p-w} \cdot 100.$$

Mit T als Ende der Phase I bezieht sich der Wert RW_T auf den Beginn der Phase II, d. h. konkret auf das Ende des letzten Jahres der Phase I. Damit steht der zweite Summand des Shareholder Value fest. In der Literatur wird der Kapitalwert der Cash flows aus Phase II, Rappaport folgend, als **Residualwert** bezeichnet – ein Name, der genau genommen etwas irreführend ist, dürfte doch dieser Wert im Allgemeinen, verglichen mit dem Kapitalwert der Phase I, eine durchaus respektable Höhe erreichen. Dies erklärt sich schon allein aus der (unendlichen) Länge des von ihm umfassten Betrachtungszeitraums.

Beispiel zum Shareholder Value

Abb. X-4 zeigt ein Berechnungsbeispiel zum Shareholder Value. Für das Fremdkapital ist darin eine Höhe von 40 Mio. € angenommen. Wie in diesem Beispiel ist generell die Berücksichtigung des Fremdkapitals, also des dritten Shareholder-Value-Summanden, unproblematisch, schon weil es sich dabei um die wenig unsichere Höhe bereits bestehender Schulden und die Erfassung der zu ihrer Tilgung erforderlichen Beträge handelt, was kaum Bewertungsspielräume und Prognoseunsicherheiten eröffnet.

	Phase I				Phase II
	Jahr 1	Jahr 2	Jahr 3	Jahr 4	ab Jahr 5
freier Cash flow	5.500.000 €	6.000.000 €	8.500.000 €	6.000.000 €	6.500.000 €
Abzinsung	$\frac{1}{q}$	$\frac{1}{q^2}$	$\frac{1}{q^3}$	$\frac{1}{q^4}$	6.500.000 € · $\frac{100}{p}$
Diskontierung mit 10 %:	5.000.000 €	4.958.678 €	6.386.176 €	4.098.081 €	65.000.000 € · $\frac{1}{q^4}$
		20.442.935 €			44.395.875 €
Enterprise Value				64.838.810 €	
./. Marktwert des Fremdkapitals				- 40.000.000 €	
Shareholder Value				**24.838.810 €**	

Abb. X-4: Beispiel zur Shareholder-Value-Berechnung

ein abgeleiteter Periodenwert zum Shareholder Value

Wenn man den Shareholder Value eingeführt hat, kann man ergänzend eine Periodengröße formulieren, den **Shareholder Value Added** (SHVA$_t$) der Periode t. Er zeigt die Differenz zwischen dem aktuellen Shareholder Value (SHV$_t$) und dem der Vorperiode (SHV$_{t-1}$):

$$SHVA_t = SHV_t - SHV_{t-1}.$$

Soweit in der abgelaufenen Periode Eigenkapitaländerungen (Einlagen oder Ausschüttungen) stattgefunden haben, ist der Shareholder Value Added um deren Saldo zu korrigieren. Hat sich an der Prognosesituation nichts geändert, haben sich also unterdessen die damaligen Prognosen als richtig erwiesen und sind weder Projekte dazugekommen noch weggefallen, dann besteht der so definierte Shareholder Value Added genau aus dem **Zins** für den Shareholder Value der Vorperiode. War die Lage besser als prognostiziert, würde das der Shareholder Value Added ausweisen. Insbesondere umfasst dies auch die in der abgelaufenen Periode hinzugekommene Projekte. Konnten z. B. bessere Abschlüsse erreicht werden als prognostiziert, erhöht sich der Shareholder Value Added. Das bedeutet insgesamt auch, dass ein als besonders gut eingeschätztes Management zu entsprechend hohen Erwartungen führt und es in der Konsequenz gerade deswegen sehr schwer hat, einen positiven Shareholder Value Added über die „normale" Verzinsung hinaus zu erreichen. Für eine Periodenbeurteilung ist zudem zu beachten, dass sich das (gute oder schlechte) Schicksal schon laufender Projekte ebenfalls im Shareholder Value Added niederschlägt, wenn sich die Veränderung der Projektprognose in der abgelaufenen Periode herausgestellt hat. Bei Projekten, die schon viel früher begonnen haben und deshalb vielleicht gar nicht in die volle Verantwortung des derzeitigen Managements fallen, kann dies zu Fehlschlüssen führen, wenn die Projekte nicht sorgfältig getrennt betrachtet werden. Hier unterscheidet sich der Shareholder Value Added also nicht von den originären periodenbezogenen Überschussgrößen. Generell indessen ist bei der letztgenannten Problematik zu berücksichtigen, dass es auch eine Managerverantwortung für das zielorientierte Weiterführen laufender Projekte gibt.

... mit den üblichen Problemen

3. Vergleichende Analyse von EVA, CVA und Renditen

a) Der eher statisch konzipierte Economic Value Added zur Projektsteuerung

Nach der bisherigen Argumentation sind periodenbezogene Überschussgrößen, und hierbei insbesondere diejenigen, die speziell für Zwecke der wertorientierten Steuerung konzipiert wurden, von besonderer praktischer Bedeutung. Hierzu zählen der **Economic Value Added** und der **Cash Value Added,** die sich zwar weniger in ihrem grundsätzlichen Zweck, aber doch markant in Einzelheiten ihrer Umsetzung unterscheiden.

Alle periodenbezogenen Steuerungsgrößen versuchen, einen Erfolgswert für die abgelaufene Periode auszuweisen. Eher unproblematisch ist dies, soweit die dahinterstehenden Projekte innerhalb dieser Periode komplett durchgeführt werden. Das eigentliche Problem der periodenbezogenen Kennzahlen liegt aber bei den Projekten, die über zumindest eine der beiden Periodengrenzen hinausreichen. Für sie ist eine Zwischenbewertung zu definieren. Und jene hängt sehr stark davon ab, wie die periodenübergreifenden Projektzahlungen behandelt werden. Zur Illustration dienen die drei Beispielprojekte der Abb. X-5. Projekte I und II sind insofern im Allgemeinen unrealistisch, als sie in jedem Jahr ihrer Laufzeit den gleichen Zahlungsüberschuss erwirtschaften. Sie sind aber analytisch interessant, weil sie zum einen intuitiv leicht durchdrungen werden können, und zum anderen, weil derartige Projekte (teilweise implizit) manchen Argumentationen der Literatur zugrunde liegen.

Ausgangsdaten für drei Beispielprojekte

Abb. X-6 zeigt die Berechnung für Projekt I nach dem Prinzip des **Economic Value Added.** Hier werden die Anschaffungsausgaben nach dem Modell der einfachen linearen Abschreibung auf die Laufzeitjahre verteilt. Die kalkulatorischen Zinsen werden auf den jeweiligen rechnerischen Restkapitaleinsatz zu Jahresbeginn bezogen. Bei den angenommenen **gleichbleibenden** Projektverlaufszahlungen führen diese Festlegungen dazu, dass der kalkulatorische Jahresgewinn, der Economic Value Added, jedes Jahr **steigt,** und zwar um die je-

Beispielrechnung für den EVA

Jahr	Projekt I	Projekt II	Projekt III
0	– 1000.000 €	– 1.000.000 €	– 1.000.000 €
1	+ 350.000 €	+ 314.000 €	+ 420.000 €
2	+ 350.000 €	+ 314.000 €	+ 450.000 €
3	+ 350.000 €	+ 314.000 €	+ 280.000 €
4	+ 350.000 €	+ 314.000 €	+ 200.000 €
Kapitalwert bei 10 %:	+ 109.453 €	– 4.662 €	+ 100.690 €

Abb. X-5: Projektzahlungen von drei Beispielprojekten

weilige kalkulatorische Zinsersparnis wegen des reduzierten Restwerts. Entsprechendes ergibt sich übrigens auch bei den jährlichen Renditen, wenn man für sie die gleichen Annahmen setzt; dies zeigt die letzte Spalte von Abb. X-6. Genau dieser Effekt der steigenden Gewinne wird von Kritikern des Economic Value Added als einer seiner Hauptnachteile angeführt (vgl. z. B. Weber u. a. [Unternehmenssteuerung] 118 ff., Plaschke [Wertkennzahlen] 162 f.). Als unplausibel wird angesehen, dass ein Projekt, das über alle seine Laufzeitjahre gleichmäßig denselben jährlichen Projektüberschuss erwirtschaftet, eine steigende Vorteilhaftigkeit zeigt. Auf den ersten Blick erscheint dies tatsächlich unverständlich. Freilich gibt es hierzu ein **Gegenargument:** Üblicherweise muss man bei vielen Projekten mit sich „abnutzendem" Anfangseinsatz davon ausgehen, dass die Möglichkeiten, einen bestimmten jährlichen Projektüberschuss zu erwirtschaften, laufend fallen: Maschinen werden reparaturanfälliger, Instandhaltungen werden nötig, Produkte verlieren an Neuigkeitswert und an Deckungsbeitragspotenzial. Gelingt es dennoch, Jahr für Jahr denselben Überschuss zu erreichen, dann liegt demnach in der Tat ein Projekt mit steigender Vorteilhaftigkeit vor. Eben dies, so wäre das Argument, weise der Economic Value Added korrekt aus.

typische EVA-Entwicklung bei stationären Projektverlaufszahlungen

Zur Analyse des Economic Value Added ist zunächst grundsätzlich zu bemerken, dass es sich hier um einen **Durchschnittsansatz** handelt, wie er am ehesten mit den Konzepten der statischen Investitionsrechnung (vgl. z. B. Troßmann [Investition] 19 und 101 ff.) zu vergleichen ist: Der Betrag der Anschaffungsausgaben – genauer: der sich reduzierende („abnutzbare") Teil – wird gleichmäßig auf die Laufzeit verteilt; es gibt keine Diskontierungen; Zinsen werden pauschal berechnet. Und doch gibt es einen (kleinen) Unterschied zur strikten Durchschnittsbetrachtung: Für jede Periode nimmt man als eingesetztes und damit „zinspflichtiges" Kapital den Jahres**anfangs**wert, nicht etwa den Jahres**durchschnitts**wert. Dieser Sachverhalt führt auch dazu, dass die üblichen Projektbeurteilungswerte nach dem Konzept der statischen Investitionsrechnung nicht dem Durchschnitt der einzelnen Jahreswerte entsprechen. Für das Projekt I zeigt dies der untere Teil von Abb. X-6. Nach dem Durchschnittskonzept der statischen Investitionsrechnung liegt der durchschnittliche Kapitaleinsatz über die Gesamtprojektzeit von drei Jahren bei 500.000 €; demgegenüber ist

Vergleich mit der statischen Investitionsrechnung

3. Vergleichende Analyse von EVA, CVA und Renditen

Jahr	Projekt-zahlungen	zu Jahresbeginn investiertes Kapital (CE)	– Ab-schreibung	– kalk. Zinsen (10%)	+ Projekt-verlaufs-zahlungen	=	kalk. Gewinn / EVA	Rendite / ROCE
0	– 1.000.000 €	0 €	–	–	–		–	–
1	+ 350.000 €	1.000.000 €	– 250.000 €	– 100.000 €	+ 350.000 €	=	0 €	10,0 %
2	+ 350.000 €	750.000 €	– 250.000 €	– 75.000 €	+ 350.000 €	=	25.000 €	13,3 %
3	+ 350.000 €	500.000 €	– 250.000 €	– 50.000 €	+ 350.000 €	=	50.000 €	20,0 %
4	+ 350.000 €	250.000 €	– 250.000 €	– 25.000 €	+ 350.000 €	=	75.000 €	40,0 %
Durchschnitt (Jahre 1 bis 4)	–	625.000 €	– 250.000 €	– 62.500 €	+ 350.000 €	=	37.500 €	20,8 %

zum Ansatz passende pauschale Gesamtprojekt-Kennzahlen:

- ROCE aus den Durchschnittswerten: $\dfrac{350.000\ € - 250.000\ €}{625.000\ €} = 16,0\ \%$

- durchschnittlicher kalkulatorischer Gewinn: $-250.000\ € - 50.000\ € + 350.000\ € = 50.000\ €$

- durchschnittliche Rentabilität ("statische Rendite"): $\dfrac{100.000\ €}{500.000\ €} = 20,0\ \%$

Abb. X-6: EVA- und ROCE-Entwicklung für Projekt I

der Durchschnitt der jeweiligen Jahresanfangswerte bei 625.000 €. Entsprechend ist der Gesamtdurchschnitt der jährlichen kalkulatorischen Zinsen bei 50.000 €, dagegen der Durchschnitt der nach dem EVA-Konzept bestimmten Zinsen bei 62.500 €. Entsprechende Unterschiede entstehen bei den ohnehin problematischen Rentabilitäten.

b) Grundstruktur einer dynamisch konzipierten Projektsteuerung

Interpretiert man Kennzahlen vom Typ des Economic Value Added als eher statisch orientiert, liegt es nahe, damit eine Herangehensweise nach dem Prinzip der **dynamischen Investitionsrechnung** (vgl. z. B. Troßmann [Investition] 138 ff.) zu vergleichen. Für Projekt I erhält man bei einem Kalkulationszinssatz von 10% zunächst einen Kapitalwert von 109.453 €, den man, wie Abb. X-7 zeigt, in eine vierjährige Annuität von 34.529 € umrechnen kann. Definitionsgemäß ist die Annuität jedes Jahr gleich hoch, so dass eine unterschiedliche Argumentation über einzelne Projektjahre erst gar nicht entsteht.

Annuitäten zur Projektbeurteilung

Nun kann man die errechnete Annuität in **einzelne Summanden** aufgliedern, indem man die Teil-Annuitäten der Anfangsausgabe und der Projektverlaufszahlungen trennt. Für das Beispielprojekt I ergibt sich dann aus der Kapitalwertsumme

Zerlegung der Annuität ...

$$-1.000.000 + 1.109.453 = 109.453\ €$$

mit den Annuitätenfaktor 0,315471 die Annuitätenaufteilung:

$$-315.471 + 350.000 = 34.529\ €.$$

Wegen der bei Projekt I jährlich gleichbleibenden Projektverlaufszahlungen ist hier nur die entstehende Annuität für die Projektanfangsausgabe von 1.000.000 €

Annuitätenbasierte Größen für Projekt I:

Annuitätenfaktor: $w_{10,4\text{ Jahre}} = \dfrac{0{,}10 \cdot 1{,}10^4}{1{,}10^4 - 1} = 0{,}315471$ Annuität für Projekt I: 109.453 € · 0,315471 = 34.529 €

Annuitätenabschreibung für Projekt I: 1.000.000 € · 0,215471 = 215.471 €

Jahr	Projekt-zahlungen	− Annuitäten-abschreibung	− Zinsen auf A₀ (10 %)	+ Projekt-verlaufs-zahlungen	=	Projekt-annuität	CFRoI
0	− 1.000.000 €	−	−	−		−	−
1	+ 350.000 €	− 215.471 €	− 100.000 €	+ 350.000 €	=	34.529 €	13,5 %
2	+ 350.000 €	− 215.471 €	− 100.000 €	+ 350.000 €	=	34.529 €	13,5 %
3	+ 350.000 €	− 215.471 €	− 100.000 €	+ 350.000 €	=	34.529 €	13,5 %
4	+ 350.000 €	− 215.471 €	− 100.000 €	+ 350.000 €	=	34.529 €	13,5 %
Endwert:	160.250 €	− 1.000.000 €	− 464.100 €	+ 1.624.350 €	=	160.250 €	13,5 %
Kapitalwert:	109.453 €	− 683.014 €	− 316.986 €	+ 1.109.453 €	=	109.453 €	

⎵ − 1.000.000 € ⎵

zum Ansatz passende Rentabilitätszahl:

Cash Flow Return on Investment (CFRoI) = $\dfrac{350.000 - 215.471}{1.000.000}$ % = $\dfrac{134.529}{1.000.00}$ % = 13,5 %

Abb. X-7: Entwicklung aufgegliederter Annuitäten für Projekt I

... in Zinsen und Quasi-Abschreibungen

interessant. Folgt man der Vorstellung, diese Annuität enthalte einen Zins- und einen „Ansparanteil", kann der erhaltene Betrag weiter aufgegliedert werden. Bei **gleichbleibendem** Ansatz von kalkulatorischen Zinsen in Höhe von 100.000 € auf den Anfangskapitaleinsatz verbleibt ein Betrag von 215.471 € für die ebenfalls gleichbleibende Verteilung der Anfangsausgaben auf die vier Laufzeitjahre. Dieser Betrag ist die **Annuitätenabschreibung,** auch **„ökonomische Abschreibung"** oder **„sinking fund depreciation"** genannt. Direkt berechnet sie sich durch Multiplikation der Anfangsausgaben mit dem Faktor

$$d_{p,T} = \dfrac{(q-1)}{q^T - 1}$$, wobei: q = Zinsfaktor; p = Kalkulationszinssatz; T = Laufzeit.

Gesamtprojektbeurteilung mit Annuitäten

Die daraus für Projekt I folgende Verteilung der Projektergebnisse auf die vier Laufzeitjahre zeigt Abb. X-7. Da jetzt für jedes Jahr dieselben Werte präsentiert werden, kann eine unterschiedliche Interpretation einzelner Perioden erst gar nicht auftreten. Mit den auf die Periode umgerechneten Projektergebnissen wird auch nicht angestrebt, unmittelbar für diese spezielle Periode ein Urteil abzugeben. Vielmehr drückt eine Annuität lediglich den Gesamtprojektwert in Form einer auf die Periode bezogenen Bewertungszahl aus. Daher kann bei dieser Vorgehensweise kein Unterschied bei der periodenweisen gegenüber einer insgesamten Projektbeurteilung auftreten.

Entsprechendes zeigt sich bei Projekt II. Dieses Projekt ist insgesamt, wie der negative Kapitalwert belegt, nicht vorteilhaft. Während aber der Economic Value Added gemäß Abb. X-8 nach Überwindung eines Verlustes in den ersten beiden Jahren schließlich ein günstiges drittes und viertes Projektjahr errechnet, weist die Annuität über alle vier Projektjahre, dem Kapitalwert folgend, eine negative Kennzahl aus. Wegen der unsymmetrisch auf die jeweiligen Jahresanfänge basierten Rechnung stellt der EVA-Ansatz dieses Projekt zudem in der

3. Vergleichende Analyse von EVA, CVA und Renditen

EVA-Berechnung für Projekt II:

Jahr	Projekt-zahlungen	zu Jahresbeginn investiertes Kapital (CE)	– Ab-schreibung	– kalk. Zinsen (10 %)	+ Projekt-verlaufs-zahlungen	=	kalk. Gewinn / EVA	Rendite / ROCE
0	– 1.000.000 €	0 €	–	–	–		–	–
1	+ 314.000 €	1.000.000 €	–250.000 €	– 100.000 €	+ 314.000 €	=	– 36.000 €	6,4 %
2	+ 314.000 €	750.000 €	–250.000 €	– 75.000 €	+ 314.000 €	=	– 11.000 €	8,5 %
3	+ 314.000 €	500.000 €	–250.000 €	– 50.000 €	+ 314.000 €	=	14.000 €	12,8 %
4	+ 314.000 €	250.000 €	–250.000 €	– 25.000 €	+ 314.000 €	=	39.000 €	25,6 %
Durchschnitt (Jahre 1 bis 4)	–	625.000 €	–250.000 €	– 62.500 €	+ 314.000 €	=	1.500 €	13,3 %

Annuitätenrechnung für Projekt II:

Jahr	Projekt-zahlungen	– Annuitäten-abschreibung	– Zinsen auf A$_0$ (10 %)	+ Projekt-verlaufs-zahlungen	=	Projekt-annuität	CFRoI
0	– 1.000.000 €	–	–	–		–	–
1	+ 314.000 €	– 215.471 €	– 100.000 €	+ 314.000 €	=	– 1.471 €	9,9 %
2	+ 314.000 €	– 215.471 €	– 100.000 €	+ 314.000 €	=	– 1.471 €	9,9 %
3	+ 314.000 €	– 215.471 €	– 100.000 €	+ 314.000 €	=	– 1.471 €	9,9 %
4	+ 314.000 €	– 215.471 €	– 100.000 €	+ 314.000 €	=	– 1.471 €	9,9 %
Endwert: – 6.826 €		– 1.000.000 €	– 464.100 €	+ 1.457.274 €	=	– 6.826 €	9,9 %
Kapitalwert: – 4.662 €		– 683.014 €	– 316.986 €	+ 995.338 €	=	– 4.662 €	

– 1.000.000 €

Abb. X-8: EVA- und Annuitäten-Entwicklung für Projekt II

Summe insgesamt als positiv dar; in den Bruttorenditen wird das Projekt aus dem gleichen Grund sogar über die einzelnen Projektjahre positiv abgebildet.

c) Der eher dynamisch konzipierte Cash Value Added zur Projektsteuerung

Ob Projekte der Art von Beispiel I und II dafür Pate gestanden haben, ist nicht bekannt, jedenfalls folgt der von der Boston Consulting Group (vgl. Lewis [Unternehmenswert] 125 f.) definierte **Cash Value Added** der Annuitäten-Idee, und zwar für den Ansatz der Abschreibungen und der Zinsen. Der Cash Value Added CVA$_t$ einer Periode t ist definiert als

> CVA$_t$ = Projektverlaufszahlung der Periode t
> – Annuitätenabschreibung des Projekts
> – kalkulatorische Zinsen auf den ursprünglichen
> Kapitaleinsatz des Projekts.

Definition des Cash-Value-Added

Wenn also die Projektverlaufszahlung über alle Laufzeitperioden gleich hoch sind, stimmen die ohnehin gleichbleibende Projektannuität und der in diesem Fall als Ergebnis für alle Projektperioden gleiche Cash Value Added in jeder

Inflationsberücksichtigung im CVA

Periode überein. In den Abb. X-7 und X-8 hätte also statt „Projektannuität" auch „Cash Value Added" stehen können. Teil des Originalvorvorschlags zum Cash Value Added ist auch eine Inflationsberücksichtigung. So soll beispielsweise die Annuitätenabschreibung auf Basis eines **Wiederbeschaffungswertes** berechnet werden. Jener wiederum ist durch eine Art „Aufzinsen" mit einer (allgemeinen) Inflationsrate zu ermitteln. Wegen der grundsätzlichen Problematik eines eigenen Inflationszuschlags neben dem Zinssatz lassen wir im Weiteren diese Modellkomponente unberücksichtigt.

Der Cash Value Added ist allerdings auch für den **allgemeinen Fall** definiert, in dem sich die Projektverlaufszahlungen der einzelnen Perioden unterscheiden. Ein Beispiel bietet Projekt III aus Abb. X-5. Der Kapitalwert von 100.690 € weist dieses Projekt insgesamt als vorteilhaft aus. Mit dem schon in Abb. X-7 berechneten Annuitätenfaktor sowie dem Faktor für die Annuitätenabschreibung können, wie Abb. X-9 zeigt, die einzelnen Periodenwerte für den Cash Value Added des Projekts errechnet werden. Die bisherige Annuitätendarstellung im oberen Teil zeigt nichts Überraschendes: Das Projekt hat einen positiven Kapitalwert, dementsprechend sind mit 31.765 € auch die Annuitäten aller vier Jahre positiv.

Jahr	Projektzahlungen	− Annuitätenabschreibung	− Zinsen auf A_0	+ Annuität der Projektverlaufszahlungen	=	Projektannuität
0	− 1.000.000 €	−	−	−		−
1	+ 420.000 €	− 215.471 €	− 100.000 €	+ 347.236 €	=	31.765 €
2	+ 450.000 €	− 215.471 €	− 100.000 €	+ 347.236 €	=	31.765 €
3	+ 280.000 €	− 215.471 €	− 100.000 €	+ 347.236 €	=	31.765 €
4	+ 200.000 €	− 215.471 €	− 100.000 €	+ 347.236 €	=	31.765 €
Endwert:	147.420 €	− 1.000.000 €	− 464.100 €	+ 1.611.520 €	=	147.420 €
Kapitalwert:	100.690 €	− 683.014 €	− 316.986 €	+ 1.100.690 €	=	100.690 €

Jahr	Projektzahlungen	− Annuitätenabschreibung	− Zinsen auf A_0	+ Projektverlaufszahlungen	=	Cash Value Added	CFRoI
0	− 1.000.000 €	−	−	−		−	−
1	+ 420.000 €	− 215.471 €	− 100.000 €	+ 420.000 €	=	104.529 €	20,5 %
2	+ 450.000 €	− 215.471 €	− 100.000 €	+ 450.000 €	=	134.529 €	23,5 %
3	+ 280.000 €	− 215.471 €	− 100.000 €	+ 280.000 €	=	− 35.471 €	6,5 %
4	+ 200.000 €	− 215.471 €	− 100.000 €	+ 200.000 €	=	− 115.471 €	− 1,5 %
Endwert:	147.420 €	− 1.000.000 €	− 464.100 €	+ 1.611.520 €	=	147.420 €	12,3 %
Kapitalwert:	100.690 €	− 683.014 €	− 316.986 €	+ 1.100.690 €	=	100.690 €	

Abb. X-9: CVA- und CFRoI-Entwicklung für Projekt III

Problematik der nur teilweisen Annuitätenorientierung

Anders indessen stellt sich das Projekt im unteren Teil der Abbildung X-9 dar, wo der Cash Value Added berechnet ist. Hier wird die tatsächliche, in diesem Fall wechselnde Projektverlaufszahlung mit den jeweils gleichen Beträgen für die Annuitätenabschreibung und die kalkulatorischen Zinsen saldiert, und es ergibt sich der Cash Value Added. Die ursprünglichen Projektverlaufsüberschüsse der vier Jahre führen zu einem hohen Cash Value Added im ersten und zweiten sowie schließlich sogar deutlich negativen Wert im dritten und vierten Jahr. Daran wird die auch beim Cash Value Added bestehende generelle Problematik der periodenorientierten Kennzahlen deutlich: Sobald es sich nicht um eine korrekte Gleichverteilung des Projektüberschusses über die Jahre handelt – was nur die Projektannuität oder allenfalls ein aus ihr berechneter Abkömmling leisten kann – sind **Fehlentscheidungen** aufgrund unzutreffender Interpretationen **nicht ausgeschlossen.** Im Beispiel des Projekts III etwa würde eine Projektsteuerung mit periodischer Neubeurteilung nach dem Cash Value Added bei völlig planmäßigem Verlauf einen Projektabbruch unmittelbar vor dem dritten Projektjahr nahelegen, um den negativen Cash Value Added von – 35.471 € im dritten und von – 115.471 € im vierten Projektjahr zu vermeiden. Damit wäre aber tatsächlich nicht nur eine Fehlentscheidung im Hinblick auf das dritte und vierte Projektjahr verbunden (das Projekt erbringt dort ohne kalkulatorische Positionen immerhin einen positiven Projektüberschuss von insgesamt 480.000 €), sondern eine Fehlentscheidung, die das gesamte Projekt finanziell zu einem Verlustgeschäft werden lässt. Ohne die Perioden 3 und 4 wird der Kapitalwert des verbleibenden Rumpfprojekts negativ (– 246.281 €).

Der Economic Value Added würde bei diesem Projekt übrigens analoge Ausschläge ausweisen, wenn auch in etwas bescheidenerer Höhe. Eine verlässliche periodenweise Beurteilung, das zeigt dieses Beispiel, ist damit so nicht möglich. Und dieses Problem verschwindet auch nicht, wenn sich mehrere Projekte mit ihren positiven und ihren negativen Periodenkennzahlen überlagern. Von einer pauschalen Vorteilhaftigkeitsbeurteilung über **periodenweise unterschiedliche Überschusskennzahlen** der wertorientierten Steuerung ist also **abzuraten.** Im betrachteten Beispiel ist das Projekt III insgesamt finanziell von Vorteil. Auch wenn es völlig planmäßig verläuft, ist dieses Projekt weder im ersten Projektjahr besser, noch im dritten schlechter. Vielmehr lohnt es sich bei der prognostizierten Cash-flow-Verteilung insgesamt.

grundsätzliches Problem einer periodenweisen Projektbeurteilung

d) Zur prinzipiellen Problematik aller periodenbezogenen Steuerungsgrößen

Ein „richtiges" oder jedenfalls unschädliches, also keine Fehlentscheidung provozierendes Zwischenperiodenergebnis zu definieren, ist eine nicht gelöste (und nicht lösbare?) Aufgabe. Deshalb kann es durchaus gefährlich sein, etwa die Leistung eines Managers anhand einer derartigen Kennzahl zu messen und ihn entsprechend zu entgelten. Ob die Verwendung von Projektannuitäten eine Lösung sein kann, ist indessen ebenfalls offen. Für eine Annuitätenberechnung würde sich vor Projektbeginn das gleiche Objektivierbarkeitsproblem stellen wie beim Shareholder Value. Das Hauptproblem aber wäre die Erfassung der tatsächlichen Projektverlaufszahlungen gegenüber den prognostizierten. Die dahinterstehende grundlegende Problematik einer akzeptablen und zugleich möglichst objektiven **Zwischenabrechnung** periodenübergreifender Prozesse können letztlich auch die wertorientierten Steuerungskennzahlen **nicht lösen.** Gegenüber den Jahresabrechnungsgrößen des externen Rechnungswesens bieten die periodenbezogenen Überschusskennzahlen der wertorientierten Steuerung aber insoweit einen Fortschritt, als sie die **kalkulatorischen Zinsen** (auch für eigenen Kapitaleinsatz) berücksichtigen.

(Un-) Lösbarkeit des Periodisierungsproblems?

In der Literatur wird seit langem die Frage diskutiert, wie ein Projekt auch dann immer korrekt beurteilt werden kann, wenn man seinen Gesamtüberschuss unterschiedlich über die Perioden verteilt. Prinzipiell lässt sich diese Frage über

bekannte Bedingungen der rechnerischen Richtigkeit einer Periodenverteilung ...	das **Lücke-Theorem** beantworten (vgl. ursprünglich Lücke [Zinsen] 22, zur Erläuterung vgl. z. B. Troßmann [Investition] 131 ff.). Es liefert Bedingungen, die sogenannten **„Clean Surplus Relations",** dafür, wie eine beliebige Überschussverteilung über die Perioden zum gleichen Kapitalwert führt, insgesamt also **kapitalwertkongruent** ist. Dies lässt sich vor allem durch eine passende Höhe der jeweiligen Restbuchwerte der einzelnen Perioden erreichen. Freilich helfen diese Bedingungen bei den Anwendungsschwierigkeiten periodenbezogener Überschussgrößen kaum. Weniger hinderlich ist dabei noch, dass sie in praktischen Anwendungen fast nie beachtet werden (vgl. Krotter [Kongruenzprinzip] 32), sie könnten ja dennoch methodisch hilfreich sein. Die Bedingungen nutzen vielmehr deshalb beim standardmäßigen Einsatz periodenbezogener Kennzahlen nicht viel, weil sie nur deren **periodenübergreifende Korrektheit**
... helfen hier wenig	sicherstellen. Das Hauptproblem der wertorientierten Periodengrößen liegt aber an der **isolierten Interpretation der Wertgröße jeder einzelnen Periode.** Jede Periodenverteilung der Überschüsse, die nicht zu über die gesamte Laufzeit zu gleichbleibenden Periodengrößen führt, kann nämlich periodenbezogene Entscheidungen nahelegen, die in der Gesamtbetrachtung ungünstig sind.
am ehesten passt der Annuitätenansatz	Nach dem derzeitigen Erkenntnisstand liefern Ansätze auf der Basis einer **Annuitätenverteilung** des Projektverlaufs am ehesten Ergebnisse, die tendenziell nicht systematisch Fehlentscheidungen provozieren. Sie basieren aber zwingend auf einer Betrachtung von Einzelprojekten. Soll also ein betrieblicher Erfolg insgesamt ausgedrückt werden, was ja Ziel der wertorientierten Kennzahlen ist, wäre hinreichend tief auf Projekte oder zumindest auf einigermaßen einheitlich zu beurteilende und zu bewertende Projekttypen herabzugehen.
auch er lässt noch Fragen offen	Dann freilich bleibt immer noch das Problem, im Projektablauf auftretende **Prognose-Ist-Abweichungen** zu identifizieren, klar zuzuordnen und ihre rechnerische Abbildungskonsequenz festzulegen. Vermutlich kann nur auf diese Weise eine besser fundierte Leistungsbeurteilung für eine abgelaufene Periode erreicht werden, als es mit den derzeit diskutierten wertorientierten Steuerungskennzahlen möglich ist. Werden wertorientierte Kennzahlen in der hierarchischen Steuerung verwendet, treten wie bei allen indirekt beeinflussbaren Kennzahlen das Principal-Agent-Problem sowie das einer geeigneten Anreizgestaltung hinzu (siehe Kapitel IX).
Bedeutung für die Controller-Arbeit	Aus der Analyse der drei Gruppen wertorientierter Steuerungskennzahlen sowie der Detailuntersuchung ihrer bekanntesten Vertreter mag man den Schluss ziehen, dass die Verwendung derartiger Kennzahlen weit weniger verlässlich ist, als man es angesichts der stringenten finanziellen Orientierung hätte erwarten können. Dennoch muss man sich darüber im Klaren sein, dass bei allgemeinerer Zielsetzung die Lage keinesfalls einfacher, sondern deutlich **kom-**
Schwächen sind Aufgaben für das Controlling	**plexer** wird. In keinem Fall, erst recht nicht bei einer realistischen Annahme eines inhaltlich vielfältigeren betrieblichen Zielsystems gibt es klare und eindeutig definierte Kennzahlen, auf die das gesamte Handeln der betrieblichen Führung hin ausgerichtet werden könnte. Erstaunlich mag unter diesem Aspekt lediglich sein, dass selbst bei den restriktiven Voraussetzungen einer wertorientierten Führung dieses grundsätzliche Problem bestehen bleibt. Gerade dies macht aber das ständige koordinative Wirken des **Controlling unverzichtbar.**

Ein zweiter Aspekt kommt hinzu: Selbst wenn mit einer wertorientierten Hauptkennzahl die betriebliche Zielrichtung gut und von den Unternehmensträgern akzeptierbar erfasst ist, so ist eine wertorientierte Steuerung in jedem Fall durchweg nur für Entscheidungen und Analysen auf den oberen betrieblichen Hierarchieebenen geeignet. Auch bei der wertorientierten Unternehmungssteuerung sind auf den mittleren und unteren betrieblichen Entscheidungsebenen **Sekundärzielgrößen** zur Steuerung des operativen betrieblichen Alltagsgeschehens erforderlich. In keinem Fall bleibt also die Wahl von **delegativen Koordinationsformen** sowie die Festlegung der entsprechenden **Koordinationsparameter,** also etwa Kennzahlen zur Abbildung der Sekundärzielgrößen, erspart.

unveränderte Wichtigkeit aller Basisinstrumente des Controlling

Kapitel X auf einen Blick

Kapitelübersicht

- Wertorientierung bedeutet eine Dominanz finanzieller Ziele gegenüber materialen und sozialen Zielarten.

- Dadurch ist der Zielwert von vornherein quantitativ messbar, und zwar in der Regel auf der €-Skala. Trotzdem ist eine adäquate Zielformulierung in einer Kennzahl problematisch.

- Für Vorgabe- und Steuerungszwecke sind wichtige Anforderungen an Kennzahlen:
  - ihre Entscheidungsorientierung,
  - ihre Zukunftsgerichtetheit,
  - ihre Objektivität (Belegbarkeit).

- Es gibt drei Gruppen von Kennzahlen zur wertorientierten Steuerung:
  - Rentabilitäten (Renditen),
  - periodenbezogene Überschussgrößen,
  - Gesamtwertgrößen.

- Die bekannten wertorientierten Kennzahlen können durchweg nur einzelne der Anforderungen befriedigend abdecken:
  - Rentabilitäten sind scheinbar leicht verständlich, taugen aber nicht für Entscheidungszwecke.
  - Periodenbezogene Überschussgrößen sind zwar tendenziell gut belegbar; je besser sie dies sind, desto geringer fällt aber ihre Zukunftsgerichtetheit aus.
  - Gesamtwertgrößen, so vor allem der Shareholder Value, sind zwar in der Zukunftsgerichtetheit unschlagbar, hingegen aber kaum in ihren Rechenvoraussetzungen objektiv belegbar; sie eignen sich somit schlecht für die hierarchische Steuerung.

- Für den praktischen Einsatz sind periodenbezogene Überschussgrößen wegen ihrer Belegbarkeit häufig das Mittel der Wahl.

- Zu den speziell als wertorientierte Steuerungskennzahlen definierten periodenbezogenen Überschussgrößen gehören beispielsweise der Economic Value Added (EVA) und der Cash Value Added (CVA). Diese beiden unterscheiden sich vor allem in der Abschreibungs- und Zinsberechnung. Das führt zu teilweise stark unterschiedlichen Periodenerfolgen.

- Eine besondere Fehlentscheidungsgefahr entsteht dann, wenn für spätere Projektperioden ein negatives Ergebnis errechnet wird. Dann droht ein Projektabbruch, obwohl die noch zu erwartenden Cash flows zum Gesamterfolg nötig wären.

- In jedem Fall eignen sich alle wertorientierten Kennzahlen durchweg nur für die oberen betrieblichen Hierarchieebenen. Zur Steuerung des operativen Alltagsgeschehens sind daher Sekundärzielgrößen erforderlich.

Wodurch Skandale vermieden werden sollen:

Kapitel XI: Zum Verhältnis von Controlling und betrieblichen Überwachungsfunktionen

1. Die interne Revision als prozessunabhängige betriebliche Überwachung

a) Aufgabenspektrum der internen Revision

Neben der Kontrolle, die, wie Kapitel V zeigt, klar definierte Zwecke im betrieblichen Führungsprozess verfolgt, gibt es weitere Aufgaben prüfender und überwachender Art. Sie werden unter dem Oberbegriff **interne Überwachung** zusammengefasst. Insbesondere ist hier die interne Revision, aber auch das interne Kontrollsystem zu nennen. Deren Verhältnis zueinander und zum Controlling betrachten wir im vorliegenden Kapitel.

Einordnung der internen Revision

Die interne Revision ist eine betriebswirtschaftliche Aufgabe mit großer Tradition (zum Überblick vgl. Knapp [Revision], Peemöller/Kregel [Revision], Freidank [Unternehmensüberwachung] 119 ff.). Entstanden ist sie ursprünglich aus der **Unterschlagungs- und Veruntreuungsprüfung,** die immer dann für notwendig erachtet wurde, wenn an beauftragte Dritte auch Verfügungsmacht über Geld und Wertobjekte übergeben wird. Die ursprüngliche Prüfung war zwingend eine lückenlose – auf andere Weise wäre ja eine sichere Übersicht nicht möglich gewesen. Die Prüfungssituation hat sich aber grundlegend geändert, als man begonnen hat, systematisch **Aufzeichnungen** über die Geld- und sonstigen Güterbewegungen zu führen. Nun konnte auch zeitversetzt geprüft werden, wenn nur bei Anfangs- und Endbeständen die tatsächlichen mit den Buchwerten abgeglichen waren. Neben diesem erheblichen praktischen Vorteil einer späteren, vom Tagesgeschehen unbeeindruckten Prüfung hat dies eine zweite, inhaltlich bedeutende Änderung mit sich gebracht: Wer jetzt unterschlagen will, muss nicht nur Ware oder Geld beiseiteschaffen, sondern, damit es überhaupt geht bzw. nicht sofort offen erkennbar ist, eine fingierte Buchung tätigen. Damit ist die Unterschlagung in den Büchern aktenkundig, wenn auch in mehr oder weniger verborgener Form.

Prüfungsgebiete der internen Revision

Von dieser Situation ausgehend, hat sich die interne Revison mehr und mehr auf das gesamte (externe) Rechnungswesen ausgedehnt, und erstreckt sich seitdem auch auf die Einhaltung von Buchungs- und Bewertungsregeln, gesetzlicher und satzungsmäßiger Vorschriften sowie die methodische Logik. Dieser unterdessen klassische Anwendungsbereich der internen Revision im **Finanz- und Rechnungswesen** hat sich dann bis etwa in die 1960er Jahre gehalten. Danach sind als Prüfungsgebiete neben dem Finanzbereich zunächst Zug um Zug auch die

anderen Güterbereiche, später dann auch neben dem Rechnungswesen die anderen Bereiche der **Führungsebene** dazugekommen (vgl. z. B. Peemöller [Entwicklungsformen] 74 ff.). Damit setzt sich der Aufgabenbereich der internen Revision heute, wie Abb. XI-1 zeigt, aus den drei großen Bereichen des Financial Audit, des Functional bzw. Operational Audit sowie dem Management Audit zusammen. Auf andere Einteilungen, die teilweise im Widerspruch zum heutigen Verständnis des Controlling stehen, wird hier nicht eingegangen (vgl. zum Überblick z. B. Egner [Begriff] 9, 18).

INTERNE REVISION		
Unterschlagungs- und Veruntreuungsprüfung (lückenlose Prüfung) Ordnungsmäßigkeitsprüfung (GoB-Prüfung: Möglichkeit einer Stichprobenprüfung) Prüfung des gesamten Finanz- und Rechnungswesen (interne Jahresabschlussprüfungen, Prüfung des internen Kontrollsystems im Rechnungswesen)	Prüfung auch in anderen Funktionsbereichen und Ablaufsystemen: Prüfung der Beschaffungs-, Fertigungs- und Absatzfunktionen, FuE-Prüfung, Logistikprüfung …	Prüfung der betrieblichen Führungsprozesse: ▪ Planungsprozesse ▪ Entscheidungsprozesse ▪ Durchsetzungsprozesse ▪ Schwachstellenforschung ▪ internes Kontrollsystem
FINANCIAL AUDIT	**FUNCTIONAL AUDIT = OPERATIONAL AUDIT**	**MANAGEMENT AUDIT**

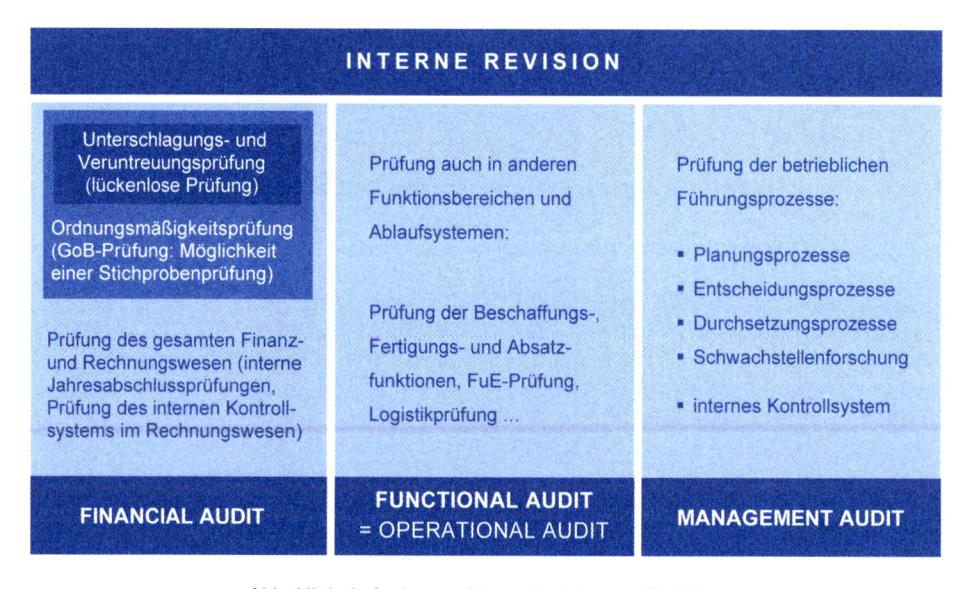

Abb. XI-1: Aufgabenspektrum der internen Revision

charakteristische Merkmale der internen Revision

Interne Revision kann insgesamt definiert werden als das **nachträgliche Prüfen** der Korrektheit und der Zweckmäßigkeit von betrieblichen Prozessen des Güter- und des Führungsbereichs durch innerbetriebliche Stellen, das außerhalb der zu überwachenden Prozesse und unabhängig von ihnen stattfindet. Die interne Revision ist damit wie die Kontrolle eine Führungsaufgabe der Überwachung. Sie ist aber im Unterschied zu jener nicht selbst Teil der Prozesse. Das bedeutet, dass die interne Revision für die Durchführung des einzelnen Prozesses nicht zwingend erforderlich ist. Vielmehr ist es eine davon völlig separierte Funktion. Ihr Zweck liegt dementsprechend auch nicht wie bei der Kontrolle darin, die untersuchten Prozesse zu unterstützen, sie zu beschleunigen oder ihre Ergebnisse zu verbessern, sondern vielmehr ausschließlich in der nachträglichen Überprüfung. Es soll festgestellt werden, ob die Prozesse korrekt verlaufen bzw. ob sie zweckmäßig sind. Nach dem erstgenannten und zugleich ursprünglichen Zweck prüft die interne Revision, ob allgemeine Grundsätze, Gesetze, Vorschriften sowie betriebseigene Regeln und Anweisungen eingehalten werden, die Prozesse also insoweit **ordnungsmäßig** sind. Die Korrektheitsprüfung umfasst aber auch die Frage, ob die Prozessabläufe hinreichend **sicherstellen,** dass die Ordnungsmäßigkeit prinzipiell gewährleistet ist. Demnach unterteilen sich Korrektheitsprüfungen in Ordnungsmäßigkeits- und Sicherheitsprüfungen.

klassische Korrektheitsprüfung der internen Revision

Je weiter man sich von dem engeren Bereich des Geldverwaltens und der Einnahmen-/Ausgabenprozesse entfernt, desto weniger deckt der Begriff der Korrektheit die analoge Zwecksetzung in anderen Bereichen ab. So sind beim **Management Audit** Führungsprozesse zu überprüfen. Eine im weiteren Sinn „korrekte" Aufgabenerfüllung ist hier aber nicht nur damit zu umschreiben, dass keine Gesetzes- und Regelverstöße begangen werden. Dies ist zwar auch hier wichtig und unabdingbar, macht aber nur einen kleinen Teil der Stellenaufgabe aus. Während bei einem Kassenwart oder einem Sachbearbeiter, aber auch bei einem Lagerarbeiter ein großer Teil der Stellenaufgabe erfüllt ist, wenn die betreffende Person alle Regeln, Vorgaben und Anweisungen einhält, reicht dies bei einem Manager keinesfalls aus. Zur eigentlichen Manageraufgabe gibt es in vielen Fällen außer Grundsätzen und groben Zielvorgaben keine Anweisungen und nur wenig Regeln. Vielmehr werden jene vom Manager selbst definiert und auf den Weg durch die betriebliche Hierarchie gebracht. Dennoch kann auch hier gefragt werden, ob die Stellenaufgabe im analogen Sinn „korrekt" ausgeführt wird, ob also erteilte Anweisungen sowie aufgestellte Regeln „richtig" waren und ob es „geschickt" war, die Führungsaufgabe so zu lösen.

Verallgemeinerung der Korrektheitsprüfung

Der Maßstab für die „Richtigkeit" im Führungsbereich ist immer die **Zielbezogenheit,** richtig sind Führungsmaßnahmen in diesem Sinne dann, wenn sie zur Erfüllung der betrieblichen Ziele beitragen. „Geschickt" ist eine Führungsmaßnahme dann gewählt, wenn unter den verschiedenen Möglichkeiten, wie ein Führungszweck erreicht werden kann, für die gewählte Maßnahme ein vergleichsweise gutes Verhältnis von Durchführungsaufwand und Zweckerreichung vermutet werden kann. So mag es beispielsweise zu einer sicheren und erfolgreichen Auftragserledigung zielentsprechend sein, insbesondere auf die Einhaltung der gesetzten Plantermine zu achten. Und dazu mag es wiederum zielentsprechend sein, ein kurzzyklisch wirkendes System der Terminüberwachung und entsprechender Terminberichte einzurichten. Ob es aber wirtschaftlich ist, dafür zwei Vollzeitkräfte als Terminjäger einzusetzen, ist eine andere, nämlich eine Wirtschaftlichkeitsfrage.

Aus den spezifischen Stellenaufgaben in den betrieblichen Ausführungs- und Führungsbereichen sowie der jeweils tieferen Einteilung nach der Frage, ob einerseits die Aufgabenerfüllung „richtig" und ob andererseits die Methode dazu „richtig gewählt" ist, ergibt sich für die Zwecke der internen Revision folgende Systematik:

heutige Systematik der Prüfungszwecke

(1) die **Prüfung der Korrektheit,** soweit es sich um Prozesse und Prozessaspekte handelt, die der Güter-, also der Ausführungsebene zuzuordnen sind,
  - mit der primären Prüfung der **Ordnungsmäßigkeit**
  - und der ergänzenden Prüfung der **Sicherheit** gegen ein Unterlaufen der Ordnungsmäßigkeit;

(2) die **Prüfung der Zweckmäßigkeit,** soweit es sich um Prozesse und Prozessaspekte handelt, die der Führungsebene zuzuordnen sind,
  - mit der primären Prüfung der **Zielbezogenheit**
  - und der ergänzenden Prüfung der **Wirtschaftlichkeit** der ausgewählten Führungsmaßnahme im Vergleich.

Es ist keineswegs zwingend, dass eine Revision von innerbetrieblichen Stellen übernommen wird, also **intern** ist. So gibt es verschiedene externe Stellen, die

andere Revisionsarten: im Betrieb Revisionsaufgaben ausführen, teils nach vom Betrieb freiwillig erteiltem Auftrag, teils nach betrieblicher Prüferwahl einer Pflichtprüfung, teils nach komplett externer Bestimmung. Zu solchen **externen Revisoren** zählen die z. B. für Kapitalgesellschaften vorgeschriebenen Jahresabschlussprüfungen durch Wirtschaftsprüfer, andere Prüfungen durch Wirtschaftsprüfer, freiwillige Qualitätsprüfungen nach ISO 9000 ff., eine EG-Öko-Auditierung, eine Due-Diligence-Analyse durch einen potenziellen Investor, ferner jede Außenprüfung durch das Finanzamt sowie polizeiliche oder staatsanwaltliche Untersuchungen im Betrieb. Die möglichen Probleme, die bei externen Revisionen aufgedeckt werden, sind ein wichtiges Motiv für die (vorherige) Einrichtung einer internen Revision – neben dem grundsätzlichen Eigeninteresse des Betriebs, Korrektheit und Zweckmäßigkeit der Prozesse im eigenen Haus sicherzustellen. Deshalb wird eine interne Revision in vielen Fällen für sinnvoll gehalten.

Unabhängigkeit der internen Revision: Nach ihrer Aufgabenstellung erfüllt die interne Revision eine Führungsfunktion. Und sie kann ihrem Auftrag umso besser nachkommen, je größer die hierarchische Unabhängigkeit ist. Das bedeutet, dass die Stellen der internen Revision organisatorisch zum einen unabhängig vom Instanzenweg der Linie und zum anderen hierarchisch möglichst weit oben einzuordnen sind (zu dieser und weiteren Regeln bzw. Empfehlungen vgl. DIIR u. a. [Standards]). Die interne Revision ist also typischerweise eine zentrale Stabsstelle der Unternehmensleitung, etwa des Vorstandsvorsitzenden. Sie wird heute bisweilen als „Internal Audit" bezeichnet; ihr Leiter, der oberste Innenrevisor, dementsprechend als Chief Audit Executive (CAE).

organisatorische Einordnung der Revision: Die interne Revision kann naturgemäß keine Überwachung der ihr übergeordneten Instanzen leisten. Jede dieser Instanzen hätte die Möglichkeit des **Management Override,** d. h., sie könnte durch einfache Anweisung Prüfungen des eigenen Bereichs unterbinden oder inhaltlich steuern. Daraus ergibt sich die hohe organisatorische Einordnung. Sie reduziert den möglichen Management Override auf das unvermeidliche Mindestmaß. Die interne Revision ist ein Instrument der Unternehmungsführung, um deren Überwachungsaufgabe zu einem im Umfang beträchtlichen Teil fachmännisch zu übernehmen; dies wird auch als ihre Assurance-Leistung gegenüber der Unternehmensleitung bezeichnet. Deshalb ist es auch nicht zielführend, die interne Revision etwa, soweit existent, einem Aufsichtsrat, einem Audit Committee innerhalb des Aufsichtsrats oder einem vergleichbaren Gremium zuzuordnen (zur Diskussion vgl. z. B. Knapp [Revision] 61). Der bei Kapitalgesellschaften regelmäßig vorgesehene Aufsichtsrat hat vor allem eine eigene Überwachungsfunktion gegenüber der Geschäftsführung; inwieweit er dafür einen eigenen Mitarbeiterstab braucht oder für sinnvoll hält, ist eine eigene Frage. Ob es einen Aufsichtsrat bzw. eine entsprechend handelnde Gesellschafterversammlung gibt oder nicht, in jedem Fall ist es eine unabdingbare Aufgabe des betrieblichen Managements, eigene Überwachungsaufgaben wahrzunehmen oder wahrnehmen zu lassen. Und dies ist die interne Revision.

b) Compliance-Aufgaben im Vergleich zur internen Revision

Neben der internen Revision und der Kontrolle, deren Unterscheidung sich bereits aus den Definitionen beider Führungsaufgaben ergibt, werden weitere Aufgabenbereiche genannt, die eine ähnliche Ausrichtung haben könnten wie die interne Revision. Dazu gehört vor allem die **Compliance.** Compliance bezeichnet im betrieblichen Zusammenhang ein regelkonformes Verhalten, also die Einhaltung einschlägiger Gesetze, Vorschriften und betriebseigener Regeln, aber auch allgemeiner und nicht notwendigerweise schriftlich fixierter Normen, etwa moralischer Grundsätze.

Kennzeichnung von Compliance

Compliance-Forderungen sind in den vergangenen Jahren insbesondere im Gefolge verschiedener Missstände und Skandale erhoben worden, die durch Fehlverhalten von Einzelpersonen in Betrieben oder von Betrieben insgesamt entstanden waren. Hierzu gehören Korruptionsskandale zur Erlangung von Aufträgen; Vereinbarung riskanter Wertpapiergeschäfte extremen Ausmaßes, insbesondere mit Derivaten, unter Umgehung bestehender Handelsobergrenzen; der Handel mit billig gekauften Waren, die unter unwürdigen oder gesundheitsschädlichen Produktionsbedingungen hergestellt werden; das Umgehen von Ausfuhrbeschränkungen durch Dreiecksgeschäfte; der Weiterverkauf verdorbener Lebensmittel nach Umetikettieren und weitere Fälle einer langen Beispielliste.

In diesem Zusammenhang wird die Einführung einer Compliance-Stelle im Betrieb diskutiert. Dies könnte ein Compliance-Beauftragter, ein Compliance-Koordinator oder ein größerer Stab mit einem Chief Compliance Officer (CCO) an der Spitze sein. In Diskussionsbeiträgen hierzu wird u. a. problematisiert, ob solche Compliance-Stellen vom Innenrevisor, vom juristischen Stab (dem Justiziariat) wahrgenommen werden oder als Positionen mit engerem Aufgabenumfang über, unter oder neben diesen Stellen stehen sollen (vgl. z. B. Schaffner/Mayer-Uellner [Compliance] 614; AKEIÜ [Compliance]; Schwager [Revision] 173 ff.; ferner von Werder [Corporate Governance] 48 ff.). Diese Problematik entsteht vor allem deswegen, weil das Aufgabenspektrum, das Compliance-Stellen zugewiesen werden soll, ganz verschiedene Komponenten umfasst. Im Einzelnen sind es folgende drei Aufgabengruppen:

mögliche Compliance-Stellen

drei Gruppen von Compliance-Aufgaben

(1) das Verfolgen **externer Normensetzung** und aktueller Auslegung bestehender Gesetze und Vorschriften, insbesondere durch die Rechtsprechung; dies schließt auch Festlegungen und Interpretationen von Normungsinstitutionen, Prüf- und Akkreditierungsagenturen sowie weiterer richtliniensetzender Institutionen ein, etwa der Regierungskommission für den Deutschen Corporate-Governance-Kodex, des Deutschen Rechnungslegungs-Standard-Committees (DRSC), des Deutschen Instituts für Normung (DIN), der Technischen Überwachungsvereine (TÜV), von Verbandsinstitutionen und relevanten sigelvergebenden Institutionen;

(2) Einbringen von Compliance-Aspekten in die Formulierung von Zielen, in den Planungsprozess und insbesondere in laufende Kontrollen zur Umsetzung von **Compliance-Vorgaben des Managements;** Beratung des Managements zu Compliance-Fragen, Sensibilisierung von Verantwortlichen für compliance-relevante Entscheidungen;

(3) **nachträgliches Überprüfen** der Einhaltung von compliance-bezogenen betrieblichen Regeln und Anweisungen sowie gesetzlicher Normen und weiterer überbetrieblicher Vorgaben.

Inhaltlich können alle drei Gruppen der genannten Compliance-Aufgaben allgemeine Menschenrechts-, Gleichberechtigungs- und allgemein moralische Grundsätze umfassen, insbesondere aber auch wettbewerbssicherstellende Prinzipien, Rechtssetzungen und betriebsinterne Vorgaben.

Zuordnung der drei Compliance-Aufgaben zu Führungsfunktionen

Die gruppierte Zusammenfassung der Compliance-Aufgaben lässt erkennen, dass es sich tatsächlich um drei Führungsfunktionen jeweils eigenen Charakters handelt: Aufgabengruppe 1 erfüllt eine Art **Informationsfunktion,** die auf das Erkennen von Compliance-Problemen gerichtet ist. Die Funktion unterstützt also genau genommen die Ingangsetzung und Entwicklung entsprechender Aktualisierungs- und ggf. Planungsprozesse. Die Aufgaben der zweiten Gruppe sprechen die Umsetzung der Management-Vorgaben an, und zwar in den einzelnen Führungsprozessen, also insbesondere in Planungs-, Durchsetzungs- und Kontrollprozessen unterer Hierarchiestufen. Begleitend zu diesen Prozessen ist die Einhaltung solcher Vorgaben sicherzustellen. Damit handelt es sich aus Sicht der oberen Hierarchiestufe um **Kontrollen.** Durchweg werden deren charakteristische Merkmale erfüllt. Besonderheit ist nur, dass sich die Kontrollen stets auf Compliance-Inhalte beziehen, ansonsten kommen aber die üblichen Kontrollzwecke sowie die typischen Vergleichsarten vor. Die dritte Aufgabenart schließlich beschreibt eindeutig Aufgaben der **internen Revision.** Auch hier unterscheiden sich die aufgeführten Compliance-Aufgaben nicht prinzipiell von den allgemeinen Revisionsaufgaben, sind aber stets auf die Compliance-Aspekte ausgerichtet.

organisatorische Lösung für Aufgabe 3

Nach dieser Einteilung gibt es auch für die organisatorische Zuordnung dieser Aufgaben nicht mehr viele Möglichkeiten, will man konsistent zu den Organisationsprinzipien bleiben, nach denen die allgemeinen Führungsaufgaben, etwa der Planung, der Kontrolle oder der internen Revision eingeordnet sind. Grundsätzlich ist zunächst die dritte Aufgabengruppe von den ersten beiden deutlich zu trennen. Jede Revisionsaufgabe kann sinnvoll nur von einer Stelle wahrgenommen werden, die nicht schon vorher in den zu revidierenden Prozess involviert war. Deshalb erweist sich eine Zusammenfassung der drei genannten Aufgabengruppen in einer gemeinsamen, umfassenden **Compliance-Stelle** als ungünstig. Vielmehr ist der dritte Aufgabenbereich gemäß der üblichen Definition als Teil einer organisatorisch wie üblich verselbständigten internen Revision aufzufassen, will man nicht in das Problem einer Eigenüberwachung kommen (vgl. Schwager [Revision] 176). Unbenommen bleibt dabei, einen speziell auf Compliance-Aspekte spezialisierten Teil der internen Revision mit einer Stellenbezeichnung zu versehen, die den Compliance-Tatbestand zum Ausdruck bringt. Freilich ist darauf hinzuweisen, dass die genauere Abgrenzung von Compliance-Prüfungen zu den anderen Ordnungsmäßigkeits- bzw. Zielbezogenheitsprüfungen keineswegs von vornherein eindeutig ist und deshalb eine Reihe willkürlicher Abgrenzungsdefinitionen verlangen würde.

organisatorische Lösung für die Aufgaben 1 und 2

Was die verbleibenden beiden Aufgabenbereiche 1 und 2 betrifft, so handelt es sich dabei um typischerweise prozessintegrierte Fragestellungen. Ganz eindeutig betreffen Aufgaben der Gruppe 2 Kontrolltätigkeiten im üblichen Sinn. Hier indessen könnten die compliance-bezogenen Fragen, weil einzelnen Prozessschritten zuordenbar, einfacher von übrigen Kontrollaspekten abgegrenzt werden, so dass bei entsprechendem Aufgabenumfang oder dem Wunsch nach besonderer Betonung dieses Teils hier ohne weiteres eine besondere (Kontroll-)Stelle zur Compliance-Sicherung ausgewiesen werden könnte. Ob man schließlich die Aufgabengruppe 1 als Teil der umfassenden Kontrollaufgabe auffasst oder nach Bezeichnung und organisatorischer Position besonders hervorhebt, hängt von der gewünschten Betonung sowie vom Umfang der hier zu leistenden Beobachtungs- und Problemidentifizierungsaufgabe ab. Beispielsweise ist es in Branchen, bei denen es sehr stark auf die juristischen Feinheiten von Vertragsformulierungen ankommt und die laufende Rechtsprechung sowie das Konkurrenzverhalten immer wieder neue Detailfragen aufwirft, die möglicherweise Rückwirkungen auf die eigene betriebliche Tätigkeit haben, durchaus erwägenswert, im Bereich des Justiziariats eine entsprechend definierte **Compliance-Stelle** einzurichten. Beispielsweise trifft dies in der Versicherungsbranche, in der Bankbranche, bei Steuerberatern und Wirtschaftsprüfern sowie im Transportgewerbe und im Außenhandel zu. Hier kann es sinnvoll und sogar notwendig sein, hochqualifizierte Experten mit dieser Aufgabe der Problemerkennung, -einschätzung und -frühwarnung zu betrauen; Stellenbezeichnungen wie Compliance-Manager oder Chief Compliance Officer sind in diesem Fall angebracht.

Was hier für den in den vergangenen Jahren zu wachsender Aktualität gelangten Bereich der Compliance gilt, kann in entsprechender Weise für die Gleichstellung, die Diversity-Berücksichtigung, den Datenschutz oder etwa die Außenwirtschaftskontrolle in analoger Weise angewendet werden. Für einzelne Problembereiche ist die Einrichtung entsprechender Organisationseinheiten gesetzlich geregelt oder zumindest empfohlen, so etwa beim Datenschutzbeauftragten, den Beauftragten für den Umgang mit gefährlichen Stoffen usw. In allen diesen Fällen ist die eigentliche Aufgabenstellung Teil einiger oder auch vieler betrieblicher Prozesse und ist deshalb prozessintegriert zu berücksichtigen. Ob es sich dabei „lohnt", eine spezielle Stelle einzurichten, hängt auch hier hauptsächlich vom Umfang der damit verbundenen Stellenaufgaben und auch der gewünschten Erkennbarkeit im Organigramm ab. Die Frage, wo derartige Stellen anzusiedeln sind, richtet sich nach der Stelle des vorwiegenden Arbeitsanfalls in den jeweiligen Prozessen. Beispielsweise könnte ein **Diversity-Beauftragter** eher in Personalabteilungs-Nähe angesiedelt sein; ein **Datenschutzbeauftragter** beispielsweise eher in der Nähe der betrieblichen Informationswirtschaft, des Controlling oder auch des Personalwesens. In allen Fällen ist aber die Prüfungsaufgabe eindeutig von der Beratungs-, Durchführungs- und prozessintegrierten Kontrollaufgabe zu trennen. Prüfungsaufgaben bestehen stets darin, nachträglich festzustellen, ob die einschlägigen Regeln und Bedingungen eingehalten bzw. zielentsprechend berücksichtigt worden sind. Dies sind immer Aufgaben der internen Revision, seien sie nun inhaltlich noch genauer spezifiziert oder nicht.

weitere, compliance-ähnliche Aufgaben

c) Prüfungsformen der internen Revision

Die interne Revision arbeitet mit **Prüfungen.** Nach ihren Zwecken soll sie unkorrekte und unzweckmäßige Prozesse aufspüren. Letzteres verlangt ein relatives Urteil, d. h. einen Vergleich alternativer Verfahrensweisen, und kann daher je nach Kenntnisstand des Prüfers und je nach Prüfzeitpunkt zu unterschiedlichen Ergebnissen führen. Korrektheitsprüfungen orientieren sich dagegen an einem absoluten Maßstab. Abgesehen davon, dass versehentlich ein unerlaubter Tatbestand nicht erkannt wird („Revisionsrisiko", siehe S. 299), sollte eine Korrektheitsprüfung daher unabhängig von Person und Zeitpunkt der Prüfung dasselbe Ergebnis bringen. Tatsächlich werden dabei Spürsinn, kombinatorisches

Zweckorientierung der Prüfungsform

Geschick, Erfahrung und Zufall eine nicht unerhebliche Rolle spielen. Abb. XI-2 (Amling/Bantleon [Revision] 332) gibt einen Eindruck von der Vielfalt absichtlich herbeigeführter Unkorrektheiten, als deliktische Handlungen, dolose Handlungen oder Fraud bezeichnet. Wegen der bestehenden Dokumentationspflichten entfällt ein Teil davon auf Manipulationen im Rechnungswesen (in Abb. XI-2 links aufgeführt), wenn auch im betrieblichen Alltag nach wie vor viele Fälle doloser Handlungen nicht von entsprechenden Manipulationen im Rechnungswesen begleitet werden (vgl. Amling/Bantleon [Revision] 329). In jedem Fall ist die Gestaltung von Korrektheitsprüfungen wegen der Vielfalt möglicher doloser Handlungen nicht ganz einfach.

Randnotiz: Schwierigkeit von Korrektheitsprüfungen

dolose Handlungen (Fraud)

Rechnungslegungsmanipulationen
- Periodenabgrenzung
- fingierte Erlöse
- Verschleierung von Schulden / Aufwand
- irreführender Ausweis im Jahresabschluss
- Bewertung

Vermögensschädigungen

liquide Mittel
- Abzweigung von Verkäufen, Außenständen oder Erstattungen
- Entwendung
- fingierte Ausgaben: fingierter Personalaufwand, fingierte Auslagenerstattung, Scheckfälschung, fingierte Eingangsrechnung

Vorräte und sonstige Vermögenswerte
- missbräuchliche Verwendung
- Entwendungen

Korruption

Angebot und Annahme illegaler Vorteile
- Kickbacks
- Ausschreibungsmanipulationen

Interessenkonflikte
- Verkauf
- Einkauf

Abb. XI-2: Typologie doloser Handlungen („Fraud Tree") nach Amling/Bantleon

Randnotiz: zwei weitere Einteilungsmerkmale zu Prüfungsformen

Die Prüfungsformen, derer sich die interne Revision bedient, lassen sich nach verschiedenen Gesichtspunkten einteilen. Sie sind schematisch in Abb. XI-3 wiedergegeben. Im Kern handelt es sich um drei Merkmale. Die Einteilung nach dem **Prüfungszweck** in Korrektheits- und Zweckmäßigkeitsprüfungen ist bereits dargestellt worden. Nach dem **Konkretisierungsgrad** lassen sich Einzelfallprüfung und Systemprüfung unterscheiden. Bei der Einzelfallprüfung werden einzelne Prozesse der Vergangenheit ausgewählt und im Einzelnen nachvollzogen. Daraus wird später auf die Güte der Grundgesamtheit geschlossen; es handelt sich also um das Prinzip einer klassischen Stichprobenprüfung. Die **Systemprüfung** dagegen setzt bei den Regeln an, die für die einzelnen Bearbeitungsschritte im Prozess und deren Abfolge festgelegt wurden. Es wird vor allem untersucht, welche Regeln tatsächlich praktiziert werden, nicht nur, welche Regeln sich in Beschreibungen finden. Und es wird geprüft, inwieweit diese Regeln korrekte bzw. zweckmäßige Prozesse gewährleisten. Keine Rolle spielt, in welcher Form diese Regeln vorliegen. Es können z. B. mündliche Anweisun-

Randnotiz: zweite Einteilung von Prüfungsformen

1. Die interne Revision als prozessunabhängige betriebliche Überwachung

- **Korrektheitsprüfungen**
  - Ordnungsmäßigkeit
  - Sicherheit
- **Einzelfallprüfung**
- **Prüfung manueller Abläufe**

⟷

- **Zweckmäßigkeitsprüfungen**
  - Zielbezogenheit
  - Wirtschaftlichkeit
- **Systemprüfung**
- **Prüfung computergestützter Prozesse**

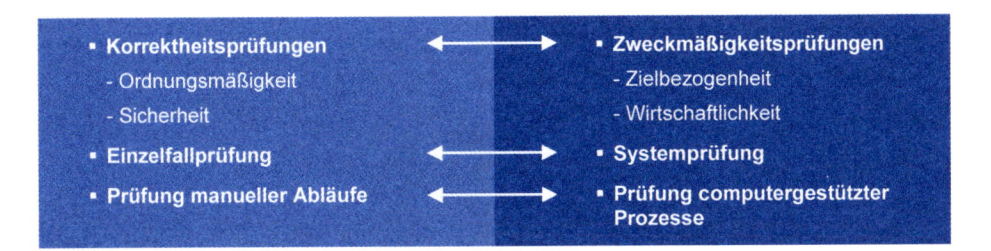

Abb. XI-3: Systematik der Prüfungsarten der internen Revision

gen, geübte Praxis oder auch Programmcodes einer Computersoftware sein. Je nachdem, welche dieser Beschreibungsformen der Regelungen vorliegen, umfassen die konkreten Prüfungshandlungen mehr Aktenstudium, mehr Befragungen der direkt Ausführenden oder auch die Analyse eines Computer-Programmcodes. So wird bei einem Regelsystem, das kaum schriftlich fixiert, sondern durch die Struktur und Übung der täglichen Arbeit gegeben ist, die Systemprüfung vor allem aus Interviews und Beobachtungen der einzelnen Arbeitsschritte des untersuchten Prozesses bestehen. Ist der Prozess dann prinzipiell in seinen relevanten Elementen erfasst, kann er analytisch auf mögliche Schwachstellen geprüft werden.

Die dritte Einteilung grenzt **computergestützte** Prozesse von **manuellen** Prozessen ab. Diese Unterscheidung ist für die konkrete Prüfungstätigkeit von erheblicher Bedeutung. Sie ist nicht nur für die eben besprochene Systemprüfung anwendbar, sondern auch auf Einzelfallprüfungen. Systemprüfungen computergestützter Prozesse bedeuten letztlich die Analyse des Programmablaufs. Der Vorteil ist, dass der Programmcode die Prozessschritte eindeutig angibt. Der Nachteil ist, dass nur Programmier-Fachleute den Code interpretieren können. Einzelfallprüfungen in computergestützten Prozessen sind dagegen sehr unproblematisch und verlangen keine Untersuchung des Programmcodes selbst. Man gibt die Eingangsdaten des herausgegriffenen Falls ein und prüft das vom Programm errechnete Ergebnis.

dritte Einteilung von Prüfungsformen

d) Grenzen der vorbeugenden Wirkung interner Revision

Die Aufgabe der internen Revision ist es hauptsächlich, entstandene Probleme, schlimmstenfalls dolose Handlungen, nachträglich aufzudecken. Das betriebliche Bestreben insgesamt ist aber, möglichst bereits das Entstehen solcher Probleme zu vermeiden. Auch dazu leistet die interne Revision einen Beitrag. Durch ihr Vorhandensein erhöht sie deutlich das Risiko potenzieller Täter, später entdeckt zu werden; durch ihre ständige Prüfungstätigkeit kann sie das Management darin beraten, mit welchen Maßnahmen bereits innerhalb der Prozesse einer Entstehung späterer Probleme vorgebeugt werden kann.

Entstehung doloser Handlungen

Die Entstehung doloser Handlungen führt man allgemein auf das Zusammentreffen dreier Komponenten zurück, die das in Abb. XI-4 dargestellte „Fraud-Dreieck" (Amling/Bantleon [Revision] 330) ergeben: Motivation, Rechtfertigung und Gelegenheit.

Abb. XI-4: „Fraud-Dreieck" der Prinzipien zur Bekämpfung doloser Handlungen (teilweise nach Amling/Bantleon)

drei Ursachen doloser Handlungen

Motivation für eine dolose Handlung kann dadurch entstehen, dass Mitarbeiter sich ungerecht behandelt fühlen, etwa zu schlecht bezahlt, mit ihrem Beitrag zu den gut laufenden Geschäften nicht ausreichend wahrgenommen, bei Beförderungen übergangen, als Person zu wenig berücksichtigt oder gar gemobbt, unterdrückt, ignoriert. Die Motivation entwickelt sich aber auch aus einer (vermeintlichen) Erwartungshaltung von Vorgesetzten, aus Leistungsdruck oder aus Schwierigkeiten bei der Regeleinhaltung.

Die **Rechtfertigung** kann dadurch entstehen, dass das Geschäftsgebaren des Betriebes insgesamt als unsauber, unkorrekt oder sogar als illegal und strafbar erscheint, oder die Verhaltensweise von Vorgesetzten, insbesondere der Geschäftsführung, als egoistisch, nicht regelkonform oder selbstbedienerisch wahrgenommen wird. Wenn sich bei solchen Voraussetzungen dann eine passende **Gelegenheit** bietet, besteht eine erhöhte Gefahr tatsächlicher unkorrekter Handlungen von Mitarbeitern.

Was kann interne Revision nicht leisten?

Die beiden Komponenten der Motivation und der Rechtfertigung sind nur sehr begrenzt durch vorherige Kontrollen oder nachträgliche Prüfungen zu beeinflussen. Hier spielen vielmehr personalpolitische Maßnahmen, die Gestaltung von Motivations- und Anreizsystemen sowie allgemeine Führungsprinzipien eine Rolle, insbesondere auch deren konsistentes Zusammenwirken. Dies herbeizuführen und durch passende Gestaltung in den verschiedenen Führungsfunktionen zu unterstützen, gehört zur generellen Controlling-Aufgabe (zur Frage eines „gerechten" Anreizsystems siehe z. B. Kap. IX).

Die Komponente der „Gelegenheit" innerhalb des Fraud-Dreiecks betrifft dagegen das Arbeitsfeld der Überwachung. Die interne Revision ist wegen ihres nachträglichen Tätigwerdens freilich in der vorbeugenden Wirkung beschränkt. Sie kann lediglich die Gelegenheiten zu dolosen Handlungen unattraktiv machen, hat also eine eher „passive" Überwachungswirkung. Aktiv dagegen ist eine Überwachung, die das Entstehen solcher Gelegenheiten von vornherein verhindert. Hierzu sind prozessbegleitende Überwachungsmaßnahmen nötig, also Kontrollen. Derartige Kontrollen mit vorbeugendem Charakter bilden das interne Kontrollsystem. Sie werden im nachfolgenden Abschnitt genauer betrachtet. Die Kombination sofortiger Kontrolle und späterer Prüfung soll die Gelegenheiten zu dolosen Handlungen reduzieren und im Übrigen ein hohes Entdeckungsrisiko und eine entsprechende Abschreckungswirkung erzeugen.

2. Das interne Kontrollsystem als spezielle prozessbegleitende Überwachung

a) Aufgabenspektrum des internen Kontrollsystems

Nach dem Kriterium, ob eine Überwachungsmaßnahme in den Prozess **integriert** ist oder **außerhalb** liegt und unabhängig von ihm ist, sind Kontrolle und interne Revision klar abgegrenzt. Allerdings stehen beide Führungsaufgaben nicht völlig unbeeinflusst nebeneinander. Vielmehr bestimmt sich Art und Umfang der internen Revision sehr stark danach, welche Prozesselemente bereits bei ihrer Durchführung einer Kontrolle unterworfen worden sind und was dabei untersucht wurde. Beispielsweise kann in den Prozess der Bezahlung von Lieferantenrechnungen eine standardmäßige Freigabe integriert sein, die Zahlungsempfänger, Zahlungshöhe und Kontonummer darauf prüft, ob Verdachtsmomente etwa auf Unterschlagungs-, verschleierte Umleitungs- oder verdeckte Provisionszahlungen hinweisen. Erst wenn diese Zwischenüberwachung kein Problem erkennt, wird die Zahlung freigegeben. Eine solche Maßnahme hat, weil konsequent in den Zahlungsprozess integriert, keinen Revisionscharakter. Aber sie verändert den Prüfungsansatz der späteren Revision. Im vorliegenden Beispiel wäre es überflüssig und auch wenig hilfreich, wenn die interne Revision die Überwachungsmaßnahmen der Freigabestelle wiederholen würde. Vielmehr stellt sich die Frage, ob die Freigabestelle die ihr zugedachte Überwachungsfunktion wirklich gut erfüllt, also – weil es sich bei der Überwachung um eine Führungsaufgabe handelt – zweckmäßig (zielbezogen und wirtschaftlich) handelt.

Berührungspunkte von internem Kontrollsystem und interner Revision

Das Beispiel zeigt, dass manche Kontrolltätigkeiten Überwachungsfunktionen erfüllen, die, wären sie nicht in den Handlungsablauf integriert, nachträglich Teil der internen Revision wären. Solche Kontrollelemente werden unter dem Namen **internes Kontrollsystem** zusammengefasst. Die traditionelle Bezeichnung „internes Kontrollsystem" stimmt nicht exakt mit der in diesem Buch verwendeten Interpretation von interner Kontrolle überein. Danach wäre nämlich das interne Kontrollsystem die Gesamtheit aller betrieblichen Kontrollen (siehe Kapitel V, S. 117). Im gängigen Verständnis sind mit dem internen Kontrollsystem zwar stets Kontrollen gemeint, also Überwachungsaufgaben, die in die Prozessabläufe integriert sind; inhaltlich hingegen soll es nur solche Überwachungsaufgaben umfassen, die ansonsten die interne Revision hat. Damit sind z. B. alle Kontrollen, die dem Zweck einer besseren Planungsgrundlage dienen, nicht Teil des internen Kontrollsystems. Und auch manche der Kontrollen für Personalführungs- oder Prozesserledigungszwecke (siehe S. 109) gehören nicht dazu.

Kennzeichnung des internen Kontrollsystems

Insgesamt sind die in Literatur und Praxis in diesem Bereich verwendeten Bezeichnungen sehr uneinheitlich und oft nicht konsistent (zum Überblick vgl. Freidank [Unternehmensüberwachung] 51 ff.); dies gilt insbesondere auch für die englischen Bezeichnungen **internal control** (hier als Synonym für internes Kontrollsystem interpretiert), **internal check** (hier als einzelne Kontrollmaßnahme in einem betrieblichen Prozess interpretiert), **internal accounting control** (hier als Teil des internen Kontrollsystems interpretiert, das sich auf das Rechnungswesen bezieht) und **internal administrative control** (hier als der Teil des internen Kontrollsystems interpretiert, das zu Führungsprozessen gehört). Weitgehend einheitlich wird der verbreitete Oberbegriff internes Kontrollsystem interpretiert. In der Terminologie des vorliegenden Buches ist er als System spezieller prozessintegrierter Überwachungsmaßnahmen, somit als Teil des allgemeinen Kontrollsystems, zu verstehen.

Unterschiedliche Möglichkeiten von internem Kontrollsystem und interner Revision ...

Der angesprochene Teil des allgemeinen Kontrollsystems lässt sich genauer dadurch charakterisieren, dass damit **Überwachungsfunktionen** erfüllt werden sollen, die mit denen der internen Revision übereinstimmen – bis auf die Tatsache, dass sie eben prozessintegriert wahrgenommen werden. Damit sind die Zwecke der internen Revision und des internen Kontrollsystems prinzipiell identisch. Allerdings eignen sich keineswegs alle Zwecke der internen Revision dazu, bereits vorbeugend in ein internes Kontrollsystem einzufließen. Beispielsweise kann prozessintegriert kaum festgestellt werden, wie „gut" ein bestimmter Überwachungszweck tatsächlich erfüllt wird, also ob eine Prozessdurchführung nun tatsächlich sicher ist oder eine Führungsanweisung tatsächlich wirtschaftlich. Stets aber können Maßnahmen kontrolliert werden, die dazu vorgesehen sind, gerade diese Sicherheit bzw. Wirtschaftlichkeit herzustellen.

... im Güterbereich

Immer kann kontrolliert werden, ob Güterprozesse ordnungsgemäß verlaufen und ob Vorgaben eingehalten werden. Verglichen mit den Zielen der internen Revision kann also die Ordnungsmäßigkeit der Güterprozesse auch kontrolliert werden. Was die Sicherheit der Güterprozesse betrifft, so können immerhin wichtige Voraussetzungen dazu kontrolliert werden, wozu vor allem die Dokumentation zählt. Auch deren Ordnungsmäßigkeit ist deshalb ein wichtiges Element des internen Kontrollsystems. Aus dem Überwachungsbereich der Führungssysteme kann in einer mitlaufenden Kontrolle vor allem das erkannt werden, was sich in ausgeführten Prozessen tatsächlich niederschlägt. Deshalb handelt es sich auch bei diesen Kontrollarten letztlich um Korrektheitskontrollen. Sie betreffen aber hier allgemein die Durchsetzung getroffener Führungsentscheidungen. Ist beispielsweise festgelegt worden, dass bei der Erstbestellung bei einem Lieferanten mindestens zwei Vergleichsangebote anderer Lieferanten vorliegen müssen, kann in einer Maßnahme des internen Kontrollsystems das Vorhandensein dieser Vergleichsangebote kontrolliert werden.

... im Führungsbereich

Zwecke eines internen Kontrollsystems

Aus diesen Überlegungen zu den Möglichkeiten einer begleitenden Kontrolle vor allem der für die spätere interne Revision relevanten Aspekte ergibt sich folgende Übersicht über die Zwecke eines internen Kontrollsystems:

(1) Korrektheit der **Güterprozesse:**

- Ordnungsmäßigkeit der **unmittelbaren Güterprozesse:**
  Vermögen gegen Verluste aller Art sichern,

- Ordnungsmäßigkeit der **Dokumentation der Güterprozesse:**
  hinreichend genaue, aussagefähige und zeitgerechte Aufzeichnungen gewährleisten,

(2) Korrektheit der **Führungsprozesse:**

- **Durchsetzung** beschlossener betrieblicher Politik sicherstellen,

- **Effizienz der Durchsetzung** fördern, Möglichkeiten der Entscheidungsdokumentation nutzen.

b) Maßnahmen des internen Kontrollsystems im Güterbereich

Typisch für die Maßnahmen des internen Kontrollsystems im Güterbereich ist es, dass einerseits unmittelbar bei den **Güterbewegungen** angesetzt wird, andererseits an ihrer **Dokumentation.** Die Kontrollen der unmittelbaren Güterbewegungen bezwecken letztlich eine Verhinderung unmittelbarer Vermögensschäden; die Dokumentationskontrollen sollen dagegen solche Schädigungen erheblich erschweren, indem sie ihre Nachvollziehbarkeit und spätere Rekonstruierbarkeit deutlich erhöhen.

Arten interner Kontrollen im Güterbereich

Typische Maßnahmen der internen Kontrolle gegen unmittelbare Vermögensschäden sind z. B. abgeschlossene Lagerbereiche, für die es eine begrenzte Zahl von Personen mit Schlüsselbesitz gibt; die Sicherung der Steuerungssoftware für Lagerbewegungen durch Zugangscodes, die wiederum nur wenigen Personen bekannt und ggf. personenindividuell vergeben sind; ein Zugangsweg zu besonders wertvollen, gefährlichen oder aus anderen Gründen zu schützenden Produkten, der zwangsläufig über den unmittelbaren Einsehbereich eines Vorgesetzten führt (so z. B. bei Juwelen und wertvollen Schmuckstücken, Betäubungsmitteln in Auslieferungslagern der Pharmabranche oder bei Munitionsdepots); der geregelte Zugang zum Tresor über zwei verschiedene Schlüssel, die gleichzeitig vorhanden sein müssen und verschiedenen Personen ausgehändigt wurden. Weitere Möglichkeiten bieten automatische Wiegesysteme bei Zutritt und Verlassen von Lagerräumen, Bewegungsmelder, Alarmanlagen, spezifische Materialprüfungssysteme auf der Basis von Ultraschall-, Wärmeemissions- oder Röntgenprüfungen sowie schließlich das klassische Pförtner- bzw. Vorzimmersystem an Ein- und Ausgängen zum Betriebsgelände und zu besonders schützenswerten Einheiten.

Beispiele von Güterbewegungskontrollen

Dokumentationssysteme zur Aufzeichnung von Güterprozessen können sich auf einzelne, besonders heikle Prozessschritte konzentrieren oder eine möglichst vollständige Aufzeichnung des Gesamtprozesses anstreben. Klassisches Beispiel für einen der heikelsten Prozessschritte ist die Materialentnahme. Eine lückenlose Aufzeichnung aller Lagerabgänge wird erreicht, wenn das Lager abgeschlossen ist und das Lagergut nur über eine Materialausgabestelle entnommen werden kann. Jetzt muss sichergestellt werden, dass jedwede Materialausgabe nur gegen einen **Materialentnahmeschein** möglich ist. Dadurch liegt für jeden Abgang schließlich ein Beleg vor. Auch für Unterschlagungen müsste also ein Beleg vorhanden sein, wenn vielleicht auch gefälscht. Allerdings ist für die spätere Ermittlung der gefälschte Beleg ein wertvolles Hilfsmittel. Entsprechende Formulare können prinzipiell bei allen Prozessschritten eingesetzt werden und verantwortliche Personen, Einzelheiten des jeweiligen Auftrags und andere Daten festhalten.

Beispiele von Dokumentationskontrollen

Voll wirksam sind solche Standarderfassungen immer nur dann, wenn der weitere Prozessablauf ohne die zwingende Angabe bestimmter Basisdaten nicht möglich ist. Bei der klassischen Materialausgabe sorgt der dort tätige Lagermitarbeiter für diese Beschränkung. An vielen Produktionsstellen ist ein derartiges Dokumentations- und damit verbundenes Freigabesystem auch elektronisch möglich. Beispielsweise wird die Maschinennutzung nur freigegeben, wenn in ein Eingabeterminal Auftragsnummer, verantwortliche Person und weitere Einzelheiten des Auftrags eingegeben und durch ein persönliches Kennwort bestätigt wurden. Entsprechendes gilt für die automatische Toröffnung, für die automatische Beschickung von Produktionsanlagen oder Transportbehältern usw. Zur Dokumentation gehören schließlich die Möglichkeiten der Videoüberwachung, des automatischen Registrierens von Beladungsgewichten hereinkommender und hinausgehender Pakete, Paletten, weiterer Transportmittel und ganzer Lastkraftwagen. Soweit es sich um schriftliche Aufzeichnungen handelt, können weitere Vorschriften die Dokumentation standardisieren und dadurch die Kontrollierbarkeit vereinfachen. Solche Vorschriften können beispielsweise Kontenpläne, Kontierungsrichtlinien, detaillierte Arbeitsanweisungen oder vor allem die Vorgabe von Formularen bzw. bestimmter Dateneingabeformate sein.

c) Maßnahmen des internen Kontrollsystems im Führungsbereich

drei Prinzipien interner Kontrollen im Führungsbereich

Verglichen mit der Korrektheit der Güterprozesse stellt sich eine Kontrolle der **Korrektheit von Führungsprozessen** deutlich komplexer dar. Erreicht werden soll, dass Festlegungen über den Ablauf von Prozessen und allgemein die beschlossene Geschäftspolitik auch eingehalten werden. Dies kontrollierbar zu machen, gibt es viele Möglichkeiten. Je nach Branche, Anwendungsfall und Eigenheiten der jeweiligen Arbeitsabläufe sind hier auch ungewöhnliche oder schwer realisierbare Einzelfalllösungen möglich und sinnvoll, so dass sich eine vollständige Klassifizierung nicht anbietet. Dennoch gibt es einige Prinzipien, die generelle Möglichkeiten beschreiben und in jeweils spezifischer Ausprägung in vielen Fällen anwendbar sind. Dies sind

- das Prinzip der hierarchischen Aufsicht,
- das Prinzip der Funktionstrennung,
- das Prinzip des kontrollwirksamen Einsatzes von Organisationsmitteln.

Abb. XI-5 zeigt Aufgabenstellung und Instrumente interner Kontrollsysteme im Überblick.

erstes Kontrollprinzip

Nach dem **Prinzip der hierarchischen Aufsicht** gibt es zu jeder Tätigkeit innerhalb eines Prozesses eine Vorgesetztenstelle, die hierarchisch dem Ausführenden der betreffenden Tätigkeit übergeordnet ist. Zum Aufgabenbereich dieser Vorgesetztenstelle gehört die Überwachung aller Tätigkeiten der ihm zugeordneten Mitarbeiter. In welcher Form diese Überwachungsaufgabe wahrgenommen wird, kann dem jeweiligen Vorgesetzten überlassen bleiben – dann ist es schwerer kontrollierbar – oder es kann dazu führungspolitische Festlegungen geben. Beispielsweise können zur Überwachung von Arbeitsqualität, Arbeitsmenge und Arbeitsleistung, aber auch Stimmigkeit von Einsatzgüter- und Ausbringungsmengen einer Stelle Stichprobenprüfungen bzw. Multimomentaufnahmen durch den Vorgesetzten vorgeschrieben werden. Um sicherzustellen, dass die Vorgesetzten dieser Anweisung auch nachkommen, können wiederum Aufzeichnungen über solche Stichproben bzw. Multimomentaufnahmen verlangt werden. Anstelle von Stichproben können die Vorgesetzten beispielsweise auch dazu verpflichtet werden, in periodischen Abständen Mitarbeiterbeurteilungen abzugeben, die eine begründete Aussage über die angesprochenen Qualitäten enthalten.

zweites Kontrollprinzip

Das **Prinzip der Funktionstrennung** ist eines der am häufigsten verwendeten Prinzipien interner Kontrollsysteme. Es gliedert sich tiefer in das Prinzip der

2. Das interne Kontrollsystem als spezielle prozessbegleitende Überwachung

Struktur interner Kontrollsysteme

Zwecke interner Kontrollsysteme

- Korrektheit der Güterprozesse: Ordnungsmäßigkeit der Prozesse und ihrer Dokumentation
- Korrektheit der Führungsprozesse: Sicherstellen der Durchsetzung und ihrer Effizienz

Prinzipien interner Kontrollsysteme

Prinzip der hierarchischen Aufsicht	Prinzip der Funktionstrennung • Trennung von Führung und Ausführung • Prinzip der Prozessphasenteilung • ablauforganisatorische Kontrollautomatik	Prinzip des kontrollwirksamen Einsatzes von Organisationsmitteln
• permanente Kontrolle durch Vorgesetzte in der aufbauorganisatorischen Hierarchie • Letztverantwortung der Geschäftsleitung • ggf. spezielle Beauftragte („Kontrolleure") • Berichtswesen • fallweise zusätzlicher Informationsabruf	• Hilfsmittel zur generellen Organisation: Organisationspläne / Organigramme • Arbeitsverteilung / konkrete Zuständigkeiten • detaillierte Stellenbeschreibungen, Regelung der Arbeitsabläufe • koordinationsprinzipentsprechende Arbeitsanweisungen: Generalanweisungen, Verfahrensvorgaben, methodische Anweisungen, Budgetrichtlinien • Detailvorgaben von Kontenplänen, Kontierungsrichtlinien, Ausführungsdetails, Prüfplänen, Messvorschriften usw. • Vorgabe von Delegationsgrenzen (MbE-Grenzen): Bedingungen zum Wiedereintritt der Vorgesetztenzuständigkeit, Definition von Ausnahmefällen, Großprojekten, „sensiblen" Geschäften u. a. • Unterschriftenregelungen, Genehmigungsverfahren	Organisationsmittel zur selbstständigen Sicherung: • Formulare zur Dokumentation, Personalisierung und Verantwortlichkeitszuordnung, Vollständigkeitskontrolle, Präzisionserzwingung, Durchsetzung des Vieraugenprinzips • Unterstützung der ablauforganisatorischen Kontrollautomatik: Einzelheiten der eingebauten Prozessstufenprüfung, Vollständigkeitskontrollen, lückenlose Nummernfolge, Kontrollsummen, technische Funktionsprüfung, Mengen- und Gewichtsprüfungen • Zugangs- und Freigabekontrollen • elektronische / mechanische Schließ- und Sperrvorrichtungen

Abb. XI-5: Aufgabenstellung und Instrumente interner Kontrollsysteme im Überblick

Trennung von Führung und Ausführung, das Prinzip der Prozessphasenteilung und das Prinzip der ablauforganisatorischen Kontrollautomatik. Nach dem Prinzip der **Trennung von Führung und Ausführung** ist die Konzentration von Anweisung, Ausführung, Dokumentation und Kontrolle eines Güterbewegungsprozesses unvereinbar (vgl. Klinger/Klinger [IKS] 15). Nach diesem Prinzip bedarf es also insbesondere zu einer Geldauszahlung zumindest der Mitwirkung von zwei Personen: Eine davon gibt (nach Untersuchung des Falles, vor allem des Zahlungsgrundes) die Zahlungsanweisung; eine andere Person führt die Zahlung aus. Das **Prinzip der Prozessphasenteilung** wendet den gleichen Grundgedanken auch auf jeden anderen Güterprozess an: Es soll aus Risikogesichtspunkten vermieden werden, dass dieselbe Person einen Gesamtprozess alleine verantwortet. An geeigneter Stelle ist also im Ablauf eine Arbeitsteilung und damit Arbeitsübergabe vorzusehen. Auch bei Führungsprozessen ist dieses Prinzip vorstellbar. Durchweg sind solche Prinzipien nicht von außen vorgeschrieben, sondern werden ggf. betriebsintern als Führungsentscheidungen so beschlossen.

Unterfälle zum zweiten Kontrollprinzip

Die **ablauforganisatorische Kontrollautomatik,** die dritte Ausprägung des Prinzips der Funktionstrennung, hebt auf die mit jeder Ablauforganisation verbundene personelle Reihenfolge ab. Während das oben besprochene Prinzip der Prozessphasenteilung vor allem den Grenzfall der Konzentration eines ganzen Prozesses auf eine einzige Person problematisiert und für eine Aufteilung auf mindestens zwei Personen plädiert, spricht das Prinzip der ablauforganisatorischen Kontrollautomatik die Nutzung einer oft ohnehin vorhandenen ablauforganisatorischen Arbeitsteilung generell an. Durch die personelle Arbeitsabfolge nimmt jeder Prozessbeteiligte zwangsläufig in gewissem Umfang Kenntnis von der Arbeitserfüllung seiner Vorgänger. Es bedarf deshalb in vielen Fällen nur wenig zusätzlichen Aufwandes, daraus eine komplette Maßnahme der internen Kontrolle zu machen. Abgesehen von der eigentlichen Anweisung dazu sind vielleicht besonders wichtige Kontrollgrößen aufzulisten, auf bestimmte Details hin zu sensibilisieren oder spezielle Messinstrumente bereitzustellen. Die so entstehende Kontrollvernetzung macht eine weitgehend vollständige Prozessüberwachung realisierbar. Auch dies kann wieder durch Protokollvermerke, Formulareinträge, Unterschriften bzw. über personalisierte Online-Eingaben unterstützt werden.

Konflikt zwischen Funktionstrennung und einheitlicher Prozesszuständigkeit

Gegen das Prinzip der Funktionstrennung spricht das in den vergangenen Jahren häufig hervorgehobene Prinzip der einheitlichen Prozesszuständigkeit. Nach ihm soll möglichst die gleiche Person einen Gesamtprozess eigenverantwortlich bearbeiten, um zu vermeiden, dass sich mehrere Personen in die Feinheiten desselben Falles einarbeiten müssen, was zu Doppelarbeit und längeren Durchlaufzeiten führt. Es ist eine wichtige Führungsentscheidung, zwischen dem Prinzip der Funktionstrennung und dem der einheitlichen Prozesszuständigkeit zu wählen. In zahlreichen, eher beratungsnahen Literaturbeiträgen wird indessen unter dem Schlagwort der „prozessorientierten Organisation" oft einseitig das zweitgenannte Extrem propagiert. Die damit gemeinte durchgängige Bevorzugung der Produkt-, Kunden- oder Regionenorientierung bei der Aufbauorganisation hat zunächst die grundsätzlichen Nachteile, die im Einzelfall mit jeder pauschalen Vorfestlegung auf eine aus mehreren symmetrisch angelegten Alternativen verbunden sind: Sie führt manchmal zu guten, manchmal zu schlechten Lösungen. Auf jeden Fall treten aber die möglichen Probleme hinzu, die mit der Prozessphasentrennung vermieden werden sollten, nämlich das Fehlen einer zwangsläufigen und aufwandsarmen internen Kontrolle. Diese Argumente scheiden die Möglichkeit einer zusammengefassten Zuständigkeit einer einzigen Person für einen gesamten Prozess nicht aus, zeigen aber, dass konfliktäre Zielwirkungen der organisatorischen Alternativen abzuwägen sind.

Bei allen drei Formen der Funktionstrennung wird vom **Vier-Augen-Prinzip** gesprochen, wenn besonders markante Aktivitäten eines Prozesses speziell auf zwei verschiedene Personen aufgeteilt werden, so etwa bei Anweisung und Ausführung, Ausführung und Kontrolle, Entwurf und Genehmigung. Was als besonders markant in diesem Sinn gilt, kann als Ausnahme- gegenüber dem Normalfall charakterisiert werden. Deshalb ist diese Unterscheidung zu den typischen Controlling-Aufgaben bei der Gestaltung des internen Kontrollsystems zu zählen.

Das **Prinzip des kontrollwirksamen Einsatzes von Organisationsmitteln** erscheint gegenüber den anderen beiden Prinzipien zunächst als eher untergeordnete Art einer Verfahrensweise. Indessen sind Organisationsmittel von hoher praktischer Bedeutung. Dies gilt vor allem für **Formulare.** Mit Formularen sind prinzipiell alle Zwecke des internen Kontrollsystems erfüllbar, wenn sie mit der entsprechenden organisatorischen Bedeutung versehen werden. Zunächst ist ein Formular ein **Dokumentationsmittel.** Es gibt durch seine Rubriken Vorgaben zu den Einzelpositionen, zu denen in der Dokumentation etwas anzugeben ist. Es kann die möglichen Einträge standardisieren und damit die gewünschte Präzision vorgeben. Soll etwa beim Vier-Augen-Prinzip festgehalten werden, wer Erstakteur und wer Zweitakteur („Gegenzeichner") war, können zwei Rubriken dafür die Namen und ggf. Funktionsbezeichnungen erzwingen. Will man beispielsweise, dass die Qualitätsaussage nach einer Materialprüfung nicht nur auf „gut" oder „schlecht" lautet, sondern z. B. auf der Schulnotenskala (1, 2, ..., 6) angegeben wird, kann man ein Feld für den Eintrag dieser Note vorsehen oder nur das Ankreuzen auf bereits vorgegebenen Auswahlkästchen erlauben. Sollen vor Auftragverteilung für eine Beschaffung drei Angebote vorliegen, kann im Formular entweder nur die Tatsache oder auch die Angabe von Details zu den drei Aufträgen erfragt werden. Ist vorgesehen, dass ein Vorgesetzter seine Zustimmung erteilt, können auch hier die Tatsache (ja / nein) oder zusätzliche Einzelheiten (Name, Datum, Begründung) verlangt werden. Die Beispiele zeigen, dass auf diese Art alle für eine spätere Analyse (also vor allem für die interne Revision) für erforderlich oder sinnvoll gehaltene Informationen erfasst werden können.

drittes Kontrollprinzip

Formulare als Hauptfall des dritten Kontrollprinzips

Mit jeweils dem gleichen Formular kann aber über die Dokumentation hinaus auch die **Durchsetzung** der beschlossenen betrieblichen Politik selbst sichergestellt werden, bei entsprechender Ausgestaltung sogar unmittelbar die Ordnungsmäßigkeit der Güterprozesse selbst. Dann wird das Formular als Organisationsmittel verwendet. Ein typisches Beispiel ist auch hier wieder der Materialentnahmeschein. Durch entsprechende Anweisung wird geregelt, dass

Formularfunktionen über die Dokumentation hinaus

(1) Material nur über die dafür eingerichtete Materialausgabestelle aus dem Lager entnommen werden kann; dazu muss das Lager abgeschlossen sein;

(2) der dort tätige Materialverwalter jedweden Wunsch nach Material nur gegen einen vollständig ausgefüllten Materialentnahmeschein erfüllt;

(3) der Materialentnahmeschein (beispielsweise) zwei Rubriken für Unterschriften vorsieht, einmal von demjenigen, der Material in Empfang nimmt, einmal von demjenigen, der den Bedarf und die vorgesehene Verwendung bestätigt.

Bei diesem System besteht eine hohe Hürde für ungerechtfertigte Materialentnahmen. Voraussetzung ist, dass der Materialverwalter die über den Materialentnahmeschein realisierten Bedingungen nicht unterläuft, indem er ohne oder gegen unvollständigen Materialentnahmeschein Material aushändigt. Weil dies aber so ist, besteht auch für den Materialverwalter ein hoher Druck, sich an die Vorgaben zu halten. Er nämlich wäre der erste, der bei Unregelmäßigkeiten in Verdacht geriete.

Wie für den Materialentnahmeschein geschildert, können Formulare generell die Durchsetzungsfunktion übernehmen. Weitere Beispiele für typische Formulare sind die Annahmeerklärung der Wareneingangsstelle, die Kassenanweisung, das Abrechnungsformular für die Budget-Inanspruchnahme, das Kontierungsformular, das Schlüsselausgabe-Formular, die Maschinennutzungs-Anmeldung, das Formular zur Kapazitätsnutzung, das Mitarbeiter-Einstellungsformular, jede Art von Prüfprotokoll, der Gleitzeiterfassungsbeleg, die Überstunden-Anweisung, der Urlaubsschein.

Das Prinzip der Formularverwendung hat als Organisationsmittel eine lange Tradition, ohne dass zunächst Kontrollüberlegungen im Vordergrund standen. Für die Zwecke der internen Kontrolle ist eine schon bestehende Formularkultur von erheblichem Vorteil. Oft kann durch eine kleine Ergänzung, etwa einer Unterschriftenzeile, einer laufenden Nummer o. Ä. der Nutzen für das interne Kontrollsystem erheblich erhöht werden.

Einsatz von Formularen in abstrakteren Führungsprozessen

Weit weniger verbreitet sind Formulare dort, wo Führungsprozesse abstrakter sind und nicht bei unmittelbaren Güterprozess-Anweisungen enden, sondern etwa die Aufstellung eines Plans, eine Strukturentscheidung, eine große Investition oder eine Personaleinstellung bezwecken. Hier scheint vielerorts ohnehin eher ein geringerer Formalisierungsgrad praktiziert zu werden. Nun ist es eine grundsätzliche Frage, inwieweit für Führungsprozesse stärker standardisierte Vorgaben gesetzt werden oder nicht. Allerdings ist dies keine spezielle Frage des internen Kontrollsystems oder der Kontrolle überhaupt. Vielmehr wird genau dies mit der **Wahl des grundlegenden Koordinationsprinzips** (siehe Kap. II) festgelegt. Danach bestimmt sich auch die **mögliche Form einer internen Kontrolle.** Je weniger Entscheidungsfreiheit delegiert wird, desto präziser und engmaschiger kann auch eine zugehörige Kontrolle sein. Formulare setzen Standardisierung voraus oder standardisieren selbst. Deshalb eignen sie sich tendenziell besser dort, wo Koordinationsprinzipien weniger delegierten Freiraum gewähren, also etwa bei Generalanweisungen oder Vorgaben von Planungssystemen. Ist das Koordinationsprinzip offener, etwa bei der Budgetierung oder bei allgemeinen Ziel- und Restriktionsvorgaben, kann ein Formular nur Teile der Führungsvorgabe kontrollieren, etwa die fortschreitende Budgetinanspruchnahme, oder sich auf die Einhaltung der Delegationsgrenzen (MbE-Grenzen) konzentrieren. Im letztgenannten Fall dient das Formular dazu, zu dokumentieren, wer (von den Delegierten) festgestellt hat, dass eine bestimmte Maßnahme unterhalb der Beteiligungsschwelle vorgesetzter Instanzen liegt. Damit sorgt dieses Formular wieder indirekt für die Einhaltung der Delegationsgrenze.

Gut eignet sich ein Formular in der Regel dort, wo Planungsverfahren vorgegeben sind. Hier kann das Formular zumindest die Einhaltung des Verfahrens abfragen, oft aber Einzelheiten des vorgegebenen Verfahrens aufnehmen oder sogar den gesamten Verfahrensprozess ablauforganisatorisch abbilden. Ist etwa für eine Personaleinstellung die Abarbeitung eines Zehn-Punkte-Katalogs vor-

2. Das interne Kontrollsystem als spezielle prozessbegleitende Überwachung

gesehen, kann das Formular die Einzelergebnisse jedes der zehn Punkte enthalten und so deren Einhaltung sicherstellen.

Zur konkreten Realisierung der Formularverwendung bieten sich drei Möglichkeiten, die auch nebeneinander praktiziert werden können: die Verwendung unflexibler Vordrucke, das Angebot eines elektronischen Formulars, das begrenzt anpassbar ist, sowie die gesteuerte Online-Erhebung.

Arten von Formularen

Unflexible Vordrucke können lediglich mehr oder weniger vollständig ausgefüllt werden. Für die Kontrollfunktion unerheblich ist, ob sie technisch als Papierformulare vorliegen oder fallweise direkt am PC ausgefüllt werden können, wiederum elektronisch gespeichert oder nach dem Ausfüllen ausgedruckt und als Papierdokument weiterverwendet werden. Bei unflexiblen Vordrucken kann in der Revision das Vorhandensein nicht ausgefüllter Rubriken ein Prüfgegenstand sein.

Ein **begrenzt anpassbares Formular** erlaubt dem Verwender, einerseits nicht benötigte Rubriken wegzulassen und andererseits die Größe der Eingabefelder dem gewünschten Textumfang anzupassen. Die **gesteuerte Online-Erhebung** dagegen führt den Nutzer in Abhängigkeit bisheriger Eingaben durch die jeweils zutreffenden Zweige eines umfangreicheren Baumsystems und konzentriert sich so auf relevante Fragen.

Neben Formularen, die wegen ihres allgemeinen Charakters als universelles Hilfsmittel des internen Kontrollsystems gelten, gibt es **weitere Organisationsmittel** interner Kontrollsysteme. Oft erfüllen sie unmittelbar eine Zugangskontroll- bzw. Freigabefunktion. Von großer Bedeutung sind vor allem elektronische Zugangskontrollen. Aufträge, die ohnehin elektronisch gegeben und ausgeführt werden, können beispielsweise durch persönliche Kennungsdaten auf einzelne Zuständige beschränkt werden – oder über eine Verknüpfung zu einem elektronischen Formular an das Vorliegen bestimmter Eingaben gebunden werden. So kann das Erreichen von Delegationsgrenzen und damit einer Ausnahmesituation mit einer Sperre des Normalablaufs verbunden werden, etwa bei der Budgetinanspruchnahme durch elektronischen Abruf. Auch ein Bedingungssystem zur Einhaltung komplexerer Voraussetzungsstrukturen, das trotzdem für den einzelnen Benutzer übersichtlich bleibt, lässt sich so realisieren. Beispielsweise müssen vor der endgültigen Bezahlung einer Lieferantenrechnung der Bestellabgleich, die Mengen- und die Inhaltsprüfung, die Qualitätsprüfung, die Rechnungs- und eine Zahladressenkontrolle abgeschlossen sein, ohne dass dafür durchweg eine zwingende Reihenfolge besteht und ohne dass jeder Prozessbeteiligte über den Bearbeitungszustand der anderen Teilprozesse informiert sein muss.

elektronische Zugangserfassung als Kontrollmittel

Allgemein dienen elektronische Identifikationen zur Zugangskontrolle auf Datenbanken (siehe Kap. III), auf Software und damit auf die Ingangsetzung und Beeinflussung softwaregesteuerter Prozesse. Elektronische Identifikationen können, wie die oben angeführten Beispiele zeigen, direkt in Güterprozessen, etwa bei der Maschinennutzung, für den Zugang zu Gebäudetrakten und Lagebereichen oder zur Anwesenheitszeiterfassung genutzt werden. Als Chip in persönlichen Identifikationskarten (Betriebsausweisen) erfüllen sie eine unmittelbare Schlüsselfunktion.

weitere Alternativen zu Formularen

Allgemein sind die meisten der neben Formularen verwendeten Organisationsmittel zur Korrektheitssicherung sowohl von Güter- als auch von Führungsprozessen geeignet. Mechanische oder kombiniert mechanisch-elektronische Schließ- und Sperrvorrichtungen können sehr effizient als Mittel des internen Kontrollsystems eingesetzt werden. So sorgt das Zwei-Behälter-System (Two Bin System) dafür, dass nach Aufbrauchen des Normalvorrats der Basislagerbestand erst in Anspruch genommen werden kann, wenn der dafür reservierte und abgeschlossene Lagerbereich geöffnet wird. Das Abholen des Schlüssels bzw. das elektronische Öffnen gibt die Möglichkeit, exakt zu diesem Zeitpunkt die Nachbestellung zu aktivieren. Zeitschaltuhren können unterschiedliche Ablaufprozess-Vorgaben während Betriebszeit und Betriebsruhe technisch unterstützen. Auf den Einsatz von Wiege- und Messsystemen zur Kontrolle von Güterprozessen wurde schon oben (siehe S. 291) hingewiesen.

Gesamtbedeutung des dritten Kontrollprinzips

Der Einsatz von Organisationsmitteln ist insgesamt als **generelles Prinzip** der Gestaltung interner Kontrollsysteme anzusehen. In Güterprozessen dienen sie vorwiegend der Sicherstellung der Ordnungsmäßigkeit, in Führungsprozessen unterstützen sie ebenfalls die Ordnungsmäßigkeit; hier kann aber der Einsatz von Organisationsmitteln vor allem die Effizienz der Durchsetzung erheblich steigern. Soweit Formulare sowie Online-Eingaben in Datenbanken genutzt werden, wird zudem eine prozessbegleitende Dokumentation erreicht.

3. Zusammenhang von Controlling, interner Revision und internem Kontrollsystem

Einfluss des internen Kontrollsystems auf die Prüfungsart der internen Revision

Dass interne Kontrollsysteme als Teil der Kontrolle und die interne Revision verbunden sind, ergibt sich bereits aus ihrer Aufgabenstellung. Große Teile des internen Kontrollsystems enthalten Elemente, die auch Gegenstand der internen Revision sind. Durch die Existenz eines internen Kontrollsystems allerdings verändert sich die Prüfungsart. Wo beispielsweise das interne Kontrollsystem die Dokumentation eines Prozesses enthält, konzentriert sich die Revision stärker auf diese Aufzeichnungen: Sind sie vollständig? Gibt es im Prozess Möglichkeiten, eine ordnungsgemäße Dokumentation zu umgehen? Und schließlich: Wenn die Dokumentation wie vorgesehen stattfindet und keine Probleme zeigt, ist dann der eigentliche Grundprozess in Ordnung?

Prüfung des internen Kontrollsystems als bedeutende Aufgabe der internen Revision

Insgesamt verändert sich die interne Revision von einer unmittelbaren Prüfung der Unternehmungsprozesse auf eine intensive Prüfung der Funktionsfähigkeit und Güte des internen Kontrollsystems. Dabei werden die Ursprungsprozesse insoweit geprüft, als dies zur Prüfung des internen Kontrollsystems erforderlich ist. Grundsätzlich **setzt die interne Revision dort an, wo das interne Kontrollsystem aufhört.** Um die Prüfung verlässlich durchzuführen, ist allerdings stets in gewissem Umfang eine „Nachprüfung" (also eine Revision im Wortsinn) schon im internen Kontrollsystem kontrollierter Prozesse erforderlich. Letzteres führt zum Revisionsschlagwort „Ohne Redundanz keine Kontrolle" (vgl. Wanik [Prüfung] 906).

Die Revision des internen Kontrollsystems lässt sich, wie im einführenden Beispiel, stets in zwei Teile untergliedern: den „Compliance-Test" und den „Reliance-Test" (vgl. Wanik [Prüfung] 901). Im **Compliance-Test** wird geprüft, ob die tatsächliche Umsetzung des internen Kontrollsystems den darin festgelegten

Regeln entspricht. Insofern ist dies ein Spezialfall allgemeiner Compliance-Prüfungen. Im **Reliance-Test** wird geprüft, ob das interne Kontrollsystem unter der Voraussetzung, dass es konzeptionsgemäß durchgeführt wird, insgesamt ein zuverlässiges System ergibt, das die Korrektheit der Ursprungsprozesse sicherstellt.

Die zweistufige Überwachung durch ein internes Kontrollsystem und die anschließende Revision reduziert das Risiko, vorhandene Fehler nicht zu entdecken, erheblich. Dies zeigt Abb. XI-6 schematisch. Beim eigentlichen Grundprozess besteht ein gewisses Fehlerrisiko. Durch die Kontrolle des internen Kontrollsystems wird ein Teil der Fehler erkannt, ein Teil nicht. Dies ist das Entdeckungsrisiko der Kontrolle. Dabei kommen zwei Fehlertypen vor. Der **Fehler erster Art** besteht darin, dass vorhandene Unkorrektheiten trotz Kontrolle nicht erkannt (und daher auch nicht beseitigt) werden. Fehler erster Art entstehen zu einem Teil dadurch, dass die Kontrolle nur einen Teil der zu prüfenden Prozesse umfasst und just ein unkorrekter Prozess nicht geprüft wird. Zum anderen Teil wird ein unkorrekter Prozess trotz Kontrolle nicht als solcher erkannt. Von einem **Fehler zweiter Art** spricht man, wenn bei der Kontrolle ein korrekter Prozess versehentlich als unkorrekt deklariert wird.

Risikoreduktion durch zweistufige Überwachung

Konsequenz der internen Kontrolle ist, dass die als unkorrekt identifizierten Prozesse nachgebessert werden oder auf andere Art eine Problembehandlung folgt. Dabei werden Fehler zweiter Art erkannt (und sind damit beseitigt), nicht aber Fehler erster Art. Die dadurch unerkannt gebliebenen unkorrekten Prozesse liegen also bei der späteren internen Revision noch vor. Bei jener gibt es das Entdeckungsrisiko des Revisors. Es besteht ebenfalls aus Fehlern erster und zweiter Art. Durch den Fehler erster Art bleibt ein Teil der immer noch unerkannten unkorrekten Prozesse weiterhin verborgen; dafür benennt der Fehler zweiter Art einige korrekte Prozesse als unkorrekt. Insgesamt aber verbleibt durch die Zwischenstufe des internen Kontrollsystems ein deutlich kleineres Entdeckungsrisiko. Zur Demonstration dieses Effekts ist in Abb. XI-6 angenommen, dass das interne Kontrollsystem 75 % der Prozessschritte umfasst und die interne Revision einen Prüfumfang von 20 % realisiert. Bei beiden bestehe für ein korrektes Überwachungsergebnis eine Trefferquote von 90 %. Der betrachtete Prozessbereich enthalte ursprünglich 20 % unkorrekte Prozesse.

Vergleicht man die Funktionen von interner Revision, internem Kontrollsystem und Controlling insgesamt, so grenzt sich zunächst die interne Revision deutlich von den anderen beiden Führungsaufgaben dadurch ab, dass sie **nachträglich und außerhalb** der überwachten Prozesse sowie unabhängig von den Linieninstanzen stattfindet. Sie hat eindeutig die Aufgabe der Fehlersuche; eine Managementberatung als Folge der Revisionserkenntnisse kommt lediglich ergänzend hinzu. Demgegenüber sind internes Kontrollsystem und Controlling **prozessintegrierte Führungsfunktionen.** Hier geht es vor allem um Fehlervermeidung und ggf. um eine so rechtzeitige Fehlererkennung, dass Korrekturen noch möglich sind. Dabei gehört das interne Kontrollsystem eindeutig zur Kontrollaufgabe und grenzt sich daher vom Controlling nach denselben Merkmalen ab wie die Kontrolle generell, auch wenn der Kontrollbereich eines internen Kontrollsystems deutlich eingegrenzt ist und sich im Kern auf revisionsrelevante Inhalte konzentriert. Die immer wieder auftretenden Vorschläge, die angesprochenen Funktionen ganz oder teilweise zusammenzufassen, etwa die der internen Revision und die des Controlling, entbehren daher der Grundlage eines

Unterschiede zwischen internem Kontrollsystem, interner Revision und Controlling

XI. Controlling und betriebliche Überwachungsfunktionen

unkorrekte Prozesse: 20 % — **korrekte Prozesse: 80 %**

internes Kontrollsystem

erfasst 75 % der Fälle mit Trefferquote 90 %

Fehlerrisiko: 20 %

- nicht kontrolliert: 5 %
- als korrekt eingestuft — falsch: Fehler erster Art: 1,5 %
- als unkorrekt eingestuft — richtig: 13,5 %
- als unkorrekt eingestuft — falsch: Fehler zweiter Art: 6 %
- als korrekt eingestuft

nicht entdeckte unkorrekte Prozesse: 6,5 %

Kontrollrisiko: 6,5 %

interne Revision

erfasst 20 % der Fälle mit Trefferquote 90 %

- nicht geprüft: 4 %
- geprüft: 1 %
- nicht geprüft: 0,3 %
- nicht geprüft: 1,2 %
- 1,3 %

- als korrekt eingestuft — falsch: Fehler erster Art
- als unkorrekt eingestuft — richtig: 1,17 %

- 4 %
- 0,13 %
- 1,2 %

nicht entdeckte unkorrekte Prozesse: 5,33 %

Revisions-Entdeckungsrisiko: 5,33 %

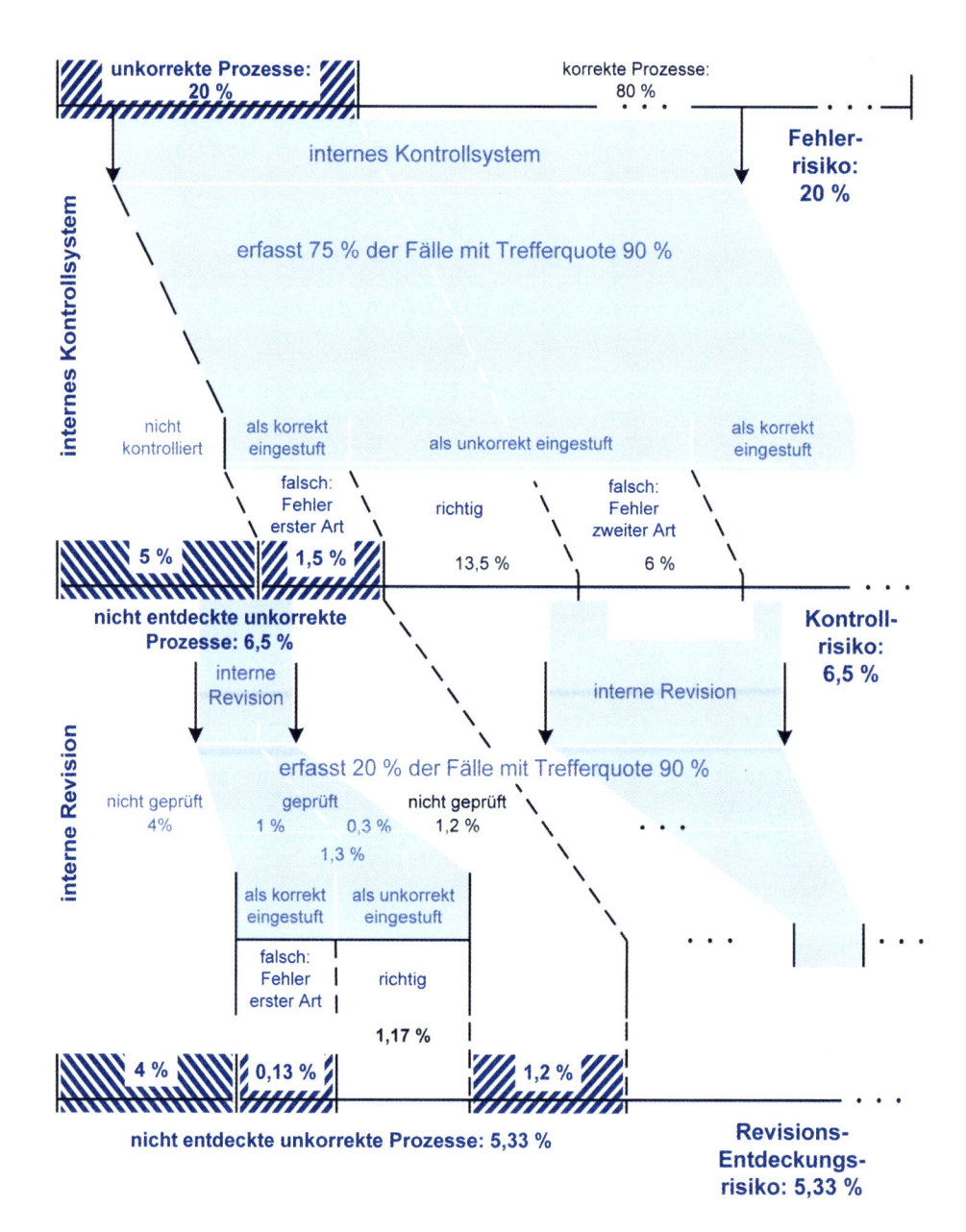

Abb. XI-6: Fehler-Entdeckungsrisiko nach interner Kontrolle und interner Revision

einheitlichen Aufgabenprinzips – oder sie gehen von einem völlig anderen Controlling-Verständnis aus (zum Überblick und zum gleichen Ergebnis vgl. z. B. Berens/Wöhrmann [Revision] insbes. 611).

Controlling umfasst weder internes Kontrollsystem noch interne Revision, kann aber im betrieblichen Alltag durchaus zusätzlich manche Kontrollelemente enthalten. Die hier relevante Ausprägung des Controlling-Hauptzwecks ist die

Koordination zur internen Revision und zum internen Kontrollsystem. Beim internen Kontrollsystem ist es vor allem die Koordination zu den angewendeten Führungsprinzipien, insbesondere dem Prinzip der delegativen Koordination. **Delegationsgrenzen** sind im Beispiel der Abb. XI-6 die Erfassungsquote von 75% des internen Kontrollsystems sowie der Stichprobenumfang der internen Revision von 20%. Zur Koordination gehört darüber hinaus die zielsystementsprechend unterschiedliche Auswahl und Betonung einzelner **Kontrollpositionen** sowie erforderlichenfalls die Konzentration der Überwachung auf besonders zielrelevante **Prozesse.** Controlling-Überlegungen sind es auch, die zum großen Teil den **Aufbau des internen Kontrollsystems** bestimmen; Bedürfnisse der internen Revision spielen hier nur eine Nebenrolle. Die interne Revision baut vielmehr weitgehend insbesondere auf dem vorher konstruierten internen Kontrollsystem auf.

Controlling-Aufgaben in Überwachungssystemen

Kapitel-Übersicht

Kapitel XI auf einen Blick:

- Nicht Teil des Controlling, sondern eigene Führungsaufgabe ist die Überwachung. Sie gliedert sich
    - in einen prozessunabhängigen Teil: die interne Revision,
    - in einen prozessintegrierten Teil: das interne Kontrollsystem.
- Die interne Revision arbeitet mit nachträglichen Prüfungen.
- Die interne Revision hat sich von der ursprünglichen Unterschlagungsprüfung in den vergangenen Jahrzehnten zu einem umfassenden Überwachungsbereich weiterentwickelt. Zu ihm zählen
    - das Financial Audit,
    - das Functional Audit,
    - das Management Audit.
- Das interne Kontrollsystem ist ein Teil der Kontrollaufgabe im Führungsbereich. Es besteht aus Maßnahmen, die in die betrieblichen Prozesse standardmäßig integriert sind und die eine besondere Überwachungsfunktion erfüllen. Sie sollen erstens die Ordnungsmäßigkeit der Prozesse und ihrer Dokumentation, zweitens die Durchsetzung und die Effizienz der Führungsvorgaben sicherstellen.
- Die interne Revision setzt dort an, wo die prozessbegleitende Kontrolle in Form des internen Kontrollsystems aufhört. Daher ist ein „revisionsfreundlicher" Kontrollaufbau nicht nur zielentsprechend, sondern auch für die interne Revision arbeitssparend. Die Koordination im Detail ist Controlling-Aufgabe.
- Als Compliance-Aufgaben werden unterschiedliche Aspekte des Führungsprozesses diskutiert. Größtenteils können sie einer der drei Führungsfunktionen Information, Kontrolle, interne Revision zugeordnet werden.
- Insgesamt haben interne Revision, internes Kontrollsystem und Controlling in ihrer Zielrichtung einige Gemeinsamkeiten, unterscheiden sich aber deutlich in ihrer Aufgabenstellung und in der Vorgehensweise. Jedenfalls ist der Controller kein Prüfer.

Wie andere Controlling verstehen:

Kapitel XII: Kernlinien ausgewählter Controlling-Konzeptionen der Literatur

1. Gehört Controlling zum Finanz- und Rechnungswesen?

In diesem Kapitel stellen wir einige der Controlling-Auffassungen der Literatur dem hier vertretenen Controlling-Verständnis gegenüber. Zunächst geht es in diesem ersten Abschnitt um die aus einer **traditionellen Sichtweise** stammende Frage, inwieweit Controlling als Teil eines breit verstandenen Finanz- und Rechnungswesens anzusehen ist. Eine solche Zuordnung ist zwar kaum Gegenstand breiter Erörterungen in der Literatur, wird aber da und dort offenbar implizit vorausgesetzt, vor allem aber trifft man sie in entsprechenden organisatorischen Lösungen der Praxis an. Controlling als Teil eines weit gefassten Finanzmanagements zu sehen, entspricht der traditionellen Einteilung des US-amerikanischen Financial Executives Institute (FEI, siehe auch Kapitel I) und war auch in Deutschland in entsprechender Weise verbreitet. In ein traditionell strukturiertes Finanz- und Rechnungswesen wurde sowohl das externe als auch das interne Rechnungswesen neben dem eigentlichen Finanzbereich eingeordnet. Ehe der Zusammenhang zum Controlling betrachtet wird, ist deshalb ein Blick auf die beiden gerne in Verbindung gebrachten Bereiche des **Finanz- und Rechnungswesens** zu werfen. Sie sind aus systematischer Sicht sowohl formal als auch inhaltlich deutlich verschieden; ihre Verbindung kann allenfalls historisch begründet werden; sie gilt aus heutiger Sicht als überkommen.

<small>Vergleich von Finanz- und Rechnungswesen</small>

Formal handelt es sich beim Finanzbereich um einen Teil des **Güterbereichs**, hier sind Finanzströme (Nominalgüterströme) zu gestalten. Deshalb gehört der Finanzbereich, ebenso wie sein Schwesterbereich, die Produktion, zur Primärebene. Die Sekundärebene umfasst die Führungsfunktionen. Jene sind aber auf alle Teilbereiche der Güterebene gleichermaßen anzuwenden. So gibt es für die Führungsfunktion der Planung keinerlei prinzipiellen Vorrang der Finanzplanung gegenüber etwa der Produktionsplanung. Erst recht gilt diese Neutralität dort, wo eine Führungsfunktion prüfenden, ausgleichenden oder sonst übergreifenden Charakter hat, wie es zum Beispiel bei der Kontrolle, der Organisation oder eben beim Controlling der Fall ist. Eine organisatorische Zusammenfügung mit solchen Bereichen ist deshalb nicht begründbar, ggf. wirkt sie sogar kontraproduktiv. Dies gilt insbesondere auch für das Rechnungswesen. Jenes ist eindeutig keine Güterfunktion, sondern eine **Führungsfunktion.** Deshalb kann ein besonderer Zusammenhang des Finanzbereichs mit dem Rechnungswesen formal-systematisch nicht belegt werden.

<small>formale Unterschiede</small>

inhaltliche Unterschiede

Inhaltlich gibt es zwischen dem Finanzbereich und dem Rechnungswesen bei genauer Besicht **keine größere Verwandtschaft** als zwischen dem Produktionsbereich und dem Rechnungswesen. Die traditionelle Verbindung rührt daher, dass in frühen Organisationsformen von Betrieben der Industrialisierungsphase im 19. Jahrhundert pauschal zwischen „technischem" und „kaufmännischem" Bereich unterschieden wurde. Unter Letzterem fand sich dann der Finanzbereich und das Rechnungswesen, jenes als einzige delegierte Führungsfunktion. Die Kombination von Finanz- und Rechnungswesen wird zwar vielerorts in der Praxis noch als stimmig empfunden, hält aber präziseren systematischen Überlegungen nicht mehr stand. Dies wird im Übrigen auch augenfällig, wenn man etwa an die Bedeutung des Absatzmarketing, der Informations- und Kommunikationstechnik für den gesamten Güterbereich oder an die Vielfalt der Formen der Dienstleistungsproduktion denkt. So wird man aus heutiger Sicht das Gebiet des Financial Management, der finanziellen Unternehmungsführung, vor allem mit den auf den Finanzbereich konzentrierten Führungsaufgaben gleichsetzen. Sie umfassen die Finanzplanung und -kontrolle, darin enthalten die Kapitalstrukturplanung und das alltägliche Liquiditätsmanagement, die speziellen Informationssysteme zur finanziellen Situation und zu den finanziellen Handlungsmöglichkeiten, insbesondere das Finanzberichtswesen, sowie die zugehörigen Entscheidungsrechnungen für Finanzanlagen und Kredite, zudem das Finanzcontrolling.

Controlling-Verwandtschaft ...

... nicht zum Finanzbereich

... aber zum Rechnungswesen

Nach diesen Überlegungen kommt als zum Controlling verwandtes Gebiet nicht der Finanzbereich, sondern allenfalls das Rechnungswesen in Frage. Beides sind **Führungsfunktionen** und zeigen **inhaltliche Bezüge.** Inwieweit das Rechnungswesen ganz oder teilweise dem Controlling zugerechnet wird, hängt im Einzelnen von der Controlling-Auffassung ab. Nach dem hier eingeführten Controlling-Verständnis gehört das Rechnungswesen zwar nicht zwingend zum Controlling, stellt aber in erheblichem Ausmaß controllingrelevante Instrumente bereit, so dass es immerhin erwägenswert ist, die controllingrelevanten Rechnungswesenteile direkt dem Controlling-Bereich institutionell zuzuordnen. Dies kommt vor allem für das interne Rechnungswesen in Frage, weniger dagegen für das externe (siehe dazu Kapitel III). Das externe Rechnungswesen erfüllt kaum eine controllingrelevante Funktion. Es ist in seinen Bedingungen weitgehend extern normiert und wird – soweit Spielräume bestehen – am ehesten so gestaltet, dass beim externen Informationsempfänger ein gewünschter Eindruck entsteht, ist also insgesamt für die Koordination des Führungssystems, und damit für das Controlling, nur von geringer Relevanz.

2. Kriterien zur Einordnung unterschiedlicher Controlling-Auffassungen der Literatur

nur drei Unterscheidungsmerkmale von Controlling-Auffassungen

Die in der Fachliteratur vorgetragenen Controlling-Auffassungen sehen auf den ersten Blick vielfältiger aus, als sie tatsächlich sind. Einheitlich wird Controlling als führungsunterstützende Funktion angesehen (siehe Kapitel I). Wie das nach den unterschiedlichen Sichtweisen geschehen soll, lässt sich, genau besehen, anhand weniger Merkmale charakterisieren:

(a) Auf welche betrieblichen **Ziele** richtet sich die Führungsunterstützung des Controlling?

(b) Gehört es zur Controlling-Aufgabe, unmittelbar eine oder mehrere der klassischen **Führungsfunktionen,** insbesondere etwa die Informationsbereitstellung, wahrzunehmen und **selbst auszuüben?**

(c) Wird dem Controlling neben den klassischen Führungsfunktionen eine **eigene, übergreifende Führungsfunktion** zugesprochen?

Die erste dieser Fragen konkretisiert sich vor allem darin, ob die Controlling-Funktion eine besondere Gewinnorientierung hat oder nicht. Die simpelste Version einer speziell auf die Zielwirkung ausgelegten Controlling-Abgrenzung wurde schon im Kapitel I betrachtet (siehe S. 10). Auch wenn man von dem dort besprochenen Extremfall absieht, kann sich die Controlling-Tätigkeit mehr oder weniger stark an **betrieblichen Zielen** ausrichten. Deshalb ist dieses Merkmal definitionsrelevant.

<small>Unterscheidung nach dem ersten Merkmal</small>

In der Tat greifen viele Autoren auf einzelne Ziele oder das gesamte Zielsystem zurück, um die Controlling-Aufgabe zu spezifizieren. Friedl ([Controlling] 40 f.) spricht deshalb vom „indirekten" Controlling-Ziel, wenn es um die durch das Controlling unterstützten betrieblichen Ziele geht. Für die Unterscheidung möglicher Auffassungen hierzu sind letztlich nur zwei Ausprägungen von Bedeutung: Entweder beschränkt sich die Controlling-Definition auf eine Unterstützung von **Gewinnzielen und ggf. verwandten Formalzielen** oder sie richtet sich undifferenziert auf das gesamte betriebliche Zielsystem. Typische Vertreter einer engen Auslegung sind Hahn/Hungenberg (vgl. [PuK] 272), Reichmann (vgl. [Controlling] 4) und Horváth (vgl. [Controlling] 123). Sie orientieren die Controlling-Aufgabe explizit am Gewinn- und ggf. Liquiditätsziel. Konsequenz davon ist, dass es dort, wo solche formale Ziele keine oder nur eine sehr untergeordnete Bedeutung haben, definitionsgemäß kein Controlling gibt. Dies ist plausibel, wenn man die Controlling-Funktion streng mit dem Gewinnziel verbindet. Betrachtet man dagegen die Aufgaben, die auch bei einer auf die Informationsbereitstellung, Kontrolle oder Planung beschränkten Auffassung zum Controlling gehören und nicht durchweg nur bei einer ausschließlichen oder starken Gewinnorientierung auftreten, dann kann man diese Einschränkung für unzweckmäßig halten. Viele Autoren sprechen in ihren Controlling-Auffassungen allgemeiner vom Zielsystem des Betriebes, womit alle Ausprägungen eingeschlossen sind.

<small>engere Auslegung der Zielorientierung</small>

Welche Annahmen bzw. Voraussetzungen an das **betriebliche Zielsystem** in einer Controlling-Definition gesetzt werden, ist inhaltlich von großer Bedeutung. Dennoch spielt es in der Fachdiskussion keine hervortretende Rolle. Vielfach dürfte auch die ungünstige Konsequenz einer auf Formalziele begrenzten Controlling-Definition für nicht vordringlich relevant gehalten werden. Vermutlich deshalb treten bei vergleichenden Diskussionen zum Controlling-Begriff Unterschiede in diesem Punkt regelmäßig nicht hervor. Spätestens wenn beispielsweise Non-Profit-Betriebe auf Controlling-Erfordernisse hin untersucht werden, kommt es auf diese Feinheit indessen doch an. Im vorliegenden Buch haben wir eine sehr allgemeine Voraussetzung zum betrieblichen Zielsystem gewählt (siehe S. 75). Unterschiede, die sich gegenüber engeren Literaturauffassungen hierzu ergeben, werden im Folgenden nicht thematisiert – vor allem deswegen, weil bei einer Definitionsänderung auf ein weiter gefasstes Zielsystem hin in der Regel fast alle Aussagen der betreffenden Ansätze aufrechterhalten blieben, wenn auch eine solche Erweiterung inhaltlich von erheblicher Bedeutung wäre.

<small>weitere Auslegung der Zielorientierung</small>

zweites Unterscheidungsmerkmal	Die beiden weiteren Fragen zur Charakterisierung der Controlling-Auffassungen aus der Literatur erlauben im Gegensatz zur Frage der vorausgesetzten betrieblichen Ziele sehr deutlich eine bereits äußerliche Unterscheidung verschiedener Gruppen. So besteht für eine Reihe von Autoren die Aufgabe des Controlling hauptsächlich darin, einzelne der klassischen **Führungsfunktionen unmittelbar auszuführen,** so etwa das Rechnungswesen, die Informationsbereitstellung, die Kontrolle und die Planung. Solche Ansätze betrachten wir im unmittelbar folgenden Abschnitt 3.
drittes Unterscheidungsmerkmal	Manche Controlling-Definitionen heben darauf ab, dass das Controlling eine **originär-eigene** Führungsfunktion erfüllt, die durch die anderen Führungsfunktionen nicht abgedeckt ist. Verbreitet hat sich insbesondere die Auffassung, in der **Führungskoordination** eine solche originäre Controlling-Aufgabe zu sehen. Solche Ansätze, zu denen auch die in diesem Buch vertretene Sicht gehört, besprechen wir in Abschnitt 4. Schließlich gibt es Controlling-Definitionen, die eine andere übergreifende Funktion als controlling-bestimmend ansehen; einige davon werden im Abschnitt 5 untersucht.

Nun sind die beiden angesprochenen Einteilungsfragen b und c von Seite 305 **prinzipiell voneinander unabhängig.** Sie hängen nur in einem einzigen Punkt

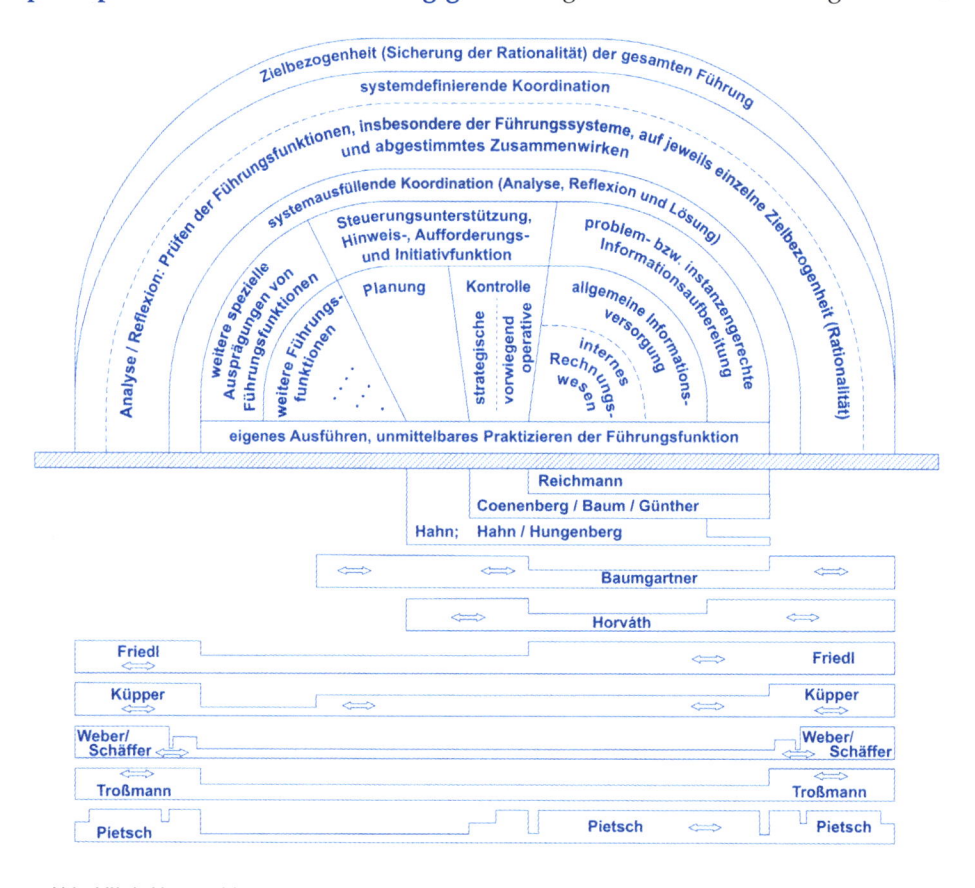

Abb. XII-1: Unterschiedliches Abdecken des möglichen Controlling-Horizonts durch die einzelnen Controlling-Auffassungen

zusammen: Wenn weder die Ausführung irgendeiner klassischen Führungsfunktion zum Controlling gerechnet noch eine neue, übergreifende Aufgabe für das Controlling gesehen würde, dann hätte man im Ergebnis Controlling gar nicht definiert. Andererseits aber schließt eine positive Antwort auf die eine Frage eine positive Antwort auf die andere keineswegs aus. Und in der Tat sprechen einige der Vertreter einer eigenen, übergreifenden Controlling-Aufgabe dem Controlling-Aufgabenspektrum gleichzeitig die unmittelbare Erfüllung einzelner der klassischen Führungsfunktionen zu. Dies mag die Interpretation auf den ersten Blick komplizierter machen; die Kenntnis dieser beiden unterschiedlichen Merkmale erlaubt aber letztlich eine präzisere Charakterisierung.

Zusammenhang des zweiten und dritten Unterscheidungsmerkmals

Mit Abb. XII-1 wird versucht, die verschiedenen klassischen Führungsfunktionen und die in der Literatur vorgeschlagenen übergreifenden controllingspezifischen Führungsfunktionen schematisch im Zusammenhang darzustellen. Daraus ergibt sich im oberen Teil der Abbildung die Breite des möglichen „**Controlling-Horizonts**". Jede Controlling-Definition nutzt davon einen engeren oder breiteren Ausschnitt. Im unteren Teil der Abbildung sind, ebenfalls schematisch und deshalb nicht in allen Fällen im Detail exakt, die Auffassungen einzelner Controlling-Autoren eingetragen; im mittleren Teil ist erkennbar, welche der klassischen Führungsfunktionen nach der jeweiligen Definition unmittelbar vom Controlling wahrgenommen werden sollen.

3. Controlling-Auffassungen mit einem Schwerpunkt in der Informationsfunktion

In der Abgrenzung der Controlling-Aufgabe ist vielfach der traditionelle Bezug zum Rechnungswesen von Bedeutung. In zahlreichen Definitionen wird dies hervorgehoben, teils als zusätzliches, teils aber auch als ausschließliches Bestimmungsmerkmal. Dabei ist indessen nie speziell auf das Rechnungswesen im engeren Sinn abgestellt, vielmehr auf die generelle Informationsversorgung für die Unternehmungsführung. Dies präzisiert die Aufgabe einerseits auf den internen betrieblichen Verwendungszweck, überschreitet andererseits aber den engeren Bereich des Rechnungswesens, weil es auch andere Zahleninformationen und zudem die nichtquantitativen Informationen umschließt. Als wichtigstes Instrument dazu dominiert in den detaillierten Kennzeichnungen dennoch das Rechnungswesen.

Abgrenzung der Informationsfunktion

Zu den konsequentesten Controlling-Auffassungen, die die Informationsfunktion in den Mittelpunkt stellen und die Controlling-Funktion darauf konzentrieren, gehört die von **Reichmann** (vgl. [Controlling]). In einer stufenweisen Begriffsbildung definiert er Controlling-Ziele, -Aufgaben, -Konzeption und -System (vgl. Reichmann [Controlling] 4 ff.). Controlling-Ziele kennzeichnen nach Reichmann die Zwecke der Controlling-Tätigkeit; sie liegen in der Unterstützung der Planung, in der Koordination sowie in der Kontrolle der wirtschaftlichen Ergebnisse. Die dafür zu leistenden Controlling-Aufgaben konzentrieren sich auf Aktivitäten im Prozess der Informationsverarbeitung und Kommunikation, vor allem die Beschaffung und Aufbereitung von Informationen, die Datenanalyse sowie die Beurteilung und Kontrolle (vgl. Reichmann [Controlling] 4). Maßstab für die Wichtigkeit einzelner Größen sind die Unter-

Ansatz von Reichmann

nehmensziele, bei denen Reichmann von einem (finanziellen) Erfolgsziel mit Liquiditätsnebenbedingungen ausgeht. Durch die Controlling-Konzeption wird diese Informationsversorgungs- und -aufbereitungsaufgabe auf den Führungszusammenhang angewendet. Dabei ist zu klären, an welcher Stelle welche Informationen zweckmäßig sind. Orientierung dafür bietet eine systematische Übersicht zu den möglichen Informationskomponenten und -systemen, die in der typischen **„Reichmann-Pyramide"** dargestellt werden können (vgl. Abb. XII-2, Reichmann [Controlling] 7). Die konkrete, betriebsbezogene Spezifikation daraus, die von der jeweiligen Führungshierarchie abhängt, ergibt das Controlling-System eines Betriebes.

Controlling ist danach die unternehmungszielbezogene Unterstützung der Führung durch Informationsbeschaffung und -aufbereitung für Planung, Koordina-

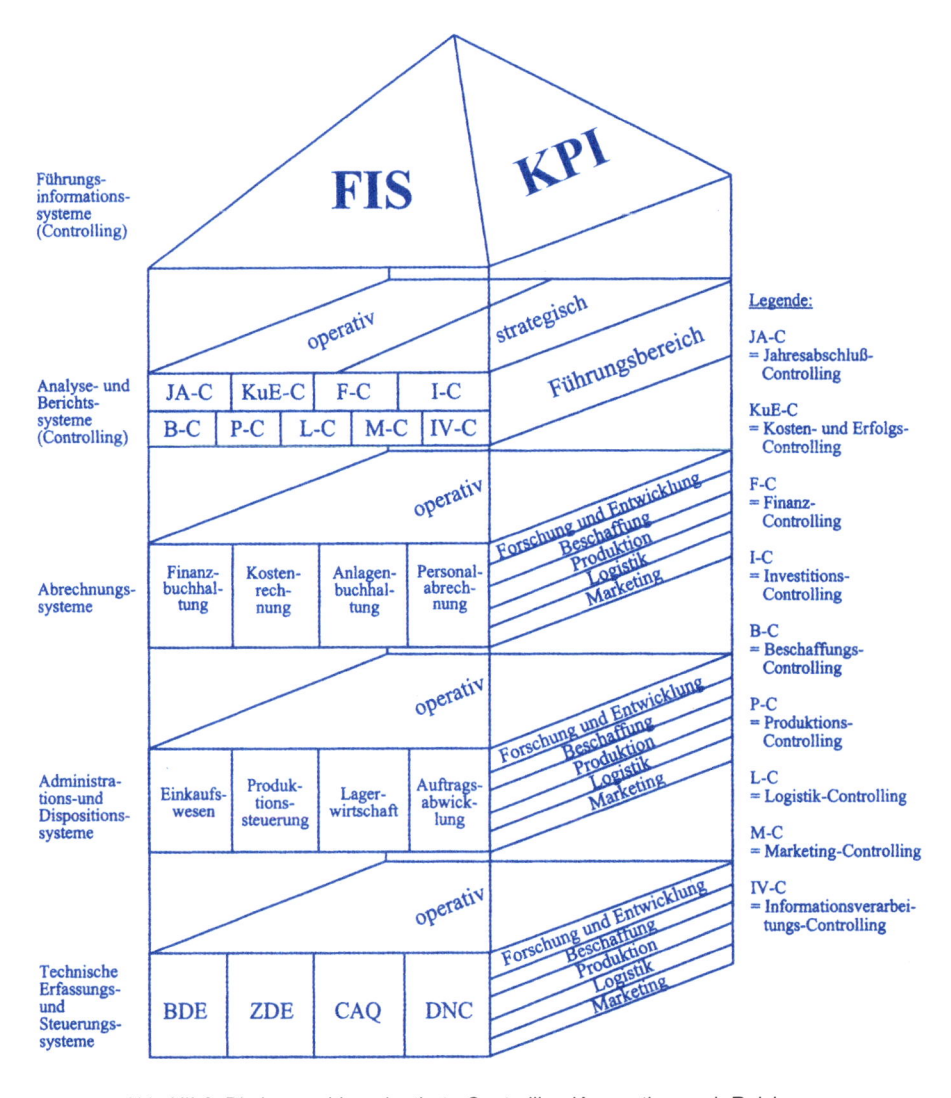

Abb. XII-2: Die kennzahlenorientierte Controlling-Konzeption nach Reichmann

tion und Kontrolle. Es stützt sich stark auf das betriebliche Rechnungswesen. Wichtige methodische Komponente sind Kennzahlen. Konkrete Ausdrucksform der Controlling-Arbeit sind klassische und erweiterte Berichtssysteme, Letztere auch als Führungsinformationssysteme bezeichnet (vgl. Reichmann [Controlling] 12 und 488 ff., zu Führungsinformationssystemen siehe auch Kapitel VII).

Ähnlich stark betonen die Informationsfunktion **Coenenberg/Baum/Günther** (vgl. [Controlling] 3 f.) und **Hahn/Hungenberg** (vgl. [PuK] 277), sind jedoch weniger ausschließlich darauf konzentriert. Bei Coenenberg/Baum/Günther steht vor allem die Kontroll- und Steuerungsunterstützung im Vordergrund. Damit reicht die Controlling-Sicht zwar inhaltlich über die reine Informationsbereitstellung hinaus, bleibt aber schwerpunktmäßig noch im Bereich der Informationsbereitstellung und -aufbereitung. Die Konzeption von Hahn bzw. Hahn/Hungenberg dagegen benennt explizit auch Planungsaufgaben als originäre Controlling-Komponente (vgl. Hahn/Hungenberg [PuK] 277). Hahn gilt auch als einer derjenigen Fachvertreter, die früh als typische Anfangsrealisationsform des Controlling eine institutionelle Zusammenfassung von Rechnungswesen und operativer Planung beschrieben haben. Hier ist die Konzeption also weiter als die Reichmanns. Enger scheint sie im erfassten Informationsbereich – hier konzentrieren sich Hahn/Hungenberg deutlich auf das Gebiet des Rechnungswesens; freilich treten weitere Informationsbereiche zwangsläufig durch die Verknüpfung mit der Planung hinzu.

Ansätze von Coenenberg/Baum/ Günther und Hahn/ Hungenberg

Wie die genannten Autoren spezifizieren auch **weitere Fachvertreter** den Controlling-Begriff auf die unmittelbar beobachtbaren Aufgaben in der führungsbezogenen Informationsbereitstellung und der darin liegenden Dienstleistung für das Management. Dies gilt insbesondere für Controlling-Vertreter, die schwerpunktmäßig die entsprechenden Instrumente des Controlling analysieren. So heben Franz/Kajüter (vgl. [Controlling] 473) die Ergebnistransparenz als eine Hauptaufgabe des Controllers hervor, wohingegen das Management die eigentliche Ergebnisverantwortung trägt. Zu den Controlling-Aufgaben gehört es daher, entscheidungsrelevante Informationen für das Management zu liefern, Zielplanung und Zielerreichung zu unterstützen und das Management in betriebswirtschaftlichen Fragen zu beraten (vgl. Franz/Kajüter [Controlling] 473).

4. Koordinationsorientierte Controlling-Auffassungen

Die bisher skizzierten Konzeptionen betrachten übereinstimmend Controlling als eine Führungsfunktion, die bestimmte Teilaufgaben ursprünglich anderer Führungsfunktionen übernimmt, etwa um sie zu pointieren oder besser abgestimmt zu erfüllen. Einer der ersten, die darüber hinaus eine spezifische Controlling-Aufgabe herausarbeiten, ist **Baumgartner** ([Controller-Konzeption]). Er begründet bereits 1980 die Notwendigkeit einer eigenen Führungsfunktion, nämlich des Controlling, mit dem Erfordernis, die Unternehmungsführung **koordinationsfähig, reaktionsfähig sowie adaptions- und antizipationsfähig** zu halten. Die Grundlinien seiner Argumentation zeigt Abb. XII-3 (Baumgartner [Controller-Konzeption] 57).

ursprünglicher Ansatz von Baumgartner

Die Sicherung und Erhaltung der Koordinations-, Realisations- sowie Adaptions- und Antizipationsfähigkeit der Führung (vgl. Baumgartner [Controller-

XII. Kernlinien ausgewählter Controlling-Konzeptionen der Literatur

Baumgartner-Argumentation

Ausgangslage
- Grösse und Komplexität der Unternehmung steigen
- Dynamik, Diskontinuität und Komplexität der Umwelt nehmen zu

→ Gefahr, dass das Management teilweise den Überblick verliert

Problem
- Auftreten interner Ineffizienzen
- ungenügende Anpassungsfähigkeit an externe Veränderungen

Lösung
- Aufbau eines Koordinationssystems
- Verbesserung der Überwachung des Unternehmungsgeschehens
- systematische Auseinandersetzung mit der Umwelt

Führungsziele
- Koordinationsfähigkeit
- Reaktionsfähigkeit
- Adaptions- und Antizipationsfähigkeit

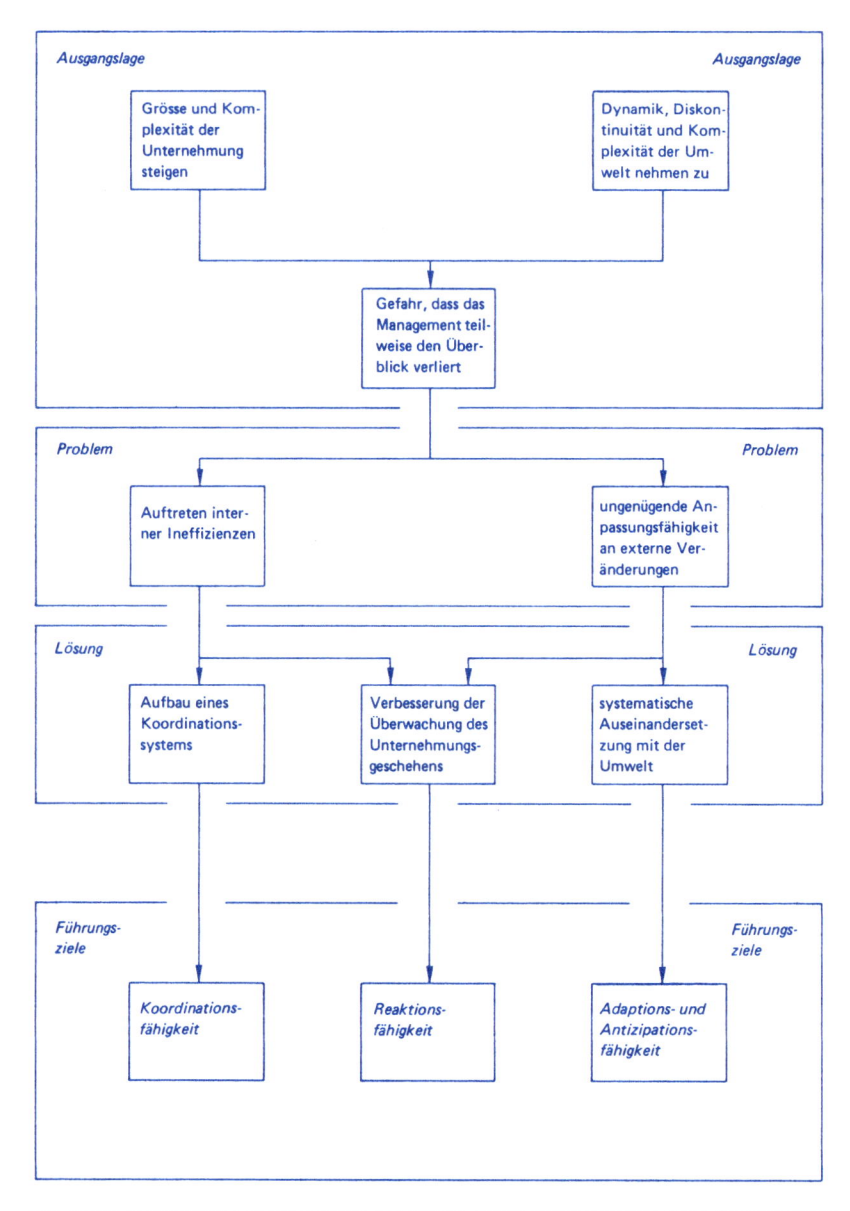

Abb. XII-3: Begründung der Controlling-Funktion durch Führungsziele nach Baumgartner

Konzeption] 56 ff.) macht er zum eigentlichen Zweck des Controlling. Zur Lösung dienen eine abgestimmte Konzeption des Kontrollsystems, eine hinreichend fundiert aufgebaute strategische Planung sowie eine Reihe von Koordinationsmechanismen, die eher vorwiegend in der betrieblichen Organisation, aber auch im gesamten Führungssystem lokalisiert sind. Dies zeigt Abb. XII-4 (Baumgartner [Controller-Konzeption] 120).

Die Überlegungen Baumgartners haben die konzeptionelle Entwicklung des Controlling stark beeinflusst. Insbesondere sind sie wörtlich als Controlling-Ziel

4. Koordinationsorientierte Controlling-Auffassungen

	Reaktions-fähigkeit	Adaptions- und Antizipations-fähigkeit	Koordinationsfähigkeit		
primär relevante Instrumente	– Plankontrolle	– strategische Planung	– Organisations-struktur	– organisatorische Programmierung	– Budgetierung
Controller-Aufgaben im Zusammenhang mit der Erstellung und Betreuung der *Instrumente*	– Wahl der Kontrollpunkte – evtl. Ermittlung der Ist-Werte – Soll-Ist-Vergleich – Mitarbeit bei Abweichungsanalysen – empfängergerechte Präsentation	– Metaplanung – Erstellung der Planungsgrundlagen – Sicherung der Planungstätigkeit – formelle Prüfung der Pläne	– periodische Überprüfung der Zweckmäßigkeit der Organisationsstruktur – Ausarbeiten neuer Lösungen – Darstellen der Vor- und Nachteile neuer Lösungen	– Ausarbeiten organisatorischer Programme in Zusammenarbeit mit den Entscheidungsträgern – Darstellen der Vor- und Nachteile alternativer Lösungen	– Erarbeiten des Budgetsystems – Verteilung des Inputs der Geschäftsleitung – Sicherung der Budgetierungstätigkeit – Abstimmung der Teilbudgets – Investitionswesen
Beratungs-aufgaben des Controllers gegenüber den Entscheidungsträgern	– Hilfe bei der Interpretation relevanter Soll-Ist-Abweichungen	– Hilfe bei der Interpretation von Umwelt- und Unternehmungsanalyse	– Schulung zum besseren Verständnis neuer Lösungen – Hilfe bei der Analyse auftretender Probleme	– Schulung neuer Abläufe – Hilfe bei der Analyse auftretender Probleme	– Hilfe bei der Budgeterstellung – Hilfe im Rahmen des Investitionsantragsverfahrens

Abb. XII-4: Überblick über Aufgaben und Instrumente des Controlling nach Baumgartner

in die Controlling-Definition von **Horváth** eingegangen, der erstmals die **Koordination zweier Führungsbereiche** als (alleiniges) definierendes Merkmal des Controlling herausgearbeitet hat. Abb. XII-5 zeigt die Gesamtkonzeption Horváths ([Controlling] 128) im Überblick.

Ansatz von Horváth

Horváth beschränkt zwar die Koordinationsaufgabe noch auf die beiden Führungsbereiche der Planung und Kontrolle einerseits sowie der Informationsversorgung andererseits, trennt aber deutlich zwischen dem Güterbereich als Ausführungssystem und dem Führungsbereich. Er hebt auch die beiden Formen der systembildenden und systemkoppelnden Koordination hervor (vgl. Horváth [Controlling] 105 ff.). Das Controlling-System Horváths hat sich als bestimmend für die Diskussion im deutschsprachigen Raum erwiesen, auch deshalb, weil er das erste umfassende Controlling-Lehrbuch vorgelegt hat. Aus heutiger Sicht ist die Einschränkung auf die Koordination zwischen nur zwei Führungsfunktionen bemerkenswert, auch wenn es sich dabei um die ursprünglich einzig diskutierten und inzwischen vermutlich immer noch bedeutendsten Ansatzpunkte für Koordinationsüberlegungen handelt. Möglicherweise sind damit die Baumgartner-Ziele, die zu dessen schon breiter angelegten Konzeption gehören, nicht vollständig erreichbar. Vor allem aber haben sich unterdessen immer mehr Beispiele von Koordinationsaufgaben herausgestellt, die eine **breitere Interpretation des Koordinationsgedankens** als zweckmäßig erscheinen lassen. Diese Verallgemeinerung ist vor allem von **Küpper** formuliert worden (vgl. Küpper [Controlling] 30), und zwar, wie Abb. XII-6 zusammenfassend zeigt, in einer durch

Ansatz von Küpper

Horváth-Einteilung

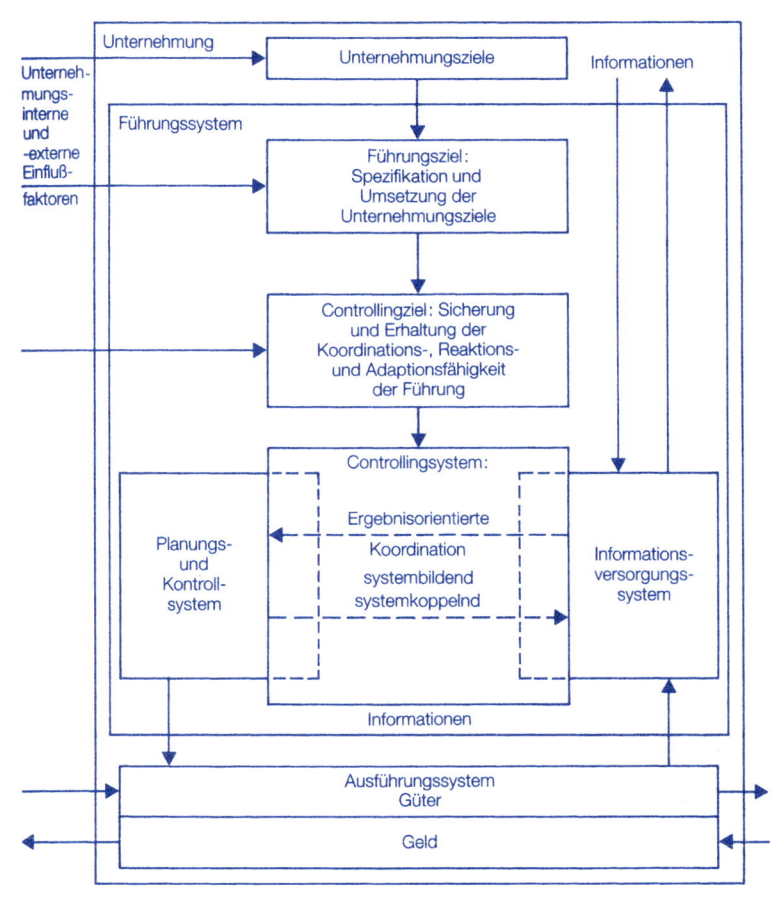

Abb. XII-5: Controlling-System nach Horváth

Verzicht auf ansonsten bisweilen anzutreffende Einschränkungen auf eine besonders einfache Weise. Dieses breitere Verständnis des Controlling wird von **zahlreichen Autoren** in ähnlicher Weise vertreten (vgl. z. B. die Begründung bei Küpper/Weber/Zünd [Verständnis] 283 f.).

Ansatz von Friedl

Feinheiten, in denen sich innerhalb dieser Hauptrichtung verschiedene Konzepte unterscheiden, liegen einmal darin, wie die Koordinationsaufgabe genau formuliert wird, zum anderen darin, ob und wo das unmittelbare Praktizieren einzelner Führungsfunktionen als Aufgabe des Controlling gesehen wird oder nicht. Küpper (vgl. [Controlling] 34 f.) nennt beispielsweise die Informationsbereitstellung, die Methodenbereitstellung (vorwiegend für die Planung), die Initiativfunktion (als Konsequenz der Kontrollfunktion) sowie die allgemeine Entscheidungsunterstützung explizit als Nebenfunktionen. **Friedl** (vgl. [Controlling] 15 ff. und 37 ff.) präzisiert die allgemeine Koordinationsfunktion auf Führungsentscheidungen, und hier insbesondere auf solche von hoher Koordinationsrelevanz, also Vorgabeentscheidungen des Führungssystems. Neben der Umsetzung von Konzepten der Entscheidungskoordination steht bei ihr die Informationsversorgung der Führung gleichberechtigt als konkrete Controlling-Aufgabe.

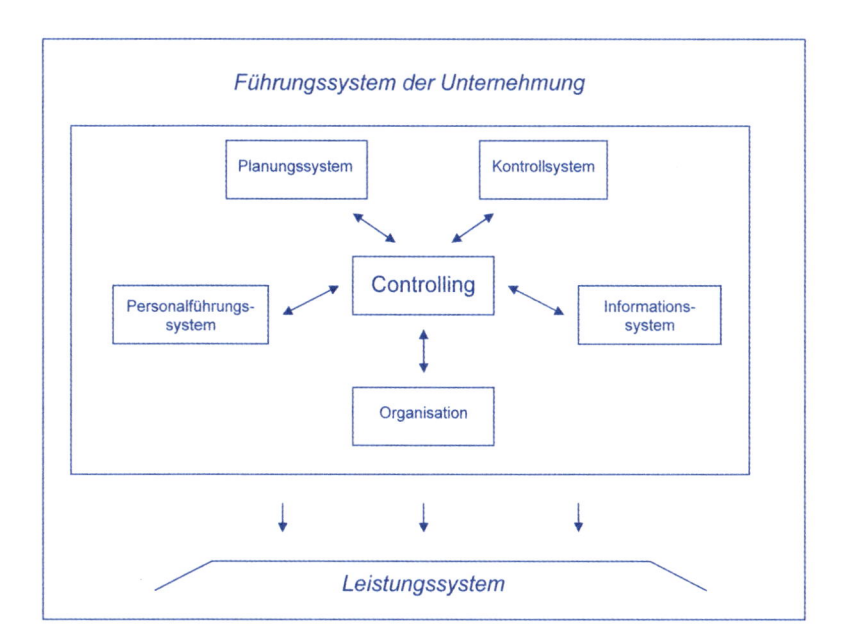

5. Controlling-Auffassungen mit nicht koordinationsorientierter übergreifender Funktion

Küpper-System

Abb. XII-6: Controlling-Interpretation nach Küpper

In die Kategorie der koordinationsbezogenen Controlling-Definitionen lässt sich auch die im vorliegenden Lehrbuch vertretene Konzeption einordnen. Formulierungsbesonderheit ist, dass wir die Führungskomponenten durchweg als **Funktionen** betrachten – unabhängig von ihrer konkreten Realisierung in Form einer speziellen Ausprägung und unabhängig von ihrer organisatorischen, also institutionellen Umsetzung. Controlling wird somit zunächst funktional betrachtet. Wer es ausführt – etwa eine eigene Controlling-Abteilung oder ein Manager als nichtdelegierte Aufgabe – ist eine davon unabhängige Frage. Dies gilt in gleicher Weise für die anderen Führungsfunktionen. Deshalb ist die Informationsbereitstellung beispielsweise immer zunächst ein Teil der Informationsfunktion. Die koordinationsentsprechende Aufbereitung der Information dagegen gehört immer zur Controlling-Funktion. In einer konkreten Realisationsform können solche Aufgaben an den Grenzen von Führungsbereichen aus Zweckmäßigkeitsüberlegungen auf die eine oder andere Seite gezogen werden. Unabhängig davon bleibt die Sicherstellung des koordinativen Aspekts immer eine Controlling-Aufgabe.

Konzeption dieses Lehrbuchs

5. Controlling-Auffassungen mit einer nicht koordinationsorientierten übergreifenden Funktion

Eine Sonderstellung innerhalb der Controlling-Auffassungen nehmen auf den ersten Blick die (neuere) Controlling-Definition von Weber und die von Pietsch ein – auf den ersten Blick deshalb, weil sie die Sonderstellung hauptsächlich wegen der ungewöhnlichen Wortwahl vermuten lassen. **Weber** setzt als definitorisches Merkmal der Controlling-Funktion die **Rationalitätssicherung** der Unternehmensführung. Dies umfasst, wie Abb. XII-7 (Weber/Schäffer [Controlling] 48) zeigt, drei aufeinander aufbauende Prüf- und erforderlichenfalls Inter-

Ansatz von Weber/Schäffer

ventionsaufgaben des Controlling, einmal für die Wahl des (Führungs-)Modells, dann für seine Anwendung und schließlich für das Modellergebnis. Es geht dabei um die Herstellung der Input-, der Prozess- sowie der Output-Rationalität. Das Controlling soll Mängel dieser Führungsrationalität, die insbesondere auf die Handlungsträger und die Aufgaben zurückzuführen sind, finden und beheben. Geprüft werden vor allem Aspekte der Stimmigkeit in sich und der Abgestimmtheit über verschiedene Führungskomponenten hinweg, so etwa die Abstimmung auf eine verfügbare Informationsgrundlage, auf die Unternehmungsziele und auf die personellen Kapazitäten hin (vgl. Weber/Schäffer [Controlling] 48 ff.). Auch in weiteren Details zeigt sich, dass Weber den allgemeinen Begriff der Rationalitätssicherung tendenziell in Richtung der Koordinationsfunktion interpretiert (vgl. Weber/Schäffer [Controlling] 41 ff.). Insgesamt stimmt Weber damit in den einzelnen Controlling-Teilaufgaben mit der herrschenden Lehre überein, wenn die Teilaufgaben auch anders erläutert werden. In Abb. XII-1 ist deshalb für das Weber'sche Modell der Rationalitätssicherung der gleiche Definitionsumfang wie für die koordinationsorientierte Sicht angegeben.

Probleme des Rationalitätsansatzes

Die Rationalitätssicherung als Abgrenzungsmerkmal hebt sich von den anderen Controlling-Definitionen ab. Einerseits scheint mit ihr ein anderes, vielleicht eingängigeres Erklärungsmuster für den nahezu gleichen Aufgabenbereich des Controlling gefunden, wie er sich nach dem koordinationsorientierten Ansatz ergibt. Andererseits ist das Merkmal der Rationalitätssicherung bei genauer Besicht mit **zwei unterschiedlichen Problemen** verbunden: Zum einen gibt es durchaus nicht unbedeutende Unterschiede zwischen einer bloßen Abgestimmtheit von Führungsansätzen und ihrer jeweils isolierten und dann auch gemeinsamen Rationalität. So sieht der Controller nach dem Koordinationskonzept seine Aufgabe auch dann fürs erste als gelöst an, wenn Führungskomponenten gut aufeinander abgestimmt zusammenwirken, auch wenn ihre Ansätze und ihre Arbeitsweise vielleicht nicht in allen Punkten wirklich zielbezogen, also rational wirken. Die Metaebene einer rationalen Wahl und einer entsprechenden Optimierung der Führungsinstrumente selbst wird von der koordinationsorientierten Definition nur teilweise erfasst – es bleiben grundsätzliche Führungsentscheidungen, die zwar Manageraufgaben, nicht aber Controllingaufgaben sind. Für das Controlling geht es um eine funktionierende Arbeitsweise, die zielbezogenes Führungshandeln unterstützt.

Das bedeutendere Problem der rationalitätsbezogenen Definition liegt allerdings in ihrer mangelnden Trennschärfe. Die Rationalität des Handelns gilt als Identitätsprinzip der Wirtschaftswissenschaft allgemein. Es kann sich damit kaum zur Abgrenzung einer Führungsfunktion gegenüber anderen eignen. Vielmehr hat sich jede Führungsfunktion an den betrieblichen Zielen zu orientieren, also zielbezogen, das heißt rational in der Erfüllung ihrer eigenen Aufgabe vorzugehen. Die Aufgabe selbst kann daher nicht wieder die Zielbezogenheit sein (ähnlich auch Küpper [Controlling] 19). Wollte man die Rationalitätssicherung als das Controlling-Spezifische herausstellen, so wären grundlegende Fachbegriffe definitorisch anzupassen. Durch eine entsprechend engere Interpretation tritt dieses im Konzept Webers angelegte Problem nicht augenfällig hervor. Tatsächlich sind die für diesen Ansatz typischen Fragen des Modelleinsatzes, der Modellanwendung und der Ergebnisumsetzung in allen betriebswirtschaftlichen Bereichen zu lösen. Sie kennzeichnet generell die betriebswirtschaftliche Vorgehensweise, die ja immer ein Arbeiten mit Modellen ist.

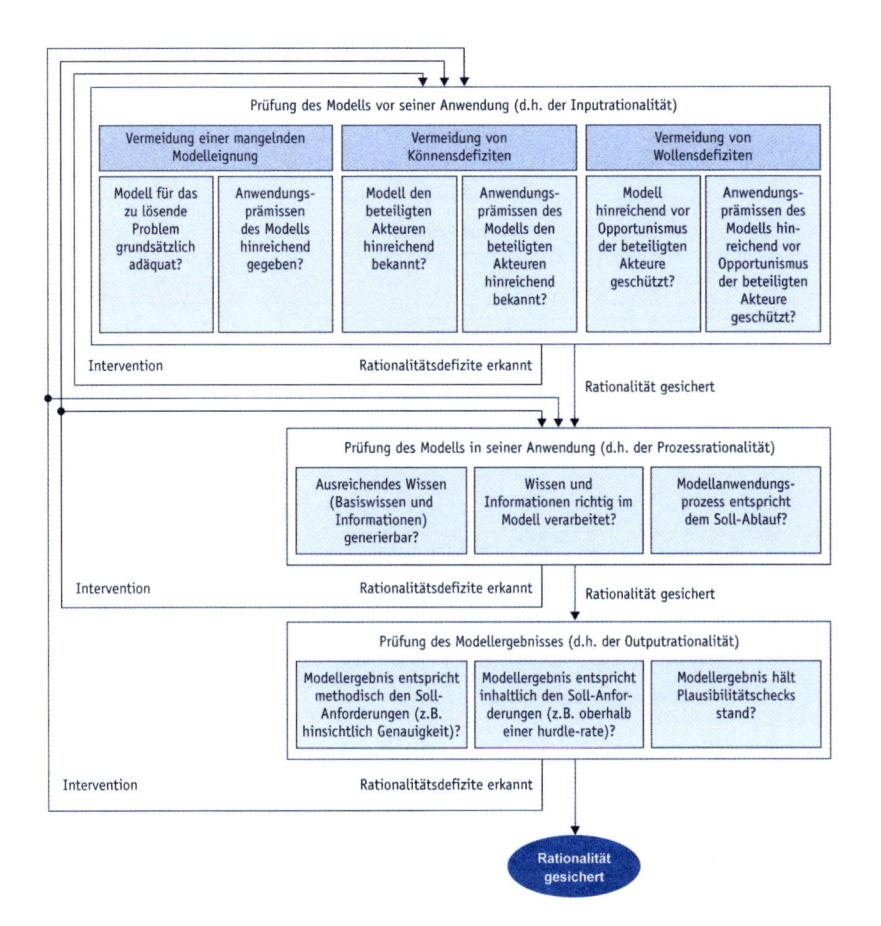

5. Controlling-Auffassungen mit nicht koordinationsorientierter übergreifender Funktion

Rationalitätsebenen nach Weber

Prüfung des Modells vor seiner Anwendung (d.h. der Inputrationalität)

- Vermeidung einer mangelnden Modelleignung
  - Modell für das zu lösende Problem grundsätzlich adäquat?
  - Anwendungsprämissen des Modells hinreichend gegeben?
- Vermeidung von Könnensdefiziten
  - Modell den beteiligten Akteuren hinreichend bekannt?
  - Anwendungsprämissen des Modells den beteiligten Akteuren hinreichend bekannt?
- Vermeidung von Wollensdefiziten
  - Modell hinreichend vor Opportunismus der beteiligten Akteure geschützt?
  - Anwendungsprämissen des Modells hinreichend vor Opportunismus der beteiligten Akteure geschützt?

Intervention ← Rationalitätsdefizite erkannt | Rationalität gesichert →

Prüfung des Modells in seiner Anwendung (d.h. der Prozessrationalität)

- Ausreichendes Wissen (Basiswissen und Informationen) generierbar?
- Wissen und Informationen richtig im Modell verarbeitet?
- Modellanwendungsprozess entspricht dem Soll-Ablauf?

Intervention ← Rationalitätsdefizite erkannt | Rationalität gesichert →

Prüfung des Modellergebnisses (d.h. der Outputrationalität)

- Modellergebnis entspricht methodisch den Soll-Anforderungen (z.B. hinsichtlich Genauigkeit)?
- Modellergebnis entspricht inhaltlich den Soll-Anforderungen (z.B. oberhalb einer hurdle-rate)?
- Modellergebnis hält Plausibilitätschecks stand?

Intervention ← Rationalitätsdefizite erkannt

Rationalität gesichert

Abb. XII-7: Rationalitätssicherung als Controlling-Charakteristikum in der Konzeption von Weber

Ansatz von Pietsch

Die äußere Besonderheit des Ansatzes von **Pietsch** liegt in der deutlichen Trennung zwischen der beiden Arten der Führungsunterstützung, die wir in Abschnitt 2 dieses Kapitels unterschieden haben: der unmittelbaren Ausführung einer (anderen) Führungsfunktion und der Wahrnehmung einer übergreifenden Führungsfunktion für das Zusammenwirken aller Führungsfunktionen. Eine solche Aufgabenkombination kommt, wie Abb. XII-1 zeigt, auch bei vielen anderen Controlling-Konzeptionen vor, wird allerdings in der Regel nicht explizit betont.

Zur eigenen Ausführung weist Pietsch dem Controlling nur die Informationsversorgung zu. Die übergreifende Funktion nennt er **Reflexion.** Sie soll das Gegenstück hauptsächlich zum Treffen von strukturgebenden Führungsentscheidungen sein, etwa im Bereich der Planung, der Organisation oder der Personalführung (vgl. Pietsch [Controlling] 22). Da Entscheiden immer ein Auswählen unter Alternativen bedeutet, kann die Managertätigkeit als **Selektion** gekennzeichnet werden, der die Reflexion durch das Controlling gegenübergestellt wird. Die Selektionsleistungen des Managements sollen durch die Reflexion des Controlling kritisch begleitet werden. Reflexion bedeutet einerseits Kontrolle und Abweichungsanalyse, andererseits aber auch das Aufdecken neuer Gestaltungsperspektiven. Die Funktion des Controlling ist nach dieser Konzeption insgesamt einerseits Reflexion (als übergreifende Aufgabe), andererseits Informationsversorgung (als unmittelbares Wahrnehmen einer Führungsfunktion).

Abgrenzung und Aufgliederung der Reflexionsaufgabe

```
                    Führungsfunktionen
    ┌─────────┬──────────────┬────────────────┬─────────────┐
    │ Planung │ Organisation │ Personalführung│ Controlling │
    └─────────┴──────────────┴────────────────┴─────────────┘
              │                                      │
              ▼                                      ▼
    ┌──────────────────────────────┬─────────────────────────┐
    │         Selektion            │        Reflexion        │
    ├──────────────────────────────┴─────────────────────────┤
    │        Operationen der Komplexitätsbewältigung         │
    └────────────────────────────────────────────────────────┘
```

```
                    Reflexion
                   ┌────┴────┐
        abweichungsorientiert    perspektivenorientiert
           (= Kontrolle)
```

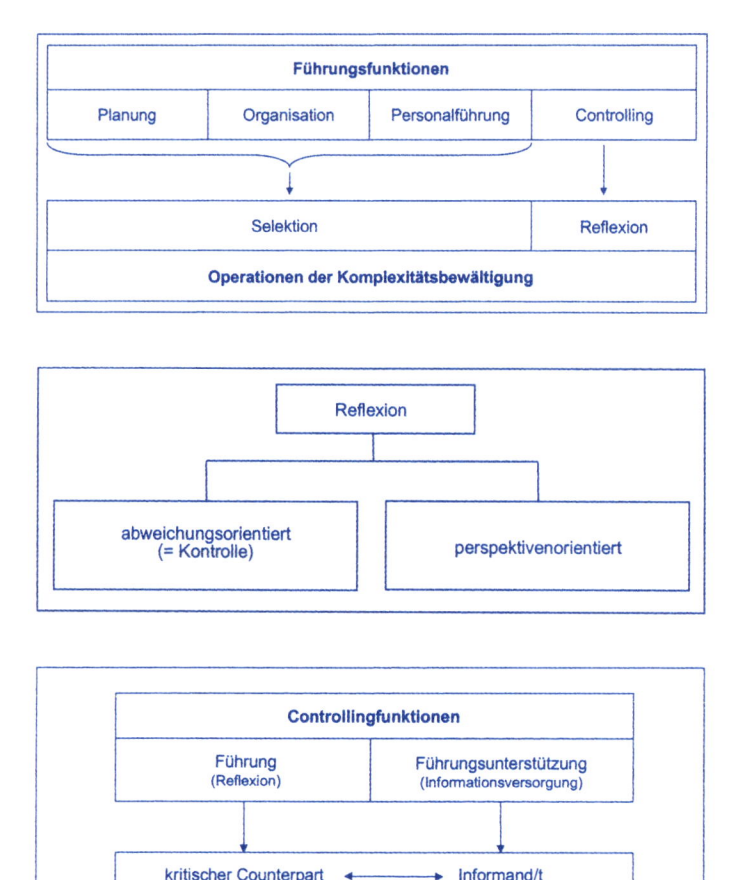

```
                  Controllingfunktionen
    ┌──────────────────────┬──────────────────────────┐
    │      Führung         │   Führungsunterstützung  │
    │    (Reflexion)       │  (Informationsversorgung)│
    └──────────┬───────────┴───────────┬──────────────┘
               ▼                       ▼
       kritischer Counterpart  ◄─────►  Informand/t
                    Controllerrollen
```

Abb. XII-8: Konzeption des reflexionsorientierten Controlling nach Pietsch

Auch der reflexionsorientierte Ansatz von Pietsch ist, wie Abb. XII-1 andeutet, im Ergebnis dem koordinationsorientierten ähnlich. Wie bei manchen anderen Autoren auch, insbesondere bei Friedl (vgl. [Controlling] 37 ff.), ist bei Pietsch die Informationsversorgung eine gleichrangige Hauptaufgabe des Controlling. Unterschiedlich allerdings ist der Aufgabenumfang der übergeordneten Funktion. Im Gegensatz zu einer Koordinationsaufgabe umfasst die Reflexion ein kleineres Spektrum. Sie konzentriert sich auf die Prüfung des Systems der diversen Führungsentscheidungen, also etwa ihre Zielbezogenheit (Rationalität) und Abgestimmtheit. Auch andere, weitere Gestaltungsperspektiven werden aufgezeigt. Eine eigentliche komplette Koordination ergibt sich dadurch indessen noch nicht. Der reflexionsorientierte Ansatz bleibt damit im übergreifenden Teil unter der Breite des koordinationsorientierten; in der direkten Übernahme der Informationsbereitstellung setzt er einen deutlicheren, traditionellen Schwerpunkt. Abb. XII-8 zeigt die Grundstruktur des reflexionsorientierten Ansatzes (Pietsch [Controlling] 22, 23, 28).

Alle hier skizzierten Controlling-Auffassungen der Literatur sind in der Übersicht alternativer Controlling-Horizonte in Abb. XII-1 enthalten. Sie sind dort so eingeordnet, wie es der hier beschriebenen Interpretation entspricht. Ebenso wie die analysierenden Ausführungen dieses Kapitels deutet die Darstellung der Abb. XII-1 auch schematisch an, weshalb in diesem Buch der herrschenden koordinationsorientierten Sicht des Controlling gefolgt wird.

Kapitel XII auf einen Blick

- In der wissenschaftlichen Diskussion werden statt oder neben der Führungskoordination auch andere Merkmale als Definitionscharakteristika für das Controlling herangezogen. Dies führt teilweise zu anderen Aufgabenabgrenzungen. Abgesehen von nichtkonsistenten Einzelmeinungen wird das Controlling durchweg als führungsunterstützende Funktion angesehen.

- Beispiele alternativer Controlling-Definitionen bieten
    - Horváth: Er beschränkt die Koordinationsaufgabe auf die Beziehung zwischen dem Planungs- und Kontrollsystem einerseits und dem Informationssystem andererseits.
    - Reichmann: Nach ihm liegt die Hauptaufgabe des Controlling in der Informationsversorgung und -aufbereitung für das Management.
    - Weber: Er stellt die Rationalitätssicherung als Aufgabe des Controlling in den Mittelpunkt.
    - Pietsch: Er grenzt Controlling durch die Reflexion von den anderen Führungsfunktionen ab, spricht aber dem Controlling die traditionelle Informationsversorgungsaufgabe zu.

- Sieht man von unterschiedlichen Sprechweisen ab, lassen sich die vielleicht zahlreich erscheinenden Definitionsarten auf wenige Gruppen reduzieren. Die engste Definition sieht die Controlling-Aufgabe in der managerorientierten Bereitstellung von Informationen; eine der weitesten (noch abgrenzenden) Definitionen ist vermutlich die der Sekundärkoordination. Wer den Controlling-Begriff noch weiter fassen will, kommt – wie einschlägige Versuche der Literatur zeigen – schnell in eine nichtsmehrsagende Charakterisierung, die Controlling mit betrieblichem Wirtschaften generell gleichsetzt.

- Neben der grundsätzlichen Definition unterscheiden sich unterschiedliche Controlling-Auffassungen auch darin, welche konkreten Einzelaufgaben aus anderen Führungsfunktionen dem Controlling zugeordnet werden. Hierfür kommen insbesondere Aufgaben aus dem Rechnungswesen, der Planung, der Kontrolle oder der Gestaltung von Anreizsystemen in Frage. Wie dies praktisch gelöst wird, ist hauptsächlich eine Zweckmäßigkeits-, weniger eine Prinzipienfrage.

- Die verschiedenen Controlling-Auffassungen lassen sich, wenn man einige Unschärfen hinnimmt, nach ihrer inhaltlichen Ausdehnung ordnen und in einer pauschalen Übersichtsgrafik veranschaulichen. Feinheiten der jeweiligen Auffassung gehen dabei allerdings verloren. Sie bleiben einer Lektüre der jeweiligen Originalquellen vorbehalten.

Kapitelübersicht

Was sich im Fach so tut:

Ausblick: Entwicklungstendenzen der Controlling-Schwerpunkte in Wissenschaft und Praxis

Auch Jahrzehnte nach der Bildung erster Controlling-Stellen in der Wirtschaftspraxis und Einrichtung der ersten Controlling-Lehrstühle an Universitäten ist Controlling nach wie vor ein betriebswirtschaftliches **Modegebiet.** Das bringt einerseits ein großes Interesse an diesem (schönen) Fach mit sich, andererseits aber auch immer wieder neue Versuche, unter seinem Namen Methoden anzuwenden und Strategien durchzusetzen, die mit einer seriösen Fachauffassung nicht immer in Einklang zu bringen sind. Nun ist es gerade im Controlling nicht ganz einfach, fachwissenschaftlich wertvolle Entwicklungen von bloßen effektheischenden Schlagwörtern, die bisweilen von einem kleineren Teil der auftragssuchenden Beraterpraxis stammen, auseinanderzuhalten. Denn auch durchaus wertvolle und weiterführende Ansätze werden im Controlling oft in einer allzu starken **Wissenschaftsvermarktung** und mit besonders klingenden Namen ins Gespräch gebracht. In der Vergangenheit sind zahlreiche Controlling-Themen zunächst eher marktschreierisch eingeführt worden, wurden dann aber fundiert behandelt und haben schließlich wissenschaftlichen Erkenntnisfortschritt gebracht – wenn auch nicht in dem „umwälzenden" und „revolutionären" Maße, wie das manche großspurige Neuheitsankündigung zunächst glauben machen wollten. Zu solchermaßen in den vergangenen Jahren in die Diskussion eingebrachten Themen gehören die Prozesskostenrechnung (das Activity Based Costing), das Target Costing, die Balanced Scorecard, das Business Reengineering, die wertorientierte Unternehmungsführung mit ihren typischen Steuerungskennzahlen, wie dem Shareholder Value, dem Economic Value Added oder dem Cash Value Added, die zugehörigen „Werttreiberbäume" und das „Werttreibermanagement", die Idee des Beyond Budgeting, der Customer-Value-Ansatz und vieles andere mehr.

große Aufmerksamkeit für das Controlling

Die Wirkung solcher an Schlagwörtern orientierten Diskussion liegt sehr oft auch darin, dass die lösungssuchende Unternehmungspraxis, angeregt durch neue Namen und Erfolgsversprechungen, die angepriesene Methode mit großem Engagement einsetzt. Wo traditionelle Methoden skeptisch und zurückhaltend begleitet würden, findet der „radikal neue" und „umwälzende" Ansatz durchsetzungsfreudige, vorbehaltlose Unterstützer und Förderer. Dies ist indessen für den praktisch tätigen Controller eine wertvolle Beobachtung. Sie weist ihn darauf hin, auf welche Weise ein (gutes) klassisches Instrument erfolgreich auch dort eingesetzt werden kann, wo ungünstige Vorurteile dies schwierig machen. Das Neue und Hilfreiche liegt in diesen Fällen weniger in der inhaltlichen Herangehensweise als in einer guten und treffenden neuen **Umsetzungs-**

Nutzen für die Controllingarbeit

idee. Dies aber muss ein Controller wissen und nutzen. Zur Erfüllung seiner Koordinationsaufgabe muss er nicht nur das geeignete Instrument finden, sondern auch einen brauchbaren Weg zu dessen Umsetzung und Akzeptanz.

Der in der Beraterpraxis und umsetzungsorientierten Literatur vorherrschende „laute" Teil des Controlling ist das eine. Das andere ist die **wissenschaftliche Seite** des Controlling, die sich eher unauffällig und in kleinen Schritten weiterentwickelt. Umwälzende große Erkenntnissprünge sind hier, ebenso wie in vergleichbaren anderen Gebieten, kaum zu erwarten, wohl aber die ständige Verbesserung und das weitere Ausfeilen des theoretischen Controlling-Wissens und der anwendungsorientierten Controlling-Instrumente.

wichtige Forschungsgebiete

Forschungsgebiete mit großen Entwicklungsfortschritten sind beispielsweise die Ansätze zur Gestaltung von Anreizsystemen bei verschiedenen Anwendungskonstellationen, die adäquate, wirkungsvolle und fundierte Integration langfristiger Effekte in kurzfristig wirkende Instrumente sowie die Feinuntersuchung von Ansätzen zur wertorientierten Unternehmenssteuerung. Daneben wird der Anwendungsbereich eines wissenschaftlich fundierten Controlling zunehmend auf Branchen, Unternehmungstypen und Produktionen ausgedehnt, für die bis vor kurzem noch wenig Spezialanwendungswissen bestand.

Controlling bleibt insgesamt eine lebendige, vielfältige und deshalb besonders interessante betriebswirtschaftliche Teildisziplin.

Resümee

Der Ausblick in einem Satz:

- Controlling ist ein sehr wichtiges und zugleich sehr schönes Teilgebiet der Betriebswirtschaftslehre.

Literaturverzeichnis

Agthe, Klaus:	[Controller] Controller. In: Handwörterbuch der Organisation. 2. Aufl. Hrsg. von E. Grochla, Stuttgart 1980, Sp. 351 - 362.
AKEIÜ:	Arbeitskreis Externe und Interne Überwachung der Unternehmung der Schmalenbach-Gesellschaft für Betriebswirtschaft e. V.: [Compliance] Compliance: 10 Thesen für die Unternehmenspraxis. In: Der Betrieb (63) 2010, S. 1509 - 1518.
Alter, Steven L.:	[Decision Support Systems] Decision Support Systems. Current Practice and Continuing Challenges. Reading (Mass.) u. a. 1980.
Amling, Thomas und *Ulrich Bantleon:*	[Revision] Handbuch der Internen Revision. Berlin 2009.
Arbeitskreis Internes Rechnungswesen der Schmalenbach-Gesellschaft:	[Unternehmenssteuerung] Vergleich von Praxiskonzepten zur wertorientierten Unternehmenssteuerung. In: ZfbF (62) 2010, S. 797 - 820.
Arnold, Markus und *Robert Gillenkirch:*	[Leistungsanreize] Leistungsanreize durch Aktien oder Optionen? Eine Diskussion des State of the Art. In: ZfB (77) 2007, S. 75 - 99.
Ballwieser, Wolfgang:	[Grundlagen] Wertorientierte Unternehmensführung: Grundlagen. In: ZfbF (52) 2000, S. 160 - 166.
Ballwieser, Wolfgang:	[Unternehmensführung] Wertorientierte Unternehmensführung. In: Handwörterbuch Unternehmensführung und Organisation. 4. Aufl. Hrsg. von G. Schreyögg und A. von Werder. Stuttgart 2004, Sp. 1615 - 1623.
Balzert, Heide:	[Objektmodellierung] Lehrbuch der Objektmodellierung. Heidelberg, Berlin 1999.
Baumeister, Alexander:	[Preisgrenzenbestimmung] Portfolioorientierte Preisgrenzenbestimmung bei Währungsrisiko. Diss. Univ. Hohenheim 2001. Wiesbaden 2002.

Baumgartner, Beat: [Controller-Konzeption] Die Controller-Konzeption. Stuttgart 1980.

Behme, Wolfgang und *Harry Muksch:* [Informationsversorgung] Anwendungsgebiete einer Data Warehouse-gestützten Informationsversorgung. In: Data Warehouse-gestützte Anwendungen. Theorie und Praxiserfahrungen in verschiedenen Branchen. Hrsg. von W. Behme und H. Mucksch. Wiesbaden 2001, S. 3 - 32.

Berens, Wolfgang und *Arnt Wöhrmann:* [Revision] Interne Revision und Controlling. In: Kompendium der Internen Revision. Hrsg. von C.-C. Freidank und V. H. Peemöller. Berlin 2011, S. 591 - 615.

Brombacher, Reinhard: [Informationsmanagement] Effizientes Informationsmanagement – Die Herausforderung von Gegenwart und Zukunft. Wiesbaden 1991.

Chen, Peter Pin-Shan: [Entity-Relationship Model] The Entity-Relationship Model. Towards a Unified View of Data. In: ACM Transactions on Database Systems (1) 1976, S. 9 - 36.

Coenenberg, Adolf G. und *Rainer Salfeld:* [Unternehmensführung] Wertorientierte Unternehmensführung. 2. Aufl., Stuttgart 2007.

Coenenberg, Adolf G., Heinz-Georg Baum und *Thomas Günther:* [Controlling] Strategisches Controlling. 4. Aufl., Stuttgart 2007.

Dambrowski, Jürgen: [Budgetierungssysteme] Budgetierungssysteme in der deutschen Unternehmenspraxis. Darmstadt 1986.

DIIR u. a.: [Standards] Internationale Standards für die berufliche Praxis der Internen Revision 2011. Hrsg. vom Deutschen Institut für Interne Revision (DIIR), Institut für Interne Revision Österreich (IIA Austria) und Schweizerischen Verband für Interne Revision (IIA Switzerland). Frankfurt/Main, Wien, Zürich 2011.

Domsch, Michel: [Personal] Personal. In: Vahlens Kompendium der Betriebswirtschaftslehre. 5. Aufl. Hrsg. von M. Bitz, M. Domsch, R. Ewert und F. W. Wagner. Bd. 1, München 2005, S. 385 - 447.

Drumm, Hans Jürgen: [Personal] Personalwirtschaft. 6. Aufl., Heidelberg 2008.

Dworski, A. Elmar: [Flexibilisierung] Flexibilisierung der Budgetierung mit Rolling Forecasts und relativen Zielen. Diss. Univ. Stuttgart 2011. Berlin 2011.

Egger, Anton: [Bilanz] Organische Bilanz. In: Handwörterbuch des Rechnungswesen. 3. Aufl. Hrsg. von K. Chmielewicz und M. Schweitzer. Stuttgart 1993, Sp. 1473 - 1480.

Egner, Thomas:	[Begriff] Begriff, Zielsetzungen und Aufgaben. In: Kompendium der Internen Revision. Hrsg. von C.-C. Freidank und V. H. Peemöller. Berlin 2011, S. 3 - 32.
Ewert, Ralf und *Alfred Wagenhofer:*	[Unternehmensrechnung] Interne Unternehmensrechnung. 7. Aufl., Berlin, Heidelberg, New York 2008.
Financial Executives Institute (FEI):	[Responsibilities] Responsibilities of a Financial Executive as defined by FEI. In: Administrative Control and Executive Action. Hrsg. von B. C. Lemke und J. D. Edwards. 2. Aufl., Columbus (Ohio) 1972, S. 83 - 85.
Fischer, Thomas M., Klaus Möller und *Wolfgang Schultze:*	[Controlling] Controlling. Grundlagen, Instrumente und Entwicklungsperspektiven. Stuttgart 2012.
Franz, Klaus-Peter und *Peter Kajüter:*	[Controlling] Controlling. In: Betriebswirtschaft für Führungskräfte. Hrsg. von W. Busse von Colbe, A. Coenenberg, P. Kajüter, U. Linnhoff und B. Pellens. 4. Aufl., Stuttgart 2011, S. 471 - 493.
Freidank, Carl-Christian:	[Unternehmensüberwachung] Unternehmensüberwachung. München 2012.
Frese, Erich:	[Koordination] Koordination. In: Handwörterbuch der Betriebswirtschaft. 4. Aufl. Hrsg. von E. Grochla und W. Wittmann, Stuttgart 1975, Sp. 2263 - 2274.
Frese, Erich, Matthias Graumann und *Ludwig Theuvsen:*	[Organisation] Grundlagen der Organisation. 10. Aufl., Wiesbaden 2012.
Friedl, Birgit:	[ABWL-Controlling] Controlling. In: Allgemeine Betriebswirtschaftslehre. Bd. 2: Führung. Hrsg. von F. X. Bea, B. Friedl und M. Schweitzer. 9. Aufl., Stuttgart 2005, S. 235 - 335.
Friedl, Birgit:	[Controlling] Controlling. Stuttgart 2003.
Gillenkirch, Robert:	[Anreizverträge] Gestaltung optimaler Anreizverträge. Wiesbaden 1997.
Gluchowski, Peter:	[Werkzeuge] Techniken und Werkzeuge zur Unterstützung des betrieblichen Berichtswesens. In: Analytische Informationssysteme. Hrsg. von P. Chamoni und P. Gluchowski. 4. Aufl., Berlin, Heidelberg 2010, S. 259 - 280.
Gluchowski, Peter, Roland Gabriel und *Carsten Dittmar:*	[Systeme] Management Support Systeme und Business Intelligence. 2. Aufl., Berlin, Heidelberg 2008.
Gneezy, Uri und *Aldo Rustichini:*	[Fine] A Fine is a Price. In: The Journal of Legal Studies (29) 2000, S. 1 - 17.

Göpfert, Ingrid: [Berichtswesen] Berichtswesen. In: Handwörterbuch Unternehmensrechnung und Controlling. 4. Aufl. Hrsg. von H.-U. Küpper und A. Wagenhofer, Stuttgart 2002, Sp. 143 - 156.

Greif, Siegfried: [Organisationspsychologie] Geschichte der Organisationspsychologie. In: Lehrbuch Organisationspsychologie. Hrsg. von H. Schuler. 4. Aufl., Bern 2007, S. 21 - 58.

Groves, Theodore: [Incentive] Incentive Compatible Control of Decentralized Organizations. Discussion Paper Nr. 166. Directions in Large Scale Systems. Cambridge (Mass.) 1975.

Günther, Thomas: [Controlling] Unternehmenswertorientiertes Controlling. München 1997.

Günther, Thomas und *Torsten Gonschorek:* [Mittelstand] Wertorientierte Unternehmensführung im deutschen Mittelstand – Ergebnisse einer empirischen Studie. In: Controlling (23) 2011, S. 18 - 27.

Gutenberg, Erich: [Produktion] Grundlagen der Betriebswirtschaftslehre. Bd. 1: Die Produktion. 24. Aufl., Berlin, Heidelberg, New York 1983.

Hachmeister, Dirk: [Unternehmenswertsteigerung] Der Discounted Cash Flow als Maß der Unternehmenswertsteigerung. Diss. Univ. München 1994. 4. Aufl., Frankfurt/Main u. a. 2000.

Hahn, Dietger: [Controlling] Konzepte und Beispiele zur Organisation des Controlling in der Industrie. In: ZfO (48) 1979, S. 4 - 24.

Hahn, Dietger und *Harald Hungenberg:* [PuK] Planung und Kontrolle. 6. Aufl., Wiesbaden 2001.

Hansen, Hans Robert und *Gustaf Neumann:* [Wirtschaftsinformatik] Wirtschaftsinformatik 1. Grundlagen und Anwendungen. 10. Aufl., Stuttgart 2009.

Hansen, Stephen C., Davit T. Otley und *Wim A. van der Stede:* [Overview] Practice Developments in Budgeting: An Overview and Research Perspective. In: Journal of Management Accounting Research (15) 2003, S. 95 - 116.

Haun, Peter: [Planungssprachen] Einsatz von Planungssprachen und Tabellenkalkulationssystemen in Rechnungswesen und Controlling. In: Handbuch Kostenrechnung. Hrsg. von W. Männel. Wiesbaden 1992, S. 1279 - 1290.

Henderson, Bruce D.: [Erfahrungskurve] Die Erfahrungskurve in der Unternehmensstrategie. 2. Aufl., Frankfurt/Main 1974.

Hope, Jeremy und *Robin Fraser:* [Beyond Budgeting] Beyond Budgeting ... In: Magazine for Chartered management Accountants (75) Nr. 11/1997, S. 20 - 24.

Hope, Jeremy und *Robin Fraser:*	[Budgeting] Beyond Budgeting. How Managers Can Break Free from the Annual Performance Trap. Boston 2003 (deutsche Übersetzung: Wie sich Manager aus der jährlichen Budgetierungsfalle befreien können. Stuttgart 2003).
Horváth, Péter:	[Controlling] Controlling. 12. Aufl., München 2011.
Horváth, Péter:	[Wissensmanagement] Wissensmanagement mit Balanced Scorecard. In: Wissensmanagement. Hrsg von H. D. Bürgel. Berlin u. a. 1998, S. 153 - 162.
Horváth & Partners (Hrsg.):	[Balanced Scorecard] Balanced Scorecard umsetzen. 4. Aufl., Stuttgart 2007.
Ilg, Markus:	[Wissensmanagement] Wissensmanagement mit elektronischen internen Wissensmärkten. Diss. Univ. Hohenheim 2005. Lohmar 2005.
[Incentivierung]	Anreizsysteme und Incentivierung. Sonderheft 3/2011 der Zeitschrift ZfCM. Hrsg. von J. Weber und U. Schäffer.
Jehn, Gernot:	[Budgetierung] Die Effizienz der Budgetierung und des Beyond Budgeting Modells. Theoretische und empirische Erkenntnisse. Diss. Univ. Düsseldorf 2009. Norderstedt 2009.
Kahle, Holger:	[Unternehmenssteuerung] Unternehmenssteuerung auf Basis internationaler Rechnungslegungsstandards? In: ZfbF (55) 2003, S. 773 - 789.
Kaplan, Robert S. und *David P. Norton:*	[Balanced Scorecard] The Balanced Scorecard. Boston (Mass.) 1996.
Kaplan, Robert S. und *David P. Norton:*	[Organization] The Strategy-Focused Organization: How Balanced Scorecard Companies Thrive in the New Business Environment. Boston (Mass.) 2001.
Kaplan, Robert S. und *David P. Norton:*	[Performance] The Balanced Scorecard – Measures that Drive Performance. In: Harvard Business Review (70) January/February 1992, S. 71 - 79.
Kaplan, Robert S. und *David P. Norton:*	[Work] Putting the Balanced Scorecard to Work. In: Harvard Business Review (71) September/October 1993, S. 134 - 147.
Kemper, Hans-Georg und *Ralf Finger:*	[Transformation] Transformation operativer Daten. In: Analytische Informationssysteme. Hrsg. von P. Chamoni und P. Gluchowski. 4. Aufl., Berlin, Heidelberg 2010, S. 159 - 174.

Kieser, Alfred:	[Human Relations] Human Relations-Bewegung und Organisationspsychologie. In: Organisationstheorien. Hrsg. von A. Kieser und M. Ebers. 6. Aufl., Stuttgart 2006, S. 133 - 167.
Kieser, Alfred und *Peter Walgenbach:*	[Organisation] Organisation. 6. Aufl., Stuttgart 2010.
Kilger, Wolfgang, Jochen Pampel und *Kurt Vikas:*	[Plankostenrechnung] Flexible Plankostenrechnung und Deckungsbeitragsrechnung. 12. Aufl., Wiesbaden 2007.
Kirsch, Werner und *Hartmut Maaßen:*	[Managementsysteme] Einleitung: Managementsysteme. In: Managementsysteme. Planung und Kontrolle. Hrsg. von W. Kirsch und H. Maaßen. 2. Aufl., München 1990, S. 1 - 22.
Klinger, Michael A. und *Oskar Klinger:*	[IKS] Das Interne Kontrollsystem im Unternehmen. 2. Aufl., München 2009.
Knapp, Eckhard:	[Revision] Interne Revision und Compliance. 2. Aufl., Berlin 2009.
Koch, Alexander:	[Technologiebilanz] Technologiebilanz. Göttingen 2004.
Körnert, Jan und *Cornelia Wolf:*	[Systemtheorie] Systemtheorie, Shareholder Value-Konzept und Stakeholder-Konzept als theoretisch-konzeptionelle Bezugsrahmen der Balanced Scorecard. In: ZfCM (51) 2007, S. 130 - 140.
Koreimann, Dieter S.:	[Software-Entwicklung] Grundlagen der Software-Entwicklung. 3. Aufl., München, Wien 2000.
Kosiol, Erich:	[Entlohnung] Leistungsgerechte Entlohnung. 2. Aufl., Wiesbaden 1962.
Kosiol, Erich:	[Organisation] Organisation der Unternehmung. Wiesbaden 1962.
KPMG (Hrsg.):	[Kapitalkosten] Kapitalkosten- und Impairment Test-Studie 2010. Zukunftserwartungen managen. Frankfurt/Main 2011.
Krotter, Simon:	[Kongruenzprinzip] Durchbrechung des Kongruenzprinzips und Residualgewinne. Regensburger Diskussionsbeiträge zur Wirtschaftswissenschaft Nr. 411. Hrsg. von A. Schüler. Regensburg 2006.
Künkele, Julia:	[Budgetkontrolle] Die Gestaltung der Budgetkontrolle. Bestandsaufnahme, Determinanten und Erfolgswirkungen. Diss. EBS Oestrich-Winkel 2005. Wiesbaden 2007.
Küpper, Hans-Ulrich:	[Controlling] Controlling. 5. Aufl., Stuttgart 2008.
Küpper, Hans-Ulrich:	[Industrielles Controlling] Industrielles Controlling. In: Industriebetriebslehre. Hrsg. von M. Schweitzer. 2. Aufl., München 1994, S. 849 - 959.

Küpper, Hans-Ulrich, Jürgen Weber und *André Zünd:*	[Verständnis] Zum Verständnis und Selbstverständnis des Controlling – Thesen zur Konsensbildung. In: ZfB (60) 1990, S. 281 - 293.
Küting, Karl-Heinz und *Claus-Peter Weber:*	[Bilanzanalyse] Die Bilanzanalyse. 9. Aufl., Stuttgart 2009.
Laux, Helmut:	[Anreiz] Unternehmensrechnung, Anreiz und Kontrolle. 3. Aufl., Berlin u. a. 2006.
Laux, Helmut und *Felix Liermann:*	[Organisation] Grundlagen der Organisation. 6. Aufl., Berlin, Heidelberg, New York 2005.
Lewis, Thomas G.:	[Unternehmenswert] Steigerung des Unternehmenswertes. 2. Aufl., Landsberg/Lech 1995.
Leyk, Jörg und *Jens Kopp:*	[Advanced Budgeting] Innovative Planungs- und Budgetierungskonzepte und ihre Bewertung. In: Beyond Budgeting umsetzen. Erfolgreich planen mit Advanced Budgeting. Hrsg. von Horváth & Partners. Stuttgart 2004, S. 15 - 59.
Libby, Theresa und *R. Murray Lindsay:*	[Beyond budgeting] Beyond budgeting or budgeting reconsidered? A survey of North-American budgeting practice. In: Management Accounting Research (21) 2010, S. 56 - 75.
Lücke, Wolfgang:	[Zinsen] Die kalkulatorischen Zinsen im betrieblichen Rechnungswesen. In: ZfB (35) 1965, Ergänzungsheft November, S. 3 - 28.
Lynch, Thomas D.:	[Budgeting] Public Budgeting in America. 2. Aufl., Englewood Cliffs (NJ) 1985.
Macharzina, Klaus und *Joachim Wolf:*	[Unternehmensführung] Unternehmensführung. Das internationale Managementwissen. 7. Aufl., Wiesbaden 2010.
Matschke, Daniel:	[Controllingpraxis] Empirische Analyse zum Stand der Controllingpraxis der 500 größten deutschen Unternehmen. Sinzheim 2000.
Maug, Ernst und *Bernd Albrecht:*	[Vorstandsvergütung] Struktur und Höhe der Vorstandsvergütung. In: ZfbF (63) 2011, S. 858 - 881.
Mertens, Peter und *Marco C. Meier:*	[Informationsverarbeitung] Integrierte Informationsverarbeitung. Bd. 2: Planungs- und Kontrollsysteme in der Industrie. 10. Aufl., Wiesbaden 2009.
Meyer-Piening, Arnulf:	[Planning] Zero-Base-Planning. Zukunftssicherndes Instrument der Gemeinkostenplanung. Köln 1990.
Meyer-Piening, Arnulf:	[Zero-Base-Budgeting] Zero-Base-Budgeting. In: Handwörterbuch der Planung. Hrsg. von N. Szyperski. Stuttgart 1989, Sp. 2277 - 2296.

Milgrom, Paul und *John Roberts:* [Organization] Economics, Organization & Management. Upper Saddle River (NJ) 1992.

Mooradian, Todd A., Kurt Matzler und *Lawrence J. Ring:* [Marketing] Strategic Marketing. Upper Saddle River (NJ) 2012.

Mühlenkamp, Holger: [Kosten-Nutzen-Analyse] Kosten-Nutzen-Analyse. München, Wien 1994.

Müller, Eckhard: [Abzugskapital] Die Berücksichtigung von Abzugskapital bei der Ermittlung kalkulatorischer Kosten. In: krp (25) 1981, S. 221 - 226.

Oechsler, Walter: [Personal] Personal und Arbeit. 8. Aufl., München 2006.

Peemöller, Volker H.: [Entwicklungsformen] Entwicklungsformen und Entwicklungsstand der Internen Revision. In: Kompendium der Internen Revision. Hrsg. von C.-C. Freidank und V. H. Peemöller. Berlin 2011, S. 69 - 91.

Peemöller, Volker H. und *Joachim Kregel:* [Revision] Grundlagen der Internen Revision. Berlin 2011.

Pellens, Bernhard, Nils Crasselt und *Carsten Rockholtz:* [Entlohnungssysteme] Wertorientierte Entlohnungssysteme für Führungskräfte. Anforderungen und empirische Evidenz. In: Unternehmenswertorientierte Entlohnungssysteme. Hrsg. von B. Pellens. Stuttgart 1998, S. 1 - 28.

Pfaff, Dieter: [IFRS] IFRS und wertorientierte Investitionssteuerung. Zur Anreizverträglichkeit der IFRS. In: Controlling und Rechnungslegung. Bestandsaufnahme, Schnittstellen, Perspektiven. Festschrift für Klaus-Peter Franz. Hrsg. von P. Kajüter, T. Mindermann und T. Winkler. Stuttgart 2011, S. 297 - 321.

Pfaff, Dieter und *Barbara E. Weißenberger:* [Fundierung] Institutionenökonomische Fundierung. In: Kosten-Controlling. Hrsg. von T. M. Fischer. Stuttgart 2000, S. 109 - 134.

Pfohl, Hans-Christian und *Wolfgang Stölzle:* [Planung] Planung und Kontrolle. 2. Aufl., München 1997.

Pfohl, Hans-Christian und *Bernd Zettelmeyer:* [Strategisches Controlling] Strategisches Controlling? In: ZfB (57) 1987, S. 145 - 175.

Picot, Arnold, Helmut Dietl und *Egon Franck*: [Organisation] Organisation. Eine ökonomische Perspektive. 5. Aufl., Stuttgart 2008.

Picot, Arnold, Ralf Reichwald und *Rolf T. Wigand:* [Unternehmung] Die grenzenlose Unternehmung. 4. Aufl., Wiesbaden 2001.

Pietsch, Gotthard:	[Controlling] Reflexionsorientiertes Controlling. Wiesbaden 2003.
Plaschke, Frank J.:	[Wertkennzahlen] Wertorientierte Management Incentivesysteme auf Basis interner Wertkennzahlen. Diss. Techn. Univ. Dresden 2002. Wiesbaden 2003.
Pyhrr, Peter A.:	[Zero-base budgeting] Zero-base budgeting. In: Harvard Business Review (48) 1970, S. 111 - 121.
Radke, Magnus:	[Formelsammlung] Die große betriebswirtschaftliche Formelsammlung. 11. Aufl., Landsberg/Lech 2001.
Rappaport, Alfred:	[Shareholder Value] Creating Shareholder Value. 2. Aufl., New York, London 1998.
Reichheld, Fred:	[Question] The Ultimate Question. Boston (Mass.) 2006.
Reichmann, Thomas:	[Controlling] Controlling mit Kennzahlen. 8. Aufl., München 2011.
Riebel, Paul:	[Grundrechnung] Zum Konzept einer zweckneutralen Grundrechnung. In: ZfbF (31) 1979, S. 785 - 798.
Riegler, Christian:	[Anreizsysteme] Hierarchische Anreizsysteme im wertorientierten Management. Stuttgart 2000.
Rockart, John F.:	[Data Needs] Chief executives define their own data needs. In: Harvard Business Review (57) March/April 1979, S. 81 - 93.
Roever, Michael:	[Gemeinkostenwertanalyse] Gemeinkostenwertanalyse – Erfolgreiche Antwort auf die Gemeinkosten-Problematik. In: ZfB (59) 1980, S. 686 - 690.
Schabel, Matthias M.:	[Investitionssteuerung] Investitionssteuerung, Periodenerfolgsrechnung und Economic Value Added. Diss. Univ. Frankfurt/Main 2003. Wiesbaden 2004.
Schäffer, Utz:	[Kontrolle] Kontrolle als Lernprozess. Wiesbaden 2001.
Schaffner, Petra und *Richard Mayer-Uellner:*	[Compliance] Notwendigkeit, Konzeption und Elemente eines effektiven Compliance-Systems. In: Controlling (22) 2010, S. 611 - 616.
Scheer, August-Wilhelm:	[Wirtschaftsinformatik] Wirtschaftsinformatik. 2. Aufl., Berlin, Heidelberg, New York 1998.
Schinzer, Heiko:	[Informationssysteme] Entscheidungsorientierte Informationssysteme. Diss. Univ. Würzburg 1995. München 1996.
Schmalenbach, Eugen:	[Lenkung] Pretiale Wirtschaftslenkung. Band 2: Pretiale Lenkung des Betriebs. Bremen-Horn u. a. 1948.
Schmidt, Ralf-Bodo:	[Zielerreichung] Wirtschaftslehre der Unternehmung. Bd. 2: Zielerreichung. Stuttgart 1973.
Scholz, Christian:	[Personalmanagement] Personalmanagement. 5. Aufl., München 2000.

Schöntag, Jürgen: [Performance-Messung] Performance-Messung und wertorientierte Steuerung auf Basis von Residualgewinnen. Diss. Univ. Regensburg 2006. Frankfurt/Main u. a. 2007.

Schreyögg, Georg und *Axel von Werder:* [Organisation] Organisation. In: Handwörterbuch Unternehmensführung und Organisation. 4. Aufl. Hrsg. von G. Schreyögg und A. von Werder, Stuttgart 2004, Sp. 966 - 977.

Schultze, Wolfgang, Leif Steeger und *Bettina Schabert:* [Value Reporting] Wertorientierte Berichterstattung (Value Reporting). In: ZfC (21) 2009, S. 13 - 22.

Schwager, Elmar: [Revision] Aufgaben der Internen Revision in einem Compliance-System. Aufgaben, Prüfungsansätze und Empfehlungen zum zweckmäßigen Einsatz der Internen Revision bei der Überwachung von Compliance Systemen. In: Zeitschrift Risk, Fraud & Compliance (4) 2009, S. 172 - 179.

Schweitzer, Marcell: [Planung] Planung und Steuerung. In: Allgemeine Betriebswirtschaftslehre. Bd. 2: Führung. Hrsg. von F. X. Bea und M. Schweitzer. 10. Aufl., Stuttgart 2011, S. 38 - 177.

Schweitzer, Marcell und *Hans-Ulrich Küpper:* [Systeme] Systeme der Kosten- und Erlösrechnung. 10. Aufl., München 2011.

Schweitzer, Marcell und *Ernst Troßmann:* [Break-even-Analysen] Break-even-Analysen. Methodik und Einsatz. 2. Aufl., Berlin 1998.

Senko, M. E. u. a.: [Data Structures] Data Structures and Accessing in DataBase Systems. In: IBM Systems Journal (12) 1973, S. 30 - 93.

Sinz, Elmar J. und *Achim Ulbrich-vom Ende:* [Architektur] Architektur von Data-Warehouse-Systemen. In: Analytische Informationssysteme. Hrsg. von P. Chamoni und P. Gluchowski. 4. Aufl., Berlin, Heidelberg 2010, S. 175 - 196.

Sinzig, Werner: [Rechnungswesen] Datenbankorientiertes Rechnungswesen. Grundzüge einer EDV-gestützten Realisierung der Einzelkosten- und Deckungsbeitragsrechnung. 3. Aufl., Berlin u. a. 1990.

Sliwka, Dirk: [Anreize] Anreize, Motivationsverdrängung und Prinzipal-Agenten-Theorie. In: DBW (63) 2003, S. 293 - 308.

Spitzenpfeil, Thomas und *Simone Schneider:* [Unternehmensvision] Von der Unternehmensvision zu zielorientierten KPIs. In: Exzellentes Controlling, exzellente Unternehmensführung. Hrsg. von P. Horváth. Stuttgart 2011, S. 99 - 113.

Spreiter, Stefan: [Neugestaltung] Neugestaltung der Budgetierung. Eine theoretische und empirische Analyse. Zürich u. a. 2010.

Staehle, Wolfgang H.: [Management] Management. Eine verhaltenswissenschaftliche Perspektive. 8. Aufl., München 1998.

Stahlknecht, Peter und Ulrich Hasenkamp:	[Wirtschaftsinformatik] Wirtschaftsinformatik. 11. Aufl., Berlin u. a. 2005.
Steinle, Claus:	[Systeme] Systeme, Objekte und Bestandteile des Controlling. In: Controlling. Hrsg. von C. Steinle und H. Bruch. 4. Aufl., Stuttgart 2007, S. 267 - 328.
Stern Stewart & Co.:	[EVA] EVA-Roundtable. In: Journal of Applied Corporate Finance (7) 1994, S. 46 - 70.
Stern, Joel M., G. Bennett Stewart und Donald H. Chew:	[EVA] The EVA Financial Management System. In: Journal of Applied Corporate Finance, Summer 1995, S. 32 - 46. Wiederabdruck in: The Revolution in Corporate Finance. Hrsg. von J. M. Stern und D. H. Chew. 3. Aufl., Malden (Mass.) 1998, S. 474 - 488.
Stewart, Bennett:	[Value] The Quest for Value. A Guide to Senior Managers. New York 1991.
Stoffel, Kurt:	[Vergleich] Controllership im internationalen Vergleich. Wiesbaden 1995.
Szyperski, Norbert:	[Informationssysteme] Informationssysteme. In: HWB. 4. Aufl. Hrsg. von E. Grochla und W. Wittmann. Stuttgart 1975, Sp. 1900 - 1910.
Troßmann, Ernst:	[Beschaffung] Beschaffung und Logistik. In: Allgemeine Betriebswirtschaftslehre. Bd. 3: Leistungsprozess. Hrsg. von F. X. Bea, B. Friedl und M. Schweitzer. 9. Aufl., Stuttgart 2005, S. 113 - 181.
Troßmann, Ernst:	[BilMoG] Erleichtert das BilMoG die Controlling-Arbeit? In: ZfCM (54) Sonderheft 3/2010, S. 89 - 97.
Troßmann, Ernst:	[Finanzplanung] Finanzplanung mit Netzwerken. Berlin 1990.
Troßmann, Ernst:	[Gemeinkosten-Budgetierung] Gemeinkosten-Budgetierung als Controlling-Instrument in Bank und Versicherung. In: Controlling. Grundlagen, Informationssysteme, Anwendungen. Hrsg. von K. Spremann und E. Zur. Wiesbaden 1992, S. 511 - 540.
Troßmann, Ernst:	[Instrumente] Neue Controlling-Instrumente – alte Fehler? In: Controlling und Rechnungslegung. Bestandsaufnahme, Schnittstellen, Perspektiven. Festschrift für Klaus-Peter Franz. Hrsg. von P. Kajüter, T. Mindermann und T. Winkler. Stuttgart 2011, S. 71 - 87.
Troßmann, Ernst:	[Investition] Investition. Stuttgart 1998 (Nachdruck 2006).
Troßmann, Ernst:	[Kennzahlen] Kennzahlen als Instrument des Produktionscontrolling. In: Handbuch Produktionsmanagement. Hrsg. von H. Corsten. Wiesbaden 1994, S. 517 - 536.

Troßmann, Ernst:	[Koordinationsprinzipien] Koordinationsprinzipien im internationalen Controlling. In: Jahrbuch für Controlling und Rechnungswesen 1996. Hrsg. von G. Seicht. Wien 1996, S. 453 - 494.
Troßmann, Ernst:	[Prinzipien] Prinzipien der rollenden Planung. In: WiSt (21) 1992, S. 123 - 130.
Troßmann, Ernst:	[Unternehmenssteuerung] Kennzahlen der wertorientierten Unternehmenssteuerung – kritisch betrachtet. In: Jahrbuch für Controlling und Rechnungswesen 2012. Hrsg. von G. Seicht. Wien 2012, S. 187 - 210.
Troßmann, Ernst:	[Wissensbasis] Wissensbasis quantitativer Management-Instrumente. In: Wissensmanagement. Hrsg. von H. D. Bürgel. Berlin u. a. 1998, S. 129 - 151.
Troßmann, Ernst und *Alexander Baumeister:*	[Rechnungswesen] Internes Rechnungswesen. München, im Druck.
Troßmann, Ernst und *Alexander Baumeister:*	[Risikocontrolling] Risikocontrolling bei Auftragsfertigung. Ergebnisse eines Forschungsprojekts zum Risikocontrolling im Klein- und Mittelbetrieb. Berlin 2006.
Troßmann, Ernst, Alexander Baumeister und *Markus Ilg:*	[Projektrisiken] Controlling von Projektrisiken. Praxishandbuch für den Mittelstand. Stuttgart 2007.
Troßmann, Ernst und *Alexander Baumeister:*	[Universitäten] Das baden-württembergische Modell der Mittelvergabe an Universitäten – aus betriebswirtschaftlicher Sicht betrachtet. In: ZfbF (59) 2007, S. 418 - 446.
Velthuis, Louis John und *Peter Wesner:*	[ERIC] Value Based Management. Bewertung, Performancemessung und Managemententlohnung mit ERIC. Stuttgart 2005.
Wall, Friederike:	[Planungssysteme] Planungs- und Kontrollsysteme. Informationstechnische Perspektiven für das Controlling. Grundlagen – Instrumente – Konzepte. Wiesbaden 1999.
Wanik, Otto:	[Prüfung] Internes Kontrollsystem, Prüfung. In: Handwörterbuch der Revision. 2. Aufl. Hrsg. von A. Coenenberg und K. v. Wysocki. Stuttgart 1992, Sp. 896 - 908.
Weber, Jürgen:	[Controllingpraxis] Aktuelle Controllingpraxis in Deutschland. Ergebnisse einer Benchmarking-Studie. Schriftenreihe Advanced Controlling. Bd. 59. Vallendar 2007.
Weber, Jürgen, Ludwig Voußem und *Jochen Rehring:*	[Benchmarks] Aktuelle Ergebnisse aus dem WHU-Controllerpanel: Benchmarks und Trends in der Budgetierung. In: ZfCM (54) 2010, S. 323 - 327.
Weber, Jürgen, Sven Schairer und *Oliver Strangfeld:*	[Berichte] Berichte für das Top-Management. Schriftenreihe Advanced Controlling. Bd. 43. Vallendar 2005.

Weber, Jürgen und *Stefan Linder:*	[Better Budgeting] Budgeting, Better Budgeting oder Beyond Budgeting? Konzeptionelle Eignung und Implementierbarkeit. Schriftenreihe Advanced Controlling. Bd. 33. Vallendar 2003.
Weber, Jürgen und *Utz Schäffer:*	[Controlling] Einführung in das Controlling. 13. Aufl., Stuttgart 2011.
Weber, Jürgen, Utz Schäffer und *Carsten Prenzler:*	[Entwicklung] Zur Charakterisierung und Entwicklung von Controllingaufgaben. In: Zeitschrift für Planung (12) 2001, S. 25 - 46.
Weber, Jürgen u. a.:	[Unternehmenssteuerung] Wertorientierte Unternehmenssteuerung. Stuttgart 2004.
Wedekind, Hartmut:	[Objekttypen-Methode] Die Objekttypen-Methode beim Datenbankentwurf – dargestellt am Beispiel von Buchungs- und Abrechnungssystemen. In: ZfB (49) 1979, S. 367 - 387.
Weide, Gonn:	[Reporting] Management Reporting. In: ZfC (21) 2009, S. 5 - 11.
Weißenberger, Barbara E.:	[Integration] Integration der Rechnungslegung unter IFRS. In: Controlling and Finance Excellence. Hrsg. von P. Horváth. Stuttgart 2006, S. 161 - 172.
Weitzman, Martin Lawrence:	[Incentive Model] The New Soviet Incentive Model. In: Bell Journal of Economics (7) 1976, S. 251 - 257.
Welge, Martin K.:	[Organisation] Unternehmensführung. Band 2: Organisation. Stuttgart 1987.
von Werder, Axel:	[Corporate Governance] Neue Entwicklungen der Corporate Governance in Deutschland. In: ZfbF (63) 2011, S. 48 - 62.
Werkmeister, Clemens:	[Managemententlohnung] Investitionsbudgetierung mit leistungsorientierter Managemententlohnung. Habilschr. Univ. Hohenheim 2004. Wiesbaden 2005.
Wild, Jürgen:	[Budgetierung] Budgetierung. In: Marketing Enzyklopädie. München 1974, S. 325 - 340.
Wild, Jürgen:	[Führung] Führungstheorie und Führungsmodelle. In: Unternehmungsführung. Hrsg. von J. Wild. Berlin 1974, S. 141 - 179.
Wild, Jürgen:	[Planung] Grundlagen der Unternehmungsplanung. 4. Aufl., Opladen 1982.
Zangemeister, Christof:	[Nutzwertanalyse] Nutzwertanalyse in der Systemtechnik. 4. Aufl., München 1976.
Zwicker, Eckart:	[Kennzahlen] Möglichkeiten und Grenzen der betrieblichen Planung mit Hilfe von Kennzahlen. In: ZfB (46) 1976, S. 225 - 244.

Sachwortregister

ABC-Analyse 37, 64, 84 ff., 130
Abweichung 75, 112, 172
Abweichungsanalyse 112
Abzugskapital 259
ad-hoc-Präferenzen 80
Advanced Budgeting 220
allgemeine Programmbudgetierung 200
Alternativenbewertung 77 ff.
Alternativensuche 77
Amortisationsdauer 144
Ampeltechnik 174
Annuitätenabschreibung 272
Anreizgestaltung 122, 223
Anreizkompatibilität 236
Anreizsystem 223 ff.
Arbeitsbewertung 224
asymmetrische Informationslage 22, 107, 246, 279
Aufbauorganisation 100
Ausgleichsgesetz der Planung 94
Ausnahme 112, 164, 168

Balanced Scorecard 138 ff.
 – Konstruktion 145
 – Perspektiven 139 ff.
Belohnungsfunktion 233, 242
Belohnungssystem 232 ff.
 – Bemessungsgrundlage 232
 – Controllability 234, 245
 – Effizienz 241
 – Kollusion 241
 – Pareto-Effizienz 245
Bericht 114, 149 ff., 159
 – Ausnahme- 164
 – Expertise- 166
 – periodischer Standard- 160

Berichtsauslösung 163
Berichtssystem 149 ff.
 – benutzeraktiv 164
 – Benutzersteuerung 165
 – generatoraktiv 163
 – Herrensystem 165
 – Sklavensystem 165
Berichtswesen 149 ff.
Beschaffungsplanung 84
Better Budgeting 219
Bewertungsverbund 20
Beyond Budgeting 218
Bilanz 39, 47
Bilanzrechtsmodernisierungsgesetz (BilMoG) 48
Bonussystem 228
Break-even-Analyse 130
Brückenabweichungen 173
Budget 25, 189 ff.
 – -abweichung 216
 – Ausgaben- 26, 31
 – flexibles 215
 – Funktionen 190 ff.
 – -höhe 29, 191
 – Inputkomponente 195
 – Outputkomponente 195
 – -rest 201
 – -schnitt 213
 – -steuerung 31, 192, 214
 – -übertragung 217
 – variables 199
Budgetierung 189 ff., 209
Budgetierungstechniken 197 ff.

Capital Asset Pricing Model (CAPM) 263
Cash flow 46

Cash Flow Return on Investment (CFRoI) 258
Cash Value Added (CVA) 261, 269, 273
Clean Surplus Relations 276
Cockpit-Darstellung 168
Compliance 51, 282
– -Test 298
Controllership 6
Controlling
– Begriff 4 ff.
– empirische Erscheinungsformen 9
– Führungsfunktionen 4
– Konzeptionen 303 ff.
– strategisches 11, 51

Data Dictionary 183
Data Mart 186
Data Mining 187
Data Warehouse 182 ff.
Datenanalyse 152
Datenbank 56 ff.
Datenfeld 63
Dateninkonsistenz 55
Datenredundanz 55
Datensatz 63
Datenschutz 63
Datensicherheit 63
Delegation 6, 19
– Entscheidungsumfang 31
– Grenzen 31
– vollständige 28
Delegationsgrenze 233
Delegationsprinzip 14, 31, 246
Desinvestition 46
Differenzierung 18 ff.
– horizontale 18, 23
– vertikale 18, 23
Dokumentationsrechnung 45, 47
dolose Handlung 286
Drill-down 179
DuPont-Kennzahlenschema 257
Durchschnittszinssatz 263
Durchsetzung von Planvorgaben 109
dynamische Investitionsrechnung 271

Earnings Before Interest and Taxes (EBIT) 262
Earnings Before Interest, Taxes, Depreciation and Amortization (EBITDA) 262
Earnings less Riskfree Interest Charge (ERIC) 262
Economic Value Added (EVA) 261, 269
Einzelvorgabe von Maßnahmen 24
Entity-Relationship-Modell 58, 61
Entscheidung 80
– Gremien- 80
– Ja/Nein- 131
Entscheidungsbereich 17
Entscheidungssituation 45
Entscheidungsunterstützungssystem 70, 175
Ergebnisverbund 20
ewige Rente 267
Executive-Information-System (EIS) 175
Expertensystem 171
externe Revision 282
externes Rechnungswesen 41, 48, 158

Fähigkeitsdefizit 226
Fehlerrisiko 300
Feldkomponente 18
Financial Audit 280
Financial Management 9, 304
Financial Reporting 158
Finanzplanung 96
Finanzrechnung 39
Fixum 225
Folgeproblem 77
Formular 289, 291, 295 ff.
Fraud 286, 288
Free-Rider-Effekt 247
Früherkennungssystem 15
Führung 4
Führungsebene 6
Führungsinformationssystem (FIS) 176
Führungskoordination 17
– personenorientierte 28

– sachorientierte 24
Functional Audit 280

Gemeinkostenwertanalyse 201 ff.
Generalanweisung 25, 132
Gewinnziel 10
Grenzzinssatz 263
Groves-Schema 250
Güterebene 6

Handelsbilanz 47
hierarchische Lenkung 132, 215
horizontale Differenzierung 17
How-to-achieve-Analyse 182

Index-Zahlen 50
Informationsangebot 152
Informationsbedarf 150
Informationsbedarfsanalyse 149 ff.
   – angebotsorientierte 152, 157
   – aufgabenlogische 151, 157
   – deduktive 151
   – induktive 153
   – Katalogtechnik 154
   – nachfrageorientierte 154, 157
Informationsbereitstellung 133, 149
   – Controllingaufgabe 49
   – dateienorientierte 55
Informationsfunktion 149, 307
Informationsnachfrage 152
Informationsnutzer 150
Informationsstand 152
Informationssystem 39, 149
inputorientierte Fortschreibung 200
Interdependenzen 18 ff.
International Financial Reporting
   Standards (IFRS) 46
interne Revision 279
interne Überwachung 279
internes Kontrollsystem (IKS) 289 ff.
   – Führungsbereich 292
   – Güterbereich 291
   – Struktur 293
internes Rechnungswesen 41, 49, 82

Investitionsrechnung 37

Kalkulationszinssatz 13, 260
Kapitaleinsatz 257, 259, 261
Kennzahl 36, 123 ff.
Kennzahlendefinition 124
Kennzahlensystem 128, 138
Key Performance Indicators 156
Kontrollarten 108 ff.
Kontrolle 6, 107, 229 ff., 279 ff., 289
   – Co- 116
   – Dokumentation 114
   – Eigen- 115
   – Fremd- 115
   – Markt- 117
   – Planfortschritts- 119
   – Prämissen- 119
   – strategische 119
   – Verhaltens- 120
   – Zweck 108 ff.
Kontrollproblem 111
Kontrollrisiko 300
Kontrollstruktur 119
Kontrollsystem 230
   – Gestaltungsmerkmale 117
Konvergenz 44, 49
Konzernberichterstattung 158
Konzernbilanz 48
Koordination 4, 22
   – Controllingfunktion 12
   – delegative 24, 190
   – systemausfüllende 13, 31, 101
   – systemdefinierende 13
Koordinationsinstrumente 13, 33 ff.
Koordinationsnotwendigkeit 17 ff.
Koordinationsparameter 37
Koordinationsprinzipien 24 ff.
Korrektheitsprüfung 280
Kosten- und Leistungsrechnung 39,
   49, 130, 200, 203
Kostenanalyse 203
Kosten-Nutzen-Analyse 203
kritische Erfolgsfaktoren 156 f.

Kuchendiagramm 168
Kurvendiagramm 168

Leistungsgerechtigkeit 224
Lenkpreise 28, 38
Lieferbereitschaftsgrad 27, 134 ff., 144, 242
Liquiditätsziel 10
Lohngerechtigkeit 223
Lücke-Theorem 276

Management Approach 49
Management Audit 280 f.
Management Override 282
Management Reporting 158
Management-by-Exception 31, 233
Management-Informationssystem 176
Maßnahmenplanung 189
Maßnahmenprogramm 25
Materialentnahmeschein 291, 295
Messskala 52
Metadatenbank 183
Methodenauswahl 67
Methodenbank 64 ff.
– Inhalt 66
– Zugriffsberechtigung 69
Methodenwahlgrenzen 37
Modellbank 65 ff.
Motivation 227 ff.
Motivationssystem 223 ff.

Net Operating Profit After Taxes (NOPAT) 262
Neuaufwurfsplanung 102
Normalfall 112, 164
Nutzwertanalyse 51, 78

Ökonomische Abschreibung 272
Online Analytical Processing (OLAP) 186
Operational Audit 280
Operational Data Store (ODS) 186
Ordnungsmäßigkeitsprüfung 280

Plan 73 ff.
– -änderung 81
– -hierarchie 18, 97 ff.
– -verknüpfung 99
Plankostenrechnung 200
Planung 73 ff., 117, 189
– Fein- 113
– Neuaufwurfs- 102
– Phasen 74 ff.
– Prozess 45, 73 f., 127
– rollende 102
– simultan 17, 92
– sukzessiv 92
Planungsinstrumente 82 f.
Planungssystem 73, 91, 97 ff., 117
Polardiagramm 53
Portfolio-Analyse 37, 87 ff.
Präferenzdefizit 227
Prämie 225
Primärbereich 6
Primärkosten 84
Principal-Agent-Problematik 22 ff., 107, 120, 246
Problemindikator 127
Problemsystematisierung 76
Profildarstellung 51, 52
Profit-Sharing 249
Prognosemethoden 82, 197
Provision
– Abschluss- 238
– Umsatz- 238
– Verkaufs- 243
Prozessdurchführung 109
Prozesskostenrechnung 200
Prozessverbund 20 ff.

Rationalitätssicherung 313
Rechenzweck 39 ff.
Rechnung 39
– Auswertungs- 42
– Dokumentations- 47
– Entscheidungs- 44
– Grund- 42
– Sonder- 42
Rechnungslegung 47 ff.
Rechnungswesen 11, 39 ff., 303
– Controllingrelevanz 50
– Einteilung 43
– entscheidungsorientiertes 42, 44

Sachwortregister

– Informationsempfänger 44
– Konvergenz 44, 49 ff.
– Kosten 48
Reflexionsfunktion 315
Reliance-Test 299
Rendite 257 ff.
Rentabilität 144, 257 ff.
Reporting 149 ff.
Ressourcenverbund 20, 246
Return on Capital Employed (ROCE) 258
Return on Equity (RoE) 258
Return on Investment (RoI) 257
Risiko 246
Risikozuschlag 263
Roll-up 182

Sachinterdependenzen 19
Säulendiagramm 168
Schlüsselindikatoren 156
Schnittstellen 18, 33
– -bewertungen 38
Schwierigkeitsgerechtigkeit 224
Sekundärbereich 6
Sekundärkoordination 6, 12
Sekundärkosten 84
Sekundärleistung 200
Selektionsfunktion 315
Shareholder Value 264
Shareholder Value Added 268 ff.
Sicherheitsprüfung 280
Signalsystem 164
Slicing and Dicing 176
Sozialgerechtigkeit 225
Steuerbilanz 47
Stichprobenauswahl 117
strategische Planung 51
strategische Überwachung 119
strategischer Engpassfaktor 51
strategisches Controlling 51
strategisches Potenzial 51
strategisches Produktpotenzial 53
Strukturierungsgrenzen 37, 130
Substanzerhaltung 265
Sukzessivitätsreihenfolge 92

Tagesschau-Prinzip 172
Theorie der kritischen Erfolgsfaktoren 156 f.
Toleranzschwellen-Prinzip 172
Transformationskomponente 18, 20, 21
Treasurer 9
Trigger 164

Überrendite 261
unechte Teilplanung 95

Value Driver 266
Value Reporting 158
Verarbeitungssoftware 54, 64
Verhaltensgerechtigkeit 225
Vierfeldermatrix 87
Vollkostenrechnung 13
Vorgabe eines Planungsverfahrens 25
Vorgabe von Restriktionen 25

Weighted Average Cost of Capital (WACC) 263
Weitzman-Schema 251
wertorientierte Berichterstattung 158
wertorientierte Kennzahlen 256 ff.
– Arten 257
– Gesamtwertgrößen 264
– periodenbezogene Überschussgrößen 261
– Rendite 257
wertorientierte Unternehmungssteuerung 255 ff.
Werttreiber 266
What-if-Analyse 182
Wiederbeschaffungswert 274
Wissensmarkt 166

Zero-Base-Budgeting 206 ff.
Ziel 75
– -bildung 75, 128
– -kongruenz 134
– -konkurrenz 75
– -operationalisierung 75
– Partial- 93
– -präferenzfolge 79
Zielkomponente 18
Zielsystem 75 ff.